2009

成都铁路局年鉴

CHENGDUTIELUJUNIANJIAN

成都铁路局史志办公室

中国铁道出版社

图书在版编目（CIP）数据

成都铁路局年鉴．2009／成都铁路局史志办公室编．—北京：中国铁道出版社，2009.12
ISBN 978－7－113－10702－4

Ⅰ．成…　Ⅱ．成…　Ⅲ．铁路局－成都市－2009－年鉴
Ⅳ．F532.6－54

中国版本图书馆CIP数据核字（2009）第200318号

书　　名：成都铁路局年鉴　2009年
作　　者：成都铁路局史志办公室　编
责任编辑：罗桂英　　**电话**：51873027
出版发行：中国铁道出版社（100054，北京市宣武区右安门西街8号）
网　　址：http：//www.tdpress.com
印　　刷：四川新华印刷厂
版　　次：2009年12月第1版　2009年12月第1次印刷
开　　本：787 mm×1092 mm　1/16　印张：23　　插页：20　　字数：860千
印　　数：001～1200册
书　　号：ISBN 978－7－113－10702－4/U·2593
定　　价：200元

成都铁路局线路示意图

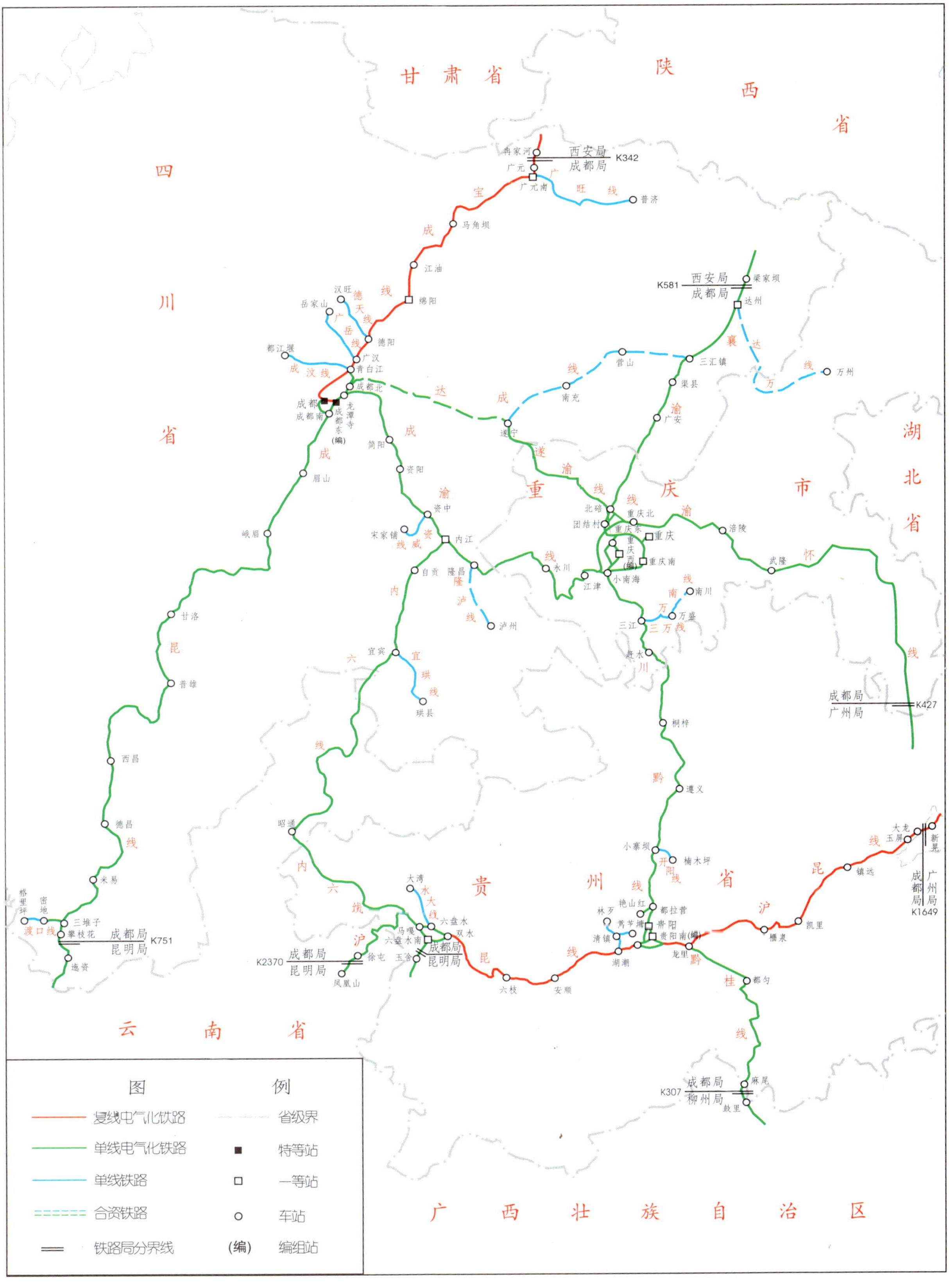

成都铁路局史志办公室

（2008年12月）

BIANJISHUOMING

编 辑 说 明

一、《成都铁路局年鉴》是成都铁路局史志办编著的大型专业性年刊，为路局各级领导干部和社会各界提供四川省、贵州省、重庆市铁路运输及铁路建设等综合性资料文献。2009年卷由中国铁道出版社出版。

二、《成都铁路局年鉴》创刊于1990年。2009年卷主要记述2008年成都铁路局的主要工作及重要活动、重大事件，取得的新成绩和存在的主要问题。本卷共设有16个栏目、92个分目、1119个条目。

三、本年鉴采用文章和条目两种体裁，以条目体为主，辅以统计资料、照片、图表。为方便检索，编制了按汉语拼音排序的综合主题分析索引。

四、2009年卷总体框架在2008年卷基础上保持相对稳定。（一）在“铁路建设”栏目中增加“成绵乐铁路客运专线”、“成都市域铁路”、“成都集装箱中心站”、“成都东客站及相关工程”建设等分目。（二）设立“抗震救灾大事记”栏目。（三）在彩图中增加“抗震救灾专辑”。

五、本年鉴资料由局机关各部门及局属单位提供，经主要负责人审定。书中涉及的全局性统计数据以局计统处为准。

成都铁路局年鉴
编纂委员会

主任委员　武　勇　何　元
副主任委员　张克敬　夏恩鹏
委　　员　局机关各部门负责人

WEIYUANHUI

《成都铁路局年鉴》
2009年卷审稿

各单位负责人
各部门负责人

NIANJUANSHENGAO

BIANJIGONGZUORENYUAN

《成都铁路局年鉴》2009年卷
编 辑 工 作 人 员

主　　编	武　勇　袁仲权
副 主 编	柳树国　兰　毅
责任编审	杨　兰　张晓颖
封面设计	程　军
彩页设计	曹　宁
责任校对	杨　兰　张晓颖　许　娜　司晓路

2008年5月26日，中共中央政治局常委、全国人大常委会委员长吴邦国在成都东站视察铁路抗震救灾工作。

曹　宁　摄

2008年6月5日，中共中央政治局常委、国务院总理温家宝在绵阳车站视察铁路抗震救灾工作。

曹　宁　摄

2008年5月29日，中共中央政治局常委、全国政协主席贾庆林在成都车站视察铁路抗震救灾工作。

曹　宁 摄

2008年5月21日，中共中央政治局常委、国务院副总理李克强在成都东站视察铁路抗震救灾工作。

杨建伟 摄

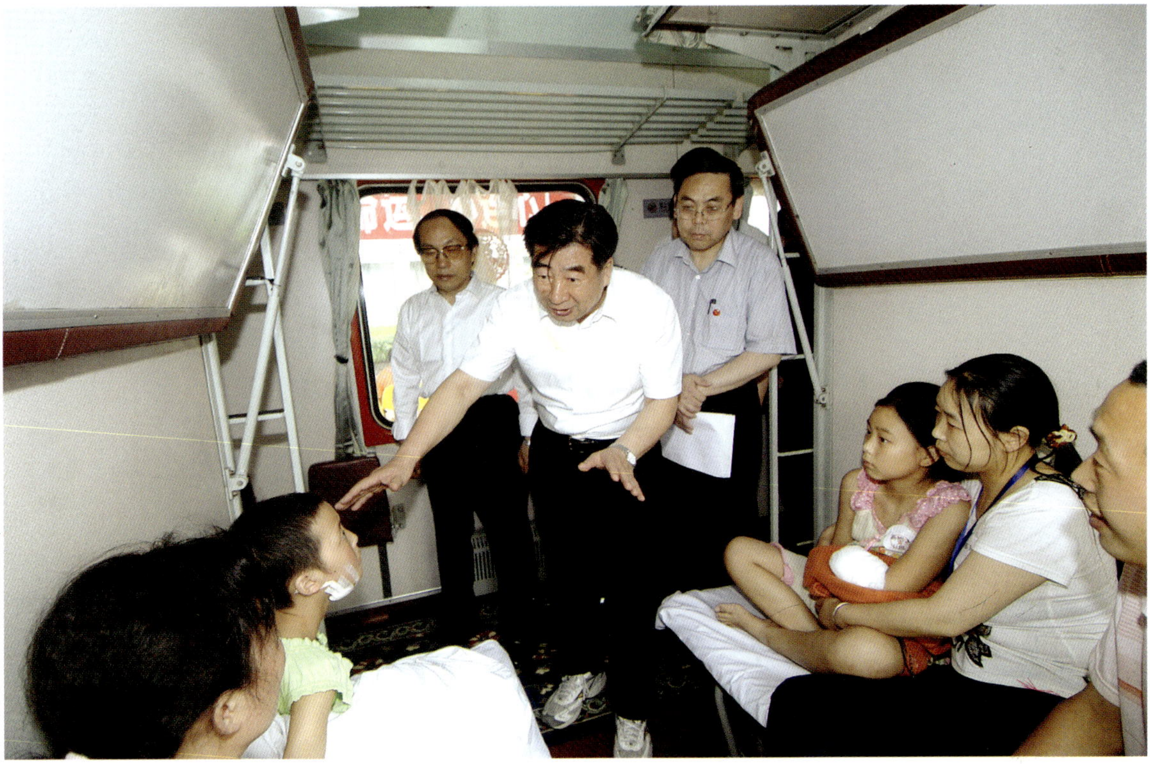

2008年5月25日，中共中央政治局委员、国务院副总理回良玉在运送伤员专列上视察铁路抗震救灾工作。

曹 宁 摄

2008年6月3日，中共中央政治局委员、国务院副总理张德江在成都东站视察铁路抗震救灾工作。

石宗林 摄

2008年5月29日　，铁道部刘志军部长在路局局长安路生、党委书记姚保国陪同下在调度所检查指导抗震救灾运输调度工作。

曹　宁　摄

2008年12月16日，中共四川省委书记刘奇葆在路局局长安路生、党委书记姚保国陪同下考察成昆线，在西昌车务段检查指导工作。

曹　宁　摄

汶川特大地震发生后，路局立即启动旅客列车塌方断道应急预案。2008年5月12日23时15分，成都站震后开出第一趟旅客列车，5月12日24时，局管内除宝成线外，其余各线恢复通车。　曹　宁　摄

汶川特大地震发生后，成都东站货场成为救灾物资转运基地。

曹　宁　摄

宝成铁路金龟岩大桥在地震中受到严重破坏。绵阳工务段组织抢修，2008年5月16日2时41分恢复通车。曹　宁　摄

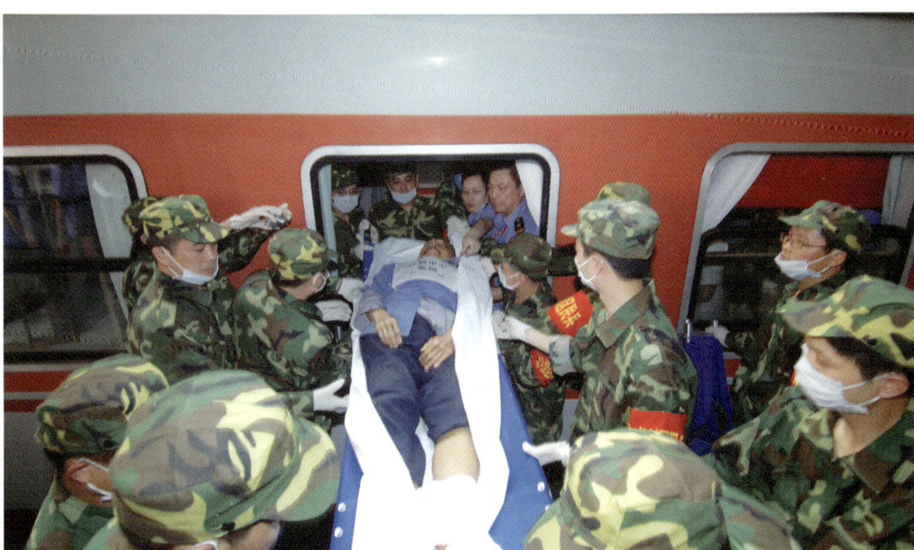

2008年5月19日10时20分，路局开行首趟运送地震灾区伤员专列。从绵阳运送208名伤员前往重庆接受治疗。　曹　宁　摄

为防止唐家山堰塞湖发生溃坝影响铁路运输安全，路局参加应急抢险施工，对桥梁基础、路基进行加固。2008年6月2日，宝成铁路涪江大桥抢险工程顺利完成。　　　　曹　宁　摄

宝成铁路广岳支线在地震中受到严重破坏。路局成立现场指挥部，迅速调集各种大型机械设备和近千人的施工队伍参加抢修工作。2008年5月22日10时，路基毁损地段抢通。　　　　曹　宁　摄

2008年5月16日，路局机关党委组织机关干部职工为地震灾区捐款捐物。　　　　曹　宁　摄

解放军和武警部队为夺取抗震救灾胜利作出重大贡献。根据中央军委命令，7月21日9时35分，第一批回撤部队515名空降兵登上列车。

曹　宁　摄

路局在抗震救灾工作中成绩突出，23个单位、10名个人荣获全国、部、省抗震救灾先进单位、个人称号。

曹　宁　摄

汶川特大地震后，路局青年志愿者抢运救灾物资。

曹　宁　摄

2008年7月19日，全局运输安全工作会议在成都召开。 曹 宁 摄

2008年8月5日，滇桂黔川渝铁路运输第四次联席会议暨贵州省铁路运输协调第一次联席会议在贵阳召开。

曹 宁 摄

2008年7月11日，达成公司委托管理电话会议在成都召开。公司运输生产业务委托路局专业化管理。 曹 宁 摄

路局开展以工务线路为主的安全标准线建设，年内建成宝成安全标准线。

曹 宁 摄

2008年2月22日，重庆供电段在春运中进行接触网设备整治。 曹 宁 摄

2008年年初，贵州地区及四川、重庆部分地区遭受百年不遇的冰雪凝冻灾害，路局立即组织抢修设备，疏通线路，慰问旅客，抢运重点物资。

周传江 摄

2008年，路局结合生产力布局调整，对机务系统安全管理和规章、制度运作情况评估考核。重庆机务段强化机车质量管理。

曹 宁 摄

2008年1月5日至4月15日，路局在管内9条干线集中开展路外安全综合整治百日行动。

曹 宁 摄

2008年10月17日，中共成都铁路局第十一次代表大会在成都召开。大会选举产生中共成都铁路局第十一届委员会委员、中共成都铁路局纪律检查委员会委员。　　曹　宁摄

路局党委组织开展深入学习实践科学发展观活动。2008年10月9日召开动员大会。　　曹　宁摄

2008年6月26日，路局召开“创先争优”暨抗震救灾表彰会，表彰17个先进基层党组织、40个先进党支部、300名优秀共产党员、41名优秀党务工作者、35个抗震救灾先进党组织、126名抗震救灾优秀共产党员。　　曹　宁摄

路局在成都、重庆、贵阳及沿线地区拟建职工住宅。2008年10月20日，成都市涉铁区域旧城改造暨成都铁路局职工住房建设启动。

曹 宁 摄

路局制定《关于进一步明确局机关缺员部门公开招聘干部有关事项的通知》。2008年8月8日，组织公开招聘局中层管理人员面试。

曹 宁 摄

2008年8月19日，路局在成都地区召开“金秋助学”座谈会，全年资助困难职工子女2485名。

曹 宁 摄

2008年1月30日，遂渝线无砟轨道综合试验段关键技术试验研究成果在重庆通过铁道部评审。

曹　宁 摄

成都铁路集装箱中心站将满足地区快速增长的集装箱运量需求。2008年7月3日，成都铁路集装箱中心站开工。

曹　宁 摄

南涪铁路是重庆市沟通渝黔和渝怀铁路、沪汉蓉快速铁路通道。2008年9月19日，在重庆市南川区举行开工典礼。

曹　宁 摄

贵广铁路跨黔桂粤三省（区），是西南至华南地区铁路新通道。2008年10月12日，在贵阳举行开工仪式。

曹　宁 摄

新建成都至都江堰铁路为四川省灾后重建项目之一，由成都铁路局和成都市政府共同出资建设。2008年11月4日开工。

曹　宁　摄

成都枢纽成昆货车外绕线建设为四川省灾后重建项目之一。2008年12月12日开工。

曹　宁　摄

渝利铁路为国家Ⅰ级客货共线双线铁路。2008年12月29日，在重庆江北区举行开工动员大会。

曹　宁　摄

成绵乐铁路客运专线为双线铁路，采用8编组电动车组，最高时速250公里。2008年12月29日开工。

曹　宁　摄

路局工会下发《全面推进沿线站区生活线、文化线建设的指导意见》。成都车辆段职工文艺表演。 曹 宁 摄

2008年2月20日，共青团四川省委、成都铁路局、共青团成都市委组织“服务青少年月——青春和谐送温暖”青春创业快车活动。 曹 宁 摄

2008年，全局8个体育先进单位和21名体育先进个人受到中华全国铁路总工会、中国火车头体育协会表彰。 曹 宁 摄

目　　录

特载·专文

抢抓历史机遇　加快发展步伐
为全面开创“建设和谐成铁、实现科学发展”新局面而努力奋斗
——在局九届四次职工代表大会上的行政工作报告 …………………… 安路生（2）

以改革创新精神全面推进党的建设　为建设和谐成铁实现科学发展而奋斗
——在中国共产党成都铁路局第十一次代表大会上的报告 ……… 姚保国（17）

抗震救灾大事记

2008年抗震救灾大事记 ……………………………………………………………… （30）

概　况

概　　述
综　述 …………………………………………（34）
成都铁路局营业里程 ……………………（34）
经营目标完成情况 ………………………（34）
机构设置
机构变化 ………………………………………（36）
成都铁路局局属单位 ……………………（37）
工人综合情况统计 ………………………（39）
干部基本情况统计 ………………………（40）
成都铁路局行政组织机构（一） ………（41）
成都铁路局行政组织机构（二） ………（42）
中共成都铁路局委员会办事机构和组织系统 …………………………（43）
中共成都铁路局纪律检查委员会组织机构 ………………………………（43）
领导人员名录
成都铁路局行政领导人 …………………（44）
成都铁路局党委领导人 …………………（44）
中共成都铁路局第十一届委员会委员 ……（44）
成都铁路局纪委领导人 …………………（44）
中共成都铁路局纪律检查委员会委员 ……（44）
成都铁路局工会领导人 …………………（44）
共青团成都铁路局委员会领导人 …………（44）
铁路办事处领导人 ………………………（44）
局机关行政部门负责人 …………………（44）
局机关党群部门负责人 …………………（47）

工程管理所、各建设指挥部负责人 ……… (47)
局属公司、局控股公司、客专公司
（筹备组）领导人 ……………………… (48)
铁路公安局领导人及公安处负责人 ……… (49)
铁路运输检察院单位负责人 ……………… (50)
铁路运输法院单位负责人 ………………… (50)

铁 路 运 输

运输组织
综　述 ……………………………………… (52)
安全生产 …………………………………… (52)
生产力布局调整 …………………………… (54)
整章建制 …………………………………… (54)
运输组织 …………………………………… (54)
挖潜提效 …………………………………… (54)
车流调整 …………………………………… (55)
直达列车 …………………………………… (55)
五定班列 …………………………………… (55)
自备车 ……………………………………… (55)
春运工作 …………………………………… (55)
军事运输 …………………………………… (55)
专运、特运 ………………………………… (55)
主要运输指标完成情况 …………………… (55)
　主要运输指标完成情况 ………………… (56)
　局口交接量完成情况 …………………… (56)
战略装车点 ………………………………… (57)
路企直通运输 ……………………………… (57)
接发列车仿真系统 ………………………… (57)
地震复旧项目 ……………………………… (57)
停车器大修 ………………………………… (57)
列尾装置 …………………………………… (57)
黔桂新线投入运营 ………………………… (58)
列车运行图编制 …………………………… (58)
施工管理 …………………………………… (58)
职工培训 …………………………………… (59)
先进集体 …………………………………… (59)
　全局车站站名等级表 …………………… (59)
运输调度
综　述 ……………………………………… (62)
调度整合 …………………………………… (62)
安全生产 …………………………………… (62)
春　运 ……………………………………… (62)
暑　运 ……………………………………… (62)
汛期行车安全 ……………………………… (62)
抗冰雪凝冻灾害运输 ……………………… (63)
抗“5·12”汶川特大地震运输 ………… (63)
抗“8·30”攀枝花地震运输 …………… (63)
施　工 ……………………………………… (63)
重点运输 …………………………………… (64)
调度日(班)计划编制 ……………………… (65)
运输组织 …………………………………… (65)
旅客列车正晚点预确报 …………………… (65)
车辆移动和卸车 …………………………… (65)
职工培训 …………………………………… (66)
旅客运输
综　述 ……………………………………… (66)
营销任务完成 ……………………………… (66)
安全生产 …………………………………… (66)
安全“大反思、大检查”活动 …………… (66)
春　运 ……………………………………… (66)
暑　运 ……………………………………… (66)
假日旅客运输 ……………………………… (67)
专　运 ……………………………………… (67)
抗击冰冻灾害 ……………………………… (67)
抗震救灾 …………………………………… (67)
奥运安全保障 ……………………………… (67)
生产力布局调整 …………………………… (67)
管内慢车移交 ……………………………… (68)
客票代售点全面规范 ……………………… (68)
客运文件汇编 ……………………………… (68)
客运站车旅客引导揭示规范 ……………… (68)
客票系统 5.1 版本升级 …………………… (68)
票价调整 …………………………………… (68)

货物运输

综　述 …… (68)
货运安全保障体系和安标线建设 …… (68)
货运安全监控网络建设 …… (68)
安全大反思大检查和安全专项整治 …… (68)
安全基础管理 …… (69)
安全重点卡控 …… (69)
抗震救灾物资运输 …… (69)
货运基础管理专项调研 …… (69)
货运系统五年发展规划 …… (69)
货场规范化建设 …… (69)
货运信息化建设 …… (69)
两整合一建设 …… (69)
卸车组织加强 …… (70)
增运增收 …… (70)
运价基础管理 …… (70)
保价运输 …… (70)
货运服务质量 …… (70)
专用线管理 …… (70)
集装箱运输 …… (70)
装卸体制改革和机构重组 …… (70)
装卸管理 …… (71)
货场及消防管理 …… (71)
清理规章制度 …… (71)
职工培训 …… (71)
货运处内部建设 …… (71)
　货运生产指标完成情况 …… (71)
　货运安全情况 …… (72)

机　务

综　述 …… (73)
机车运用质量指标完成情况 …… (73)
机车交路优化 …… (73)
救援列车管理强化 …… (73)
牵引动力更新 …… (73)
机车检修 …… (73)
　近年机破、临修率情况 …… (74)
机车质量专项整治 …… (74)
机车验收 …… (74)
牵引供电验收 …… (75)
牵引供电水电指标 …… (75)
供电水电管理 …… (75)
轨道车管理 …… (75)
燃料和热力 …… (75)
能耗指标完成情况 …… (76)
整章建制 …… (76)
生产资源整合 …… (76)
安全可靠性评估 …… (76)
抗冰雪凝冻 …… (77)
抗震救灾 …… (77)
灾后复旧及重建 …… (77)
安全标准示范线建设 …… (78)
职工培训 …… (78)
奥运安保 …… (78)
达成公司托管 …… (78)
机车中修基地建设 …… (78)
　机车运用汇总 …… (79)
　机车运用指标完成情况 …… (79)
　内燃、电力机车检修指标完成情况 …… (80)
　机车完成工作量及能耗情况 …… (83)

车　辆

综　述 …… (84)
安全生产 …… (84)
生产任务 …… (84)
技术管理 …… (84)
关键时期车辆组织 …… (84)
客货车质量水平 …… (84)
安全防范系统建设 …… (85)
生产力布局调整 …… (85)
职工队伍建设 …… (85)
经营管理 …… (85)
客货车验收 …… (85)

工　务

综　述 …… (85)
抗冰雪凝冻、地震灾害 …… (86)
设备修理 …… (86)
设备重点整治 …… (86)
养路机械与自轮运转 …… (86)
检修分开、精检细修 …… (87)
规范安全管理 …… (87)
防洪工作 …… (87)

道口与封闭 ……………………………… (88)
达标与职工培训 ………………………… (88)
检测工作 ………………………………… (88)
电　　务
综　述 …………………………………… (88)
安全生产 ………………………………… (88)
抗震救灾 ………………………………… (89)
抗凝冻灾害 ……………………………… (89)
LKJ 管理职能调整 ……………………… (89)
整章建制 ………………………………… (90)
减故障压延时活动 ……………………… (90)
防雷专项整治 …………………………… (90)
生产任务完成 …………………………… (90)
更新改造 ………………………………… (90)
专业管理和维修改革 …………………… (90)
专用通信管理 …………………………… (91)
站段视频会议系统 ……………………… (91)
电务系统基本情况 ……………………… (91)
电务系统安全天数统计 ………………… (91)
主要信号设备数量统计 ………………… (92)
信号主要指标汇总 ……………………… (92)
信号设备故障统计 ……………………… (92)
安全监察
综　述 …………………………………… (92)
行车事故 ………………………………… (92)
行车事故损失 …………………………… (93)
路外伤亡事故 …………………………… (93)
行车设备故障 …………………………… (93)
完善制度规范管理 ……………………… (93)
路外安全综合整治百日行动 …………… (93)
应对自然灾害 …………………………… (93)
安全标准线建设 ………………………… (94)
安全生产专项整治 ……………………… (94)
安全大反思、大检查活动 ……………… (94)
安全生产隐患排查治理活动和百日督查专项行动 ………………………………… (94)
安全评估考核 …………………………… (94)
铁路运输安全行政执法 ………………… (95)
安全生产月活动 ………………………… (95)
行车百日安全活动 ……………………… (95)
行车安全成绩 …………………………… (95)
重大事故 ………………………………… (95)
较大事故 ………………………………… (95)
一般 A 类事故 ………………………… (96)
一般 B 类事故 ………………………… (96)
一般 C 类事故 ………………………… (97)
劳动安全情况 …………………………… (98)
劳动安全管理 …………………………… (99)
特种设备安全管理 ……………………… (100)
特种设备安全奖惩 ……………………… (100)
特种设备检验检测 ……………………… (100)
全局行车事故统计 ……………………… (101)
全局路外伤亡事故统计 ………………… (101)
全局从业人员责任因工伤亡事故统计 …… (101)
军事交通运输
综　述 …………………………………… (102)
抗雪救灾先进 …………………………… (103)
抗震救灾先进 …………………………… (103)
缴纳特殊党费 …………………………… (103)
抢卸救灾物资 …………………………… (103)
为地震灾区捐赠书籍 …………………… (103)
文艺作品获奖 …………………………… (103)
赠送锦旗 ………………………………… (103)
抗雪救灾铁路军事运输 ………………… (103)
抗震救灾铁路军事运输 ………………… (104)
新老兵运输 ……………………………… (104)
车站军运条件战场勘察 ………………… (104)
军事专用线年检现场作业训练 ………… (104)
抗震救灾应急军交保障 ………………… (104)
涪江大桥防护排险 ……………………… (104)
军专线管理 ……………………………… (105)
岗位练兵一体化新机制 ………………… (105)
合资与地方铁路
综　述 …………………………………… (105)
成都市域铁路有限责任公司组建 ……… (105)
达成铁路委托管理 ……………………… (105)
成汶铁路规范管理 ……………………… (105)
地方铁路协调管理 ……………………… (106)
达成公司
综　述 …………………………………… (106)

经营情况 ……………………………… (106)
委托管理 ……………………………… (106)
运输生产 ……………………………… (106)
抗灾救灾 ……………………………… (107)
规范管理 ……………………………… (107)
多元发展 ……………………………… (107)

铁 路 建 设

建设管理
综　述 ……………………………… (109)
基本建设计划完成 ……………………… (109)
重点项目建成投产 ……………………… (109)
成都至都江堰铁路开工 ………………… (109)
渝利铁路开工 …………………………… (109)
成绵乐铁路客运专线暨新建铁路成都东
　客站开工 ……………………………… (109)
质量信誉评价 …………………………… (109)
安全质量大检查 ………………………… (109)
规章制度修改完善 ……………………… (109)
招投标工作 ……………………………… (110)
执法监察工作 …………………………… (110)
建设管理人员培训 ……………………… (110)
工程质量监督
综　述 ……………………………… (110)
首次监督会 ……………………………… (110)
参加全路建设工程质量现场会议 ……… (110)
业务培训 ………………………………… (111)
监督检测 ………………………………… (111)
质量安全举报处理 ……………………… (111)
达成铁路扩能改造
综　述 ……………………………… (111)
沿线频发阻工事件 ……………………… (111)
参加广岳铁路抗震抢险 ………………… (111)
"6·30"开通动员 ……………………… (111)
指导性施工组织设计调整 ……………… (111)
南充前线指挥组组建 …………………… (112)
"大战100天"活动 …………………… (112)
云顶隧道贯通 …………………………… (112)
推进铁路建设标准化管理工作 ………… (112)
　基建大中型建设项目投资完成情况 …… (112)
成都集装箱中心站建设
综　述 ……………………………… (112)
建设指挥部成立 ………………………… (113)
工程招标 ………………………………… (113)
开工准备 ………………………………… (113)
工程开工 ………………………………… (113)
"12·31"开通安排 …………………… (113)
成都东客站及相关工程
综　述 ……………………………… (113)
建设指挥部成立 ………………………… (114)
前期工作 ………………………………… (114)
初步设计审查 …………………………… (114)
工程招标 ………………………………… (114)
工程开工 ………………………………… (114)
销号项目
综　述 ……………………………… (114)
结余资金清理 …………………………… (114)
遗留问题处理 …………………………… (114)
资产移交 ………………………………… (114)
档案整理 ………………………………… (114)
遂渝铁路水土保持设施通过国家竣工
　验收 …………………………………… (114)
襄渝铁路二线建设
综　述 ……………………………… (114)
投资完成 ………………………………… (115)
站前工程形象进度 ……………………… (115)
铺架、制梁工程形象进度 ……………… (115)
站后工程形象进度 ……………………… (115)
施工安全 ………………………………… (115)
工程质量 ………………………………… (115)
征地拆迁 ………………………………… (115)
建设管理 ………………………………… (115)
标准化管理 ……………………………… (116)

计划财务管理 …………………………… (116)
投资控制 ………………………………… (116)
重庆集装箱中心站建设
项目单元 ………………………………… (116)
投资完成及形象进度 …………………… (116)
遂渝铁路二线建设
项目概况 ………………………………… (116)
主要技术标准 …………………………… (116)
投资完成及形象进度 …………………… (117)
征地拆迁 ………………………………… (117)
渝利铁路建设
综　述 …………………………………… (117)
公司组建 ………………………………… (117)
工程进度 ………………………………… (117)
整章建制 ………………………………… (117)
安全质量 ………………………………… (117)
南涪铁路建设
综　述 …………………………………… (117)
公司组建 ………………………………… (118)
工程进度 ………………………………… (118)
渝怀铁路建设
收尾配套工程 …………………………… (118)
国家验收准备工作 ……………………… (118)
土地办证 ………………………………… (118)
固资移交 ………………………………… (118)
黔桂铁路扩能改造
综　述 …………………………………… (118)
工程进度 ………………………………… (118)
安全质量 ………………………………… (118)
技术管理 ………………………………… (118)
征地拆迁 ………………………………… (118)
建设管理 ………………………………… (119)
检查地震造成工程隐患 ………………… (119)
建设工作会议 …………………………… (119)
预防职务犯罪 …………………………… (119)
突破瓶颈工程 …………………………… (119)
路局现场办公 …………………………… (119)
龙里至都匀段开通 ……………………… (119)
部省会谈 ………………………………… (119)
部省会谈精神落实 ……………………… (119)
路局动员大会 …………………………… (119)
贵阳枢纽扩建工程
工程投资进度 …………………………… (119)
安全质量可控 …………………………… (119)
技术管理 ………………………………… (119)
征地拆迁 ………………………………… (119)
建设工作会议 …………………………… (119)
安路生局长检查贵阳枢纽 ……………… (120)
贵阳枢纽站后受标 ……………………… (120)
贵阳枢纽征地拆迁专题会议 …………… (120)
部运输局调研 …………………………… (120)
六沾复线建设
概　况 …………………………………… (120)
投资及进度 ……………………………… (120)
安全质量管理 …………………………… (120)
技术管理 ………………………………… (120)
征地拆迁 ………………………………… (120)
建设管理 ………………………………… (120)
建设工作会 ……………………………… (120)
外资审计 ………………………………… (120)
六沾复线首次接受国家审计 …………… (120)
阿子沟隧道抢险 ………………………… (120)
株六复线剩余工程
概　况 …………………………………… (120)
工程进度 ………………………………… (120)
省政府专题会议 ………………………… (120)
贵广铁路建设
综　述 …………………………………… (120)
项目可行性研究获批复 ………………… (121)
定测及初步设计 ………………………… (121)
站前工程全面开工 ……………………… (121)
公司组建 ………………………………… (122)
信息化建设管理 ………………………… (122)
标准化管理 ……………………………… (122)
廉政建设 ………………………………… (122)
黄织铁路建设
综　述 …………………………………… (122)
投资及工程进度 ………………………… (122)

控制工程及重点工程形象进度 …………（123）
安全生产 1 000 天 …………（123）
技术型人才队伍 …………（123）
股东资本金 …………（123）
各股东资本金到位情况 …………（123）
贷　款 …………（123）
资金管理 …………（124）
严重凝冻灾害迫使全线停工 …………（124）
灾后重建 …………（124）
突　泥 …………（124）
安全生产会 …………（124）
磨雄隧道止水方案专家研讨会 …………（124）
股东会、董事会、监事会会议 …………（124）
公司董事长、董事、监事变更 …………（125）
股东代表视察工地 …………（125）
股东更名 …………（125）
路局领导现场办公 …………（125）
重点工程磨雄高瓦斯隧道贯通 …………（125）
织金站扩大站房规模 …………（125）
织金站同步建设战略装车点 …………（125）
监理信用评价 …………（125）
物资招标 …………（125）
乐巴铁路建设
综　述 …………（125）
建设管理 …………（125）
股东会、董事会、监事会召开 …………（126）
成绵乐铁路客运专线建设
综　述 …………（126）
成都市域铁路建设
综　述 …………（127）
组织机构 …………（127）
卢春房副部长视察 …………（127）
李春城书记视察 …………（127）
股东会、董事会、监事会召开 …………（127）
开工动员大会 …………（127）
投资完成情况 …………（127）
资金监管 …………（128）
建设管理 …………（128）
征地拆迁取得成效 …………（128）
工程质量 …………（128）
施工安全 …………（128）
安全质量大检查活动 …………（128）
施工、监理合同签订 …………（128）
成都枢纽成昆铁路货车外绕线建设
综　述 …………（129）
组织机构 …………（129）
投资完成情况 …………（129）
开工动员大会 …………（129）
建设管理 …………（129）
征地拆迁 …………（129）
工程质量 …………（129）
施工安全 …………（129）
施工、监理合同签订 …………（130）
住房建设
综　述 …………（130）
安靖花园 …………（130）
火车南站一号地块 …………（130）
渝铁·九龙苑 …………（130）
渝铁家苑 …………（130）
六盘水凤凰小区 …………（130）
都江堰灾后重建 …………（130）
设计鉴定
综　述 …………（130）
设计文件审查鉴定 …………（130）
工程设计文件审查鉴定情况 …………（131）
大中型基建项目前期工作 …………（131）
技术协调及变更设计 …………（131）
抗震救灾善后工作 …………（131）
专用线及跨线工程审批 …………（131）
安全标准线建设 …………（131）
优化运输组织 …………（132）

经 营 管 理

计划统计

综　述 ……………………………… (134)

更新改造投资计划 ……………………… (134)

设备管理 ……………………………… (134)

小汽车定编管理 ……………………… (134)

部省纪要签订配合工作 ……………… (134)

大中型基建项目前期工作 …………… (134)

基本建设计划管理 …………………… (135)

发展规划编制 ………………………… (135)

运输主要计划指标 …………………… (135)

客货运输营销管理 …………………… (136)

局运输营销预算计划完成情况 ……… (137)

能源消耗 ……………………………… (138)

2008 年与 2007 年能源消耗对照 ……… (138)

节能投资 ……………………………… (139)

环保指标考核 ………………………… (139)

工业用水及废水排放对照 …………… (139)

锅炉燃料及污染物排放对照 ………… (139)

污染源治理 …………………………… (140)

环境监测 ……………………………… (140)

统计分析 ……………………………… (140)

统计执法检查 ………………………… (140)

经济普查 ……………………………… (140)

工业计划 ……………………………… (140)

财务管理

综　述 ……………………………… (140)

运输营业收入 ………………………… (141)

运输总支出 …………………………… (141)

经营业绩考核效益指标完成情况 …… (141)

固定资产 ……………………………… (141)

抗灾救灾及灾后重建 ………………… (141)

预算管理 ……………………………… (142)

资金管理 ……………………………… (142)

国有资产管理 ………………………… (142)

国有产权管理 ………………………… (142)

审计检查协调配合 …………………… (143)

基本建设投资资金 …………………… (143)

达成托管财务管理 …………………… (143)

会计工作规范化 ……………………… (143)

财会队伍建设 ………………………… (143)

财务集中核算 ………………………… (144)

财务信息化建设 ……………………… (144)

财会学会 ……………………………… (144)

收入稽查

综　述 ……………………………… (144)

运输收入完成情况 …………………… (144)

成都铁路局运输总收入完成情况 …… (144)

成都铁路局运输站段运输收入完成情况 ……………………………… (145)

抗震救灾 ……………………………… (145)

达成公司收入管理托管 ……………… (146)

稽核队整合 …………………………… (146)

收入预算管理 ………………………… (146)

收入基础管理 ………………………… (146)

进款资金和票据安全 ………………… (146)

堵漏保收 ……………………………… (146)

票据审核 ……………………………… (147)

运输收入专项检查 …………………… (147)

收入稽查 ……………………………… (147)

三项杂费收取 ………………………… (147)

劳动工资

综　述 ……………………………… (147)

抗击自然灾害服务保障 ……………… (147)

生产资源整合 ………………………… (147)

机构编制管理 ………………………… (148)

劳动组织改革 ………………………… (148)

劳动用工管理 ………………………… (148)

收入分配规范 ………………………… (149)

职工队伍建设 ………………………… (149)

劳资基础建设 ………………………… (150)

卫生防疫

综　述 ……………………………… (150)

抗击冰雪凝冻卫生保障 …………………… (150)
抗震救灾 ……………………………………… (150)
伤员转运卫生保障 ………………………… (150)
奥运铁路卫生保障 ………………………… (150)
食品安全“回头看”活动 ………………… (150)
普通旅客列车专项治理 …………………… (150)
应急管理 ……………………………………… (150)
卫生管理基础建设 ………………………… (151)
人事管理
综　述 ………………………………………… (151)
干部队伍总数 ……………………………… (151)
十七大精神轮训工作 ……………………… (151)
领导干部调整 ……………………………… (151)
领导干部履职监督 ………………………… (151)
局机关干部队伍建设 ……………………… (152)
技能人才竞聘专业技术岗位 ……………… (152)
专业职务评审 ……………………………… (152)
专家队伍建设 ……………………………… (152)
大学生接收分配 …………………………… (152)
大学生早期培养 …………………………… (152)
干部培训 ……………………………………… (152)
路局干部“五条禁令” …………………… (152)
干部人事制度改革 ………………………… (153)
管理和专业技术人员公开选拔 …………… (153)
岗位定期考核续聘 ………………………… (153)
人事基础管理 ……………………………… (153)
“讲党性、重品行、作表率”活动……… (153)
定点扶贫 ……………………………………… (153)
物资管理
综　述 ………………………………………… (154)
大宗重要物资设备采购供应 ……………… (154)
大宗报废物资设备销售 …………………… (154)
救灾抢险物资供应 ………………………… (154)
采购管理制度完善 ………………………… (154)
供应商管理 …………………………………… (155)
物资管理信息化系统完善 ………………… (155)
代理制供应推行 …………………………… (155)
物资采供体制改革 ………………………… (155)
廉洁自律制度 ……………………………… (155)
审　计
综　述 ………………………………………… (156)
资金安全专项审计 ………………………… (156)
战略装车点建设项目资金审计 …………… (156)
系统审计 ……………………………………… (156)
参加部审计中心抗震救灾资金物资专项审计 ……………………………………… (156)
任期经济责任审计 ………………………… (156)
多元审计 ……………………………………… (156)
建设项目资金审计 ………………………… (157)
其他审计工作 ……………………………… (157)
审计人员继续教育 ………………………… (157)

综 合 管 理

行政管理
综　述 ………………………………………… (159)
机构设置 ……………………………………… (159)
政务值班 ……………………………………… (159)
应急管理 ……………………………………… (159)
督办调研 ……………………………………… (159)
公文管理 ……………………………………… (160)
档案管理 ……………………………………… (160)
信访工作 ……………………………………… (160)
财务管理 ……………………………………… (161)
后勤管理 ……………………………………… (161)
车队管理 ……………………………………… (161)
路风监察
综　述 ………………………………………… (162)
路风工作会议 ……………………………… (162)
关键时期路风控制 ………………………… (162)
开展路风专项检查 ………………………… (162)
路风长效机制建设 ………………………… (163)
路风暗访写实制度 ………………………… (163)
阳光政务和行风评议 ……………………… (163)

路风评先表彰 ……………………………… (164)
路风信访和路风事件 ………………………… (164)
企业管理和法律事务
综　述 ……………………………………… (164)
制度机制建设 ……………………………… (164)
企业改革 …………………………………… (164)
经营管理创新 ……………………………… (165)
依法治企 …………………………………… (165)
理论政策研究 ……………………………… (166)
自身建设 …………………………………… (166)
企业管理协会
综　述 ……………………………………… (166)
管理创新成果 ……………………………… (166)
路局保持“中国企业500强”称号 …… (166)
路局保持“四川企业100强”称号 …… (166)
优秀论文获奖 ……………………………… (167)
《成铁企业管理》出版……………………… (167)
企业管理培训 ……………………………… (167)
土地房产管理
综　述 ……………………………………… (167)
成都铁路局铁路用地基础资料 ……… (168)
干线路外安全综合整治 …………………… (168)
民心工程 …………………………………… (168)
安全生产 …………………………………… (168)
铁路小区文明建设 ………………………… (168)
安全标准线建设 …………………………… (168)
铁路用地管理 ……………………………… (169)
行车公寓管理 ……………………………… (169)
房改工作 …………………………………… (169)
抗震救灾 …………………………………… (169)
灾后复旧工作 ……………………………… (170)
社会保险管理
综　述 ……………………………………… (171)
基本养老保险缴费工资 …………………… (171)
养老金调整 ………………………………… (171)
离退休人员死亡待遇费用清算 ………… (171)
信访维护稳定 ……………………………… (171)
工伤保险信息管理 ………………………… (171)
失业保险管理 ……………………………… (171)
定点医疗机构增加 ………………………… (171)
医疗保障水平提高 ………………………… (171)
企业年金启动准备 ………………………… (172)
基金管理 …………………………………… (172)
社保工作业务流程专项检查 …………… (172)
抗震救灾 …………………………………… (172)
宣传培训 …………………………………… (172)
社保增收节支 ……………………………… (172)
离退休职工管理
综　述 ……………………………………… (172)
老战士协会 ………………………………… (172)
参观考察 …………………………………… (172)
离退休片区工作 …………………………… (173)
抗震救灾 …………………………………… (173)
“双先”表彰……………………………… (173)
政策待遇 …………………………………… (173)
业务培训 …………………………………… (173)
全局离休干部基本情况 ……………… (173)
全局退休干部基本情况 ……………… (173)
全局退休职工基本情况 ……………… (174)
全局离退休组织情况 ………………… (174)
全局离退休工作情况 ………………… (174)
关心下一代工作
综　述 ……………………………………… (174)
调研工作 …………………………………… (174)
抗震救灾 …………………………………… (174)
读书活动 …………………………………… (174)
青工技术业务教育 ………………………… (175)
青工法制宣传教育 ………………………… (175)

多 元 经 济

多元经营
综　述 ……………………………………… (177)
企业整合重组 ……………………………… (177)
财务管理 …………………………………… (177)

劳动工资及社保管理 …………………… (178)
行业规范管理 …………………………… (179)
工商物价及路风管理 …………………… (179)
合同管理 ………………………………… (179)
法律事务 ………………………………… (180)
计划统计 ………………………………… (180)
经营管理 ………………………………… (180)
新产品开发 ……………………………… (180)
质量管理 ………………………………… (180)
设备管理 ………………………………… (180)
工业管理 ………………………………… (180)
制度建设 ………………………………… (181)
安全管理 ………………………………… (181)
抗冰雪凝冻灾害 ………………………… (181)
汶川特大地震抢险救灾 ………………… (181)
多元经营实现历史性突破 ……………… (181)
客票代售管理 …………………………… (181)
经济适用房、限价房建设 ……………… (181)
道砟生产供应 …………………………… (182)
物资供应、生活服务 …………………… (182)
房建企业任务完成 ……………………… (182)
战略装车点建设 ………………………… (182)
项目开发 ………………………………… (182)
土地资源利用 …………………………… (182)
闲置资产开发利用 ……………………… (183)
审计监督 ………………………………… (183)
和谐企业建设 …………………………… (183)
集经工作 ………………………………… (183)
离退休工作 ……………………………… (183)

工业生产

综　述 …………………………………… (183)

集体经济

综　述 …………………………………… (184)
送温暖活动 ……………………………… (184)
退休人员增加基本养老金 ……………… (184)
集经职工收入调增 ……………………… (184)
工商执照年检 …………………………… (184)
集体企业经营管理考核 ………………… (184)
安全反思检查 …………………………… (184)
岗位培训 ………………………………… (185)
抗震救灾 ………………………………… (185)
救灾物资运输 …………………………… (185)
救灾产品生产 …………………………… (186)
绵阳车站临时候车室 …………………… (186)
职工受损房屋调查 ……………………… (186)
受损房屋复旧加固 ……………………… (186)
会计基础规范化检查 …………………… (186)
企业重组整合 …………………………… (186)
特种设备管理 …………………………… (186)
奥运卫生保障 …………………………… (186)
集体企业移交 …………………………… (187)
主要综合指标排名 ……………………… (187)
工伤保险市级统筹 ……………………… (187)
学习实践活动 …………………………… (187)
超龄人员参保办理 ……………………… (187)
信访突出问题专题分析 ………………… (187)
综合业绩考核 …………………………… (187)
补充指导性意见 ………………………… (187)
难点问题及建议解决方案 ……………… (188)
安全基础管理 …………………………… (188)
社会保险缴费 …………………………… (188)
信访稳定工作 …………………………… (188)
　集体经济主要指标完成情况 ………… (188)

教育·科技·文化

职工教育

综　述 …………………………………… (190)
制度建设 ………………………………… (190)
职教工作年度考核 ……………………… (190)
春、暑运临客人员培训 ………………… (190)
“蓝箭”号动车组人员培训 …………… (190)

主要行车工种人员全局统考 …………… (190)
营业线施工人员培训 …………………… (190)
救援培训 ……………………………… (190)
“新职、晋升、转岗”培训 …………… (191)
重点培训项目 ………………………… (191)
《技规》题库建设 …………………… (191)
安全管理“红线”专项培训 ………… (191)
复退军人专业学历教育 ……………… (191)
成人中专联合办学 …………………… (191)
推荐入伍文化测试 …………………… (191)
培训教材和多媒体课件开发 ………… (191)
师资培训 ……………………………… (191)
教师节表彰 …………………………… (192)
职工培训电教化 ……………………… (192)
安全大反思 …………………………… (192)
职工教育刊物 ………………………… (192)
综合技术管理
综　述 ………………………………… (192)
组织编制列车运行图 ………………… (192)
LKJ 线路基础数据管理 ……………… (192)
铁路建设整治达标 …………………… (192)
安全标准线建设 ……………………… (192)
限界管理 ……………………………… (193)
5 000吨货物列车牵引试验 ………… (193)
动车组实车试验 ……………………… (193)
科技管理办法修订 …………………… (193)
科研开发经费 ………………………… (193)
科技推广 ……………………………… (193)
科技成果鉴定、评定 ………………… (193)
　科技成果鉴定、评定项目 ………… (193)
CP－3Ⅱ型旅客列车尾部安全防护装置 …… (196)
SZT－8 智能钢轨探伤仪 …………… (196)
机车整备管理系统 …………………… (196)
行车规章管理信息系统 ……………… (196)
规章制度建设 ………………………… (196)
《行规》修改 ………………………… (196)
群众性质量管理活动 ………………… (197)
客货运输窗口单位用户评价调查 …… (197)
计量标准考核 ………………………… (197)
计量人员培训 ………………………… (197)
《成铁科技》发行 …………………… (197)
成都铁路局计量所 …………………… (197)
科　研
综　述 ………………………………… (197)
JYC－Ⅰ型便携式电力机车硅机组在线均压
　检测装置 …………………………… (197)
危险货物无线标识系统 ……………… (198)
无砟轨道路基工后沉降长期观测 …… (198)
无砟轨道小型养路系列机具研究 …… (198)
铁路液压机具综合试验台 …………… (198)
遂渝线无砟轨道桥涵测试 …………… (198)
LAYJ－Ⅱ型列车安全预警装置 ……… (198)
铁路道岔电热融雪除冰装置 ………… (198)
散装及散堆煤防扬尘高效覆盖技术 … (198)
电力机车牵引电机电流频率变换装置 … (198)
无砟轨道折断螺栓拔出装置 ………… (199)
铁路中间站防溜监测系统 …………… (199)
《行规》多媒体课件 ………………… (199)
无砟轨道混凝土裂缝测量仪 ………… (199)
干部在线学习及考试系统 …………… (199)
科技成果转化 ………………………… (199)
日常维护工作 ………………………… (199)
信息技术
综　述 ………………………………… (199)
调度系统 ……………………………… (200)
机房建设 ……………………………… (200)
货票系统 ……………………………… (200)
其他应用维护工作 …………………… (200)
工程设计 ……………………………… (200)
网络维护 ……………………………… (201)
新线建设 ……………………………… (201)
获奖情况 ……………………………… (201)
四川省铁道学会
综　述 ………………………………… (201)
学术交流 ……………………………… (201)
专委会（分会）工作 ………………… (202)
科普活动 ……………………………… (202)
期刊编辑 ……………………………… (202)
组织工作 ……………………………… (202)

西南铁道报
综　述 …………………………………… (203)
重要新闻报道 ……………………………… (203)
重大事件报道 ……………………………… (203)
重点工作报道 ……………………………… (203)
数字报在全路率先开通 …………………… (204)
有线电视
综　述 …………………………………… (204)
全路联网联播节目报送 …………………… (204)
全局电视系统通联工作 …………………… (204)
获奖节目 ………………………………… (204)
史志工作
综　述 …………………………………… (204)
《成都铁路局年鉴》2008 年卷出版 …… (205)
供稿任务 ………………………………… (205)
资料整理 ………………………………… (205)
地方志资料供稿 ………………………… (205)
资料查阅服务 …………………………… (205)
论文交流 ………………………………… (205)
修志计划 ………………………………… (205)
岗位职责修订 …………………………… (205)

政 治 工 作

局党委工作
综　述 …………………………………… (207)
局党委十届九次全委会 ………………… (208)
局第十一次党员代表大会 ……………… (208)
局党委十一届一次全委会 ……………… (208)
党务综合管理
综　述 …………………………………… (208)
文秘工作 ………………………………… (209)
信息调研工作 …………………………… (209)
保密工作 ………………………………… (209)
党建工作
综　述 …………………………………… (209)
深入学习实践科学发展观活动 ………… (209)
抗灾救灾 ………………………………… (210)
先进典型 ………………………………… (210)
“安全屏障”工程 ……………………… (210)
深化“建绿色通道，为党旗添彩”活动 … (211)
党支部书记能力建设 …………………… (211)
帮扶慰问工作 …………………………… (211)
党员发展 ………………………………… (211)
宣　传
综　述 …………………………………… (211)
抗灾救灾宣传 …………………………… (212)
学习实践科学发展观 …………………… (212)
安全生产宣传 …………………………… (213)
改革形势任务宣传 ……………………… (213)
思想政治建设 …………………………… (213)
对外新闻宣传 …………………………… (213)
“扫黄打非”工作 ……………………… (213)
文明建设和侨务统战 …………………… (213)
纪检·监察
综　述 …………………………………… (214)
重点整治 ………………………………… (214)
惩防体系建设 …………………………… (214)
源头治理 ………………………………… (214)
案件查处 ………………………………… (214)
执法监察、效能监察 …………………… (214)
党风廉政建设责任制落实 ……………… (215)
纪检干部培训 …………………………… (215)
党风廉政建设状况民意调查 …………… (215)
局属单位纪委书记述职 ………………… (215)
全局纪委书记会议 ……………………… (215)
干部教育培训
综　述 …………………………………… (215)
学习实践科学发展观活动 ……………… (216)
教学科研 ………………………………… (216)
干部培训 ………………………………… (216)
校风校纪建设 …………………………… (216)
机关党委工作
综　述 …………………………………… (216)

理论学习 …………………………………… (217)
思想建设 …………………………………… (217)
组织建设 …………………………………… (217)
作风建设 …………………………………… (217)
党风廉政建设 ……………………………… (217)
机关工会工作 ……………………………… (217)
工　　会
综　述 ……………………………………… (218)
工会工作获奖 ……………………………… (218)
工会信息调研 ……………………………… (219)
文联工作 …………………………………… (219)
“三不让”专项资金 ………………………… (219)
工会经费拨缴 ……………………………… (219)
工会资产产权登记 ………………………… (219)
工会财务监督 ……………………………… (219)
财务工作表彰 ……………………………… (219)
审计审查 …………………………………… (219)
局工会十届二次全委会 …………………… (219)
工会主席研讨会 …………………………… (219)
局职代会及职代会联席会 ………………… (220)
厂务公开工作 ……………………………… (220)
集体合同工作 ……………………………… (220)
职工之家建设 ……………………………… (220)
工会干部培训 ……………………………… (220)
“三不让”民心工程 ………………………… (221)
火车头送温暖活动 ………………………… (221)
农民工运输服务 …………………………… (221)
温暖真情、诚信春运活动 ………………… (221)
生活线、文化线建设 ……………………… (221)
劳动争议处理 ……………………………… (221)
“送温暖、献爱心”捐赠活动 ……………… (222)
女职工工作“两大”工程 ………………… (222)
女职工工作获奖 …………………………… (222)
“三八”节表彰 ……………………………… (222)
帮困助学工作 ……………………………… (222)
维护女职工特殊权益 ……………………… (222)
女职工工作调研 …………………………… (222)
“十一五”建功立业竞赛活动 ……………… (222)
安全宣教系列活动 ………………………… (222)
群众保安全系列活动 ……………………… (222)
“安康杯”竞赛活动 ………………………… (223)
文体工作 …………………………………… (223)
团　　委
综　述 ……………………………………… (223)
青年思想教育 ……………………………… (223)
基层团组织建设专题调研 ………………… (223)
团十六大精神宣讲 ………………………… (224)
青工安全大反思、大检查活动 …………… (224)
春运主题活动 ……………………………… (224)
抗击雨雪冰冻灾害 ………………………… (224)
抗震救灾 …………………………………… (224)
路地共建保安全 …………………………… (225)
青工创新创效 ……………………………… (225)
服务青年 …………………………………… (225)
团的自身建设 ……………………………… (225)
深入学习实践科学发展观 ………………… (225)
十三届六次全委（扩大）会议 …………… (225)
荣誉称号 …………………………………… (226)

政治·人武

公　　安
综　述 ……………………………………… (228)
机构设置 …………………………………… (228)
国内安全保卫 ……………………………… (228)
严厉打击恶性、重特大刑事犯罪 ………… (228)
“春雷行动” ………………………………… (228)
抗击冰雪灾害 ……………………………… (228)
抗震救灾 …………………………………… (229)
奥运安保 …………………………………… (229)
打击毒品犯罪 ……………………………… (230)
打击经济违法犯罪活动 …………………… (230)
站车缉逃 …………………………………… (230)

刑事技术 ……………………………………（230）
治安管理 ……………………………………（230）
打击票贩子 …………………………………（230）
消防监管 ……………………………………（230）
内部保卫 ……………………………………（230）
警卫工作 ……………………………………（231）
法制工作 ……………………………………（231）
监所管理 ……………………………………（231）
计算机安全监控 ……………………………（231）
信息网络建设和管理 ………………………（231）
信访工作 ……………………………………（231）
基层基础建设 ………………………………（231）
“三基”工程建设……………………………（231）
派出所等级评定 ……………………………（232）
思想政治工作 ………………………………（232）
纪检·监察 …………………………………（232）
警务督察 ……………………………………（233）
领导班子建设 ………………………………（233）
干部人事制度改革 …………………………（233）
党组织建设 …………………………………（233）
争先创优 ……………………………………（233）
宣传报道 ……………………………………（233）
民警培训 ……………………………………（233）
从优待警 ……………………………………（234）
检　　察
综　述 ………………………………………（234）
打击刑事犯罪 ………………………………（234）
抗震救灾 ……………………………………（234）
宽严相济刑事司法政策贯彻 ………………（235）
公诉工作机制改革 …………………………（235）
贪污贿赂案件查办 …………………………（235）
渎职侵权案件查办 …………………………（235）
侦查一体化 …………………………………（235）
预防职务犯罪 ………………………………（235）
侦查监督 ……………………………………（235）
提前介入和引导侦查 ………………………（235）
立案监督 ……………………………………（236）
站车交接案件 ………………………………（236）
刑事审判监督 ………………………………（236）
“四庭”活动……………………………………（236）
监所检察 ……………………………………（236）
超期预警 ……………………………………（236）
刑事申诉检察 ………………………………（236）
群众来信来访处理 …………………………（236）
“文明接待室”创建活动……………………（237）
举报宣传 ……………………………………（237）
民行检察 ……………………………………（237）
检察技术 ……………………………………（237）
工作方法创新 ………………………………（237）
检察委员会工作 ……………………………（237）
理论调研 ……………………………………（237）
适用法律研究 ………………………………（237）
“三省市”涉铁案件管辖意见………………（237）
人民监督员 …………………………………（237）
司法警察工作 ………………………………（238）
专项教育活动 ………………………………（238）
干部教育培训 ………………………………（238）
“三位一体”机制建设………………………（238）
纪检·监察工作 ……………………………（238）
检务督查 ……………………………………（238）
法　　院
综　述 ………………………………………（238）
刑事审判 ……………………………………（238）
民事审判 ……………………………………（239）
立案工作 ……………………………………（239）
执行工作 ……………………………………（239）
审判监督 ……………………………………（239）
教育培训 ……………………………………（239）
审判调研 ……………………………………（239）
调解工作 ……………………………………（239）
典型案例报告会 ……………………………（240）
大学习大讨论活动 …………………………（240）
涉诉信访工作 ………………………………（240）
审判机制建设 ………………………………（240）
裁判文书上网 ………………………………（240）
庭审同步录像 ………………………………（240）
审务效能督查 ………………………………（240）
法官办案档案建立 …………………………（240）
荣　誉 ………………………………………（240）
胡国荣故意杀人案 …………………………（240）

杨永茂贪污巨额公款案 …………………… (241)
刘明扬特大团伙倒卖车票案 ……………… (241)
人武·战备
综　述 ……………………………………… (241)
成都中心战备仓库竣工交验 ……………… (241)
二级目标保障方案通过评审 ……………… (242)
民兵专业应急训练 ………………………… (242)
守护部队营房整治 ………………………… (242)
成都武器库改造 …………………………… (242)
双拥优抚 …………………………………… (242)
入伍推荐 …………………………………… (242)
抗震抢险应急演练 ………………………… (242)
震后复旧 …………………………………… (242)

人　物

模范单位、人物
全国、省（市）“五一”奖章、奖状…… (244)
　全国“五一”劳动奖状 ………………… (244)
　全国“五一”劳动奖章 ………………… (244)
　四川省“五一”劳动奖状 ……………… (244)
　四川省“抗震救灾、重建家园”“五一”劳动奖状 ………………………………… (244)
　四川省“抗震救灾、重建家园”“五一”劳动奖章 ………………………………… (244)
　重庆市“五一”劳动奖章 ……………… (244)
　贵州省“五一”劳动奖状 ……………… (244)
　贵州省“五一”劳动奖章 ……………… (244)
全国、省、铁路工人先锋号 ……………… (244)
　全国工人先锋号 ………………………… (244)
　全国“抗震救灾、重建家园”工人先锋号 ………………………………… (244)
　铁路工人先锋号 ………………………… (244)
　四川省工人先锋号 ……………………… (245)
　四川省“抗震救灾、重建家园”工人先锋号 ………………………………… (245)
　贵州省工人先锋号 ……………………… (245)
部先进集体、劳动模范 …………………… (245)
　铁道部先进集体 ………………………… (245)
　铁道部抗震救灾英雄集体 ……………… (245)
　铁道部劳动模范 ………………………… (245)
　铁道部抗震救灾英雄 …………………… (245)
火车头奖章、奖杯 ………………………… (245)
　火车头奖杯 ……………………………… (245)
　抗雪灾火车头奖杯 ……………………… (245)
　火车头奖章 ……………………………… (245)
　抗雪灾火车头奖章 ……………………… (245)
新任局职干部简介
安路生 ……………………………………… (246)
邓幼平 ……………………………………… (246)
周东伟 ……………………………………… (246)
荣誉记载
中央表彰 …………………………………… (247)
铁道部政治部表彰 ………………………… (247)
　抗击雨雪冰冻灾害先进基层党组织 … (247)
　抗击雨雪冰冻灾害优秀共产党员 …… (247)
　抗震救灾先进基层党组织 …………… (247)
　抗震救灾优秀共产党员 ……………… (247)
省（市）表彰 ……………………………… (248)
　四川省委“抗震救灾先进基层党组织” … (248)
　四川省委、省政府“抗震救灾模范个人” ………………………………… (248)
　重庆市委、市政府“抗震救灾先进集体” ………………………………… (248)
　重庆市委、市政府“抗震救灾先进个人” ………………………………… (248)
　重庆市委“抗震救灾优秀党员” …… (248)
　四川省委、省政府“抗震救灾模范集体” ………………………………… (248)
省（市）部门表彰 ………………………… (248)
　四川省委组织部“抗震救灾先进个人” … (248)
　四川省国资委党委“抗震救灾先进基层党组织” ………………………… (248)
　四川省国资委党委“抗震救灾优秀

共产党员” ……………………………（248）
贵州省人事厅、国资委“抗凝冻、保民生先进集体” ……………………（248）
贵州省人事厅、国资委“抗凝冻、保民生先进个人” ……………………（248）
贵州省经贸委“抗灾救灾恢复重建先进单位” ……………………………（248）
贵州省经贸委“抗灾救灾恢复重建先进个人” ……………………………（248）
人物名表
2008年评审通过的高级专业职务人员名单 ……………………………………（249）

铁路办事处

重庆铁路办事处
综　述 ………………………………………（253）
安全生产基本情况 …………………………（253）
日常安全监督检查 …………………………（253）
安全生产专项检查 …………………………（253）
事故调查处理 ………………………………（254）
综合工作 ……………………………………（254）
党群工作 ……………………………………（254）
财务工作 ……………………………………（254）
离退休工作 …………………………………（254）
人武工作 ……………………………………（255）
贵阳铁路办事处
综　述 ………………………………………（255）
安全监察基础建设 …………………………（255）
安全大检查 …………………………………（255）
劳动安全工作 ………………………………（255）
党群工作 ……………………………………（256）

基层单位简介

主要车站
成都车站 ……………………………………（258）
成都北车站 …………………………………（258）
广元车站 ……………………………………（259）
重庆车站 ……………………………………（259）
重庆西车站 …………………………………（260）
达州车站 ……………………………………（260）
贵阳车站 ……………………………………（261）
贵阳南站 ……………………………………（261）
车务段
成都车务段 …………………………………（262）
绵阳车务段 …………………………………（262）
西昌车务段 …………………………………（263）
重庆车务段 …………………………………（264）
遂宁车务段 …………………………………（264）
内江车务段 …………………………………（264）
遵义车务段 …………………………………（265）
贵阳车务段 …………………………………（265）
凯里车务段 …………………………………（266）
六盘水车务段 ………………………………（266）
客运段
成都客运段 …………………………………（267）
重庆客运段 …………………………………（268）
贵阳客运段 …………………………………（268）
机务段
成都机务段 …………………………………（268）
重庆机务段 …………………………………（269）
贵阳机务段 …………………………………（270）
六盘水机务段 ………………………………（270）
供电段
成都供电段 …………………………………（271）
西昌供电段 …………………………………（271）

重庆供电段 …………………………… (272)
贵阳供电段 …………………………… (272)

车辆段

成都车辆段 …………………………… (273)
成都东车辆段 ………………………… (273)
重庆车辆段 …………………………… (274)
贵阳车辆段 …………………………… (275)
贵阳南车辆段 ………………………… (275)

电务段

成都电务段 …………………………… (276)
重庆电务段 …………………………… (276)
贵阳电务段 …………………………… (277)

工务段

成都工务段 …………………………… (277)
成都工务机械段 ……………………… (278)
绵阳工务段 …………………………… (279)
西昌工务段 …………………………… (280)
重庆工务段 …………………………… (280)
自贡工务段 …………………………… (281)
遂宁工务段 …………………………… (281)
涪陵工务段 …………………………… (282)
贵阳工务段 …………………………… (282)
凯里工务段 …………………………… (283)
六盘水工务段 ………………………… (284)
成都焊轨段 …………………………… (284)

疾病预防控制所

成都铁路局疾病预防控制所 ………… (285)
西昌疾病预防控制分所 ……………… (287)
重庆疾病预防控制所 ………………… (288)
贵阳疾病预防控制所 ………………… (288)
局属运输站段党政正职名单 ………… (289)

统 计 资 料

全局运输营销预算计划完成情况 ……… (293)
全局机车综合运用主要指标 ………… (203)
工业计划完成情况 …………………… (294)
投资计划完成情况 …………………… (294)
铁路桥梁 ……………………………… (294)
铁路隧道及明洞 ……………………… (294)
配属机车台数 ………………………… (294)
配属客车辆数 ………………………… (294)
全局机械动力设备 …………………… (295)

附 录

2008 年局发文目录 …………………… (297)
2008 年局党委发文目录 ……………… (339)

索 引

汉语拼音主题索引 …………………………………………………………… (343)

特载·专文

特 载 · 专 文

抢抓历史机遇 加快发展步伐 为全面开创“建设和谐成铁、实现科学发展”新局面而努力奋斗

——在局九届四次职工代表大会上的行政工作报告

安路生

（2009年1月7日）

各位代表、同志们：

下面，我向大会报告行政工作，请予审议。

一、拼搏奉献，经受考验，2008年工作成效显著

2008年是我局历史上悲喜交加、极不平静的一年。这一年，我们共同经受了百年不遇的冰雪凝冻灾害的侵袭和举世震惊的“5·12”汶川特大地震的生死考验；共同见证了百年奥运在我国首次成功举办的光辉庆典；亲身感受了全球金融风暴的猛烈袭击，共同走过了一段非同寻常、永生难忘的艰辛历程。全局各级组织、广大干部职工在部党组的正确领导下，弘扬伟大的抗灾救灾精神，以百折不挠、英勇顽强和无私奉献的团队精神，夺取了抗灾救灾的全面胜利，确保了运输安全的持续稳定，较好地完成了运输经营、企业改革、铁路建设等重点工作任务，取得了优异成绩。

抗灾救灾夺取全面胜利。年初，贵州地区及四川、重庆部分地区遭受百年不遇的冰雪凝冻灾害袭击，交通中断、通信中断、断水断电、大面积旅客滞留、重点物资全面告急。在突发自然灾害面前，险情就是命令，全局干部职工紧急动员，迅速出动，舍小家保大家，克服了超常困难，抢修设备，疏通线路，安抚旅客，抢运重点物资，展示了铁路大动脉在非常时期无可替代的巨大作用。5月12日汶川特大地震发生以后，全局各级组织和广大干部职工在大灾大难面前，临危不惧，精心组织，坚守岗位，加班加点，全面开展抢险救灾大会战，在最短时间抢通管内所有干线，通过4天4夜奋战抢通了宝成复线，打开了生命通道。在余震不断、山体滑坡、洪水肆虐的艰难条件下，始终保持着铁路大动脉的安全与畅通。全力抢运救灾物资88.4万辆，抢运伤员、医护人员12 000余人，抢运救灾部队近13万人，为夺取抗震救灾的胜利做出了突出贡献，并涌现出一大批先进集体和个人。绵阳车务段被党中央、国务院和中央军委授予全国

抗震救灾英雄集体称号，绵阳工务段党委被中组部授予抗震救灾先进基层党组织称号。全力开展抗灾自救和灾后重建，共投入灾后复旧及重建资金28.3亿元，改造修复成昆线、川黔线，提升设备质量，建成了宝成线全局首条安全标准线，完成了都江堰车站灾后重建和成汶支线恢复重建工程。妥善安置受灾职工，发挥党员干部的先锋模范作用，组织为灾区职工捐款捐物，路局拨出专门资金保证灾区职工基本生活需要，加固修复生产房屋及职工受损房屋262万平方米，开工重建职工住房80套5 600平方米，为灾区职工重建家园、安然过冬提供了可靠保障。

运输安全保持基本稳定。面对自然灾害频繁、设备基础薄弱、安全环境恶劣的局面，我们始终坚持把运输安全摆在重中之重的位置，始终坚持规范管理、强化基础、盯住关键的安全工作基本思路。颁布实施了干部“五条禁令”、“八项要求”，制定下发了安全红线“50条规定”，干部作风和职工“两纪”得到明显加强。出台实施了“三个办法、一个制度”，量化责任体系和工作标准，全面实行“月考核、季检查、半年评估、年度评比”的定期考评机制，安全管理得到进一步规范。制定实施了设备整治三年规划，扎实开展大规模设备整治，全年完成线路大修及灾后复旧清筛487公里，超过常年1倍；换岔441组，超过常年的1.4倍；铺设新轨无缝线路369公里，无缝化改造759公里，大机维修超过4 080公里，整治路基宽度不足地段2 559公里，线路质量和外观得到大幅改善，于11月首次消灭了线路失格公里。强力推进并建成宝成线首条全局安标线，线路基础、站容站貌、职工精神状态明显改观。牢牢盯控安全关键，面对余震及暴雨叠加的恶劣自然条件，先后开展了11次大规模的搜山扫石行动，防洪看守点、搜山扫石队分别增加2.2倍和3.8倍，投入1.2亿元，对重点落石滑坡地段全面加固防护网，实行日常周期、重点加密和极端天气随时检查三套制度，确保了余震和暴雨双重威胁下的防洪安全。深入开展“安全大反思、大检查”和典型事故案例教育活动，在管内9大干线集中开展路外安全百日整治行动，在全局公安干警的共同努力下，沿线治安形势进一步好转，全年路外伤亡人数同比下降46%。并确保了奥运安保和专警卫任务的圆满完成，确保了主要时期、关键部位的安全稳定。截至去年12月31日，全局实现安全生产233天。

运输经营取得新的成效。全面优化运输组织，整合运输资源，创新运输组织模式，提高运输生产效率。强化两级调度建设，整合成都北、贵阳南、重庆西编组站的车、机、辆调度职能，实现统一指挥；在所有车务站段设立调度室，强化对一线安全监控、协调生产、应急处置、信息梳理的管理；拉通全局干线机车交路，提高牵引吨数，改进调车机运用模式，提高机车运用效率；关闭宝成、沪昆线13个车站，取消部分运量小的乘降所和客车停站，进一步消除了运力制约因素。推进“两整合一建设”，新建成路企直通运输15个，战略装车点21个，与142家企业签订了战略合作协议。加强运输经营，在两大自然灾害和金融危机影响的情况下，全年共完成运输收入215.5亿元，同比增长2.2%；旅客发送量完成10 948万人，同比增长5.1%；货物发送量完成14 099万吨，同比减少5.7%；换算周转量完成1 712亿吨公里，同比增长1.5%；圆满完成抗灾救灾、重点物资和大量的军专特运输任务，确保了万无一失。

大力规范财务、计划、工资、劳动用工管理，出台了“双十条”，提高了依法经营、规范管理水平，促进了企业内部资金、资产、劳动力等各项资源合理配置，高效流动。理顺收入分配关系，完善工效挂钩办法，确保工资收入向一线职工、艰苦地区和关键岗位倾斜。全年共查堵漏收4.4亿元、物资采购节约1.16亿元、审计促进增加效益3 000万元、办理诉讼案件挽回损失上千万元。

铁路建设取得突破性进展。铁道部和“两省一市”地方政府高度重视我局铁路建设，2008年共签订7次部省（市）会议纪要。全局上下抓住机遇，加快发展，全力以赴推进铁路建设工作。黔桂新线全线开通运营，南涪、兰渝、贵广、渝利、成都东客站、成都至都江堰铁路顺利开工，达成扩能、襄渝二线、贵阳枢纽等在建项目按照新的时间进度有序推进；千方百计筹备道砟、桥梁等施工材料，大力开行工程列车，保证了铁路建设顺利推进。全年完成铁路建设投资138.7亿元，是2007年的2.4倍，开工项目数量是过去4年的总和。积极争取地方政府支持，两省一市在征地拆迁、政策优惠方面给予我们极大支持，协调8年未果的株六后巢征地拆迁历史性难题得到彻底解决。加快推进项目前期工作进度，成兰、成贵、成西客专、渝黔等众多项目前期工作进一步加速。同时，投入更新改造资金12.63亿元，强化行车安全设施设备，改善客货运服务设施，为确保安全、完成运输生产任务奠定了坚实基础。

企业改革积极稳妥推进。改革是企业发展的不竭动力，我们把提升站段直管能力作为改革的突破口，大力实施企业内部改革。对运输站段生产力布局进行微调，对达成公司实施管理模式改革，全局运输站段总数由55个减少为48个。推进生产资源、车间班组和劳动组织“三个整合”，车务站段劳动组织优化整合和人员分流安置等工作基本完成，其他系统正稳妥有序推进，站段管理关系得到进一步理顺。研究制订了标准化车间、班组、岗位的创建方案及规划，为全面强化站段自我管理能力打下坚实基础。调减局机关综合部门定员22人，增加专业部门定员20人，路局专业管理力量进一步增强。整合优化路局机关科室及附属机构，撤销成都办事处，并对重庆、贵阳办事处机构编制进行了调整，路局机关和办事处更加精干高效。

多元经营实现健康发展。推行多元企业内部改革，分离重组物资采购供应单位，推进多元企业大规模优化整合，多元法人企业由223个减少到95个。下发了《关于全面促进多元经营又好又快发展的决定》，为多元经济发展创造良好环境，形成了主业支持多元，多元经营走向市场，吸纳主业富余人员，主辅双赢的良好格局。全年多元经营实现收入128亿元，同比增长40%，实现综合效益6.05亿元，同比增长20%，其中利润1.39亿元，同比增长29%。积极吸纳主业分流人员1 883名，春运后还将吸收分流人员900名。集体经济稳步发展，全年完成经营收入15亿元，实现利润1 100万元，均超额完成年度计划。

队伍建设明显加强。不断加强和改进领导班子、干部队伍和职工队伍建设，为完成全年任务，推动改革发展提供了强有力的组织人才保障。着力转变干部作风，“5·12”以来，各级干部认真执行“五条禁令”和“八项要求”，真抓实干，主动放弃双休日和法定节假日，始终坚持奋战在抗震救灾和运输生产第一线。不断优化站段领导班子及领导干部结构，调整站段领导干部13批次582人，全局运输站段领导班子成员平均年龄、全日制大学生配备率和专业对口率均名列全路前列。强化人才引进及教育培训工作，进一步加大铁路主专业人才的引进和培训力度，全年共接收普通高校毕业生近500名；抓好专业骨干队伍建设，在40个运输站段开展技能人才竞聘专业技术岗位工作；全面实施培训提素工程，全年共培训各级各类干部1万余人次，完成运输岗位职工各类培训15.8万人次。优化运输岗位，推进竞争上岗，促进了职工学技术、钻业务的积极性，干部职工队伍整体素质普遍提高。

职工生活进一步改善。坚持以人为本、关注民生，着力从提高职工收入、推进安居工程、整治小区环境、深化“两线”建设、落实“三不让”承诺等方面开展工作，想方设法解决职工群众最关心、最现实、最直接的利益问题。职工平均收入同比增长18.1%；切实关心受灾职工生活，落实住宅房屋灾后复旧工程，保证受灾职工顺利过冬过节；拟用3年时间修建职工住房2万套，去年已开工建设4 500套；开展文明小区建设，投资860万元，先期对56个铁路小区（院落）进行全面整治，还将对全局235个铁路小区进行全面整治，春节前完成；利用宝成线安标线建设的契机，大力推进全局“文化线、生活线”建设，投入900余万元，为1 200多个站区配置和更新了生活文化设备4 000余台（件），切实改善了基层职工的生活和文体活动条件；落实“三不让”承诺，全年共救助困难职工6 700余户4万余人次、救助重病职工近7 000人次，资助困难职工子女上学近2 500人次，共支付救助金5 770余万元；共救助因灾致困职工及家庭1 739户，并对1.5万余人次的职工提供扶贫和大病借款资助1 350万元。

精心绘制发展蓝图。从去年7月份开始，根据和谐铁路建设的总体目标，结合贯彻《中长期铁路网规划》、《铁路十一五规划》、川黔渝“两省一市”国民经济和社会发展规划，以及部省（市）会谈纪要精神，我们着眼长远，谋划未来。经过反复调研论证、反复修订，确立了“建设和谐成铁、实现科学发展”的发展思路，明确了2008年至2012年我局发展“七大目标、十项任务”的宏伟蓝图，为我局今后几年特别是今年的工作明确了任务，指明了方向。广大干部职工对我局未来的发展前景充满信心，正以高昂的斗志为实现这一宏伟目标而扎实工作。

同时，我们还统筹兼顾地抓好了审计监督、廉政建设、物资管理、卫生环保、离退休、人武、路风、信访稳定和公检法等工作，全局整体工作保持健康发展的良好态势，取得了较好的成绩。这些成绩的取得，是部党组正确领导、“两省一市”党委政府关心支持的结果；是全局党政工团各级组织和广大干部职工众志成城、团结拼搏、苦干实干、无私奉献的结果；是全局干部职工用汗水和鲜血、甚至生命换来的，成绩来之不易。在此，我代表路局党政工团组织向在座的各位，并通过你们向全局干部职工、职工家属、离退休老同志、军代处官兵、公检法战线干警，表示衷心的感谢，并致以崇高的敬意！

回顾过去一年走过的艰辛历程，总结过去一年的工作，我们深切地体会到：之所以能够两度战胜特大自然灾害、夺取抗灾救灾的全面胜利，之所以能在极度艰难条件下确保运输安全、完成各项重点任务，之所以能稳步推进我局的改革与发展、并不断取得新的突破，其根本原因是我们始终坚持用科学发展观统领各项工作，紧紧依靠我们这支特别能战斗、特别能吃苦的干部职工队伍，凝聚全局的智慧和力量，克服了意想不到的重重困难，战胜了巨大灾难、赢得了发展机遇。

第一，必须始终坚持把加快发展作为我们建设和谐成铁、实现科学发展的第一要务。过去一年，无论我们面临怎样的困难和挑战，都坚持用科学发展观统筹各项工作，既抓抗震救灾又坚定不移地推进发展，既理清了发展思路又制订了发展规划。两场特大自然灾害之后，我们变困难为动力，变被动为主动，抓住灾后重建的机遇，大力提升设备质量，全面加快建设步伐，积极应对金融危机，深入挖掘运输潜力，努力提升运输效率和效益。实践证明，只要我们始终坚持科学发展，在各种有利或不利情况下都坚定不移地加快发展，就一定能改变我局的落后面貌，就一定能开创和谐成铁建设新局面。

第二，必须始终坚持把改革创新作为我们建设和谐成铁、实现科学发展的不竭动力。过去一年，我们坚持用改革创新解决各种深层次、根源性问题，敢于打破传统思维，敢于迈出超常步伐，不但推进各项工作取得了新的突破，而且用改革创新推动了思想观念转变，用改革创新完善了管理体制，用改革创新解决了与新体制、新布局不适应的种种问题，整体工作符合部党组要求，符合时代和形势发展要求。实践再次证明，只有坚持改革创新，以创新促改革，以改革促发展，才能扫除前进道路上的重重障碍，才能实现新的更大的发展。

第三，必须始终坚持把确保运输安全作为建设和谐成铁、实现科学发展的根本保证。过去一年，无论在山崩地裂、江河改道、日月变色的灾害面前，还是在深度挖潜、改革攻坚、大规模建设的最繁忙时期，我们首先想到的是安全，首先守住的也是安全。正因为有了安全稳定的环境，我们才能集中精力应对大灾大难的种种考验，才能全力攻克改革与发展的重重难关。实践告诉我们，没有一个安全稳定的环境，什么事情都干不成。要推进和谐成铁建设，必须始终把确保运输安全作为推进各项工作的根本保证。

第四，必须始终坚持把人民利益和社会效益作为建设和谐成铁、实现科学发展的基本前提。无论是抗击冰雪凝冻灾害还是艰苦卓绝的抗震救灾，无论是地方灾后重建还是抵御金融风暴袭击，我们始终坚持把人民利益、社会效益放在首位，举全局之力完成了抢运救灾部队、转运地震伤员和重点物资运输等任务，赢得了各级地方党委、政府的充分肯定和广大企业、社会各界及人民群众的高度评价。营造了社会关心、支持我局发展的良好环境，支持铁路建设的力度进一步加大，为大规模铁路建设、大力度修建职工住房等工作的顺利推进创造了很好的机遇。实践证明，坚持人民铁路为人民，全力服务地方经济发展，既是铁路企业的重要职责，也是铁路赖以发展的重要基础和前提。

第五，必须始终坚持以人为本，切实把职工群众的切身利益与建设和谐成铁、实现科学发展紧密地结合起来。过去一年，广大干部职工在抗灾救灾、生产经营、改革发展各条战线上，迸发出极大的热情和积极性，经受了生与死的考验，始终坚守岗位、苦干实干、拼搏奉献。全局各级组织坚持把广大职工群众的切身利益放在首位，把职工答不答应、满不满意作为准绳，努力提高职工收入待遇，集中力量解决受灾职工及家庭吃、住、饮水等问题，千方百计解决职工住房、异地通勤等困难，竭尽所能改善工作环境。实践证明，只要坚持以人为本，只要全心全意依靠广大干部职工，就一定能形成推进发展的强大合力，就一定能凝聚人心，就一定能充分发挥职工群众的积极性和创造性，就一定能攻克一道又一道难关，夺取一个又一个胜利。

第六，必须始终坚持党政工团各级组织齐抓共干，凝聚建设和谐成铁、实现科学发展的强大合力。过去一年，不管面临怎样的艰难局面和严峻考验，我们始终坚持依靠和发挥党政工团各级组织的优势和作用，充分调动了各方积极性和主动性，始终保证了在大灾大难面前全局各项工作的积极稳步有序推进。实践证明，在推进建设和谐成铁、实现科学发展的伟大征程上，我们必须坚持发挥党政工团各级组织的作用，调动各方积极性和主动性，凝聚强大合力，形成齐抓共干的良好局面，为全局各项工作提供更强有力的组织保证、舆论环境和智力支持。

多灾多难的 2008 年已经过去，在看到成绩的同时，我们必须清醒地看到存在的问题和不足。安全基础薄弱，行车设备落后，确保运输安全的压力非常大；地方经济社会发展、灾后重建等对铁路运输寄予厚望，运输能力还明显不足，运力未能很好释放，还不适应社会的需求；经营管理粗放，管理结构不尽合理，直管站段的效果还不明显；干部职工队伍素质不高，与形势发展要求不相适应；职工群众对住房、工作环境等生产生活条件期望值较高，多年遗留的欠账较多。这些问题，必须引起我们的高度重视，切实采取有效措施，认真加以解决。

二、认清形势，抢抓机遇，切实增强“建设和谐成铁、实现科学发展”的责任感和使命感

今年是我们建设和谐成铁、实现科学发展最为关键的一年，今后一段时期也将是我局历史上发展最快、变化最大、任务最重、困难最多的时期。机遇千载难逢，任务千斤重担，考验千难万险。古人云，“天与不取，反受其咎；时至不迎，反受其殃”，全局干部职工务必要进一步认清形势，抓住机遇，迎难而上，攻坚克难，举全局之力全面推进“建设和谐成铁、实现科学发展”的七大目标和十项任务。至2012年，我局将发生七个方面翻天覆地的巨大变化，实现历史性新跨越。

路网完善发达。至2012年，我局还将新开工26个项目，涉及投资7 600亿元。这些项目基本建成后，全局将新建铁路7 000公里，其中时速160公里及以上铁路6 000公里，时速200公里及以上铁路5 000公里，客运专线2 400公里。复线率和干线电气化率分别达65%以上和100%，形成成都、重庆、贵阳至周边大中城市1小时交通圈，至西安、兰州、昆明等省会城市4小时交通圈，至北京、上海、广州8小时交通圈，初步建成布局合理、点线协调的西南铁路网。

装备先进可靠。至2012年，我局机车总台数达1 500台，高速重载机车比例达47%；新增CRH系列动车组60组，新增25型空调客车900辆。所有干线全部建成安全标准线，固定设备质量明显提升。全面建设CTC、CTCS、编组站综合集成自动化系统、TDCS，信号设备基本实现数字信息化。建成成都东、重庆北动车运用所；全局客货车年段修能力分别达2 000辆和2.5万辆。加强信息化技术创新及开发，信息系统开发应用管理水平大幅提升。

安全持续稳定。全局行车安全装备质量可靠，安全管理长效机制健全完善，安全信息系统和监控体系发达良好，适合我局山区铁路、高速铁路实际的安全保障体系建成投用，安全事故大幅降低，安全生产有序可控，真正实现持续稳定的局面。

管理科学规范。运输经营持续增长，至2012年，旅客发送量达到1.7亿人，货物发送量达到1.8亿吨，换算周转量达到2 300亿吨公里，运输收入达到350亿元。经营管理全面加强，制度科学规范，资金、资产、劳动力等各项资源实现合理配置和高效流动。多元企业经营收入和综合效益保持20%以上的年均增长率，到2012年实现年收入240亿元、综合效益10亿元。

运输服务优质。大量开行动车组、城际列车、城域列车，全面改善车站基础设施，推行电话、互联网等多种方便旅客的订票方式，健全完善客户服务中心。建设规范化、专业化、信息化的铁路货场，健全与地方政府的运输协调机制，与“大客户”建立战略合作伙伴关系，全力保障重点物资运输，实现运输服务质量和效率的全面提升。

职工队伍精良。至2012年，运输站

段领导班子成员全部达到大专以上文化程度，其中大学以上学历达到90%、全日制本科生占50%。高、中、初级专业技术人员结构比例达到1:4:5，主要运输站段的车间配备工程师或全日制大学生。各类高级专业技术人才达到800名以上。高级工、技师占技术工人的比例分别达到50%以上和6%以上，主要班组配备技师、主要车间配备高级技师，全局技术能手动态保持在150名以上。

企业内部和谐。着力培养企业精神，深化企业文化，打造企业品牌，增强干部职工自豪感和优越感。增加职工收入，全局职工工资力争保持年均两位数的高增长。改善职工生产生活条件，新建职工住房2万户，完成8 600户旧房改造，职工人均居住面积达到24平方米以上。全面深化生活线、文化线建设，职工精神和文化生活品质得到明显提高。

实现七大目标，我们面临难得的历史机遇。一是宏观环境极为有利。按照去年颁布实施的《中长期铁路网规划（2008年调整）》，至2020年全国铁路营业里程将由10万公里调整为12万公里以上，其中客运专线由1.2万公里调整为1.6万公里，电化率由50%调整为60%。国家宏观政策对铁路发展的支持，必将惠及西部铁路。按照新的调整规划，至2020年我局新增建设项目达30个，新建铁路1万公里，总投资8 000亿元以上。尤其是今后4年，全路建设投资每年都在6 000亿元及以上，我局预计投资达3 000亿元，几乎是2005年至2008年4年累计建设投资的10倍。同时，铁路占地少、污染小、能耗低、运能大、安全可靠、价格低廉等比较优势已经深入人心，加快发展铁路已成为社会各界和人民群众的共识。国家对铁路的高度重视，社会各界和人民群众对铁路的广泛支持，为我局进一步发展提供了极为有利的宏观环境。二是地方政府大力支持。两省一市地方政府高度重视我局铁路建设发展，与铁道部签订了一系列会议纪要，表示将举全省（市）之力推动铁路建设发展，并在征地拆迁、政策支持、职工住房建设等诸多方面给予特殊关照。特别是金融风暴后，地方政府迫切希望保持经济持续较快发展，都将发展铁路作为重要举措之一。四川省加快灾后重建和经济发展，希望快修、多修铁路；重庆市出台12项提振经济的新举措，贵州省保持经济发展速度和质量，也迫切要求铁路提供强大的运力支持。两省一市地方政府对铁路工作重视程度和支持力度，都是历史上从未有过的。三是区域环境较为有利。2008年，两省一市铁路请求车兑现率不足70%，春运、暑运、黄金周等客流高峰时段“一票难求”的情况仍相当突出，铁路运输制约的问题仍未从根本上改变。尽管受金融风暴影响，请求车一度低至4 000车左右，但去年底又上升至6 300车左右，预计还将攀升。由于国家宏观经济仍然保持持续健康发展的态势，地方企业也将逐步恢复生产，这种情况下，运输需求仍然十分旺盛。特别是当前，各大企业将主攻方向放在降低运输成本、抢夺市场先机等方面，强烈要求铁路加快发展，在提高运输效能、改进运输服务质量等诸多方面提供更大的帮助，给我局加快发展提供了前所未有的机遇。四是当前时机极为难得。近年来，物价水平逐步走向高位，铁路建设成本支出也越来越大。金融风暴以后，钢材、水泥等建材价格急剧下跌，钢材价格由每吨6 300元降低至4 000元左右。今后两年，经济形势波动仍然比较突出，钢材、水泥等价格还将持续偏低，这对低成本发展铁路建设极为有利，只要我们抓住这个极为难得的机遇，创造条件，全力争取早开工、早建成、早形成能力，我局的发展速度就会全面加快，和谐成铁建设的目标就一定能早日实现。

实现七大目标，我们具备了良好的基础和条件。一方面，有全路科学发展的成功经验可以借鉴。党的十六大以来，我国铁路发展进入新的历史阶段，在客货分线、货运重载、既有线提速、高速铁路、机辆装备、运营管理等诸多方面迈出新的重大步伐，铁路运输能力快速扩充，技术装备水平快速提升，创造了旅客周转量、货物发送量、换算周转量、运输密度四个世界第一，成为中国近年来发展速度最快、质量最好、效果最明显的行业之一。之所以取得这些伟大成就，根本原因在于始终坚持科学发展的理念，保持了安全发展、和谐发展、集约发展、又好又快发展。借鉴全路科学发展的成功之路和取得的丰富经验成果，必将为推进“建设和谐成铁，实现科学发展”开创一条捷径。另一方面，我局整体工作已经具备很好的基础。经过多年来的积累，我局在铁路改革、管理水平、队伍建设等众多方面取得了令人瞩目的巨大成就。尤其是今年以来，经过全局上下的共同努力，各项工作有了全新突破，许多过去不敢想、不敢干的事情，在我们打破常规、主动攻坚、加倍苦干实干拼命干的努力下，有了崭新突破。矢志不渝地狠抓安全不放松，全面规范安全管理，大力强化安全基础，认真抓好安全关键，不仅保持了安全基本稳定的局面，而且形成了一套有效的制度和机制，为确保运输安全的持续稳定打下了基础。坚持不懈地挖掘运输潜力，强化调度集中统一指挥，优化运力资源配置，改革运输组织模式，极大地释放了运输生产力，为进一步加快发展提供了强大支撑。锲而不舍地推进企业改革，理顺站段管理关系，推进生产资源、车间班组、劳动组织“三个整合”，使制约路局发展的许多不利因素得到解决，为进一步发展提供了广阔空间。坚定不移地加快铁路建设步伐，西南路网结构和点线能力得到了进一步提升，为更好地服务地方经济发展提供了保障。持之以恒地加强领导班子、干部队伍、职工队伍这“三支队伍”建设，特别是经历冰雪凝冻和“5·12”汶川特大地震这两场灾难的磨练，铸就了一支敢打硬仗、能打硬仗、能打胜仗的队伍，为进一步加快发展奠定了坚实基础。

实现七大目标，我们将面临严峻的挑战和考验。一是运输安全面临严峻考验。作为山区铁路，先天不足，自然环境恶劣，此次汶川特大地震及不断发生的余震，又造成山体、岩石、线桥隧涵等内部结构发生变化，至今仍存在许多无法预测的隐患和问题，加之行车设备基础较差，管理还不适应形势的要求，确保运输安全压力极大。二是铁路建设面临严峻考验。今后几年我们大规模、大力度推进铁路建设，既要全面保证施工安全、质量、投资和进度，又要全面攻克征地拆迁、路材路料供应等诸多难题。大规模繁重的建设任务，对我局建设队伍素质、建设管理水平等都提出了挑战和考验。三是运输经营面临严峻考验。今后几年全面推进安标线建设、设备三年整治、扩能提效，进一步提高职工福利待遇和生活水平等，如何突破资金“瓶颈”，需要我们进一步加强经营管理，全面推进精细化管理。同时金融风暴的持续影响不容低估，如何保持运输收入的持续增长，需要我们大力抢夺市场，努力增运增收。四是优化运输组织面临严峻考验。今后几年要为地方灾后重建和经济发展提供更可靠的运输保障，在路网结构不完善、点线能力不配套、技术装备水平低的情况下，如何把用好新投产能力与继续内涵挖潜很好地结合起来，实现运输能力和效率的持续增长，需要我们摆脱传统观念的束缚，切实转变发展方式，在集约发展的道路上千方百计想办法、下功夫。五是人才队伍建设面临严峻考验。今后几年大量高速铁路开通运营，大批新技术、新装备、新工艺投入使用，如何管理好、运营好高速铁路，需要我们在提高职工队伍素质方面实现全新突破。六是深化企业改革面临严峻考验。今后几年全面建立与新体制、新布局和高速铁路相适应的管理结构，如何进一步理顺管理关系，需要我们通过深化改革、加强管理来解决诸多基础性、深层次问题。

总之，今年及今后一段时期将是我局加快发展的关键时期，是任务最重、困难最多、形势更严峻的时期，我们必须以时不我待、只争朝夕的态度，以奋发有为的精神状态，发扬抗震救灾的伟大精神，抓住机遇，开拓进取，苦干实干，加快发展，全面推进和谐成铁建设各项工作。

三、苦干实干，加快发展，努力开创“建设和谐成铁、实现科学发展”新局面

今年是建国60周年，是全面推进学习实践科学发展观，加快实施“十一五”规划的重要一年，也是我局全面推进和谐成铁建设、实现科学发展的关键一年。根据新的形势，2009年全局工作的总体思路和基本要求是：认真贯彻落实党的十七大、十七届三中全会、中央经济工作会和全路工作会议精神，深入学习实践科学发展观，以“建设和谐成铁、实现科学发展”为蓝图，以解放思想、开拓创新为动力，举全局之力推进运输安全、生产经营、铁路建设、多元发展、队伍建设、职工生活等各项重点工作，努力实现安全发展、集约发展、创新发展、全面发展，开创和谐成铁建设新局面。

（一）确保运输安全，巩固发展基础。安全工作是一切工作的前提和基础。要认真落实全路运输安全工作会议精神，坚持以全面规范管理为主线，以全面推进安全标准线建设为载体，以全面实施三个“三年工程”为手段，全面夯实安全基础，实现“四消灭”、“三减少”、“两控制”、“一实现”的目标，确保运输安全的持续稳定。

“四消灭”，即消灭责任铁路交通一般A类及以上事故；消灭责任从业人员一次死亡2人或重伤5人及以上事故；消灭责任旅客死亡事故；消灭责任特别重大火灾、爆炸事故及责任货运重大事故。“三减少”，即路外死亡人数较上年减少10%；“两违”造成的事故较上年减少20%；行车设备故障较上年减少20%。“两控制”，即责任从业人员万人因工重伤率、死亡率分别控制在1.0和0.3以内。“一实现”，即实现安全年。

1. 规范安全管理，提升直管能力。认真落实“三个办法、一个制度”，以责任制考核为主线，做好“月考核、季检查、半年评估、年度评比”定期考评工作，切实将安全责任落实与经济奖罚、岗位晋级紧密挂起钩来，提升路局安全管理能力。深化安全基础建设，结合三个“三年工程”，大力开展标准化车间、班组和岗位创建工作，提升站段自我管理的能力和效果。加强专业管理，切实抓好《加强运输安全专业管理实施办法》的细化和落实，进一步加强规章制度管理，增强对站段专业管理的指导和综合服务能力，提升安全管理水平。强化安全思想政治基础，深入开展安全生产宣传教育，切实提高干部职工和各级组织安全责任意识和忧患意识，激发广大职工遵章守纪保安全的内在动力。

2. 强化设备基础，提高保障能力。坚持“系统优化、建管合一、全面整治、一次达标”的指导思想，按照“十内实十外美”的标准，大力推进成昆、遂渝、黔桂等11条干线安全标准线建设，确保规范管理、整治环境等工作年底前完成，设备质量整治结合三年设备攻坚最迟2010

年底前完成，实现“安全稳定可靠、设备质量优良、管理科学规范、运输畅通高效、环境整洁优美、职工内部和谐”六大目标。要牢固树立行车设备“零误差、零故障、零缺陷”的“三零”意识，加强日常维护，努力提高行车设备的安全保障能力。要加强设备质量源头控制，清理规范供应商和产品目录，落实设备采购责任追究办法，从源头上提高设备质量。

3. 强化安全关键，确保安全稳定。着力开展好专项整治活动，集中力量对施工安全、调度基础管理、列车运监装置管理、轨道电路分路不良等11项安全重点进行全面彻底整治，全力解决运输安全工作中的薄弱环节。抓好安全关键，重点针对我局地质灾害频发、治安环境恶劣、设备基础薄弱、职工“两违”严重等突出问题，全面加强防洪、路外安全、行车设备质量、安全红线“50条规定”等工作的落实，认真抓好关键时期、关键岗位、关键部位的安全监控，切实做好冰雪、山洪、暴雨等突发灾害情况下的应急处理，确保运输安全稳定。全面加强安全监督检查工作，强化事故定性定责，坚持“四不放过”原则，严厉追究相关人员特别是管理人员责任。全面推进铁路运输安全法制化建设，加强对合资铁路、地方铁路及专用线的监管。

（二）加快铁路建设，扩大发展规模。要抓住铁路建设的黄金机遇，坚持建设新理念，落实工程质量、安全、工期、投资、环境保护、技术创新“六位一体”的要求，举全局之力加快推进铁路建设，高标准高质量完成铁道部年初下达的420亿元基建大中型项目投资计划，确保实现“三、六、十”的目标。

“三”即三个省市确定的新建项目如期开工：四川省新开工“7+2”个项目，即成兰铁路、成贵铁路、成西客专、成渝城际铁路、成昆新建双线、川藏线成都至康定段、巴中至达州铁路，以及成都车站扩能改造和达万电化改造；重庆市新开工“4+2”个项目，即渝黔铁路、成渝城际铁路、渝怀增建二线、渝万城际，以及达万电化改造、三江至万盛至南川铁路扩能改造；贵州省新开工“7+2”个项目，即沪昆客专长沙至昆明段、成贵铁路、渝黔铁路、贵阳北站、贵阳市域铁路、久长至永温铁路、清镇（林歹）至织金铁路，以及贵阳站改造、枢纽货场改扩建。以上20个项目力争尽早开工。

“六”即六个项目建成：达成扩能改造、襄渝增建二线6月30日开通，贵阳枢纽12月31日建成投用，重庆集装箱中心站5月份完工交付，成都集装箱中心站、乐巴铁路年内完工。

“十”即十个在建项目有序推进：成都至都江堰铁路、成绵乐客专、成都东客站、成昆货车外绕线、遂渝二线、渝利铁路、南涪铁路、黄织铁路、六沾复线、贵广铁路等10个项目全面有序推进，其中成都至都江堰铁路年内无砟轨道完成80%以上。

1. 全力推进在建项目，确保完成全年任务。要坚持指挥部日交班、局建设处周交班、路局建设领导小组月集会三项制度，及时协调解决在建项目难点和问题，确保各在建项目有序推进。全面落实施工机械、作业人员，做好钢轨桥梁、道砟枕木等路料供应，加大运输配合力度，保证足够的天窗时间。切实加强工程安全、质量、投资和进度管理，建立路局、建设指挥部两级安全、质量管理检查考核办法，强化监督检查。全面调动所有力量和资源，力争超额完成投资，提前完成建设任务。

2. 全力推进拟建项目，力争早日开工建设。实行项目动态跟踪管理，重点抓好现场踏勘、方案研究、设计审查等关键环节，切实做好预可研、可研、初步设计、水保、环保、土地预审等报批手续的跟踪督促，及时落实招标计划、招标文件编制、审查、批复工作，全方位、快节奏做好项目前期各项工作，力争实现早开工、早建设，尽快掀起高潮。同时，积极抓住新线建设有利契机，同步做好枢纽能力补强和配套工程的研究，促进路网优化。

3. 全面加强建设管理，全力突破重点难点。深入推进建设单位标准化管理，全面规范建设行为，提高建设队伍素质，提升全局建设管理水平。加强与管内两省一市各级地方政府的沟通、协调，全力突破落实地方资金配套、征地拆迁等难点问题。抓好控制性工程，分清轻重缓急，统筹做好路料运输、道砟供应、长钢轨焊接、道岔供应、站改施工等重点工作。加强运输与施工的协调配合，解决好施工慢行点、天窗兑现率等重点问题。

（三）优化运输组织，挖掘发展潜力。要坚持运输工作“123”的思路，牢固树立全局运输一盘棋的“大运输”理念，确保实现“完成全年运输任务、重点运输万无一失”两个目标，着力在挖潜提效、增运增收、提高服务质量三个方面下功夫，确保完成旅客发送量12 080万人、货物发送量14 100万吨、换算周转量1 740亿吨公里、日均装车6 550车、周时2.58天、运输总收入231.34亿元的运输指标。

1. 全力挖潜提效。围绕运输能力四要素，按照“达速、提吨、加密、压时、增载”的十字方针，优化运力资源配置，提高运输能力和效率。一是加强两级调度建设。按照“干线一线贯通、支线区域集中、枢纽衔接顺畅”的原则，构建全局集中统一的运输指挥格局；进一步规范车务站段调度室管理，整合路企、路地、枢纽调度资源，加快调度信息化建设，抓好调度员现场调研和业务培训，提高调度指挥水平和应急处置能力。二是提高机车车辆运用效率。按照统一牵引定数、干线机型、机车交路、乘务方式“四统一”的原则，调整整备方式，改进调车机运用模式，控制调小机车数量；大力推行单司机值乘，力争2009年全局单司机值乘比例提高至62%。进一步优化车辆整备布局，增强枢纽站作业能力，控制挑车、减少残车。三是全面推进货运组织集约化和规模化。加快推进“两整合一建设”，新建10个战略装车点、15个战略卸车点，完善硬件设施和装车条件，确保战略装车点货物发送量达到全局总量的30%；继续加大路企直通运输力度，年运量100万吨以上的专用线力争实现路企直通运输；加强支线管理，提高线路允许速度，优化运输组织，进一步释放支线运输能力。四要围绕十字方针下功夫。“达速”：继续加大既有线提速达速整治工程力度，全面优化施工组织方案，加强综合维修和集中修管理；“提吨”：继续深入开展机车牵引试验，在能力紧张区段研究探讨开行组合列车、超轴列车，实现干支线牵引定数统一；“加密”：加强调图和日常组织，挖掘编组站和限制区段能力，超图行车，增加干线列车运行线，扩大1分钟开车办法实施范围，“压时”：加强调度组织和中停时考核，加快车辆周转，全面压缩中停时，实现集疏运一体化；“增载”：大力组织巧装满载，研究探讨货物配装化运输，在确保安全的前提下，提高车辆静载重。

2. 努力增运增收。一是优化列车运行图和运输产品。利用新增车底和新线开通释放的能力，开好成渝动车组和城际客车，满足不断提高的市场需求，提高运输效益。二是加强客货营销。强化客票销售，优化客票复用、共用，提高客车上座率；进一步放开货运计划，力争做到随请随批、有请必装。建立健全营销长效挂钩机制，增强客货营销的积极性、主动性和创造性。三是提高运输产品的市场竞争力。采取货物列车客车化、运到时间定制化、零散货物配装化等措施，提高运输服务质量，努力做到“公改铁、水改铁、以白补黑、以小补大”。

3．全面提升服务质量。要统一规范全局客运基础管理，着力解决好卧具备品质量、客车设备设施、上水、保洁等问题。建立客车监察大队，开展收入、路风、客运质量三位一体检查。要以货场规范化、标准化和货运信息化建设为主要内容，构建货运服务质量保障体系，建设星级示范货场。尽快启动客货客户服务中心，统一客运服务号码，开展自动订票、信息查询服务；实现货主计划申报、货运查询、运费结算、到货通知、事故理赔等业务网上办理。加强路风建设，净化铁路运输经营环境，树立人民铁路诚信服务的良好形象。

4．确保重点运输。要健全完善与地方政府的协调机制，抓好重点物资运输计划的落实。继续搞好煤炭、石油、冶炼、粮食、化肥等关系国计民生的重点物资运输，全力以赴确保军运、专运、特运任务万无一失，保证抢险救灾、灾后复旧重建物资的及时运达，确保春运、黄金周等重点时段运输畅通有序。

（四）规范经营管理，提升发展质量。坚持以规范管理为主线，以精细化管理为手段，深化完善全面预算管理，树立过紧日子的思想，抓好节支降耗重点工作，积极推进依法经营，提高经营管理质量和效果，努力提高发展质量。

1．强化经营管理。一要规范资产管理，完善资产管理制度，以产权清查为契机，进一步规范国有产权管理。要加强多元企业国有产权变动管理，加大对多经、控股合资铁路公司监管力度，加强对重大财务问题和风险的监控。二要规范资金管理，全面实行资金预算控制，统筹安排运营和建设资金。要强化资金监管，加大运输收入专项检查力度，细化完善建设资金监控办法，确保资金特别是建设资金依法合规使用。三要规范劳动用工管理，清理、完善管理制度办法，进一步压缩劳务用工规模，强化劳务工管理。要做好劳动力调剂，确保新线所需人员按时调配到位。四要规范工资管理，修订完善工效挂钩考核办法，完善奖金分配“逐级负责，下管一级”制度，试行运输站段领导班子工资收入与经营绩效挂钩考核，完善站段内部工资分配办法，促进工资分配进一步向一线、艰苦地区和关键岗位倾斜。

2．大力节支降耗。重点围绕10个方面挖掘潜力。一要通过减少单机走行、机辆占用等提效措施，力争机车运用台次日均较图定减少5台至10台，压缩500辆部属运用车，残车保有量控制在900辆以下，实现全年节支1 500万；二要压缩机辆检修费用，压缩工务维修成本；三要加强机客车用油、电降耗工作，强化节能环保考核；四要加强用工组织，控制人员费用；五要加强通信资源的清理、整合和优化；六要加强外购水电价格管理，争取优惠政策，减少支出；七要强化物资管理，清理、优化采购渠道，加大集采范围，加强废旧物资管理和处置；八要加强保价、代办多元收入、合地铁电专线、专用线共用管理等各项收入管理；九要大力压缩非生产性支出，进一步减少办公、汽车费用等支出；十要加大资金集中和统筹调剂力度，努力提高资金效益。

3．推进依法经营。要进一步严肃财经纪律，按照“十不准、十明白”的要求，加强领导干部管理能力和经营素质培训，严格执行“十不准”条例，提高依法经营、规范管理的能力。要进一步规范主辅业经济关系，规范基建财务管理，加大违反财经法规法纪行为的审计和监督力度，严肃处理违法、违纪行为，促进自律意识的提高。要加强依法行政工作，强化企业法制建设，进一步落实重大合同和重大法律纠纷案件管理制度。强化法人授权、合同和诉讼管理，有效防控企业资金风险和经营风险。

（五）深化内部改革，增添发展动力。要围绕机制创新，深入推进站段生产资源、劳动组织整合，优化完善站段管理结构和生产岗位设置，不断增强企业发展的内动力。一要深化劳动组织整合。根据运输生产力变化，重新核定各单位生产定员，重新进行岗位劳动评价，科学合理确定劳动岗位档序，同时进一步完善劳动组织优化整合后的生产组织办法和管理考核办法。二要完善运输站段管理结构。进一步推进车间优化调整，重点解决部分车间（特别是异地车间）资源和管理分散、三级管理夹层的问题，做到车间设置跨度合理、管理集中、安全可控。要开展站段科室和车间干部的岗位优化和竞争上岗工作，不断优化运输一线干部结构，提高综合能力。三要加快推进修程修制改革。机辆系统优化机辆检修基地建设，完成贵阳检修基地机车检修装备补强；加快成都动车运用所和成都北机车小修库、成都北车辆检修车间的建设。工务系统要按照“养修分开、线桥合一”的要求，强力实施集中修、专业修、机械修，优化大、中、小型养路机械配置，充分发挥各类养路机械的作用；电务系统要积极推进成都北、重庆西、贵阳南、六盘水南4个编组场值检分开，调整设备修程修制，优化天窗点内、点外作业项目，同时推进重庆、贵阳维修基地建设；供电系统要推进集中修、综合天窗修，优化机具和人力配置，提高检修效率和质量。

（六）加强队伍建设，提供发展保障。加快铁路发展、深化铁路改革，关键在人。要全面加强领导班子、干部队伍和职工队伍建设，提高企业整体素质。

1. 加强领导班子建设。要着力锤炼能力强、素质高、作风务实的“钢班子”。结合学习实践活动，加强领导班子思想政治建设，深化“四好”领导班子创建活动，提升领导班子的战斗力和凝聚力。抓好“三重一大”问题集体决策制度的贯彻落实，促进领导班子科学、民主、依法决策。强化领导班子的动态分析，以专业匹配为重点，加大调配力度，不断优化班子结构，切实增强领导班子的整体功能。拓宽领导干部能力培养的途径，加大交流力度，拓展领导干部的眼界与思维，不断增强领导科学发展、和谐发展的能力。健全完善领导干部问责管理办法，加强领导干部履职监督，强化领导干部作为，提升领导班子的执行力。加强领导班子廉政建设，认真执行领导干部廉洁自律各项规定，树立正确的权利观和法纪意识，增强自我约束的能力。

2. 加强干部队伍建设。要着力锻造知识型、技术型、能力型和作风硬的“铁干部”。深化干部人事制度改革，稳步推进实施岗位管理工作，继续加大公开选拔和竞争上岗力度，营造有利于优秀干部脱颖而出的良好环境。加大干部培养交流力度，坚持把艰苦环境和重要岗位作为培养干部的主阵地，强化岗位台阶锻炼，不断优化干部配置。大力提升干部素质和能力，紧紧围绕科学发展观、经营管理和铁路高新技术等知识，强化各级干部的教育培训，推动思想观念转变，优化知识结构，提高管理水平。健全完善干部监督与考核机制，加强干部队伍作风建设，培养各级干部矢志不渝、永远进取、苦干实干拼命干的精神和作风。加强后备干部队伍建设，建立健全培养、考评和退出机制，在完成重大任务、应对重大事件中培养和锻炼后备干部。

3. 加强职工队伍建设。要着力建立一支技术精、业务强、遵章守纪的“硬队伍”。抓好队伍质量源头，重点录用铁路主专业及高速铁路等专门人才和大学生。改革复退军人管理模式，新招收的复退军人统一纳入局劳动力调剂站，加强学历教育期间的日常管理。大力开展培训提素工程，围绕自控型班组建设和主要行车工种建设，抓好工班长轮训和任职资格培训，强化职工的基本理论、作业技能、应急能力和“四新”技术的运用能力，确保运输岗位脱产培训率达到3%以上，职工接受中、高等职业教育的比例提高2%。要针对未来行车设备更新换代，以及客运专线、高速铁路、新线投入使用，提前做好人才储备。

（七）改善职工生活，共享发展成果。关注民生、依靠群众，既是我们必须坚持的重要方针，也是推进我局改革发展的重要保证。要在推进改革、加快发展的同时，重点解决职工群众最关心、最现实、最直接的利益问题，全力办好“十件实事”。一要继续增加职工岗位工资，职工年人均收入提高12%以上。二要加快职工住房建设，在去年底开工建设4 500套的基础上，今年开工1万套，年底前力争完工1万套（90万平方米）。加快推进灾后职工住房重建工作，按期完成都江堰车站80户职工住宅重建工程。三要对全局147个铁路小区（院落）环境进行整治，努力改善职工居住环境。四要改善沿线职工生产生活条件，全面推进主要干线生活线、文化线建设，力争2009年建成60%。五要重点解决沿线职工吃水难的问题，计划投资1 000余万元，解决成昆、成渝、渝怀、沪昆等线21个车站“吃水难”问题。六要改善职工单身宿舍和公寓条件，结合实际在较大地区增建职工单身宿舍。七要组织全局职工进行一次健康体检。八要优化职工医疗条件，提高全局职工补充医疗保险待遇，补充医疗保险单位缴费比例从1.5%提高到2%，取消职工补充医疗保险个人缴费；降低住院“门槛费”，提高职工住院报销比例；增加定点医院30家、定点药店30家，现有定点医院的联网率提高10%。九要加大对职工文化体育活动的投入，明年对既有12个站区文体活动阵地全面修缮补强，增加活动功能。十要深化落实“三不让”承诺，加大职工大病助医、困难职工家属就业培训和子女助学资助力度。各有关部门要制定好推进计划，加快实施。各单位也要结合实际，为职工多办实事、好事，使职工群众真正享受到企业改革发展带来的实惠。

同时，要提炼和培养企业精神，积极构建先进的企业文化，打造一流企业品牌，更好的凝聚人、鼓舞人、激励人、塑造人，增强干部职工自豪感和优越感。要加强企业民主管理，坚持和完善职工代表大会制度，进一步深化厂务公开，扩大公开范围，规范公开程序，不断拓展职工民主参与渠道。要建立劳动争议调解机制，构建和谐稳定的劳动关系。

（八）加强多元经营，拓展发展渠道。牢固树立运输主业和多元经营“长期共存、相辅相成、互为促进”的战略思想，按照部党组“主业要精干，多经要发展，富余职工要有岗位”的总体要求，认真落实和细化《关于全面促进多元经营又好又快发展的决定》要求，推进多元企业持续健康发展。多元经营收入完成150亿元，实现综合效益7亿元。集经经营收入完成15.5亿元，利润总额1 000万元。

1. 大力支持多元发展。加大政策扶持，在公平竞争、保证安全和质量的前提下，围绕客票代售、旅游专列、媒体广告、建筑施工、装卸业务、物资供应、战略装卸车点、路企直通等重点，凡是多元企业能够经营的、有能力做好的项目，优先提供多元企业组织实施。加大运输支持，对战略装车点运输计划给予优先保证，积极采取措施对战略装车点货位、货源和周边吸引区货运办理站、专用线进行优化调整，提高战略装车点效率和效益。要将铁路多元经营运贸、物流企业与地方重点企业同等对待，一并给予运力支持。

2. 做大做强优势产业。要转变思想观念，强化竞争、营销、服务等市场意识，主动适应市场，向市场要效益。着力打造三大亮点，加强战略装车点运营管理，抓好路企战略合作，大力推进运贸一体化，实现路企互利双赢；搞好房地产开发建设工作，全力抓好经济适用房和限价房建设，同时拉动工程施工、物资采供、小区物管等企业同步发展；加强物资供应，积极发挥新体制下物资供应配送优势，实现内部建设大宗物资集采专供，提高资源使用效率。全力推进装卸、道砟、客票代售、站车商品供应、石化及油品配送、工程施工、传媒、旅游、工业等九大产业发展壮大。同时，通过资本运作、联合经营、外延拉动、歇业转产、资源再造等措施，实现酒店宾馆业的解困和发展。

3. 深化多元企业改革。深化企业重组改革，按照总分公司为主的模式，建立扁平化企业经营组织结构，进一步压缩法人，精简管理层级，同时积极稳妥推进产权制度改革，推进多元企业公司制改造。深化企业经营管理改革，强化运输关联企业和窗口企业经营管理，规范道砟外购、装卸外包合同管理。深化分配制度改革，建立和完善贴近市场和效益的薪酬制度。深化用人机制改革，建立公开、公平、竞争、择优上岗和多元企业职工内部调剂机制，严格控制使用外聘人员。强化多经"蓄水池"作用，按照"量力而行、尽力而为"的原则，增强企业创岗安置能力，充分发挥多元企业分流安置主渠道作用，支持运输主业改革发展。同时，要按照"生活有保障、社保按期交、队伍保稳定"的要求，高度重视集经工作。

（九）统筹各项工作，确保整体推进。2009 年的工作任务异常繁重，全局上下必须进一步弘扬抗震救灾精神，时刻保持奋发向上的精神状态，统筹兼顾，扎实推进各项工作。加强思想政治工作，增强思想政治工作的针对性和有效性，为加快铁路发展、深化铁路改革提供精神动力和思想政治保证。要全面推进党风廉政建设和反腐败工作，以健全完善铁路惩治和预防腐败体系为重点，狠抓党风廉政建设责任制的落实，为铁路改革发展提供纪律保证。要加强宣传和舆论引导，正面宣传铁路改革发展的成就，扩大铁路的社会影响力，形成有利于和谐铁路建设的良好舆论环境。要统筹协调做好公检法、物资、信访、人武、离退休、卫生防疫、学（协）会等各项工作，实现全局整体工作的持续健康发展。

同志们，非同寻常、极不平凡的 2008 年已经过去，充满希望和机遇的 2009 年已经到来，让我们在部党组的坚强领导下，紧紧依靠全局广大干部职工，充分发挥党政工团各级组织的作用，牢记使命，抢抓机遇，乘势而上，开拓创新，苦干实干，全面完成 2009 年各项工作任务，努力开创"建设和谐成铁、实现科学发展"的新局面！

谢谢大家！

以改革创新精神全面推进党的建设 为建设和谐成铁实现科学发展而奋斗

——在中国共产党成都铁路局第十一次代表大会上的报告

成都铁路局党委书记　　姚保国

（2008年10月17日）

各位代表、同志们：

现在，我代表中国共产党成都铁路局第十届委员会向大会作报告，请审议。

中国共产党成都铁路局第十一次代表大会，是在全党深入开展学习实践科学发展观活动，夺取抗震救灾斗争重大胜利，和谐铁路建设取得历史性进步，路局发展处在重要战略机遇期的关键时刻召开的一次十分重要的大会。大会的主题是：以党的十七大精神为指导，以改革创新精神全面推进党的建设，深入学习实践科学发展观，紧紧抓住西南铁路发展的战略机遇期，为建设和谐成铁，实现科学发展而奋斗。

一、过去五年的工作

局第十次党代会以来的五年，是极不平凡的五年。我们经历了铁路管理体制的重大变革，实施了生产力布局的重大调整，经受了冰雪凝冻灾害和汶川特大地震的严峻考验。在铁道部党组和两省一市党委的坚强领导下，全局各级党组织坚持以邓小平理论和“三个代表”重要思想为指导，认真学习实践科学发展观，求真务实，苦干实干，迎难而上，奋力拼搏，全局运输经营、铁路建设、改革发展、党的建设取得了令人瞩目的成就。

抗震救灾经受考验。面对突如其来的特大地震灾害，局党委、路局在铁道部党组和四川省委的坚强领导下，团结带领全局各级组织、干部职工和广大党员，全力投入抗震救灾斗争。在灾害发生的第一时间紧急扣停在途运行列车，确保了每一名旅客的安全；在最短的时间调集力量及时抢修损毁线路和设备设施，确保了抗震救灾铁路生命线的畅通；以最快的速度紧急疏运受阻旅客、输送救援队伍、抢运救灾物资、转运地震伤员，确保了抗震救灾运输任务的完成，向党和人民交上了合格答卷。全局26个单位和党组织，51名党员受到中央、铁道部、四川省、贵州省和重庆市的表彰。

企业改革稳步推进。按照铁道部统一部署，顺利实施了撤销分局、路局直管站段体制改革，调整运输生产力布局，运输站段由直管前的104个减为48个，运输生产力得到有效释放。完成路局机关和站段机构、人员的优化，妥善安置了分流人员。推进主辅分离，精干运输主业，顺利完成教育、卫生等社会职能移交，实现生活、房建、物资和站段多经的分离重组，减员分流成效显著，管理效率、经济效益明显提升。

安全生产基本稳定。落实安全发展要求，把确保人民群众生命财产安全作为铁路第一位的责任。围绕加强安全管理、强化设备质量、提高人员素质，深入推进安全基础建设。加大安全投入，新技术、新设备、新工艺得到广泛应用，科技保安全的水平明显提高。适应新体制新布局要求，以强化专业管理、改进综合管理、加强现场控制、完善监督检查为重点，规范安全管理。树立提速安全理念，逐步建立和完善山区铁路安全保障体系。深入开展安全大检查和专项整治，强化安全责任制的落实，解决影响安全生产的突出问题，促进安全逐级负责制的落实，创造了全局安全1 678天的历史最好成绩，实现了运输安全的基本稳定。

运输经营持续增长。坚持深化内涵扩大再生产，优化运力资源配置，不断提高路网综合运输能力，大力增收节支，实现了客货运量和运输收入大幅度增长。2003年至2007年，全局旅客发送量从6 806万人增长到10 104万人；货物发送量从11 207万吨增长到14 694万吨。运输收入从96.12亿元增长到166亿元，多元经营收入从50.6亿元增长到90.3亿元。我局服务经济社会发展的能力进一步增强。

铁路建设加快推进。认真落实部省协议，加快铁路建设步伐。达万线、青成二线、遂渝线、渝怀线、成都北编组站相继建成并投入使用。成都集装箱中心站、南涪铁路、兰渝铁路、贵广铁路等重点建设项目已开工建设。2003年至2007年，全局基建大中型项目共完成投资273亿元，新增营业里程651公里，达到5 600公里。

党建工作成效显著。各级党组织坚持融入中心有思路，服务大局有作为，党建工作有特色，组织广大党员干部和职工深入学习科学发展观等党的理论创新成果。主动适应直管改革，整合政工资源，积极构建与生产力发展相适应的党建工作新格局；进一步深化“四好”班子创建，优化领导班子结构，全局运输站段领导班子成员平均年龄43.6岁，大学以上学历340人占84%，实现了“十一五”运输站段班子结构优化目标。加大干部选拔任用、考核监督力度，大力强化干部培训和优秀年轻人才培养。认真执行干部联系基层、定期添乘、现场巡查和调查研究制度，实施干部问责管理，促进了干部作风的转变；深入开展创建“五好”党支部活动，全局“五好”党支部达到65%。分系统推进党支部“安全屏障”工程，健全山区铁路安全思想组织保障体系，党组织的创造力、凝聚力、战斗力明显增强；加强党员教育管理，完善保持共产党员先进性的长效机制，党员队伍素质明显提高；强化领导干部廉洁自律，深化重点领域源头治理，积极推进惩治和预防腐败体系建设，认真开展治理商业贿赂工作，严肃查处违纪违法案件，加强路风监察工作，党风廉政建设和反腐败工作取得新成效。

精神文明建设蓬勃发展。思想道德教育、职业道德教育与岗位实践同步深化，干部职工理想信念、道德水准、业务技能明显提高。诚信铁路建设、创建学习型企业、“知荣辱、树新风、保发展”、“树标塑型”等活动深入开展，客货服务质量明显提升。宣传思想工作富有成效，弘扬了伟大的抗震救灾精神，凝聚了人心、激励了斗志。安全文化建设有序推进，职工安全责任意识明显增强。普法教育广泛开展，依法治局力度加大。全局保持和建成国家级文明单位10个，省部级文明单位36个，局级文明单位125个。

职工生活明显改善。坚持以人为本的指导思想，让职工共享改革发展成果。坚持收入分配向基层、一线倾斜，千方百计改善职工生产生活条件，五年来职工收入年均增长 12.7%。深入开展扶贫帮困工作，落实“三不让”承诺，全局共帮扶困难家庭21 506户，救助患病职工13 958 人次，救助困难职工子女入学7 324 人次，临时困难补助34 461人次，累计支付救助资金 1.2 亿元。修建职工单身宿舍54 719 平方米，加强生活线、文化线建设，有力地调动了职工的积极性和创造性。

加强对工会、共青团工作的领导，支持群团组织独立自主开展工作。各级群团组织围绕和谐铁路建设，团结职工，凝聚力量，广大职工的主人翁责任意识明显增强，青年突击队的作用得到充分发挥。政法、稳定、老干部等工作取得全面进步。

同志们，五年来我局改革发展取得的成就，是部党组、两省一市党委正确领导的结果，是全局党政工团各级组织、广大干部职工苦干实干、拼搏奉献的结果，是广大职工家属、离退休老同志以及地方政府、驻局军代处官兵帮助支持的结果，也是路局历届领导班子不懈努力、积累经验、继往开来的结果。在此，我代表中共成都铁路局第十届委员会，向关心、支持成都局改革发展的各级领导、社会各界人士表示衷心的感谢！向全局共产党员、全体干部职工和家属、离退休老同志，致以崇高的敬意！

过去五年的历程，是勇于创新、与时俱进的改革历程，是勇挑重担，负重前进的拼搏历程，是攻坚克难、团结奋进的发展历程。回顾五年，特别是直管体制改革三年的生动实践，我们积累了许多宝贵的经验。主要体现在：

第一，必须以科学发展观统揽全局。科学发展观是经济社会发展的重要指导方针，是铁路改革发展必须坚持和贯彻的重大战略思想。只有坚持以科学发展观为指导，才能确保路局改革发展的正确方向，才能不断提高路局发展的质量和效益。

第二，必须不断解放思想、转变观念。解放思想是发展中国特色社会主义的一大法宝，是加快和谐铁路建设的重要前提。只有坚持不懈地推进思想解放、观念转变，才能破除传统思维习惯的束缚，树立科学发展理念、谋划科学发展思路、创新科学发展机制，开创科学发展局面。

第三，必须坚持一切从实际出发，走符合山区铁路实际的发展道路。实事求是，是马克思主义的精髓。必须准确把握路局改革发展在和谐铁路建设中所处的区位特点，遵循山区铁路科学发展规律，立足路局运输经营、安全生产、铁路建设和改革发展实际，充分发挥主观能动性，才能走出一条符合山区铁路实际的科学发展路子。

第四，必须以改革创新精神加强和改进党的建设。创新是发展的不竭动力。企业党的建设必须与时俱进，开拓创新，适应新形势，展示新作为。以加强党的执政能力建设和先进性建设为主线，坚持从发展变化的客观实际出发，用改革创新的精神，积极推进全局各级党组织的思想、组织、作风、制度和能力建设，不断增强党组织的创造力、凝聚力、战斗力。

第五，必须坚持以人为本，全心全意依靠职工促发展。以人为本，是科学发展观的根本要求。只有维护好、实现好、发展好职工群众的根本利益，坚持全心全意依靠工人阶级的根本方针，才能充分调动职工群众的积极性、主动性和创造性，才能形成建设和谐成铁，实现科学发展的巨大合力。

在看到成绩的同时，也要清醒认识到，我们的工作与部党组的新要求，和谐铁路建设的新形势以及干部职工的新期盼还有差距，前进中还面临不少困难和问题。主要是：路网结构和功能还不完善，运能与运量的矛盾突出，仍然是影响地方经济社会发展的“瓶颈”因素；线路标准低，设备设施欠账多，安全基础薄弱的现状尚未根本改变；思想观念转变不到位，工作标准不高，管理基础薄弱的问题依然比较突出；少数领导班子领导和谐铁路建设和科学决策的能力不够强，班子整体功能有待提升；部分领导干部宏观驾驭和处理复杂问题的能力不足，思想作风、领导作风和工作作风有待改进；人才培养引进机制建设滞后，人才队伍的数量和质量不适应和谐铁路建设的需要；一些单位党建工作责任制落实不到位，一线党支部尤其是异地党支部建设存在薄弱环节；部分党员政治素质和业务技能不过硬，党员队伍先进性有待进一步增强；党内活动的方式方法还不适应新体制新任务要求；思想政治工作在坚持以人为本、体现人文关怀和心理疏导方面，还缺乏更为有效的途径。我们必须正视问题，以科学务实的态度，采取更加有力的措施，认真加以解决。

二、面临的形势和奋斗目标

当前，我国经济形势总体是好的，经济保持较快增长，金融业稳健运行，经济发展的基本态势没有改变。但国际金融市场动荡加剧，全球经济增长明显放缓，国际经济环境中不确定不稳定因素明显增多，国内经济运行中也存在一些突出矛盾和问题，区域经济发展和铁路运输市场环境必将带来新的变化。我们必须认清形势，增强忧患意识和责任意识，积极应对挑战，更好地服务和促进经济社会又好又快发展。同时，我们也要清醒地看到，我局作为典型的山区铁路，线路设计标准低、设备设施欠账多，在铁路建设和运输任务繁重的情况下，确保运输安全需要我们付出更加艰辛的努力；现有路网规模欠发达，路网结构功能不完善，信息化程度不高，客货服务设施不完善，点线能力不配套，运输能力远远不能满足社会需求，快速扩充运输能力，缓解铁路“瓶颈”制约的任务十分紧迫；整体上看我局技术装备水平不高，生产力布局不尽合理，提高运输效率和效益任重道远。与此同时，在“建设和谐成铁、实现科学发展”的进程中，如何提升党组织和党员干部领导科学发展的能力，大力改进思想作风、领导作风和工作作风，建成能力强、素质高、作风硬的“钢班子”，对我们提出了新要求；在深化企业改革的进程中，如何正确处理改革发展稳定三者关系，实现和谐发展，对我们提出了新挑战；在深入学习实践科学发展观的进程中，如何站在建设和谐成铁的历史起点上，进一步解放思想，树立符合路局科学发展的新思想、新观念，激发职工积极性、创造性和主动性，对我们提出了新考验。

同时，我们更要看到，当前是加快推进和谐铁路建设的战略机遇期。党中央对铁路建设高度重视、寄予厚望。《中长期铁路网规划》的实施和部省加快铁路建设战略合作协议的签订，为加快推进和谐铁路建设，创造了极好的政策环境和舆论环境；区域经济的快速增长，迫切需要建设跨区域、大能力的铁路运输通道；中国铁路经过六次大面积提速调图，实现了观念、管理、技术和体制机制创新，许多宝贵经验可以为我们吸收和借鉴。全局具备了在较短时期赶上全路发展水平的条件和环境。同时，我们有部党组、两省一市党委的正确领导，有各级党组织和广大党员的团结奋斗，有全局干部职工渴求“建设和谐成铁，实现科学发展”所焕发出的巨大创造力，只要我们集全局之智、举全局之力，紧紧抓住并用好发展机遇，充分把握区域经济发展的有利时机，充分挖掘我局改革发展以来形成的巨大潜力，就一定能肩负起时代赋予的使命，抓住新机遇，迈出新步伐，实现新发展！

今后五年全局的奋斗目标是：

路网完善发达。构建四通八达、点线协调、能力充足、功能完善的西南铁路网。至2012年，全局营业里程达到6 400公里，路网密度达到86公里/万平方公里，较2007年提高14%，接近全国平均水平。

装备先进可靠。机车车辆装备全面更新，固定设备质量明显提升，信号设备基本实现数字信息化，六大专业检修和整备基地全面建成，运输信息系统总体水平跃居路内先进行列，主要技术装备达到国内先进水平。

安全持续稳定。全局行车安全装备质量可靠，安全管理长效机制健全完善，安全信息系统和监控体系发达良好，适合我局山区铁路、高速铁路实际的安全保障体系建成投用，安全事故大幅降低，安全生产有序可控，真正实现持续稳定的局面。

管理科学规范。经营管理全面加强，基本实现精细化、规范化、科学化管理。运输效率效益全面提高，主要运输指标实现数量和质量的全面高增长。多元经营发展壮大，吸纳安置运输业分流人员能力和效果明显增强。企业充满生机和活力。

运输服务优质。大量开行动车组、城际列车、城域列车，全面改善车站基础设施，推行电话、互联网等多种方便旅客的订票方式。建设规范化、专业化、信息化的铁路货场，健全与地方政府的运输协调机制，与各大企业建立战略合作伙伴关系，全力保障重点物资运输，实现运输服务质量和效率的全面提升。

职工队伍精良。全局人才总量不断壮大，素质能力全面提升，结构分布趋于均衡，配套机制完备齐全。职工队伍精干高效，能力素质全面达标。形成以高层次经营管理人才、高素质专业技术人才和高技能人才为龙头的，适应和谐成铁建设要求的干部职工队伍。

企业内部和谐。全局职工工资力争保持年均两位数的高增长。新建职工住房2万户，职工人均居住面积达到24平方米。深化生活线、文化线建设，沿线站区生活环境根本改观，文化生活品质明显提高，不断满足干部职工精神和物质的需要。

党的建设和精神文明建设实现新发展。围绕建设和谐成铁，实现科学发展，坚持改革创新，全面推进党的建设。建设素质高、能力强、作风硬的“钢”班子，全局“四好班子”、“五好”党支部动态保持率分别达到85%和75%以上；进一步深化分系统创建党员“安全屏障”工程，各级党组织保安全能力大幅提高；全面落实人才建设规划，创新人才考评、选用、激励、引进、配置机制，经营管理人才、专业技术人才和技能人才基本适应路局科学发展的需要；企业文化建设深入发展，精神文明创建活动富有成效，职工队伍素质明显提高；创造一批在全路乃至全国有影响力的服务品牌，客货服务质量提高到新的水平。

围绕全局发展目标，全局党建工作的总体要求是：认真学习贯彻党的十七大精神，高举中国特色社会主义伟大旗帜，以邓小平理论和“三个代表”重要思想为指导，深入学习实践科学发展观，坚持融入中心、服务大局，坚持求真务实、改进创新，坚持以人为本、全面发展，加强企业党的建设和思想政治工作，紧密围绕“建设和谐成铁、实现科学发展”，动员和团结全局干部职工紧紧抓住西南铁路发展的战略机遇期，在推进和谐铁路建设的伟大实践中开创我局又好又快发展的新局面。

贯彻这一总体要求，根本是深入学习实践科学发展观，用中国特色社会主义理论体系武装头脑、指导实践、推动工作，关键是以改革创新精神全面推进党的建设，重点是推进解放思想、提升领导能力、增强组织活力、建设和谐文化、保持队伍稳定，为建设和谐成铁，实现科学发展提供持续有力的政治保证。

三、深入学习实践科学发展观，奋力推进和谐成铁建设的发展大业

科学发展观，是对党的三代中央领导集体关于发展的重要思想的继承和发展，是马克思主义关于发展的世界观和方法论的集中体现，是同马克思列宁主义、毛泽东思想、邓小平理论和“三个代表”重要思想既一脉相承又与时俱进的科学理论，是我国经济社会发展的重要指导方针，是发展中国特色社会主义必须坚持和贯彻的重大战略思想。党的十六大以来铁路发展取得的历史性进步证明，科学发展观是推进和谐铁路建设、实现中国铁路现代化必须长期坚持的重要指导思想。建设和谐成铁，实现科学发展必须坚持以科学发展观统揽全局，推动发展。

深化理论武装，不断推进干部职工解放思想、转变观念。思想理论建设是党的根本建设。坚持用科学理论武装头脑，按照建设学习型企业的要求，紧密结合路局发展实际，深入学习马克思列宁主义、毛泽东思想、邓小平理论和“三个代表”重要思想，学习实践科学发展观，增强各级领导干部理论思维和战略思维，推进思想的解放和观念的转变，进一步把握世界和中国铁路发展趋势和山区铁路科学发展规律，清醒认识路局发展面对的挑战、存在的差距，清醒认识铁路发展面临的战略机遇，路局发展具备的区位优势、比较优势和后发优势，进一步理清发展思路、破解发展难题、完善发展机制，真正把理论武装的过程，变成解放思想、开拓创新、谋求发展的过程，变成用科学发展观指导实践，推动发展的过程。要紧跟时代步伐、勇于突破地域文化的影响，破除制约科学发展的思想障碍，教育和引导干部职工破除“安逸休闲，不思进取”的思想，树立与时俱进的发展观。破除“因循守旧、求稳怕乱”的思想，树立开拓创新的改革观。破除“小富即安、小进则满”的思想，树立超常规发展的效益观。破除“等待观望、随遇而安”的思想，树立抢抓机遇的事业观。破除“脱离实际、急于求成”的思想，树立求真务实的政绩观。用解放思想的新成果推动和谐成铁建设，加快科学发展步伐。

紧密联系实际，切实解决制约路局科学发展的突出问题。要按照路局“建设和谐成铁、实现科学发展”的要求，加快铁路建设，加强经营管理，提升自主创新水平，深化内涵扩大再生产，强化运输安全基础，不断提高铁路运输服务经济社会发展的能力；要着力解决人民群众和铁路职工的切身利益问题。针对铁路服务水平存在的差距，按照以人为本的要求，着力完善客货服务设施，提升服务水平。针对铁路干部职工反映突出的生产生活方面的问题，进一步健全“三不让”配套运作机制、困难职工救助帮扶机制。抓好灾后重建和经济适用房建设，加快职工生活线、文化线建设，继续保持职工收入持续增长，切实实现好、维护好、发展好人民群众和铁路职工的根本利益；着力解决和谐成铁建设机制创新问题。针对山区铁路运输安全持续稳定的保障体制不够健全、铁路技术创新体系不够完善、经营管理机制不够适应，以及人才培养使用、劳动用工及分配、维护职工切身利益相关制度不够科学合理等问题，按照科学发展观的要求，及时研究制定保证和促进和谐成铁建

设的制度机制，切实做好相关制度的废、改、立工作；要着力解决各级领导干部素质能力问题。要大力加强领导班子思想政治建设，着力解决党员领导干部在党性党风党纪方面存在的突出问题，培养一支适应建设和谐成铁，实现科学发展要求的高素质领导干部队伍。

两不误双促进，确保深入学习实践科学发展观取得实效。要坚持领导带头、率先垂范。各级领导干部要带头深入学习，带头调查研究，带头解放思想，带头分析检查，带头整改落实，在活动中发挥好示范带头作用；要立足实际、务求实效。加强分类指导，根据不同单位、不同岗位党员领导干部和普通党员等不同对象，对学习实践活动提出有针对性的具体要求；要紧密结合全局改革发展实际，积极探索，大胆创新，运用行之有效的方式和载体，丰富活动内容，增强活动效果；要统筹兼顾、两不误双促进。必须坚持把学习实践活动当作推动工作的重要机遇和强大动力，把学习实践活动与加快推进建设和谐成铁的目标任务紧密结合起来，与深化路局改革发展的重点工作紧密结合起来，与为职工群众办实事、谋福利紧密结合起来，与改进干部作风，提升干部能力素质结合起来，努力实现学习实践活动与各项工作相互促进、共同发展；特别是要通过深入学习实践科学发展观，牢固树立安全发展理念，促进运输安全的持续稳定；切实增强机遇意识，优质高效完成铁路建设任务；全面加强经营管理，着力优化运输组织，不断提高运输效率和效益，确保完成全局经营目标。以开展深入学习实践科学发展观的成效指导实践，推动发展。

四、全面推进路局五年发展规划顺利实施，走符合局情的科学发展道路

根据《中长期铁路网规划》和《铁路十一五规划》，路局、局党委制定了《成都铁路局2008年至2012年发展规划》，提出今后五年建设和谐成铁，实现科学发展的奋斗目标。体现了科学发展观的要求，符合和谐铁路建设的发展战略和路局科学发展的实际。确保奋斗目标的实现，是今后五年全局各级组织和广大干部职工肩负的重大责任和历史使命。我们必须紧紧抓住西南铁路发展的战略机遇期，坚持走符合局情的科学发展道路，全面推进各项重点任务的落实。

加快西部铁路建设步伐。加快铁路建设是突破铁路“瓶颈”制约的根本所在。要加快完善西部路网结构，疏通节点、点线配套，快速扩充路网运输能力，形成连接川渝黔三地、辐射周边省份的西南铁路网主骨架，实现西南通往华北、华东、华南、西北地区的高效、便捷和畅通；建设客运专线，实现与全国客运专线网的连接，建成西部快速客运网络；打造客运枢纽，形成具有辐射能力，集多种交通工具便捷换乘的城市大型客运综合交通枢纽；整合枢纽货运资源，打造辐射中西部地区的海铁联运国际物流中心。加快路企直通运输和战略装车点建设。实施规模化生产、集约化经营、精细化管理，推动铁路货运向重载化、直达化、快速化方向发展。

大力推进技术装备现代化。科学技术是第一生产力。要适应高速、重载、安全、可靠的需要，加速机辆装备升级，提升线路基础设施，大力推进安全标准线建设，提高机车车辆运行速度和牵引供电质量，按照“零故障、零缺陷、零误差”的管理理念、技术标准，加大供电、电力设

备技术改造。加快信号设备升级改造进度，加速信息系统整合，推进全局信息化建设。加大节能环保力度，建设“环境友好型”企业。

实现铁路运输安全持续稳定。推进山区铁路安全标准线建设，提高设备保安全能力。加快提速安全保障体系建设，围绕提速安全重点，以科技创新、制度创新和管理创新为手段，建立全覆盖、立体化、高可靠的提速安全保障体系。完善运输安全管理长效机制。规范完善适应新体制、新布局的安全管理制度和办法。建立健全安全生产责任制，形成覆盖各级干部和主要生产岗位的监督考核体系。

积极稳妥推进企业改革。深入推进生产力布局调整，优化配置生产力要素；深入推进修程修制改革，健全和完善与新体制新布局相适应的工务、机车车辆和电务设备维修体制改革；深入推进劳动组织改革，促进运输业人员的精干高效。

提高客货运输效率和效益。优化资源配置，进一步释放运输潜力。强化调度统一指挥，运输组织和车流调整，注重增强运输效益，提高客货运收入率。提高服务质量，优化调整客车开行，改善车站基础设施，增强客运服务功能，提升服务品位。深化大客户运输服务管理，以物流理念改造传统货运组织，细分市场，主动服务，提升铁路货运市场竞争力。保障重点物资运输，建立健全与地方政府的运输协调机制。

全面加强企业经营管理。推进实施运输站段、机关部门经营业绩考核，建立经营管理行为齐抓共管机制；加大资源统筹力度，优化资源配置。强化资金预算管理；落实国有资产保值增值责任，提高国有资产经营效益。优化组合人力管理资源，规范劳动用工管理，创新劳动用工机制，盘活现有劳动资源，规范工资分配管理，完善工效挂钩办法，完善工资分配制度。以全面预算管理为手段，实施精细管理，确保各项工作目标兑现。

大力发展多元经营。按照“长期共存、相辅相成、互为促进”的战略定位和“规范管理，改善经营，拓展市场，扩大就业”的总体要求，做大做强多元骨干企业。深入推进辅业重组整合，深化内部产业结构调整，逐步形成支柱型企业。大力推进多元企业公司制改造，形成决策机构、监督机构和经营管理者之间的有效制衡机制。按照持续吸纳安置分流人员要求，扩大创岗分流能力。

加强人才队伍建设。建设和谐成铁，实现科学发展需要高素质的人才队伍作支撑。要树立科学的人才观，把人才队伍建设作为企业管理的重要内容，实现人才工作的全面推进。要加大人才引进力度，多渠道解决人才紧缺问题；要推进人才培养工程，搭建人才发展平台，完善人才评价机制，考核指标体系和人才选用机制。

大力改善职工生产生活条件。牢固树立“发展为了人民、发展依靠人民、发展成果由人民共享”的理念，充分依靠广大职工群众推进路局发展。在发展生产、提高效益的基础上，提高职工收入水平。大力推进铁路职工经济适用房建设。解决好异地工作职工的生活、通勤、就医、子女就学等实际困难。进一步完善“三不让”承诺实施办法及配套措施，深化“送温暖”活动。加强生活线、文化线、卫生保障线建设，改善职工生产生活条件。

全局各级党组织要紧紧围绕推进各项重点任务的落实，充分发挥政治优势、组织优势和宣传优势，把全局干部职工的思想统一到建设和谐成铁，实现科学发展的奋斗目标上来，把力量凝聚到建设和谐成铁，实现科学发展的重点任务上来，为开创路局各项事业的新局面拼搏奉献。

五、深化精神文明建设，为建设和谐成铁实现科学发展提供精神动力

要以弘扬抗震救灾精神为核心，依托企业文化建设载体，广泛开展群众性精神文明创建活动，深化精神文明建设，为建设和谐成铁，实现科学发展提供强有力的精神动力和思想保证。

大力弘扬抗震救灾精神。在波澜壮阔的抗震救灾斗争中，全局各级组织、广大党员和干部职工，用理想凝聚力量、用信念铸就坚强、用真情凝结关爱，铸就和弘扬了伟大的抗震救灾精神。这是我们极为宝贵的精神财富，是我们开拓奋进的不竭动力。要大力弘扬“为国分忧、为民解难、迎难而上、勇挑重担，特别能攻坚”的拼搏精神；“坚守岗位、恪尽职守、不怕疲劳、连续作战，特别能吃苦”的敬业精神；“顾全大局、不计得失、舍小家顾大家，特别能战斗”的奉献精神，使之转化为凝聚和鼓舞干部职工应对挑战、战胜困难的坚强意志，转化为紧紧抓住西南铁路发展战略机遇，团结拼搏、开拓奋进，建设和谐成铁，实现科学发展的强大精神动力。

深入推进企业文化建设。企业文化是现代企业凝聚力和创造力的重要源泉，是企业核心竞争力的重要因素。要以抗震救灾精神为核心，大力塑造企业精神，培育服务理念，确立经营思想，锻造企业作风，健全制度文化，打造服务品牌，切实增强企业核心竞争力。要把中国特色社会主义共同理想、以爱国主义为核心的民族精神和以改革创新为核心的时代精神、社会主义荣辱观体现、贯穿到企业文化建设的各个方面和各个环节，增强企业文化的先进性。要与时俱进，吸纳、包容行业内外和国内外的先进思想和理念，增强企业文化的时代性。要坚持共性与个性相结合，加强安全文化、廉政文化建设，增强企业文化的行业性。要把企业文化贯穿于安全生产和经营管理始终，深入干部职工思想，影响干部职工行动，成为干部职工共同的价值取向和行为准则，增强企业文化的实践性。

全面加强思想道德教育。要加强理想信念教育，用中国特色社会主义理论体系武装头脑，把理想信念教育的理论性与职工群众日常工作和生活的实践性相统一，落实和体现理想信念教育的具体化，促进职工综合素质的不断提升。要加强职业道德教育，从职工本职工作和思想实际出发，加强职工职业理想、职业道德、职业纪律、职业技能教育，增强职工职业道德意识、爱岗敬业意识、遵章守纪意识、安全责任意识和岗位成才意识。要改进思想政治工作，坚持以人为本的指导思想，遵循人的思想活动规律，更加注重人文关怀和心理疏导，提高思想政治工作的针对性、实效性，维护队伍稳定，凝聚发展力量。

不断深化精神文明创建。巩固和发展铁路企业在抗震救灾中的良好社会形象，以社会主义荣辱观为重要内容和标准，以客货窗口单位为重点，以突出“人民铁路为人民”职业道德建设为支撑，以提高铁路企业文明形象和整体素质为目的，推进精神文明创建向纵深发展。继续深化以文明单位、文明站区、文明职工等群众性的精神文明创建活动，积极引导职工养成文明健康、积极向上的生活态度和生活情趣，不断提高企业文明程度。争创一批中央级，省部级文明单位。积极开展诚信服务、优质服务岗位实践活动，不断提高客货运输服务水平，打造一批内涵丰富、社

会认可、影响力大的服务品牌，塑造路局文明诚信的企业形象。进一步加强路风建设，建立健全遏制路风问题的长效机制。深入开展“扫黄打非”工作，规范和净化铁路站车文化市场。

六、坚持改革创新精神，加强改进党建工作

建设和谐成铁，实现科学发展，给全局党的建设注入了巨大活力。要坚持以党的十七大精神为指导，坚持融入中心有思路、服务大局有作为、党建工作有特色，进一步加强全局党的思想、组织、作风、制度和党风廉政建设，切实把党组织的政治优势、组织优势转化为推动全局又好又快发展的强大力量，使各级党组织在引领科学发展的进程中始终走在时代前列，在应对挑战、战胜困难中成为干部职工的主心骨，在构建和谐成铁的生动实践中成为坚强的政治核心。

提升各级班子领导科学发展的能力。建设和谐成铁，实现科学发展，关键在领导班子。要优化班子结构，提升班子整体功能，坚持干部队伍“四化”方针和德才兼备、以德为先原则，为加快发展选好干部，为促进和谐配强班子。要以改善结构、优化素质、提高能力为重点，加大领导干部调整交流和后备干部队伍建设力度，切实把政治上靠得住、业务上有本事、作风上过得硬、群众信得过的优秀年轻干部选拔进领导班子，努力形成“能力素质互补、专业学历匹配、年龄结构梯次”的领导层。要以开展深入学习实践科学发展观活动为契机，注重科学发展观的理论和实践相结合，在发展进程中不断促进观念创新、机制创新、管理创新，增强各级领导班子和领导干部领导和谐成铁建设的本领，把学习实践活动成果转化为推动全局改革发展稳定的有力举措，把握发展规律，创新发展思路，破解发展难题，担当发展重任。要按照科学发展观和正确政绩观的要求，丰富“四好班子”创建内涵，完善创建活动的责任落实、绩效考评和激励约束机制，不断提升创建活动效果，努力建设能力强、素质高、作风硬的“钢班子”。

充分发挥党组织政治核心作用。努力把全局各级党组织建设成为建设和谐成铁，实现科学发展的组织者、推动者和实践者，是时代赋予我们的庄严使命。要以提高能力为重点，进一步加强党委会建设。结合铁路局党委由常委制改为委员制和两级领导班子成员“双向进入，交叉任职”，完善党委会工作制度及“三重一大”问题集体决策配套制度，健全委员制的工作机制和运行方式，加快职能转变，充分发挥党委总揽全局、把关定向、协调各方的政治核心作用；要认真落实各级党委抓党支部建设的责任，严格标准，强化指导，结合生产力布局调整，坚持“三个有利于”优化党支部设置。根据《铁路企业党支部建设纲要》，修订和落实全局党支部建设实施细则。适应山区铁路提速和高速铁路、客运专线运营需要，健全山区铁路安全思想组织保障体系。进一步分系统规范、分层次明责、分岗位立标，筑牢党支部“安全屏障”工程。配强运输一线尤其是异地车间党支部书记，加强党支部书记培训，到2012年全局复合型党支部书记达90%，“五好”党支部动态保持在75%以上。

保持和发展党员队伍先进性。全局广大党员要在建设和谐成铁，实现科学发展的生动实践中保持先进性，展示新作为。

要健全落实先进性建设长效机制，加强党员经常性教育，认真学习党章，增强党员意识，使党员成为牢记宗旨、心系群众的先进分子；要以“建设和谐铁路，服务人民群众”为载体，深化“保安全、保稳定，促和谐、促发展”等党员主题实践活动，建设政治素质和业务技能“双过硬”的党员队伍，使先进性在岗位技能上增强、在职工群众中发挥、在科学发展上体现，成为带领职工群众干事创业的先锋模范；要重点在运输一线、高知识群体和优秀青年职工中发展党员，进一步深化“双向培养”，优化队伍结构，使党员成为关键岗位、关键作业的骨干力量；要健全落实党员动态管理机制，加强管理监督，强化分类管理，通过党员党性定期分析评议、党员承诺等手段，把党员置于党组织和群众的监督之下；要服务党员，完善困难党员帮扶机制，格外关心地震灾区和边远艰苦地区党员，切实帮助他们解决实际困难。

推进党建工作创新发展。创新是党组织永葆生机与活力的不竭源泉。建设和谐成铁，实现科学发展迫切需要进一步加强改进党建工作，增强服务保证作用。要创新思路。坚持以科学发展观指导和谋划党建工作，进一步解放思想，强化理性思维，加强规律探索，尊重首创精神，不断探索创新，使全局党建工作不断体现时代性、把握规律性、富于创造性；要创新机制。按照十七大关于党的思想理论建设、组织建设、作风建设、反腐倡廉建设和制度建设“五位一体”的布局要求，充分发挥各级组织和党委各职能部门作用，整合力量，合力共为，大力构建新体制下全局“大党建”、“大政工”格局；要创新方式。坚持抓重点、攻难点、出亮点，及时总结推广经验，以先进典型带动党建工作整体提升。要大力推行党建工作网络化、信息化，扩大影响覆盖面，提高工作效率；要创新内容。坚持以党内和谐促进企业和谐，推行党代表大会代表任期制，试行运输一线专职党支部书记“公推直选”，落实党员主体地位，充分保障党员知情权、参与权和监督权；要创新载体。坚持务实、灵活、高效的原则，开展党员喜闻乐见的党内活动，通过主题鲜明、群众认同的党员服务队、党员突击队，充分发挥基层党组织推动发展、服务群众、凝聚人心、促进和谐的作用。

扎实推进党风廉政建设和反腐倡廉工作。一要深化领导干部廉洁自律工作。深入开展权力观、政绩观、荣辱观的廉政教育。不断提高“党风双月谈”、廉政党课的质量，促进领导干部廉洁自律。切实加大查办案件的力度，注重发挥查办案件的治本作用。二要积极构建反腐倡廉惩防体系。认真贯彻铁道部党组《落实〈建立健全惩治和预防腐败体系2008年至2012年工作规划〉的实施办法》，有计划、分阶段深入推进惩防体系建设，建立健全监督约束机制，从根本上消除滋生腐败的土壤和条件。强化制度落实，形成以制度管权、以制度管事、以制度管人的机制。切实加强路风建设，确保全局路风平稳有序，维护和树立企业良好形象。三要认真落实党风廉政建设责任制。各级领导特别是党政一把手，要带头落实责任制，管住班子，带好队伍，班子其他成员要抓好分管系统和部门的廉政建设。党政主要领导要旗帜鲜明地支持纪委依法办案，为纪检监察部门履行职能，查办案件提供保障。要进一步强化业务主管部门的管理责任，部门负责人一定要坚持业务管理与廉政建设一起抓，切实履行职责，真正做到守土有责。

切实加强对工会、共青团、政法工作的领导。各级党组织要大力支持工会、共青团组织依照法律和章程，独立自主、创造性地开展工作，形成全局改革发展的整体合力。要强化民主管理，深化厂务公开，建立和谐的企业劳动关系；切实维护广大职工的合法权益，关心职工生产生活，调动广大职工的积极性和创造性。要积极探索新时期团建创新的新思路新举措，创新团的组织体系、运行机制和活动方式，增强团组织活力；打造青年人才培养锻炼平台，引导团员青年岗位成才，成为“建设和谐成铁，实现科学发展”的生力军和突击队。要加强对政法工作的领导，大力加强公检法队伍建设，强化铁路治安综合治理，严厉查处和打击危及行车安全的货盗、拆盗犯罪活动，为路局改革发展提供良好的内外环境。

大力加强干部作风建设。建设和谐成铁，实现科学发展，使命光荣，责任重大。各级干部尤其是领导干部要肩负使命、投身大局，攻坚克难、勇于担当，立足岗位、超常努力，保持锐意进取的精神状态，大兴求真务实之风，苦干实干，展示作为。要特别讲大局。要认清大局，把思想统一到“建设和谐成铁，实现科学发展”上来。要服从大局，自觉把本单位本部门的工作放在大局中去定位。要服务大局，主动为大局而谋，为路局分忧，为群众解难；要特别讲付出。现在是拼搏奋进的时候，再大的困难也要上。现在是攻坚克难的时候，刀山火海也要进。只要事业需要，只要人民需要，就不能讲条件，就不能讲价钱，就不能讲回报；要特别讲实干。越是紧要时刻，越需要苦干实干。各级领导干部要带头苦干、带领实干，以示范和引导推动工作。要脚踏实地、爬坡破难，把情况搞准，把问题想透，把工作做细；要特别讲纪律。纪律是约束，更是保障。重大问题要实行责任制和责任追究制，对不负责、不作为、失职渎职等行为，要及时、坚决、严肃查处。要带头讲党性、重品行、做表率，以廉洁的形象和人格力量，团结带领干部职工不断开创和谐成铁建设的新局面。

同志们，回顾五年改革发展成就，我们倍感骄傲和自豪，展望路局改革发展美好前景，我们充满必胜的信心。让我们在部党组的坚强领导下，以党的十七大精神为指导，深入学习实践科学发展观，紧紧抓住战略机遇期，求真务实，开拓进取，为夺取建设和谐成铁，实现科学发展的新胜利而努力奋斗！

抗震救灾大事记

● 抗 震 救 灾 大 事 记

5月12日　2008年5月12日14时28分04秒，四川省阿坝州汶川县发生里氏8.0级特大地震。汶川特大地震发生后，成都铁路局立即启动应急预案，成立抗震救灾指挥部。

第一时间，局长齐文超、局党委书记姚保国赶到调度所下达全局停止一切车辆运行命令。全局在途在站共有客车105列（区间37列，站内68列），货车258列（区间84列，站内174列），单机8列，轨道车11列，总计382列。其中宝成线客车14列（区间12列，站内2列），货车26列（区间16列，站内10列），单机1列。部分宝成线客车从成渝线迂回。

宝成线成都至广元段共有12列停于区间。成都站尚未开出的宝成线的客车19列停运，其中直通17列、管内2列。

至13日6时，宝成线12列受阻列车中已拉回广元南站1列（K291次），经由成都去成昆线1列（5621次）、经由达成线迂回3列（K166、2130、1048次），7402、T8次2列分别拉进二郎庙、厚坝站，后返回成都。K390次列车向广元方向移动。7404次（在东坝站内）及T7、K117次（在区间）因线路封锁，无法运行，3列车中约滞留旅客2 051人左右（其中7404次70人、T7次1 000人、K117次981人）。

人员伤亡情况：地震灾害已造成2名职工死亡，1人失踪。7名家属被埋受伤。

行车设备受损情况：

工务线路68处受损：其中宝成线55处（线路17处，路基26处，桥梁8处，隧道4处），成昆线13处（路基10处，桥梁1处，隧道2处）。这68处中有17处属于线路变形。

较为严重的处所：一、2座桥梁受损严重。1. 宝成线K423+030金龟岩大桥支座螺栓全折断，梁体位移300毫米。2. 宝成线下行K422+122清江7号桥，支座螺栓全折断，梁体位移20毫米。二、4处路基灾害严重。宝成线：1. 下行K424+800路基下沉500mm，方向50mm。2. 下行K423+900路基下沉400mm，方向4050mm。3. 下行K434+100路基下沉200mm。4. 下行K418+300路基下沉80100mm，方向60mm。三、4处隧道灾害严重。1. 宝成线上行K386隧道口裂纹。2. 宝成线下行K402+000隧道口裂纹。3. 成昆线K284+900990毛头马隧道右侧边墙纵向裂纹。4. 成昆线K287+105毛头马隧道接长棚洞被落石击穿。

接触网9处受损：宝成线罗江至广元站，车站信号、接触网均全部停电，手机不通。

电务设备3处受损：广岳、德旺支线的汉旺站、穿心站、雪门寺三站机械室倒塌，电务设备无法运行。此外，34个站通信无电（铁通设备），全由UPS供电。

房屋受损初步调查情况：房屋受损5 134间，其中倒塌1 132间，出现裂纹4 002间。德天、广木、成汶3条支线房屋受损严重，德天线汉旺站运转室、办公楼、家属房倒塌。广木线的永兴、雪门寺、穿心店、红白场、木瓜坪各站生产生活设施垮塌，其中雪门寺车站和工区、红白场车站和工区房屋90%倒塌，木瓜坪车站房屋完全倒塌。成汶线的都江堰站库房倒塌，3栋家属楼、办公楼、扳道房基本报废。

支线受损情况：宝成线德天、广木、成汶3条支线的设备损毁较为严重。德天线K15+750mK15+850m路基下沉300毫米；K15+903m-K16+300m路基下沉，轨向50毫米，高低50毫米；K35+200mK40+800m轨向200毫米，高低300毫米。广木线穿心店车站附近营丰公司液氨泄漏200300吨，现人员已全部疏散；永兴—岳家山区间K41K61因山体滑坡掩埋线路，列车无法通行；永兴站—木瓜坪站4个区间通讯中断失去联系；穿心店大桥全部变形，穿心店—红白场间K48+500m处小桥的两片梁掉到公路上，已封锁线路；红白场站广端线路下沉200毫米，已封锁线路。成汶线：各站生产、生活设施均有不同程度的损毁，部分报废。

经全力抢修，成昆、成渝、达成、内六4条干线在受灾当天开通运行。

5月13日　刘志军部长深入成都铁路局一线指挥抗震救灾工作，在局长齐文超、局党委书记姚保国陪同下，先后到都江堰、德阳、绵阳等铁路站区现场指挥。

下发《关于成立抗震救灾指挥部的紧急通知》。

宝成线单线贯通。

5月14日　成汶支线开通。

5月16日　宝成线双线开通，德天支线开通。

5月17日　下发《关于加强抗震救灾运输组

织工作的紧急通知》。

5月20日　下发《关于做好运送地震灾区伤员组织工作的通知》。

5月21日　中共中央政治局常委、国务院副总理李克强到成都东站检查指导铁路抢运救灾物资。

5月24日　广岳线于17时开通。

截至18时，地震造成职工死亡11人，家属死亡39人，失踪5人。

累计造成经济损失153亿元。其中抢险救灾和设备设施报废16.1亿元，设备设施修复重建117.9亿元，影响生产经营收支损失19亿元。

地震造成铁路线路设施29公里报废，2 000余公里线路设施不同程度受损；51个车站信息设备报废；桥梁受损236座，隧道受损98座，路基受损669公里。生产用房倒塌4 171间（68 103平方米），受损44 098间（1 057 297平方米）；职工住房倒塌5 316间（80 599平方米），受损44 619间(669 288平方米）。

下发《关于进一步规范运送地震伤员组织工作流程的通知》。

5月25日　中共中央政治局委员、国务院副总理回良玉到成都站检查指导铁路转运震区伤员工作。

5月26日　中共中央政治局常委、全国人大常委会委员长吴邦国在成都东站检查指导救灾物资运输工作。

5月28日　铁道部与成都市签订灾后重建第一个重大项目协议。成都至都江堰快速客运铁路年内开建。

5月19日至31日　开行转运伤员专列19列，向重庆、西安、昆明、贵阳、汉口、长沙、郑州、杭州、天津、北京、太原、扬州等地转运伤员5 015人、陪护人员4 882人、医护人员1 882人。为及时帮助受灾地区学生到省外就读，路局积极配合四川省劳动和社会保障厅，精心组织，合理部署，确保灾区学生顺利出行。

5月31日　彭开宙副部长在局长安路生陪同下，检查指导成都铁路局抗震救灾工作。

王志国副部长在局党委书记姚保国陪同下，检查指导成都铁路局抗震救灾工作。

呈报《关于唐家山堰塞湖溃坝影响宝成铁路涪江大桥安全的情况报告》。

6月2日　下发《关于印发〈成都铁路局汶川地震灾后重建规划工作实施方案〉的通知》。

6月3日　中共中央政治局委员、国务院副总理张德江到成都站检查指导救灾物资运输工作。

6月5日　刘志军部长在局长安路生陪同下，检查指导涪江大桥加固防护和应急抢险准备工作。

6月16日　陆东福副部长、铁道部总工程师何华武一行到成都铁路局检查指导灾后重建工作，考察成都至都江堰城市轨道交通建设工作。

陆东福副部长在成都分别与四川省委书记刘奇葆、省长蒋巨峰就落实部省《会谈纪要》、加快灾后铁路建设举行会谈。铁道部总工程师何华武、四川省副省长王宁、成都市市委书记李春城、成都市市长葛红林、成都铁路局局长安路生等参加会谈。

6月25日　路局与中铁二院联合成立的成都铁路局灾后重建规划编制领导小组，6月3日提出方案，仅用22天完成重建规划文件编制工作，并报送铁道部和四川省。

6月26日　呈报《关于呈送建成都至都江堰铁路项目建议书的请示》。

成都铁路局召开“创先争优”暨抗震救灾表彰会。

6月27日　下发《关于表彰“创先争优”活动暨抗震救灾工作全局先进党组织、优秀共产党员和优秀党务工作者的决定》。

6月29日　灾后，党中央、国务院领导先后乘专列到四川及路局管内抗震救灾第一线指挥抗震救灾工作。为确保专运任务万无一失，路局党政主要领导直接牵头，做好应急预案。已开行专列58列，其中一级25列。

6月30日 截至18时，累计运输救灾物资40 253辆，其中电煤4 455辆28.7万吨，粮食2 458辆14.79万吨，石油8 553辆44.66万吨，药品202辆，棉衣、被643辆，饮用水845辆，方便面等食品585辆，活动板房12 003辆17.63万套，帐篷703辆33.51万顶，军用物资2 093辆。

7月2日 刘志军部长与四川省委书记刘奇葆、省长蒋巨峰就加快四川铁路灾后恢复重建举行会谈。刘志军部长与省长蒋巨峰签署《关于加快推进四川省灾后铁路恢复重建会议纪要》。

7月27日 根据中央军委命令，7月21日至8月31日，参加四川抗震救灾部队分批回撤，路局圆满完成第一阶段运输任务，运送救灾部队回撤部队70列4万余人。

8月13日 第二批抗震救灾回撤部队欢送仪式在成都站举行。2万余名官兵分批离川。

8月21日 抗震救灾第三批回撤部队启程。

8月25日 成都铁路局胜利完成抗震救灾军运任务。共组织装卸军列286列、11 035车，运送官兵12.77万人，救灾物资47万余吨。

8月28日 地震及余震导致成都铁路局管内宝成、成昆铁路干线，成汶、德天、广岳支线严重受损，达成、成渝、内六、襄渝等其他干线和支线不同程度受损。29公里线路设施报废，2 500多公里线路设施不同程度受损；58个车站信息设备报废；236座桥梁直接受损，98座隧道直接受损，669公里路基受损；生产用房毁损163.2万平米（倒塌及严重受损需拆除重建63.4万平米）；职工住宅毁损168.4万平方米（倒塌及严重受损需拆除重建36.2万平方米）。

全局职工死亡14人，受伤156人；家属死亡43人，受伤467人，失踪3人。

全局累计经济损失194.6亿元，其中抢险救灾费用9.6亿元，设备设施报废损失17.6亿元，灾后设备设施修复重建142.1亿元，基建工程项目受损1.5亿元，影响生产经营收支损失23.8亿元。

8月31日至9月2日 刘志军部长在局长安路生、局党委书记姚保国陪同下，先后到宝成线和成汶支线的绵阳、德阳、都江堰等地指导灾后重建工作。

9月23日 陆东福副部长赴四川对成都至兰州铁路现场踏勘。

9月26日 铁道部与四川省签署加快推进四川省铁路建设会议纪要，力争年内开工成都至兰州、成都至都江堰、成绵乐客运专线、成都新客站、成都枢纽成昆货车外绕线等5个项目。

10月8日 绵阳车务段荣获中共中央、国务院、中央军委授予的“全国抗震救灾英雄集体”称号；四川省总工会也授予绵阳车务段“抗震救灾、重建家园四川省工人先锋号”荣誉称号。

10月18日 路局召开抗震救灾先进表彰大会，50个先进集体、100名先进个人受到表彰。

11月4日 全国首条灾后重建快速铁路成都至都江堰铁路开工。四川省委书记刘奇葆、省长蒋巨峰、铁道部部长刘志军等出席开工仪式。

12月15日 四川省委书记刘奇葆、成都市委书记李春城、成都市市长葛红林在成都铁路局局长安路生、局党委书记姚保国陪同下视察成都站改扩建工程。

12月29日 成绵乐客运专线、成都东客站正式开工。四川省委书记刘奇葆、省长蒋巨峰、铁道部部长刘志军等出席开工仪式。

12月31日 在两大自然灾害和金融危机影响的情况下，路局全年共完成运输收入215.5亿元，同比增长2.2%；旅客发送量完成10 948万人，同比增长5.1%；货物发送量完成14 099万吨，同比减少5.7%；换算周转量完成1 712亿吨公里，同比增长1.5%。圆满完成抗灾救灾、重点物资和大量的军专特运输任务，共抢运救灾物资88.4万辆，抢运伤员、医护人员12 000余人，抢运救灾部队近13万人，为夺取抗震救灾的胜利做出了突出贡献。

（史志办编辑）

概况

- 概　述
- 机构设置
- 领导人员名录

概　述

【综　述】　成都铁路局管辖四川省、贵州省、云南省（部分）、重庆市三省一市国有铁路，营业里程5 064.9公里。管辖干线：宝成、成渝、襄渝、成昆、川黔、黔桂、沪昆、内六、渝怀、遂渝10条干线。管辖达成、达万2条合资铁路，计505.2公里。

管辖范围内多山川河流，地形复杂，气候多变，为自然灾害多发地区。管内线路地质复杂，坡陡弯急，桥隧相连。

2008年末，全局固定资产原值1 178.69亿元，固定资产净值865.18亿元。主要设备有：

一、机车配属：1 184台，其中电力机车855台，内燃机车329台。

二、客车配属：3 330辆，其中空调客车2 149辆。

三、营业里程：5 064.9公里，其中双线896.2公里。电气化铁路4 506.5公里，占89%，内燃化558.4公里，占11%。

四、营业车站：520个。

五、桥梁：3 805座，422 325延长米。

六、隧道及明洞：1 714座，1 138 716延长米。

年末成都铁路局有运输站段48个，非运输站段18个，公检法单位15个，多元经营（集团）公司1个。派出机构2个：重庆、贵阳铁路办事处。

全局职工总数120 175人，运输业职工97 291人。干部总数19 579人，比上年末减少503人；工人总数99 927人，比上年末减少289人。

成都铁路局机关设在四川省成都市一环路北二段11号，邮政编码610082；机关第二办公区设在成都市二环路北三段394号，邮政编码610081。值班路电061－32150，市电028－86432150。

（周龙华　卿少兴）

表3－1　成都铁路局营业里程　　（2008年）

线路名称	线路起点	线路止点	营业里程（公里）
宝成线	广　元	成　都	317.8
襄渝线	达　州	重庆西	256.3
沪昆线	大　龙	凤凰山	704.2
黔桂线	麻　尾	龙　里	180.9
成渝线	成　都	重　庆	504.3
内六线	内　江	梅花山	502.7
川黔线	小南海	贵阳客	424.4
成昆线	成　都	攀枝花	751.6
渝怀线	团结村	秀　山	426.8
遂渝线	遂　宁	井　口	144.3
达成线（合资）	龙潭寺	三汇镇	348.3
达万线（合资）	达　州	万　州	156.9

（查　焱）

【经营目标完成情况】　抗灾救灾夺取全面胜利。年初，贵州地区及四川、重庆部分地区遭受百年不遇的冰雪凝冻灾害袭击，交通中断、通信中断、断水断电、大面积旅客滞留、重点物资全面告急，全局干部职工紧急动员，克服超常困难，抢修设备，疏通线路，安抚旅客，抢运重点物资。5月12日汶川特大地震发生以后，各级组织和广大干部职工坚守岗位，全面开展抢险救灾大会战。在最短时间抢通管内所有干线，通过四昼夜奋战抢通宝成复线，打开生命通道；在余震不断、山体滑坡、洪水肆虐的艰难条件下，始终保持铁路大动脉的安全与畅通，抢运救灾物资88.4万辆，抢运伤员、医护人员12 000余人，抢运救灾部队近13万人；涌现出一大批先进集体和个人，绵阳车务段被党中央、国务院和中央军委授予全国抗震救灾英雄集体称号，绵阳工务段党委被中组部授予抗震救灾先进基层党组织称号；全力开展抗灾自救和灾后重建，共投入灾后复旧及重建资金28.3亿元，改造修复成昆线、川黔线，提升设备质量，建成宝成线全局首条安全标准线，完成都江堰车站灾后重建和成汶支线恢复重建工程；组织党员干部为灾区职工捐款捐物，路局拨出专项资金保证灾区职工基本生活需要，加固修复生产房屋及职工受损房屋262万平方米，开工重建职工住房80套5 600平方米，为灾区职工重建家园、温暖过冬提供可靠保障。

运输安全保持基本稳定。颁布实施干部“五条禁令”、“八项要求”，制定下发安全红线“50条规定”，干部作风和职工“两纪”明显加强。出台实施“三个办法、一个制度”，量化责任体系和工作标准，全面实行“月考核、季检查、半年评估、年度评比”的定期考评机制，安全管理进一步规范。制定实施设备整治三年规划，扎实开展大规模设备整治，全年完成线路大修及灾后复旧清筛487公里，超过常年1倍；换岔441组，超过常年1.4倍；铺设新轨无缝线路369公里，无缝化改造759公里，大机维修超过4 080公里，整治路基宽度不足地段2 559公里，线路质量和外观得到大幅改善，11月首次消灭线路失格公里。强力推进并建成宝成线首条全局安标线，线路基础、站容站貌、职工精神状态明显改观。盯控安全关键，面对余震及暴雨叠加的恶劣自然条件，先后开展11次大规模的搜山扫石行动，防洪看守点、搜山扫石队分别增加2.2倍和3.8倍，投入1.2亿元，对重点落石滑坡地段全面加固防护网，实行日常周期、重点加密和极端天气随时检查三套制度，确保余震和暴雨双重威胁下的防洪安全。深入开展“安全大反思、大检查”和典型事故案例教育活动，在管内9条干线集中开展路外安全百日整治行动，在全局公安干警的共同努力下，沿线治安形势进一步好转，全年路外伤亡人数同比下降46%。确保奥运安保和专项警卫任务的圆满完成，确保主要时期、关键部位的安全稳定。截至年底，全局实现安全生产233天。

运输经营取得新成效。全面优化运输组织，整合运输资源，创新运输组织模式，提高运输生产效率。强化两级调度建设，整合成都北、贵阳南、重庆西编组站的车、机、辆调度职能，实现统一指挥；在所有车务站段设立调度室，强化对一线安全监控、协调生产、应急处置、信息梳理的管理；拉通全局干线机车交路，提高牵引吨数，改进调车机运用模式，提高机车运用效率；关闭宝成、沪昆线13个车站，取消部分运量小的乘降所和客车停站，进一步消除运力制约因素。推进“两整合一建设”，新建成路企直通运输15个，战略装车点21个，与142家企业签订战略合作协议。加强运输经营，在受到两大自然灾害和金融危机影响的情况下，全年共完成运输收入215.5亿元，同比增长2.2%；旅客发送量完成10 948万人，同比增长5.1%；货物发送量完成14 099万吨，同比减少5.7%；换算周转量完成1 712亿吨公里，同比增长1.5%；圆满完成抗灾救灾、重点物资和大量的军专特运输任务，确保万无一失。

大力规范财务、计划、工资、劳动用工管理。出台“双十条”，提高依法经营、规范管理水平，促进企业内部资金、资产、劳动力等各项资源合理配置、高效流动；理顺收入分配关系，完善工效挂钩办法，确保工资收入向一线职工、艰苦地区和关键岗位倾斜。全年共查堵漏收4.4亿元、物资采购节约1.16亿元、审计促进增加效益3 000万元、办理诉讼案件挽回损失1 000余万元。

铁路建设取得突破性进展。铁道部和“两省一市”地方政府高度重视路局铁路建设，2008年共签订7次部省（市）会议纪要，全局上下抓住机遇、加快发展，全力以赴推进铁路建设工作。黔桂新线全线开通运营，南涪、兰渝、贵广、渝利、成都东客站、成都至都江堰铁路顺利开工，达成扩能、襄渝二线、贵阳枢纽等在建项目按照新的时间进度有序推进；千方百计筹备道砟、桥梁等施工材料，大力开行工程列车，保证铁路建设顺利推进；积极争取地方政府支持，两省一市在征地拆迁、政策优惠方面给予极大支持，协调8年未果的株六后巢征地拆迁历史性难题得到彻底解决；加快推进项目前期工作进度，成兰、成贵、成西客专、渝黔等众多项目前期工作加速。全年完成铁路建设投资138.7亿元，是上年的2.4倍，开工项目数量是过去4年的总和；投入更新改造资金12.63亿元，强化行车安全设施设备，改善客货运服务设施，为确保安全、完成运输生产任务奠定坚实基础。

企业改革积极稳妥推进。对运输站段生产力布局进行微调，对达成公司实施管理模式改革，全局运输站段总数由55个减少为48个。推进生产资源、车间班组和劳动组织“三个整合”，车务站段劳动组织优化整合和人员分流安置等工作基本完成，其他系统正稳妥有序推进，站段管理关系进一步理顺。研究制订标准化车间、班组、岗位的创建方案及规划，为全面强化站段自我管理能力打下坚实基础。调减局机关综合部门定员22人，增加专业部门定员20人，路局专业管理力量进一步增强。整合优化路局机关科室及附属机构，撤销成都办事处，并对重庆、贵阳办事处机构编制进行调整，路局机关和办事处更加精干高效。

多元经营实现健康发展。推行多元企业内部改革，分离重组物资采购供应单位，推进多元企业大规模优化整合，多元法人企业由223个减少到95个。下发《关于全面促进多元经营又好又快发展的决定》，为多元经济发展创造良好环境，形成主业支持多元，多元经营走向市场，吸纳主业富余人员，主辅双赢的良好格局。全年多元经营实现收入128亿元，同比增长40%，实现综合效益6.05亿元，同比增长20%，其中利润1.39亿元，同比增长29%。吸纳主业分流人员1 883名。集体经济稳步发展，全年完成经营收入15亿元，实现利润1 100万元，均超额完成年度计划。

队伍建设明显加强。着力转变干部作风，“5·12”汶川特大地震以来，各级干部认真执行“五条禁令”和“八项要求”，真抓实干，主动放弃双休日和法定节假日，始终坚持奋战在抗震救灾和运输生产第一线。不断优化站段领导班子及领导干部结构，调整站段领导干部13批次582人，全局运输站段领导班子成员平均年龄、全日制大学生配备率和专业对口率均名列全路前列。强化人才引进及教育培训工作，进一步加大铁路主专业人才的引进和培训力度，全年共接收普通高校毕业生近500名；抓好专业骨干队伍建设，在40个运输站段开展技能人才竞聘专业技术岗位工作；全面实施培训提素工程，全年共培训各级各类干部1万余人次，完成运输岗位职工各类培训15.8万人次。优化运输岗位，推进竞争上岗，促进职工学技术、钻业务的积极性，干部职工队伍整体素质普遍提高。

职工生活进一步改善。职工平均收入同比增长18.1%；切实关心受灾职工生活，落实住宅房屋灾后复旧工程，保证受灾职工顺利过冬过节；拟用3年时间修建职工住房2万套，2008年已开工建设4 500套；投资860万元开展文明小区建设，先期对56个铁路小区（院落）进行全面整治，春节前还将完成对全局235个铁路小区的全面整治；利用宝成线安标线建设的契机，推进全局“文化线、生活线”建设，投入900余万元，为1 200多个站区配置和更新生活文化设备4 000余台（件），切实改善基层职工的生活和文体活动条件；落实“三不让”承诺，全年共救助困难职工6 700余户4万余人次、救助重病职工近7 000人次，资助困难职工子女上学近2 500人次，共支付救助金5 770余万元；共救助因灾致困职工及家庭1 739户，并对1.5万余人次职工提供扶贫和大病借款资助1 350万元。

精心绘制发展蓝图。根据和谐铁路建设的总体目标，结合贯彻《中长期铁路网规划》、《铁路十一五规划》、川黔渝“两省一市”国民经济和社会发展规划，以及部省（市）会谈纪要精神，经过反复调研论证、反复修订，确立“建设和谐成铁、实现科学发展”的发展思路，绘制出2008年至2012年路局“七大目标、十项任务”的发展蓝图。

（孙宇红）

机构设置

【机构变化】　根据达成铁路公司运输生产委托路局管理的实际需要，提请路局党政联席会议研究并经达成公司董事会同意，撤销涪陵车务段，成立遂宁车务段，调整重庆车务段、达州车站和重庆西车站管辖范围；撤销广安工务段，并入涪陵工务段，成立遂宁工务段。根据江油车务段办公楼受

"5·12"汶川地震破坏，已不能保证运输安全生产需要，江油车务段段机关办公地址搬迁到绵阳站站区，更名为绵阳车务段。调整后，全局运输站段共计48个，其中车务（含直属站）18个，客运3个，机务4个，供电4个，工务（含工务机械段）11个，电务3个，车辆5个，促进了运输效率提高。同时，按照铁道部车站等级核定标准，组织核定达成铁路公司所属28个车站等级。

为促进地方经济发展和灾后重建需要，经路局研究决定，分别成立成都市域铁路公司筹备组、成都货车外绕线建设指挥部、成都新客站建设指挥部、成都铁路集装箱中心站建设指挥部、成都铁路局住房建设指挥部；对渝利、南涪铁路公司实行一个机构、两块牌子；将指挥部与达成指挥部实行一个机构、多块牌子管理，促进人员精简高效。

按照强化安全管理和专业技术管理要求，经路局党政联席会议研究决定，调减局办、人事、劳卫、财务、计统等5个综合部门定员23人，充实运输、机务、工务、电务等8个业务处室定员20人。同时，整合职能相近机构，将运输收入预算管理从计划统计处划交收入稽查处；撤销道口管理办公室，相应职能移交工务处；设立车载控制技术科，增强列车运行监控装置（简称LKJ）及相关设备管理；设立路局企业年金理事会办公室和局机关服务所。整合后，路局现额内处室内设科室85个，减少8个；附属机构28个，减少2个，撤销9个附属机构、各地分支机构35个。9月，撤销成都办事处并调整重庆、贵阳办事处编制职能，核定办事处总定员104人，减少86人。

适应运输生产力发展和管理体制变化，按照铁道部运输站段管理部门机构编制示范标准，下发《关于调整部分运输站段管理人员定员的通知》，督促指导站段严格落实三级管理要求，合理设置内部机构。结合劳动组织优化，进一步撤并整合机务、供电、车辆等系统异地车间，合并工务线路、桥隧车间，整合电务现场、基地车间。

（卿少兴）

表3-2　成都铁路局局属单位　　（2008年）

类别	系　统	单　位　名　称	合计	备　注
运输站段	特、一等车站	成都车站（特）、成都北车站、广元车站、重庆车站、重庆西车站、达州车站、贵阳车站、贵阳南车站	8	
	车务	成都车务段、绵阳车务段、西昌车务段、重庆车务段、内江车务段、遂宁车务段、贵阳车务段、遵义车务段、凯里车务段、六盘水车务段	10	
	客运	成都客运段、重庆客运段、贵阳客运段	3	
	机务	成都机务段、重庆机务段、贵阳机务段、六盘水机务段	4	
	供电	成都供电段、西昌供电段、重庆供电段、贵阳供电段	4	
	车辆	成都车辆段、成都东车辆段、重庆车辆段、贵阳车辆段、贵阳南车辆段	5	
	工务	成都工务段、绵阳工务段、西昌工务段、重庆工务段、自贡工务段、遂宁工务段、涪陵工务段、贵阳工务段、凯里工务段、六盘水工务段、成都工务机械段	11	
	电务	成都电务段、重庆电务段、贵阳电务段	3	
	小计		48	

续上表

类别	系　统	单 位 名 称	合计	备　注
非运输站段	焊轨段	局焊轨段	1	
	疾病预防控制所	局疾病预防控制所、疾病预防控制所西昌分所、重庆疾病预防控制所、贵阳疾病预防控制所	4	
	职工培训基地	重庆职工培训基地、贵阳职工培训基地	2	
	其他	机关服务所、局信息技术所、局科学技术研究所、局计量所、党校、新闻宣传站	6	
	建设指挥部	达成扩能改造指挥部（含成都北编组站、成都集装箱中心站建设项目）、襄渝铁路二线指挥部（含重庆集装箱中心站、遂渝铁路二线建设项目）、黔桂扩能指挥部（含贵阳枢纽、六沾复线）、成都货车外绕线建设指挥部、成都铁路局住房建设指挥部、成都铁路局客站建设指挥部	6	
	小计		19	
公检法	公安	成都铁路公安局、成都铁路公安处、西昌铁路公安处、重庆铁路公安处、贵阳铁路公安处	5	
	检察院	四川省检察院成都铁路分院、成都铁路运输检察院、西昌铁路运输检察院、重庆铁路运输检察院、贵阳铁路运输检察院	5	
	法院	成都铁路运输中级法院、成都铁路运输法院、西昌铁路运输法院、重庆铁路运输法院、贵阳铁路运输法院	5	
	小计		15	
多经	多元	多元经营集团公司	1	
	小计	（不含多元集团公司下属企业单位）	1	
合计			83	
铁路公司		达成铁路公司、乐巴铁路公司、黄织铁路公司、渝利铁路公司、南涪铁路公司、成都市域铁路公司筹备组	6	局发文
		成绵乐铁路客运专线有限责任公司和成兰铁路公司、贵广铁路公司、成渝和成贵铁路客运专线公司筹备组、渝黔和渝万铁路公司筹备组	4	部发文

（胡建平）

表3-3 工人综合情况统计

（2008年）

人员＼项目		人数	综合情况				文化程度					职业技能等级					
			女工	共产党员	共青团员	少数民族	初中及以下	高中	技校	中专	大专及以上	计	初级工	中级工	高级工	技师	高级技师
工人总计		99927	21560	23253	8606	2949	31204	31499	5339	21523	10362	-	-	-	-	-	-
技术工人	技术工人总计	83865	16097	19058	6928	2654	25847	26474	4430	19054	8060	70643	6001	25274	35862	3435	71
	25岁及以下	4638	521	822	3189	162	41	1999	222	1604	905	2866	1566	1186	114	0	0
	26岁至30岁	8325	1335	1774	3070	566	249	1897	1254	3037	1877	7180	1151	4309	1650	70	0
	31岁至35岁	15023	2650	3862	669	828	1984	4006	1688	5074	2187	12785	637	5778	5923	440	7
	36岁至40岁	17953	4044	4542	0	535	4506	5427	883	5270	1848	15798	722	5060	8907	1097	12
	41岁至45岁	17422	4851	3671	0	331	7275	6580	219	2514	775	15208	669	4231	9276	1014	18
	46岁至50岁	9970	2596	1949	0	101	4044	4840	88	824	284	8542	512	2585	4930	504	11
	51岁至55岁	6653	0	1483	0	69	4485	1394	68	513	136	5332	350	1221	3528	221	12
	56岁至60岁	3881	0	955	0	62	3263	331	8	218	48	2932	394	904	1534	89	11

（劳卫处）

表3－4　干部基本情况统计

（2008年）

项目	总数	女	少数民族	公开招聘管理机关干部	从工人中聘任干部	1982—1990全日制毕业	1991年以来全日制毕业	学历						学位			政治情况				年龄								
								研究生	大学本科	大学专科	中专	高中	初中以下	博士	硕士	学士	共产党员	共青团员	民主党派	无党派	30岁以下	31岁至35岁	36岁至40岁	41岁至45岁	46岁至50岁	51岁至54岁	55岁至59岁	女	60岁及以上
总　计	19579	4168	814	183	7397	696	2902	151	7328	8569	2047	1035	449	2	251	2647	14109	1267	13	4190	2671	2606	4194	4434	2823	2119	716	3	16
其中：从工人中聘用干部	7397	1733	238	118	7397	50	370	11	2046	3623	1077	491	149		20	315	5623	155	1	1618	515	1274	1810	1887	1027	697	187		
司、局长	2					1			2						1		2							1		1			
正局级及相当职务	6					2			5	1						2	6							1		2	3		
副司、局长	14		1		1	5	1	3	11					1	4	2	14						1	6	2	2	3		
副局级及相当职务	4								3	1							4									1	3		
处长及相当职务	183	5	4	4	7	63	16	9	156	17	1				33	52	183					2	23	59	42	53	4		
正处级及相当职务	8					1			7	1						1	8							1	4	2	1		
副处长及相当职务	595	27	15	10	79	106	67	23	445	111	15	1			39	138	586		1	8		21	107	193	118	122	34		
副处级及相当职务	111	3	2	1	20	10	8	1	73	34	2		1			15	110			1		1	13	28	16	32	20		1
科长及相当职务	2545	229	75	3	925	107	220	26	1112	967	241	102	97		41	269	2450	7	1	87	29	185	467	656	491	464	245	2	8
副科长及相当职务	3152	390	100		1250	88	245	9	992	1565	296	202	88		20	259	2702	15	1	434	84	308	682	918	657	399	100		4
相当科级职务	1970	274	91	7	594	61	111	7	677	844	221	96	125		14	140	1778	5	2	185	33	135	339	501	404	389	168	1	1
科级以下职务	7366	2011	328	132	3145	77	1086	29	2065	3664	879	603	126		39	800	4378	807	4	2177	1613	1219	1724	1418	803	490	97		2
专职从事专业技术工作人员	3623	1229	198	26	1376	175	1148	44	1780	1364	392	31	12	1	60	969	1888	433	4	1298	912	735	838	652	286	162	38		

（人事处）

表 3-5 成都铁路局行政组织机构(一)

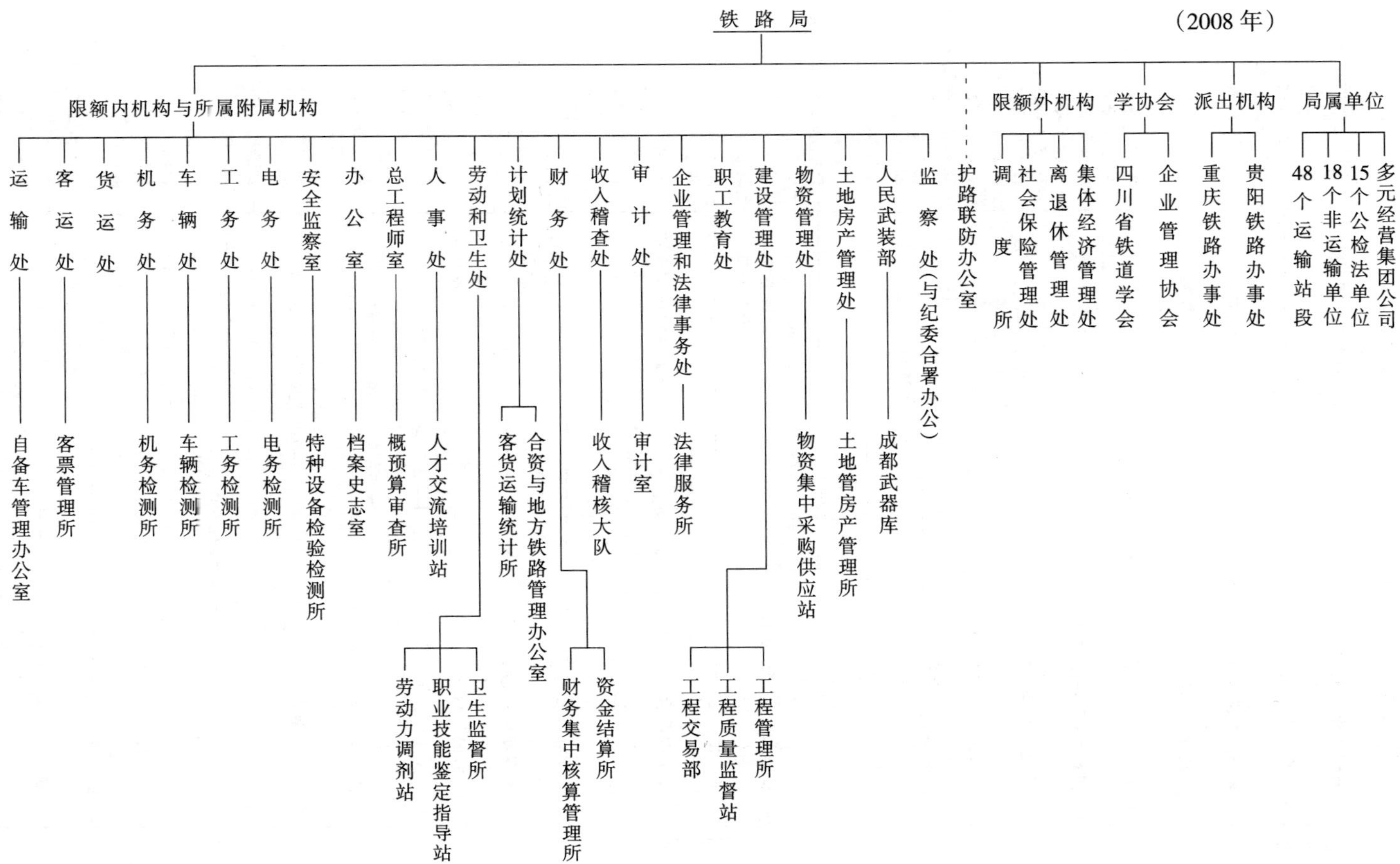

(胡建平)

表 3-6 成都铁路局行政组织机构(二)

(2008年)

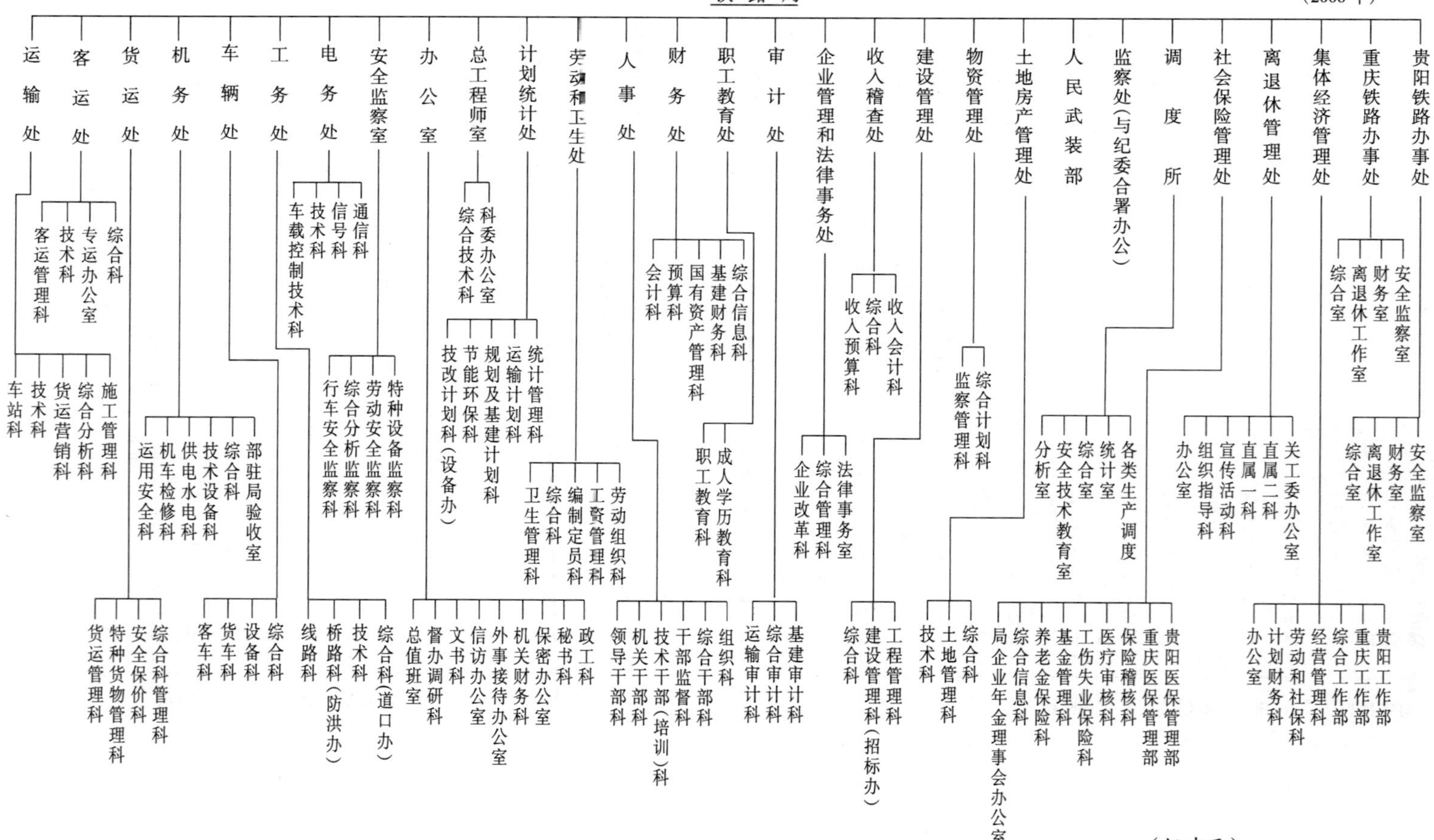

(胡建平)

表 3-7 中共成都铁路局委员会办事机构和组织系统

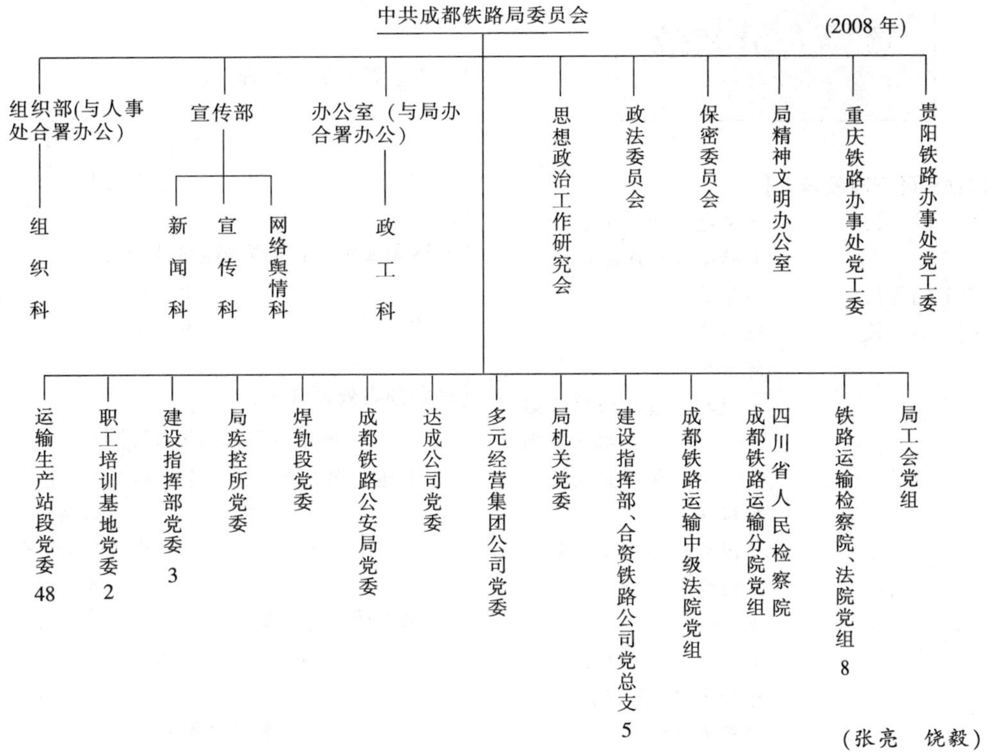

（张亮　饶毅）

表 3-8 中共成都铁路局纪律检查委员会组织机构

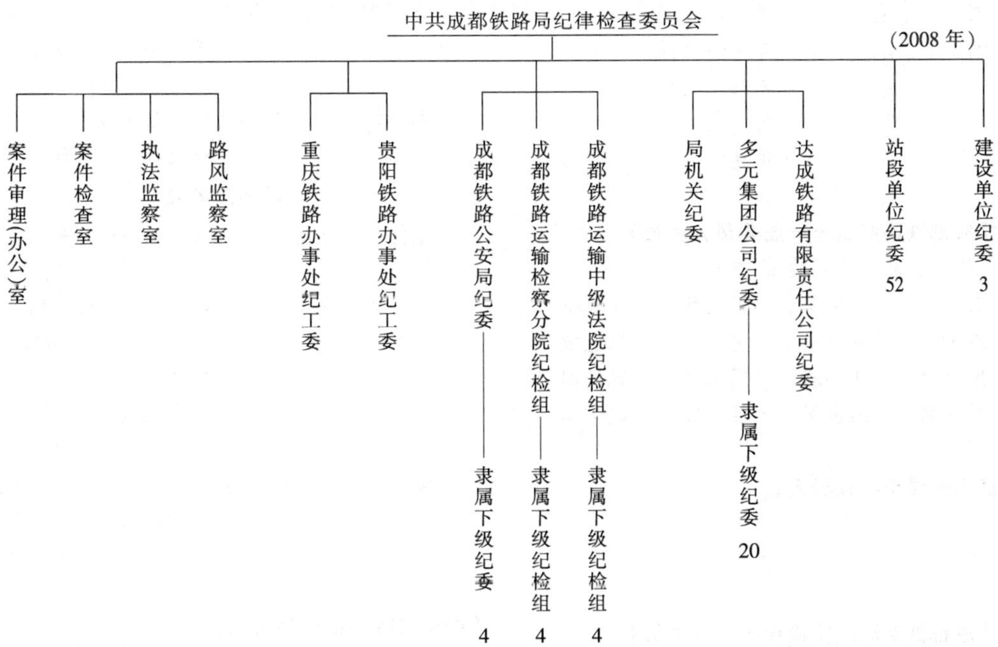

注:成都铁路公安局设监察处。

（吴艳）

领导人员名录

【成都铁路局行政领导人】

局　　长　　齐文超（至5月）
　　　　　　安路生（5月任）
常务副局长　石子明
副 局 长　　陈　凌
　　　　　　陈启华
　　　　　　王同军（贵广铁路公司筹备组常务副组长兼任）
　　　　　　魏保江
　　　　　　张国力（兼总工程师）
　　　　　　王明慧
　　　　　　王　斌
　　　　　　黄　卿（至6月）
　　　　　　邓幼平（6月任）
　　　　　　周东伟（6月任）
总会计师　　黎　宏

【成都铁路局党委领导人】

书　　记　　姚保国
副 书 记　　齐文超（至5月）
　　　　　　安路生（5月任）
　　　　　　何　元
　　　　　　张克敬

【中共成都铁路局第十一届委员会委员】

（按姓氏笔划为序共16名）

王　斌　王同军　王明慧　邓幼平
石子明　安路生　何　元　张克敬
张国力　陈　凌　周东伟　姚保国
夏恩鹏　高占军　黎　宏　魏保江

【成都铁路局纪委领导人】

书　　记　　何　元
副 书 记　　张　川

【中共成都铁路局纪律检查委员会委员】

（按姓氏笔划为序共9名）

王晓峰　李勇强　何　元　张　川
张　静　陈述先　赵　山　彭　智
雷慧玲（女）

【成都铁路局工会领导人】

主　　席　　王瑞江（至3月）
　　　　　　夏恩鹏（3月任）
副 主 席　　章曼琳（女）

【共青团成都铁路局委员会领导人】

书　　记　　许　刚
副 书 记　　陈　丹

【铁路办事处领导人】

成都办事处（9月撤销）

主任、党工委书记　李文林（9月免，聘任局调研员）
副 主 任　　孙守礼（9月解聘，聘任调研员）
副主任、纪工委书记、工会工委主任
　　　　　　孙德忠（7月免，聘任调研员）

重庆办事处

主任、党工委书记　陈启华
副 主 任　　张国平（7月解聘，聘任调研员）
党工委副书记、纪工委书记、工会工委主任
　　　　　　常树明（7月免，聘任调研员）
副主任、纪工委书记、工会工委主任
　　　　　　谷爱民（7月任）

贵阳办事处

主任、党工委书记　兰开锋（9月兼党工委书记）
副 主 任　　吕　澍（7月解聘，聘任调研员）
　　　　　　张吉庆
　　　　　　孙京龙（7月聘任）
　　　　　　余　维（12月聘任）
党工委书记、纪工委书记、工会工委主任
　　　　　　满希民（9月免，聘任局调研员）

【局机关行政部门负责人】

局办公室（党委办公室）

主　　任　　李仲平（至7月）

袁仲权（7月聘任）
副　主　任　白　锦（至9月）
江　宏
金幼源（至7月）
兰　毅（7月聘任）
谢志刚（9月聘任）
机关服务所所长　袁仲权（9月兼）
副　所　长　白　锦（9月兼，至9月）
李胜西（9月聘任）
局党委机要保密办公室副主任
邓立平（9月聘任）
局驻京办事处主任　陶　然（12月聘任）

局运输处

处　　长　魏　平（7月解聘，聘任调研员）
褚飞跃（7月聘任，局总调度长兼任）
副　处　长　宋庆国
彭　强（至9月）
朱跃明
熊　伟（8月聘任）
郑泽培（8月聘任）

局货运处

处　　长　林原渝（7月解聘，聘任调研员）
罗加明（7月聘任）
副　处　长　颜坤友
向劲松（至9月）
杨　隆（8月聘任）

局客运处

处　　长　刘广明（9月解聘，聘任调研员）
江　波（9月聘任）
副　处　长　李翌科
肖建明（4月聘任）
处长助理　肖建明（至4月）

局机务处

处　　长　吴　忠
副　处　长　果小平
江海涛（至7月）
刘　宏（7月至12月）
副处长兼总工程师　潘宏茂
铁道部驻局机车验收室主任
周志辉（9月聘任）

局车辆处

处　　长　何　明
副　处　长　薛　民
副处长兼总工程师　何志刚（4月聘任）
处长助理　何志刚（至4月）
铁道部驻局车辆验收室主任
尚　军（4月聘任）

局工务处

处　　长　古钟亮（至6月）
谢　旭（6月聘任）
副　处　长　蒋茂勤（至7月）
高　峰（4月至12月）
李鼎波（6月至7月）
赖德桂（7月至12月）
罗云峰（7月至12月）
费　勇（12月聘任）
蔡　川（12月聘任）
杨　平（12月聘任）
处长助理　高　峰（至4月）

局电务处

处　　长　赵　阳
副处长　鲁宪荣（12月解聘，聘任调研员）
吴　勇
付兴茂（12月聘任）

局安全监察室

主　　任　朱正龙（至7月）
田正伦（7月聘任）
副　主　任　黄仕金
秦　云
杨　平（10月至12月）
王　麟（12月聘任）

局总工程师室

局副总工程师　梁建新（至9月）
俞　平（至7月）
张伟明（9月聘任）
孙根柱（10月聘任）
主　　任　梁建新（兼，至9月）
张伟明（9月兼）
副　主　任　孙根柱（至10月）
安　平（10月聘任）

局人事处（党委组织部）

处（部）长　王晓峰

副处(部)长　余成新（至9月）
樊　渝（至12月）
唐光平（4月聘任）
张琪琳（12月聘任）
局党委组织员　邓　军（9月聘任）

局劳动和卫生处

处　　长　贺积勇
副 处 长　侯成勋
陈　敏（至9月）
费　敏（9月聘任）
处长助理　费　敏（至9月）
陆书林（9月聘任）

局计划统计处

处　　长　曾维德
副 处 长　李　麟（至6月）
徐　涌
徐广纯（8月聘任）

局财务处

处　　长　赵　山
副 处 长　熊敬英（女）
梁　波

局收入稽查处

处　　长　郑建卫
副 处 长　余国胜

局审计处

处　　长　王放明（7月解聘，聘任调研员）
雷慧玲（女，7月聘任）
副 处 长　雷慧玲（女，至7月）
赖从军（8月聘任）

局监察处

处　　长　张　川

局企业管理和法律事务处

处　　长　王德安
副 处 长　兰　毅（至7月）
游建彬（8月聘任）

局职工教育处

处　　长　刘建镍
副 处 长　黄　洁（女）

局建设管理处

处　　长　王益鹏（7月解聘，聘任调研员）
敬洪武（7月聘任）
副 处 长　周立新（至6月）
覃　燕（女）
王启洪（9月至12月）
黄碧光（12月聘任）
副处长兼总工程师　鲜　国（抽调贵广铁路公司筹备组工作，3月正式解聘）

局物资管理处

处　　长　陈学彦
副 处 长　刘乐垦

局土地房产管理处

处　　长　刘　琨
处长助理　曾　强

局人民武装部

部　　长　吴大全

局调度所

主　　任　刘海珠（至6月）
宋庆国（6月兼）
党总支书记　欧邦华（至6月）
刘海珠（6月任）
副 主 任　闵昭渝
马　斌
苟建驹
匡吉伟（8月聘任）
任国庆（8月聘任）
刘　赤（7月聘任）

局社会保险管理处

处　　长　郑　永
副 处 长　陈祝九（7月解聘，聘任调研员）
李长凤（8月聘任）

局离退休管理处（老干部部、关工委办公室）

处　　长　李明辉
副 处 长　杨渝乔（7月解聘，聘任调研员）
曾育英
金幼源（7月聘任）
党委书记　李明辉
党委副书记　胡纯贤（9月免，聘任调研员）
邓庆禄（9月任）

局集体经济管理处

处　　长　陈祝建
副 处 长　毛　谦

四川省铁道学会（企业管理协会）

秘 书 长　李先勤
副秘书长　姜孟新（9月聘任）

【局机关党群部门负责人】

局党委宣传部（宣传处）

部（处）长　李文宝（7月解聘，聘任调研员）
柳树国（7月聘任）
副部(处)长　龙　海

局机关党委

书记、纪委书记　陈　平
工会主席　杨述华（7月免，聘任调研员）
白　翔（7月任）

局纪委

案件审理室（办公室）
主　　任　彭　智（9月至12月）
樊　渝（12月聘任）
副 主 任　彭　智（主持工作至9月）
谢　嘉（9月聘任）

案件检查室
主　　任　张　静
副 主 任　马爱民（7月解聘，聘任调研员）
范高林（7月至9月）
郭一方（9月聘任）

执法监察室
主　　任　李勇强
副 主 任　郭一方（至9月）
范高林（9月聘任）

路风监察室
主　　任　王　灵（9月解聘，聘任调研员）
陈述先（9月聘任）
副 主 任　叶伟英（4月聘任）

局工会

综合(财务)部部长　王成奎
组织部部长　李　茹
生产和文体部部长　程红民（9月解聘，聘任调研员）
孙　强（9月聘任）
保障和女工工作部部长
章宗瑞
局体协秘书长　程红民（兼，至9月）
局文化体育馆主任　孙　强（至9月）

局护路联防办

主　　任　白旭东

局党校

常务副校长　赵宏章
副 校 长　张宏伟
胡文利（10月解聘，聘任调研员）
刘旭光

局电视台

台　　长　许速中

西南铁道报社

总 编 辑　李文宝（兼，至7月）
柳树国（7月兼）
副总编辑　曾从技
黄　英（女）

【工程管理所、各建设指挥部负责人】

局工程管理所

主　　任　马俊涛（至7月）
敬洪武（7月兼）
副 主 任　郭建业
王志敏

黔桂铁路扩能、贵阳枢纽建设指挥部

指 挥 长　孙京龙（至7月）
俞　平（7月聘任）
副指挥长　杜学焜
陈　昶
何万发（9月聘任）
宁远思（9月聘任）
周　钢（12月聘任）
总工程师　王启洪（至9月）
指挥长助理　汪俊华
党委书记　孙京龙（兼，至7月）
俞　平（7月兼）
党委副书记、纪委书记
刘学林（至12月）

李庆平（12月任）

达成铁路扩能改造、遂渝和成都北编组站建设指挥部

指挥长　王荣华
副指挥长　黄加亿（抽调贵广铁路公司筹备组工作，3月正式解聘）
王　琪（9月聘任）
副指挥长兼总工程师
黎　康（12月聘任）
总工程师　黎　康（至12月）
党委书记　王荣华（兼）
党委副书记、纪委书记
高军军
成都新客站建设指挥部副指挥长
褚松涛（10月聘任）

襄渝铁路二线、重庆集装箱中心站建设指挥部

指挥长　敬洪武（4月至7月）
马俊涛（7月聘任）
副指挥长　敬洪武（主持工作，至4月）
余　林
黄　旭
工　琪（至9月）
曾　毅（9月聘任）
党委书记　敬洪武（4月至7月兼）
马俊涛（7月兼）
党委副书记　敬洪武（主持工作，至4月）
党委副书记、纪委书记
刘　伟

黄织铁路建设指挥部

指挥长　覃长炳
副指挥长兼总工程师
甘修建

渝怀铁路建设指挥部

指挥长　肖　敏
副指挥长　郑益新

成都枢纽成昆铁路货车外绕线建设指挥部（6月组建）

指挥长　王　斌（兼）
副指挥长　李　麟
总工程师　周立新（9月兼）

局住房建设指挥部（9月组建）

指挥长　刘　琨（兼）
副指挥长　戴志鹏
指挥长助理　谭　杰

【局属公司、局控股公司、客专公司（筹备组）领导人】

局多元经营集团公司（局多元经营管理中心）

总经理（主任）　赵建国（局副总经济师兼）
副总经理（副主任）周晓平
张　健
王建民（7月解聘，聘任调研员）
于内伊（9月解聘，聘任调研员）
周家鸣（至9月）
黄朝义（4月至9月，9月聘任调研员）
李仲平（7月聘任）
方　强（9月聘任）
总会计师　罗敬伦
党委书记　孙伟尧
党委副书记、纪委书记
陈　龙（至9月）
蒋齐放（9月至12月）
郭新友（12月任）
工会主席　蒋齐放

达成铁路有限责任公司

董事长　齐文超（至7月）
安路生（7月任）
董事、总经理　宋红军（至7月）
朱正龙（7月任）
副总经理　于　良（至7月）
罗加明（至7月）
王朝东（7月任）
总工程师　陈光影（至7月）
工会主席　王朝东（至7月）
总会计师　马建斌
党委书记　宋红军（7月免，聘任调研员）
朱正龙（7月任）
党委副书记、纪委书记
龚成霞

黄织铁路有限责任公司

董　事　长　　满希民（至10月）
　　　　　　　陈　凌（10月任）
董事、总经理　覃长炳
副总经理　　　王　凯

乐巴铁路有限责任公司

董事、总经理　梁隆海
总经理助理　　顾智育

渝利铁路有限责任公司

董　事　长　　齐文超（至7月）
　　　　　　　安路生（7月任）
董事、总经理　肖　敏
副总经理　　　郑益新（至12月）
　　　　　　　秦寿勇（12月任）
副总经理兼总工程师
　　　　　　　王　嵩

南涪铁路有限责任公司

董　事　长　　齐文超（至7月）
　　　　　　　安路生（7月任）
董事、总经理　肖　敏
副总经理　　　郑益新
副总经理兼总工程师
　　　　　　　王　嵩

成都市域铁路有限责任公司（8月组建）

董　事　长　　安路生
董事、总经理　王　斌
副总经理　　　刘云开
副总经理兼总工程师
　　　　　　　周立新

成绵峨城际铁路有限责任公司

董　事　长　　齐文超（至7月）
　　　　　　　安路生（7月任）
董事、总经理　陈　凌
副总经理　　　范树江
　　　　　　　梁建新（8月任）
　　　　　　　俞　平（12月任）
　　　　　　　刘　琨（12月任）
副总经理兼总工程师
　　　　　　　吴维洲
综合部部长　　秦鉴非
计划财务部部长　冯　光
副　部　长　　兰长彬
工程管理部部长　何志勇（12月聘任）
副　部　长　　何志勇（至12月）
　　　　　　　叶　帆（12月聘任）
技术装备部部长　王启洪（12月聘任）
安全质量部部长　鲜　国（12月聘任）

贵广铁路公司筹备组

组　　长　　　齐文超（至5月）
　　　　　　　安路生（5月任）
常务副组长　　王同军
副　组　长　　刘一乔
　　　　　　　张继周（8月任）
　　　　　　　罗军利（8月任）
　　　　　　　曾维德（12月任）
计划财务部部长　何　萍（3月聘任）
技术装备部部长　黄加亿（3月聘任）
工程管理部部长　李建业（3月聘任）
安全质量部部长　鲜　国（3月至12月）

【铁路公安局领导人及公安处负责人】

局领导

局长、党委书记　马新建（至6月）
　　　　　　　李冬生（6月任）
政委、党委副书记　谢家云（1月免，聘任调研员）
　　　　　　　甑国平（1月至6月）
　　　　　　　马新建（6月任）
纪委书记　　　刘康林
警务督察长　　蒋小林（9月免，聘任重庆公安处调研员）
　　　　　　　赵　明（9月任）
副　局　长　　白　旭
　　　　　　　刘忠军
　　　　　　　苟仲康
　　　　　　　彭建设（9月任）
局长助理　　　张　涛（至9月）
　　　　　　　杨　林（9月任）
政治部主任　　谢永杰（1月任）

成都公安处

处长、党委书记　徐　祝
政委、党委副书记　陈玉林（至9月）
　　　　　　　张　涛（9月）

西昌公安处

处长、党委书记　邓　平（至9月）
　　　　　　　熊树华（9月任）
政委、党委副书记　施　锋

重庆公安处

处长、党委书记　赵世平（12月任）
副处长、党委副书记
　赵世平（主持工作至12月）
政委、党委副书记　李　淞

贵阳公安处

处长、党委书记　赵　明（至9月）
　邓　平（9月任）
政委、党委副书记　陈锡明

成都铁路人民警察训练学校

校　　长　李安文
副 校 长　何洪刚
党委书记　陈玉林（9月任）
工会主席　单晨平

【铁路运输检察院单位负责人】

成都铁路运输检察分院

检察长、党组书记　刘　刚
副检察长　魏德川
　袁　征
　顾　斌（12月任）
政治部主任、纪检组组长
　李　岗

成都铁路运输检察院

检察长、党组书记　李民宪
副检察长　徐庆亚
　李振川
副检察长兼政治处主任、纪检组组长、
监察室主任　白　维（女，9月退休）
　巫志明（12月任）

西昌铁路运输检察院

检察长、党组书记　顾　斌（至12月）
　韩志成（12月任）
副检察长　韩志成（至12月）
　高　晓
　唐　军（12月任）
副检察长兼政治处主任、纪检组组长、
监察室主任　刘顶华

重庆铁路运输检察院

检察长、党组书记　李玉林
副检察长　刘建军
　冯　涛
副检察长兼政治处主任、纪检组组长、
监察室主任　毛一华

贵阳铁路运输检察院

检察长、党组书记　陈　坚
副检察长　李树华
　高淑清
副检察长兼政治处主任、纪检组组长、
监察室主任　王文浩

【铁路运输法院单位负责人】

成都铁路运输中级法院

院长、党组书记　蔡　瑜
副 院 长　周小涛
　汪　阳（2月任）
政治部主任、纪检组组长
　尹朝良
院长助理　汪　阳（至2月）
　秦　海（12月任）

成都铁路运输法院

院长、党组书记　宋为民
副 院 长　秦　海（至12月）
　查小云
　犹建川（12月任）
副院长兼政治处主任、纪检组组长、
监察室主任　陈　岩

西昌铁路运输法院

院长、党组书记　周明昌
副院长兼政治处主任、纪检组组长、
监察室主任　花桂荣
院长助理　张剑鸣

重庆铁路运输法院

院长、党组书记　于巨山
副 院 长　钟　平
　曹　瑜（12月任）
副院长兼政治处主任、纪检组组长、
监察室主任　赵　彬
院长助理　犹建川（至12月）

贵阳铁路运输法院

院长、党组书记　罗德园
副 院 长　周　齐
副院长兼政治处主任、纪检组组长、
监察室主任　张慰荣

（杨家慧）

铁路运输

- 运输组织
- 运输调度
- 旅客运输
- 货物运输
- 机　　务
- 车　　辆
- 工　　务
- 电　　务
- 安全监察
- 军事交通运输
- 合资铁路
- 达成公司

运输组织

【综　述】　按照“运能充足、装备先进、安全可靠、管理科学、节能环保、服务优质、内部和谐”的总体要求，以全面规范管理和挖潜提效为重点，结合路局局情，积极深化改革，各项工作取得较好成绩。面对山区铁路的安全压力，始终坚持“安全第一、预防为主”的方针，严格执行《安全生产法》，“规范管理，强基达标”，认真落实逐级负责制和安全生产岗位责任制，坚持“抓重点、重点抓”的工作方法，深化安全专项整治，强化安全现场控制，加大安全设备投入，健全安全规章标准，严格安全考核评比，取得安全生产的较好成绩。面对繁重的生产压力及运能严重不足的矛盾，强化组织工作，确保电煤、化肥、粮食等重点运输，优先安排高附加值、长距离货物的装运，搞好中小循环，提速扩能，挖潜提效，优化运行图，落实编组计划，组织技术直达，加强装卸车组织，压缩中、停时，加速机车车辆周转，减少运用车占用，提高货物列车牵引定数，改善客货服务质量等有效措施，降低运输成本支出，在长时间、大面积自然灾害和全球金融风暴的严重影响下，较好地完成运输进款、旅客发送、货物装车、运输周转量等数量指标和客货列车的旅行速度，列车正点率等运输质量指标。面对异常繁重的建设、施工任务，坚持强化施工管理，优化施工组织，细审施工方案，把住安全质量，兼顾运输效益，搞好协调配合，完成建设施工任务。面对年初的冰冻雪灾、“5·12”汶川特大地震灾害和“8·30”攀枝花地震灾害，精心组织运输，为救灾复旧做出较大贡献。

运输处设技术科、施工科、车站科、综合分析科、货运营销科，定员33人，现员30人。自备车办公室（直属）定员6人，现员6人。

【安全生产】　全局车务站段18个，管辖553个车站（线路所8个），2008年，车务系统职工约2.4万人。围绕路局总体安全目标，以“建设和谐成铁、实践科学发展”为主线，突出客车、施工、防洪、劳动安全重点，狠抓“三个制度、一个办法”等基础管理制度的落实，研究解决运输安全中的瓶颈和薄弱环节，建立健全安全管理基本制度，提升行车设备保安全的能力和职工队伍素质达标水平，开展安标线试点建设、车务劳动力组织整合、站段调度室建设等重点工作，取得实效。截至12月31日，全局车务系统无一般A类事故4 268天。

2008年车务系统共发生定责事故13件，其中按事故性质分行车事故10件（车务负全部责任的事故4件，负主要责任的事故1件，负次要责任的事故4件，暂列车务事故1件，10件均为调车事故），劳安事故3件（职工重伤2件，职工死亡1件）。

在安全工作中主要做了以下工作：

一、贯彻落实局长1号命令。各车务站段认真组织干部职工传达学习，严格贯彻落实“六必须”：必须严格落实《成都铁路局汛期安全行车办法》，行车调度员、车站值班员必须严把列车放行关，必须严格执行施工“八不准”，必须严格落实施工命令揭示制度，施工和临时慢行关系站必须严格执行车机联控，必须严格落实施工、防洪包保检查制度，结合当前运输生产，制定具体的细化措施，明确安全工作的重点，努力整治安全隐患，确保防洪、施工、奥运运输安全稳定。

二、树立“大安全、大运输”思想，调研制定改进运输组织的细化措施，剖析运输组织中存在的主要问题，形成“点顾线、线保点”的整改方案，具体制订116条全局运输组织改进措施，通过改进优化运输组织，有力促进车务安全。运输处制定车务系统65条细化措施，并以《关于印发〈成都铁路局车务系统安全整改细化措施〉的通知》下发各站段。

三、规范安全管理，强化安全管理职能。路局重新制定《干部下现场检查量化制度（暂行）》、《干部安全生产责任制办法（暂行）》、《安全奖惩办法（暂行）》以及《站段安全质量专项奖励考核办法（暂行）》等4个文件，运输处根据文件要求，细化干部现场监督检查办法，进一步加大现场监督力度，特别是调度所安全管理和调度命令检查形成制度化。

四、强化施工协调机制。一是调整运输处内设机构，撤销设备科，成立施工管理科，强化施工管理和安全管理职能。二是组织各业务处研究后制定下发《成都铁路局施工日计划运行揭示调度命令施工调度命令管理实施细则》，各车务站段按要求组织行车职工学习贯彻实施。三是落实襄渝二线、达成、黔桂指挥部指派运输调度人员驻点协调机制，运输处施工科每天总结当日施工情况，安排布置次日施工任务。四是及时掌握线路大修施工切边、清筛、换轨、换枕的进度。对襄渝二线、达成扩能及黔桂新线建设等基础建设项目的施工，按“以铺架为主线，站改为重点”的思路，加强与建设处和各建设指挥部的联系，制定切合实际的施工组织方案和运输组织方案。五是运输处技术科组织人员对黔桂新线拨接，执行黔桂新线列车运行图进行跟台值班。六是结合运行图调整，优化维修天窗。七是广泛征集修改意见，重新印发《成都铁路局营业线施工安全管理实施细则》。

五、认真吸取“4·28”事故教训。深入开展安全大检查、大反思活动。

六、落实奥运安全包保检查。制定《关于加强当前奥运期间车务安全的紧急通知》。要求各站段深刻领会7月20日全局运输安全工作会精神，主要领导亲自抓落实。运输处派人现场包保，落实责任。站段结合防洪，加大现场检查力度，确保奥运期间的安全稳定。

七、全力做好抗震救灾。“5·12”汶川特大地震以及“8·30”攀枝花地震发生后，行车中断，各车务站段及时启动地质灾害应急预案，全体干部职工进入应急状态。各级包保干部迅速到位对各车站的生产、生活情况进行检查、指导和应急处置，确保非正常时期的运输安全和人身安全。当发生余震时，在设备检查完毕后、确保安全的前提下及时将因地震停留在区间的列车接入站内。地震发生后及时打开应急通道、采取措施疏散滞留旅客，同时对外及时发布正确信息，保证旅客能及早知道各次列车的停、开、迂回等信息，稳定旅客情绪。为确保救灾物资和人员的输送，各车务站段加强与各方面的联系，尽快恢复线路和分界口畅通。由于地震导致部分线路、桥梁、信号等设备和候车室、人行天桥、办公楼、职工住宅等建筑物不同程度受到损害，车务站段迅速组织相关部门对车站行车关键设备和站舍、职工住宅进行检查检测，针对安全隐患采取各种应急处理措施。“5·12”汶川特大地震灾害发生后，各站段把重点列车、军运列车、救灾物资列车的安全到发作为当前工作的重中之重，严格执行接发列车作业和调车作业标准，干部加强现场监控，确保重点列车的运行安全。

八、狠抓防洪安全。制定车务汛期安全关键环节检查表，下发《关于加强车务汛期安全关键环节卡控的通知》，全系统对照检查表进行一次全面检查。细化完善雨量警戒、暴风雨等非正常情况下行车管理办法。紧盯当前车务防洪关键环节，组织相关人员采取添乘、夜查、现场抽查等形式检查各站车机联控、接发列车、车辆防溜、站容站貌等情况。加强值班抽查。运输处不定期对各站段值班情况进行抽查，督促各级值班人员在岗在位。

九、抓好暑期运行图的实施。运输处对本系统暑图文件的发放情况进行追踪登记核实，凡是经文书途径传送的文件均实行确认签字制度。抓好车务系统暑图的贯彻学习工作。各车务站段及调度所在暑图实施前均将本单位暑图实施的准备情况和职工的暑图学习考试情况报运输处备案。运输处、车务站段均成立以第一管理者为组长、技术人员参加的暑图执行小组，在暑图实施过渡期实行24小时值班，组织人员下站蹲点，狠抓暑图重点的落实，并每日上报实施情况。暑图执行顺利，新旧交替平稳。

十、做好生产力布局微调和达成公司委托经营后系统运输安全工作。路局7月份进行生产力布局调整，为确保过渡期万无一失，加强值班，运输处过渡期安排1名处领导、1名工程师24小时值班。同时加强现场驻点，安排4名高工在涉及调整的4个站段驻守，发现问题立即处理和汇报。及时处理过渡期技术管理工作，对施工日计划、运行揭示调度命令流转、信息化网络、技术资料交接、运转车长交路及负责单位进行落实。做好站段管界调整后的运输十八点统计工作和技术计划、货运计划程序修改有关事项，派专人到遂宁车务段，安装统计软件，调试网络、建立字典、培训操作人员。

十一、强力整治站容站貌。在德阳组织召开车务系统站容站貌和行车场所整治现场会，18个站段主管领导到场参观学习绵阳车务段经验。运输处公布站容站貌及定置管理标准和要求，要求各站段限定时间整改落实到位，以实现站容站貌改观的目标。

十二、强化规章管理。已完成路局《车务规章汇编》电子版，建立《站细》电子网络系统，实现全局所有站所《站细》网络化管理。

十三、抓好运行图文件和LKJ数据管理。运输处配合总工程师室重新完善运行图工作制度，做到于实施前20天运行图文件下发各执行单位。为贯彻落实部《关于加强LKJ数据管理工作的通知》精神，配合总工室于7月22日下发《成都铁路局LKJ数据管理办法》，作为成都铁路局LKJ数据管理的办法，制定与工务、机务核对慢行处所的规定，落实专人负责LKJ数据处理，调度所各行调台黑板揭示调度区内的慢行情况。

十四、制定车务系统设备三年规划。全面清理列尾装置、无线调车通信设备、停车器等车务自管设备，摸清底数，研究对策，制定车务系统三年设备整治规划，充分体现新技术新设备保安全的作用。

十五、加强新形势下劳动力岗位整合。按照“以工作流程设置岗位、以工作量核定定员、以定员组织生产”思路，形成车务系统劳动组织整合方案。取消全局所有驼峰调车区长，取消全局21个站信号员、154个站的助理值班员，部分调度机车实行区域调车，取消部分扳道员设置（昼夜使用不足15次的人工扳动道岔），集中道岔不足25组的车站取消道岔清扫员设置等。

【生产力布局调整】 2008年7月10日，路局、路局党委联合下发《关于运输站段生产力布局调整的通知》，撤销涪陵车务段，成立遂宁车务段。并将管辖范围如下调整：

一、将原涪陵车务段管辖的唐家沱至秀山36个车站划交重庆车务段管辖；将襄渝线观阁至庆华6个车站划交达州车站管辖；将襄渝线长胜沟至北碚、重庆枢纽的井口、蔡家共8个车站和东阳线路所划交重庆西车站管辖。

二、将重庆车务段管辖的遂渝线遂宁南至石子山共6个车站划交遂宁车务段管辖。

三、将重庆车务段管辖的重庆枢纽沙坪坝、小南海、珞璜、石场、铜罐驿、白市驿、西永、团结村、回龙坝9个车站划交重庆西车站管辖。

【整章建制】 一、5月20日至21日在南充召开2008年《站细编制规范》修订及《站细》审查工作会，集中审查全局32个车站《站细》。

二、按照铁道部《关于印发铁路技术规章制度管理办法的通知》、《关于公布铁道部规章及规范性文件清理结果的通知》及《关于全面清理和完善行车规章的紧急通知》要求，组织对行车规章文电进行全面清理，废止17个过期文电。下发《关于公布车务系统行车有效规章目录的通知》，重新公布132个有效规章、文电目录。

三、组织18个车务段对《站细》集中审查，完善相关制度和办法。根据对《站细》的重点审查内容和条款，集中审查68个车站《站细》，其中由局审批的二等以上车站32个，其他车站36个，并提出修改意见551条。

四、印发《关于重新下发成都铁路局车站行车工作细则编制规范的通知》。

五、针对作业变化制订完善规章制度，制订细沙站无人值守行车组织办法、成都铁路局站段调度工作实施细则、取消助理值班员接发列车作业办法、宝成线安全标准线建设标准的通知、《行规》第87条发车方式的补充规定（《技规》第288条）在通信记录装置良好的车站，准许使用列车无线调度通信设备发车、施工特定行车办法、成都铁路局车务站段专业管理细则等。

【运输组织】 2008年图定货物列车广元口为38对，达州口10对，大龙口44对，麻尾口22对，凤凰山口21对，攀枝花口17对，六盘水南口6对，秀山口10对。为完成运输任务，同时压缩运用车保有量，降低运营成本，运输部门一方面大力加快管内车辆周转，压缩周时，另一方面盯住口子，加强出超组织，全面完成运输任务。

【挖潜提效】 为确保周转量的完成，积极组织分界口满图、超图行车，大出大入。全年各局间分界口合计日均接入货物列车151列（同比增加2列），日均交出货物列车148列（同比持平）。全年各局间分界口合计日均接入重车5 747辆，同比增加198辆；交出重车4 834辆，同比减少222辆。

在保证超额完成运输任务的情况下，大力压缩运用车保有量，全年运用车（综合）日均完成32 547辆，比上年日均32 617辆压缩70辆。全年部属运用车日均完成36 902辆，比上年多1 637辆。

在春节期间部分客车停运时，组织开行货物列车。在客运任务急剧下滑时积极实施“以货补客”战略，停开部分管内客车，积极组织货源，开行货物列车，确保全年运输任务的完成。

提高旅速，大力压缩货车中、停时和周时，采用长交路，加速机车车辆周转，积极组织车种代用，减少空车走行距离，开展多拉满载挖潜提效活动，提高货车使用效率，全年完成换算周转量1 723.4亿吨公里，比年计划减少95.6亿吨公里，同比减少32.7亿吨公里。其中完成货物周转量1 290.6亿吨公里，比年计划减少69.4亿吨公里，同比增加17.3亿吨公里。

【车流调整】 为缓解局管内川黔、成昆、内昆线和部分分界口运输能力紧张的状况，保证全年运输任务的完成，经铁道部同意，加大重空车流调整力度。

一、以重庆西为支点，襄渝线原经广元口交出到西北五局（兰州、乌鲁木齐、青藏、呼和浩特、西安）的部分车流改经达州口迂回运输。2008年共迂回22 822车，日均迂回62车。

二、为缓解成昆线上行运输压力，以攀枝花为支点，原经成昆线、成都北到成渝线龙潭寺以西、原重庆地区的车流改经攀枝花口、昆明局、凤凰山口、内六线、成渝线迂回运输。2008年共迂回23 428车，日均迂回64车。

三、为缓解贵阳南施工带来的运输压力，以贵阳南为支点，原经达州口、广元口交出到西北五局（兰州、乌鲁木齐、青藏、呼和浩特、西安）的部分车流改经大龙口迂回运输。2008年共迂回24 154车，日均迂回66车。

【直达列车】 2008年，全局直达列车计划开行17 066列669 019辆，计划直达比例25.9%。实际开行23 221列740 766辆，分别为计划的136.1%、110.7%，实际直达比例完成32.2%，比计划提高6.3%。与上年相比，少组织开行3 047列47 259辆，同比分别降低13.1%、6.4%，直达比例提高0.7%。

【五定班列】 五定班列计划开行886列，实际完成789列，为计划的89.1%，同比减少45列，下降5.7%。

【自备车】 2008年度路局自备车共收入658万元。装卸183 828辆（装48 201车、卸135 627车）。按铁道部要求从2008年11月10日起，全局取消已执行16年的由自备办收费方式，改由车站在办理货票时直接收费。

【春运工作】 2008年春运45天（1月18日至3月2日），全局共发送旅客1 518.06万人，同比增加109.23万人，增长7.8%；其中直通667.74万人，同比增加55.23万人，增长9.0%；管内850.32万人，同比增加54.00万人，增长6.8%。客运收入完成13.98亿元，同比增加10 295万元，增长7.9%，其中客票收入完成12.47亿元，同比增加10 860万元，增长9.5%。路局共始发旅客列车8 554列，正点率99.0%；运行12 963列，正点率为96.9%。开行临客1 111列（直通733列，管内339列，图定延长39列），同比减少554列。

【军事运输】 周密组织，确保军事运输安全正点。全年共装车4 088批16 432车，共开行三级以上整列24列（一级整列2列，二级整列12列，三级整列10列），共开行军列420列（始发209列，接入211列），输送人员35余万人次，计划完成率、装车兑现率、军列始发和运行正点率均达100%。安全、正点、保密地完成运输任务。

【专运、特运】 完成专运任务154次。其中一级专列26次，二级专列4次，三级专列35次，一级包车1次，二级包车6次，三级包车9次，部、省级领导7次，两会代表10次，委员9次，现场警卫47次。完成特运204次，其中一级整列2次，二级整列10次，三级整列7次，三级零车185次。保证党和国家领导人、重要会议代表等918人的乘车安全，及科学尖端保密产品、重要保密物资804辆的运输安全。

【主要运输指标完成情况】 见表4－1。

表4-1 主要运输指标完成情况 (2008年)

项目	计算单位	2008年			2007年实际	2008年与2007年比（%或+、-）
		计划	完成	完成%（+、-）		
旅客发送量（含达成公司）	万人	11210	10954	-256	10416	+538
货物发送量	万吨	15570	14099	-1471	14958	-859
其中：煤炭发送量	万吨	5680	5178	-502	5537	-359
换算周转量	亿吨公里	1819	1723.4	-95.6	1690.7	-32.7
其中：货物换算周转量	亿吨公里	1360	1290.6	-69.4	1273.3	+17.3
日均装车数	辆	7210	6527	-683	6976	-449
日均卸车数	辆		7528		7412	+116
综合运用车保有量	辆	33300	32547	-753	32617	-70
运输进款	万元	226270	2159726	-102974	2108825	+50901
货车周转时间	天	2.55	2.62	+0.07	2.59	+0.03
客车始发正点率	%		99.4		99.8	-0.4
客车运行正点率	%		98.2		99.0	-0.8
货车始发正点率	%		98.4		98.5	-0.1
货车运行正点率	%		98.2		98.3	-0.1

表4-2 局口交接量完成情况

单位：万吨 (2008年)

局口名称	2008年完成		2007年完成		2008年比2007年（+、-）	
	接入	交出	接入	交出	接入	交出
广元	3092	1641	3045	1974	+47	-333
达县	1159	744	1134	765	+25	-21
大龙	2970	3440	3056	3721	-86	-281
麻尾	604	494	665	701	-61	-207
攀枝花	1665	1349	1441	1322	+224	+27
凤凰山	1382	1432	1278	1272	+104	+160
六盘水南	423	206	347	221	+76	-15
秀山	739	654	431	514	+308	+140
计	12033	9960	11397	10490	+637	-530

（徐乾武）

【战略装车点】 按照铁道部深化运输组织改革的要求，积极开展战略装车点建设工作。2008年共建设战略装车点21个（倮果、达州、安顺、贵阳南、中心、白沙、万盛、楠木坪、大湾、石门坎、双石桥、广顺场、水富、弄弄坪、黄洋、赶水、野马寨、普济、普雄、滥坝、久长）。截至12月31日，路局开通41个战略装车点（昭通、弯坵、六盘水、贵阳南、新平坝、格里坪、遵义南、小寨坝、河市坝、垭口、福泉、燕岗、沙湾、下藤桥、巴关河、永郎、经久、密地、达州东、万州、倮果、达州、安顺、贵阳南、中心、白沙、万盛、楠木坪、大湾、石门坎、双石桥、广顺场、水富、弄弄坪、黄洋、赶水、野马寨、普济、普雄、滥坝、久长）。

对各战略装车点，从空车来源、重车挂运、装车组织，逐一落实运行线，制定编组内容，确定运输组织方案。全年共装车6 181列282 324车，占装车数的10.9%。

【路企直通运输】 按照铁道部关于实施路企直通运输的要求，路局多次专题研究，并由运输处牵头，组织相关部门人员成立工作小组，多次分赴管内各地，会同站段、企业的领导和相关技术人员，对管内大型企业的铁路运输情况进行摸底，对专用线、专用铁道的线路和设备情况进行调研，下发《关于印发2008年成都铁路局路企直通运输工作推进计划的通知》；2008年3月，根据《关于上报路企直通运输规划方案和推进情况的通知》，上报《关于呈送〈2008年成都铁路局路企直通运输方案和推进计划〉的报告》，规划2008年在路局建立10个路企直通点的目标。

下发《关于进一步加强路企直通运输工作的通知》部署路局2008年路企直通运输工作。

3月26日，开通大弯镇路企直通点；在《关于加快推进路企直通运输工作的通知》下发后，路局加快路企直通运输的建设步伐。8月20日，开通弄弄坪、格里坪站的路企直通运输；9月1日，通过前期多次与企业的协商和设备整治，开通大渡口站的路企直通运输；10月20日，通过多次研究并组织牵引试验后，开通万州站路企直通运输；11月1日，开通石门坎站路企直通运输；11月10日，开通弯坵站路企直通运输；11月17日，运输处组织相关部门对加快实施巴关河、普济、野马寨站路企直通相关问题进行研究，并形成会议纪要发至有关部门和站段执行，并于11月28日开通巴关河、普济站的路企直通运输；12月23日开通野马寨站直通运输，完成10个路企直通运输目标。截至12月31日，共开通15个站的路企直通运输（密地、淮口、筠连、珞璜、大龙、大弯镇、弄弄坪、格里坪、大渡口、万州、石门坎、弯坵、巴关河、普济、野马寨）。

开展路企直通运输不仅有利于运输调度部门加强均衡运输组织，实现精细化管理，同时也对货运部门加强对专用线、专用铁道的管理，满足快装快卸，大幅度压缩停时，提高效率，加快铁路及企业的技术更新、改造，提高硬件水平，满足铁路快速发展，起到促进作用。

【接发列车仿真系统】 为绵阳车务段、凯里车务段、六盘水车务段、重庆车务段、成都车务段及贵阳南站共6个单位配备接发列车仿真系统。

【地震复旧项目】 完成宜宾南站可控停车器复旧，广元车站车务视频监控系统复旧，燕岗车站可控减速顶复旧，绵阳车务段车务视频监控系统（含监控中心搬迁），广元南车站停车器复旧项目（含控制系统）。

【停车器大修】 完成燕岗站峰尾停车器、西昌南站峰尾停车器、达州站峰尾停车器、广元站峰尾停车器、重庆西站峰尾停车器、贵阳南站峰尾停车器、重庆西站峰尾停车器防雷设施大修。

【列尾装置】 一、成昆线（燕岗—西昌南）配合机车长交路，列尾装置采用400MHz+400MHz移动中继器方案解决隧道通信盲区，实现机车的灵活运用。

二、配合局科研所完成路局客车列尾装置的科技开发，为取消客车运转车长提供安全保障。完成成渝、湘黔、贵昆线800MHz列尾装置的改造，解决了列尾与无线列调间的干扰问题，按铁道部标准制定800MHz列尾用管修办法。

三、完成路局下达的更新改造。

1. 川黔线北段（重庆西—赶水）400MHz货车列尾装置更新。

2. 襄渝线（重庆西—达

州）400MHz 货车列尾装置更新。

3. 黔桂线（贵阳南—麻尾）400MHz 货车列尾装置更新。

【黔桂新线投入运营】 12 月 31 日，黔桂新线（龙里—麻尾段）投入运营。该区段由内燃牵引改为电力牵引，牵引定数提高，运行时间大大压缩，通过能力大幅提高。

【列车运行图编制】 通过优化列车运行图编制，充分利用既有设备能力，为各项运输生产任务的完成打下基础，实现“安全图、市场图、效益图”的目标。

一、2007 年 12 月 15 日开始编制 2008 年春运图，春运图于 2008 年 1 月 18 日起执行。

二、2008 年 3 月上旬开始编制 2008 年施工图，于 4 月 1 日起执行。

三、2008 年 4 月 18 日至 20 日在西安编制西北、西南片区列车运行图。于 4 月 28 日起执行。

四、2008 年 6 月上旬开始编制暑期列车运行图，于 7 月 1 日起执行。

五、2008 年 8 月下旬开始编制全局施工调整图，于 9 月 10 日起执行。

六、2008 年 10 月上旬开始编制黔桂线朱石寨—都匀开通列车运行图，于 10 月 20 日起执行。

七、2008 年 11 月下旬开始编制黔桂线龙里—朱石寨开通列车运行图调整。于 12 月 21 日起执行。

八、2008 年 11 月下旬开始编制黔桂线开通列车运行图，于 12 月 31 日起执行。

九、12 月 15 日编制下发 2009 年春运图。

【施工管理】 2008 年，基建施工和大修施工任务繁重。由于通过能力已经饱和，难以适应运量增长的需要，形成施工影响运输、运输约束施工的局面，繁重的运输和施工任务及安全管理难度又使路局面临巨大的安全压力。针对路局面临的严峻运输形势和施工安全压力，协调好运输和施工的关系，在确保行车和施工安全的前提下，既要完成运输生产任务，又要完成施工任务，成为路局施工安全管理的目标。

一、强化施工管理。

1. 成立施工联合办公室，实行施工月度计划、日计划及工务、电务、供电专业集中审批办公，减少结合部问题。

2. 根据铁道部《铁路营业线施工安全管理办法》，修订《成都铁路局营业线施工及安全管理实施细则》。

3. 推广应用营业线施工计划管理系统，实现施工计划的信息化管理。

4. 积极推行综合修管理，将所有符合维修作业条件的施工和维修作业项目纳入综合维修天窗内，按综合维修组织管理办法实施，最大可能综合利用施工天窗，以减少施工对运输的影响。

5. 努力协调道砟运输。根据道砟供应情况，及时调整大修、灾害复旧及建设施工用砟，优化石砟运输方案，为施工供料创造条件。

6. 加强施工现场安全监控，确保施工和行车安全。认真组织召开施工协调会，加强施工现场的组织协调工作；检查施工前的准备工作及各项安全措施的落实情况，掌握施工进度，维护施工期间的正常运输秩序，协调解决施工各部门临时发生的问题。坚持施工总结会制度，对施工情况进行全面总结，使施工的各环节处于受控状态。非正常行车时，车务按《技规》、《行规》、《接发列车作业标准》、《站细》的有关规定，准备足够的钩锁器、手摇把、路票、路签套和配备相应的人员，由车务主管负责人负责非正常情况下的行车指挥。各专业按技术标准做好施工前的准备工作，按规定的时间完成各工序的作业，按时完成施工。

7. 严把列车放行关，确保行车安全。各项施工完毕后，各施工单位、设备管理单位在行车设备施工登记簿上销记后，由主体施工单位施工负责人确认具备开通条件后，通知车站值班员向列车调度员请点销记。车站值班员确认各项施工已完成，各施工单位、设备管理单位已在行车设备施工登记簿上销记后，按规定向列车调度员请点开通；区间正线、车站咽喉道岔施工后，首列不得放行旅客列车；线路、道岔开通后，需列车限速运行时，车站按规定及时向相关列车交付限速命令。

8. 优化施工运输组织的年度和阶段方案，协调运输和施工之间的矛盾。

二、强化培训工作。

1. 为贯彻落实部《施工日计划、运行揭示调度命令、施工调度命令管理办法》及《成都铁路局施工日计划、运行揭示调度命令、施工调度命令管理实施细则》，6月29日至30日举办《施工日计划、运行揭示调度命令、施工调度命令管理办法》培训班。

2. 为加强施工管理，推行施工计划管理系统，9月17日至19日举办成都局施工计划系统培训班。

3. 为贯彻《铁路营业线施工安全管理办法》及《成都铁路局营业线施工及安全管理细则》，11月25日至26日举办全局营业线施工培训班。

三、搞好制度建设。

1. 根据部《施工日计划、运行揭示调度命令、施工调度命令管理办法》的通知，制定《成都铁路局施工日计划、运行揭示调度命令、施工调度命令管理实施细则》文件，规范路局施工日计划、运行揭示调度命令、施工调度命令的管理。

2. 根据铁道部《铁路营业线施工安全管理办法》，修订颁布《成都铁路局营业线施工安全管理实施细则》，原《成都铁路局营业线施工安全管理实施细则》废止。

由于强化施工安全管理，优化施工组织方案，搞好施工配合协作，实现“安全、运输、施工”的“三赢”。施工安全取得较好成绩；全局工务大修清筛累计完成427.6公里，完成大修更换新钢轨369公里；线路大机捣固累计完成3 600公里，钢轨打磨累计完成691.4公里；线路无缝化换长轨700.5公里，完成大修更换新道岔422组；完成道岔无缝化改造1 047组，木枕弹条化731组。全局基建大中型项目完成投资122.2亿元，确保黔桂线12月31日开通，贵阳枢纽扩能，达成线、襄渝线扩能改造等建设项目有序推进。完成宝成线安标线建设工作。电务和供电系统集中力量对“5·12”灾后受损设备和线路进行恢复。

【职工培训】 一、9月20日至30日组织车务站段、调度所主管专业干部培训新《铁路货车统计规则》。

二、12月2日至10日组织车务站段、调度所主管专业干部学习新《铁路运输调度规则》。

三、调度集中（CTC）系统的学习培训。遂渝线调度集中系统计划于12月20日开通使用，为做好开通前的准备工作，运输处提前制定遂渝线调度集中行车组织暂行办法，组织遂渝线职工、调度员学习高速铁路行车组织有关要求。同时邀请铁道科学院专家到调度所分4期进行培训，现场讲解，并与西南交大模拟试验室联系组织遂宁车务段现场干部职工现场参观学习，为CTC的顺利开通打下基础。调度所培训共4期，培训人员260人；遂宁车务段培训3期，共培训100人。

四、新《铁路营业线施工安全管理办法》自2008年12月1日起实行，为做好新的施工管理办法的学习培训，运输处11月25日至27日在彭山兴铁宾馆举办《成都铁路局营业线施工安全管理实施细则》培训班，车、机、工、电、辆及建设系统等有关单位主管领导、技术科长及施工主管人员217人参加。

【先进集体】 局安全优质车务段：绵阳、遵义车务段。局安全优质直属站：成都、广元站。

（徐乾武）

表4-3 全局车站站名等级表 （2008年）

线别	特、一等站	二等站	三等站	四等站	五等站	线路所	合计
宝成	（特） 成都 （1） 广元 广元南 绵阳	江油 德阳 天回镇	（宝成） 昭化 马角坝 二郎庙 罗江 广汉 青白江 （广旺） 旺苍 （德天） 绵竹 （广岳） 什邡 （成汶） 彭县 10	（宝成） 走马岭 沙溪坝 竹园坝 厚坝 小溪坝 三合场 绵阳北 皂角铺 黄许镇 新都 （广旺） 广元东 安家湾 元坝 白水 尚武 嘉川 黄洋 普济 （德天） 杨嘉 孝泉 汉旺 （广岳） 高骈 两路口 灵杰 永兴 雪门寺 穿心店 红白场 木瓜坪 （成汶） 清流场 丽春 谭家场 都江堰 32	斑竹园 双河口 石马坝 3		52

续上表

线别	特、一等站	二等站	三等站	四等站	五等站	线路所	合计
成渝	（特） 重庆 （1） 成都东 内江 重庆南		（成渝） 龙潭寺 洪安乡 简阳 资阳 资中 内江东 隆昌 广顺场 大足 永川 朱扬溪 江津 小南海 大渡口 14	（成渝） 石板滩 陈家湾 红花塘 五凤溪 灵仙庙 养马河 石桥镇 庙子沟 临江寺 墨池坝 侯家坪 长沙埂 顺河场 登瀛崖 归德乡 陶家沟 茅店子 银山镇 史家乡 椑木镇 石燕桥 李市镇 安富镇 荣昌 双石桥 白沙 油溪 古家沱 黄谦 铜罐驿 石场 伏牛溪 茄子溪 （资威） 宋家铺 34	双凤驿 迎祥街 峰高铺 长河碥 栏杆滩 临江场 柏林 茨坝 平等 金刚沱 10		62
成昆	（1） 攀枝花	燕岗 西昌 西昌南 弄弄坪	（成昆） 成都南 双流 眉山 乐山 峨眉 沙湾 峨边 汉源 越西 普雄 喜德 冕宁 德昌 米易 桐子林 （渡口支线） 密地 巴关河 格里坪 18	（成昆） 沙河堡 公兴 花龙门 新津 回龙庵 青龙场 彭山 太和 鲜滩 思濛 吴场 马村 双福 九里 轸溪 刘沟 代湾 共和 柏村 金口河 关村坝 苏雄 埃岱 甘洛 冕山 漫水湾 礼州 西昌北 经久 蒲坝 永郎 弯坵 青杠 丙谷 垭口 三堆子 （渡口支线） 倮果 渡口 38	杨漩 长河坝 尼日 凉红 南尔岗 阿寨 白果 白石岩 铁西 下普雄 拉白 上普雄 尔赛河 尼波 乐武 红峰 沙马拉达 瓦祖 铁口 新凉 联合乡 新铁村 月华 黄联关 黄水塘 麻栗 黄家坝 小高 乐跃 沙坝 枣子林 牛坪子 33		93
襄渝	（1） 达州	广安	北碚 华蓥 渠县 三汇镇 河市坝 5	西永 团结村 回龙坝 磨心坡 三汇坝 庆华 高兴 望溪 临巴溪 渡市 覃家坝 11	天府北 清平 长胜沟 禄市 观阁 琅琊 流溪场 汇南 农乐 洪家嘴 10	东阳	29
内六		宜宾 宜宾南	（内六） 内江南 自贡 自贡南 宜宾北 水富 盐津 大关 昭通 草海 （宜珙） 金沙湾 10	（内六） 凌家场 孔滩 豆坝 滩头 普洱渡 盐津北 彝良 昭通北 凉水井 （宜珙） 南岸坝 巡场 武家岩 卷子榜 13	大山铺 俞冲 王场 敬梓场 一步滩 横江 小儿坪 铜鼓溪 临江溪 豆沙关 沙沙坡 小关溪 岔河 曾家坪 子苍坪 邓家湾 田梁子 彝良南 二道桥 昭通南 花土坡 仙水 迤那 老锅厂 李子沟 朱嘎 清水沟 金钟 石丫口 曹家湾 （宜珙） 福溪 汉王山 赛金桥 33		58
川黔	（特） 贵阳 （1） 重庆西	赶水 遵义	（川黔） 珞璜 綦江 三江 松坎 桐梓 遵义南 南宫山 小寨坝 息烽 都拉营 （三万） 万盛 （开阳） 中心 12	（川黔） 小南垭 夏坝 广兴 转关口 岔滩 石门坎 蒙渡 凉风垭 李家湾 遵义北 南白镇 养龙司 久长 扎佐 蓬莱 贵阳北 （开阳） 天台 大水沟 18	七龙星 民福寺 綦江北 东升坝 两河口 镇紫街 木竹河 三元坝 太白 九龙塘 大河坝 新场 元田坝 红花园 娄山关 汇塘河 松坝 高炉子 阁老坝 艾田 乌江 董家坪 盘脚营 阳朗 新萝村 高坝 大关冲 大寨 楠木坪 （三万） 干坝子 谷口河 31	唐家桥	66

续上表

沪昆	（特） 贵阳南 （1） 六盘水南	凯里 福泉 安顺 六盘水	（沪昆） 玉屏 镇远 施秉 贵定 龙里 贵阳西 湖潮 新平坝 六枝 滥坝 水城 梅花山 徐屯 （湖林） 清镇 （水大） 野马寨 15	（沪昆） 大龙 羊坪 黄平 麻江 高坪铺 麻芝铺 大土 马场 高峰 平坝 天龙 两所屯 么铺 黄桶 化处 那玉 田坝 （湖林） 山林边 条子场 堰塘坎 林歹 蒿芝塘 （水大） 裕民 下滕桥 二塘区 大湾 26	青溪 蕉溪 老王洞 水花 宝老山 加劳 桐木寨 六个鸡 黄丝 半边街 石板哨 新窑 关寨 二道岩 茨冲 双水 马嘎 葡萄箐 乐居 罗盘地 树舍 扒挪块 荷马岭 背开柱 木戛 邓家村 且午 27		74
黔桂			（谷硐已关闭） 贵定 南都匀 墨冲 独山 麻尾 5	清泰坡 峰洞 2	（观音阁 龙田 乐坪 大昌 乐埠 苦李井 杨柳街 翁通已关闭） 沿山 摆梭 胡家寨 绿荫湖 下寨 河阳 甲猫 孟孔 学庄 打羊 星朗 朱石寨 12	小西堡	20
遂渝			潼南 合川 2		遂宁南 三星 下太和 石子山 蔡家 5		7
渝怀	（1） 重庆北		长寿 涪陵 武隆 彭水 黔江 酉阳 秀山 7	唐家沱 涪陵西 白涛 3	井口 鱼嘴 庙坝 太洪 王家坝 石沱 蔺市 磨溪 白沙沱 白马 土坎 中嘴 黄草场 高谷 保家楼 郁山 干溪沟 石子坝 核桃园 冯家坝 甘家坝 鱼泉 细沙 长潭沟 泔溪 麻旺 小浩 龙池 官庄 29		40
达万			达州东 开江 梁平 万州 4	麻柳镇 分水寺 2	李河 1		7
达成		遂宁 南充	金堂 淮口 大英 南充东 营山 5	隆胜 积金 梓潼 仓山镇 遂宁西 蓬溪 擦耳 蓬女 小桥 八庙 土溪 11	道观音 大通 2	玉峰 星光	22
枢纽	（特） 成都北		（重庆枢纽） 沙坪坝 梨树湾 重庆东 （成都枢纽） 大弯镇 4	（成都枢纽） 郫县 成都西 红牌楼 （重庆枢纽） 中梁山 白市驿 （贵阳枢纽） 谷立 关田 花溪 改貌 贵阳东 10	（成都枢纽） 城厢 （重庆枢纽） 洛中子 跳蹬 黄沙溪 （贵阳枢纽） 长冲 5	石羊 四所 院山	23
计	16	18	111	200	200	8	553

（徐乾武）

运输调度

【综　述】　2008年调度所围绕路局年度运输生产经营目标，坚持以确保运输安全为主线，着眼于精细组织、精心指挥、挖潜提效，克服年初雨雪凝冻灾害、“5·12”汶川特大地震以及货源不足等不利因素的影响，挖掘运输潜力，提高运输效率，完成全年运输生产任务。运输收入、客运发送量等指标同比均有增长，各项管理工作迈上新台阶。

【调度整合】　2008年9月10日，结合运行图调整，调度所对列车调度台、计划调度台、机车调度台根据工作需要，按照干支线衔接、机车交路贯通、车流贯通、枢纽完整的原则重新划分管辖范围，整合后共设置列车调度台17个、计划调度台6个、机车调度台4个。列车调度台平均管辖车站33个，管辖里程327.8公里；计划调度台平均管辖车站94个，管辖里程928.8公里，机车调度台平均管理机车308台。

调度所定员367人，现员294人。

【安全生产】　调度所认真贯彻“安全第一，预防为主”的思想，在受灾期间及时扣停列车，防止因灾害可能引发的行车事故。在抢险救灾物资运输中，受到铁道部和铁路局的表彰，实现安全年。

认真开展安全大反思大检查活动，组织全所职工记名学习铁道部“4·28”事故通报、刘志军部长在安全紧急电话会议上的讲话以及要求开展安全大检查大反思的文件，提高认识。将“4·28”事故中调度人员在运输指挥工作存在的问题作为长期培训、学习和考试的重点材料。

【春　运】　按照铁道部对春运工作的总体要求和部署，结合路局工作实际，在全面分析春运可能面临的新情况、新问题的基础上，提出“坚持以人为本，构建和谐春运”的指导思想，全力以赴做好春运各项工作。自1月18日起至3月2日止，圆满完成2008年春运各项任务，实现铁道部“确保安全、满足重点、平稳有序、良好服务”的目标。

在春运组织方面，由于铁道部决定票价不上浮，吸引大批客流，加剧运能和运输的矛盾。路局准备工作充分，管内未发生意外情况。调度所围绕“以客为纲，以人为本”的原则，从调度命令入手，杜绝漏发、错发调度命令，严格按照春运图指挥列车运行，加强各工种间的协调和配合，切实维护旅客根本利益，保证春运工作圆满完成。

春运45天全局运输收入共完成267 689万元，同比减少10 608万元，下降3.8%。其中客运收入完成139 823万元，同比增加10 293万元，增长7.9%，货运收入完成127 866万元，同比减少20 901万元，下降14.0%。全局旅客发送量完成1 518.1万人，同比增加108.9万人，增长7.7%。其中发送直通旅客667.7万人，同比增加55.2万人，增长9.0%；发送管内旅客850.3万人，同比增加53.6万人，增长6.7%。货物发送量完成1 465万吨，同比减少289万吨，下降16.5%。

【暑　运】　以安全大检查、大整治为重点，以增运增收为关键，严格执行各项作业标准，认真抓好安全畅通正点，提高服务质量、强化客流组织、推进客运营销，较好地完成暑运任务。

7月1日起至8月31日止（计62天），全局共发送旅客2 150.6万人，比上年同期增运86.1万人，增长4.0%。其中直通旅客发送666.6万人，与上年同期基本持平；管内发送1 484.0万人，比上年同期增加87万人，增长6.2%。客运收入完成150 721万元，比上年同期增加2 696万元，增长1.8%。暑运期间，运输、机务、客运、车辆等部门积极挖潜，共组织开行13对临客685列（直通8对290列，管内5对395列），组织加挂、扩编5 876辆次。

【汛期行车安全】　要求所有行车调度员必须严格执行暴风雨行车办法，牢固树立“安全第一、以人为本”的思想，做到“宁可错拦、不可错放、宁停勿撞”，在因暴雨中断行车等非正常情况下，按照《成都局调度所管理办法》的规定，执行“双人双岗”制度。明确因暴风雨影响较大，需抢运物资较多时，需通报相关单位。2008年防洪期间全局发生水害和设备损坏182次477处，中断行车207小时13分，水害慢行58处，及时取消52处。汛期以来设有高度危险点444处；调度所及时组织职工认真学习和执行《成都铁路局调度所汛期行车安全警戒值办法》，加强汛期值班，调度所领导和工种主任必须24小时值班协助处理突发事件。要求调度员严格执行汛期现场安全警戒值办法，根据现场的报告，及时指示列车限速运行或封锁区间。在接到现场关于出现险情，线路状况不明的报告时，及时拦停列车或封锁区间。

【抗冰雪凝冻灾害运输】 在年初冰雪凝冻灾害中，由于贵州省地方供电短期内无法恢复，路局迅速采取措施，先后调集管内95台内燃机车投入到沪昆线湘黔段（贵阳至怀化间）和黔桂线，武汉、南宁、兰州、郑州、沈阳各局共增援65台内燃机车投入到路局沪昆线湘黔段和黔桂线运用，基本恢复沪昆线湘黔段的运输组织工作，客货列车全部由内燃机车牵引，从贵阳至怀化间贯通。认真贯彻落实铁道部紧急电话会议精神，对重点及救灾物资实行“五优先”原则，保证了受灾期间贵州省的电煤、粮食、成品油、盐及农副产品的运输。

在抗击冰雪凝冻灾害期间，1月29日至2月17日，先后从成都等地区向贵阳、湖南灾区紧急抢运帐篷、被装、车辆防滑链等抗灾救灾急需装备物资49车。其中到达贵阳地区卸载24车，运往湖南灾区25车，抢运救灾物资1 400余吨，装备30余台。救灾后部队及携行装备运输期间，2月25日至3月10日，使用铁路车辆322辆（各类客车16辆，平板和棚车306辆），共开行军用列车8列，安全输送救灾部队人员4 500余人，装备700余件，组织饮食供应5.8万人次。

【抗“5·12”汶川特大地震运输】 “5·12”地震发生后，调度所全体调度人员全部坚守工作岗位，按照局领导的指示，立即组织指挥扣停正在运行的列车，安排工务、电务、供电和公安部门人员巡查线路设备，防止多起由于地震引起的设备变化而可能造成的事故。按照铁道部的统一部署、调度所成立救灾调度台，指挥协调优先安排抢险军列、抢险专列和挂有抢险救灾物资、人员车辆的列车的运行，救灾物资的运输和卸车工作顺畅。

一、救灾输送阶段：5月12日至8月1日，共办理各种军列运行126列（人员军列104列，物资军列22列），组织零星装备物资运输293批，使用各种铁路车辆5 686辆，输送人员5.37万人，装备8 400余台（件），装备物资26万吨。

二、回撤输送阶段：共计开行172列。第一阶段：7月21日至7月28日，开行军列71列（物资军列1列），组织零星人员和装备物资运输35批，共使用铁路车辆2 434车，输送人员3.5万人，装备2 700余台（件），装备物资9.8万吨。第二阶段：8月13日至8月19日，开行军列51列，组织零星人员和装备物资运输6批，共使用铁路车辆1 606车，输送人员2.3万人，装备2 000余台（件），装备物资6.5万吨。第三阶段：8月21日至8月27日，开行军列40列，组织零星人员和装备物资运输1批，使用铁路车辆1 315车，输送人员1.6万人次，装备1 627台件，装备物资5.5万吨。第四阶段：10月15日至10月16日，开行军列10列，使用铁路车辆326车，输送人员1 800人次，装备400台件，装备物资5.5万吨。

【抗“8·30”攀枝花地震运输】 8月30日16时30分，攀枝花市仁和区、会理县交界发生6.1级地震，成昆线攀枝花—喜德间、渡口支线攀枝花—格里坪间检查线路至19时30分恢复行车，影响客车晚点8列，货车晚点21列，少装132车，少卸127车。

8月31日16时32分，攀枝花市仁和区、会理县交界发生5.5级余震，成昆线攀枝花—德昌间、渡口支线攀枝花—格里坪间检查线路至18时恢复行车，影响客车晚点6列，货车晚点12列。

调度所在攀枝花两次地震发生时，坚持安全第一的方针，及时扣停客货列车，通知工务、供电等部门检查线路和接触网等设备，确保客货列车的绝对安全。

【施　工】 2008年在保证线路大修清筛、道岔的成组更换、更换新轨及线路无缝化改造任务及大量的灾后重建项目完成的基础上，保证襄渝新建二线、达成扩能改造及贵阳南枢纽扩建工程相关施工任务以及黔桂线12月31日投产的建设目标，完成全局运输生产经营目标，做到运输、施工两兼顾。确保施工安全为契机，提高施工调度员基础业务素质，确保施工运行安全，完成2008年施工的各项工作。

一、把施工调度命令的安全作为首要工作来抓，除强化自身施工调度命令、运行揭示命令的核对、检查、监督等外，充分依靠相关站段、所内安全室、分析室、计划室及班组的检查、监督力量，落实安全工作自控、互控、他控的监督手段，确保施工调度命令的绝对安全。

二、强化施工调度员基础业务素质，提高施工调度命令的拟写质量。

1. 加强对施工室拟写施工调度命令人员业务学习和培训。对大型施工的有关调度命令，由施工室、安全室、技教室共同研究，拟定有关施工调度命令，并在施工盯台时加以监控，确保命令正确。必要时请备班列车调度员辅助施工室人员拟写施工调度命令。

2. 明确施工室拟写施工调度命令和列车调度员发布调度命令间的界限。

3. 加大考核力度和范围。

4. 加强对施工计划准确性的控制，确保施工项目、施工里程、施工内容、施工负责人等有关施工计划内容与实际施工现场请求一致，保证各部门按计划施工、按计划兑现有关调度命令。

5. 按照调度命令标准格式建立标准模板。

三、严格施工运行揭示命令的发布。

1. 把好施工计划审核关。施工计划调度员在接收到施工协调办审批的施工计划后，严格对照月度施工方案计划以及临时施工电文对施工项目、施工时间、施工里程、影响范围、慢行长度、施工负责人等逐项再次核对。

2. 把好施工运行揭示命令的编制、审核、检查、下达关。

3. 加强与机务、车务及相关施工单位的信息沟通，充分发挥安全工作的互控、他控作用。

四、强化施工过程中的盯台、卡控。

1. 严格按照780号文件的要求及调度所施工盯台监控办法，组织Ⅰ、Ⅱ级施工前预备会，制定施工安全卡控措施，研究制定机车运用、编组方案、车流调整以及与相关站、段对接运输组织措施等，最大限度减少施工对运输的影响。

2. 施工前检查、确认施工准备及施工负责人到岗到位情况，根据车站请求与施工计划、施工电报核对施工范围和设备停用范围，确认无误后监督列车调度员正确及时发布有关施工命令。防止无计划施工和任意扩大施工范围，对不符合施工计划的请求，按照施工“八不准”的要求，坚决不准施工。

3. 施工中通过TDCS监督车站非正常情况下接发列车进路准备情况，随时了解施工进度，针对施工过程中的突发问题，组织制定运输组织应急处理方案。

4. 施工结束时，严格按照车站请求，监督列车调度员发布施工结束相关调度命令，对线路开通放行列车条件要严格把关。

五、认真做好施工路料的装车、卸车、调整及运输组织工作，保证施工路料装卸、移动迅速，压缩运输成本，满足施工需要。

1. 施工路料管理调度员在接收到路料装卸计划后及时与货调对接安排装车、与当班计划和日计划对接安排配空车及站内、区间卸车计划，提出使用机车合理建议，节约机车使用。

2. 施工台通过画运行图的方法对空重路料车进行全程跟踪记录，跟点跟线并与计划、行调加强联系，及时组织路料车装卸及空、重车快速挂运移动。

3. 根据各施工点路料需求量、各砟场道砟生产及库存量、K车空重分布，加强与道砟公司和施工单位的联系，合理调配K车使用，保证施工需要。

【重点运输】 一、在专、特运工作方面，做到周密布置、重点盯防、安全正点、严格保密，完成上级下达的各项专运任务。二、与军调密切联系，完成各次军运任务，2008年度，全局共装军运物资16 432车，其中特殊物资7 969车、重点物资4 564车、一般物资3 899车。三、维稳运输工作：组织完成维稳铁路军事运输57批448车，其中组织装载11批40车，接入运行和组织卸载46批408车（包括8个整列）。四、新老兵工作：11月19日至12月26日，历时38天，共完成新老兵运输1 110车，开行整列59列。其中新兵运输14万人、老兵运输5万人、行李运输3万件。五、确保煤炭、化肥、粮食等国家重点物资的运输。全年货物发送完成14 099万吨，其中煤炭5 744.4万吨，化肥1 740.7万吨，粮食1 567.3万吨。

【调度日(班)计划编制】 加强对各区编站执行列车编组计划、列车运行图、运输方案情况检查。加大分析考核力度。对日班计划的考核方法进行调整，并指派专人每日对日（班）计划兑现率相对较低的计划调度台进行重点考核，奖优罚劣，对日（班）计划兑现率较低的以教育挂图的形式进行整改，促进日班计划、编组计划的质量不断提高。

【运输组织】 2008年调度所强化运输组织，挖掘运输潜力，圆满完成雨雪凝冻灾害、春运、“5·12”抗震救灾、暑运等阶段性运输任务，保证抗震救灾物资和人员的运输、抢险救灾军列及返程军列的开行，完成各级专运任务。

一、积极组织直达列车的开行。从源头抓起，组织成组、成列装车，从计划、配车、装车、挂运、放行、卸车六方面优先给予保证，要求各装车站、区编站组织编好始发和技术直达列车，积极采取措施确保区编站的畅通，充分发挥区段站的作用，组织多编通过技术站不改编的直达列车，减少编组站的压力。在贵阳南站施工改造期间，从调整基本列车运行图开始，重点抓通过改貌站不改编的直达列车开行，每日实际兑现均在19列左右，缓解贵阳南解编压力。

二、通过确保外局去向的装车和加大各分界口的交车，平衡全局的运用车数。通过加强各分界口的交车组织，赶流上线，防止运用车的膨胀。局管内装车做到“以卸定装、以过定装”，加强重车移动，有意识的组织非提速敞车的循环车组，组织“短、平、快”的循环作业，加快车辆移动，提高装车效率，降低车辆占用成本。

三、加强卸车组织，坚持“一卸、二排、三装”的运输组织原则。狠抓车辆的移动和卸车工作，以移动促卸车，以卸车保装车。坚持“向卸车要空车，向卸车要效益”原则，根据货源及时调整空车流向，要求卸大于装的车站夜班必须优先排空、白班再组织装车并作为运输纪律。加大对车站夜卸比重的考核力度，力争夜卸比重达到48%以上；加强与站段的沟通联系，了解生产难点，提出装卸车和作业要求，运输管理加强。

四、努力挖掘机车运用潜力，提高列车牵引重量。调整交路，统一机型。先后将川黔、成昆、内六等干线直通货物列车机车交路拉通。将川黔线贵阳南—重庆西（南）间货物列车机车统一为SS_3型，由贵阳机务段配属；将成昆线成都北—攀枝花货物列车机车统一为SS_3型，由成都机务段配属；将内六线内江—六盘水南间货物列车机车统一为SS_3型，由六盘水机务段配属。组织普超。经过多次牵引试验，先后在沪昆、成昆、川黔等线组织货物列车普超。组织沪昆线六盘水—宣威间SS_{3B}（双SS_3）型机车牵引货物列车普超至4 500吨、六盘水南—贵阳南上行SS_3、SS_1型机车牵引货物列车普超至4 000吨；组织成昆线成都北—燕岗、西昌南—攀枝花间下行SS_3型机车牵引货物列车普超至4 000吨；组织川黔线赶水北—重庆西（南）间SS_3型机车牵引货物列车普超至3 650吨。为实现“调小运用全天候、管重移动不断档、站机交接同步化”的目标，对管内各站专调、调度及小运转内燃机车原则上全部实行不少于72小时入库上油整备1次。

五、抓好战略装车点的组织工作。调度所切实加强运力引导作用，进一步加大对战略装车点的运力倾斜力度，对实行日历请求车方案的装车站严格按相关规定执行运输组织管理方法，优先保证日计划下达和空车来源，定点定线，组织车站全力确保整列装车，及时了解装车进度，按照“整列配空、整列装车、整列运输、装车去向统一”的原则进行运输组织。全年共建成44个战略装车点。

六、推进路企直通运输。根据铁道部关于实行路企直通运输的要求和路局的统一部署，在调度所设置攀钢路企直通调度台。加强路局与攀钢的联系沟通，提高路企直通列车开行的兑现率，压缩车辆在站的停留时间，提高车辆使用效率。截至12月底，完成15个路企直通运输点的建设。

【旅客列车正晚点预确报】 跟班客调按时巡台，与行调交换信息，力争晚点客车不增晚，并组织有关部门采取措施恢复正点，及时向主要客运站通报客车正晚点情况，特别是对“天路”列车和城际旅客列车的正晚点逐列跟踪，提高旅客列车正点率。

【车辆移动和卸车】 要求各班组均不得抢装车，每日十八点必须保证各线的基础空车，打印基础空车编组表交值月主任，以保证次日装车和生产任务均衡有序推进。

在请求车不足，外局装车和交车又受限时，积极组织管内中小循环装车，保证装车数和货物发送量均衡。

在麻尾和大龙口接入空车少，不能保证贵阳地区装车的情况下，从成都地区组织空车，由川黔线、内六线向贵阳和六盘水地区输送空车，保证贵阳片区的装车。

【职工培训】 一、1月28日至2月2日举办施工调度员专项培训班，20人参加。

二、3月12日至4月12日举办调度员岗位业务专项培训班，110人参加。

三、6月10日至6月27日举办汛期行车安全专项培训班，调度所有关调度员248人参加。

四、11月7日至12月9日举办技术练兵比武培训班及技术练兵活动，232人参加。

（徐乾武）

旅客运输

【综　述】 客运系统按照路局的总体要求和部署，取得抗击冰雪、抗震救灾两场攻坚战役的胜利；大力开展客运营销，优化客运产品结构，努力增运增收，挽回灾害损失；结合路局工作实际，深入开展安全大检查、大反思活动，逐级落实安全管理责任制，确保旅客运输安全；进一步夯实客运管理基础，整合客运生产资源，积极推进“安标线”建设，提高客运服务质量，较好地完成客运各项任务。

客运处设客运管理科、技术科、专运科、综合科、客票管理所，现员32人。

【营销任务完成】 2008年路局客运收入完成81.64亿元，比上年增长5.7亿元，增长7.5%；完成旅客发送量10 954万人，比上年增运539万人，增幅5.2%；完成旅客周转量398亿人公里，比上年增运16亿人公里，增长4.3%。2008年客运收入、旅客发送量、旅客周转量均创历史新高。

【安全生产】 通过深入开展安全大反思、大检查活动，安全基础不断夯实，安全关键卡控不断强化，安全管理规范完善。全局未发生责任重大火灾、爆炸事故，责任客运职工死亡事故，责任旅客食物中毒重大事故，安全管理基本有序可控，截至12月31日，全局客运系统实现安全生产2 883天。

【安全“大反思、大检查”活动】 认真吸取“4·28”事故教训，深入开展安全大反思、大检查活动。先后召开专题处务会议24次，客运系统各单位召开反思会663次，参加反思会人数24 418人次，干部书写个人反思材料1 847份，职工均进行记名式反思检查。派出各类检查组571个，派出各类检查人员2 484人次，检查发现问题8 025个，全部整改，9月中旬通过部检查验收。

【春　运】 面对大范围冰雪凝冻灾害天气，按照铁道部春运工作的总体要求和部署，从优化运能入手，加强售票组织、有序组织乘降、强化安全卡控、提高服务质量，实现安全、能力、秩序、售票、服务“五位一体”的和谐春运目标。春运全局共发送旅客1 518.06万人，同比增加109.23万人，增长7.8%；其中直通667.74万人，同比增加55.23万人，增长9%；管内850.32万人，同比增加54万人，增长6.8%。客运收入完成13.98亿元，同比增加10 295万元，增长7.9%，其中客票收入完成12.47亿元，同比增加10 860万元，增长9.5%。

为加强春运工作的管理，路局继续实行定点为主、包片结合的包保原则，抽调副处职以上干部30人包保成都、重庆、贵阳、达州等26个重点车站，抽调635名干部对春运重点单位和临客进行包保和检查。各级包保干部认真严格遵守工作纪律，履行职责，以高度的责任感投入到春运工作中，帮助并指导现场解决春运工作中的困难，推动了春运各项工作落实。

【暑　运】 暑运期间组织开行13对临客685列（直通8对290列，管内5对395列），组织加挂、扩编5 876辆次。暑运期间日均增加运能达2.6万人次，基本满足客运市场需求。暑运全局共发送旅客2 150.6万人，同比增运86.1万人，增长4%。客运收入完成150 721万元，同比增加2 696万元，增长1.8%。8月至9月，为满足进疆采棉农民工乘车需求，全局开行棉农专列20列，运送进疆棉农4万人。

【假日旅客运输】 国家实行新的节假日休假制度，首次实行清明、“五一”、端午、中秋节长周末假期。根据客流变化的新动向，抓住客流旺季，节日期间全局累计开行管内临客29.5对，加挂车辆2 588辆次，满足节日期间中短途旅客需求，实现旅客发送、客运收入的增长。

清明长周末全局发送旅客142.3万人，同比增长32%；客运收入完成8 633万元，同比增长9.6%。“五一”长周末全局共发送旅客153.2万人，同比增长2.7%；客运收入完成8 248万元，同比增长1.9%。端午长周末全局发送旅客114.3万人，同比增长19.9%；客运收入完成7 203万元，同比增长4.4%。中秋长周末全局共发送旅客132万人，同比增长22.7%；客运收入完成8 322万元，同比持平。

“十一”黄金周期间，全局共增开始发临客15对，其中直通9.5对（路局担当4.5对），管内5.5对；担当开行旅游专列2列；同时组织热门方向的34对图定列车加挂、扩编1 056辆次；日均增加运能4.5万人左右，基本满足“十一”黄金周期间旅客运输需求。自9月26日起至10月5日全局共发送旅客401.57万人，同比增运29.2万人，增长7.8%；9月29日客运发送量达到49.2万人，创全局有史以来单日发送量新高。

【专　运】 2008年全年完成一级专列26趟、二级专列4趟、三级专列39趟，一级专包1次、二级6次、三级9次的专运任务，安全运送全国人大、政协代表和重要会议代表19批636人次。

【抗击冰冻灾害】 2008年1月中旬起，贵阳地区开始遭受连续极端灾害天气的影响，并受全国大范围雨雪冰冻灾害造成的京广南段及沪昆线、渝怀线地方供电影响，1月25日开始，路局始发、终到的直通客车和临客大面积晚点。客运系统紧急动员，检修设备，恢复生产，对运行距离4 000公里以内的晚点客车采用站内立折，加快客运整备作业；外局客车一律不入库，全力减少晚点；适时监控晚点列车情况，努力保证客车用水、旅客餐饮供应，做好晚点列车服务工作，实现了安全零事故、旅客零伤亡，夺取抗雨雪冰冻灾害的胜利。

【抗震救灾】 “5·12”汶川特大地震以后，宝成线成都—广元区段共计14趟旅客列车受阻，其中6趟停在车站，8趟停在区间，受阻旅客近万人。客运处会同有关部门及时制定部分列车迂回、折返和停运方案，做好旅客安抚和服务工作，将受阻旅客全部安全转移疏散。接到转运伤员的任务后，精心组织、开行转运伤员专列19列，转运伤员5 015人、陪护人员4 882人、医护人员1 882人；开行救灾部队专列287列，运送部队官兵12.77万人；开行灾区学生专列10列，运送师生21 563人；通过预留图定客车票额的方式，运送学生团体41批，学生8 494人，教师475人；保证67次专运任务的顺利完成。

【奥运安全保障】 严格落实铁道部的相关要求，确保安全。由局领导亲自带队，业务处室具体负责，分片区对全局奥运保障工作进行检查指导。局管内特、一等站设立奥运专售窗口；成都、重庆、贵阳三大站安排52名站领导及机关干部对29个生产班组进行跟班包保，3个客运段安排162名段领导及机关干部对21对139个开往奥运赛事举办城市的列车班组进行全程添乘包保。全局共安全运送奥运重点旅客1 044人，圆满完成奥运保障工作。

【生产力布局调整】 7月11日，路局进行生产力布局调整，撤销涪陵车务段，成立遂宁车务段，将达成公司运输生产相关的人员、资产和业务全面委托成都铁路局实行专业化管理。将原涪陵车务段管辖的唐家沱至秀山36个车站划交重庆车务段管辖，将襄渝线观阁至庆华6个车站划交达州车站管辖，将襄渝线长胜沟至北碚、重庆枢纽的井口、蔡家共8个车站和东阳线路所划交重庆西车站管辖，将重庆车务段管辖的遂渝线遂宁南至石子山共6个站划交遂宁车务段管辖，将重庆车务段管辖的重庆枢纽沙坪坝、小南海、珞璜、石场、铜罐驿、白市驿、西永、团结村、回龙坝9个车站划交重庆西车站管辖，达成公司管内达成线、达万线各车站承担的工作任务分别委托成都铁路局遂宁车务段、达州车站管理，达成公司担当的旅客列车乘务相关业务委托成都铁路局成都客运段管理。

11月24日起，将沙坪坝站划交重庆站管辖。

【管内慢车移交】 11月，将成都、绵阳、西昌、重庆、遵义、凯里车务段、重庆西站等7个车务站段担当的17对管内旅客列车分别移交成都、重庆、贵阳客运段管理，实现专业化管理，提高客车服务质量。

【客票代售点全面规范】 6月，对全局客票代售点进行规范，实行“五统一”的规范管理，并创新管理机制，将全局392个代售点全部纳入联网车站的售票车间进行专业管理，人员考核、窗口权限与车站窗口同等，效果明显。

【客运文件汇编】 组织专业人员对客运规章全面清理，重新编制《成都铁路局客运文件汇编》，新的汇编共收集有效规章文电535个，废止失效的文件55个。

【客运站车旅客引导揭示规范】 购买240册相关国家标准书籍，制定全局旅客引导揭示规范标准和推进计划。将77项揭示内容翻译成英语，专门请凉山自治州将55项站车揭示内容翻译成彝文。全局共发现不合要求的引导揭示标志牌44种95处2 349个，全部整改。全局旅客引导揭示基本规范。

【客票系统5.1版本升级】 10月20日23时开始客票系统5.1版本中心服务器升级工作，10月25日完成全局所有售票窗口的升级。

【票价调整】 按照铁道部统一要求，自9月20日起，用新型空调车车底开行的旅客列车从列车两端始发站起取消折扣票价，执行新型空调车票价，路局共有21对客车取消折扣票价恢复新型空调车票价。

（黄华清）

货物运输

【综　述】 2008年，货运处克服冰雪凝冻和地震灾害等困难，全力以赴做好抗震救灾和灾后重建物资接卸工作。以构建山区铁路货运安全保障体系和安标线建设为载体，规范并强化安全管理基础，确保奥运会和残奥会期间货物运输安全。开展货运基础工作专项调研，编制货运系统五年规划，组织实施货场规范化和货运信息化建设，货运服务质量得到明显改善，圆满完成各项运输生产任务。

全年实现无货运责任一般A类及以上事故，无职工人身死亡事故，无装卸机械重大、大事故，无重大路风事件。

全年完成货运收入134.3亿元，为年计划的93.5%，同比下降0.5%；完成货物发送吨14 099万吨，为年计划的90.6%，同比下降5.7%；货运吨收入95.3元/吨，同比增长5.6%；货车静载重59吨/车，与年计划持平；保价收入1.61亿元，为部下达目标的100.63%，同比增加9.5%。

货运处设货运管理科、特种货物管理科、安全保价科、综合管理科，定员25人。

【货运安全保障体系和安标线建设】 制定《山区铁路货运安全保障体系2008年建设实施方案》，从货运安全管理、规章制度、装载质量控制、危险货物运输、安全监控设备、职工队伍素质、安全考核机制等方面完善强化措施。制定安标线货运安全管理、设备质量、人员素质等方面的标准、实施方案和推进计划，按期推进，完成阶段目标。指导站段实施劳动组织整合和“三标”创建工作，明确车间、班组权责，提高班组安全生产的自控能力。

【货运安全监控网络建设】 撤销宜宾南区域性货检站，对全局29套货检预检系统进行更新升级改造，实现24小时监控；形成成都北货运安全集中监控系统建设方案，整合超偏载检测、轨道衡计量、货车装载状态、危险货物运输安全等监控功能。完成131个危险货物办理站危险货物运输安全监控系统的安装，实现对危险货物受理、承运、装车、在途、卸车、交付等全过程监控。完成2台既有轨道衡与部联网，按照部轨道衡联网技术标准新安装轨道衡10台。

【安全大反思大检查和安全专项整治】 分层次召开安全反思会1 385次，8 516人次参加。货运处、站段两级5 508人次检查3 611个站次，查出各类安全问题2 698个，全部整改。开展货物装载加固、军事运输、专业运输、劳动安全和装卸专项整治。取消阔大货物办理站54

个、超限货物办理站2个、集装箱管内办理站9个（含专用线）。取消58家铁路危险货物托运人资质，1个危险货物站内办理站（桐子林）、8个接轨站、17条专用线（专用铁路）、57家共用单位、337个办理品名；排查治理路内外隐患单位714家，排查隐患899项，整改率达84.5%。

【安全基础管理】 抓好路局“三个办法、一个制度”的贯彻落实。货运处、站段两级分别制定细化办法措施，界定职责，明晰责任。制定货运系统月度安全质量考核实施细则，突出对货运安全重点、关键环节和安全基础工作的检查，保证覆盖面。严格执行安全分析会议制度，加大对安全问题分析、处理力度。修订完善货运处安全管理基本制度，督促、指导站段制定和完善相应的安全管理制度，配齐专业管理人员。制定各级干部下现场检查量化标准，加大货运处、站段专业管理人员对现场的监督检查指导力度。

【安全重点卡控】 进一步加大危险货物、装载加固、超限货物运输“三大安全关键”的现场卡控力度。强化主管人员现场检查、指导和调研分析工作，加强在重点货检站的安全盯控。强化对剧毒品、爆炸品、液化气办理站（专用线）的日常安全管理，严格对危险货物托运人、押运人的安全管理。强化对桥梁、轨枕超限货物运输的安全检查，加大对“长大笨”货物办理站（专用线）和货检站的抽查，确保每季度重车检查不低于1 000辆。狠抓节日期间剧毒品、液化气、黄磷等重点危险货物信息管理，督促车站对危险货物车辆采取及时挂运、强化看护等措施。抓好25米重轨轨排运输，开展250米长轨试验，确保铁路建设物资运输安全。

【抗震救灾物资运输】 制定接卸预案，深入现场指挥，积极协调地方政府有关部门及时处理救灾物资卸车中有关问题，确保救灾物资能在最快时间卸车和搬出。货运处6个组365人次对广元南、江油、绵阳、德阳、绵竹、什邡、汉旺、成都东、汉源等重点站的救灾物资、活动房屋接卸进行督促指导，共卸活动房屋17 410车。加强与调度所、军代处的联系，主管人员24小时值班，及时批转超限超重电报，加强现场装车指导，共安全开行返程军列172列。

【货运基础管理专项调研】 确定货物装载加固、危险货物运输、专用线管理、货场管理等调研课题。调研41个货运办理站、23个货场和22条专用线。走访长虹、沱牌集团等30余家企业和300余名基层货运职工。组织11次站段、车站、专用线产权单位和危险货物、阔大货物发运单位座谈会。认真梳理汇总发现的各类问题，制定62项整改措施和推进计划。

【货运系统五年发展规划】 按照《成都铁路局2008年—2012年发展规划》的总体部署，通过广泛调研、反复论证，拟定《货运系统2008年—2012年发展规划》，以建设货运安全保障体系和货运服务质量保障体系为主线，确定优化货运营业布局、加速货运设备更新改造、建设货运安全保障体系、加快货运信息化建设、推进货场规范化建设、强化职工业务培训等重点任务及推进计划，以实现“布局合理、设备完善、安全稳定、管理科学、服务优质、人员达标”为目标，促进货运向规模化生产、集约化经营发展，为路局全面完成五年发展规划提供保障。

【货场规范化建设】 制定全局规范化货场标准，在成都东、绵阳、德阳、黄许镇试点，在德阳召开全局货装工作现场会。加强对站段编制《货运管理细则》的业务指导和审批工作，清理并规范货运基础台账资料簿册，推动货运工作创新，优化货运窗口设置，简化办理手续。

【货运信息化建设】 在德阳站试点开发车站货运安全监控及生产管理系统，在完整统一的货运信息平台上，完成安全监控、生产指挥、业务管理。实现到达作业车预报、装卸车股道安排、装卸作业计划、作业车动态掌握、专用线安全监控和交接管理自动化，实现18点报表、专业统计报表、生产台账和货运日常管理台账自动生成，提高货运生产组织工作效率。

【两整合一建设】 整合货运办理站40个，其中关闭车站11个，整合成圈专或圈路的车站17个。整合专用线25条，开通战略装车点21个，全局战略装车点达到41个，货物发送量比例由5.6%逐步提升到

21%；对成都枢纽进行同质化整合，重点对钢材、鲜货、粮食等大宗品类实现分专用线集中办理。

【卸车组织加强】 制定成都北、成都车务段点、线无缝卸车措施，加强对重点车站的卸车组织。及时掌握全局装卸车动态，指导站段抓好重点电厂、钢厂等专用线卸车。开展调研，落实夜卸整改措施和推进计划，夜卸比重由43%提高到46%。实施宝成线应急扩能短平快项目，指导站段优化运输组织和作业流程，加强劳动力组织，形成灾后重建物资接卸长效机制。

【增运增收】 开展货源调查，利用运价下浮政策，积极争取公路、水路货源，打破常规临时开办非货运办理站货运业务。严格执行铁道部货车增载有关规定，抓好货车满载工作，上量增收。积极组织装运长运距、高附加值货物，不断提高货运吨收入率。加强集装箱运输管理，抓好集装箱货源组织。

【运价基础管理】 完成货票2.0版在全局的推广使用。完成集装箱、货车篷布使用费调整和三项货运杂费核收工作，分别制定《成都铁路局货场场地出租管理办法》、《成都铁路局机车出租管理办法》、《成都铁路局翻卸车维检费收缴实施办法》。完成货物暂存费、装卸作业费率调研并报部批复上调费率。牵头开展2008年铁路运输及延伸服务等价格和收费专项检查，督促站段整改有关问题。完成7月1日国铁货物运价调整的实施，国铁货物运价平均上调0.003元/吨公里，涨幅5%。

【保价运输】 挖掘市场潜力，对乐山、眉山地区发送的纸，宜宾、泸州地区地铁发送的煤抓好足额投保，实现货源稳定和保价增收的目标。重点抓好攀钢、重钢、水钢、川化等保价大客户营销服务工作，加强沟通协调，做好理赔服务。对代理铁货险的保险公司进行清理、规范，全部重新签订保险代理合同。重新下发保价保险收入考核办法，按月进行事故赔款分析，查找事故原因，督促站段制定整改措施。下达保价更新改造计划2 210.2万元，保价大修计划333.6万元，重点对货运安全设备进行更新改造，对货场仓库、硬面进行整治。

【货运服务质量】 以星级优质货场创建活动为载体，加大对货场服务设施设备的投入，积极改善硬件设施。开展货位管理专项调研，完善制度办法，规范审批程序，建立网上电子审批制度。制定货运处路风暗访制度，强化路风监督检查和考核，公布投诉电话，及时处理货主反映的各类问题。

【专用线管理】 以完善和规范车站专用线运输协议为突破口，指导车站完善专用线路企交接检查、安全计量、防超偏载、爱护车辆、办理品名、专用线共用等方面安全制度。对专用线办理品名、共用单位进行清理，取消部分不符合安全要求的共用单位和办理品名。

【集装箱运输】 开展集装箱运输安全专项整治，制定《成都铁路局集装箱运输管理实施细则（试行）》，对安全保障措施进行补强。全面清理局管内集装箱办理站（含铁路专用线、专用铁路）办理运输条件，加强集装箱防匿报品名运输和装车质量安全卡控。

【装卸体制改革和机构重组】 2008年1月1日，根据路局《关于运输站段托管多元经营企业脱钩重组工作的通知》要求，路局装卸服务总公司和站段装卸公司以及路工装卸的资产、人员和业务进行整合，装卸总公司重组为局多元经营集团公司直属企业。按照局多元集团《多元集团公司、集团公司党委关于重组整合全局多元经营装卸服务企业的决定》要求，装卸总公司完成内部机构重组整合工作，撤销总公司所属22家法人企业，成立广元、绵阳、成都北、成都、西昌、内江、重庆南、重庆、达州、遵义、贵阳南站、贵阳、凯里、六盘水14个装卸分公司，接收重庆铁路科技开发公司、黔南匀峰智能衡器科技有限公司2家子公司。截至年底，全局装卸系统人员25 948人，各类装卸机械总台数1 249台。其中局装卸总公司20 692人（路工1 851人、业务外包18 452人、劳务派遣1 032人），拥有各类装卸机械934台；站段集经管理队伍有4 580人（集经职工1 437人、全民职工111人、派遣或外包3 012人），拥有各类装卸机械272台；多元集团物流企业管理装卸队伍676人，拥有各类装卸机械43台。2008年全局完成装卸收入100 575万元（装卸总公司完成86 686万元，占86.2%；站段集经完成9 440万元，占9.4%；其他多元企业完成4 449万元，占4.4%）。

【装卸管理】 下发《关于进一步加强装卸安全及专业化管理工作的通知》、《成都铁路局装卸安全监督管理办法（暂行）》、《关于开展装卸安全专项整治活动的通知》等文电，加强装卸体制改革后安全监管，明确各级监督、管理责任，建立健全相应安全管理制度和办法，建立协调考核机制，加大装卸安全管理考核力度。

【货场及消防管理】 结合路局路外安全百日专项整治活动，对全局管内272个货运办理站货场封闭情况进行摸底调查并纳入局设备整治计划。配合有关部门做好货场消防安全隐患排查和治理工作，建立全局货运系统的消防设施设备、灭火器材台账。督促指导各站段对《货运管理细则》全面规范完善，对站段、办理站两级《货细》进行重点检查和现场指导，帮助站段提高《货细》编制、管理水平，促进货运基础管理进一步规范化、制度化和标准化；开展货装系统消防安全大检查和消防设备整治，督促指导站段积极开展消防演练活动。

【清理规章制度】 公布部、局废止文电164个、有效文电439个，完成60个货运技术规章的入库管理；对《货运规章汇编》进行定期修订，推广运用铁路货运安全规章文电信息管理系统。

【职工培训】 开展货运系统案例教育，组织干部职工对安全“红线”规定的学习和考试。宣贯新《危规》，举办装载加固、超限超重、集装箱等培训班8期，培训674人次。配合职教处完成部货运职业技能培训规范有关教材编制任务，参与2008年工人技师评定及货运岗位任职资格考试相关工作。按岗位、职务、培训情况对全局货运人员进行调查。

【货运处内部建设】 进一步完善处内管理制度，明确工作规范、管理流程和实施标准，使全处工作规范化、制度化。严格执行下现场量化制度，明确全处干部下现场工作的时间、内容和标准。处内干部按照要求深入联系单位，发现问题、督促整改，征求意见、开展调研，加强与站段的链接，及时解决一线困难，得到基层好评。坚持干部工作质量效率考核，从工作作风、工作质量、工作效果等方面进行综合考核，推动全处干部转变作风、提高工作能力。

（刘仲谦）

表4-4 货运生产指标完成情况 （2008年）

序号	项 目		完成数	为年计划	与上年同期比
1	货运收入（亿元）		134.3	93.5%	-0.5%
2	货物发送吨（万吨）		14099	90.6%	-5.7%
3	集装箱	发送箱数（万TEU）	26.89	75.7%	-14.8%
		发送吨（万吨）	595.68	81.0%	-16.6%
		收入（亿元）	8.98	109.1%	+2.2%
4	保 价	保价收入（万元）	16100.18	100.63	+9.5%
		保价赔款（万元）	635.90		-160
5	装 卸	作业总量（万吨）	16626	-	-1.8%
		机械化比重（%）	48.8	-	+3.2
		全员劳动生产率（吨/人·月）	1628.6	-	+226.7
			424.0	-	+22.9

表4－5 货运安全情况 （2008年）

项目		单位	全局	各站段																
				成都站	成都北站	广元站	重庆西站	达州站	贵阳南站	成都车务段	绵阳车务段	西昌车务段	重庆车务段	遂宁车务段	内江车务段	贵阳车务段	遵义车务段	凯里车务段	六盘水车务段	局其他
一、保价运输																				
1. 事故件数		件	110	0	12	1	3	1	19	22	25	4	1	0	6	1	2	1	11	1
办理种别	整车	件	104	0	12	1	3	1	18	21	25	4	1	0	6	1	0	1	11	1
	零担	件	2	0	1	0	0	0	1	0	0	0	0	0	0	0	0	0	0	0
	集装箱	件	4	0	1	0	0	0	0	1	0	0	0	0	0	0	2	0	0	0
事故等级	重大事故	件	0	0	0	0	0	0	0	0	0	0	0	0	0	0	0	0	0	0
	大事故	件	0	0	0	0	0	0	0	0	0	0	0	0	0	0	0	0	0	0
	一般事故	件	110	0	12	1	3	1	19	22	25	4	1	0	6	1	2	1	11	1
事故种类	火灾	件	0	0	0	0	0	0	0	0	0	0	0	0	0	0	0	0	0	0
	被盗	件	71	0	7	1	3	1	16	20	3	4	1	0	3	1	1	0	10	0
	丢失	件	16	0	4	0	0	0	2	1	7	0	0	0	1	0	0	0	1	0
	损坏	件	18	0	1	0	0	0	1	1	11	0	0	0	2	0	1	1	0	0
	变质	件	0	0	0	0	0	0	0	0	0	0	0	0	0	0	0	0	0	0
	污染	件	0	0	0	0	0	0	0	0	0	0	0	0	0	0	0	0	0	0
	其他	件	5	0	0	0	0	0	0	0	4	0	0	0	0	0	0	0	0	1
责任部门	货运	件	2	0	1	0	0	0	1	0	0	0	0	0	0	0	0	0	0	0
	装卸	件	0	0	0	0	0	0	0	0	0	0	0	0	0	0	0	0	0	0
	运转	件	0	0	0	0	0	0	0	0	0	0	0	0	0	0	0	0	0	0
	机务	件	0	0	0	0	0	0	0	0	0	0	0	0	0	0	0	0	0	0
	车辆	件	0	0	0	0	0	0	0	0	0	0	0	0	0	0	0	0	0	0
	其他路内	件	102	0	11	1	3	1	17	22	21	4	1	0	6	0	2	1	11	1
	其他路外	件	6	0	0	0	0	0	1	0	4	0	0	0	0	1	0	0	0	0
2. 事故赔款																				
责任赔款	件数	件	1695	3	417	18	237	4	103	204	142	91	109	20	146	44	34	15	106	2
	款额	万元	635.88	0.5	178.02	3.35	67.82	8.04	36.36	63.64	77.46	42.06	4.79	23.85	36.48	19.23	16.07	8.53	47.32	2.36
	赔付率	%	3.95	138.31	8.82	1.92	17.31	1.51	4.68	3.64	7.01	1.33	0.59	11.23	2.91	2.82	2.08	1.06	2.67	0
二、非保价货物																				
1. 事故件数		件	0	0	0	0	0	0	0	0	0	0	0	0	0	0	0	0	0	0
2. 责任赔款		万元	0.03	0	0	0	0	0	0	0.03	0	0	0	0	0	0	0	0	0	0

（刘仲谦）

机　务

【综　述】 2008年，机务系统经受冰雪凝冻灾害、汶川特大地震自然灾害考验，完成奥运安保、生产资源整合、宝成线安全标准线建设、达成公司托管、机车交路优化等重点工作，运输经营、安全生产、改革发展等工作有序推进。

机务处负责全局机车检修、验收、运用、牵引供电、水电、机务热力、机务能力、机务设备等技术业务管理工作。设铁道部驻局验收室、机车检修科、运用安全科、供电水电科、技术设备科、综合科和检测所（附属机构），现员39人。全局设机务段4个，供电段4个。

全年共投入运行机车359 788.3台日，同比多投入运行机车7 342.6台日，平均每日多提供20.1台日。其中电力机车310 156.3台日，同比多供给48 212.4台日；内燃机车90 748.4台日，同比多供给246.6台日；提供客运机车60 455.2台日，同比多投入3 095.3台日；提供货运机车210 532.5台日，同比多供给2 546.2台日；调小机车67 184.7台日，同比少投入19台日。支配机车利用率84.1%，同比提高1%。

截至年底，机务系统实现无责任一般B类及以上事故4 131天，无责任一般C类事故159天。

【机车运用质量指标完成情况】 机车总重吨公里完成2 351.08亿吨公里，同比增加45.85亿吨公里，增加2%。其中内燃机车完成96.26亿吨公里，同比增加8.77亿吨公里，增加10%；电力机车完成2 254.82亿吨公里，同比增加37.9亿吨公里，增加1.7%。机车总走行18 164.80万公里，同比增加462.82万公里，增加2.6%。

日车公里完成425公里/台日，比年度计划增加4公里/台日，同比增加3公里/台日。其中内燃机车完成311公里/台日，比计划增加1公里/台日，同比增加1公里/台日；电力机车完成443公里/台日，比计划增加2公里/台日，同比增加2公里/台日。

日产量完成85.8万吨公里/台日，比年度计划增加0.2万吨公里/台日，同比减少0.8万吨公里/台日，减少0.92%。其中内燃机车完成25.6万吨公里/台日，比计划增加1.6万吨公里/台日，同比增加61.8万吨公里/台日；电力机车完成95.6万吨公里/台日，比计划减少3.7万吨公里/台日，同比减少1.5万吨公里/台日。

货物列车平均总重完成2 812吨，比年度计划增加4吨，同比增加11吨。其中内燃机车完成1 667吨，同比增加163吨，电力机车完成2 898吨，同比减少5吨。

【机车交路优化】 先后贯通成渝线、成昆线、川黔线、内六线货运机车交路，全局干线客货机车交路全部贯通；调整达成线半循环机车交路为肩回式机车交路，取消机车在南充入库整备；延长调小机车入库整备周期，实行不少于72小时入库上油整备1次，远离本段的实行96小时上油整备1次。全局客机交路平均距离715公里，货机交路平均距离436公里，均高于全路平均水平（全路平均客机交路583.5公里，货机交路318.1公里）。

【救援列车管理强化】 结合铁道部新颁《铁路交通事故应急救援规则》、《铁路救援列车管理办法》，重新下发《成都铁路局铁路交通事故应急救援管理细则》，规范路局应急救援管理。优化救援列车人员配置，按本部16人，异地20人定编，不适合从事救援工作的人员调离。组织成都、贵阳、六盘水救援车间人员对重庆5列救援列车进行达标考评，促进重庆机务段救援列车管理水平提高。10月在重庆机务段组织全局15列救援列车参加救援比武，进行理论考试、单端吊复机车、顶复机车、等离子切割、扛枕木接力等6个项目的竞赛，提高队伍素质。

【牵引动力更新】 2008年从太原局调入SS_3型机车28台，从武汉局调入DF_4型机车5台。

【机车检修】 全年大修机车89台，内电机车中修完成271台，电力机车小修完成790台，内燃小修完成465台；机车检修率完成7.5%，同比上升0.73%，段修率完成6.2%，同比上升0.63%，临修率1.5%，同比上升0.48%。发生机破173件，0.09件/十万公里，同比增加0.02件/十万公里。发生临修1 691件，0.94件/十万公里，同比下降0.14件/十万公里。

表4－6　近年机破、临修率情况　　（2008年）

时　间	机破（件）	机破率（件/十万公里）	临修（件）	临修率（件/十万公里）
2004年	89	0.05	1193	0.69
2005年	158	0.09	1129	0.62
2006年	137	0.08	1488	0.84
2007年	117	0.07	1888	1.08
2008年	173	0.09	1691	0.94

【机车质量专项整治】　开展机车轮对探伤检查，对服役18年以上轮对和DF_{7D}机车轮对进行落轮除漆探伤，累计完成486台机车1 419对轮对探伤检查，其中电力机车285台896对，内燃机车201台523对。共发现故障轮对679对，故障率达47.85%。

为确保2008年春运机车供给和质量，年初整修机车1 147台，其中电力机车825台、内燃机车322台，共发现、整治问题2 823件。为稳定和提高机车质量，开展机车春运整修，共完成机车整修857台，发现并处理各类故障6 084件；同时对60台抗凝冻备用内燃机车进行逐台整修。

开展春季机车鉴定和整修。3月至4月组织对机车进行鉴定，机车质量等级评定为优秀的有446台，占71.5%，同比下降5.5%；评定为良好的有161台，占25.8，同比上升6.7%；评定为合格的有17台，占2.7%，同比下降1.2%；无不合格机车。良好以上机车占97.3%，同比上升1.2%。结合鉴定进行的机车整治共落修牵引电机85台，镟修剥离轮对89台次，处理受电弓故障254件，制动机故障321件，机械走行部故障184件，处理其他“小而广”故障1 182件。通过机车鉴定和整治，机车质量得到巩固和稳定。

为改善机车车体质量和机车“文明化”，制定《机车出库文明化状态标准（暂行）》和各型机车标准化司机室整治方案，进行专项整治。于8月31日全面完成电力机车文明化整治。至12月31日，完成标准化机车司机室整治380台、机车车体整治136台，改善了机车车容车貌。

按照铁道部要求，组织对31台SS_{7C}、23台DF_{4DF}机车直供电系统进行一次全面检查和整治，发现和处理问题44件，确保列车供电装置质量可靠。

7月16日至8月31日，在全局机务系统开展机车设备质量攻坚活动。各段检修系统管理干部下现场检查2 692人次，发现机车质量、保养及管理方面问题7 126件。

根据部统一要求，开展机车秋鉴秋整活动，共整治机车1 200台，其中电力842台、内燃358台，发现并处理各类故障3 840件。

【机车验收】　全年验收各修程机车1 867台（内燃659台，电力1 208台），其中电力大修9台（贵阳4台，成都5台），电力中修187台（贵阳48台，成都72台，重庆67台）；电力小修793台（贵阳249台，成都250台，重庆171台，六盘水123台）；内燃救援吊车中修3台（成都），内燃机车中修59台（成都）；内燃机车小修507台（贵阳229台，成都158台，重庆86台，六盘水34台）；另外抽验电力辅修221台，内燃辅修90台。共发现各类“三修活”7 532件，其中违法修16件，简化修5 121件，漏修2 395件，平均4.03件/台。

全年各驻段验收室验收各型大部件15 023台件（电力配件7 955件，内燃配件7 068件），一般配件27 884件（电力配件13 031件，内燃配件14 853件）。发现“三修活”4 138件（电力2 344件，内燃1 794件）。

对全局机车重大质量隐患的调研和跟踪：一、参与对贵阳机务段“3·16”轮心贯穿裂纹事故的调查、分析，按部运输局要求，督促机务段对使用20年以上轮心的669台运用机车，2 423个轮对进行落轮除漆探伤。二、参与对马钢轮箍热装时崩裂的调查、分析、善后处理。

【牵引供电验收】 认真贯彻执行《铁路牵引供电验收工作规定（试行）》，严把重要件出厂、入库、上网关。督促处理成都段悬式绝缘子连续两次发生钢帽炸裂致使悬式绝缘子串解体事件。发现不符合设计和现行标准钢柱20根。定位线夹（1 000套）机械强度不符合要求，250套钩头鞍子无压板。接触线电连接线夹300套、5个规格的铜铝过渡电连接线夹513套，采用的是10毫米不锈钢螺栓，与技术标准（12毫米的螺栓）不符，通知生产厂家直接作退货处理。钩头鞍子150套，钩头鞍子开口面为平面，与套管绞环的圆弧形缺口不匹配，不能安装套入等质量问题。

主动介入新线施工，对施工、牵引供电重要件进行质量监控。局验收室组织驻段验收室开展对黔桂、襄渝、达成新线施工、重要件质量检查，发现的问题及时反馈到建设指挥部和施工单位，督促进行整改，发挥验收的职能作用，使新线牵引供电施工质量得到控制。典型的襄渝线100余根钢柱质量问题被检查发现后，反映到建设部门，由建设处组织设计、施工、建指、运营单位进行分析鉴定，确认不符合设计、技术标准，全部更换处理。

验收材料零部件：重要件111 211件；接触网重要线材37盘；钢绞线4盘；电连接线（TRJ95）1 506米；分段、分相72套；钢柱250根；混凝土支柱26根；氧化锌避雷器50台；验收重要设备426台套。

工程施工质量验收：新建接触网298.57条公里；开闭所1个；变电所地网大修5个所；变电所避雷设备改造9所；接触网标准化270条公里；变电所标准修5个所。

【牵引供电水电指标】 2008年完成牵引供电量2 919.83百万千瓦时，同比增加3.07%；故障跳闸总件数1 039件（重合成功793件），同比减少37.4%；故障跳闸总停时66.9小时，同比减少52.3%；每百万千瓦时故障跳闸件数0.0843件，同比减少48.19%；每件跳闸平均停时16.33分，同比减少10.57%；供电原因跳闸28件，同比减少24.3%；供电原因跳闸总停时38.14小时，同比减少35.63%；每百万千瓦时供电原因故障跳闸件数0.0082件，同比减少36.92%；每件供电原因跳闸平均停电时间38.14分，同比减少35.6%。全局牵引供电发生设备故障40件，同比增加8.1%。停时38.91小时，同比增加6.49%。

电力年供电量完成47 171万千瓦时，同比增加1.6%；供水量完成5 099.48立方米，同比增加2.8%；力率98.1%；负荷率53.6%，变压器利用率25.9%；供电损失率5.4%；扬水千吨米耗电4.83千瓦时；供水损失率25.8%；水质合格率100%。

【供电水电管理】 全局牵引供电信息化系统全面投入运用，同时加快电力远动系统和水电信息系统建设，推进水电管理现代化。2008年由路局投资实施川黔、内六线电力远动系统建设，在新线建设中将电力远动系统纳入新建干线的必备技术条件，提高了全局电力远动系统的建设进度。截至年底，全局除成渝、成昆线外，所有既有干线和新建干线均实现电力远动监控。全局水电管理信息系统经路局评定通过后正式在成都供电段推广应用，标志着全局水电管理跨入现代化信息管理行列。机车弓网动态检测系统已建立，全局共安装16台机车弓网动态监测装置。渝怀线、遂渝线牵引变电所已实行无人值班运行管理模式。

【轨道车管理】 2008年供电轨道车安全稳定，全年仅发生1件一般D类责任事故。为确保供电轨道车的运行安全，重点开展轨道车乘务员“两纪”整治，下发《供电轨道车乘务员一次出乘作业程序标准》，完善了《成都铁路局轨道车管理细则》。

【燃料和热力】 重新修订《成都铁路局燃整和化验管理实施细则》和《成都铁路局热力管理实施细则》，明确燃料和热力管理职责、任务、工作标准；加强燃油收、发、管、用各环节卡控和互控，对非运用机车用油实现定额、定标发放，对运用机车用油建立监督和分析机制，燃油盈亏率控制在规定范围内。合理组织和调度燃油，确保2月份冰雪突发自然灾害内燃机车摆渡燃油充足供应。认真对机务燃料整备管理，油库、油脂房防火、防爆安全进行全面检查、整治，推广使用燃油配送系统，提高燃油管理水平。

【能耗指标完成情况】 电力机车单耗124.76千瓦时/万吨公里，同比增加1.44千瓦时/万吨公里；内燃运行单耗50.32千克/万吨公里，同比下降4.62千瓦时/万吨公里；专用调车机单耗23.76千克/小时，同比下降0.04千瓦时/小时。

【整章建制】 按照路局要求及统一部署，2008年机务处对相关规章制度全面清理，共清理规章制度213项，废止8项，失效9项，新制定21项。

运用方面：下发《成都铁路局登乘动车组司机室管理办法》、《成都铁路局机车热力技术管理实施细则（暂行）》、《列车运行监控记录装置（LKJ）运用管理办法（暂行）》、《成都铁路局检字牌管理、使用办法》等管理文件。

验收方面：完成配属各型机车《验收程序规定》和《验收作业指导书》的编制工作。在部机车验收室组织下，已完成对《段修机车验收程序规定》的讨论。

检修方面：针对修程修制改革和检修实际情况的变化，发布《电力机车辅修、整备作业要求及检查办法》、《成都铁路局机车探伤作业范围》、《成都铁路局机车技术改造专业管理办法》、《成都铁路局机车部件无损探伤管理细则（试行）》等管理文件。

供电水电方面：修订完善《供电段安全生产管理基本制度》，规范供电段安全生产责任制、供电段安全生产管理、供电段安全生产监督检查、供电段安全生产保障、供电段安全生产评估考核和供电段车间、班组安全管理。组织制定和颁布《接触网安全工作规程实施细则》、《接触网运行检修规程实施细则》、《牵引变电所安全工作规程和运行检修规程实施细则》，《接触网检修工艺》等文件。

【生产资源整合】 按照“长交路、车循环、人继乘、单司机”和“专业化集中修、修用分离、修养一体”的原则，结合各机务段具体生产需要，协调劳卫处下发了《关于优化调整机务系统站段机构设置的通知》，对机务段车间进行整合。撤销4个机务段的调小车间及安全督导大队，撤销西昌整备、内江整备、都匀运用、都匀整备4个车间。资源整合后4个机务段共设置车间28个，其中成都机务段9个，重庆机务段8个，贵阳机务段6个，六盘水机务段5个。

供电系统现有成都、西昌、重庆和贵阳4个供电段，按照铁道部、铁路局关于生产资源和劳动组织整合的总体要求，全局供电水电专业按照优化资源配置，实行运检分离，强化专业管理，扩大管界跨度和专业范围的原则进行管理机构调整，将供电段电力技术科和供电技术科合并为技术科，将化验室、计量室并入变电检修车间，撤并部分管辖范围较小的供电车间和异地电气检修车间，共撤销科室2个，车间10个。制订供电段班组劳动资源整合方案，按照适应专业化、规模化集中修的要求成立供电检修工区和供电运行工区，实现牵引变电所和电力变配电所合一、部分接触网和电力工区合一、给水工区和管道工区合一管理，优化劳动组织，提高劳动生产率。

【安全可靠性评估】 按照路局统一部署，局机务处成立机务系统安全评估检查组，6月29日至7月11日和11月17日至24日，对机务系统各段进行两次安全可靠性评估。机务检查组对照《成都铁路局安全管理考核办法》相关考核标准，结合生产力布局的调整及管理体制改革，按照规范管理的相关要求，对各机务段安全管理和规章、制度的运作情况进行评估考核，重点对行车设备（机车质量）、行车安全装备（救援列车）进行检查。对查出的问题，按照管理责任进行反向追踪检查。全年两次安全评估共计添乘机车21趟，抽查60台机车、34台修后配件、79台生产及机械动力设备；检查10列救援列车、10台轨道起重机、13台柴油发电机组及10台液压起复设备；检查12个次待班室及43个公寓；查阅14个次整备车间、10个次检修车间和4个技术信息科、安全科、运用科、教育科、劳人科、运用车间、设备车间、救援车间的基础台账资料、现场检查记录、干部考核材料；随机抽查监控数据文件22个；抽考7名检修工程师、21名整备职工业务知识和4个科室、12个车间、24个班组的典型案例。

供电安全评估检查组，重点对各段安全生产管理、供电、水电设备和轨道车辆质量状况、人员素质达标、工会安全、思想政治工作、安全生产激励机制等进行评估检查，对各供电段开展安全大反思大检查、安全隐患排查、安全生产专项整治、施工安全、防洪安全、路外安全等重点工作完成情况和效果进行评估检查，并针对上一次半年安全评估存在问题、部供电检查调研组指出的问题和日常检查发现问题的整改落实情况进行追踪检查。评估检查组采用随机抽查的方式，采取上网检查，复查接触网防“三断”、梯巡有关措施以及现场标准化作业的落实执行情况，累计上网检查接触网约5条公里，步巡巡视检查接触网40余条公里，检查接触网线岔24组、锚段关节8组、变电所（开闭所）8座，步巡检查10千伏电力贯通、自闭线路32公里，信号电源及车站电力设备8站，道口供电设备4处，电力变配电所8个、客车上水站5站、给水所8个，对供电段主要科室及被检车间、班组的安全生产管理全面检查，全年共发现各类问题573个，并督促整改。

【抗冰雪凝冻灾害】　1月中旬至2月底，局管内遭受大面积雨雪灾害天气，特别是贵州境内遭受50年一遇的低温凝冻天气，造成接触网、电力断杆断线、变配电及给水设备故障，沪昆线电力运输中断。全局机务系统紧急动员，组织运输生产，紧急调集局内内燃机车同外局支援机车一道全力抢运，实行内燃摆渡，沪昆线最多时达到158台内燃机车、350余班内燃乘务员。

供电段先后出动抢险人员26 916人次、作业车辆2 200台次、组织抢险发电机180余台、运送发电机燃油100余吨、组织御寒衣1 000余件、防滑草鞋25 000余双，实施50次“超常规、大跨度”的越区供电，单臂最大供电长度达到89公里，开创全路越区供电的先河。集结600余人组建成17支抢险突击队，对灾害设备实施“高频度、大规模”的非常复旧，处理电力设备故障187件，恢复电力线路116公里，受损的接触网设备23.2公里，更换水表5 000余块、闸阀100余处，在春节前打通大龙—贵阳枢纽全部36个站和黔桂线29站的10千伏信号电源通道；组织380余名干部职工和150台发电设备到86个车站值守发电，确保春运期间重要线路、旅客列车和重点物资的运输。

【抗震救灾】　“5·12”汶川特大地震发生后，宝成线及成汶、德天、广岳3条支线设备损毁严重，运输中断。全局调整DF_4型机车21台、乘务员51班投入抢运救灾物资，广铁集团、武汉局支援的20台DF_4型机车、40班机车乘务员也相继到达投入抗灾。5月份，完成16次一级专列运输任务，完成抢险救灾物资运输548列，转运伤员专列19列，异地复课学生专列1列，迂回客车99列，完成了抗震救灾期间各种运输任务。

地震造成成都、西昌、重庆供电段管内的宝成、成昆、成渝、遂渝等接触网、电力线路损坏约100余公里，接触网、电力杆塔倒裂240余根，给水管道爆管273处，水源设施开裂18座。特别造成宝成线沙溪坝、竹园坝、马角坝、江油、绵阳5个变电所以及德阳、绵阳、江油、马角坝、沙溪坝、广元南6个电力配电所外部电源停电，宝成线德阳至广元各站生产生活供水供电全部中断，成汶、德天、广岳支线大部分车站供电中断。马角坝—二郎庙间4根接触网支柱折断，上寺—东坝间接触网断线，10千伏电力线路损坏约36公里、35千伏线路损坏7.4公里、电力断杆倒杆18根、电杆裂纹10根、电杆基础损坏54处、变压器及变台受损13台（座）、低压电力线路56.8公里，供水管道爆管273处，水池、水塔、水泵井等开裂18座，消毒、扬水、客车上水栓等设备损坏67台。全局供电系统紧急动员，抢修被地震破坏的供水电设备。在抗震救灾中各供电段共出动抢险人员5 810人次、车辆589台次，组织抢险发电机（车）64台等其他相关设施投入抗震救灾工作，在余震不断、通讯不畅、后勤保障极端困难的情况下，累计巡查接触网5 430公里，电力线路11 000余公里，给水管路2 000余公里，恢复设备故障517处，协调地方电力部门在震后第四天恢复受灾站区的外部电源，迅速恢复设备运行，保障了铁路正常运输秩序和专特运任务的完成。

【灾后复旧及重建】　在经历冰凝灾害和汶川地震灾害后，机务设备、供电水电设备遭受较大损毁，存在许多安全隐患。机务系统全面开展设备、设施灾后复旧和灾后重建工作，重点对机务检修库房、设备、整备设施、接触网、电力线路、给水管路、变配电所设备进行复旧和重建，恢复设备技术状态，提高抵御自然灾害能力，改善设备基础质量。2008年，机务系统共投入复旧资金12 123.2万元，其中机务1 379.2万元，供电10 744万元；重建资金8 270万元，其中机务1 550万元，供电6 720万元。

【安全标准示范线建设】 按照铁路局年底建成宝成线安全标准示范线的要求，以“零缺陷、零故障、零误差”为总体目标，制定宝成线安全标准线建设标准和建线推进计划，完善管理制度、提高设备质量、规范安全生产管理、健全安全保障体系、提升队伍素质。

机务方面狠抓机车质量及作业文明化，整治不良设施，消除设备隐患，改善作业环境，实现了建线目标。共计整治房屋6 286平方米、环境72 959平方米、地沟13条、整备设施13项、机车80台，同时完善规章制度标准44项。

牵引供电方面拆除废旧支柱922根、拆除回流线肩架1 738处、清扫绝缘子14 805串、更换绝缘子1 049只、调整软横跨441组、安装杆号牌6 823处，对设备标志全部填写更新。水电完成线路整治129.6公里，拆除旧电杆326根，拆除废旧架空线15.8公里、开挖电缆沟14.1公里。

【职工培训】 参加铁道部举办的培训班共计47人，其中铁道部大连机务运用干部培训班3期16人，铁道部西安检修干部培训班4期14人，铁道部党校救援干部培训班2期13人，铁道部培训中心机务干部继续教育培训班2期4人。共送外培训职工1 719人，其中铁道部大连培训基地机车调度员3期12人，内江铁路机械学校春、秋季提职司机考前培训班2期264人，内江铁路机械学校和贵阳铁路司机学校单司机加强资格培训班12期1 443人。对22名运用安全管理干部就施工日计划、运行揭示调度命令、施工调度命令管理办法等进行专项培训。采取外聘老师及部分人员送外培训的方式，对“蓝箭”号动车组司机、检修人员、运用安全及检修管理人员共计125人进行专项岗前培训。根据机车交路的调整，对机车乘务员开展多机型驾驶培训班16期，共计培训600人。在西南交大举办高速铁路牵引供电知识培训班，培训80人。机务系统全年完成职工培训共计149 790人次，其中防洪行车知识培训7 885人，春运临客机车乘务员培训2 434人，铁道部《施工日计划、运行揭示调度命令、施工调度命令管理办法》培训7 915人，轨道车司机培训班2期100人。共举办各类技术表演赛及岗位练兵1 502次，参加人次达31 186。举行全局救援列车大比武1次。1 408人参加春、秋两次全路机车司机晋升理论统一考试，理论合格228人。办理机车司机驾驶证480人，新办单司机驾驶证582人。

【奥运安保】 奥运期间，机务系统加强奥运安保，严格实行机车、轨道车登乘制度，对油库、供水设施等重点部位加强巡查，并对行车设备重点检查整治。

各机务段结合机车段修和趟检，对机车全面检查、整治。各级管理干部现场检查2 447人次，发现机车质量、保养及管理方面问题5 352件，及时进行处理，同时完成机车整治1 055台，其中电力771台、内燃284台，处理各类故障6 309件。

供电段共出动128人次督促各车间班组对奥运安全保障措施、设备检修、防洪措施、巡视、应急抢险预案进行检查，整改发现问题62个。

【达成公司托管】 按照路局部署，2008年7月达成公司南充机辆段机务部分交成都机务段托管，共计托管人员269人，机车32台（DF_{4B}6台、DF_{4DF}23台、DF_{12}3台），设备仪器78台1 652.1万元。供电水电部分交成都供电段托管，共计托管118人，接触网136.516公里，线条196.654条公里，变电所1座，电力贯通线378.29公里，无人配电所9座，有人配电所7座，给水所6座，给水管道84.3公里，深水泵11台。

【机车中修基地建设】 按照成都铁路局电力机车中修布局方案，贵阳机务段是路局第一个电力机车年中修能力达200台的中修基地。在上年完成电器部件检修作业线的基础上，2008年实施了轮对、电机、转向架作业线，预计2009年配套工程实施后形成设计能力。

（陈队红）

表4－7　机车运用汇总

（2008年）

段别	内燃						图定	应配	比较	电力							图定	应配	比较	合计		比较
	DF_4	DF_5	DF_{7C}	DF_{7D}	DF_{7G}	小计				SS_1	SS_3	SS_{3B}	SS_{3C}	SS_{7C}	SS_4	小计				配属	应配	
成都	28	39	31	18	10	126	77	94	32		268					268	235	264	4	394	358	36
重庆	18	25	16	0	5	64	41	51	13	66	67			50		183	152	172	11	247	223	24
贵阳	11	22	17	46	6	102	41	51	51	62	139	82	1			284	265	296	－12	386	347	39
六盘水	9	5	7	14	3	38	19	23	15	51	75				10	136	120	134	2	174	157	17
局计	66	91	71	78	24	330	178	219	111	179	549	82	1	50	10	871	772	866	5	1201	1085	116

表4－8　机车运用指标完成情况

（2008年）

段别	货机日车公里					货机日产量（万吨公里）					列车平均牵引总重（吨）					机车总走行公里		
	上年同期完成	2008年		与上年同期比	与年度计划比	上年同期完成	2008年		与上年同期比	与年度计划比	上年同期完成	2008年		与上年同期比	与年度计划比	2007年度	2008年度	比较±
		年度计划	完成				年度计划	完成				年度计划	完成					
成都	453	454	448	－5	－6	93.0	94.5	85.0	－8.0	－9.5	2770	2808	2734	－36	－74	66931121	69206376	2275255
重庆	368	368	364	－4	－4	73.2	74.9	74.8	1.6	－0.1	2399	2440	2508	109	68	36869230	40724677	3855447
贵阳	409	408	418	9	10	86.1	88.3	89.0	2.9	0.7	2993	3054	3003	10	－51	49764148	48548173	－1215975
六盘水	432	431	443	11	12	86.2	88.9	93.6	7.4	4.7	2915	2966	2973	58	7	23455293	23168748	－286545
局计	422	421	425	3	4	86.6	85.6	85.8	－0.8	0.2	2801	2808	2812	11	4	177019792	181647974	4628182

（陈队红）

表4-9 内燃、电力机车检修指标完成情况 (2008年)

1. 主要质量指标

机型	段别	机车故障			临修			电机落修		
		件数	十万公里件数	同期比	件数	十万公里件数	同期比	件数	十万公里件数	同期比
SS_1	成都	5	0.16	0.16						
	重庆	15	0.12	0.11	68	0.56	0.06	41	0.34	0.07
	贵阳	1	0.07	-0.17	13	0.91	-0.27	6	0.42	-0.05
	六盘水	5	0.06	-0.05	65	0.76	0	50	0.59	0.1
	合计	26	0.10	0.02	146	0.58	-0.14	97	0.39	0
SS_3	成都	45	0.09	0.04	623	1.18	-0.1	330	0.63	0
	重庆	13	0.10	0.04	99	0.76	-0.1	74	0.57	0.14
	贵阳	14	0.09	-0.01	109	0.69	-0.31	56	0.35	0
	六盘水	6	0.06	0.01	56	0.50	-0.24	110	0.99	0.46
	合计	60	0.07	0.01	887	0.96	-0.14	570	0.62	0.04
SS_{3B}	成都			-0.26	22	2.15	-1.8	7	0.68	-0.1
	贵阳	21	0.14	0.11	152	1.12	0.08	51	0.38	0.2
	合计	21	0.14	0.05	174	1.19	0.66	58	0.40	0.06
SS_{3C}	贵阳			0	2	2.77	1.42			0.00
SS_4	六盘水		0	-0.2	13	1.19	0.01	9	0.82	-0.56
SS_{7C}	成都			-0.3		0.00			0.00	
	重庆	20	0.15	-0.09	148	1.04	-0.74	69	0.48	-0.17
	合计	20	0.13	-0.12	148	1.00	-0.62	69	0.47	-0.02
电力	合计	145	0.10	0.02	1370	0.92	-0.26	803	0.54	0.02
DF_{4B}	成都	2	0.09	0.09	38	1.72	-0.4	1	0.05	0.01
	重庆			0	12	0.87	0	3	0.22	0
	贵阳	3	0.35	0.35	18	2.10	0.9	0	0.00	-0.44
	六盘水			-0.28	9	1.15	0.19	6	0.77	0.77
	合计	5	0.27	0.23	77	1.47	0.31	10	0.19	0.08
DF_5	成都	0	0.0	0	33	0.73	-0.1	0	0.00	0
	重庆			-0.04	7	0.29	-0.26	0	0.00	-0.04
	贵阳	2	0.10	0.05	17	0.85	0.25	0	0.00	-0.05
	六盘水			-0.3	1	0.24	0.24		0.00	
	合计	2	0.02	-0.01	58	0.62	0.01	0	0.00	
DF_{7C}	成都	2	0.05	0.02	25	0.66	-0.1	1	0.03	0.03
	重庆	1	0.05	0.05	7	0.34	0.18	0	0.00	0
	贵阳			0	17	0.73	0.15	0	0.00	0
	六盘水			0	1	0.10	0.1		0.00	
	合计	3	0.03	0.02	50	0.55	0.04	1	0.01	0.01
DF_{7D}	成都	1								
	贵阳	17	0.18	0.13	113	1.20	0.28	31	0.33	-0.06
	合计	18	0.19	0.14	113	1.20	0.28	31	0.33	-0.06
DF_{7G}	成都				14	1.00	0.6	0	0.00	0
	重庆				1	0.15	-0.25	0	0.00	0
	贵阳			-0.14	6	0.90	0.04	0	0.00	0
	六盘水				2	0.87	0.87	1	0.44	0.43
	合计			-0.03	23	0.77	0.28	1	0.03	0.03
内燃	合计	28	0.09	0.06	321	1.01	0.33	34	0.11	-0.02
内电合计	成都	55	0.08	0.03	755	1.09	0.28	339	0.49	-0.04
	重庆	49	0.12	0.05	342	0.81	-0.09	185	0.44	0.08
	贵阳	58	0.10	0.03	447	0.97	-0.03	144	0.31	0.02
	六盘水	11	0.05	-0.05	147	0.67	-0.09	169	0.77	0.11
	全局	173	0.09	0.02	1691	0.94	-0.14	837	0.46	0.02

2. 主要检修指标完成情况

机　型	段　别	支配机车台日	总检修率		厂修率		段修率		临修率	
			总检修台日	总检修率	厂修台日	厂修率	段修台日	段修率	临修台日	临修率
SS_1	重　庆	25339. 8	1419. 0	5. 6	152. 0	0. 6	1267. 0	5	177. 4	0. 7
	贵　阳	5793	278. 1	4. 8	0. 0		278. 1	4. 8	86. 9	1. 5
	六盘水	20346. 4	1261. 5	6. 2	345. 9	1. 7	915. 6	4. 5	142. 4	0. 7
	合　计	55764. 2	2955. 5	5. 3	501. 9	0. 9	2453. 6	4. 4	390. 3	0. 7
SS_3	成都	101220. 9	4959. 8	4. 9	1012. 2	1	3846. 4	3. 8	1214. 7	1. 2
	重庆	32910. 9	1645. 5	5	98. 7	0. 3	1546. 8	4. 7	329. 1	1
	贵阳	44974. 2	3418. 0	7. 6	539. 7	1. 2	2878. 3	6. 4	854. 5	1. 9
	六盘水	21981. 1	1011. 1	4. 6	0. 0	0	1011. 1	4. 6	131. 9	0. 6
	合计	201087	11059. 8	5. 5	1608. 7	0. 8	9250. 0	4. 6	2413. 0	1. 2
SS_{3B}	成都	1680. 1	85. 7	5. 1	0. 0		85. 7	5. 1	42. 0	2. 5
	贵阳	30206. 8	3111. 3	10. 3	30. 2	0. 1	3081. 1	10. 2	755. 2	2. 5
	合计	31886. 9	3188. 7	10	31. 9	0. 1	3156. 8	9. 9	797. 2	2. 5
	贵阳	185	7. 2	3. 9	6. 5	3. 5	0. 7	0. 4	0. 0	
SS_{7C}	成都	1818. 2	0. 0		0. 0		0. 0		0. 0	
	重庆	14017	1878. 3	13. 4	813. 0	5. 8	1065. 3	7. 6	336. 4	2. 4
	合计	15835. 2	1884. 4	11. 9	807. 6	5. 1	1061. 0	6. 7	332. 5	2. 1
电　力	合计	308108	19102. 7	6. 2	3081. 1	1	16329. 7	5. 3	4005. 4	1. 3
DF_{4B}	成都	8187. 4	442. 1	5. 4	163. 7	2	278. 4	3. 4	81. 9	1
	重庆	5165. 2	351. 2	6. 8	46. 5	0. 9	304. 7	5. 9	51. 7	1
	贵阳	4172. 8	379. 7	9. 1	162. 7	3. 9	212. 8	5. 1	66. 8	1. 6
	六盘水	2750. 7	203. 6	7. 4	16. 5	0. 6	187. 0	6. 8	27. 5	1
	合计	20276. 1	1378. 8	6. 8	385. 2	1. 9	973. 3	4. 8	223. 0	1. 1
DF_5	成都	13503. 9	661. 7	4. 9	310. 6	2. 3	351. 1	2. 6	81. 0	0. 6
	重庆	8706. 1	713. 9	8. 2	104. 5	1. 2	618. 1	7. 1	26. 1	0. 3
	贵阳	8072	581. 2	7. 2	24. 2	0. 3	565. 0	7	88. 8	1. 1
	六盘水	1675	78. 7	4. 7	0. 0		78. 7	4. 7	0. 0	0
	合计	31957	2045. 2	6. 4	447. 4	1. 4	1597. 9	5	191. 7	0. 6
DF_{7C}	成都	11220. 5	516. 1	4. 6	235. 6	2. 1	280. 5	2. 5	44. 9	0. 4
	重庆	5756. 6	247. 5	4. 3	40. 3	0. 7	207. 2	3. 6	17. 3	0. 3
	贵阳	6192	433. 4	7	179. 6	2. 9	247. 7	4	49. 5	0. 8
	六盘水	2345	63. 3	2. 7	0. 0		63. 3	2. 7	2. 3	0. 1
	合计	25514. 1	1250. 2	4. 9	459. 3	1. 8	790. 9	3. 1	127. 6	0. 5
DF_{7D}	贵阳	28521	7329. 9	25. 7	1312. 0	4. 6	6017. 9	21. 1	1625. 7	5. 7
DF_{7G}	成都	3660	201. 3	5. 5	62. 2	1. 7	139. 1	3. 8	25. 6	0. 7
	重庆	1844	178. 9	9. 7	47. 9	2. 6	130. 9	7. 1	7. 4	0. 4
	贵阳	2083	283. 3	13. 6	131. 2	6. 3	152. 1	7. 3	18. 7	0. 9
	六盘水	1005	26. 1	2. 6	0. 0		26. 1	2. 6	0. 0	
	合计	8592	687. 4	8	240. 6	2. 8	446. 8	5. 2	51. 6	0. 6
内　燃	合计	114860	12749. 5	11. 1	2871. 5	2. 5	9878. 0	8. 6	2182. 3	1. 9
内电合计	成都	145576	6842. 1	4. 7	1892. 5	1. 3	4949. 6	3. 4	1455. 8	1
	重庆	93739. 6	6468. 0	6. 9	1312. 4	1. 4	5155. 7	5. 5	937. 4	1
	贵阳	130200	15884. 4	12. 2	2343. 6	1. 8	13410. 6	10. 3	3515. 4	2. 7
	六盘水	53453. 2	2833. 0	5. 3	374. 2	0. 7	2458. 8	4. 6	320. 7	0. 6
	合计	422969	31722. 6	7. 5	5921. 6	1. 4	26224. 1	6. 2	6344. 5	1. 5

3. 机车大中修完成情况

段别	大修						中修					
	完成台数	同期比	总停时（天）	平均停时（天）	总修竣（公里）	平均走行（公里）	完成台数	同期比	总停时（天）	平均停时（天）	总修竣（公里）	平均走行（公里）
成　都	21	+8	1039	49.5	40732942	1939664	86	+7	1046.1	12.2	43715269	508317
重　庆	20	+9	858.8	42.9	29484041	1474202	57	+15	667	11.9	28256048	495720
六盘水	7	-2	216.8	31	11147844	1592549	10	-71	117.6	11.8	4722902	472290
贵　阳	8	+1	405.3	50.7	14409535	1801192	61	+22	1239	20.3	31951783	523800
电　力 合　计	56	+16	2519.9	45	95774362	1710256	214	-27	3078.6	14.4	108646001	507692
成　都	16	-3	621	38.8	16960895	1060056	18	-	342.7	19	7254138	403008
重　庆	3	-5	65.2	21.7	2548006	849335	14	+1	243.8	17.4	5199702	371407
六盘水		-15					3	-44	42.2	14.1	1146818	482273
贵　阳	14	+14	1041.3	74.4	10894328	778166	22	+13	329.5	15	5847777	265808
内燃合计	33	-3	1727.5	52.3	10403229	921310	57	-30	958.2	16.8	19748435	346464

4. 机车小辅修完成情况

段别	小修						辅修					
	完成台数	同期比	总停时（小时）	平均停时（小时）	总修竣（公里）	平均走行（公里）	完成台数	同期比	总停时（小时）	平均停时（小时）	总修竣（公里）	平均走行（公里）
成都	244	-34	20090.4	82.3	40766465	167076	4474	+428	4958.5	3.3	49585000	10000
重庆	180	-5	6087.9	33.8	28304518	157247	2872	+1969	7391.5	2.6	34059032	11859
六盘水	115	-33	7286.3	63.4	14047534	122152	1315	-1083	3893	3	1367623	15834
贵阳	251	+23	434.6	45.6	25985366	103527	600	+18	7166	11.9	17108965	28515
电力合计	790	-49	44899.2	56.8	109103833	138106	9261	+1332	33409	3.6	116729474	12604
成都	136	+2	7121.7	52.4	11713322	86127	147	+35	4067	27.7	4994924	33979
重庆	84	-	2550	30.4	5802129	69073	94	-	1070.9	11.4	3474075	36958
六盘水	32	-2	1181.5	36.9	1921628	60051	31	-11	478.3	15.4	1095881	35351
贵阳	213	+28	10386.2	48.8	11745384	55143	373	-16	5418.4	14.5	7397291	19832
内燃合计	465	+28	21239.4	45.7	311823463	67059	645	+8	1034.6	17.1	16962171	26298

（陈队红）

表4－10 机车完成工作量及能耗情况 （2008年）

单位＼项目	内燃机车									
	完成工作量（万吨公里）				实际耗能量（吨）		机车单耗（千克/万吨公里）			
	本年	上年	同期对比（＋增－减）	（＋－）%	本年	上年	实际	上年实际	同期对比＋增－减	（＋－）%	（－省＋费）数量（吨）
成 都	185601.3	182819.4	2781.9	1.5	7429	7171	40.03	39.22	0.81	2.07	150.3
重 庆	91180.2	96675.2	－5495.0	－5.7	3115	3154	34.16	32.62	1.54	4.72	140.4
贵 阳	664725.1	563557.0	101168.1	18.0	35852	34957	53.94	62.03	－8.09	－13.04	－5377.6
六盘水	35950.2	31865.4	4084.8	12.8	2794	2787	77.72	87.46	－9.74	－11.14	－350.2
成铁局	977456.8	874917.0	102539.8	11.7	49190	48069	50.32	54.94	－4.62	－8.41	－4515.9
标准煤					105777	105175	108.22	120.21	－11.99	－9.97	－11719.7

单位＼项目	电力机车									
	完成工作量（万吨公里）				实际耗能量（千千瓦时）		机车单耗（千瓦时/万吨公里）			
	本年	上年	同期对比（＋增－减）	（＋－）%	本年	上年	实际	上年实际	同期对比＋增－减	（＋－）%	（－省＋费）数量千千瓦/时
成 都	8680796.7	8678380.7	2416	0.0	982502	990464	113.18	114.13	－0.95	－0.83	－8246.8
重 庆	4330821.4	3792525.8	538295.6	14.2	559543	469176	129.2	123.71	5.49	4.44	23776.2
贵 阳	5857163.7	6157849.5	－300685.8	－4.9	808759	830808	138.08	134.92	3.16	2.34	18508.6
六盘水	3668077.2	3548586.8	119490.4	3.4	460897	437101	125.65	123.18	2.47	2.01	9060.2
成铁局	22536859	22177342.8	359516.2	1.6	2811701	2727549	124.76	122.99	1.77	1.44	39890.2
标准煤					1135927	1101930	50.40	49.69	0.71	1.43	16001.2

单位＼项目	专用调车机（统计）							
	使用台日数		实际能耗（千克/时）		调车小时		单耗（千克/时）	
	本 年	上 年	本 年	上 年	本 年	上 年	本 年	上 年
成 都	18131.9	18003.1	10457	10616	431080.9	455057.4	24.26	23.33
重庆西	11523.3	11419.0	5780	6288	247443.2	257329.3	23.36	24.44
贵 阳	10465.9	10527.4	5225	5236	231305.2	231581.0	22.59	22.61
六盘水	3332.8	3274.2	1942	1972	75032.5	69348.4	25.88	28.44
路 局 标准煤	43453.9	43223.7	23404	24112	984861.8	1013316.1	23.76	23.80

（陈队红）

车　辆

【综　述】　2008年，全局车辆系统以客车“四防”和货车“五防”为主线，确保运输安全、畅通，吸取“4·28”旅客列车特别重大事故教训，开展“大反思、大检查”活动；优化生产力布局调整，不断释放生产能力；在“春运”、“暑运”和“十一”黄金周期间，在抗击冰冻灾害、“5·12”特大地震、奥运会安全包保等关键时期，精心组织各项生产任务，确保安全稳定。

车辆处现设处长室、货车科、客车科、设备科、综合科、部驻局车辆验收室，定员20人。全局车辆系统设有成都、重庆、贵阳3个客车车辆段，成都东、贵阳南2个货车车辆段，1个车辆检测所。全局现有生产车间30个（客车段12个、货车段18个），车辆检修（段修）台位78个（客车段27个、货车段51个），主要生产设备4 180余台（套）。全局客车配属3 330辆，管辖区段5 186.4公里，安全保证区段10 618.4公里。

【安全生产】　截至12月31日，全局车辆系统消灭一般C类及以上责任行车事故，消灭责任人身重伤事故。与2007年发生1件险性事故和1件一般B类事故相比，2008年全局车辆系统安全工作保持持续稳定，实现年初制定的安全管理目标。

【生产任务】　克服冰冻灾害、“5·12”地震对生产的影响，克服货车扣车组织困难、大部件供应不畅等因素，顺利完成客货车全年生产任务，共计完成客车厂修186辆、段修1 621辆、辅修3 752辆；完成春、秋季客车整修5 851辆。完成国铁货车厂修131辆、段修22 887辆、辅修8 636辆，完成提速改造1 110辆（专项改造55辆）。

【技术管理】　根据路局颁布的关于安全管理的“三个办法一个制度”要求，修订完善车辆系统的安全管理制度和办法，形成“月考核、季检查、半年评估、年底评先”的定期考评机制。结合“先锋号”动车组开行以来的实际情况及“蓝箭号”开行准备有关要求，对动车组入库管理、行车组织、车机联控、作业标准等技术管理办法和标准进行修订，优化作业流程。根据生产资源配置情况，按照“按作业流程设置岗位、按生产任务量核定定员、按定员组织运输生产”的原则及路局总体要求，车辆系统有序开展劳动力组织整合工作。为提高基础管理水平，强化现场作业控制，提高车间、班组的自我管理和岗位职工自我控制能力，开展“三标”创建工作。重庆车辆段进行试点推进。

【关键时期车辆组织】　一、冰雪冻灾害期间，针对成都、重庆、贵阳车站晚点到达客车较多的情况，各客车段及时组织备用列车顶替上线，迅速抽调库内作业组到车站客列检，加强对因晚点需立即站折客车的技术作业。贵阳车辆段抽调2辆加油车，24小时不间断对本、外属空调发电车加油。贵阳南车辆段配合供电部门在最短时间内恢复THDS探测设备的使用。二、“5·12”汶川特大地震发生后，车辆系统集中力量，在生产组织、作业检查、后勤保障等方面认真抓好灾后救援和车辆组织工作。成都东车辆段共计检查抗震救灾物资列车3 460列。成都车辆段抽调近180名技术工人在伤员上下的沿线车站拆装车窗玻璃，及时输送地震伤员。完成15列首长专列及19列伤员专列的整备和运行。在抗震救灾部队回撤期间，顺利组织开行军用专列120列。三、奥运期间实行干部责任包保，深入现场盯住关键环节，确保奥运期间车辆安全稳定。四、为深刻吸取“4·28”事故教训，增强安全责任感、逐步形成安全基本管理工作长效机制。五、组织春运、暑运及黄金周期间临客开行、客车整修、车底借用，确保车辆安全运行。

【客货车质量水平】　客车方面：强化提速理念，坚持预防为主开展精检细修，列车质量总体水平逐年提高。一、各段对客车走行部和电气装置，按照路局部署提高检修标准，采取专项检修、记名整修、专人验收等方式，使客车关键部位运行品质全面加强，走行部质量得到有力保障。二、在铁道部2008年组织的秋季“三进车”质量鉴定中，路局共52组930辆“三进车”参加鉴定，列均923.56分，综合排名列全路第五名，在“三进列车”的鉴定上取得最好成绩。三、从广铁集团调入“篮箭号”动车组8组，路局动车组数量增至9组。其中7组“篮箭号”拖车部分已整备完毕，重联正在加紧进行。四、铁道部新配属路局25G新造客车7组135辆，将提升路局客车装备新形象。五、客车段组织力量抓紧开展绿皮车专项整治工作，场地不空、设备不闲、轮班奋战、交替作业。

货车方面：严格货车检修质量，继续对不适应铁路运输、安全的货车进行技术改造。主要开展货车钢保持架轴承退卸、钩尾扁销螺栓防脱装置改造、提速及非提速货车整治、“三车”整治等工作。其中“三车”故障由年初的1.8%下降到0.8%。实施设备质量三年整治、山区铁路标准线建设及宝成线安标线建设，全局车辆系统设备基础强化。

【安全防范系统建设】　一、结合安标线建设和部、局总体规划，成都北建设完成6套TFDS并实现“人机分工”，不断发现承载鞍裂损、轮缘缺损、从板及交叉杆折断等较大故障。二、重庆北TPDS正式投入运行，多次发现车辆超载、偏载及车轮踏面擦伤故障。三、对沪昆线徐屯、田坝站，成渝线侯家坪、顺河场站，成都北上、下行到达场THDS传输通道由模拟通道进行数字通道改造试验，取得良好效果，将进一步推广。四、广元南、西昌南TFDS安装完成，预计于2009年1月底投入试运行；广元南、西昌南、成都北的TPDS及都匀TFDS正在建设中。货车安全防范系统建设的推进和逐步完善，对实现分散检测、网络集中监控、信息共享的技术管理方式，起到促进作用，车辆运行安全防范能力不断增强。

【生产力布局调整】　一、货车检修能力得到进一步释放，撤销西昌检修车间，现成都东、重庆西、贵阳南3个检修车间已集中在全局主要铁路枢纽。按照检修资源规模化、集约化思路，检修资源在整合中得到发展。二、对原达成公司车辆部分托管，客货车分别移交成都、成都东车辆段管理。三、优化列检布局和作业方式，提高运输效率。撤销万州列检作业场。密地、广元南列检分别取消对进入渡口、广旺支线到达货物列车的技术检查；宜宾南列检取消对进入宜珙支线货物列车的技术检查；六盘水列检取消对进入水大支线货物列车的技术检查。四、黔桂线开通后，根据运输组织的变化及线路特点，制定黔桂线新线开通列检作业生产组织方案，撤销都匀制动检修所，麻尾制动检修所取消对下行（都匀方向）货物列车的制动机性能试验。

【职工队伍建设】　按照路局“五条禁令”、“八项要求”，干部作风明显转变，职工技能素质和应急救援能力增强。各段下半年广泛开展技术比武活动，路局举办全局车辆系统客车检车员、发电车乘务员及货车检车员技能大赛。124名职工通过路局高级技师和技师评审。各级技术干部对客、货车辆提速达速运行品质的发展变化，主动开展对客、货车检修运用中的安全问题调研，共完成120篇课题论文，并应用实践。

【经营管理】　在加强客、货车修理预算的基础上，扎实做好各项修理费用支出管理，成本管理由生产型、粗放化管理方式转化为经营型、精细化管理。规范重大经济事项的决策行为和日常经营业务。完善货车段修以及影响货车质量和成本的局管关键配件招标机制，确保全年经营目标的实现。货车修理成本管理工作在全路货车系统经验交流。

【客货车验收】　履行监督控制职能，通过验收把关，共发现客货车各类缺陷故障1.96万件，其中客车故障2 600件、货车故障1.7万件。整车落成交验发现故障率客车8.1件/辆、货车0.5件/辆，其中致命缺陷和重缺陷故障率客车0.32件/辆、货车0.06件/辆，从源头质量上筑牢安全防线。

（罗　琴）

工　务

【综　述】　2008年，面对冰雪凝冻灾害、“5·12”汶川特大地震及次生灾害考验，全局工务系统职工在设备改造、提升设备质量及安全基础建设等方面攻坚克难，做了大量卓有成效的工作，取得突出成绩。

2008年底，全局正站段岔特线共计9 129.725公里，道岔共计10 575组，其中正线：延展长6 020.352公里，混凝土枕线路5 525.987公里/9 813 083根，木枕线路328.249公里/551 982根，道岔3 733组，铺设无缝线路3 298.908公里，占正线延展长的54.8%，钢轨平均重量为58.41千克/米，桥梁3 819座/424 085米、隧道1 717座/1 138 717米、涵渠13 943座/339 087米、路基4 753.507公里（以上均含临管线）。

工务处设有处长室、线路科、桥路科、技术科、综合科，附属单位工务检测所，现员51人。全局工务系统有10个工务段，1个工务机械段，1个焊轨段，共有职工19 553人。

【抗冰雪凝冻、地震灾害】“5·12”汶川特大地震后，工务系统职工迅速奔赴现场抗灾救灾。面对地震及余震引发的山体崩塌和落石不断，以及病险水库、堰塞湖等对设备安全和人身安全的威胁，夜以继日加固和抢修受损设备，保大动脉畅通。为确保灾区安全过冬，提前完成成汶线的抢修整治，使受损最为严重的宝成、德天、广旺等线路质量大幅提升，经受住近两万次余震、“8·30”攀西地区强烈地震和灾后气候异常导致汛期连续暴雨袭击的考验。

【设备修理】 2008年完成线路大修430.539公里，成组更换道岔413组，更换钢轨358.71公里，干线无缝化改造665.924公里，道岔无缝化和弹条冻结累计1 681组，完成线路大机捣固3 604.73公里，道岔捣固375组，钢轨打磨691.4公里，确保轨道结构实现整体优化、等强配套。

线路大修围绕提高施工质量、强力推进施工机械化为目标，在施工组织、安全及质量控制等方面取得进步。一是加强现场监督和验收工作，对大修清筛、现场钢轨焊接、更换无缝线路等重点工作和关键工序建立施工单位和设备管理单位间质量当日签认制度；二是进一步推广机械化抛砟并配合大型机械捣固作业的换砟施工作业方式，提高换砟施工质量；三是采用挖掘机配合更换道岔道床、提高换岔施工质量。

桥路病害整治继续推广新技术、新材料、新工艺运用，如采用高密度电阻探测基床病害、压注TGRM特种水泥加固隧道整体道床、碳纤维或钢板贴合法修补砼梁、机械钻孔挤密桩整治基床承载力不足、微型桩快速加固路堤边坡、带电钢梁涂装等，取得显著效果；桥路大修、更改项目安排做到突出重点、充分调查，根据秋检资料和现场设备病害情况，合理确定桥路病害整治重点，严把方案制定关，保证整治方案的科学性和预见性，做到一次到位、彻底根治、不留后患；抓好施工组织设计和施工协调工作，合理确定限速长度、慢行速度和封锁慢行时间，积极为运输创造条件。桥路大修、震害复旧、更改工程共计完成投资12.6亿元，相当上年总量的8.5倍，截至年底，各项任务全部按期完成。其中完成桥路大修计划45件/2 694.5万元；震害复旧716件/10.4亿元；冰雪灾害复旧41件/2 364万元；水害复旧75件/3 500万元；局预抢项目47件/2 512万元；更新改造项目投资计划10 900万元。

【设备重点整治】 开展线路设备专项整治，至12月30日，完成站支线中修99.4公里，干线起道修273公里，道床病害整治648.9公里。利用整修轨对正线现存伤损钢轨更换57.65公里，完成支线更换再用轨62.725公里。利用正线大修下道的再用道岔更换站线道岔36组。

通过开展安全大检查、大整治活动，至年底，全局消灭重伤钢轨6 383根，更换再用轨9 597根，更换新混凝土轨枕38 283根、新木枕71 860根，更换新辙叉1 451根，清筛道床枕盒、道床边坡1 707公里，补充石砟27 117立方米；加强轨面修理工作，完成线上钢轨病害焊修7 319根，无缝线路焊复465处，焊补锰钢辙叉1 045个；处理危树362棵，清理排水设施283公里，支护零星孤危石126处，处理危岩落石2 876处，对暂不能处理的设备病害和安全隐患，采取重点监护等安全保障措施。

通过加强设备整修，完成宝成、川黔、遂渝达速前期准备工作，其中宝成线成绵段将提速至120公里/小时；同时加大对支线的设备整修力度，成汶支线已提速至100公里/小时，水大、宜珙、湖林支线达速改造已全面竣工。

【养路机械与自轮运转】 完善轨道车和大机等自轮运转设备的规章制度，组织轨检所对全局1 114辆自轮运转设备年检，对1 522名轨道车司机业务培训和年审考试，颁发年检合格证。除日常检查工作外，组织开展自轮运转设备安全大反思、大检查活动，确保奥运、暑运期间自轮运转设备运输安全检查活动，秋检秋鉴活动，三项安全设备及司机现状检查、全局防溜检查活动等专项整治或专项检查工作。检查出各类问题1 200余个，全部进行处理销号。组织完成109辆轨道车辆大修、1辆大机大修，完成大修投资1 421.9万元，全部通过大修验收。精心编制2009年大机集中检修方案，全力协调解决集中检修存在的困难，确保2009年年初集中检修顺利开展。组织全局轨道车司机现场货物装载、运监操作、机械故障应急处理等各类培训1 041人次，提高轨道车司机的安全意识和业务素质。

【检修分开、精检细修】 依据铁道部和路局关于进一步优化生产力布局调整的要求，各工务段按照工务“检修”分开，做大做强车间级管理，集中有效劳动生产力的原则，优化车间生产力布局。

通过优化，路局工务系统设车间99个（线桥车间55个、桥路车间2个、线路车间2个，线路重点维修车间10个，检控车间10个，桥路重点维修车间10个，综合车间10个）。设工区814个。全局工务段共减少43个车间，减少30.28%，工区整合到位后，将减少346个工区，减少29.83%。

成立专业检查队伍，将检查与修理分离，实现作业与检查互控。每个工务段设1个检查监控车间，下设线路检控工区、探伤工区、动态添乘组、线路质量分析组，充分发挥集中技术管理的优势。完善桥路设备检查监控体系，严格做到设备的全数检查和病害的有效监控。

通过整合站段劳动生产布局，优化站段车间设备方案，车间管辖延长按照单线90公里—120公里，复线150公里—200公里规划，做大做强车间，提高车间作战能力。集中工务段主要维修力量，成立重点维修车间，专门负责站段大中修、重点病害整治，提高站段施工能力。同时线路车间下设移动机械化巡养工区、道岔整修工区、曲线整治队、轨面整修队等专业修队伍，通过全面推行“天窗修、集中修、专业修、机械修”的实施，提高作业效率，降低作业人身和行车安全风险，提高作业质量和现场安全可控度。

切实树立“零误差、零缺陷”理念，高标准制定适应新要求的检测体系，一、下发线路设备精检细修实施办法，对日常作业几何尺寸的标准进行了调整。轨距严格按“±1、0过渡”要求整治达标；水平、轨向、高低、三角坑严格控制在2毫米以内；曲线正矢允许偏差分别由3毫米、6毫米、9毫米，升格到1毫米、2毫米、3毫米。二、加强对线路的静态检查力度，严格按照道岔曲线每根轨枕、直线两根轨枕检查一处的要求进行线路检查。三、对动态检查信息按照“杜绝三级、控制二级、分析一级”的轨控要求，制定设备动态管理办法，逐步提高动态添乘门限（水加8毫米，垂加15毫米）。四、坚决实行月度几何尺寸平推检查制度，狠抓线路设备质量整修。五、积极开展线路设备周分析、月汇总制度，提高站段、车间对现场的指挥能力。六、加大动态检查监控力度，工务处成立动态添乘检查组，每月对全局干线添乘检查2遍。七、研究制定轨检车资料分析管理办法，规范提高各段的轨检车资料分析能力，提高轨检车资料的使用效果。

【规范安全管理】 为强基达标，规范工务系统安全管理，工务处积极从安全、标准、质量、验收、考核方面加强规章制度建设，一年来，先后下发17个安全、技术管理文件，完成基本规章的清理、修订、补充工作，进一步强化安全基础，初步形成适应新体制、新布局要求的安全技术管理体系。

按照《成都铁路局主要干线路外安全综合整治百日行动实施方案》部署，通过一百天的集中整治，彻底拆除非法道口114处；9 545处私设人行过道彻底拆除8 302处，暂时保留1 243处；清理弃砟（土）448.7万立方米；新增防护桩145.8公里、限高防护架156处；回收散放在区间、小站的废旧钢轨486.161公里，轨枕22.138万根，道岔789组。把废旧轨料收集堆码与站区封闭、弃砟清理工作充分结合起来，努力实现全局安全保护区内“标识规范、环境整洁、绿化达标、秩序良好、安全可控”的预期目标。

按照路局统一安排和部署，工务系统结合实际就深入开展安全生产大反思、大检查活动进行了全面布置落实，围绕线桥工务安全重点和自查立标工作，从安全意识、干部作风、职工素质、安全隐患消除等方面全方位、深层次认真反思存在的问题，针对性的抓好整改落实。

【防洪工作】 受大灾之后异常天气的影响，汛期遭受罕见的连续降雨和特大暴雨袭击，沿线设备损毁程度是路局历史上最严重的一年。全局共发生水害182次477处，中断行车207小时13分，拦（扣）停列车13列，暴雨封锁区间945次1 421个，累计封锁483小时41分。经过全局职工努力，实现消灭责任水害行车事故，确保行车安全的防洪工作目标，取得连续24年无责任行车重大、大事故，防洪工作的全面胜利。通过及早部署，全面开展汛前防洪大检查，排查安全隐患。加大防洪工程投入，对度汛薄弱处所进行预防性整治，降低度汛风险。修订防洪应急预案，加强防洪抢险演练。强化措施，严格执行雨中、雨后检查制度。

【道口与封闭】 重点检查落实道口安全设备、设施、标志的设置、检查和维修情况，道口看守及监护人员标准化作业情况以及铁路道口“平改立”推进情况，逐一排查、整改，对暂时不能整改的隐患制定保证安全措施和方案，明确责任、落实资金，限期完成。对13处存在隐患的无人看守道口，7处改有人看守、6处制定加强监控的整改措施，已消除安全隐患。对18处道口平改立遗留工程，已拆除道口5处，对尚存13处明确责任，加大同地方协调力度，同时制定安全措施和应急预案，确保道口安全。

【达标与职工培训】 提交新线建设建管一次达标工务标准，完成新线建设前期各项审查工作。在职工培训方面，切实转变思想观念，要求各段到具有养护快速铁路丰富经验的路局，深入班组，从工作作风、设备状况、作业手段、管理细节上寻找差距；以现场会为载体，提高实作的针对性。开展沙溪坝安全标准示范线建设现场会，通过现场的典型示范，使全局快速统一掌握安全标准线建设作业标准。举办焊冻结工艺标准、铝热焊探伤工艺、轨面修理操作培训等各类学习班。举办第二届工务技术大比武，并推荐优秀选手参加全国职业技能大赛。

【检测工作】 全局形成以路局轨道检查车、机车车载式线路检查仪和路局、工务段便携式线路检查仪为检查手段的动态检测体系和路局钢轨探伤车、段探伤仪检查为手段的二级探伤网。截至12月，局轨检车共检查线路74 104公里，其中优良54 208公里，优良率73.15%；合格19 150公里，合格率25.84%；失格746公里，失格率1.01%，共检测出三、四级超限2 375处。

探伤车共检查线路5 976公里，共发现伤损计193处，其中螺孔裂纹伤32处、轨头伤81处、轨腰伤6处、焊缝伤70处、其他伤4处，下《紧急处置通知单》18份。

（唐静波）

电　务

【综　述】 2008年，全局电务系统坚持“安全第一、预防为主、综合治理”的方针，树立电务设备“零故障”的理念，以严密的技术标准、先进的检测手段、科学的维修方式、过硬的队伍素质、健全的落实机制、可靠的设备质量为保障，推进电务技术装备现代化，管理能力提升，实现“安全可控、技术先进、设备优良、管理科学、素质达标、和谐稳定”的工作目标。

全局电务系统开展“减故障、压延时提高设备质量攻坚战”，较好完成各项任务，基本完成雪灾和地震复旧工作，安全生产保持基本稳定，设备质量明显上升。

电务处设信号科、技术科、车载控制技术科、通信科和电务检测所，现员34人。

全局电务系统设有成都、重庆、贵阳3个电务段，共有51个车间，251个生产班组，管辖设备公里5 220.932公里，换算道岔组数87 786.306组。

【安全生产】 2008年，全局电务系统消灭一般C类及以上铁路交通事故（行车），消灭职工责任因工重伤及以上事故，消灭机械室责任火灾爆炸事故，消灭责任路外重伤及以上事故，实现全年电务行车安全目标。截至12月31日18时，全局电务系统实现无一般B类及以上事故3 351天，无一般C类事故8 137天，无职工因工死亡事故513天。

全年发生信号设备故障（含事故）319件，较上年减少514件，下降61.7%；故障总延时541小时23分，较上年减少624小时32分，下降55.5%；信号设备故障率为0.36件/百组换算道岔。

【抗震救灾】　“5·12”汶川特大地震导致局管内宝成、成汶、德天、广岳、成昆、成渝等多条线路通信信号房屋和设备不同程度受损，部分线路中断。47站车站信号设备及区间信号设备、2处道口信号设备受损。其中4站信号设备全部损毁；43站信号设备、2处道口信号设备部分损坏；信号电缆受损近150公里；445间信号生产、生活房屋不同程度受损。地震造成信号设备直接经济损失近1.7亿元。广木支线6站通信机房垮塌，通信设备损毁，光电缆多处中断，支线通信中断；德天支线汉旺站夷为平地，通信中断。

地震发生后，路局电务处组织成都电务段深入成汶、德天、广岳支线等受灾地区，调查信号房屋及设备受损情况，组织开展设备抢修恢复工作并制定全面复旧方案。5月14日，成汶支线6站信号设备整修恢复使用。5月25日，德天支线汉旺站、K38道口信号设备在活动板房中新建8085电锁器联锁设备开通投用，其他3站抢险整修恢复使用。5月25日，广岳支线永兴、雪门寺、穿心店、红白场在活动板房中新建8085电锁器联锁设备开通投用，其他5站抢险整修恢复使用。至5月25日，局管内受灾最严重的成汶支线、德天支线、广岳支线信号设备全部恢复正常，投入运用。电务处协调铁通公司组织相关人员在宝成线走马岭至谭家坝28个车站日夜值守，密切观察通信设备运行状况，协助做好通信设备迁移工作；组织抢通汉旺车站TMIS等铁路运输专用通信系统。在抢修广木支线铁路运输通信工作中，比铁道部要求提前24小时抢通永兴至红白场4站的通信设备。

为确保专特运输任务安全，电务处在专特运前安排组织进行信号设备检查，全程添乘专特运机车，落实LKJ整备和专特运结束后监控装置控制功能恢复工作。至10月14日，全局电务系统共配合完成专特运任务54次，未发生一起因信号设备故障影响行车。协调组织通信相关部门做好专特运通信保障工作，出动专特运任务配合人员405人次。

抗震救灾共投入信号设备抢险资金3 441万元，修复广岳支线4站、德天支线1站1道口信号设备、宝成线沙溪坝站信号设备。采取倒换备用芯线、加固、更换受损器材、配线等临时措施抢修成汶支线5站、德天支线3站、广岳支线5站、宝成线27站受损信号设备。

投入地震复旧资金3 466万元，完成信号电缆、继电器、信号点灯装置、轨道电路及轨旁信号设备、信号机械室消防设施、计轴室外设备、联锁车站信号设备、区间信号机计9类26项复旧工程。敷设信号电缆136.265公里；更换继电器6 603台；更换信号机点灯装置3 164台；轨道电路箱连线、基础、电缆防护等复旧181站；区间信号机复旧62架；防火封堵复旧26站；消防系统复旧5站；计轴室外设备复旧整治74区段，成汶支线信号设备复旧4站。

5月12日至10月14日，全局电务系统安装测试入助机车信号设备364台次，配合完成专特运输任务54次，协助调拨开通临时供电设备53站，出动21 446人次对信号设备进行全覆盖检查，检查设备5 020车站次，生产用房5 020站次；安排干部、职工24小时驻站值守8 900人次；复核管内宝成线、成汶线、德天线、广岳线基础线路数据，完善3条支线纵断面、道口、桥梁、隧道、曲线数据，机车LKJ数据换装473台次。

【抗凝冻灾害】　1月25日，贵州境内遭遇严重的凝冻灾害，沪昆、黔桂线因地方电源失压，造成铁路沿线大范围停电，116个车站信号设备因电源问题不能保证正常运用。灾情发生后，电务处迅速成立包保组分赴各电务段，组织指导和检查抗灾及春运安全生产工作，加强贵阳枢纽、沪昆、黔桂线应急抢险协调指挥，实行二十四小时值班制度，做好抗灾保畅通工作。累计更换因电源不稳定导致烧损的电源屏交流接触器、智能屏电源模块、微机联锁各类集成电路板等437台（个、块）；完成入助内燃机车的机车信号和无线设备改造、检测91台；更换入助内燃机车监控装置控制程序、数据、通讯、地面信息等车载软件，整备机车165台次。购置微机联锁备件355块、电源屏设备备件124块，避免因大范围采用发电机供电造成电子元器件大量烧损后无备件更换的问题，确保通信信号设备正常运行。

【LKJ管理职能调整】　根据铁道部《关于调整列车运行监控记录装置（LKJ）管理职能的通知》要求，自4月7日起，

LKJ的技术、设备管理职能从机务部门调整到电务部门。

机务处机务检测所LKJ维修室划归电务处，并和电务检测所进行整合；机务段LKJ监控车间划归电务段，和机车信号车间整合，成立电务段车载设备车间。机务处、机务段技术科（或相关科室）负责LKJ技术和设备管理的人员以及机务段LKJ监控车间人员对应划归电务处、电务段。

为进一步强化LKJ及相关设备的管理，确保铁路运输生产安全，10月29日，根据铁道部《关于铁路局设立列车运行监控装置（LKJ）管理机构的通知》，下发《关于局电务处设立车载控制技术科的通知》，在电务处内设立车载控制技术科，主要负责LKJ系统的数据编制、设备检测维修、控制模式设定等各项业务管理工作，具体职责由车载控制技术科按照《列车运行监控装置(LKJ)运用维护规则》有关规定执行。

【整章建制】 LKJ管理职能由机务移交至电务后，按部、局有关规章制度，根据LKJ管、修工作的新变化，对原规章制度进行梳理，下发《关于规范LKJ设备维护及运用管理工作的通知》，明确电务与机务LKJ设备管理界面分工规定和运用维护管理要求。配合总工室制定路局LKJ数据管理相关办法。为规范职能调整后LKJ及相关设备质量信息的上报工作，及时了解LKJ及相关设备质量，下发《关于LKJ及相关设备质量信息上报规定的通知》。公布《LKJ及其相关设备段修范围、工艺、质量分析标准（暂行）》，规范检修作业。为减少LKJ、机车信号途中故障对运输秩序的干扰，下发电报规范LKJ、机车信号途中故障机车乘务员应急故障处理的类型、方法。制定检测所监控室各岗位责任考核表和电务处安全责任制有关监控室的内容。

【减故障压延时活动】 针对7月至9月期间电务设备故障高发的特点，结合安全大检查大反思活动，开展3个月的“减故障压延时，提高设备质量攻坚战活动”。采取强化领导干部包保、故障定责提级管理，责任故障直接问责包保干部、定期进行分析小结并通报、实行“重点帮促”等措施，三季度电务设备故障与上年同期相比减少196件，下降58%。

【防雷专项整治】 结合上年综合防雷工程验收，开展防雷专项工作检查，组织各电务段和防雷施工企业对存在问题整改。组织完成成渝线、川黔线计轴自闭通道防雷器的上道试验，取得初步效果后已完成全面安装。针对宝成线、株六线18信息移频轨道电路防雷单元存在的问题制定整治方案，并全面实施。组织防雷模块监测方案的研究，于9月份在贵阳北站试验。完成铁道部下达路局2008年信号防雷整治223站任务。至年底，路局干线车站（除渝怀两个缓开站外）信号综合防雷系统已全部安装完毕。

【生产任务完成】 完成点灯装置整治28站、转辙设备安装装置杆件旷动整治96站、箱盒引接线、道岔跳线整治113站、室外熔断器更换为断路器131站等重点中修项目。

全年因施工、调图等原因发布LKJ数据版本43个，更换LKJ数据43次，机车LKJ数据换装16 875台次。完成LKJ设备小辅修6 772台、中修272台、入厂修73台；机车LKJ设备入库检测310 318台次，良好309 795台次，故障523台次，入库良好率为99.8%；应转储文件数为488 487个，实际转储成功488 487个，转储成功率为100%；发生要令关机2件。

【更新改造】 电务设备更新改造完成投资14 692万元。其中部管项目241万元，主要完成电务试验车检测系统改造。局管部核准项目13 171万元，主要完成三万、宜珙支线各车站新建TDCS系统，电务应急抢险点建设，成渝线自动闭塞设备改造，广旺支线车站信号设备更新改造，成都南站计算机联锁系统改造，电务调度指挥系统补强，全局机车信号地面发码设备改造，信号设备微机监测系统改造，LKJ数据转储专用装置等设备购置、TAX箱大修350台、LKJ2000型监控装置大修60套，机车信号一体化改造。局管自行安排项目1 280万元，主要完成贵阳南、六盘水南、重庆西驼峰设备改造。

【专业管理和维修改革】 发挥电务段及车间直接组织生产的职能，按设备运用数量重新核定检修工作量和专业车间定员，将部分基地人员进行转岗培训后充实到现场班组。通过整合，减少专业班组23个，

237名专业车间人员待转岗培训合格后充实到现场班组。

7月，电务处配合路局劳卫处制定电务段机车信号车上设备检测工区与监控车间整合成立车载设备车间的整合实施方案和工作要求，并组织实施。整合后设立工区36个，减少工区15个，减员71人。

【专用通信管理】 加强铁路专用通信安全监管工作，加大考核力度，采取月检查、季考核、半年评估的方式，将检查考核结果直接与通信费用清算挂钩，确保通信安全有序可控。2008年，因通信服务质量不达标核减通信费用87.75万元。

根据铁道部、铁路局严格压缩通信服务费用的要求，电务处先后两次组织开展通信业务清理工作，累计清理减少专用通信设备973台套、铁塔1座、漏泄电缆70.646公里、专线电路90条、共线电路2.5条、生产办公电话637台。全年累计节约通信费用支出1 335.5万元。

结合路局开展的半年安全评估检查，重点完成4条干线无线列调动态添乘，8个无线库检，8个小站通信设备，10个区间通信线路及设备，10个道口及防洪看守点项目检查。组织3个通信段进行应急通信演练，及17个调度台行调电话听音检查，共抽测153个用户。全面掌握全局通信设备质量，明确管理工作和设备质量薄弱环节和工作难点，通过通信协调会，推广经验，解决主要问题。

【站段视频会议系统】 6月，按照路局在一周内建成路局到各站段的视频会议系统的要求，电务处召开专题会议安排部署，相关单位迅速行动，合理组织调配技术力量，在规定时间内完成会议设备的安装、调试、开通、培训，建成路局站段视频会议系统。

（刘　勇）

表4－11　电务系统基本情况　（2008年）

序号	单位	换算道岔（组）	设备公里（千米）	复线公里（千米）	设备站		车间数量	生产班组	职工总人数	管理人员	生产人员
					车站	车场					
1	成都电务段	31085.373	1706.263	356.469	189	5	15	82	1476	230	1089
2	重庆电务段	29527.045	1886.972	4.536	189	4	16	85	1114	175	776
3	贵阳电务段	26761.688	1627.697	578.968	168	5	20	84	1105	104	775
合计		87786.306	5220.932	939.973	546	14	51	251	3732	509	2640

表4－12　电务系统安全天数统计　（2008年）

序号	单位	建段日期	无一般B类及以上铁路交通事故	无一般C类铁路交通事故	无职工责任死亡事故
1	成都电务段	1956.10.01	11273	8813	3946
2	重庆电务段	1953.01.01	3351	9445	513
3	贵阳电务段	1965.07.01	9805	8137	12089

表4－13 主要信号设备数量统计 （2008年）

序号	单位	联锁道岔（组）	自动闭塞（千米）	半自动闭塞（千米）	机车信号（套）	驼峰场（场）	道口信号（处）	微机监测（站）	调度集中（站）	TDCS（站）
1	成都电务段	3868	559.907	1117.650	836	6	21	165		153
2	重庆电务段	3090	120.498	1766.474	598	5		181	5	173
3	贵阳电务段	3052	565.357	1051.228	1317	3	20	152		161
合计		10010	1245.362	3935.352	2751	14	41	498	5	487

表4－14 信号主要指标汇总 （2008年）

序号	单位	设备质量合格率			地面信号显示合格率（%）	机车信号正确率（%）	劳动生产率（组/人）	全员生产率（组/人）
		总评（%）	信号机（%）	道岔（%）				
1	成都电务段	94.07	98.67	99.17	100.00	100.00	28.544	21.060
2	重庆电务段	99.50	98.60	99.50	98.30	100.00	38.050	26.505
3	贵阳电务段	90.60	98.00	99.10	100.00	100.00	34.531	24.218
合计		92.10	99.40	98.90	99.43	100.00	33.252	23.522

表4－15 信号设备故障统计 （2008年）

序号	单位	一般事故			设备故障			故障延时		
		2007年（件）	2008年（件）	同比增减（件）	2007年（件）	2008年（件）	同比增减（件）	2007年（小时）	2008年（小时）	同比增减（小时）
1	成都电务段	47	25	－22	198	77	－121	322.15	157.12	－165.48
2	重庆电务段	63	20	－43	236	71	－165	449.25	155.05	－294.20
3	贵阳电务段	47	18	－29	244	108	－136	394.15	229.06	－164.35
合计		157	63	－94	678	256	－422	1165.55	541.23	－624.32

（刘　勇）

安全监察

【综　述】 2008年，贯彻落实全路运输安全工作会和全路运输安全工作座谈会精神，积极应对冰雪凝冻灾害和汶川特大地震、攀枝花强烈地震，深入开展安全大反思大检查活动，全面规范安全管理，认真落实安全生产责任制，努力提升行车设备质量，狠抓安全重点关键，保持运输安全基本稳定。截至12月31日18时，全局实现安全生产233天，连续实现第24个防洪“安全年”。

局安监室定员42人，现员40人。企业管理和法律事务处法律服务所专职执法监察3人，属局安监室管理。9月28日，路局撤销成都铁路办事处，原成都铁路办事处安监室整体划归路局安监室管理，更名为成都铁路局安监室成都分室。定员30人，现员27人。

【行车事故】 全局共发生铁路交通事故194件，其中重大事故1件，较大事故2件，一般A类事故1件、B类事故3件、C类事故10件、D类事故177件。每百万机车总走行公里事故率为1.09件，同比减少

2.83件，下降72.2%。外局转入一般事故2件，由路局统计。

【行车事故损失】 全年各类行车事故造成电力机车大破1台、小破1台；货车报废9辆、大破1辆、中破5辆、小破24辆；损坏钢轨325米、轨枕45根、道岔5组；中断正线行车464小时39分钟，同比增加176小时8分钟，上升61%；直接经济损失1 836.68万元，同比增加1 004.86万元，上升120.8%。

【路外伤亡事故】 全年未发生相撞较大及以上铁路交通事故，发生相撞一般A类及以下铁路交通事故468件（一般A类3件、B类452件、C类12件、D类1件），同比减少376件，下降44.5%；伤亡473人，同比减少403人，下降46%。其中死亡319人，同比减少136人，下降29.9%；重伤139人，同比减少252人，下降64.5%；轻伤15人，同比减少15人，下降50%。撞汽车1辆，同比持平。相撞事故共中断行车129小时54分钟，同比减少83小时30分钟，下降39.3%；铁路支付金额1 549万元，同比增加71万元，上升4.8%。

【行车设备故障】 全年因多种原因共发生行车设备故障572件，同比减少681件，下降54.3%。其中机车故障141件，同比减少90件，下降39%；车辆故障31件，同比减少80件，下降72.1%；线路故障38件，同比减少44件，下降53.7%；信号故障319件，同比减少421件，下降56.9%；供电故障43件，同比减少45件，下降51.1%。行车设备故障共影响行车或设备正常使用745小时39分，同比减少947小时37分，下降56%。

【完善制度规范管理】 制定《干部下现场检查量化制度》、《干部安全生产责任制考核办法》、《安全奖惩办法》、《运输站段安全质量专项奖励考核办法》、《行车设备动态综合检查管理办法》，全面量化路局班子、业务处长、站段正职安全工作标准，构建成“月考核、季检查、半年评估、年终评比”的安全管理考核评价体系，解决安全管理责任不落实、奖惩标准不明确、检查标准不量化和管理考评体系不系统的突出问题。修订《成都铁路局技术规章制度管理实施细则》，全面开展规章制度清理，全局共清理规章584个，现有有效规章512个。其中5月份以来新增规章50个，废止规章72个。制定山区铁路安全保障体系2008年建设实施方案，有序推进体系建设工作。加强专业技术管理，配齐配强专业技术力量，调减人、劳、计、财等综合部门定员22人，增加运、客、工、电等专业部门定员21人；细化制定处室工作人员下现场检查制度，明确检查内容、频次，并每月由专业部门对系统内各站段检查一遍，考核评分。

【路外安全综合整治百日行动】 1月5日至4月15日，在管内9条干线集中开展路外安全综合整治百日行动。三等及以上车站实现全封闭，修建站场围墙265.6公里，安装钢板网34.4公里，安设区段防护栅栏56公里，拆除非法道口114处和私设人行过道8 302处，拆除3.8万平方米乱搭乱建房屋和7.75万平方米违法建（构）筑物，清除138.16万平方米乱耕滥种，路外安全环境变化明显。加大设备投入整治，全年累计立项新建、改造、整治桥涵、通道160余处，完成渝怀线及其他干线8个高发区段300公里的钢板网封闭，实施路肩改造3 789.8公里。加大考核力度，严格防范措施的落实。公安系统组建3 558人的巡防队伍，严格执行“三定、三必巡、三到位”规定，加强“防上道”工作。设立路外安全专项考核，对路外安全防范措施落实不到位的单位严格实施考核。

【应对自然灾害】 一季度，针对雨雪凝冻天气灾害给路局特别是贵阳地区运输秩序、安全带来的困难，认真落实安全措施和作业标准，卡死安全关键，确保受灾期间全局运输安全稳定。5月至8月，面对“5·12”汶川特大地震、“8·30”攀枝花强烈地震给路局铁路运输安全带来的灾难性影响，及时启动应急预案，组织各部门、各单位迅速行动，开展地震灾害安全隐患排查，加强接发列车、行车设备、调度指挥监控把关，落实行车特别是旅客列车安全措施，恢复灾后运输秩序，保证运输安全、畅通。汛期，克服余震不断、大暴雨多、管内山高林密等困难，在加强防洪看守、巡视和落实汛期行车安全措施基础上，开展大规模搜山扫危行动，所有危岩落石全部登记造册，专人包保，严防死守。安监系统用50%以上的人力和时间用于防洪检查，确保安全度汛。

【安全标准线建设】 开展以工务线路为主的安全标准线建设，按照“系统优化、建管合一、全面整治、一次达标”原则，以安全稳定可靠、设备质量优良、运输畅通高效、环境整洁优美、管理科学规范、职工内部和谐等六方面为重点内容，整治设备基础，建设文化、生活线，在年内建成宝成安全标准线，逐步推广到其他干线。制定行车设备三年整治规划及既有线改造“建管合一、一次达标”规划，有计划开展行车设备整治工作，推进实施襄渝、黔桂、六沾线“建管合一、一次达标”工作，制定实施方案和标准，有序推进。重点解决线路设备基础薄弱的问题，增加线路年度大修公里数量。全年共计完成线路大修430.539公里，成组更换道岔413组，更换钢轨358.71公里，干线无缝化改造665.924公里，道岔无缝化和弹条冻结累计1 681组，完成线路大机捣固3 604.73公里，道岔捣固375组，钢轨打磨691.4公里。加强设备动态综合检查，每季度将工务轨道、接触网、车辆红外线、电务检测车编组成综合检测列车，对全局干线进行全面检查。

【安全生产专项整治】 落实《成都铁路局安全生产专项整治工作基本制度》，专项整治工作规范化、程序化、制度化。确定营业线施工、货车质量等16个整治专题，细化108个项目点，明确责任部门，制定推进计划，全力组织实施。建立专项整治检查监督考核和责任追究机制，对责任不落实或验收不认真等行为严格追究责任。全局16个整治专题中的108个项目中，已经完成销号101个，转结顺延7个，销号率为93.5%。

【安全大反思、大检查活动】 按照铁道部“自上而下、上下结合、翻箱倒柜、务求实效”要求，全员参与，采取多种形式层层反复进行安全反思，所有干部撰写反思材料2份，所有职工进行反思发言。深入开展安全大检查，充分暴露问题，认真抓好整改，对发现问题进行梳理分类，边查边改，标本兼治，解决一大批安全问题和隐患，通过铁道部的验收。活动期间，全局先后派出专业督导检查组5 933个次、35 786人次深入现场检查，共发现各类问题63 137个。整改解决63 044个问题，整改率达99.8%，对余下93个整改未销号问题及部验收组检查指出的问题，全部制定整改措施，落实责任部门，限期整改。

【安全生产隐患排查治理活动和百日督查专项行动】 按照国务院办公厅、铁道部和地方政府要求，全局在2007年开展隐患排查治理专项行动基础上，结合抗击冰雪凝冻天气、抗震救灾、安全大反思大检查、防洪、安全生产月活动、奥运安保以及“十一”黄金周安全等重点工作，开展安全生产“隐患治理年”各项工作，以山区铁路安全标准线建设为突破，进一步推进山区铁路安全保障体系建设，促进安全生产责任制和责任追究落实，完善安全生产规章制度和隐患排查治理及重大危险源监控长效机制，通过源头治理隐患，达到防范事故目的。2008年，全局隐患排查治理单位901家，排查一般隐患64 791项，整改64 791项，整改率100%；排查重大隐患428项，整改销号409项，整改率95.6%；列入治理计划19项，落实治理目标任务19项，落实治理经费物资19项，落实治理机构人员19项，落实治理时间要求19项，落实安全措施应急预案19项，累计落实治理资金65 961万元。结合安全生产隐患排查治理活动，全局于4月下旬至7月底认真开展“安全生产百日督查专项行动”，发现并督促整改一大批安全隐患。

【安全评估考核】 路局安全评估考核组分别于6月22日至7月16日、11月13日至12月14日对全局49个主要运输站段和达成公司所属原站段进行全面、系统的半年安全评估考核。安全评估考核工作主要由各运输专业部门按系统全面考核，局工会、宣传、劳卫部门在站段自评基础上抽查考核部分站段，各办事处对辖区站段安全管理工作进行评价，局安监室对安全效果和监督检查部分进行考核。安全评估考核组本着“轻看成绩、重看问题、帮助指导”的原则，两次安全评估共发现各类问题2 739个。路局对系统排名靠前的20个（次）单位予以通报表彰；对系统排名靠后的18个（次）单位给予处罚；确定路局“重点帮促单位”7个（次），对单位领导按规定实施问责和责任追究。

【铁路运输安全行政执法】 依法履行《铁路运输安全保护条例》，加大铁路运输安全行政执法工作力度，积极办理铁路运输安全违法案件。全年累计办结铁路运输安全行政处罚案件20件。其中警告3次，责令改正19次，处罚单位16件，处罚个人4件，罚款19次，处罚金额46.54万元。

【安全生产月活动】 6月份开展以“治理隐患、防范事故”为主题的“安全生产月活动”。全局各单位组织各类安全检查人员9 000余人，检查单位车间及班组1 563个次，查找隐患和问题7 997个，及时整改7 471个，及时整改率达93.4%。悬挂安全横幅标语4 332条（幅），刊载板报2 032期，张贴图片4 031张，出动安全宣传车34台次，安全咨询1 117次，发放安全宣传手册、传单75 660份，举办演讲比赛76场，安全技术竞赛355场，参观图片展览50 304人次，各类安全培训61 006人次。

【行车百日安全活动】 修订《成都铁路局行车“百安”考核办法》，加大对站段安全考核力度。全年，铁道部发给路局“百安”奖金101万元，路局对局属单位共发放“百安”奖金2 581.4万元。

【行车安全成绩】 路局于3月25日实现安全生产700天，“5·12”责任较大事故打破路局安全天数后，先后于8月20日、11月28日分别实现安全生产100天、200天。截至12月31日18时，路局实现无责任一般A类及以上铁路交通事故233天。

【重大事故】 8月1日17时34分，28016次列车（编组44辆，总重3 517吨，计长57.0，六盘水机务段$SS_3$8035号机车）运行至内六线老锅厂—迤那间阿子沟隧道内，因隧道边墙坍塌，司机停车不及，以62公里/小时速度与边墙坍塌的大量混凝土块相撞，造成机车及机后1至10位车辆脱轨，机车大破1辆，货车报废9辆、大破1辆，损坏钢轨300米，经救援起复于8月4日6时48分开通线路，中断行车61小时14分钟。构成铁路交通重大事故。

事故原因：自汶川特大地震发生，阿子沟隧道所处地区处于地震活动的高峰期，隧道岩体稳定性受到影响。8月1日发生的4.2级地震，裂度为6.1度，导致隧道岩体发生变化，对墙体产生较大的背压力。该地区连续多日下雨，大量泥水渗漏至隧道墙体与岩体间，使挤压墙体的压力增大，导致边墙崩塌。中铁十六局在该隧道施工中部分施工工艺违反规定。长沙铁道学院建设监理公司没有认真履行监理职责，未及时发现施工中存在的质量隐患，导致工程质量未能达到设计要求，给事故埋下隐患。

责任单位：成都铁路局非责任，追究中铁十六局重要责任，追究长沙铁道学院建设监理公司次要责任（待铁道部认定）。

【较大事故】 一、5月12日5时42分，金沙湾开往宜宾南的49082次货物列车运行至宜宾南站7号至43号道岔联络线间，机后第12至21位车辆脱轨，其中第14至20位颠覆，经救援起复于13日1时38分开通线路。事故造成货车中破3辆，小破7辆；损坏接触网5个锚段，线路约160米，道岔2组，直接经济损失约161万元。构成货物列车脱轨较大事故。

事故原因：49082次货物列车运行到联络线140.406米处（12#轨）半径为300米的曲线上时，由于线路养护维修工作不到位，轨距超限问题没有得到根治，扣板式扣件与钢轨接触面小，造成扣压力不足，在离心力的作用下，轨距拉杆折断，钢轨被弹性挤开，左股（曲线上股）钢轨外倾，致使第13位（C644968251）右车轮脱轨，左上股钢轨外倾后左车轮碾压轨腰继续前行，造成15#（左股）、18#（左股）、19#（右股）钢轨折断，引起机后第12、21位脱轨、第14至20位颠覆。

责任单位：自贡工务段。

二、6月8日2时44分，40074次货物列车运行至达成线金堂—道观音区间K302+805米处，2台机车及机后第1至11位车辆脱轨，造成机车大破1台、中破1台，货车报废10辆、小破1辆，钢轨P50（25米）报废8根、钢筋混凝土轨枕报废130根，本务机车司机张庆喜及机后第9位车辆押运员罗洪云死亡，经救援起复于18时30分开通线路，中断行车15小时46分。构成货物列车脱轨较大事故。

事故原因：汶川特大地震对周边环境产生强大的地震波，岩体崩塌地点距震中直线距离不足100公里，山体稳定性受到严重影响。此后余震不断，加剧山体结构的破坏和岩体内部扰动，加之连续降雨，对砂岩上部覆土进行浸润，岩体含水饱和，造成砂岩失稳，与线路方向夹角约30度的薄弱面与母体之间发生断裂、崩塌。岩体下落15米后，砸在山体坡面上，散落成若干块，其中一块砸坏挡墙落入线路道床侵限，列车制动不及，撞上后脱轨颠覆。

责任单位：达成铁路有限公司非责任。

【一般A类事故】 7月10日18时35分，中铁四局黔桂铁路铺架工程指挥部在龙里车站站场改造施工整理已卸路料过程中，汽车吊吊臂触及龙里牵引变电所214馈线，致使吊钩下方5名作业人员触电伤亡（死亡2人、重伤2人、轻伤1人），同时造成麻芝铺—高坪铺上行接触网跳闸停电，影响行车1小时01分。构成铁路交通一般A类事故。

事故原因：中铁四局黔桂铁路铺架工程指挥部龙里站改队安全负责人违反《铁路技术管理规程》、《铁路工程施工安全技术规程》、《电气化铁路有关人员电气安全规则》等规定，在组织人员整理路料吊运岔轨作业中，在吊车吊臂与上方馈线未达安全距离、未通知供电部门停电配合的情况下冒险违章指挥作业，导致吊车吊臂侵限触及接触网214供电线。

责任单位：中铁四局黔桂铁路铺架工程指挥部负主要责任，铁一院工程监理公司负重要责任。

【一般B类事故】 一、1月1日13时58分，25008次货物列车运行至川黔线遵义南—遵义间撞上放置在钢轨上的U形砼电缆槽板，本务机车运行端第一轮对在K272+632运行方向左侧爬轨后，在K272+631处脱轨，列车停于K272+364处。经救援于18时02分开通线路，中断正线行车4小时02分。事故造成脱轨机车SS_{3A} 0226轮缘挤坏4个，第5、6轮齿轮箱挤坏，Ⅱ端扫石器、砂管挤坏、排障器切割损坏；损坏钢轨（25米）2根，P60鱼尾板24块，P60接头螺栓80套，Ⅲ型弹条126个，Ⅱ型枕35根，Ⅱ型枕扣件70套，防脱护轨140米，直接经济损失约19.7万元。构成货物列车脱轨一般B类事故。

事故原因：施工单位重庆汇源电力安装有限公司擅自在铁路安全保护区内施工，在铁路线路旁堆放施工需要的U形电缆槽板，疏于管理；设备管理单位贵阳工务段对在铁路安全保护区内挖沟施工、在铁路线路旁堆放材料监管不到位；建设单位遵义市红花岗城市建设投资经营有限公司对委托给重庆汇源电力安装有限公司施工的“5千伏牵引线南遵段G25#杆—G28#杆线路改迁工程”，没有督促施工单位与铁路相关单位签订施工安全协议，对施工单位安全监管不力。三方面原因造成不懂铁路安全常识的当地小孩将铁路旁边堆放的电缆线U形水泥槽扣放在钢轨上，致使25008次货物列车碾压后脱轨。

责任单位：重庆汇源电力安装有限公司负主要责任，贵阳工务段负同等主要责任，遵义市红花岗城市建设投资经营有限公司负重要责任。

二、4月23日11时23分，襄渝线磨心坡站3道开56250次路用列车（编组依次为重型轨道车1台+专用平车2辆），11时24分，列车运行至K783+260处（5/7号道岔渡线）轨道车和专用平车均脱轨，经救援起复，于13时50分恢复正常行车，中断正线2小时26分。构成货运列车脱轨一般B类事故。

事故原因：轨道车后第一辆平车上零散装载的水沟盖板偏载，因轨道车牵引加速运行，在经过道岔导曲线时，车辆失去平衡，轨道车后第一位平车车轮悬空爬上轨面，导致列车脱轨。

责任单位：广安工务段。

三、11月8日，贵阳机务段值乘司机蔡泽龙、随乘司机汪定国使用SS_{3B}型0060机车A节操纵，担当沪昆线57030次货物列车牵引任务，编组12辆，总重710吨，换长25.7。列车于11月9日4时01分水花站通过后，运行至沪昆线上行线K1749+579处列车突然起非常，当时速度71公里/小时，4时04分停在K1749+250处；经检查发现机后11位捣固车DG31号运行方向前台车第一轮对切轴后脱线，确认列车无法继续运行，请求救援。9时31分救援起复完毕。9时50分开通区间，中断沪昆线上行线行车5小时46分，事故直接经济损失193.4万元。构成铁路交通一般B类事故。

事故原因：该捣固车由昆

明中铁大型养路机械集团有限公司2006年6月生产，成都工务机械段2006年7月投入运用。昆明中铁大型养路机械集团有限公司出厂时未进行车轴探伤检查；车轴轴身防锈漆不适应轮对突悬结构变截面区的高应力、高应变，漆皮开裂，产生环状分布的腐蚀坑，形成裂纹源，导致车轴在质保期内发生冷切轴事故，是事故发生的主要原因。

成都工务机械段探伤工作不到位，在2008年1月27日对该车轴超声波进行探伤工作中，未能发现该车轴漆皮开裂处环状分布的腐蚀坑，形成的裂纹源，是造成事故次要原因。

责任单位：昆明中铁大型养路机械集团有限公司负主要责任，成都工务机械段负次要责任。

【一般C类事故】 一、1月20日22时13分，40190次列车通过川黔线大寨站时，接触网断线停电，40190次停于大寨—贵阳北间K410+895处，由都拉营调车机救援拉至贵阳北站，经供电人员抢修，21日2时42分恢复正常运行，影响设备正常使用4小时29分，造成货车6列、客车6列晚点。构成一般C类事故。

事故原因：贵阳供电局管辖的筑凤Ⅱ回22万伏输电线路受到凝冻灾害的避雷线（GJ－70型钢绞线），断落搭在接触网上，引起接触网断线停电。

责任单位：贵阳供电局非责任。

二、1月21日22时41分，10831次列车运行至沪昆线福泉站站内1道（K1871＋616）处时，因接触网承力索断线停电而停车（未过标），经供电人员处理，于1月22日1时26分恢复正常运行，影响设备正常使用2小时45分。构成一般C类事故。

事故原因：贵州省黔南州供电局管辖福泉水厂10千伏的输电线路受到凝冻灾害的侵袭，断落搭在接触网上，引起接触网承力索断线停电。

责任单位：贵州省黔南州供电局非责任。

三、1月30日12时35分，川黔线新罗村站接触网10号支柱折断，造成息烽—久长间接触网跳闸停电，经供电人员处理，于14时58分送电成功，影响设备正常使用2小时23分钟。构成一般C类事故。

事故原因：因受凝冻灾害的侵袭，接触悬挂严重覆冰（厚40毫米），集中载荷剧增，拉断10#锚柱的下锚拉杆，引发支柱折断倒杆。

责任单位：贵阳供电段非责任。

四、3月16日，24029次货物列车（编组17辆，总重1 264吨，换长24.6）运行至黔桂线墨冲站进站时，因本务机车（DF_{7D}0028）第三轮（D3）右侧轮心圆周形贯穿性裂断，在列车经过墨冲站3#道岔叉心时，DF_{7D}0028机车第三轮左右侧脱轨，机车及机后4辆进入2道，其余13辆未进入2道，中断正线行车1小时57分。事故造成竖轴螺栓10颗、水泥枕螺栓165颗（成套）、接头螺栓18颗报废，防脱护轨1组（60米）、Ⅱ型砼枕64根、Ⅲ型A砼枕9根受损，DF_{7D}0028号机车D3轮对报废。构成货物列车脱轨一般C类事故。

事故原因：成都机务段中修时，检修工艺细化落实不到位，没有对DF_{7D}0028机车D3轮对各部位进行全面检查和探伤，留下事故隐患，导致该机车D3轮对在长期的使用运行中产生裂纹，逐渐发展成圆周形贯穿性裂断，造成脱轨事故的发生。贵阳机务段小修不到位，未对检修工艺进行细化，未发现隐患；机车趟检不彻底，造成机车运行途中发生无功率、柴油机停机；机车乘务员没有及时发现第3轮对故障，未能防止脱轨事故的发生。

责任单位：成都机务段负主要责任，贵阳机务段负次要责任。

五、3月25日22时33分，43014次列车运行至内六线盐津北—临江溪区间，司机发现前方K211＋910处道心中有异物，立即采取紧急制动（速度76公里/小时）。列车停车不及与异物相撞，推移异物运行438米停于K211＋468处。停车后司机检查发现，道心异物为铁路上方公路挡墙溜坍的水泥块，重约300千克。造成机车$SS_3$4525Ⅱ端排障器撞坏，扫石器变形，沙箱变形，D6右侧单缸制动器变形。经救援于3月26日3时54分开通线路，中断正线行车5小时21分。构成货物列车运行中碰撞坍体一般C类事故。

事故原因：铁路左侧上方公路边坡挡墙及路面突发垮塌，泥夹石垮塌物21块侵入线路限界，最大垮塌物长约1.5米、高约0.5米、宽约0.9米被运行机车撞上，导致事故发生。盐津县盐井镇于70年代修建该公路，公路挡墙建于80年代，为盐津县盐井镇村民集资修建乡村公路，设计标准低，路面宽约5米，边坡地质情况为强风化泥岩夹砂岩。公路挡墙厚度约0.5米，墙后填充物杂乱，设计标准低、挡墙厚度不足、且为干砌块石，施工质量差，加之近期连续降雨以及重载货车的碾压作用，造成挡墙发生突发垮塌。

责任单位：盐津县盐井镇政府。

六、4月11日8时56分，重庆钢铁股份有限公司在成渝线大渡口—洛中子间K490+080处（接触网106#—107#支柱间）跨线公路桥主梁翼板上的排水槽（L180×180×12毫米角钢制造）脱落（长9 060毫米、重约295千克），打断接触网导线，造成大渡口—小南海接触网供电臂停电，掉下的接触网导线将K490+3#钢轨灼伤。经抢修于11时16分恢复接触网供电，影响设备正常使用2小时20分钟。构成铁路交通一般C类事故。

事故原因：该桥排水槽局部剥离脱落（长度为9 060毫米）砸伤接触网承力索、砸断接触线，烧伤钢轨。

责任单位：重庆钢铁集团公司。

七、7月12日5时46分，沪昆线羊坪变电所214馈线跳闸，重合不成功。6时15分，工务向行调汇报：玉屏—羊坪间上行线K1664+850处接触网28#锚柱倒杆，断裂支柱倒在上行接触网上，侵入下行线行车限界。经供电段处理后于7时50分恢复供电，造成客货列车14列晚点，影响设备正常使用2小时4分钟。构成铁路交通一般C类事故。

事故原因：28#锚柱因下锚锚杆地下埋入部分锈蚀断裂，致使28#锚柱在失去拉线作用下，造成支柱根部折断。锚杆锈蚀原因是由于拉线安装在排水沟，排水沟的积水及渗漏导致锚杆锈蚀，最终导致锈断。

责任单位：贵阳供电段。

八、7月20日16时53分，中铁二十一局挖掘机撞断襄渝线天府北—磨心坡间K776+430处9号接触网支柱，造成北碚—天府北间供电臂跳闸停电，7427次客车在东阳线路所—北碚间停车1小时56分，影响客货列车9列晚点，经抢修于18时29分开通线路，中断正线行车1小时36分。构成铁路交通一般C类事故。

事故原因：中铁二十一局在未通知襄渝二线指挥部及铁路有关单位配合施工的情况下，挖掘机驾驶员擅自沿路基进入施工现场，并违章作业造成侵界，撞断接触网支柱。

责任单位：中铁二十一局。

九、7月25日20时25分，K472次列车运行至沪昆线高峰站上行K2052+330处时，发生弓网故障，20时27分，K472机车停于K2050+835处。经供电人员处理，23时03分恢复正常供电，影响设备正常使用2小时38分，造成客车3列、货车7列晚点。构成铁路交通一般C类事故。

事故原因：高峰站处于马场变电所212供电臂首端，近期牵引负荷电流相对较大，邻近化肥厂排放污染严重，加剧电联接线夹的氧化，致使电连接线夹接触电阻过大，导流过热引起铜导线软化拉断，K472次通过时引发弓网事故。

责任单位：贵阳供电段。

十、9月17日15时45分，87825次货物列车（编组41辆、总重936吨、换长49.4，贵阳机务段SS_{3B}5003）运行至沪昆下行线玉屏至羊坪间K1665+450.5处，机后33位C_{64K}4876700前台车1位轮对发生脱轨。在上行线K1665+900处作业的玉屏正线工区工长发现下行线险情后，立即呼叫司机停车，同时呼叫玉屏站，同时在上行线的10798次货物列车司机也叫87825次停车。87825次停车后，采取紧急措施，列车在脱轨运行1 520.3米后停于沪昆下行线K1666+980处。经使用复轨器于17时32分起复脱轨车辆，于17时41分开通线路，中断行车1小时56分。构成货物列车脱轨一般C类事故。

事故原因：事故地段线路曾于9月12日进行大机捣固作业。大机作业前，对线路调查不充分，未发现该段线路道砟不充足，没有提前补充道砟，导致大机捣固作业后严重缺砟。且沪昆下行线K1665+230—430线路几何尺寸存在超限，K1665+432—460线路方向不良，当87825次货物列车通过该段线路时，由于车轮的冲击对轨道产生震动，致使K1665+432—460线路发生胀轨跑道，导致机后第33位车辆前端台车第一轮对脱轨。

责任单位：凯里工务段。

（刘思泽）

【劳动安全情况】 全局劳动安全工作围绕国家“隐患治理年”总体要求，认真贯彻《安全生产法》及国务院有关法律法规，坚持“源头治理、超前防范，抓小防大、防微杜渐”原则，全面落实《成都铁路局2008年劳动安全工作重点》，有效运作计划决策、监督保障、考核问责“三位一体”劳动安全管理机制，实现对劳动安全关键重点的有效控制，确保年度安全目标实现。全年共发生从业人员责任因工伤亡事故58件63人。其中死亡2件4人，重伤6件7人，轻伤50件52人。较上年同期事故件数有所减少，全局从业人员死亡、重伤率在部控指标内，实现两个劳动安全“百日”目标。

【劳动安全管理】 一、确定目标、实时分析，提高决策预防预警功能。以《成都铁路局加强2008年安全生产的决定》确定2008年全局劳动安全总体目标。确保责任从业人员万人因工重伤率、死亡率分别控制在1.0和0.3以内；确保劳动安全实现两个“百日”。各系统、站段逐级分解、细化、落实，稳步实施推进，形成自上而下逐层分解、自下而上层层包保的目标管理体系。通过公布《成都铁路局2008年劳动安全工作重点》，明确全局劳动安全着力解决“七项重点问题”；按系统全面开展作业人员车辆伤害、触电、高处坠落、物体打击等惯性事故和机动车道路交通事故的防范。在监督检查和逐层考核基础上，按月对全局劳动安全工作进行系统分析，找出“三性”问题，分析原因及趋势，制定对策措施。严格执行安全信息报告制度，对上报信息实时追踪分析，动态掌握劳动安全发展趋势，对突发事件实施应急处置。实施分层控制。站段、业务处室坚持按月召开安全分析例会，对本系统、本单位劳动安全情况进行统计、分类、分析，提出对策。办事处安监室和路局安监室每月依据日常监督检查情况，对劳动安全情况进行分析，形成监察工作月度报告。路局按月召开安全分析例会，每季度召开安委会例会，汇总分析全局劳动安全情况，据此提出相应对策和工作重点。实施过程控制，完善规范劳动安全基本管理制度，对劳动安全专项检查、伤亡事故调查处理、事故责任追究、工伤申报签认等基本管理制度，结合新《事规》实施重新修订明确。细化完善各工种惯性伤亡事故预防及控制措施，推进劳动安全预防、预警技术装备“用、管、修”制度落实。全面运作安全管理落实机制，把握安全生产动态和季节特性实施决策，有预见性地提出阶段劳动安全工作重点。通过量化检查周期、频次、覆盖面和检查标准，实时调整监督重点，增强检查监督的针对性和实效性。对监督检查情况、重点工作完成结果等，本着重问题、轻成绩，查找漏洞，纳入定期考核评估评价，增强管理实效。

二、过程监督、重点控制，提高监督检查执行效力。一是抓好计划检查。将隐患排查、整治要求贯穿始终，根据不同季节和安全工作重点，在春运以及春夏、秋冬等不同时期，下发专项通知，部署劳动安全重点工作。路局按月下达《安全监督检查工作重点》，将劳动安全监督检查纳入路局安监室、办事处安监室，以及各系统、各单位统一的检查监督体系，形成整体合力。二是开展专项活动。结合春运、抗击凝冻、百日综合整治、抗震救灾、搜山扫石、安全大反思、专项调研、安全生产月、奥运（暑运）专项检查、“十一”黄金周等专项活动，以及劳动安全专项整治要求，开展关键时段检查监督，有效推动劳动安全工作纵深展开。三是重点调研剖析。经动态、综合分析，确定关键单位、环节进行重点检查监督和调研剖析。2008年，分别确定1个系统、4个单位作为全局劳动安全重点监督检查、帮促调研重点。以施工作业、现场控制为重点，对西昌工务段、重庆西站、成都工务机械段、西昌车务段劳动安全专题调研。抓住道路交通事故、从业人员伤害事故重点进行现场调查、分析、处理。对春运、抗震救灾、机动车管理、作业防护等突出问题进行通报预警警示。四是控制关键项点。在实现全覆盖检查监督基础上，全局分系统重点实施关键项点的检查监督和现场卡控。车务系统重点抓调车、接发列车、隔离开关操作、道岔清扫、货物装卸；机务系统重点抓机车整备场隔离开关操作、车顶高压报警装置改造和作业标准化；工务系统重点抓施工作业安全防护、作业避让列车、上道作业间隔距离、巡道作业行走位置、编组场双岗巡道；车辆系统重点抓现场禁止使用MP3、随身听规定的落实；电务系统重点抓上道作业安全防护、规范班前讲话；货运系统以货检、专用线交接、装卸作业为重点，加强现场控制；客运系统重点抓《岗位人身安全检查表》27个卡控关键项目落实。五是推进职业健康。加强职业危害治理检查监督，督促站段做好职业危害治理设备设施用、管、修，切实保证作业人员安全健康。全年共投入282.5万元，其中尘毒治理155.5万元，噪声治理76万元，作业条件改善51万元。严格执行和实施劳动防护用品质量准入制度，对劳动保护用品质量实施全程跟踪，加强对护品标准、采购、发放、统计等各环节的监督管理。投入350万元，对全局所有机务段机车整备场进行作业安全条件改善，采用牵车机驱动机车进入整备场，杜绝可能产生的电击伤害。为上机车顶部的作业人员配置安全带，有效防止高处坠落。重新规范施工负责人及专职安全防护人员的防护着装，有效落实安全责任，增强对防护人员、施工负责人监督检查针对性。六是实施专项整治。按铁道部统一部署，全局将2008年劳动安全专项整治工作分解为7个专业整治专题、32个整治项目、56个整治点、80项整治措施。在防止从业人员伤害方面，坚持以防高处坠落，防机械、车辆和触电伤害为重点，突出对生产一线劳动安全措施不落实、劳动保护不完善、从业人员安全意识差、自我防范能力弱等方面进行专项治理。以规范机动车交通安全管理为重点，突出对超速、疲劳驾驶、公车私驾等突出问题的专题整治。

三、严格考核、严肃问责，确保劳动安全责任落实。坚持重问题、轻成绩，重过程。对系统、单位按月、季度、半年、年度定期实施考核。以逐级提升发现、分析、解决安全隐患和问题的能力为导向，引导各单位、各系统在检查监督、评估考核中主动暴露问题和隐患，通过分析、制定对策，解决问题。坚持对发现问题和隐患，按照及时处理—跟踪整改—归类分析—入库管理—考核问责—制定对策—修订制度—调整标准—教育培训的流程，进行逐项跟踪。按照“四不放过”的原则对典型伤亡事故认真调查分析、处理，实施安全警示、责任追究。年内对发生的56件从业人员责任伤害事故，按照路局《安全奖惩办法》、《干部安全生产责任制考核办法》等规定，对5个责任单位实施考核和处罚，累计罚款38万元，对事故相关责任人实施处分和问责。

（赵金毅）

【特种设备安全管理】 全局结合国家“隐患治理年”要求，宣传特种设备安全法律法规，贯彻执行《安全生产法》、《特种设备安全监察条例》，减少冰雪凝冻和特大地震影响，深入开展各项安全生产活动，确保全局特种设备安全平稳有序。截至12月31日，全局实现无特种设备严重及以上事故9 536天。

按照国家“隐患治理年”部署，结合路局实际，下发《关于开展锅炉安全整治检查活动的通知》，在全局开展为期3个月的锅炉安全隐患专项整治活动，排查隐患121个；为确保2009年春运安全，协同局劳卫处，对全局客车取暖炉、茶炉、餐车蒸汽炉操作人员进行培训，举办客车移动式锅炉作业人员培训班9期，培训作业员1 000余人次；“5·12”地震灾害发生后，及时下发《关于切实做好抗震救灾期间特种设备安全工作的紧急通知》，对震区各单位特种设备进行隐患排查，安排特种设备检验单位对受地震影响的重点特种设备进行检验、评估，防止特种设备地震次生灾害。

【特种设备安全奖惩】 按照《成都铁路局安全管理考核办法》附录《成都铁路局行车设备故障及特种设备安全管理办法》要求，组织计统处、办事处安监室等相关部门，认真进行评估考核，路局评选出安全先进锅炉房28座，对评为优良的特种设备管理单位进行奖励。全局全年共奖励90余万元。

（岳建平）

【特种设备检验检测】 全局全年共计检验特种设备1 934台。其中起重机械227台，厂内机动车辆782台，锅炉100台，压力容器825台。“5·12”地震后实施震后安全技术评定特种设备51台。

（唐友刚）

表4－16　全局行车事故统计　　(2008年)

项目	总件数	其中						责任部门									百万机车总走行公里事故率
		重大	较大	一般A类	一般B类	一般C类	一般D类	车务	机务	车辆	工务	电务	客运	货运	他局	其他	
全局	194	1	2	1	3	10	177	7	44	2	15	23			4	99	1.09

(刘思泽)

表4－17　全局路外伤亡事故统计　　(2008年)

项目	总件数	其中伤亡(人)				撞毁(辆)			肇事地点(件)				铁路支付金额(万元)
		死亡	重伤	轻伤	小计	汽车	拖拉机	其他车	区间	站内	有人道口	无人道口	
全局	468	319	139	15	473	1	0	3	432	35	0	1	1549
与上年比较	－376	－136	－252	－15	－403	0	0	+3	－382	+6	－1	+1	+71

(唐　懿)

表4－18　全局从业人员责任因工伤亡事故统计　　(2008年)

项目/单位	死亡人数		重伤人数					轻伤人数							
	总人数	事故类别	总人数	事故类别				总人数	事故类别						
		车辆伤害		车辆伤害	起重伤害	触电	其他伤害		物体打击	车辆伤害	机械伤害	起重伤害	触电	高处坠落	其他伤害
全局	4	4	7	4	1	1	1	54	6	7	9	1	3	9	19
重庆西车站	1	1	1	1				1		1					
西昌工务段	3	3	1	1				1							1
西昌车务段			1	1											
绵阳工务段			1		1			4	2		2				
凯里车务段			1	1											
遂宁工务段			1				1								
重庆机务段			1			1		1				1			
贵阳车站								1		1					
成都车务段								1						1	
六盘水车务段								1							1
成都机务段								4			2				2

续上表

项目 / 单位	死亡人数		重伤人数					轻伤人数							
	总人数	事故类别	总人数	事故类别				总人数	事故类别						
		车辆伤害		车辆伤害	起重伤害	触电	其他伤害		物体打击	车辆伤害	机械伤害	起重伤害	触电	高处坠落	其他伤害
贵阳机务段								3		1			1		1
六盘水机务段								1	1						
成都供电段								3						3	
西昌供电段								2					1		1
重庆供电段								3						2	1
贵阳供电段								3					1	1	1
成都工务段								2			1			1	
成都工务机械段								3		2					1
自贡工务段								1						1	
贵阳工务段								6	2						4
凯里工务段								1			1				
六盘水工务段								1							1
成都电务段								1			1				
重庆电务段								1	1						
贵阳电务段								2							2
成都东车辆段								1			1				
贵阳车辆段								2							2
成都客运段								1		1					
贵阳客运段								1		1					
多元集团公司								2			1				1

（汪　涛）

军事交通运输

【综　述】　2008年，驻成都铁路局军代处官兵圆满完成各项重大军交保障任务和年度各项工作。军事斗争军交准备扎实推进。会同铁路有关部门完成对管内100余个车站、货场进行战场勘察调研，积极推进军运设施战备专项建设。协调铁路部门投资80万元，在5个车站抢建6座尽端式军用站台；组织完成燕岗车站战略装车点工程还建、普雄站军用通道验收等项目。应急军事运输任务圆满完成。全力以赴做好抗雪救灾运输，协调铁路部门急事急办、特事特办，将成都铁路局所有能用的客车车辆全部安排到贵阳地区保障部队，基本满足部队需要。持续奋战投入抗震救灾运输。全员出动，连续奋战108天，承担约66%的兵力和90%的装备物资运输，实现人员无伤亡、装备无擦挂、物资无丢失、军列无晚点的目标。基层建设整体水平稳步提升。按照部队正规化建设、军交运输正规化建设和基层

“四个基本”建设一起抓的基本思路，扎实开展正规化建设集中整治，加大部队正规化建设力度。以深入开展“学条例、排隐患、保稳定”活动为抓手，认真学习贯彻《安全条例》和《预防犯罪工作条例》，制定下发军代处《安全管理实施细则》，落实“六个管好”、“五个严防”要求，保持安全稳定。投资500余万元整治机关战士宿舍楼，改善办公条件，加强军营政治文化环境建设等，基层基础设施进一步规范，官兵的工作、学习、生活条件明显改善。内外关系进一步和谐融洽。巩固和发展军路关系。各级军代处坚持尊重和依靠驻在单位、尊重和依靠兼职领导、尊重和依靠铁水路员工开展工作，各级兼职领导关心支持驻在军代处建设，帮助解决工作中遇到的难题。铁路局机关在办公室调整搬迁中，为军代处装修办公用房，增加办公面积，改善办公条件，实现机关各部门相对集中办公。不断创新加强军交运输工作机制，先后出台《成都铁路局军事交通工作规定》、《关于进一步加强新形势下军事运输工作的通知》、《关于张国军等13名同志兼任铁路领导职务的通知》等6个制度机制性配套文件，为完成多样化军事任务提供制度保证。驻成都、重庆、西昌、贵阳军代处建立健全区域性军交运输保障机制。全年共完成装车1万余车，办理军列400余列，发运物资近100万吨，输送人员30余万人次，实现计划完成率、装车兑现率、军列始发正点率和运行正点率100%。

（金　洲）

【抗雪救灾先进】 3月17日，驻成都铁路局贵阳军代处主任刘明辉出席成都军区“抗灾救灾总结表彰大会”，驻成都铁路局贵阳军代处被评为“抗灾救灾先进单位”。

（杨毅仁）

【抗震救灾先进】 “5·12”汶川特大地震后，驻局军代处所属官兵积极投身抗震救灾军交运输保障战斗中，在抗震救灾中涌现出一大批先进单位和个人。驻局军代处技术动员处处长薛建伟被成都军区表彰为“抗震救灾先进个人”。受到成都军区联勤部通报表彰的抗震救灾先进单位：驻局军代处运输处；先进个人：驻局军代处主任白建生、副政治委员张小平、运输处处长张国军、管理处处长王兵。被成都军区联勤部通令记三等功的个人：驻局军代处运输处调度主任邓刚、管理处处长王兵，贵阳军代处工程师孙济河。受到成都铁路局通报表彰的抗震救灾铁路军事运输先进集体：驻局军代处运输处、技术动员处、成都军代处。受到成都铁路局通报表彰的抗震救灾先进个人：驻局军代处运输处工程师李峰、李文冰，驻燕岗地区军代处参谋欧惊波。驻局军代处通令表彰抗震救灾先进个人：军官99人，战士28人。

（廖　丽）

【缴纳特殊党费】 汶川大地震后，驻局军代处党员踊跃缴纳特殊党费，5月27日，将党员缴纳的“特殊党费”9.98万元上缴成都军区联勤部财务部。

（杨毅仁）

【抢卸救灾物资】 5月30日，驻局军代处机关组成党员“突击队”，奔赴成都东站抢卸100吨救灾物资。

（廖　丽）

【为地震灾区捐赠书籍】 6月11日，驻局军代处为地震灾区都江堰市幸福村捐赠图书1 090册。

【文艺作品获奖】 9月26日，驻成都铁路局军代处参加成都军区联勤部组织的联勤直属部队成都片区文艺会演。由驻局军代处自编、自导、自演的配乐诗朗诵《我们的手》获创作一等奖。由驻成都铁路局贵阳军代处选送的小品《小站来了军代表》获创作二等奖。

【赠送锦旗】 8月20日，驻局军代处代表成都军区联合指挥部联勤部向成都铁路局赠送锦旗，感谢成都铁路局在抗震救灾铁路军事运输中做出的重大贡献。

（杨毅仁）

【抗雪救灾铁路军事运输】 年初，南方大部分地区遭受严重的雨雪凝冻自然灾害，为把救灾部队和物资快速运达灾区，军代处加强与铁路部门和管内驻军的协调配合，采取多种有效措施，确保抗雪救灾军事运输任务圆满完成。抗雪救灾铁路军事运输分两个阶段，第一阶段为救灾物资供应，从1月30日至2月17日组织抢险救灾物资铁路军事运输近50车。第二阶段为抗灾救灾部队及装备归建阶段，从2月25日至3月10日组织抗灾救灾部队及装备铁路军事运输约300车。两个阶段输送人员5 000余人，运送各类装备700余件。

【抗震救灾铁路军事运输】 “5·12”汶川特大地震发生后，全处干部坚守调度值班室，果断指挥，严密组织，争分夺秒抢运救灾人员和装备、物资，出色完成抗震救灾铁路军事运输任务。从5月13日到10月20日，共组织装运各种军列295列9 475车，整车335批1 832车，使用各种铁路车辆11 307辆，输送救灾官兵12.95万人次，装备、物资48.8万吨，装备1.51万台（件），组织饮食供应23.2万人次，承担约70%的人员和95%的物资装备运输保障任务，创造日间卸载45列、一个车站日间卸载24列、军列平均旅行速度52公里/小时、在途运行军列密度多达51列的历史记录。

【新老兵运输】 11月19日至12月26日，共运输新老兵18.1万人次，托运行李3万余件，使用铁路客车1 100辆，确保安全顺利。铁路局和驻局军代处联合下发《关于做好2008年新老兵运输工作的通知》，要求军路各级部门高度重视，加强组织，严格管理，注重军路信息沟通和协同。11月19日联合召开全局新老兵运输电视电话会议，对全局新老兵运输工作进行部署，军路领导对完成新老兵运输任务提出具体要求。12月上旬，铁路局和驻局军代处成立联合检查组，检查指导任务量较大的客运站和军供站。

（李昌圳）

【车站军运条件战场勘察】 适应完成多样化军事任务军交运输保障要求，驻成都铁路局军代处联合铁路局，组织车站军运条件战场勘察。经过先期对100余个车站的勘察调研，掌握铁路局管内常用军运装卸载站、拟作为部队应急输送预备装卸载站、货场年运量10万吨以上、县级以上行政区办理货运作业站等4类车站的战场设施设备状况。根据完成多样化军事任务军交运输保障需求和管内车站条件及分布情况，提出军运装卸载站布局调整意见，实现各铁路干线和重要支线沿线县级以上行政区域均设有军运装卸载站的预期目标。对有关车站实施军交运输保障的技术条件和能力做出分析评估，针对一部分军运装卸载站军运作业条件不能满足部队完成多样化军事任务应急输送需要的问题，提出军运设施建设规划建议。

【军事专用线年检现场作业训练】 4月11日至12日，驻成都铁路局军代处在贵阳组织铁路军事专用线年度安全检查现场作业训练，所属单位主管人员参加集训。为提高军专线管理水平，采取“以老带新”方式，安排参训人员直接参加马场、湖潮车站接轨军专线年检。组织军路双方专业人员现场操作业务指导，先后讲解线路、接触网产权划分规定、军专线安全检查程序和评比方法、标准，演示道尺等轨道几何尺寸测量工具使用方法，传授常见军专线病害判断方法有关知识和技能。

【抗震救灾应急军交保障】 从军运设施、应急战备、军运备品、军供保障、通信网络等5个关键环节着手，先后形成13份文件，分3个阶段，推进抗震救灾应急军交保障工作。第一阶段，大地震发生次日即采取6项应急措施：查明有关车站军运设施状况，清理线路场地，准备救灾军列卸载；通知管内军供站启动应急饮食供应预案；清查军运备品库储备情况，启封战备封存，准备军运备品保障；对军专线进行安全排查；协调军路通信部门，确保通信和网络畅通；联系铁路、地方交通战备部门，做好应急战备保障准备。第二阶段，随着抗震救灾工作的全面展开，工作重心转移到“保通”和保障救灾军列及时卸载，先后开展14个车站的应急战备勘察，及时组织路局按照军代处预测的军列需求紧急添置305万元军运备品，及时协调解决军供站水电、通信困难，准备启用战时应急通信系统和铁路内部（外部）指挥所，参与组织宝成线涪江大桥抢险保通，竹园坝车站紧急搭设临时站台保障部队安全卸载等工作。第三阶段，工作重点是抗震救灾部队回撤工作，及时下达通知，协调饮食供应保障315批次10万人次，抢建6座尽端式军用站台，落实站场保障措施，添置145万元军运备品，装载现场军路通信保障。

【涪江大桥防护排险】 组织人员参加唐家山堰塞湖危及宝成铁路涪江大桥防护抢险，紧急部署大桥加固和防护工作，确保唐家山堰塞湖泄洪期间涪江大桥的安全运行。迅速组织对涪江大桥上游进行现场勘察，对可能危及桥梁安全的大型漂浮物等相关隐患认真排查。将隐患情况和安全要求及时向绵阳市抗震救灾指挥部、绵阳军分区领导进行详细汇报。指导铁路部门紧急组织力量对涪江大桥的梁、墩、台等重要部位进行加固防护。指导铁路交通战备部门对战备抢修器材进行清理、组织国防交通专业保障分队进行演练，对战备桥梁、军用桥墩等进行预拼装，做好抢修准备。向上级提出军队协助铁路部门，组织涪江大桥安全防护和紧急排险的建议。

【军专线管理】 为确保管内军专线的安全畅通，保证军事物资正常供应和应急运输的需要，对管内各条军专线进行年度检查，根据年检的情况及发现的问题采取针对性措施，加强对军专线管理单位及其上级主管部门的指导。汶川特大地震发生后，立即组织对军专线进行安全排查。先后协调处理广元东、天回镇等5个车站接轨的军专线有关问题。组织协调完成马场车站接轨军专线大修工程任务，质量优良。

【岗位练兵一体化新机制】 10月25日至31日，军代处选派机关和团级军代处5名干部参加路局在重庆技能实训基地组织的车站值班员任职资格理论培训班，并选派2名业务骨干为培训班140名铁路车站值班员开展军交业务知识讲座和业务考核。标志着军代处探索军路干部职工岗位练兵一体化新机制正式启动，适应军队编制体制调整和国家铁水路体制改革需要，提高军路干部职工实行多样化军事任务军交运输保障能力。

（谢弋科）

合资与地方铁路

【综　述】 2008年末全局管辖范围内现有达成铁路有限责任公司，负责运营管理达成、达万铁路；黄织铁路有限责任公司负责建设黄桶至织金铁路；乐巴铁路有限责任公司负责建设乐坝至巴中铁路。成绵峨城际铁路有限责任公司负责建设成绵峨城际铁路；渝利铁路有限责任公司负责建设重庆至利川铁路；南涪铁路有限责任公司负责建设南川至涪陵铁路；兰渝铁路有限责任公司负责建设兰州至重庆铁路；成都市域铁路有限责任公司负责建设成都至都江堰铁路；贵广公司筹备组负责贵阳至广州合资铁路建设前期工作。

局合资与地方铁路管理办公室为路局附属机构，负责全局合资与地方铁路的管理工作。

【成都市域铁路有限责任公司组建】 2008年8月15日，根据成都铁路局和成都地铁有限责任公司签署的《合资建设经营成都至都江堰铁路合同书》，路局安路生局长在成都主持召开公司第一次股东会会议，双方股东代表出席会议。会议审议通过《成都市域铁路有限责任公司章程》、《成都市域铁路有限责任公司股东会议事规则》、《成都市域铁路有限责任公司董事会议事规则》、《成都市域铁路有限责任公司监事会议事规则》，选举产生公司第一届董事会董事，监事会监事。会后，分别召开公司第一届第一次董事会、监事会会议，选举路局安路生局长为公司第一届董事会董事长、路局王斌副局长为公司总经理，成都地铁有限责任公司董事长伍勇为公司副董事长，成都地铁有限责任公司刘思宁为公司第一届监事会主席。

8月29日，公司完成工商登记等相关手续，成都市域铁路有限责任公司正式成立。

【达成铁路委托管理】 2008年7月10日，达成铁路有限责任公司2008年第2次股东会在成都召开，会议审定达成公司运营管理方式调整方案，自7月11日18时起，达成公司实行“运输资产经营与运输生产经营分离”的管理模式，达成公司负责运输资产经营，运输生产经营全面委托成都铁路局专业化管理。达成铁路实行委托管理模式，有利于进一步合理配置运输资源，提高运输效率、效益，确保运输安全更加有序可控，也为即将开通的其他合资铁路提供新的运营管理模式。

【成汶铁路规范管理】 为落实铁道部“成汶线不移交四川省管理”要求，以及成汶线线路设备失修状况严重，2008年2月2日，路局再次以《关于要求尽快取消成汶线联营的函》要求尽快取消联营，其间多次与四川省铁路集团有限责任公司协商，但对方坚持要求成汶线移交四川省管理。

“5·12”特大地震后，成汶铁路受损严重，已严重危及行车安全，为尽快修复成汶线受损线路及对成汶线进行大修改造，确保救灾物资及灾后重建物质的安全运送，路局再次与四川省铁路集团有限责任公司协商，要求终止联营，对方表示原则同意，但在资产处置方面提出要求。8月15日，合资办向路局领导专题汇报关于规范成汶线运营管理情况。

【地方铁路协调管理】 2008年1月22日，合资办主持召开地方铁路运营管理协调委员会工作会，进一步协调国、地铁间运营管理工作，最大限度满足地方经济发展对铁路运输的需要，路局主管运输副局长、四川省地方铁路局局长、隆泸、金筠、普乐、万南、成都地铁公司、普乐分局总经理（局长）、路局有关部门出席会议。会上就积极协调路局、地铁运输有关部门，增加地方铁路运量进行座谈，各地铁局提出很好的建议，局领导对地铁运输工作提出要求。

“5·12”汶川特大地震后，抢运抗震救灾物质在一定程度上影响地方铁路的运输，合资办及时协调地方铁路运营管理中的问题，多次就隆泸、金筠、普乐、成汶线的装车与运输处、调度所进行协调，尽可能为地方铁路多配车，尽量压缩地铁货车占用时间，积极支持地方铁路的运输，同时要求地方铁路加强装卸车组织，减少货车占用时间，加快货车周转。

（周龙华）

达成公司

【综　述】 2008年，公司经营班子在股东会、董事会以及路局领导下，加强安全整治，依法实施规范管理，抵御冰雪、地震自然灾害，顺利实现运输生产委托管理，确保经营效益持续高位增长和运输安全平稳有序。

【经营情况】 2008年实现运输收入136 247万元，比上年增加22 405万元，增幅为19.68%，超年度计划8 247万元，其中客运、货运和路网收入分别完成83 831万元、34 520万元和17 896万元，较上年增长17.6%、22.9%和23.9%，换算周转量完成61.7亿吨公里，较上年增加8.2亿吨公里，增加15.3%。公司合并报表实现营业总收入174 662万元，营业总成本159 180万元，营业外净支出2 842万元，合并实现利润总额12 640万元，较全年经营目标2 600万元增加10 040万元，扣除所得税后净利润为7 559万元，连续三年保持盈利。在调整年度收益8 317万元后，将累计亏损13 532万元全部弥补完毕，形成可供分配利润2 188万元，公司实现第二次分红。

【委托管理】 7月11日，公司实行“运输生产管理与运输资产经营分离”的管理模式，运输生产业务全面委托路局专业化管理。公司在路局指导下，撤销原所属6个站段，依法履行托管手续，妥善安置分流人员（截至2009年2月委托路局管理员工5 595人），及时进行资产交接，全力做好过渡期间的安全、稳定等各项工作。公司结合资产管理工作现实要求，本着“精简、高效”的原则设立由25人组成的管理机构，理顺管理关系，修订岗位职责，清理各级债权债务，完善资产管理制度，探索盘活闲置资产和加强有效监管的新思路、新方法。

【运输生产】 上半年，公司经营班子坚持“系统优化、科学调度”的方针，推进“两整合一建设”工程，全力改造达州东货物线、南充东客车整备线等制约运输效能的关键节点，不断拓展挖潜扩能空间，实施“大客户”战略，深化港铁联运、专用线托管等合作机制，开行路企直通、达万内循环班列，在路局帮助下将K585/586次广州车图定延长至深圳西站，提高运输效率和运输市场份额。全年旅客发送和到达人数分别为808万人、839万人，较上年增加6.9%、7.7%，货物发送和到达分别为467万吨、969万吨，较上年增加4.7%、35.7%。委托管理前，公司不断加强安全管理机制建设，加大安全设备改造投入，推进搜山扫石、三年设备质量攻坚战、绿色通道建设和路外安全百日整治活动，安全生产持续有序可控。累计投入约5 800万元，集中力量对23个危险地段进行危岩整治，拆除非法道口和私设人行过道1 568个、封闭车站8个、植树529 479苗、拆违6 700平方米、安设防护桩0.88公里，彻底改善站区环境和路外安全状况。公司克服线路基础薄弱、扩能施工频繁、设备质量不稳、路外安全事故频发的不利因素，狠抓设备质量攻关，加强施工现场卡控，严控路外安全事故，截至 12 月 31 日，实现无责任铁路交通一般 C 类及以上事故4 024天，杜绝从业人员责任重伤及以上事故和责任旅客死亡事故，铁路交通相撞事故控制在卡控指标范围内。

【抗灾救灾】 冰雪凝冻灾害期间，各级干部员工紧急动员，检修设备，恢复生产，圆满完成春运旅客运输及重点物资运输任务，实现安全零事故、旅客零伤亡。“5・12”汶川特大地震后，公司确保作为救灾物资运送重要通道的达成线在极端艰难情况下安全畅通，在第一时间开展设备检查，抢修受损设备，加强线路整治，强化调度指挥。开展生产自救，在震后第五天迅速恢复运输生产，并全力做好专运、军列、抢字头专列、伤员转运专列的运输组织工作，确保重点运输万无一失和救灾人员、物资进川的生命通道安全畅通。

【规范管理】 严格落实全面预算管理的各项要求，杜绝预算外的各类支出，按照 10% 的比例全面压缩办公费、短途运输费用、出差住宿费等非生产和管理费用。加强资金监管，降低贷款利息，强化设计鉴定管理，全面实行物资采购招议标和工程预算第三方审价制度，累计降低项目造价约2 000万元。认真做好审计整改，主动开展达万扩能和达成线废弃轨料处置前期工作，妥善处理达万线土地确权、嘉成公司、重庆长安华都房产等历史遗留问题，经营管理工作逐步规范。全面贯彻落实新《劳动合同法》，修定完善《达成公司劳动合同管理办法》和新劳动合同文本，推广《员工手册》，针对委托管理实际签订劳动合同补充协议。调整招聘制员工养老保险基数，制定公积金调整方案，医疗保险、企业年金、招聘制员工社会保险全部纳入路局统一管理。开展“两线建设”，加快南充综合楼、万州单身宿舍建设进度，员工生活、工作环境得到改善。

【多元发展】 坚持以市场为纽带、以资源优化配置为方向、以不同主体相互融合为基础的多经发展思路，规范管理，改善经营，完善企业内部组织机构，建立健全多元经济的投资计划、人事劳资、资产资金、财务审计等专项管理办法，吸纳安置主业分流人员 31 人。在明确公司多元经营有关问题后，下属多元企业不断巩固原有的油品、货代、物流、酒店、装卸、铁道工程等业务，拓展以闲置资产经营、铁路建设供货、沿线房屋维修为主体的新业务，组织港铁联运货源，逐步完善嘉成公司经营设施，在促进主业增收、盘活闲置资产等方面发挥积极作用。全年公司多元经济完成产值 3.66 亿元，上缴税费1 477万元，实现利润1 194万元，经济效益逐年提高，资金运用安全可控。

（陈镜旭）

铁路建设

- 建设管理
- 工程质量监督
- 各项铁路建设
- 住房建设
- 设计鉴定

建设管理

【综　述】　2008年，按照铁道部“加强建设管理，高标准、高质量地推进铁路建设”的要求，全面落实质量、安全、工期、投资、环境保护和技术创新“六位一体”建设管理新理念，进一步加强铁路建设管理工作，充分发挥建设单位的主体作用，着力解决征地拆迁、路材路料、运输配合等制约铁路建设的不利因素，圆满完成全年建设任务。

【基本建设计划完成】　2008年初，铁道部下达给路局的基本建设大中型项目年度投资计划为80.33亿元。四季度，为加快灾后重建和应对国际国内日益严峻的金融和经济形势，铁道部按照国家拉动内需，刺激经济增长的重大部署，适时调整建设投资计划，下达给路局的年度调整投资计划为144.73亿元。截至2008年底，路局完成基建投资144.73亿元，较上年的57.24亿元增加152%，为铁道部全年考核指标的100%。年度投资计划和投资完成均创路局铁路建设历史新高。

【重点项目建成投产】　黔桂扩能改造工程都匀至麻尾段10月19日按期开通，12月31日都匀至龙里段电气化开通。停工长达8年之久的株六复线后巢征地拆迁遗留问题取得重大突破，贵阳客车整备所按期建成；成都车站改扩建工程、渝怀线官庄、细沙缓开站等一批春运应急工程按期建成投用。

【成都至都江堰铁路开工】　11月4日，四川省及成都市灾后恢复重建的重点基础设施项目—成都至都江堰铁路开工动员大会在四川省都江堰市青城山举行。铁道部部长刘志军、四川省省长蒋巨峰、成都市市委书记李春城出席动员大会并讲话，路局安路生局长汇报成都至都江堰铁路开工准备情况，四川省省委书记刘奇葆宣布开工令。

【渝利铁路开工】　12月29日，渝利铁路开工动员大会在重庆江北举行。重庆市委书记薄熙来出席典礼并宣布铁路建设开工，铁道部部长刘志军、市长王鸿举、湖北省副省长田承忠致辞。路局安路生局长、姚保国书记、陈凌副局长出席动员大会。

【成绵乐铁路客运专线暨新建铁路成都东客站开工】　12月29日，成绵乐铁路客运专线、新建铁路成都东客站开工动员大会在成都举行。铁道部副部长卢春房主持会议，铁道部部长刘志军，四川省省长蒋巨峰作重要讲话，四川省省委书记刘奇葆出席大会并宣布工程开工。

【质量信誉评价】　2008年7月，按照铁道部《铁路建设工程施工企业质量信誉评价办法》和《关于〈铁路建设工程施工企业质量信誉评价办法〉补充相关内容的通知》的要求，对路局基建大中型建设项目施工企业开展2008年上半年施工企业质量信誉集中检查和评价工作。

【安全质量大检查】　4月底至11月，路局开展建设系统安全隐患排查治理活动，成立以陈凌副局长为组长，建设处负责人为常务副组长，各建设指挥部的指挥长为成员的安全隐患排查治理活动领导小组。按照实施方案开展为期半年的检查治理活动，强化铁路建设安全管理基础工作，建立安全生产长效机制，有效杜绝安全事故的发生。

为认真吸取胶济线“4·28”事故教训，迅速贯彻全路“4·28”运输安全电视电话会议精神，路局迅速成立建设系统安全大反思、大检查活动领导小组，并作出统一部署和安排，通过自查反思、检查整改和巩固总结三个阶段开展安全大反思、大检查活动。

9月2日至15日，路局成立以建设处主要负责人任组长，由建设处负责人及各建设指挥部指挥长任副组长，建设处有关人员、各建设指挥部安质部人员组成的施工安全检查组，对贵州、四川、重庆三个片区的在建项目施工安全、施工防护、防洪、站改及路料管理等重点进行全面检查，采取集中检查和平时检查相结合，对检查发现的问题，及时通知责任单位整改。

【规章制度修改完善】　2008年，对历年涉及铁路建设的文件、制度全面清理。清理文件450余件，按照建设管理、招投标、质量安全、概预算等进行分类汇总，并对既有文件修订、补充和完善，相继下发

《成都铁路局推进铁路建设标准化管理工作实施纲要（试行）》、《关于更新成都铁路局建设工程招标评标专家库的通知》、《成都铁路局基本建设大中型项目既有线施工收费的若干规定（试行）》、《铁道工程成都交易中心市场交易规则》、《成都铁路局基本建设大中型项目管理机构考核办法》等管理办法，并配合有关部门，做好规章制度管理的标准化工作，将有效规章制度纳入路局办公系统的行车规章库，进行动态管理，及时更新，方便建设系统相关人员检索、查询和使用。

【招投标工作】 加强与铁道部建设主管部门、部交易中心的联系协调，确保路局建设项目在一级交易市场招投标活动的顺利进行。2008 年，圆满完成贵阳枢纽贵阳南编组站扩建及客车外绕线工程站后工程施工总承包及监理招标、成都铁路集装箱中心站工程总承包及监理招标、新建重庆铁路集装箱中心站中铁快运和普通货物运输设施工程总承包及监理招标、改建铁路贵昆线六盘水至沾益段增建第二线工程（成都局管段）站后工程施工及监理招标、成都枢纽成昆铁路货车外绕线站前工程施工总价承包及监理招标、改建铁路遂宁至重庆线增建第二线工程站前工程施工总承包及监理招标、新建铁路成都东客站及相关工程施工总承包及监理招标、改建铁路贵昆线六盘水至沾益段（成都局管段）增建第二线工程铺轨架梁施工总承包 8 个项目的招标工作。

组织、指导全局建设工程招投标活动，对进入铁道工程成都交易市场进行承发包交易活动的建设项目的招标计划、标底、招标文件、评标办法、招标结果等审查核准。保证招投标工作程序合法、招标结果科学合理。2008 年，路局二级市场进行交易的工程项目 57 项，涉及金额 4.59 亿元；物资采购项目 16 项，涉及金额 4.89 亿元。

【执法监察工作】 按照铁道部《2008 年铁路建设工程项目执法监察工作要点》的要求，印发《关于开展 2008 年铁路建设工程项目执法监察工作的通知》，明确 2008 年全局执法监察工作的总体要求，组建由建设处负责人为组长、局监察处负责人为副组长、相关部门人员参加的执法监察检查小组。12 月 4 日至 12 日，局执法监察检查组采用点面结合的方式，对全局基本建设项目和更改项目的内业和外业进行执法监察，对发现的问题，制定整改措施，完善管理制度，强化规范管理。

【建设管理人员培训】 2008 年，在路局建设任务繁重、人员紧张的情况下，积极组织人员参加铁道部举办的建设管理人员培训班，培训人员 22 人。为加强路局营业线施工安全管理工作，宣传、贯彻铁道部最新颁发的既有线施工安全管理办法，先后在彭山举办两期全局既有线施工管理培训班，培训人员 468 人，增强既有线施工人员的安全意识，加强安全管理工作。

（张　宇）

工程质量监督

【综　述】 2008 年，成都监督站在铁道部工程质量安全监督总站、成都铁路局的领导支持下，克服建设项目多、管理跨度大、缺少建设人才的困难，抓住施工各阶段突出的重点、难点问题，按照部监督总站及路局安全质量管理的要求，结合路局开展的各项施工安全专项整治及施工安全隐患排查治理活动，对成都铁路局管内的 14 个铁路大中型项目进行监督检查，对地方铁路和部分更新改造项目进行监督检查，防止重大安全质量事故的发生，使建设工程质量安全处于可控状态，全年的监督工作取得较好的效果。

【首次监督会】 2008 年，成都监督站分别组织召开重庆集装箱中心站、成都集装箱中心站、六沾铁路、新建南涪铁路、成灌铁路及成都货车外绕线共 5 个建设项目的首次监督工作会议。建设单位、勘察设计单位、施工各标段指挥长、总工、安质部长及各标段总监参加会议，公布项目监督人员，质量安全举报地址和电话，宣布监督工作纪律，对监督检查实施程序、方法、要求以及监督工作的主要内容作具体要求。

【参加全路建设工程质量现场会议】 11 月 2 日至 3 日，铁道部在武汉召开全路建设工程质量现场会，路局主管副局长陈凌、建设处处长敬洪武、监督站副站长李亚林参加会议。会后，路局立即部署贯彻落实会议精神，建设处及时将工程质量现场会的有关资料编印成册，下发各建设指挥部，传达铁道部及路局有关要求，并于11月10日至30日对建设系统开展工程质量大检查活动，检查各建设指挥部、监理站、施工单位标准化建设开展情况及建设项目工程质量管理情况。

【业务培训】 2008年，成都监督站监督人员参加由部监督总站举办的3期业务培训班，学习、掌握有关铁路工程质量安全管理的新文件、新标准，新规范，适应路局大规模铁路建设工作的需要。成都监督站举办见证员、送检员培训班，进一步规范各建设项目见证取样送检工作。

【监督检测】 针对路局管内建设项目地形地貌、地质条件复杂，工期紧、质量安全压力大等特点，成都监督站加强对管内建设项目的检测，委托符合铁路工程质量监督检测管理办法的检测机构对贵阳枢纽、黄织铁路、六沾铁路、襄渝二线、重庆集装箱中心站、达成线扩能改造、成都至遂宁双线铁路等7个项目原材料的粗细骨料、钢筋焊接、水泥、外加剂、粉煤灰、防水板，桥梁基桩，隧道的初期支护，仰拱及二次衬砌，路基填筑，挡墙等项目进行监督检测，提高监督效能，工程质量得到保证。

【质量安全举报处理】 建立举报受理台账，纳入台账管理，及时召开质量分析会，强化质量管理。2008年，成都监督站共受理举报材料7件，并对受理的举报材料及时开展调查，对隐蔽工程进行无损检测，部分工程部位进行破检。所查处的举报材料中，1份属实，3份部分属实，3份不属实，对问题工点明确责任单位，发监督通知书，限期整改，并将调查处理结果上报部监督总站。

（张　宇）

达成铁路扩能改造

【综　述】 2008年，达成、遂渝和成都北编组站建设指挥部（简称达成指挥部）重点抓好在建的达成铁路扩能改造工程建设管理，并承担成都铁路集装箱中心站、成都东客站等新开工项目的建设管理工作，继续做好宝成复线、成昆电化、青成二线、内昆铁路、遂渝铁路、成都北编组站等销号项目收尾工作。所管各建设项目均全面完成年度投资计划，实现工程形象进度目标，工程质量总体良好，安全无事故，同时，积极推进铁路建设标准化管理工作。“5·12”汶川大地震后，组织达成铁路扩能改造工程部分施工单位参加广岳铁路的抗震抢险。

达成铁路扩能改造工程全年完成投资27亿元，为年计划的100%。开累完成投资95.6亿元，为工程总概算116亿元的82.4%。站前线下工程基本完成，铺轨架梁工程全面展开，站后工程逐步跟进。重点控制工程“三桥四隧”完工。完成小桥、土溪、营山3个车站的站改。

达成指挥部为建设管理机构，同时管理多个建设项目，实行一个机构、多块牌子管理，下设综合部、计划财务部、技术部、安全质量部、物资设备部、工程一部、工程二部、工程三部、销号项目部，定员编制87人，现员69人（含二线人员）。

【沿线频发阻工事件】 由于沿线地方政府征地拆迁和临时用地补偿资金不到位，加之施工中的一些顺沟、顺渠、顺路恢复问题未及时解决，沿线特别是达州市渠县境内频繁发生阻工事件，共计约130余件次，严重影响工程进度。

【参加广岳铁路抗震抢险】 按照部、局的统一部署，5月16至6月13日，由路局副局长陈凌、建指指挥长王荣华带队，组织达成铁路扩能改造工程部分施工单位中铁二局、七局、八局、十二局、二十五局等参加广岳铁路抗震抢险，按期完成上级下达的抢险任务，被路局评为“抗震救灾先进集体”。

【“6·30”开通动员】 部、局确定达成铁路扩能改造工程2009年6月30日必须开通后，7月至8月份建指多次召开确保“6·30”全线开通动员会，动员各参建单位想方设法加快施工进度。

【指导性施工组织设计调整】 根据达成铁路扩能改造工程2009年“6·30”开通的工期要求，对达成东、西段指导性施工组织设计进行调整，明确主要工程节点工期，经路局审查通过后印发各参建单位执行。

【南充前线指挥组组建】 为确保达成铁路扩能改造工程年度建设任务的完成和2009年“6·30”开通目标的实现，组建南充现场指挥组，靠前指挥，实行日交班会制度，及时协调解决施工中存在的问题。

【“大战100天”活动】 从8月底开始，根据路局的统一部署，在全线组织开展“大战100天”活动，并按照部、局的有关规定加大对施工、监理单位的考核力度。此项活动对加快施工进度、完成全年建设任务起到推动作用。

【云顶隧道贯通】 位于达成西段成都市金堂县与青白江区交界处的全长7 858米的云顶高瓦斯隧道12月20日贯通，路局和建指分别致电祝贺。云顶隧道为全路目前在建的三座高瓦斯隧道之一，被列为全线重点控制工程，由中铁十二局承建，2005年12月开工。

【推进铁路建设标准化管理工作】 从4月中旬开始，按照部、局的统一部署，建指扎实推进铁路建设标准化管理工作，成立领导小组，制订推进计划，按照建设管理“六位一体”的要求对现行建设管理制度修订完善。

（成中华）

表5－1 基建大中型建设项目投资完成情况 （2008年）

序号	建设项目	年投资计划（万元）	完成投资（万元）	完成率（%）	主要工程形象进度
一	达成铁路扩能改造工程	270000.0	269926.1	100.0	达成扩能遂宁至成都北142.2公里既有线电气化改造工程已于2006年7月1日正式开通投运。 全线累计完成路基土石方3240万立方米，为设计数量3269万立方米的99.1%；桥梁工程完成77811折合延长米、193座，为设计数量80369延长米、220座的96.8%和87.7%；隧道工程完成56569折合延长米、109座，为设计数量57047延长米、110座的99.2%和99.1%；铺轨完成197.9公里，为设计数量637.7公里的31.0%，其中正线铺轨178.8公里，为设计数量592.8公里的30.2%，站线铺轨19.1公里，为设计数量44.9公里的42.5%。
1	国铁部分	143000.0	137832.1	96.4	
2	合资铁路部分	127000.0	132094.0	104.0	
二	成都铁路集装箱中心站	8000.0	7999.2	100.0	工程于2008年7月3日开工，征地工作基本完成，拆迁完成通信线路迁改36.1公里，天然气管道迁改400米。
三	成都东客站	2000.0	2000.0	100.0	工程于2008年12月29日开工，完成施工准备及部分前期相关工作。

（成中华）

成都集装箱中心站建设

【综　述】 成都铁路集装箱中心站位于宝成、成渝、成昆、达成四条铁路干线交汇处，紧邻成绵、成南、成渝高速公路及成（青）金快速通道，交通便利，是通往西北、中南、华北等地区的交通要道。建成后不但有利于满足地区快速增长的集装箱运量需求，促进本地区的发展，提高物流服务水平，还将有效缩短成都与沿海港口的时空距离，而且对整个西南地区的铁路运输现代化建设以及国民经济的快速、稳定发展具有重要意义。

成都铁路集装箱中心站是铁道部在全国规划的18个铁路集装箱中心站之一，占地2 140

亩。该中心站建成后预测初期枢纽适箱货物的发到量为2 400 $\times 10^4$t，其中发送1 100 $\times 10^4$t，到达1 300 $\times 10^4$t 入箱率分别为33.7%和33.0%；近期枢纽适箱货物的发到量为3 100 $\times 10^4$t，其中发送1 340 $\times 10^4$t，到达1 760 $\times 10^4$t，入箱率分别为44.4%和40.1%；远期枢纽适箱货物的发到量为5 000 $\times 10^4$t，其中发送2 000 $\times 10^4$t，到达3 000 $\times 10^4$t，入箱率分别为59.6%和43.6%。

主要工程内容有：城厢车站改扩建、城厢至大弯联络线、铁路局货运设施和集装箱运输设施四大部分。主要工程数量为：中桥2座，框架桥3座，涵洞53座计2 300余延长米，土石方254万断面立方米，房屋5 741平方米，混凝土铺面15万余平方米，铺道岔52组，铺轨31.22公里。初步设计批复总概算7.59亿元，总工期18个月。

全年完成投资0.8亿元，为年计划的100%。7月3日举行开工典礼，至年底征地工作基本完成，拆迁完成通讯线路迁改36.1公里，天然气管道迁改400米。

成都铁路集装箱中心站建设指挥部为建设管理机构，与达成指挥部实行一个机构、多块牌子管理。

【建设指挥部成立】 4月11日，路局成立成都铁路集装箱中心站建设指挥部。

【工程招标】 6月11日，成都铁路集装箱中心站施工、监理招标在北京铁道工程交易中心开标。通过招标确定，施工标中标人为中铁八局集团有限公司、中铁第一勘察设计院有限公司联合体，监理标中标人为西南交通大学工程建设监理公司。7月2日，路局在成都举行该工程授标暨合同签字仪式。

【开工准备】 做好工程开工前的各项准备工作，与有关地方政府签订征地拆迁实施协议；组织设计、监理、施工单位现场进行土地丈量、核实、移交，办理相关手续，创造一次性接收土地达90%的新纪录；及时编制指导性施工组织设计，保证工程顺利开工。

【工程开工】 7月3日，成都铁路集装箱中心站开工典礼在成都市青白江区城厢镇举行。四川省委常委、成都市委书记李春城出席开工典礼并宣布开工。成都市委副书记、市长葛红林，成都铁路局局长安路生，党委书记姚保国，副局长陈凌、张国力以及参建单位负责人出席典礼。

【“12·31”开通安排】 部、局确定成都铁路集装箱中心站2009年12月31日必须开通后，建指及时调整指导性施工组织设计，对主要工程节点工期作出安排。

（成中华）

成都东客站及相关工程

【综　述】 成都东客站是集高速普速铁路、地铁、公交、长途客运、出租车、社会车辆“零换乘”的，具有“功能性、先进性、系统性、文化性和经济性”理念的铁路客运综合交通枢纽工程，旅客日吞吐量90万人次，为中国西南客运中心。成都东客站主要包括成都东客站站房工程和达成引入工程，位于成都市东郊，利用既有沙河堡车站改造扩能。成都东客站站场按两场布置，按26台26线站场规模完成。基地北侧为成渝高速公路，东侧为三环路，西侧为机场路东沿线，距双流机场18公里，距成都站10公里，距成都南站为7.5公里。

建筑总量：约21.5万平方米（站房建筑面积：108 009平方米）；相关工程为石板滩（不含）至成都东客站（不含）DK320+300—K14+150，正线长16.952公里引入工程及城际场（DK154+800—DK157+720）、达成场（K14+150—DK17+050）正线2.92公里范围内铁路综合工程。车站建筑地上二层、地下三层，局部设置夹层。其中地面层为站台层，西侧设地面站房，东侧为地下出站厅和设备用房。地上二层为高架层，东侧与城市地面齐平设东站房。地下一层为出站和综合换乘通道，东西两侧与城市交通体系连接，东西站房地下设有部分设备及管理用房。地下二层为地铁2号线站台层，地下三层为地铁7号线站台层。初步设计批复总概算38.3308亿元，批复总工期2.5年。

全年完成投资0.2亿元，为年计划100%。开累完成投资0.2亿元，为工程总概算的0.6%。完成项目施工、监理招标工作，12月29日正式开工建设。

【建设指挥部成立】 4月11日，路局成立成都新客站建设指挥部，12月4日更名为成都东客站建设指挥部。

成都东客站建设指挥部为建设管理机构，与达成指挥部实行一个机构、多块牌子管理。

【前期工作】 根据部省纪要精神，按照铁道部《关于新建铁路成都东客站及相关工程初步设计的批复》要求，落实项目管理机构、人员、资本金和建设资金，建立健全建设管理规章制度，完成项目用地、环评报告、水土保持方案的预审和道路改移、立交等有关协议。

【初步设计审查】 8月31日，铁道部工程设计鉴定中心对成都东客站及相关工程初步设计进行审查。铁道部副总工程师郑健、部工程设计鉴定中心副主任吴克非及中铁二院总经理朱颖、副总经理张文健等参加。

【工程招标】 12月21日，成都东客站及相关工程施工、监理招标在北京铁道工程交易中心开标。通过招标确定，施工Ⅰ标中标人为中铁建工集团有限公司，施工Ⅱ标中标人为中铁七局集团有限公司，监理Ⅰ标中标人为成都大西南铁路监理公司，监理Ⅱ标中标人为西南交通大学工程建设监理公司。12月26日，路局在成都举行工程授标暨合同签字仪式。

【工程开工】 12月29日，成绵乐铁路客运专线和成都东客站开工动员大会在成都举行。四川省委书记刘奇葆宣布工程开工。铁道部部长刘志军，四川省委副书记、四川省长蒋巨峰分别在开工动员大会上致辞。

（成中华）

销号项目

【综　述】 达成指挥部在做好在建项目、新开工项目建设管理工作的同时，由销号项目部对宝成复线、成昆电化、青成二线、内昆铁路、遂渝铁路、成都北编组站等销号项目进行清理，基本完成收尾工作。

【结余资金清理】 对各销号项目原概算、合同、验工计价资料及项目实施相关资料查找、归类和整理，形成专题报告，多次通过局财务处向铁道部财务司申请资金，5月全部返回资金，债权债务清理支付完毕。

【遗留问题处理】 根据铁道部加强建设项目竣工决算工作的要求，对各销号项目大量历史遗留问题进行处理。对2007年编制的宝成复线、青成二线、成昆电化项目竣工决算修订完善，上报铁道部财务司；下半年先后完成内昆铁路、遂渝铁路和成都北编组站项目竣工决算编制工作，准备接受项目财政评审。

【资产移交】 组织遂渝铁路和成都北编组站施工、接收单位对已交付使用的正线、枢纽无砟轨道、联络线等资产进行清理，办理资产移交，抓紧完善有关手续。

【档案整理】 对各建设项目的会计档案进行整理，并按照局档案馆初步检查的要求进行整改，基本达到移交条件；遂渝铁路文书档案一次性通过专项验收。

【遂渝铁路水土保持设施通过国家竣工验收】 8月29日至30日，国家水利部主持，四川省水土保持局、重庆水利局以及沿线水行政部门和水土保持监测单位等参加，对遂渝铁路水土保持设施进行竣工验收。

（鲁　坚）

襄渝铁路二线建设

【综　述】 2008年，面对“5·12”汶川大地震影响，征地拆迁阻力大、现场阻工频繁发生现象，物资材料供应紧张等困难，认真落实部、局建设工作会议精神，充分发挥建设单位的龙头作用，结合工程项目实际进度情况，研究分析存在的问题，及时调整和优化施工组织，全力推进工程项目建设，召开“确保襄渝二线（成都局管内）2009年6月30日开通誓师动员大会”，开展“决战100天全面完成2008年建设任务”等活动，参建各方强力攻坚，确保全年投资计划的完成。

"5·12"震后组织抗震救灾，降低灾害损失。根据四川省建设厅《关于全省建筑施工现场立即停止施工的紧急通知》和路局《关于加强当前安全工作的紧急通知》，停止所有工程施工，铺架所用内燃机车调往灾区，支援抗震救灾工作。

【投资完成】 2008年，包括地方负责的征地拆迁投资6亿元，全年共完成投资30.9亿元，完成年度调增投资计划的100%。开累完成投资72.05亿元，为投资总额72.42亿元的99.5%。

【站前工程形象进度】 全年，完成路基土石方483.25万立方米，开累完成2 070.82万立方米，为设计总量的94%；完成桥梁17 222.37成桥米，开累完成50 732.85成桥米，为设计总量的96%；完成隧道19 857.86成洞米，开累完成50 852.56成洞米，为设计总量的94%；完成涵洞3 608.53成洞米，开累完成11 456.43成洞米，为设计总量的95%。

【铺架、制梁工程形象进度】 全年完成制梁559孔，架梁558孔，铺轨71.452公里。年底，开累完成制梁979.5孔，为总量的47.8%；架梁612孔，为总量的29.9%；铺轨86.0365公里，为正线铺轨量的23.5%；制普通砼枕21.1万根和制桥枕7.2万根，为总量的41%；上砟12.271万立方米，为总量的13.98%；备砟30万立方米，为总量的39.8%。

截至年底，完成高兴—清平、磨心坡—141线路所、141线路所—井口联络线的铺架施工。新增三汇镇、广安铺架口，建设完善三汇镇、广安倒装站。对广安制梁场进行了扩能改造，搬迁广安救援列车，增加一条装梁线及部分存梁台座。

【站后工程形象进度】 年底，临时电力工程已全部完工，电力拆迁工程已临近收尾阶段，既有牵变所改造完成7处，电力贯通线架空线路立杆70%，接触网架设48.3条公里，完成信号迁改工程7处和信号大临过渡工程12处，完成西永、回龙坝、团结村、重庆、北碚既有设备改造，完成磨心坡两端、渠县两端红外机房搬迁、三汇镇既有AEI机房拆除，完成房屋修建6 591平方米为总量的22.2%。

【施工安全】 一、始终坚持"安全第一"的指导思想，认真贯彻落实国家、部、局的各项安全法律和规章制度，围绕施工安全、行车安全、人身安全等重点工作，强化既有线施工管理，确定安全卡控重点，制定相应卡控措施，签订施工安全协议，严格执行"一机一人"跟车防护规定，确保施工和行车安全。二、组织施工安全员培训班，所有培训人员全部合格并颁发证书。三、组织施工单位有关安全生产人员进行安全教育，并邀请供电段、工务段、电务段等单位领导及专业工程师就营业线施工事故案例分析，对隐患多发点、施工的重点、难点及其注意事项进行讲解，加强施工单位安全应急应变能力。四、量化添乘检查制度。指挥部领导及有关部门每周添乘检查，及时发现既有线施工存在的问题，消除邻近既有线施工存在的隐患。五、重点施工重点监控。针对既有线施工重点和关键环节，要求监理单位配置既有线施工经验丰富的监理人员进行全过程监督，指挥部进行重点跟踪检查、监控，保证既有线的行车安全。

【工程质量】 一、牢固树立质量意识。严格执行《铁路工程质量管理条例》、《铁路建设工程质量管理规定》，不断增强全体管理人员的责任意识。二、强化质量过程控制。对施工现场采取抽查、驻点等方式检查，对检查中发现的质量安全问题和隐患及时指出并限期整改。三、充分发挥监理检测单位监督管理职能，严格按规范和验标进行检验，加强进场材料的检查试验及见证取样或平行检验工作，使项目建设质量得到有效控制。四、抽查工程日志和监理日志，确保日志真实地反映施工过程中的质量控制过程。五、加大对重点工程的检测力度，对A料、底砟进行抽检，杜绝不合格材料上道使用。

【征地拆迁】 年底，拆迁企事业单位101家，为总数的93.5%；完成新征地9 994亩，为总量的99.3%；拆迁路外房屋816 186平方米，为总量的95.1%；拆迁路内生产及生产性生活房屋55 490平方米，为总量的82.9%。

【建设管理】 根据路局对襄渝线"建管结合、一次达标"工作部署，及时与中铁二院对接，督促出图。年底已完工程有：磨心坡、渠县、达州、三汇坝、广安、望溪、临巴溪等站的信号房屋，达州、三汇坝电力、配电房屋及磨心坡站综合楼及生产房屋，达州、三汇镇、磨心坡等站的红外探测房屋，三汇坝站站台电缆入地等。

【标准化管理】 努力推进标准化管理工作，全面落实“六位一体”管理要求，促进建指管理水平的全面提升。成立标准化工作领导小组，由指挥长任组长，副指挥长、总工程师任副组长，技术部、工程部、安质部、计财部、办公室负责人为组员，建立推进标准化目标责任制，将标准化目标任务分解、细化，明确组长、副组长、组员各自分工和工作目标。认真落实《成都铁路局推进铁路建设标准化管理工作实施纲要（试行）》，按照管理制度标准化、建设过程标准化、人员配备标准化、现场管理标准化的工作内容和要求抓好各方面工作，并接受路局检查。

【计划财务管理】 2008 年，财务工作围绕建设成本和建设资金管理两条主线，加强建设资金管理，保证资金供应，确保资金安全。强化投资控制，从概预算、招投标、合同、验工计价等源头控制投资，加强对建设过程的投资控制。财务管理和会计核算、建设资金使用和管理基本符合国家和部、局的有关规定，会计基础工作扎实，得到审计部门好评。

【投资控制】 以合同为龙头，以部批概算为依据，严格投资控制，组织审查并报路局的Ⅰ类变更设计共计 21 项，上报金额53 506万元。

（杜万元）

重庆集装箱中心站建设

【项目单元】 根据《关于新建重庆铁路集装箱中心站修改初步设计的批复》，该工程项目共分为中铁联合国际、中铁快运、征地拆迁、成都铁路局货场、预留场地 5 个单元。

【投资完成及形象进度】 中铁快运单元：2008 年完成投资6 700万元，为年计划的 100%。开累完成投资6 700万元，为投资总额 1.47 亿元的 45.6%。开累完成路基土石方 140 万立方米，为设计实物工程量的 89.4%。

成都局货场单元：2008 年完成投资 600 万元，为年投资计划的 100%。开累完成 600 万元，为投资总额5 800万元的 10.3%。

中铁联单元：2008 年完成投资25 600万元，为年计划的 100%。开累完成投资25 600万元，为施工总承包价28 289万元的 90%，为投资总额 4.4366 亿元的 57.7%。开累完成路基土石方 185.8 万立方米，为设计量 188 万立方米的 98.83%；桥梁完成 74.4 成桥米，为设计总量的 100%；房屋工程完成 2 000 平方米，为设计总量的 43.96%。

（杜万元）

遂渝铁路二线建设

【项目概况】 遂宁至重庆增建第二线铁路与达成铁路遂宁站接轨，途经四川省遂宁市，重庆市潼南县、合川市、北碚区，至石子山接桐子林线路所引入重庆枢纽。该工程自遂宁南至石子山（原北碚北），含遂宁地区相关工程。起止里程为 DK0 + 000—YDK125 + 690.59，正线长度 130.832 公里。其中新桥—遂宁南新建双线 16.068 公里，遂宁南左线货车疏解线 3.903 公里，遂宁南—北碚北增建二线 110.482 公里，引入重庆枢纽北碚北—桐子林线路所增建二线 4.616 公里，货车疏解线 1.884 公里。初设批复遂宁至重庆线增建二线工程总造价为 48.1552 亿元，建设工期为 3 年。

路基土石方量为1 067.28万断面立方米，路基附属圬工量为 79.39 万立方米。全线桥梁总计 93 座共32 048米，隧道及明洞 58 座共33 284米，新建涵洞 121 座共2 416米，正线铺轨 151.963 铺轨公里，站线铺轨 7.764 铺轨公里，铺岔 95 组，铺砟 39.54 万立方米。

【主要技术标准】 铁路等级为Ⅰ级，正线数目为双线，限制坡度为 6‰，路段旅客列车设计行车速度为 200 公里/小时，最小曲线半径为2 800米，牵引种类为电力，机车类型为客机动车组、和谐系列、SS 系列，牵引质量为4 000吨，到发线有效长度为 850 米，行车指挥方式为调度集中，闭塞类型为自动闭塞，建筑限界为满足旅客列车最高行车速度200公里/小时的电气化铁路双层集装箱列车限界要求。

【投资完成及形象进度】 2008年完成投资2亿元。完成新增用地2 500亩，取弃土场1 500亩，拆迁房屋28 600平方米。路基工程完成区间土方60.3万断面立方米，石方16.7万断面立方米。桥涵工程完成基础圬工2.5万立方米，墩身圬工1.9万立方米。隧道工程完成Ⅴ级成洞米604米，Ⅳ级成洞米509米，Ⅲ级成洞米411米。

【征地拆迁】 完成四川省、重庆市境内的地灾评估、压覆矿评估，与重庆市潼南县、合川区、北碚区签订征地拆迁工作协议。重庆境内K33+00—K78+400范围内的目标征地图已送到相关区、县。

（杜万元）

渝利铁路建设

【综 述】 渝利铁路是沪汉蓉通道的重要组成部分，西起重庆市渝北区，向东途经重庆市江北区、长寿区、涪陵区、丰都县和石柱县，止于湖北省利川市，与宜万线凉雾站接轨，为国家Ⅰ级客货共线双线铁路。全线共设重庆北、玉峰山、胡豆堡（线路所）、双溪、复盛、长寿西、长寿北、涪陵北、丰都、石柱、沙子、凉雾共12个站（所）。线路正线长264.406公里，设计速度目标值200公里/小时，初设批复概算价值268.68亿元，建设工期五年。2008年12月29日，在重庆江北区唐家沱举行渝利铁路开工动员大会，重庆市市委书记薄熙来、铁道部部长刘志军、重庆市市长王鸿举、铁道部副部长卢春房、路局安路生局长等部、市领导出席。

【公司组建】 2008年2月19日，渝利铁路有限责任公司完成工商注册登记，5月6日正式挂牌。按照精简、高效的原则，公司根据路局机构设置建议和2008年第一次股东会、董事会一届二次会议决议，做好内设机构设置及人员配备工作，8月31日，公司机构设置及人员配备基本到位，内部管理办法编制全部完成。

【工程进度】 做好施工准备工作，及时督促施工、监理、设计单位，加强协调，立即进场，上足人员、设备，强力攻坚，多开工点，迅速形成施工高潮。至年底，现场交桩和全线用地勘测定界工作全面展开，部分先期开工工点的土地使用已交付，施工便道、临电等临时工程施工已全面铺开。按照公司与铁道部、路局签订的《完成2008年中央投资基本建设计划及工作量承诺书》要求，至2009年2月底，完成投资8.5亿元。

【整章建制】 借鉴已建、在建项目建设管理经验，结合渝利铁路工程实际，不断完善管理制度办法，针对渝利、南涪铁路地质复杂、安全隐患点多、质量控制难度大等特点，重点对岩溶隧道、高桥、水上施工、挡护工程、爆破作业等难点工程和重点工序，制定49项切实可行的管理办法和监控措施。

【安全质量】 强化安全质量管理，成立以总经理为组长的安全质量管理领导小组，明确主管领导、公司各部门、各岗位的职责要求，层层落实安全管理责任。以拌合站、试验室和原材料质量控制为重点，全力抓好工程质量控制。加强安全质量要点监控，明确路基工程滑坡路基整治、软基处理、涵背及台背回填、桥涵过渡段、挡护、预应力锚索施工及路基分层填筑，桥梁工程明挖基础、桩基水下砼灌注、承台大体积砼、高墩、高性能砼、预应力砼连续梁线形控制及预应力施加、支承垫石，隧道工程开挖、抑拱、初期支护、防水、二衬砼，作为质量监控要点，编制详细的监控实施细则并严格实施；把有可能发生较大规模突水突泥、较大的预测涌水量、赋存瓦斯以及高水压等高风险隧道和重点控制隧道，以及高墩桥梁和特殊路基工程，隧道工程的超前地质预报、隧道及路基工程的爆破作业、高空作业等作为安全重点环节，严格卡控，确保安全敏感点、安全防护措施、安全人员落实到位。

（卢建国）

南涪铁路建设

【综 述】 南涪铁路是重庆市外环铁路网络的重要组成部分，是沟通渝黔和渝怀铁路、沪汉蓉快速铁路通道的重要联络线，线路南起重庆市南川区万盛—南川地方铁路南川火车站，向北途经南川区的水江镇，武隆县的平桥镇、鸭江镇，涪陵区的梓里镇，北止涪陵区渝怀铁路涪陵站，全线设南川、南川东、水江、平桥、鸭江、梓里和涪陵站共7个车站，其中平桥、梓里站为预留会让站，远景预留高桥站，正线全长78.331公里，为国铁Ⅱ级单线铁路，初步设计批复概算27.6154亿元，建设工期两年半。2008年9月29日在重庆市南川区举行南涪铁路开工典礼，铁道部原副部长王兆成、重庆市副市长童小平，路局安路生局长、陈凌副局长等部、市领导出席。

【公司组建】 2008年2月19日，南涪铁路有限责任公司完成工商注册登记，5月6日正式挂牌。按照精简、高效的原则，公司根据路局机构设置建议和2008年第一次股东会、董事会一届二次会议决议，做好内设机构设置及人员配备工作。8月31日，公司机构设置及人员配备基本到位，内部管理办法编制全部完成。

【工程进度】 做好施工准备工作，及时督促施工、监理、设计单位加强协调，多开工点，迅速形成施工高潮。截至12月31日，完成投资1.8亿元。

（卢建国）

渝怀铁路建设

【收尾配套工程】 概算清理批复投资1.1亿元（广铁集团0.42亿元委托其代建），防护栅栏成铁局完成307.62公里，进度为86.91%，广铁集团完成30公里，进度为27.86%；立交通道成铁局完成24处，剩余19处，广铁集团只完成9座顶进涵预制（10座天桥全改顶进涵）；完成挡砟块、限界架及安全保护区设置工作，K419路基岩溶整治，圆梁山隧道出口弃砟场整治，K101路基病害整治工程。

【国家验收准备工作】 认真做好渝怀铁路档案编制、移交、归档工作，共形成建设项目档案1 369卷，并向重庆市城建档案馆移交相关竣工资料，具备验收条件。

【土地办证】 湖南、贵州境内土地办证工作已完成，重庆境内正在办理中。

【固资移交】 成都局管内固资移交工作已完成，广铁集团管内固资移交工作正在办理中。

（卢建国）

黔桂铁路扩能改造

【综　述】 2008年黔桂扩能改造于12月31日全线电气化开通。完成部、局下达的7亿投资任务，开累完成41.5亿，完成初设总投资42.73亿元的97%。安全质量可控，全面实现年度建设目标。

黔桂扩能改造、贵阳枢纽扩建、六沾复线和株六复线剩余工程建设指挥部属一个机构四块牌子，设办公室，财务计划部，安全质量监察部、工程一部、二部、三部，技术一部、二部和三部，定员79人（不含株六），现员76人。

【工程进度】 铺架工程：铺轨196公里；站线铺轨52.44公里，架梁622孔，铺便线23.67公里，铺道砟75.72万立方米。站后工程随铺架跟进，其中Ⅰ标段都匀至麻尾10月19日全面完成，Ⅱ标段于12月31日前完成房屋给排水、电力、绿化、通信、信号室内设备安装及电缆隐蔽工程、接触网、牵引变电所设备安装。

【安全质量】 始终把质量工作列为重中之重抓实抓细，严格按照指挥部制定的“二、三、四”工作法，落实现场检查、整改的“八个必须”，加大工作力度，组织参建各方建立严密的安全质量工作体系。制定隧道施工安全质量应急预案、营业线施工安全质量应急预案、防洪抢险应急预案。

【技术管理】 重点与地方相关职能部门对接谈判关于高速公路、国道、省道等协议的签订达400余处。有序组织站前施工图数量清理，组织投资检算，组织定水坝隧道断层、银洞坡隧道突水、堂仗隧道、西山隧道、螃蟹冲隧道坍方以及全线隧道围岩级别变化调研论证，集中解决技术复杂问题。组织完成Ⅰ类变更设计文件的编报。

【征地拆迁】 全线征地拆迁全面完成，总计完成征地验工

8 169.67亩，回收土地169.85亩，完成临时用地验工3 829亩；完成拆迁验工328 564平方米。

【建设管理】 工程验工计价做到不超验、不漏验，不合程序的、不合规的验工指挥长不予签认。资金拨付坚持严格审查程序，以验工计价为资金拨付依据。严格财务管理，通过专项资金审计4次。建立健全各种管理规章制度。

【检查地震造成工程隐患】 5月13日，黔桂指挥部迅速全面检查因四川汶川大地震导致的工程隐患。

【建设工作会议】 3月1日在贵阳召开，会议传达全局建设工作会议精神，总结上年建设工作，安排部署2008年建设工作。4个项目施工单位集团公司分管领导、指挥部指挥长、总工程师，监理单位公司领导、项目总监，设计院分管领导、各项目经理、相关专业，建设指挥部领导、各部门负责人和专业工程师等180人参加会议。

【预防职务犯罪】 3月28日，指挥部切实抓好建设管理，实现建设管理规范、工程优质、管理干部优秀的“双优”目标。

【突破瓶颈工程】 3月28日，指挥部在贵阳召集中铁八局、二十二局、三局、十七局集团公司分管生产的副经理、项目指挥长、总工程师，大西南、四川铁科、黑龙江监理公司总监，设计项目经理，研究黔桂扩能“瓶颈”工程安全进度工作专题会，解决影响年度投资任务完成的关键性问题。

【路局现场办公】 4月23日，路局陈凌副局长率建设、计划、总工、运输部门负责人到黔桂扩能改造工程现场办公，详细了解、检查黔桂“瓶颈”工程施工情况，并根据铁道部要求，对黔桂2008年施组重新进行调整，提出倒排工期，12月31日实现开通目标。

【龙里至都匀段开通】 10月30日龙里至都匀段电气化安全正点开通。

【部省会谈】 7月13日、12月13日，铁道部党组成员、副部长卢春房率计划司、建设司、鉴定中心有关部门负责人以及铁路局领导一行与贵州省省委常委副书记、省长林树森、常务副省长王晓东就如何加快贵州在建铁路建设项目进行会谈。

【部省会谈精神落实】 7月14日，召开黔桂扩能、贵阳枢纽扩建、六沾复线项目征地拆迁工作专题会议，迅速贯彻落实部省会谈精神，提出加快征地拆迁工作的具体要求。

【路局动员大会】 9月19日22点，全局建设动员大会在贵阳召开，安路生局长作重要讲话，9月26日，指挥部召开参建单位落实会议精神，并动员大干100天，完成建设任务。

（梁明书）

贵阳枢纽扩建工程

【工程投资进度】 截至12月30日，完成铁道部下达计划9亿，开累完成13.5亿，完成初设29.8亿的45%。实物工程进度Ⅰ标段客车外绕线完成全部工程量的90%；Ⅲ标段货车外绕线完成全部工程量的80%；Ⅱ标段贵阳南编组站完成全部工程量的50%。

【安全质量可控】 抓安全质量管理，严格执行“二、三、四”工作办法，完善动态安全质量管理体系，扎实开展施工安全专项整治，切实把铁道部“三项治理”活动贯穿安全质量管理的全过程。贵阳枢纽安全质量可控。

【技术管理】 突出抓好与地方各种协议的谈判签订，落实瓦斯隧道施工方案，督促设计单位尽快提供贵阳枢纽总平面图、施工过渡方案以及土石方调配方案等，同时加强工程质量安全管理，邀请设计专家对老寨1号等地质较为复杂的隧道进行补强安全措施，组织Ⅰ类变更设计资料的编报工作。

【征地拆迁】 主动配合贵阳市、黔南州地方政府，按照铁道部与贵州省会谈纪要抓落实，督促尽快交出建设用地，完成征地拆迁工作。

【建设工作会议】 3月1日在贵阳召开。路局建设处、建设指挥部领导、各部门负责人、专业工程师，各施工单位集团公司分管生产安全的副总经理，监理公司主要领导，项目指挥长、总监，设计院领导、项目经理等参加会议。会议全面总结上年工作，安排部署2008年枢纽建设任务。

【安路生局长检查贵阳枢纽】 6月12日至13日，安路生局长检查贵阳南编组场和株六剩余工程项目后巢客车整备所和机务折返段。

【贵阳枢纽站后受标】 6月26日，路局陈凌副局长为贵阳枢纽站后工程施工、监理中标单位中铁电化局、北京现代授标。

【贵阳枢纽征地拆迁专题会议】 8月24日，省政府副秘书长主持专题会议，研究贵阳枢纽征地拆迁工作存在的问题。

【部运输局调研】 9月6日，铁道部运输局对贵阳枢纽施工运输进行调研。

（梁明书）

六沾复线建设

【概　况】 六沾复线工程总投资56.6亿元（2亿美元外资），设计工期4年，2007年全线开工。

【投资及进度】 2008年完成铁道部下达投资任务7.8亿元，开累完成9.6亿元，完成初设总投资56.6亿元的17%。全线重点控制性工程全面开工建设，六盘水枢纽短平快项目按路局要求有序推进。

【安全质量管理】 建立健全安全质量管理体系，按照铁道部和路局要求，制定隧道施工安全质量预防措施及营业线施工安全质量预防措施、防洪抢险预防措施，确保安全质量可控。加强对重点隧道、桥梁，特别是高瓦斯隧道的安全质量卡控措施。

【技术管理】 印发《六沾复线指导性施工组织设计》，指导工程建设有序推进，确保建设总工期。

【征地拆迁】 落实《部省协议》，加快正式用地报件工作，满足控制性工程先行开工建设用地和临时设施用地。

【建设管理】 六沾复线是路局管内目前唯一外资项目。加强外资管理培训工作，按照常规项目管理制定和完善建设管理的各种规章制度，规范建设行为，从验工计价到资金管理、资金拨付、资金流向、使用都进行严格的把关、监控。

【建设工作会】 3月1日召开建设工作会，安排六沾复线建设工作。建设指挥部领导、施工单位、集团公司分管生产安全的副总经理、监理公司领导、设计院领导和各工程指挥部指挥长、监理站总监、设计项目经理参加会议。

【外资审计】 5月16日，国家外援款项目审计服务中心对六沾外资项目管理进行审计。

【六沾复线首次接受国家审计】 5月24日，国家审计署外资司对六沾复线建设资金管理情况进行审计，肯定六沾复线建设指挥部管理规范有序。

【阿子沟隧道抢险】 8月3日，六沾复线指挥部组织施工单位中铁八局、十六局、隧道局参加内昆铁路阿子沟隧道列车脱轨事故抢险。

（梁明书）

株六复线剩余工程

【概　况】 株六复线剩余工程近3亿元投资实行台账管理。2008年7月，工程建设全面复工。

【工程进度】 贵阳市2007年加大协调力度，再次组织保护性强制进场复工。2008年底客车整备所达到开通条件，机务折返段工作正在推进。

【省政府专题会议】 2008年，召开3次专题会议协调解决株六复线遗留问题，省领导明确指示，但效果不佳。7月13日，部省领导高层会谈，商讨有关问题。

（梁明书）

贵广铁路建设

【综　述】 贵阳至广州铁路跨越黔桂粤三省（区），是

《铁路“十一五”规划》中“继续扩展西部路网”所列新建铁路项目，是西南至华南地区便捷铁路新通道及西北至华南地区铁路新通道的组成部分，是一条客货兼顾、以客为主的区际快速铁路干线，对完善路网布局、优化路网结构，加快推进西南地区经济社会发展具有重要的意义。

贵广铁路为Ⅰ级双线电气化铁路，旅客列车速度目标值200公里/小时，预留进一步提速条件。正线全长857公里(其中贵州省境内300.9公里、广西境内348.6公里、广东境内207.5公里)，桥隧总长约632公里，占线路总长的73.7%，其中正线桥梁占线路总长的19.8%；正线隧道占线路总长的53.9%，全线10公里以上隧道9座118公里。全线共设30个车站，其中贵阳北、贵阳、新广州站为客运站，办理客货运业务的中间站17个，越行站10个。

国家发改委批复贵广铁路建设总工期6年，投资估算总额858亿元，其中工程投资812.6亿元，车辆购置费45.4亿元。由铁道部与贵州省、广西壮族自治区、广东省共同出资建设，并组建贵广铁路有限责任公司，负责项目建设与资产管理。

贵广铁路建设2006年8月18日立项，2008年9月23日国家发改委批复可研，10月13日开工建设。中共中央政治局委员、国务院副总理张德江出席开工动员大会。12月23日，在贵阳召开“贵广铁路全线开工誓师大会”，贵广铁路建设由前期工作正式转入工程建设实施阶段。

在铁道部和贵州、广西、广东三省（区）政府的领导下，在成都、南宁铁路局和广铁集团的支持下，贯彻落实铁路建设新理念，以“可研报批、定测和初步设计、项目法人组建、开工准备”等工作为重点，有序高效地推进前期各项工作。

【项目可行性研究获批复】 2008年1月，贵州、广西、广东三省（区）政府和铁道部联合报送《新建贵阳至广州铁路可行性研究报告》，确定“以国家发改委批复项目可研为目标，全面有效介入项目可行性研究工作”的工作方针，贯彻“规划选线、地质选线、环保选线、合理利用土地选线”的原则，注重可研阶段设计方案、土地预审、环评水保、利用外资等重点工作，经过与设计、咨询单位以及三省（区）政府有关部门的共同努力，环境保护部、水利部、国土资源部相继于7月、8月份，批复环境影响报告书、水土保持方案报告书和项目用地预审初审意见。9月23日国家发改委正式批复《新建贵阳至广州铁路可行性研究的报告》。

【定测及初步设计】 科学组织定测和初步设计工作，加大科技投入，精心组织地质勘察，全线定测及补充定测的地质钻探总量超过100万米，基本查清沿线工程地质条件。提前开展地灾、压矿、通航、行洪等评估论证，地灾、压矿、地震安全性评估认证工作全部结束并取得地方政府相关批文。推进立交、道路改移、取弃土场等相关协议签订，已经完成协议签订量的89%。铁道部工程设计鉴定中心对初步设计文件评审时认为“本项目是近年来同类铁路建设项目中前期工作做得最好的一个，整体工作推进最为细致扎实，地勘工作最为深入”。9月24日，铁道部批复《关于新建贵阳至广州铁路小高寨二号三号隧道及甘棠江特大桥初步设计》；11月5日，批复《新建铁路贵阳至广州线初步设计》。

【站前工程全面开工】 组织先期开工工程建设，10月12日在铁道工程成都交易中心完成贵广铁路先期开工工程施工和施工监理招标，13日在广西桂林隆重举行开工动员大会，20日组织先期开工工程施工和监理单位进场开展施工准备。GGTJ1－1标已完成路基土石方3.3万立方米，隧道成洞10折合米；GGTJ6－1标，正在进行大临便道建设。贵州省、广西壮族自治区境内先行用地已获国土资源部批复，广东省肇庆市境内的先行用地同意先用后批，占用林地评估和报批工作正在进行，贵州、广西及广东肇庆境内的征地拆迁已经全面启动，贵州省境内2008年征地拆迁丈量补偿工作完成90%以上。组织开展全线站前工程招投标工作。依据《招投标法》等有关法律法规和铁道部《关于新建贵阳至广州铁路站前工程施工及监理招标计划的批复》，12月中旬，组织完成全线站前工程施工及监理招标工作，并向中标单位发出中标通知。已完成征地2 995.44亩，拆迁量8 421.2平方米，办理临时用地征用1 391.25亩，大临便道建设93.11公里，临时电力线路建设47公里。铁道部安排贵广铁路2008年计划完成24.5亿元投资任务，其中征地拆迁完成13.5亿元，实物工程量完成3.5亿元，物资采购6亿元，其他费用1.5亿元。中央预算内资金20亿元、铁道部5 000万元资本金以及贵州省3亿元资本金已经到位。2008年底完成投资8.15亿元。

【公司组建】 6月中旬，广东省明确广东省铁路投资集团作为贵广铁路广东省出资者代表。8月，贵州、广西相继明确贵州铁路投资有限责任公司和广西铁路投资（集团）有限公司作为出资者代表。11月中旬，铁道部发展计划司在南宁与贵州、广西、广东三省（区）发改委联合召开公司组建协调会，商定并修改补充《公司章程》和《合资建设经营贵广铁路合同书》，加快项目法人组建工作。公司组建各项前期基础工作已经基本完成。

【信息化建设管理】 把信息化作为贵广铁路实施标准化管理的保障，利用现代科技手段提高建设管理效率和质量。在铁道部信息中心的支持下，加快贵广铁路建设管理信息系统的研发和实际应用工作，将PDA与信息系统配合使用。研发隧道围岩自动监测、超前地质灾害预报、人员管理等系统，建立现场视频监控和视频会议系统，基本满足贵广铁路建设管理的需要。前期开发的地勘工作模块，保证地勘工作的进度和深度。信息系统的21个模块已经全面建成，设计、合同、进度、施工、监理、安全、质量、验工计价、超前地质预报、安全监测、环水保等11个模块已经投入使用。

【标准化管理】 按照铁道部“新开工项目必须严格按照标准化管理方式实施管理”的要求，落实铁道部《关于推进建设单位标准化管理工作的指导意见》，以打造精品工程、安全工程为目标，组织制订42个管理办法、制度，分3个层次涵盖贵广铁路建设安全、质量、工期、投资效益、环境保护和技术创新6个方面的内容。

【廉政建设】 注重从源头上预防职务犯罪的发生，坚持以“工程优质、干部优秀”为目标，制订《贵广铁路工程党风廉政建设和预防职务犯罪管理办法》，与成都、南宁、广州铁路运输分院共同制订《预防职务犯罪工作实施意见》及相关工作细则。公司筹备组与每位员工签订《党风廉政保证书》，与各中标施工和监理单位签订《贵广铁路工程廉政协议书》。

（孙海鹰）

黄织铁路建设

【综　述】 黄织铁路参建单位克服凝冻天气、“5·12”汶川大地震、雨季时间长雨量大、建设资金紧张、原材料价格上涨供应吃紧等诸多不利因素对建设的影响，在路局领导下，在贵州省铁建办和各级地方政府的大力支持下，通过各参建单位共同努力，强管理、重落实，攻坚克难，较好完成各项工作，施工中未发生任何安全和质量事故，基本实现“七杜绝、一确保”的安全质量目标和建设投资目标。截至2008年12月31日全线实现无任何责任事故1 111天，无人身伤亡1 111天。

黄织铁路公司为部省合资组建的合资铁路公司，出资比例为铁道部51%（成都铁路局为出资者代表），贵州省开发投资有限责任公司、贵州金元集团股份有限公司、贵州黔东电力有限公司、中国国电集团公司各10%，贵州水城煤电有限责任公司5%，安顺市国有资产管理有限公司、毕节地区信泰投资有限公司各2%。总投资额的50%为资本金，其余50%使用银行贷款。黄织公司作为项目法人负责黄织铁路的资产经营、建设管理。黄织铁路建设实行代建制，路局设立黄织铁路建设指挥部，与黄织公司一个机构两块牌子，内设综合部、工程技术部、安全质量监察部，总定员20人，现员19人。

【投资及工程进度】 2008年投资计划1.1亿元，完成1.1亿元，完成年度计划100%。开累完成投资89 376.5万元，占初步设计概算总额的66.4%。

土石方全年完成12.6万断面立方米，开累729万断面立方米，占初步设计的100%。大中桥完成255.5延长米，开累完成5 218.6延长米，占初步设计的52.4%；全线大、中桥38座，开工35座，下部工程完工3座。隧道全年完成3 329延长米，开累完成20 266延长米，占初步设计的89.3%；全线隧道27座，开工26座，贯通5座，完工3座。

【控制工程及重点工程形象进度】 控制工程凤凰山隧道累计掘进4 890米，占全长的73.4%；高瓦斯隧道磨雄隧道已经贯通。3座重点桥梁，罗家寨特大桥累计完成设计总量的69%；播丫河大桥累计完成设计总量的75.5%；歹阳河大桥累计完成设计总量的87.8%。

【安全生产1 000天】 黄织铁路始终把安全生产和质量控制放在最重要的位置。9月11日，全线实现无任何责任事故1 000天，无责任人身伤亡1 000天。

黄织指挥部抓安全管理注重强化各项安全管理措施，完善制度、强化安委会职责、加强检查、严格考核，确保施工安全有序可控，全年无重大安全责任事故发生，实现“七杜绝”的安全目标。严把设计质量关，规范施工行为，强化现场监管，严格验收标准，确保工程质量始终处于受控状态，确保工程质量合格。全年无一般及以上质量事故，已完工程经施工单位自检、监理单位核验合格率达到100%。

【技术型人才队伍】 指挥部着力培养高素质的技术性人才队伍。现员19人全部是专业技术人员，其中高级工程师5人、工程师10人、会计师2人、助理会计师2人。5人取得注册安全工程师，1人分别取得造价、咨询、监理工程师，3人取得会计师，1人取得助理人力资源管理师的国家执业资格。

【股东资本金】 4月11日，公司股东贵州省黔东电力有限责任公司欠缴资本金1 477.1万元资本金到位。至此，按照公司章程约定的资本金暂定额度（初步设计批复概算的50%），各股东已足额认缴到位。公司在成立三年多的时间里，努力克服资本金融资的各种困难，实现股东认缴资本金方式融资6.739亿元，首先用资本金支付建设资金，避免过早启用银行贷款增加公司还贷压力，降低建设成本。

表5－2 各股东资本金到位情况

单位：万元　　（2008年）

顺号	股　东	出资比例	股东出资额	已到位资本金	备注
1	成都铁路局	51%	34308.21	34425	
2	贵州省开发投资有限责任公司	10%	6727.1	6727.1	
3	贵州金元集团股份有限公司	10%	6727.1	6727.1	
4	贵州黔东电力有限公司	10%	6727.1	6727.1	
5	中国国电集团有限公司	10%	6727.1	6727.1	
6	贵州水城煤电有限责任公司	5%	3363.55	3363.55	
7	安顺市国有资产管理有限公司	2%	1345.42	1345.42	
8	毕节地区信泰投资有限公司	2%	1345.42	1345.42	
合　计		100%	67271	67387.79	

【贷　款】 公司股东资本金6.738779亿元于2007年使用完毕，当年计划使用贷款1.11719亿元，2008年计划使用贷款3.1亿元。但由于股东退出，至2007年6月才完成股东变更，又因股东至2008年5月才全部提供贷款担保，个别股东与建设银行因担保合同文本意见不一致，至2008年8月才签订合同等诸多原因，8月19日，历时两年第一笔贷款资金5 000万元到位。向建设银行争取到贷款利率下浮10%、根据工程进度按月提款、提前还款不收取补偿金、未按合同约定提款不收取违约金等多项优惠条件，最大限度地节约财务成本。由于贷款资金落实滞后，导致建设资金断链，加上凝冻灾害、地震等影响，上半年全线除重点工程维持简单施工外，其余大部分工程均处于停工状态，贷款到位后复工占

用大量时间，影响了全年投资完成量。

【资金管理】 通过在验工计价，资金拨付等方面严格把关，深入现场监督检查，对验工进行逐月逐项复核，确认真实性，保证建设资金使用绝对安全。2008年通过路局财务检查，建设资金全面审计中没有发现违规违法使用现象。

【严重凝冻灾害迫使全线停工】 1月13日开始，贵州省出现50年不遇的严重凝冻灾害，多处电力设施无法正常运行，部分杆塔倒塌，黄织铁路所在的普定、织金县连续停电，全线被迫停止施工，由于道路交通受阻，油料紧缺，自发电只能维持简单的生活，施工单位陷入困境。

面对全线停电的紧张局面，指挥部每天与施工单位联系，随时掌握现场动态，要求施工单位采取应急措施保证人身安全，各工点解决好停工期间民工吃、住问题，及时拨付一季度工程预付款，保证结清民工工资，并协助民工返乡，分流化解矛盾。集中精力抓好年终财务决算等其他工作，减少灾害影响。

【灾后重建】 严重凝冻灾害迫使全线停工后，指挥部采取多项措施确保工地人身安全和留守队伍稳定。春节后，为尽早恢复施工，组织现场检查，了解各工点复工情况，协调地方有关部门，解决各工点尤其是重点工程劳动力组织，供电、柴油、水泥、钢材供应等方面存在的问题，积极创造复工条件。并依托公司股东会、董事会、监事会会议，研究解决股权、资本金、贷款、投资计划等问题，为建设做好保障工作。

【突　泥】 黄织线位于岩溶多发区域，溶洞、溶槽地质病害频繁出现，工程地质极为复杂，特别是全长6 662米的全线工期控制工程凤凰山隧道2008年多次发生突泥，2月27日开挖班掘进到DK50+813掌子面进行钻眼作业时，左侧拱顶涌出流塑状淤泥夹碎（卵）石及零星块石，突泥涌长55米，平均高度2.5米，将钻眼台车推离掌子面35米，并水平旋转90度，台车垮塌变形成1.0米高的铁堆，风枪及水泵被埋。施工单位掘进处理岩溶时又发生3次突泥，3月23日掌子面DK50+816突泥涌长36米；4月11日掌子面DK50+819突泥涌长29米；4月14日掌子面DK50+822突泥涌长20米。4月15日发生最大一次突泥，掌子面DK50+824突然涌出大量流塑状淤泥夹碎（卵）石，涌长78米，其中全断面充填40米，并引起地表坍陷。尽管人员撤离及时，未造成伤亡，但严重影响施工进度。针对凤凰山隧道施工状况，指挥部多次组织四方专题会议制定可行性施工方案，保证施工安全、质量。

【安全生产会】 1月22日，指挥部在贵阳召开2008年安全生产工作会。总结2007年工作，公布安全生产责任综合考核、防洪工作考核结果，表彰防洪度汛先进个人，安全生产先进单位、班组及施工、监理、设计单位16名安全生产先进个人。部署2008年工作重点，下达基建计划，签订年度安全生产责任书。

【磨雄隧道止水方案专家研讨会】 磨雄隧道是黄织铁路重点工程，全长2 068米（DK18+665—DK20+733），位于普定县境内。由于施工中出现隧顶落水岩水源失水，严重影响当地200余名村民的生产和生活用水，失水村民持续阻工，导致施工无法进行。3月4日，黄织指挥部在贵阳召开磨雄隧道止水方案研讨会，铁道部鉴定中心、中铁二院、成都铁路局总工室、普定县人民政府相关专家、代表参加会议，在听取设计单位止水设计方案汇报、施工单位施工情况汇报后，结合地质情况和施工情况进行认真研讨，形成纪要，指导后期施工。

【股东会、董事会、监事会会议】 3月7日，公司召开股东会第六次会议、董事会一届六次会议、监事会一届五次会议，审议通过总经理工作报告、公司财务决算报告和2008年公司投资计划方案，并专题汇报因设计规范变化引起建设标准提高、织金县要求扩大织金站站房规模及织金站同步建设战略装车点等情况，得到股东会、董事会、监事会认可。

12月下旬，公司董事会以通讯方式召开一届七次会议，专项审议《关于调整概算人工费增加新建黄织铁路投资的报告》，建议黄织铁路基期、编制期人工费标准按照《地方铁路基本建设工程设计概算编制办法》标准调整，施工图投资检算及变更设计工程同比调整，会议形成决议后呈报铁道部批准。

【公司董事长、董事、监事变更】 8月18日，路局推荐敬洪武任公司董事，不再推荐王益鹏任公司董事；推荐雷慧玲任公司监事，不再推荐王放明任公司监事。

10月18日，路局推荐陈凌任公司董事、董事长，不再推荐满希民任公司董事、董事长；推荐陈茂学任公司监事，不再推荐段陆奇任公司监事。

【股东代表视察工地】 4月23日至24日，公司组织股东代表视察组8人对黄织铁路建设情况进行详细现场调查，听取各参建单位的汇报，撰写《关于黄织铁路工费偏低严重影响工程进度的紧急报告》报铁道部。

【股东更名】 6月30日，公司股东贵州省开发投资公司更名为贵州省开发投资有限责任公司。

【路局领导现场办公】 12月12日，公司董事长、路局副局长陈凌检查黄织铁路在建重点控制工程凤凰山隧道、大干坝道路改移、普定站场施工作业情况，并召集黄织指挥部、中交股份公司、中铁十七局、中铁二十五局、成都大西南监理公司、北京方达建设监理公司、中铁二院负责人现场办公，对黄织铁路工程建设提出要求。强调加强施工安全工作及施工单位对项目部的技术指导，加强施工组织工作，确保工程按期完成。要求各施工单位资金投入确保施工需要，严禁拖欠民工工资行为。

【重点工程磨雄高瓦斯隧道贯通】 12月27日，Ⅰ标段由中国交通建设股份有限公司第三公路工程局承建的磨雄高瓦斯隧道掘进贯通。磨雄隧道全长2 068米，穿越85个煤层，最厚煤层达5米。指挥部组织施工、监理人员外出学习高瓦斯隧道施工经验，加强业务培训，高度重视瓦斯检测、揭煤、通风、施工机具防爆等施工环节，确保安全。

【织金站扩大站房规模】 按照织金县地方政府要求，织金站站房建设将扩大规模，并承诺承担增加的工程费用。公司经过论证，认为扩建对黄织铁路运营有利，在取得路局批准同意后，配合地方政府完善有关手续。

【织金站同步建设战略装车点】 根据市场调查和长远发展需要，并从黄织铁路的设计能力和织金县周围的煤炭产量及流向分析，建设期在织金站一次性建成战略装车点对运营后迅速提高运力、增加投资效益有利，同时能节约重复建设投资。提案得到公司股东会、董事会的支持。现已组织完成战略装车点的方案比选设计工作，并通过路局审查报部审批。

【监理信用评价】 按照《铁路建设工程监理信用评价暂行办法》和《关于开展铁路建设工程监理信用评价的通知》有关要求，对承担黄织铁路建设的两个监理单位北京方达建设监理公司和成都大西南铁路监理公司黄织监理站，在2008年度履行监理合同的行为及效果进行项目评价，均评定为乙等。

【物资招标】 黄织铁路概算单价低，招标难度大，指挥部认真执行国家、部、局各项招标规定。年内，钢轨连接件材料在北京完成招标，确定中标单位。桥梁支座及轨枕材料在北京招标，其中支座经招标确定中标单位，轨枕材料三次流标。低压电力电缆采购招标在成都完成，确定中标单位。桥梁梁体二次采购招标工作在成都完成，确定中标单位。

（吴玉石）

乐巴铁路建设

【综　述】 乐巴铁路线路全长51.524公里，设计目标速度100公里/小时，设计总工期24个月，核定总投资84 942万元，项目资本金按总投资的50%筹集，由成都铁路局、四川省地方铁路局（四川省铁路集团有限责任公司）、巴中市泰来投资有限责任公司分别出资48%、45%、7%。2006年9月25日开工。

乐巴铁路有限责任公司、成都铁路局乐巴铁路建设指挥部实行一个机构两块牌子，定编20人，设有综合部、物资设备部、工程技术部、计财部、安全质量部。

【建设管理】 一、建设投资任务全面完成。2008年实际完成投资1.1亿元实现计划100%，累计完成5.1亿元。路基土石方累计完成438.28万断面立方米，路基加固及附属累计完成28.66万圬工立方米；桥梁明挖基础累计完成25 833.03圬工立方米，墩身砼累计完成42 737.11圬工立方米，墩身钢筋砼累计完成31 114.14圬工立方米，挖孔桩累计完成17 768.99圬工立方米，钻孔桩累计完成3 614.9米，折合完成6 036成桥米；隧道洞身开挖累计完成652 446.46立方米，衬砌累计完成121 564.11圬工立方米，折合完成10 710.79成洞米；涵洞累计完成1 717.12横延米。累计完成征地1 847.7亩，房屋拆迁47 065平方米。

二、安全质量管理得到加强。坚持把质量安全工作作为乐巴铁路建设的重中之重，围绕实现质量安全目标，强化安全质量责任意识；开展“三项治理”活动，进行隐蔽工程的专项检测；定期开展桥梁、隧道等重点工程质量安全检查活动；开展弃土场、桥梁高空作业和炸药库安全专项检查整治活动；开展施工安全隐患排检治理活动、安全生产大反思大检查活动、安全生产月、工程质量大检查及标准化建设管理等活动，强化现场监督检查，夯实管理基础。现场管理工作不断加强，工程质量、安全进一步提升。

三、建设管理有序可控。建立完善工程管理类相关制度台账。严格按变更设计管理办法对施工中出现的变更设计进行审批、报送。严格按验工计价管理办法和规定的程序进行验工计价。“5·12”汶川特大地震发生后，各参建单位对乐巴铁路进行灾后全面检查，委托中铁二院对在建乐巴铁路工程震损情况进行核实，形成《在建铁路乐坝至巴中线汶川地震灾害评估报告》。按《关于调整2008年度铁路建设项目材料价差的指导意见》和四川省公布的工程材料价格信息，对2008年二季度及以前已完工程量及时进行调差计算，建设单位与施工单位按要求协商签订补充合同。

四、重难点工程进展顺利。施工单位按施工组织安排，对重难点工程配备精干的技术力量，及时解决施工中的各种困难，加快推进工程建设进度。月亮石隧道、南江下两2#特大桥等重难点工程按计划完成任务，乐家嘴2#特大桥取得突破性进展。

五、物资供应基本满足。自“5·12”地震以来，物资材料供应紧张，多次到中标厂家了解生产恢复情况，缓解施工现场急需。

桥梁和砼枕原中标单位提出不再生产乐巴铁路所需桥梁和砼枕，立即与多个生产厂家及时磋商，确定中铁二十三局养马河桥梁厂、彭州轨枕厂为供应商。

六、重难点问题取得突破性进展。一是《四川省发展和改革委员会关于乐巴铁路洪灾复建有关问题的批复》，同意将因洪灾引起的部分工程损失和复建费用659.52万元纳入预备费。二是《关于印发汶川地震灾后恢复重建基础设施专项规划的通知》，其中乐巴铁路投资估算3 807万元。三是《四川省发展和改革委员会关于新建地方铁路普济至巴中线乐巴至巴中段材料价差调整的批复》，乐巴铁路自2006年9月开工至2008年二季度已完工程，调整增加费用上限为12 221.81万元。四是困扰乐巴铁路的资本金和项目贷款得以落实。

【股东会、董事会、监事会召开】 2008年1月30日，乐巴铁路有限责任公司在成都召开公司第三次股东会会议，第一届董事会第四次会议和第一届监事会第三次会议。会议审议2007年度总经理工作报告、2007年度财务决算方案、2008年度财务预算方案、2008年基建投资计划方案和2007年资本金到位计划。

（吴　平）

成绵乐铁路客运专线建设

【综　述】 成绵乐铁路客运专线正线全长315.87公里，近期设江油、青莲、绵阳、罗江东、德阳北、广汉北、青白江东、新都东、成都东客站、成都南、双流机场、双流西、新津西、彭山北、眉山东、眉山南、夹江、峨眉和乐山等19个车站，其中高架站1个，地下车站1个；新建城际正线特大桥、大中桥共计118座，全长150.023公里，其中最长的桥梁是眉山高架特大桥，计9.31公里。新建双线隧道4座长12.666公里，其中最长隧道为双流机场隧道，长6.47公里；桥隧总长占线路长度的51.80%。

成绵乐铁路客运专线为双线铁路，采用8编组的电动车组，近期高峰小时行车间隔6.6分钟，列车最高运行速度为每小时250公里，从江油、乐山至成都分别只需51分钟和54分钟。

成绵乐铁路客运专线初步设计上报投资404.95亿元，2008年12月29日开工，预计2012年6月竣工，项目总工期3.5年。

（史志办辑）

成都市域铁路建设

【综　述】　新建成都至都江堰铁路为四川省灾后重建项目之一，按照城际铁路和服务于城市公共交通的要求进行规划设计。主要工程为成都至青城山正线66.2公里，成都西环至宝成成都方向联络线1.012公里，漓堆公园支线5.85公里，漓堆公园与青城山联络线4.232公里。共设成都、安靖、金牛、犀浦、红光、郫县东、郫县、郫县西、安德、聚源、都江堰、青城山、迎宾路、李冰广场、漓堆公园站等15个车站。重点工程有郫县高架特大桥，全长21.109公里；都江堰高架特大桥，全长13.297公里；漓堆公园支线隧道，全长3.226公里。

该项目投资概算总额为122.58亿元（静态投资104.6亿元），由成都铁路局和成都市共同出资，依法组建成都市域铁路有限责任公司作为项目法人。项目资本金占总投资的50%，其中成都铁路局出资70%（使用铁路建设专项资金），成都市出资30%（由地方自筹），其余资金申请银行贷款。

铁路等级：客运专线。正线数目：双线。速度目标值：郫县至青城山200公里/小时，成都至郫县段、漓堆公园支线120公里/小时。正线线间距：4.0米至4.4米。最大坡度：20‰。最小曲线半经：速度200公里/小时地段，2 200米；120公里/小时地段，600米。到发线有效长度：450米、650米。列车类型：电动车组。列车运行方式：自动控制。行车指挥方式：综合调度集中。工期18个月，2008年11月4日正式开工建设，2010年5月建成。

【组织机构】　根据路局《关于成立成都市域铁路公司筹备组的通知》，成都市域铁路公司筹备组于2008年6月25日成立，编制20人。下设综合部、计划财务部、工程技术部、安全质量部。办公地址：成都市五丁路1号。

【卢春房副部长视察】　10月27日，铁道部卢春房副部长率计划司相关人员，对成都至都江堰铁路建设情况进行全面检查，对前期工作给予肯定，在青城山召开座谈会，听取路局关于成都至都江堰铁路建设前期工作汇报。安路生局长，陈凌、王斌副局长及设计、施工单位负责人参加会议。

【李春城书记视察】　10月6日，四川省委常委、成都市委李春城书记率市有关部门人员，对成都至都江堰铁路犀浦站设计方案进行考察。安路生局长、王斌副局长汇报相关工作。

【股东会、董事会、监事会召开】　8月15日，成都市域铁路有限责任公司在成都铁路局召开公司第一次股东会、董事会、监事会。会议审议并通过公司章程和其他规则，同意推荐路局局长安路生为公司董事长，成都地铁有限责任公司董事长兼总经理伍勇为副董事长，聘任副局长王斌为公司总经理，周立新、刘云开、张智为副总经理，李勇为董事会秘书。

【开工动员大会】　11月4日，成都至都江堰铁路开工动员大会在都江堰市青城山镇成都至都江堰铁路青城山新站址召开。铁道部刘志军部长、卢春房副部长，四川省委书记刘奇葆、省长蒋巨峰，成都市委书记李春城，四川省副省长王宁，成都市市长葛红林，路局安路生局长、姚保国书记、王斌副局长及省、市和路局有关部门，设计、施工、监理单位负责人参加开工动员大会。

【投资完成情况】　2008年度完成投资19.68亿元（其中征地拆迁16亿元，工程投资3.68亿元），占投资总额122.58亿元的16.1%。

工程主要形象进度：站前工程累计完成土石方270 165立方米，占设计量的15.96%；桥梁钻孔桩49 356圬工立方米，占设计量25.2%；水泥搅拌桩226 906米，占设计量的48%；CFG桩8 092米，占设计量的20.2%；CMS桩114 900米，占设计量的14.63%；铺轨3.34公里，占设计量的14.1%；站台面11 240平方米，占设计量的10.98%；涵洞开工27座；完成沙西、红光、安德、都江堰制梁场基础设施建设，基本达到制梁条件。

【资金监管】 2008年，铁道部下达中央新增投资2亿元，按照“出手要快、出拳要重、措施要准、工作要实”的要求，公司树立全过程、全方位、主动、超前控制投资的思想，严格执行项目建设程序，控制资金使用各个环节，全面完成中央新增投资。一是公司向施工单位拨付中央新增投资资金时，注明资金款源，要求施工单位对投资形成的工程要单独进行验工计价。二是公司对施工单位资金使用流向进行全过程监控，严禁将中央新增投资资金挪作他用。三是中央新增投资资金的使用实行台账管理，要求施工单位对资金的收支情况建立专门台账，详细记录资金使用情况。四是将上级部门及审计部门全程跟踪中央投资使用的要求作为压力，督促施工单位单列上报投资完成情况，加强中央投资的管理和监督检查工作，切实保证验工计价真实可靠，杜绝虚假验工和发生资金使用上的违规行为，使中央新增投资产生投资效益和拉动效应。

【建设管理】 根据铁道部“六位一体”标准化管理的要求，规范建设管理行为，公司结合成都至都江堰铁路项目建设实际，制定《成都市域铁路有限责任公司“六位一体”管理体系文件》等系列制度、措施，规范建设管理。

【征地拆迁取得成效】 5月28日，铁道部与成都市人民政府签订的《关于加快推进成都市铁路建设的协议》、铁道部办公厅与成都市人民政府《关于加快推进成都市铁路建设的会议纪要》，以及7月2日铁道部与四川省人民政府《关于加快推进四川省灾后铁路恢复重建的会谈纪要》明确指出：新建成都至都江堰铁路项目征地拆迁工作由成都市政府负责，费用纳入投资。

依靠成都市政府强力推进征地拆迁工作，加强施工协调，创建和谐有序的施工环境。在成都市政府的领导下，成立成都市铁路项目（两站两路）建设指挥部，统一协调指挥、推进征地拆迁工作。建立每周召开一次的周协调会议制度和每月召开一次由各区县参加的征地拆迁工作协调会，研究解决征地拆迁工作中存在的问题，共同推进各项工作。同时定期向成都市政府汇报重大事项，加快协调解决问题的节奏。全线征地拆迁工作已基本完成。

根据中铁二院提供的初步设计铁路红线图，本线需征永久用地2 715.466亩（不含支线），其中国有土地728.316亩、集体土地1 987.15亩。本线需拆除房屋面积702 167平方米，其中国有土地企业149家、住户276家，面积244 148平方米；集体土地农村房屋892户，面积458 019平方米。截至12月31日，完成征地2 618亩，占需征地面积的96.4%，拆除房屋约63.8万平方米，占拆迁总量的98.4%。用于梁场、施工道路、加工场地等临时用地（约1 100亩）各区（市、县）均按要求提供，临时设施的修建基本完成。

【工程质量】 公司组建后，按照铁道部、路局的要求，认真学习和贯彻铁路建设有关工程质量管理条例、规定、办法，结合公司《“六位一体”管理体系文件》管理办法，强化工程质量管理，建立健全质量保证体系，并将质量保证体系细化到施工现场。认真开展监理、施工单位质量信誉评价活动，根据铁道部对监理、施工单位的信誉评价考核办法，完善公司详细的质量信誉评价考评细则，对各监理、施工单位的施工现场和内业资料进行详细检查，强化质量意识、提高质量管理。

【施工安全】 根据铁道部、路局及四川省、成都市关于安全生产的有关办法和规定，结合公司实际，建立健全安全保证体系，形成安全工作齐抓共管的良好局面。通过制订落实各种安全管理办法，增强生产管理人员的安全意识。坚持定期安全检查并督促整改落实，确保现场作业安全有序可控。

【安全质量大检查活动】 按照铁道部、路局的统一部署，先后开展安全质量大检查活动、施工质量信誉评价活动，以安全、质量、进度为重点，针对薄弱环节，切实强化施工安全现场管理，狠抓安全质量薄弱环节，保证成都至都江堰铁路建设的顺利推进，确保全线施工安全、质量有序可控。

【施工、监理合同签订】 12

月15日，成都市域铁路有限责任公司在成都铁路宾馆举行授标暨合同签字仪式，中标单位：站前Ⅰ标为中铁八局、Ⅱ标为中铁二局，监理标为北京铁研建设监理有限责任公司。路局副局长、公司总经理王斌分别向中标的施工、监理单位授标，分别与施工、监理单位签订施工、监理合同。

（李　勇　梁亚娟）

成都枢纽成昆铁路货车外绕线建设

【综　述】　新建成都枢纽成昆铁路货车外绕线为四川省灾后重建项目之一，工程总概算29.33亿元（不含成都市负责的征地拆迁费用），总工期15个月，2008年12月12日开工建设。本线自成昆线引入成都北编组站引出，上跨达成客车双线、绕城高速公路向南，沿绕城高速公路外侧跨成渝高速公路，跨府河经青云寺接入成昆线花龙门站，全线新建线路全长53.436公里，其中路基长30.713公里，桥梁21.833公里，隧道0.89公里，全线新增十陵、新兴镇、旗江3个车站。相关工程包括成都北编组站北端环线、北环宝成联络线、新兴镇及新津货运中心。

铁路等级Ⅰ级；正线数目：双线；最小曲半径：800米；限制坡度：6‰；牵引种类：电力；牵引质量：3 500吨；到发线有效长：850米；闭塞类型：自动闭塞。

【组织机构】　根据路局《关于成立成都货车外绕线建设指挥部的通知》，成都枢纽成昆铁路货车外绕线建设指挥部于2008年6月25日成立，编制16人，设综合部、计划财务部、工程技术部、安全质量部。8月18日，成都铁路局《关于调整成都货车外绕线建设指挥部机构编制的通知》，调增定员2人，调整后总定员18人，增设物资设备部。办公地址：成都市五丁路1号。

【投资完成情况】　2008年度完成工程投资5 003.2万元，占投资总额29.33亿元的1.7%。

工程主要形象进度：完成路基土石方90万立方米，为设计总量1 401.8万立方米的6.4%；全线特大中桥27座，开工3座，完成工程量97.4折合米，为设计总量19 364.31延米的0.5%。

【开工动员大会】　12月12日，成都枢纽成昆铁路货车外绕线开工动员大会在成都市龙泉驿区三圣乡举行。成都市人民政府段成柱副秘书长、路局王斌副局长、成都市铁路项目（两路两站）建设指挥部江河执行指挥长、路局有关处室及设计、施工、监理单位负责人参加开工动员大会。

【建设管理】　根据铁道部“六位一体”标准化管理的要求，规范建设管理，成昆货车外绕线建设指挥部结合建设实际，制定《成都枢纽成昆铁路货车外绕线建设指挥部“六位一体”管理体系文件》等系列管理制度、措施，规范建设管理各项工作。

【征地拆迁】　5月28日，铁道部与成都市人民政府签订《关于加快推进成都市铁路建设的协议》、铁道部办公厅与成都市人民政府《关于加快推进成都市铁路建设的会议纪要》及7月2日铁道部与四川省人民政府《关于加快推进四川省灾后铁路恢复重建的会谈纪要》中明确指出：成都枢纽成昆铁路货车外绕线征地拆迁工作及费用由成都市政府负责，费用不纳入投资。

成都枢纽成昆铁路货车外绕线建设指挥部从组建立即介入到征地拆迁前期工作，但由于地方政府征地拆迁工作启动较晚，截至12月31日交出先期用地不足50亩，仅完成征地拆迁工作任务的1%左右。

【工程质量】　结合指挥部《“六位一体”管理体系文件》的要求，强化工程质量管理，建立健全质量保证体系，并将质量保证体系细化到施工现场，提高施工管理人员的质量意识。开展监理、施工单位质量信用评价活动，根据铁道部对监理、施工单位的信誉评价考核办法制订详细的质量信誉评价考评细则，对监理、施工单位的施工现场和内业资料详细检查，强化质量意识，提高质量管理。

【施工安全】　根据铁道部、铁路局及四川省、成都市关于安全生产的有关办法和规定，结合指挥部实际，建立健全安全保证体系，形成安全工作齐抓共管的良好局面。通过制订各种安全管理办法以及狠抓落实，促进生产管理人员的安全意识提高。坚持定期安全检查并督促整改落实，确保现场作业安全有序可控。

【施工、监理合同签订】 12月15日，成都枢纽成昆铁路货车外绕线站前工程施工及工程监理授标仪式在指挥部举行。中标单位：站前工程施工标为中铁二十三局，监理标为大西南监理公司。23日，指挥部分别与施工、监理单位签订施工、监理合同。

（李　勇　梁亚娟）

住房建设

【综　述】 2008年8月20日，成都铁路局住房建设指挥部成立，设工程部、综合部、财务部，主要负责全局职工住房建设管理工作。定员18人。

住房建设指挥部自成立以来，对全局的住房需求初步摸底，对可用于住房建设的土地资源全面调查。根据调研情况，计划在成都、重庆、贵阳及沿线地区拟建职工住宅，并着手办理相关手续。截至2008年底，已启动安靖花园项目（780户）、火车南站一号地块项目（695户）、渝铁·九龙苑项目（159户）、渝铁家苑项目（1 759户）、六盘水凤凰小区项目（846户）、都江堰灾后重建项目（80户），共计4 319户住房建设。

【安靖花园】 该项目已完成立项审批，地勘已全面完成，初设已报出，正在同步进行规划公示，场地内林木搬迁，场地平整，临设搭建，场地打围均已完成。

【火车南站一号地块】 场地内相关建筑物拆迁工作已完成，土地确权完毕，已取得规划设计条件，完成设计招标、地勘，正在办理土地变性（由划拨改出让）的相关手续。

【渝铁·九龙苑】 已完成场地内的拆迁工作，地勘完毕，已取得经济适用房指标，选址意见书，投资备案登记证，规划用地许可证。

【渝铁家苑】 2008年12月27日在重庆举行启动仪式，正在对场地内27万立方米挖方进行开挖外运。

【六盘水凤凰小区】 12月28日举行启动仪式，原规划设计为846户多层住宅小区，作调整总规，沿街修建高层住宅，规划调整重新报审。

【都江堰灾后重建】 项目已主体完工，正在进行抹灰工作，预计2009年4月初交房。

（吕　超）

设计鉴定

【综　述】 2008年路局调整设计审批职能，将所有更新改造工程项目均划归概预算审查所审查批复。

概预算审查所按照路局2008年经营管理方针目标要求，围绕路局安全生产、冰灾地震复旧、优化生产力布局、增运增收、节支降耗、安全标准线建设等重点工作，以科学发展观统领各项工作，以路局干部五条禁令和局机关干部八项要求作为行为准则，在全局“大、改、复旧”等建设项目中认真把好关，并在专用线及跨线工程的审批工作中，严格人员管理、规范办事程序，圆满完成各项任务。

【设计文件审查鉴定】 2008年度内设计审查任务数量剧增，设计审批职能调整后所有更新改造工程项目均划归概预算审查所审查批复，冰灾、地震复旧、灾后重建工程新增大量工程项目，短时间内工作量达到以往的3至5倍。在时间紧任务重的形势下，概预算审查所加强工作力度，加快工作节奏，充分发扬“苦干、实干、拼命干”的精神，采取集中审查、限时审查、技术审查意见先行批复等具体措施，确保项目顺利实施。

全年共组织完成工程设计文件审查鉴定4 045项（大修271项、更新改造470项、地震复旧3 284项、其他20项），报送总概算为522 150.8184万元，核定投资总额为416 648.6421万元，节约投资106 169.5079万元。

表 5－3　工程设计文件审查鉴定情况　　（2008 年）

分类＼价值	数　量（件）	报送价值（万元）	审定价值（万元）	投资核减（万元）
大　修	271	76585.2664	69496.0129	7089.2535
更　改	470	112174.2913	86403.5405	26438.0822
地震复旧	3284	323560.6232	252739.6270	70820.9961
其　他	20	9830.6376	8009.4616	1821.1760
总　计	4045	522150.8184	416648.6421	106169.5079

【大中型基建项目前期工作】 完成大中型基建项目前期工作：牵头组织路局有关单位、部门参加铁道部关于新建成都枢纽成昆货车外绕线、南川至涪陵铁路、重庆至利川铁路、遂宁至重庆增建第二线、成都至都江堰铁路、成绵乐城际铁路、兰州至重庆铁路、贵阳至广州铁路、成都东新建客站初步设计审查。及时组织局有关业务部门、建设指挥部与勘查设计单位沟通，提出路局建议意见，为铁路基建大中型工程项目建成后更好地满足运输生产需要打下基础。

【技术协调及变更设计】 做好达成线、黔桂线、贵阳南编组站扩能改造，襄渝复线以及黄织、乐巴地方铁路等在建工程项目建设过程中的技术协调配合工作。牵头组织黔桂线定水坝、银洞坡、半坡隧道、襄渝增建二线计算机联锁系统、微机监测系统、信号系统综合防雷、贵阳南编组站综合视频监控系统及货检安全集中监控系统等Ⅰ类变更设计的审核、上报，并组织参加铁道部组织的Ⅰ类变更设计审查。

按时组织相关单位、部门编制完成贵阳南编组站综合集成自动化系统招标技术规格书报局招标办；组织对贵阳枢纽客车外绕线龙家寨跨线桥占用贵阳南货场、西南环线上跨贵阳南编组站设计方案等问题进行研究、协调。

【抗震救灾善后工作】 组织相关处室及设计单位完成都江堰车站灾后重建规划方案及施工设计文件审查，并协调处理有关用地规划问题；组织相关业务处以及铁二院对东坝、罗妙真等车站因地震灾害存在安全隐患问题进行研究并予以关闭；参加德天、广岳支线绵竹、什邡、汉旺车站站台抢修和广岳铁路抢通，并对相关单位的抢险费用审核上报提出意见。

【专用线及跨线工程审批】 为加强对跨（穿）越铁路工程建设管理，与相关部门共同修订《成都铁路局跨线工程管理办法》，规范跨线工程管理。

在支持地方经济建设和严格铁路规章制度相结合的基础上，办理广甘高速公路跨越宝成铁路、德阳市区长江西路下穿铁路、成彭高速入城段改造工程跨铁路西环线等项目跨（穿）越铁路工程的审批；按铁道部 21 号令和“两整合一建设”有关技术要求，组织对重庆长征重工（重庆重型铸锻厂）铁路专用线改造、重钢集团环保搬迁铁路专用线、都匀电厂异地扩建、合川电厂专用线新建工程等项目进行审查。

【安全标准线建设】 组织相关业务处室，建设、设计单位，对路局在建的襄渝线、黔桂线、达成线按照“系统优化、建管合一、全面整治、一次达标”的原则，在深入调研的基础上，下发详细的工作方案，做好襄渝增建二线、达成线扩能改造工程、黔桂线建管一次达标工作。

为确保宝成线安全标准线建设的顺利开展，在逐站平推调研的基础上，先后下发《关于下发宝成线安全标准线建设标准的通知》和《关于下发宝成线安全标准线建设站容站貌整治工作安排的通知》，对各系统安全标准线建设提出具体要求。在安全标准线的建设实施中，对各系统的建设进度进行适时掌握，对建设中出现的问题及时协调，确保宝成线安全标准线建设顺利完成。

结合路局安全标准线建设思路，广泛征求相关业务处室的建议和意见，制订《全局安全标准线建设标准指南》，提出全局安全标准线建设规划、建设标准、推进计划和管理制度，为安全标准线建设提出明确的方向及具体的要求。

【优化运输组织】 组织研究宝成线、沪昆线关闭车站、调整车站客货运业务的方案，做好宝成线、沪昆线14个车站关闭的施工协调工作。为保证关闭车站工作的顺利施工，提前下发《关于宝成、沪昆线关闭车站施工安排和相关要求的通知》，对施工作业严格规范。坚持深入现场，对每一个车站的施工，均派人现场协调，确保施工安全有序。

（许 冰）

经营管理

- 计划统计
- 财务管理
- 收入稽查
- 劳动工资
- 卫生防疫
- 人事管理
- 物资管理
- 审计

计划统计

【综　述】　围绕路局中心工作，进一步加强计划管理，切实抓好各项工作的落实，构建新体制下计划管理新格局。全面提高计划统计部门的服务保障能力，以行车安全和设备整治为重点，强化客货营销，完成全局客货营销预算、设备更新改造、基本建设前期工作和勘测设计、工业生产等各项计划的编制下达工作。

计划统计处定员26人，现员24人，下设技改计划科、规划及基建计划科、运输计划科、统计管理科、节能环保科。

【更新改造投资计划】　根据铁道部全力推进铁路装备现代化、推进和谐铁路建设以及做好铁路冰凝灾害、汶川地震灾后重建工作的具体要求，在2008年更新改造计划安排中，重点安排成都焊轨基地工程、成都编图中心、路外安全百日整治、人行通道建设、平交改立交工程、局交接口“5T”建设、“蓝剑”号动车组开行和春运、抗冰雪灾害设施等项目；在汶川地震铁路灾后重建项目计划安排中，主要安排都江堰车站重建，机务设备、车辆设备、工务设备、供电基础设施重建以及小站用水用电生产生活设施恢复等项目。

全局2008年完成更新改造投资125 488.3万元，为年计划126 262万元的99.4%，完成汶川地震铁路灾后重建项目投资29 565.5万元，为灾害专项资金计划30 545.2万元的96.8%，为确保行车安全和实现全年经营管理目标提供保障。

【设备管理】　根据铁道部《关于开展全局设备大检查的通知》精神，7月15日至12月上旬，严格按照部颁两个《标准》及电报要求，分别对局管内的设备管理工作进行检查。检查组以查制度、查管理、查安全、查现场、查落实为主开展检查工作。经各单位评比推荐，局检查组全面综合评审，共评选出局级设备管理优秀单位12个，设备（汽车）管理先进工作者98人，红旗设备92台。

【小汽车定编管理】　根据铁道部关于印发《铁路运输企业汽车定编管理暂行办法》的通知、《关于核准各铁路局汽车定编方案的通知》要求，以2006年汽车清查结果为基础，于2008年3月对路局公务车现状再次普查登记，制定《成都铁路局汽车定编管理实施细则（暂行）》，下达公务车定编方案。规范全局汽车管理工作，落实节支降耗要求，强化汽车合理配置与安全运行管理。

【部省纪要签订配合工作】　参加部省纪要签订前的协调工作，对重点项目成都新客站站房投资分劈、成都货车外绕线新津货场投资、征地拆迁等问题多次与地方政府进行沟通、协调，及时了解地方意见，掌握动态，并将有关情况向铁道部反馈信息。2008年共配合铁道部进行6次部省（市）纪要签订工作，分别为1月10日，铁道部与四川省人民政府签署的《关于加快四川省铁路建设的会议纪要》；2月29日，铁道部与重庆市人民政府签署的《关于加快重庆市境内铁路建设的会议纪要》；5月28日，铁道部与成都市人民政府签署的《关于加快推进成都市铁路建设的协议》；7月1日，铁道部与重庆市人民政府签署的《关于加快推进重庆市铁路建设的会议纪要》；7月2日，铁道部与四川省人民政府签署的《关于加快推进四川省灾后铁路恢复重建的会谈纪要》；7月13日，铁道部与贵州省政府签订的《加快贵州省铁路建设协调会议纪要》。

【大中型基建项目前期工作】　按照2008年新一轮部省纪要的要求，特别是汶川地震以及国家拉动内需的宏观政策，建设项目前期工作周期缩短，许多项目提前开展前期工作。牵头组织成都至都江堰铁路、成都至兰州铁路、成都新客站、成都枢纽货车外绕线、渝怀线重庆至涪陵段增建二线、渝黔扩能改造工程、渝万城际铁路、达万电气化改造工程、长沙至昆明客运专线、成都至贵阳铁路、成都至西安客运专线等12个项目的预可研审查工作，编制上报成都至都江堰铁路、成都新客站、成都枢纽货车外绕线、渝怀线重庆至涪陵段增建二线、达万线电化工程的项目建议书。

针对四川省铁路项目前期工作时间紧迫的形势，为做好与铁道部、四川省、成都市的协调与沟通，统领全局基建项目前期工作，下发《关于切实抓好四川省铁路建设项目前期工作的通知》，明确责任，细化任务，督促设计院、各指挥部和路局有关部门加快推进项目前期工作。并且每月以前期工作简报的形式将各项目进展情况和存在的问题进行通报。

【基本建设计划管理】 为确保路局全年基建计划完成，加强与各建设指挥部的联系，指导各建设指挥部按概算分章节、分标段要求，编制下达路局基建计划。2008年全局完成基建投资125.9106亿元，其中部年度计划内投资121.9241亿元，销号项目台账管理投资3.9865亿元。部下达年度计划144.73亿元，其中中央预算内投资计划（含配套资金）56.5亿元，实际完成121.9241亿元，完成84.2%。

部年度计划内项目共17个，襄渝增建二线完成30.9322亿元，为年计划30.9亿元的100.1%；达成扩能改造完成26.9926亿元，为年计划27亿元的100%；黔桂扩能改造完成6.9999亿元，为年计划7亿元的100%；沾益至六盘水增建二线完成7.8亿元，为年计划7.8亿元的100%；重庆集装箱中心站完成0.746亿元，为年计划0.73亿元的102.2%；成都集装箱中心站完成0.9999亿元，为年计划1亿元的100%；贵阳南编组站完成9亿元，为年计划9亿元的100%；成都东客站完成0.2亿元，为年计划0.2亿元的100%；成都货车外绕线完成0.5003亿元，为年计划0.5亿元的100.1%；乐坝至巴中铁路完成1.1亿元，为年计划1.1亿元的100%；黄织铁路完成1.1亿元，为年计划1.1亿元的100%；新建南川至涪陵铁路完成1.8002亿元，为年计划1.8亿元的100%；绵阳至成都至乐山客运专线完成0.1亿元，为年计划0.1亿元的100%。贵阳至广州铁路完成8.374亿元，为年计划24.5亿元的34.2%；重庆至利川铁路完成5.0003亿元，为年计划8.5亿元的58.8%；成都至都江堰铁路完成19.6806亿元，为年计划21.5亿元的91.5%；遂渝增建二线完成0.598亿元，为年计划2亿元的29.9%。

2008年中央投资项目4个，计划投资（含配套资金）56.5亿元。由于中央投资计划下达较晚，为保证中央投资更多地落实在实物工程量上，切实拉动内需，促进经济发展，根据铁道部中央资金落实情况检查组2008年12月18日至19日在成都召开的片区会议精神，铁道部、铁路局与贵广铁路公司、渝利公司、成都市域铁路公司和遂渝二线建设指挥部签订《完成2008年中央投资基本建设计划工作量承诺书》，允许中央投资项目2008年投资计划部分投资在2009年1月至2月完成。各合资公司、建设指挥部在《承诺书》中承诺，至2008年底完成33.15亿元，其余投资23.35亿元在2009年2月底已全部完成。2008年中央投资项目完成情况：遂渝铁路增建二线完成0.598亿元，为年计划2亿元的29.9%，为承诺完成投资0.6亿元的99.67%；新建贵州至广州铁路完成8.3741亿元，为年计划24.5亿元的34.2%，为承诺完成投资8.65亿元的96.81%；新建重庆至利川铁路完成5.0003亿元，为年计划8.5亿元的58.8%，为承诺完成投资5亿元的100%；新建成都至都江堰铁路完成19.6806亿元，为年计划21.5亿元的91.5%，为承诺完成投资18.9亿元（年底追加10亿元）的104.1%。

台账计划管理项目遂渝线完成0.2307亿元，渝怀铁路完成1.2810亿元，株六复线完成2.0202亿元，成都北编组站完成0.4547亿元。

【发展规划编制】 承担《路局2008年至2012年发展规划》中路网规划编制任务。为使路网规划起到指导其他工作的目的，认真分析铁道部各项政策措施，结合西南两省一市经济发展状况及建设项目前期工作进展情况，合理确定今后五年的建设规模，科学测算路网运输能力变化情况。分析近期即将开工的大中型建设项目的建设内容，结合路局运输生产的需要，将一些工程实施条件较好、建设周期较短、见效快的单体工程列为先期实施项目，引导建设指挥部合理调整施工组织设计，以使部分项目在总工期之前早日建成、发挥效益。

【运输主要计划指标】 全局完成旅客发送量10 954万人，同比增运539万人，增长5.2%，为部调整计划的100%；全局完成货物发送量14 099万吨，同比减运859万吨，下降5.7%，为部调整计划的100%。

全局完成换算周转量1 723.4亿换算吨公里，同比增加40.0亿换算吨公里，增长2.4%，为年计划的94.7%。

其中旅客周转量完成432.8亿人公里，同比增加15.4亿人公里，增长3.7%，为年计划的94.3%；货物周转量完成1 290.6亿吨公里，同比增加24.6亿吨公里，增长1.9%，为年计划的94.9%。

全局货车平均静载重为59.0吨，同比增加0.3吨，为年计划的100%；货车周转时间为2.62天，同比延长0.03天，与部调整计划持平；货运机车日产量为85.8万吨公里，同比降低0.8万吨公里，为部调整计划的100.2%；货物列车平均总重为2 812吨，同比提高11吨，比部调整计划增加4吨；货运机车日车公里为425公里，同比增加3公里，为年计划的100.9%。

【客货运输营销管理】 落实《成都铁路局2008年计划统计工作要点》的要求，从调查研究和规范管理入手，积极在全局运输站段开展客流货源调查、运输挖潜提效、增运补欠工作。

一、多方协作，全面沟通，顺利完成2008年营销预算的编制、下达工作。按照营销预算计划"两上两下"的编制流程，在充分考虑市场需求、上级目标和经营需要的前提下，编制、下达2008年运输营销预算计划指标配套方案及其与营业收入配套的营销指标体系。组织运输、客运、货运、机务、车辆、收入、财务和劳卫处等部门，牵头起草《关于努力增运增收确保实现2008年运输营销预算计划的通知》(草案)，促进全局运输生产的良性发展。

二、强化市场调研和监控分析，不断提高预算动态管理水平。以年度计划为核心，追踪计划指标的执行情况，动态分析运输生产形势的变化。

1. 积极推进路局的增运增收工作。重点分析全年2008年运输形势，以市场调查为基础，有针对性地提出确保计划实现的增运增收措施建议。针对路局上半年生产经营的严峻形势，按照局领导的有关指示和增运补欠工作会议精神，重新确定和分劈下半年增运补欠目标，并牵头制定下半年成都铁路局增运补欠措施及分解表，以文件下发，指导路局灾后增运补欠工作。动态追踪增运补欠措施的落实情况。以便函形式，对增运补欠措施落实情况分析工作的分工、进度、时间及内容要求进行明确，按月向局办和部财务司提交路局增运补欠措施落实推进情况。

2. 积极参与路局经济活动分析。定期对路局经济活动进行分析，及时对突发事件影响进行分析。针对年初雨雪凝冻灾害和"5·12"汶川地震灾害对路局运输生产造成的巨大影响，及时进行追踪、分析。提出《2008年南方雨雪凝冻灾害对我局运输营销预算计划主要指标的影响预测》和《"5·12"汶川地震灾害对成都局运输营销预算计划主要指标的影响分析》。对运输生产变化情况进行专题分析。完成《西北区域运输车流径路调整影响分析》、《沈山线核收电化附加费影响分析》、《2008年7月1日调整货物运价对我局的影响》和《沟海线核收电化附加费测算》等分析。随时监控全局违流运输变化情况，随时分析其对全局营销目标完成和对全局经济效益的影响情况。

3. 加强货车管理，压缩中、停时水分。针对中、停时统计水分日趋严重的现象，与运输处、统计所配合，对运输站段进行抽样调研，形成《关于对路局各车务站段中、停时实际完成情况的调查报告》。牵头组织运输站段就中、停时的实际完成情况对接，提出中、停时指标调整计划方案建议，合理编制下达中、停时计划。

4. 积极组织开展定期客流调查。按照铁道部的统一部署，与客运处配合，组织开展全局"2008年客运市场调查"，并参与部分主要站段的社会调查工作。配合客运处完成调查报告的编写及报部工作。

5. 为摸清管内运输能力及客流货源现状，积极应对因经济下滑造成客流货源不足的严峻形势，合理上报和编制、下达2009年运输营销预算计划，牵头组织2009年运输营销市场调查工作。

三、着眼基础，规范管理，不断强化预算基础管理工作。

1. 规范管理，提高运输营销统计分析质量。重新修订运输营销统计分析上报制度，要求站段按月、季上报营销信息和分析，以及增运增收、挖潜扩能措施建议。

2. 强化运输预算管理，全面推进《运输计划管理系统》建设。《运输能力》、《市场调查》、《建议计划》、《统计查询》、《综合考核》模块已基本完成建设，正逐步发挥出相应功效。《货运设备能力》和《分析预警》模块正在设计建设中。

3. 组织达成公司、运输处和收入稽查处召开“研究运输统计和运输营销预算管理工作”会议，对生产力布局调整后运输18点统计、精密数据统计和运输营销预算指标提供等相关事宜进行规范和统一。

四、完善考核，强化追踪，努力促进增运提效。

1. 配合劳卫处提出路局深化铁道部《运输生产挖潜提效考核》相关配套办法的修改意见，下发路局《运输生产挖潜提效考核办法》。重点参与对旅客列车能力利用考核，以及由计统处牵头实施的机、货车考核办法的修改和完善，对2008年机车、货车运用指标完成的工作量和考核奖罚总量进行预测。负责牵头开展对路局运输挖潜提效考核资料的汇总和分析工作。

2. 按时对运输挖潜提效考核进行分析。按照年初安排和分工，按时完成上半年分月、分季度的运输挖潜提效考核分析材料，并根据铁道部公布的考核结果进行修订，相关考核建议方案在路局挖潜提效考核分析会议讨论通过。

3. 减少自然灾害对路局考核造成的损失。针对年初雨雪凝冻灾害和“5·12”地震灾害对路局考核指标的影响，由计统处拟稿，运输处行文分别向部运输局专题汇报，为铁道部及时了解灾害造成的损失，合理调整挖潜提效考核结果提供依据。上半年，铁道部共计减免路局挖潜提效考核罚款630万元。

4. 继续加强对违流货物周转量的监控和考核力度，全年增加违流直通货物周转量83.69亿吨公里，挽回清算收入损失5.4亿元，提高全局的运输效率和效益。

五、加强协调，积极配合，主动树立服务意识。

1. 服务路局经营管理。为财务处提供与2008年度运输总收入227.05亿元目标相对应的营业收入及其相关工作量指标数据；配合财务处向铁道部提供2008年路局运输总收入（分季度、分细项）预算表；定期配合财务、收入处上报路局增收节支措施落实推进情况；配合劳卫、企管处补充、完善《成都铁路局机关安全、效益责任制考核办法》、《站段工效挂钩考核办法》及机、货车运用效率等多项考核办法，定期向相关处室提供站段工效挂钩和对机关安全效益考核的资料；为总工室等有关部门提供成汶、广岳、德天线运输现状等基础资料；配合运输处完成《成都铁路局运输指标任务完成情况和欠运量分析》的编写及报部工作等。

2. 服务二省一市地方经济发展。参加重庆市交委组织的开展“一小时经济圈”综合调查的研讨会议。作为调查小组成员，牵头组织开展路局范围内的重庆市“一小时经济圈”铁路运输调查，按时完成重庆市“一小时经济圈”调查资料的收集、整理和汇总，支持地方经济发展。

3. 服务一线基层站段。针对西昌车务段《关于调整停时计划的请示》反映的问题，在确认相关情况属实的情况下，牵头提出调整计划建议的签报，并根据局领导批示，对西昌车务段停时计划进行调整，调动基层提高运输效率的积极性。

表6-1 局运输营销预算计划完成情况 （2008年）

指　标	单　位	年计划/调整计划	完　成
换算周转量	亿吨公里	1819	1723.4
其中：旅客周转量	亿人公里	459	432.8
货物周转量	亿吨公里	1360	1290.6
旅客发送量	万人	11210/10954	10954
货物发送量	万吨	15570/14099	14099
其中：煤炭发送量	万吨	5680	5178
日均装车数	车	7210	6527
货车静载重	吨/车	59.0	59.0

续上表

指 标	单 位	年计划/调整计划	完 成
货车周转时间	天	2.55/2.62	2.26
货机日产量	万吨公里	88.5/85.6	85.8
货物列车平均总重	吨	2850/2808	2812
货机日车公里	公里	421	425

【能源消耗】 2008年，全局节能统计和经营业绩考核站段单位50个，其中4个机务段为年耗标煤万吨以上的重点单位，4个车辆段和1个客运段为年耗标煤5 000吨以上的重点单位。

全局完成运输生产各种能源消耗折合标准煤552 567吨，其中机车能耗占全局总能耗的81.6%，电力机车耗电量281 103.9万千瓦时，单耗完成124.77千瓦时/万吨公里，内燃机车用柴油72 269吨，单耗完成75.08千克/万吨公里。完成单位营业收入综合能耗指标0.261吨标煤/万元营业收入，较部下达的节能考核指标0.31吨标煤/万元营业收入降低0.05吨标煤/万元营业收入，下降率为15.8%。

表6－2 2008年与2007年能源消耗对照 (2008年)

序号	能源种类	计量单位	2007年	2008年	2008年增减量	2008年增减率%
1	原煤	吨	29776	22676	-7100	-23.8
2	焦炭	吨	101	66.2	-34.8	-34.5
3	城市煤气	万立方米	361	392	31	8.6
4	燃料油	吨	0	120.2	120.2	-100.0
5	机车柴油	吨	72187	72269	82	0.1
6	机车用电	万千瓦时	272755	281103	8348	3.1
7	发电车用油	吨	18728	18720	-8	0.0
8	柴油	吨	7388	8084	696	9.4
9	汽油	吨	3580	3957	377	10.5
10	煤油	吨	163	252.3	89.3	54.8
11	液化石油气	吨	138	31	-107	-77.5
12	天然气	万立方米	558	333.5	-224.5	-40.2
13	其他用电	万千瓦时	24297	26052	1755	7.2
14	新鲜水量	万吨	1843	1859.8	16.8	0.9
	其中：客车上水	万吨	344	386.8	42.8	12.4
15	折标煤合计	吨	546555	552567	6012	1.1

【节能投资】 2008年，全局安排节能更改项目7个，总投资179.8万元。实施重庆机务段、成都东车辆段、重庆车务段、重庆西站等6项绿色照明工程，重点推广使用新型高效长寿命光源无极灯具，完成贵阳车站旅客扶梯变频改造。

【环保指标考核】 全局环境统计填报单位50个，其中重点排污单位19个，非重点排污单位31个。全面完成铁道部下达的2008年环保考核指标计划，全局化学需氧量排放量、二氧化硫排放量分别为168.4吨（部计划172吨）、143吨（部计划156吨），铁路沿线已绿化里程达到3 600千米（部计划3 500千米）。

全局工业用水总量3 965 089吨，比上年同期减少10.7%。全局现有工业废水处理设施26套，工业废水处理量2 214 963吨，废水治理设施运行费用317.9万元。中水回用量756 082吨，节约新鲜用水及排污费302.4万元。废水处理设施运行费支出与中水回用节约相抵后，污水处理费为15.5万元，废水处理成本为0.07元/吨。工业废水排放量2 180 231吨，比上年减少4.6%，化学需氧量排放量168.4吨，与上年相比减少6.6吨，减排3.8%。

全局锅炉121.4蒸吨，比上年减少15.8蒸吨。其中一蒸吨及以上锅炉数60台115.5蒸吨，比上年减少12台20蒸吨。燃料燃烧废气排放量、二氧化硫排放量比上年分别减少23.1%、9.5%。

全局固体废物产生量1 305.4吨，比上年同期减少231.4吨，减少15%。炉渣产生量比上年同期少产生309吨，减少24%。旅客列车固体废物定点投放量46 244.9吨，比上年增加631.9吨，增幅1.4%。

表6-3 工业用水及废水排放对照 （2008年）

序号	指标名称	计量单位	2007年	2008年	2008年增减率（%）
1	工业用水总量	吨	4438055	3965089	-10.7
	其中：工业新鲜用水量	吨	3579385	3190668	-10.9
	工业重复用水量	吨	858670	774421	-9.8
2	工业废水处理量	吨	2343450	2214963	-5.5
	其中：回用水量	吨	840310	756082	-10.0
3	工业废水处理回用率	%	35.90	34.1	-1.8
4	工业废水排放量	吨	2286451	2180231	-4.6
5	工业废水排放达标量	吨	2225331	2118189	-4.8
6	工业废水排放达标率	%	97.3	97.2	-0.1
7	化学需氧量排放量	吨	175	168.4	-3.8

表6-4 锅炉燃料及污染物排放对照 （2008年）

序号	指标名称	计量单位	2007年	2008年	2008年增减率（%）
1	燃料煤消耗量	吨	12882	8533	-33.8
	其中：一蒸吨及以上锅炉燃料煤消耗量	吨	11574	7000	-39.5
	一蒸吨以下锅炉及炉窑燃料煤消耗量	吨	1308	1533	+17.2
2	燃料油消耗量	吨	1449	1125	-22.4

续上表

序号	指标名称	计量单位	2007 年	2008 年	2008 年增减率（%）
3	燃气消耗量	万立方米	663	661	+0.3
4	废气排放总量	万标立方米	34704	31467	-9.3
	其中：燃料燃烧过程中废气排放量	万标立方米	19258	14809	-23.1
	生产工艺过程中排放量	万标立方米	15446	16658	+7.8
5	二氧化硫排放量	吨	158	143	-9.5

【污染源治理】 2008 年，全局安排污染治理项目 8 项。新建成重庆客车技术整备所、重庆机务段江北客机折返所污水处理及废水循环使用设施，清镇站区生活污水治理设施，新增废水处理能力 105 吨/时；完成成都机务段、重庆西站货车洗刷所污水处理扩能改造，成都车辆段厂界噪声治理。累计完成投资 448.9 万元。

【环境监测】 2008 年，局属 4 个环境监测站均保质保量完成全年监测任务。对 40 个污染源进行监测，获得监测数据 4 482个，为路局环境管理提供及时、高效的服务。

【统计分析】 在 2007 年至 2008 年度统计分析和统计科学论文工作中，组织统计人员在搞好定期分析的同时，充分开发利用各种统计数据资源，深入开展专题调查和分析研究，拓宽分析领域，加大分析力度。针对统计方法上提出的新课题，积极探索和科学论证。

在全路 2007 年至 2008 年度优秀统计分析评选中，路局推荐的优秀统计分析文章 4 篇获奖，其中一等奖 1 篇，二等奖 3 篇；在全路 2007 年至 2008 年度优秀统计科学论文评选中，路局推荐的优秀统计科学论文有 4 篇获奖，其中二等奖 2 篇，优秀奖 2 篇。路局被评为本年度统计科学论文工作先进组织单位。在局优秀统计分析和科学论文评选中，有 11 篇获奖，其中二等奖 3 篇，三等奖 8 篇。

【统计执法检查】 按照铁道部《关于开展 2008 年铁路统计执法大检查的通知》精神和路局《关于开展 2008 年全局统计执法大检查有关工作的通知》安排，结合统计系统安全大反思、大检查活动的相关要求，路局由运输、劳资、计统等部门有关人员组成联合检查组，对部分运输站段统计执法情况和重点统计指标进行抽查。7 月至 8 月，全局共抽查 14 个运输站段，抽查率为 28.6%。针对检查组发现的问题，各单位制定整改措施。遂宁车务段对统计数据失真的南充东站进行通报，并处理有关人员。内江车务段认真查找影响车站停时原因。广元站、成都车务段分别对管内数据失实的安家湾、青龙场、双流车站责任人通报批评。全局统计数据质量有序可控。

【经济普查】 2008 年全国经济普查工作开展后，下发《关于开展第二次全局经济普查工作的通知》，成立全局经济普查领导小组和办公室，组织开展局经济普查方案研究，编制经济普查方案补充说明，清理被普查单位名录，做好调查前期准备工作。

【工业计划】 2008 年，全局工业系统完成总产值29 248.92 万元，产品销售收入99 039.14 万元，亏损1 047.84 万元。完成路局下达的各项工业计划任务。

（周龙华）

财 务 管 理

【综　述】 2008 年，冰雪凝冻灾害、“5·12”汶川特大地震及次生灾害、全球性金融危机给全局运输生产经营带来前所未有的困难和考验。全局财务围绕路局重点工作，坚持全局财务资源一盘棋，深化全面预算管理，狠抓节支降耗，强化资金资产安全，规范经营管理行为，为抗震救灾及灾后重建、运输设备质量提升、职工收入稳步增长等重点支出提供综合财务保障，财务管理全面加强。

财务处现有5个科室，另代管路局资金结算所、财务集中核算管理所2个附属机构。财务处（含资金结算所本级、财务集中核算管理所）现员82人，其中高级职称人员13人。截至2008年底，全局运输主业独立决算单位86个。

【运输营业收入】 全年完成运输营业收入（含货修、保价）2 115 933万元，较上年1 972 898万元增加143 035万元，增长7.25%。其中客运营业收入完成795 643万元，较上年730 736万元增加64 907万元，增长8.88%；货运营业收入完成861 607万元，较上年825 280万元增加36 327万元，增长4.4%；提供服务收入完成393 399万元，较上年356 489万元增加36 910万元，增长10.35%；专项收入完成65 284万元（含货修、保价），较上年60 393万元增加4 891万元，增长8.1%。

【运输总支出】 全年运输总支出（含货修、保价）完成2 691 616万元，较上年2 061 722万元增加629 894万元，增长30.55%。其中工资支出392 845万元，较上年299 027万元增加93 818万元，增长31.37%；大修支出119 559万元，较上年120 365万元减少806万元，减少0.67%；费用支出1 559 435万元，较上年1 094 739万元增加464 696万元，增长45.45%；付费支出619 777万元，较上年547 591万元增加72 186万元，增长13.18%。

【经营业绩考核效益指标完成情况】 铁道部下达路局2008年盈亏目标为政策性亏损645 453万元，路局实际完成盈亏指标为645 424万元，比部下达的盈亏目标减亏29万元。净资产收益率考核值为－7.54%，实际完成－6.37%。

【固定资产】 2008年末，全局固定资产原值为1 178.69亿元，净值865.18亿元。

【抗灾救灾及灾后重建】 年初的冰冻灾害和“5·12”汶川特大地震给路局造成严重的经济损失，特别是地震灾害，共造成的直接经济损失195亿元。冰雪灾害及地震灾害影响路局运输收入20.75亿元，影响财务收支66.2亿元，其中营业收入18.6亿元、运输支出47.6亿元。

全力做好抗灾救灾综合服务保障工作。面对突发的特大自然灾害，各级财务部门、人员切实转变工作作风，提高认识，严明纪律，严格工作责任追究，加强资产管理和会计监督工作，确保资金、资产安全，全力做好抗震救灾服务保障工作。一、为抗震救灾提供强有力的资金保障，并确保资金安全。通过多方筹措、合理调配，保障资金需求；对全局接收的捐赠资金归口财务处管理，所有抗震救灾材料采购款由财务处集中支付，保障抗震救灾资金供应和资金资产安全，提高资金使用效率。二、完成各项灾害损失情况收集、统计、上报工作。确保“数据出有实处，来有依据”，按照真实完整，不重不漏的原则，认真做好灾害损失情况统计上报工作，为四川省、铁道部了解掌握路局灾情，编制灾后重建规划打下良好基础。三、强化服务、监督工作。在余震不断情况下，派出两个调研组，对绵阳工务段、广元车站等单位财务工作进行跟踪调研，深入抢险工地现场调研，及时指导站段在抗震救灾期间财务工作进行梳理，对存在的问题进行纠正。四、加强抗震救灾支出控制、严格预算管理，压缩成本支出。适时调整受灾单位财务预算和各项生产指标，大力压缩非生产性支出，及时调整支出结构，严格预算程序，杜绝无预算、超预算支出。五、加强资产管理和会计监督工作。制定《关于加强抗震救灾资金和物资管理的通知》和《关于加强抗震救灾有关财务会计工作的通知》等11个管理办法，确保非正常时期的会计工作秩序。

全力做好灾后复旧相关工作。在灾后重建专项规划方案的指导下，根据地震灾害重建时间紧、资金规模大、重建任务重的实际，立足长远，统筹运营、大修、基建、更改、重建等各种资金，以满足行车安全必须为基本前提，结合职工生产生活条件的改善、运输生产力布局调整、路局长远发展规划，科学合理组织灾后重建，优化重建资金预算安排，用好重建专项资金，确保重建工程质量。一、按照部确保用好复旧资金的要求，统筹兼顾，结合地震复旧规划和设备质量三年攻坚规划，认真细致地做好复旧预算。二、做好向铁道部和地方政府的汇报，确保灾后恢复重建、提升技术装备水平和安全投入的资金需求。三、严格设计文件和预算审查工作，从源头优化落实复旧方案。四、加强施工组织和物资管理，对道砟实行“五统一”管理，防护网实行路局集中招标。五、严格控制复旧支出，压缩材料费用支出30%以上；压缩人工费、设计费等费用支出，人工消耗定额按预算编制的80%计列；监理费按预算编制的50%计列；委外设计项目的设计费按预算编制的60%计列。灾后重建有序快速推进，实现设备质量、安全保障能力、运输能力、职工生产生活条件四方面的整体提升。全年完成灾后重建26.27亿元，改造修复宝成线、成昆线、川黔线，提升设备质量，完成都江堰车站灾后重建和成汶支线恢复重建工程。安排生产生活房屋复旧224.05万平方米，完成已售住宅灾害复旧6 000户38万平方米，开工重建职工住房80套5 600平方米，为灾区职工重建家园、安然过冬提供保障。

【预算管理】 一、全力抓好增收节支工作。按照全路经营工作会议的要求和全局经营工作会议的部署，督促各部门、单位对照路局48条增运补欠、25条节支降耗措施积极开展工作。1. 坚持预算归口管理。保持预算的上下一致、高度统一，严禁政出多门，充分发挥预算牵头作用，主动协调，较好解决部门职责结合部问题。2. 优化预算结构。结合灾后复旧项目的实施和全路节支降耗目标的硬性要求，突出重点，有保有压，及时调整、优化支出预算结构，避免重复浪费，将增收节支的目标分解落实到单位预算上。3. 开展全局财务收支核查工作。派出4个核查组到主要运输站段，对照收支核查重点内容逐项进行现场核查。二、加强预算基础管理工作。三、加强成本调研、核实和专项、大项及支出大户预算执行动态管理。四、强化大修预算管理。加强前期调查力度，分析解剖重要大修支出项的预算定额，大修预算安排突出重点。五、推进机客车能耗管理。预算管理总体有序可控。

【资金管理】 实行资金预算管理，统筹安排全局资金。制订资金预算管理流程，构建运营单位资金预算管理的基本模式。制定《关于进一步加强资金支付管理的通知》和《关于进一步加强现金管理的通知》，从制度层面进一步完善和提高资金管理工作，加强现金安全管理。严格执行大额资金管理制度，严把大额资金出口。组织两次资金安全大检查，检查范围实现全覆盖。强化银行账户资金安全源头控制，控制银行账户数量，全年减少银行账户182个，年末全局银行账户1 889个。积极开展高风险资金清理，高风险资金由2005年的12亿元下降到2008年底的0.9亿元，且已明确处理办法。采取债权改投资、限期还款等措施妥善处理多经企业逾期调剂资金2.17亿元，至此路局逾期调剂资金问题全部得到化解和处理。全面清理债权债务，其余额较年初下降36%。加大资金集中支付力度，全年财务处集中支付牵引电费等13项资金达88.5亿元，扣除工资款后直接支付的比例达到82%。加快资金归集进程，完成农行账户监管及资金归集试点工作，共归集农行账户139户，归集资金3.5亿元。规范高效管好用好资金，提高资金使用效率效益，全年实现资金效益1.4亿元。

【国有资产管理】 一、组织做好资产清查及资产损失的规范处置工作。为确保企业会计信息的真实完整，客观准确反映资产价值，路局在年度决算前组织实施较为彻底的年度财产清查，严格按照资产损失审批权限和程序，集中规范处置基建、更改等拆除报废资产损失、历史遗留的坏账损失等，按规定计提资产减值准备。二、加强改扩建拆除报废资产管理，下发系列文电落实拆除资产管理责任，坚决杜绝以往无序拆除、违规拆除、拆除资产流失的现象，组织完成黔桂线拆除报废资产的清理、统计、审核、向部报批等工作。三、有效利用运营单位闲置资产。组织闲置资产清查，根据多元企业实际需求，将主业不需用的闲置资产，如成都北车站加冰设备、重庆机务段15线、16线等资产有偿划转多元企业使用，实现主辅互利双赢。四、正式推广应用路局自行开发的固定资产报废网络审批处置系统，实现固定资产报废提报、审核、反馈等功能，全程无纸化操作，有利于提高工作效率、落实审核责任。

【国有产权管理】 一、精心组织完成全局国有产权清查工作。通过重点抓好培训、督导、审查等关键环节，圆满完成各阶段清查任务，清查报表顺利通过铁道部审核。经清查，路局共计与493户被投资企业逐级建立投资关系，全局长期投资总额1 089 915万元，按比例享有被投资企业权益1 063 939万元。通过此次产权清查，摸清国有产权家底，理清理顺投资关系，妥善解决产权关系不清、管理不规范等历史遗留问题。二、顺利组织完成全局2008年国有产权登记工作。严格履行审核程序，经路局审核后全局申请办理登记的企业共有169户，铁道部全部审核通过，其中占有29户，变动118户，注销22户。三、加强多元企业国有产权变动管理。在多元企业重组改制、产权转让等过程中组织做好资产清查、资产评估、委托审计等工作，从严审核把关。2008年完成什邡瑞邦公司增资扩股，贵阳工程总承包公司改制等资产评估备案事项，维护国有产权的合法权益。

【审计检查协调配合】 2008年，先后有国家审计署、铁道部审计中心、铁道部委托的会计师事务所、铁道部财务收支核查组等机构对路局的抗震救灾资金物资、2007年经营业绩、雨雪冰冻灾害、2008年度财务报告、财务收支情况等进行审计检查。积极配合，加强沟通，完成各项审计检查配合工作，取得较好的审计检查结果。路局在抗震救灾中积极履行政治责任和社会责任，抗击冰雪灾害和抗震救灾资金物资管理规范，雨雪冰冻和地震自然灾害给路局造成的经济损失反映客观，铁道部对路局2007年经营业绩考核再次获得优秀，全局财务收支比较规范，2008年财务报表披露的信息无重大错报。在部组织开展的财务收支核查中，核查组充分肯定路局贯彻全路经营工作会精神、增运补欠及节支降耗等方面取得的成效，尤其是在争取丰枯峰谷电价政策上减少支出3 100万元，以及追回冰雪灾害期间停电或限电基本电费600万元。同时，正视审计检查发现的问题，从多角度、多层次剖析问题产生的原因，有针对性地完善经营管理制度，追踪落实问题整改情况。

【基本建设投资资金】 保障大规模铁路建设顺利推进。加强建设资金调配使用，提高资金使用效益，确保工程建设资金供应。全局在建项目月末资金存量控制在历史较低水平。继续抓紧对销号大中型建设项目遗留问题的处理和后续工作的管理，历史遗留问题处理取得重要进展，完成3个项目的竣工决算上报铁道部，3个项目的竣工财务决算已经编制完成，剩余资金得到依法合规处理。

2008年，铁道部下达路局基本建设投资计划为1 449 351万元，全年共计到位资金1 225 109万元，资金到位率达到84.53%。其中国铁项目铁路建设基金到位106 000万元，中央预算内资金拨款到位20 000万元，铁路建设债券资金到位280 000万元，部拨借款资金到位66 500万元，部拨专项资金到位89 250万元，外资贷款资金到位54 988万元；合资铁路铁道部资本金到位107 686万元，中央预算内资金拨款到位280 000万元，地方资本金到位101 035万元，银行贷款资金到位118 500万元。

修订完善基本建设资金管理、成本控制、资产移交、会计核算等财务会计制度和办法，基本建设财务管理、资金使用得到进一步规范。

【达成托管财务管理】 制订操作性较强的《关于达成铁路有限责任公司运输生产委托管理后财务管理有关规定（试行）的通知》，指导达成公司和各托管单位及时完成财务交接，顺利开展财务管理各项工作。多次组织与达成公司和受托站段对接，梳理相关情况，及时下达、调整预算，顺利完成达成托管的预算管理工作。在对达成公司各托管站段资产管理情况进行专题调研，深入基层站段调研了解掌握托管站段资产管理现状的基础上，制定《关于达成公司托管资产管理办法》，保证达成公司资产的完整性。

【会计工作规范化】 强化财务监督，建立会计基础工作责任包保制度，采取多种方式开展财务监察，完成全年监察面部定不低于35%的目标。

【财会队伍建设】 提高队伍素质，提出三年建设规划、目标、措施及要求，组织运输业（含建设单位）会计机构负责人述职，举办会计师职称考试考前培训班、会计专业学历教育班、站段财务科长经营管理知识培训班、全局初中级会计人员继续教育培训班。编写经营管理知识和典型财经违法违纪案例2个读本。优化财会队伍结构，2008年底全局运输主业具有会计师以上资格人数占主业会计人员总数的比例达到36.4%，比铁道部规划的2010年目标高出7.4%。

【财务集中核算】 加强财务管理，整合会计资源，将局信息技术所、成都房管所、重庆房管所、贵阳房管所以及原重庆、贵阳财务核算所集中核算单位纳入财务集中核算所集中核算。协调、督促工程管理所对已完工达到预定可使用状态资产进行全面清理和办理组资移交手续。

【财务信息化建设】 全力推进预算管理系统、会计核算系统V5.0的推广应用工作，进一步完善路局CIM信息平台，开发完善网络决算报送、通知书管理、资产处置、大修管理等应用系统。

【财会学会】 召开路局财会学会五届二次理事会，学会理事会及学会领导班子得以健全，学会组织建设得到加强。下发《成都铁路局财务会计学会财会学组经费管理及经费考核办法》、《“成铁财务会计”财会论文征集及稿件管理办法》。围绕全局财会中心工作，积极开展财会理论研究，参加部学会《铁道财会》论文研讨活动，《论铁路运输企业财务精细化管理战略》获全路二等奖。配合进行全路财会软科学研究，完成铁道部财会软科学课题《关于多经企业与站段脱钩后加强财务与国有资产管理的研究》，获全路软科学课题评比二等奖。

（何小东）

收入稽查

【综　述】 按照铁道部财务司和路局的统一部署，围绕全局运输收入预算目标和经营方针开展运输收入管理工作，克服冰雪灾害、汶川地震、货源下滑等不利因素，深入开展运输收入专项检查，加强运输收入预算和分析，严格运输收入会计核算，推进基础工作规范化建设，强化客货运输票据管理，开展堵漏保收、增收补欠工作，确保运输收入进款的安全完整和及时解缴。

收入稽查处设收入预算科、收入稽查科、收入会计科，定员12人，现员12人。附属机构收入稽核大队，定员56人。

【运输收入完成情况】 成都铁路局运输收入完成情况见表6－5。

成都铁路局运输站段运输收入完成情况见表6－6。

表6－5　成都铁路局运输总收入完成情况

单位：万元　（2008年）

项　目	2008年	2007年	2008年为2007年（%）	2008年与2007年比（十，一）
运输总收入合计	2161179.61	2108824.68	102.48	52354.93
一、客运收入	817575.25	759326.94	107.67	58248.31
1、旅客票价收入	735701.04	670353.78	109.75	65347.26
2、车站卧订费70%	8410.33	7805.57	107.75	604.76
3、列车车补收入	40852.70	50353.93	81.13	-9501.23
4、与列车有关客杂	3992.38	3482.77	114.63	509.61
5、车站客运其他收入	6870.27	5703.90	120.45	1166.37
6、客票系统发展金	9326.41	8632.73	108.04	693.68
7、车站候车室空调费	6079.97	5798.99	104.85	280.98
8、普通行包收入	3069.39	4304.43	71.31	-1235.04
9、邮运收入	3198.44	2754.35	116.12	444.09
10、普通行包保价收入	74.33	136.50	54.46	-62.17
二、货运收入	1343604.36	1349497.73	99.56	-5893.37
1、货物运费收入	859562.16	846400.51	101.56	13161.65

续上表

项 目	2008年	2007年	2008年为2007年(%)	2008年与2007年比(十，一)
2、电气化附加费	102508.00	107564.62	95.30	-5056.62
3、货运其他收入	32890.87	25906.68	126.96	6984.19
4、货物保价收入	17795.21	17677.95	100.66	117.26
5、建设基金收入	330848.13	351947.97	94.00	-21099.84

表6-6 成都铁路局运输站段运输收入完成情况

单位：万元　　　　　　　　　　　　　　　　　　　　　　　　　　　　　　　(2008年)

序号	单 位	2008年	2007年	2008年为2007年(%)	2008年与2007年比(+，-)	占全局比重(%)
1	成都站	193085.74	188008.55	102.70	5077.19	8.93
2	成都北站	124156.85	126726.01	97.97	-2569.16	5.74
3	广元站	38667.18	41299.18	93.63	-2632.00	1.79
4	重庆站	125710.57	115782.46	108.57	9928.11	5.82
5	重庆西站	78638.82	81795.92	96.14	-3157.10	3.64
6	达州站	110879.51	99788.89	111.11	11090.62	5.13
7	贵阳站	81050.43	76372.15	106.13	4678.28	3.75
8	贵阳南站	48027.25	52064.63	92.25	-4037.38	2.22
9	成都车务段	133951.47	141243.02	94.84	-7291.55	6.20
10	绵阳车务段	110638.53	131742.79	83.98	-21104.26	5.12
11	西昌车务段	281450.52	268792.39	104.71	12658.13	13.02
12	重庆车务段	94573.10	85530.45	110.57	9042.65	4.38
13	遂宁车务段	64922.19	49740.75	130.52	15181.44	3.00
14	内江车务段	148452.52	133709.11	111.03	14743.41	6.87
15	贵阳车务段	96548.78	96347.75	100.21	201.03	4.47
16	遵义车务段	119221.76	115205.13	103.49	4016.63	5.52
17	凯里车务段	92197.27	89656.49	102.83	2540.78	4.27
18	六盘水车务段	115166.69	116261.84	99.06	-1095.15	5.33
19	成都客运段	20208.73	25199.41	80.20	-4990.68	0.94
20	重庆客运段	9328.27	11675.91	79.89	-2347.64	0.43
21	贵阳客运段	7583.73	9274.78	81.77	-1691.05	0.35
22	路局本级	66719.70	52607.07	126.83	14112.63	3.09
23	全 局	2161179.61	2108824.68	102.48	52354.93	100.00

备注：根据2008年生产力布局调整情况（含达成托管），对以上站段2008年及上年同比运输收入进行还原调整。

（程 浩）

【抗震救灾】 “5·12”汶川特大地震发生后，为确保灾后运输进款和票据的绝对安全，立即向各车务站段了解地震灾害影响情况，并对受灾严重的宝成线、成汶、广岳、德天支线和成都枢纽各站逐一核实运输进款资金和票据存放情况。5月14日与财务处联合下发

《关于加强抗震救灾期间资金安全管理的紧急通知》，对运输进款现金的取送、存放提出明确要求。针对受灾严重地区银行无法正常营业的现状，积极与公安局联系，对受灾车站加派警力，对运输进款和票据进行专人看守，确保现金和票据的绝对安全。按照运输进款动支的要求，将部分车站运输进款现金用于抗震救灾急用，解决车站救灾资金不足的问题。针对地震发生后，成都站、宝成线部分客运站大量旅客退票，车站现金不足的情况，立即向成都站划拨资金3 000万元，在银行无法正常营业的情况下，特事特办，向绵阳站借支现金150万元用于退票。为防止唐家山堰塞湖泄洪对票据造成毁损，保证客货票据的安全，及时派收入稽核队票据专用车将绵阳车站客、货运及乘务车间未使用的票据107件拉回成都收入稽核大队票据库保管。对全局发送和到达抢险救灾物资和伤员运送专列运费收缴情况统计汇总，并按规定上报部财务司和局领导。对局管内救灾路料运输运费结算问题进行明确。

【达成公司收入管理托管】 自7月11日起，达成公司所属车站、担当旅客列车的运输收入管理工作由路局托管，具体收入管理工作由收入稽查处承担。达成公司各营业车站进款直接汇缴路局收入专户，票据请领、缴销、审核工作由成都收入稽核大队负责，各类收入报表由路局统一编制上报铁道部。

【稽核队整合】 下半年，对成都、重庆、贵阳3个收入稽核队进行整合，撤销重庆、贵阳收入稽核队，全部并入成都收入稽核大队。定员由原来的70人压缩至56人。收入稽核大队的整合，实现审核、票据、稽查管理的全局统一，有利于全局运输收入工作集中管理。

【收入预算管理】 8月初，路局下发文件对运输收入预算管理职能进行调整，将预算管理工作职能由计划统计处调整到收入稽查处，成立收入预算科，将原收入管理科更名为收入会计科。9月，根据部下达的2008年运输收入调整预算，及时对全局运输收入预算重新分劈调整。四季度，积极开展运输市场调查，先后到成都北站、成都车务段、内江车务段、贵阳站、贵阳客运段、贵阳车务段开展运输市场调查，与川化集团、攀成钢、自贡鸿鹤化工、五粮液集团等近20家重点企业和部分车站货运负责人交流座谈，了解企业产运销情况及发展变化，在此基础上编报全局2009年运输收入预算。结合运输生产组织和客货运输需求出现的变化，加强事前分析和预测，掌握客流、货源的变化趋势，及时发现制约运输收入增长的突出问题，并提出应对措施及建议，促进增运增收增效。建立“日跟踪、旬分析、月总结”制度，每日参加路局运输交班会，主动融入运输生产，完善预算跟踪分析制度，强化预算执行过程控制。

【收入基础管理】 根据铁道部《关于深入推进运输收入管理基础工作规范化的通知》要求，制定全局运输收入管理工作规范化2008年至2010年工作目标和推进计划。从整章建制入手，对照规范化单位考核实施办法，逐条进行检查，结合路局实际，完善以《成都铁路局运输收入工作细则》和《成都铁路局运输收入内部管理控制制度》为核心的运输收入管理制度体系，统一路局、站段各类表、报、簿、册。以创建“铁路运输收入管理基础工作规范化单位”为契机，重点强化站段和营业车站的运输收入基础管理工作，努力提高全局运输收入工作水平。

【进款资金和票据安全】 年初，对全局三等以上的车站及部分四等站进行为期10天的运输收入票据、进款安全专项检查，车站客货票据、进款管理工作明显提高。针对客运段旅客列车保险柜老化、人员更替频繁、机械式保险柜密码无法变更等问题，为3个客运段配备新型电子密码保险柜160余台，解决列车进款资金安全问题。针对春运各大客运站窗口增多，点钞验钞困难等问题，为全局车务站段配备点验钞机300余台，解决售票人员点钞、真假币的辨别问题，提高售票效率，保证进款完整。全年未发生运输进款和票据丢失事故。

【堵漏保收】 制订堵漏保收考核办法，充分调动稽查人员和客货运职工堵漏保收积极性，努力增加运输收入，确保路局运输收入目标实现。全年堵漏保收完成43 850万元，较上年52 392万元减少8 542万元，下降16.3%。

【票据审核】 收入稽核大队负责对全局车务站段提报的各种收入报表、票据和原始凭证进行全面审核，确认收费是否正确，资金是否实收实缴，确保运输收入的完整。全年审核工作量共计80 931 450张（格），其中客货杂费收据804 528张。发现多收758笔，计788 652.20元；少收1 356笔，计1 020 623.20元。填制军运货票8 708张，客票1 648张，军运后付凭证5 508张。

【运输收入专项检查】 开展运输收入专项检查，在站段自查自纠阶段，以票据管理、路产出租、资金解缴及运价下浮等为重点，对车站运输收入工作检查指导，帮助站段规范收入管理提高运输收入业务水平，全局自查金额合计1 912.5万元。路局重点检查阶段，由收入处、货运处、审计处的19人组成4个重点检查组，于8月19日至9月5日对路局管内部分车务站段、旅客列车进行重点检查，共检查33个车站，11趟旅客列车。建卡23份，编制稽查工作记录11份，建卡补收金额达98.6万元。在铁道部重点检查阶段，部检查组对路局运输收入专项检查工作给予充分肯定，立卡3份，合计金额67 914.70元。

【收入稽查】 2008年，共稽查车站253个，补收品名不符、价号不符运费217 172.70元；补收货运杂费451 142.24元。共补收货运运杂费668 314.94元。检查列车292趟次，查出无票人员798人，追补票款62 981.5元；查出携带品超重24件，补收金额553.2元；查出行包重量不符27件，补收金额11 860.10元；查出行包品名不符5件，补收金额1 163元；共补收客运收入46 582.8元。

【三项杂费收取】 贯彻落实铁道部《关于公布翻卸车维检费、机车出租费、货车场地出租费三项货运杂费的通知》规定，组织开展对车站货场场地出租等三项杂费的核收工作检查。加大对三项杂费的收取力度，核收工作落实到车站。2008年核收翻卸车维检费4 113 595元；核收机车出租费10 859 025.5元，比上年多收2107 355.23元；核收货场场地出租费5 130 128.54元，比上年多收1 024 557.97元。

（程　浩）

劳动工资

【综　述】 2008年，全局劳卫系统落实路局整体工作部署，积极应对冰雪凝冻和“5·12”特大地震灾害对劳资卫生工作带来的挑战，全力以赴完成临时急难重点任务，统筹兼顾深入规范日常劳卫管理，有效做好综合服务保障。一、职工总数和运输业队伍不断精干。截至12月末，全局职工总数120 175人，较上年末减少2 393人，较部下达控制计划节约843人，运输业职工期末人数97 291人，较上年末减少1 386人，较部下达控制计划节约1 535人。二、劳动效率和职工收入持续增长。受“5·12”地震和抗震救灾影响，全局按运输收入计算的运输业从业人员劳动生产率216 542元/人，完成部下达经营目标的95.46%，但同比增加7 989元/人，增长3.84%。全局工资总额支出同比增长15.34%，全局职工平均工资同比增长18.1%（含提高岗位工资和抗震救灾加班加点等因素）。

【抗击自然灾害服务保障】 针对抗击冰雪凝冻、“5·12”汶川地震、“8·30”会理地震等自然灾害和灾后重建工作需要，及时做好人员统筹调剂支援工作。坚决贯彻部党组开行“救”字头专列、全力抢运地震灾区伤员的决策部署，牵头制定伤员转运专列开行方案，做好路地对接和内部统筹，强化转运现场卫生服务和组织协调。5月17日至31日，连续奋战半个月，完成19趟伤员转运专列组织开行任务，安全运送灾区伤员5 053名，完成灾区伤员转运任务。

【生产资源整合】 根据达成铁路公司运输生产委托路局管理的实际需要，提请路局党政联席会议研究并经达成公司董事会同意，撤销涪陵车务段，成立遂宁车务段，调整重庆车务段、达州车站和重庆西车站管辖范围；撤销广安工务段，并入涪陵工务段，成立遂宁工务段。根据江油车务段办公楼受“5·12”地震破坏，已不能保证运输安全生产需要，发文将江油车务段段机关办公地址搬迁到绵阳站站区，并更名为绵阳车务段。调整后，全局运输站段共计48个，其中车务

(含直属站) 18个，客运3个，机务4个，供电4个，工务(含工务机械段) 11个，电务3个，车辆5个，促进了运输效率提高。同时按照铁道部车站等级核定标准，组织核定达成铁路公司所属28个车站等级。

【机构编制管理】 为促进地方经济发展和灾后重建需要，经路局研究决定，分别发文成立成都市域铁路公司筹备组、成都货车外绕线建设指挥部、成都新客站建设指挥部、成都铁路集装箱中心站建设指挥部、成都铁路局住房建设指挥部；对渝利、南涪铁路公司实行一个机构、两块牌子；将指挥部与达成指挥部实行一个机构、多块牌子管理，促进人员精简高效。

按照强化安全管理和专业技术管理要求，经路局党政联席会议研究决定，发文调减局办、人事、劳卫、财务、计统等5个综合部门定员23人，充实运输、机务、工务、电务等8个业务处室定员20人。同时整合职能相近机构，将运输收入预算管理从计划统计处划交收入稽查处；撤销道口管理办公室，相应职能交由工务处；设立车载控制技术科，增强列车运行监控装置（简称LKJ）及相关设备管理；设立路局企业年金理事会办公室和局机关服务所。整合后，路局限额内处室内设科室85个，减少8个；附属机构28个，减少2个，撤销9个附属机构各地分支机构35个。9月，撤销成都办事处并调整重庆、贵阳办事处编制职能，核定办事处总定员104人，减少86人。

适应运输生产力发展和管理体制变化，按照铁道部运输站段管理部门机构编制示范标准，下发《关于调整部分运输站段管理人员定员的通知》，督促指导站段严格落实三级管理要求，合理设置内部机构。结合劳动组织优化，进一步撤并整合机务、供电、车辆等系统异地车间，合并工务线路、桥隧车间，整合电务现场、基地车间。同时，配齐配强专业人员，强化现场安全控制能力。

【劳动组织改革】 根据直管体制和运输生产力发展对劳动组织提出的新要求，参照铁道部运输业劳动组织改革指导意见，修订提高全局运输业劳动定员标准，统筹考虑新线、新增工作量等实际情况，重新查定各运输站段工作量、劳动定额、详细编制并不断完善岗位说明书，重新核定下达运输站段生产定员90 614人，为深入推进劳动组织改革奠定坚实基础。

2008年7月开始，在全局范围内分系统集中开展劳动组织优化整合，按照路局领导“按作业流程设置岗位、按生产任务核定定员、按定员组织生产”的思路要求，研究制订《推进运输站段劳动组织整合的指导意见》、《竞争上岗管理办法》、《劳动力调剂和富余人员管理办法》等系列文件，会同业务部门、指导运输站段，制定完善劳动组织优化整合方案措施，查定劳动定额，科学定员定编，优化作业流程，推行兼职并岗，公正公平组织上岗竞争，细化富余人员分流安置预案措施，扎实推进全局劳动组织优化整合，确保全局安全运输生产和职工队伍稳定。

通过不断探索实践和集中优化整合，全局运输主业劳动效率不断提高，全局核定生产定员90 614人，较在岗现员减少7 806人，减幅7.93%；较路局2007年老标准劳动定员减少14 000余人，减幅13.0%；全局每运营公里使用人数由以前的22.4人/公里，提高到17.9人/公里，处于全路较领先水平。整合后客货车辆检修劳效分别提高21.9%和26.9%，内、电机车检修劳效均提高25%，线路维修保养劳效提高15.6%，电务信号人员劳效达到全路领先水平。通过强化正面宣传和舆论导向，健全完善职工竞争激励机制，及时消除职工紧张心理和后顾之忧，确保职工队伍稳定，促进敬业爱岗精神和业务技能水平提升。

【劳动用工管理】 严控用工总量。按照“满足生产、确保安全、节约用人”的原则，着力破除单纯通过增加劳动者数量来发展企业的传统观念意识，持续规范管理，积极稳妥改革，初步建立起适应内涵式扩大再生产需求的节约用工管理机制方式。严把用工入口、敞开出口，依法清理劳务工，减少其他从业人员，严控政策性新增人员，改善和优化职工队伍结构。及时制定下发并严格执行路局《关于下达各单位2008年职工总量、运输业职工年末人数、运输业从业人员平均人数控制计划的通知》，将落实情况纳入经营业绩考核，在工作量大幅度增加的情况下，通过劳动组织改革，最大限度地通过内部挖潜解决生产缺员，努力盘活内部劳动力资源，控制和节约人工成本。

集中清理规范临时用工。以贯彻落实《劳动合同法》和《劳动合同法实施条例》为契机，及时制定下发专项文件，明确工作目标、实施步骤、推进措施和责任要求。组织开展全局临时用工专项调查，准确掌握临时用工基本情况，按期清退直接使用的临时工，减少季节性临时用工数量，逐步由运输业富余人员替换，对无法替代的特殊岗位临时用工，依法规范为劳务派遣工并由路局统一批准后使用，不断规范和强化临时用工日常管理。结合路局实际，下发《关于严格控制外购劳务和外包工作用工的通知》，督促局属单位将外购劳务在上年基础上压缩10%；截至年底，全局运输业清理清退临时工8 023人，减幅37.73%。

强化新增人员管理。认真落实职工子女入伍推荐和复退军人择优安置机制，按部批计划接收1 191名复退军人，及时组织参加专业学历教育培训，依据成绩择优安置，提高复退军人质量和职工队伍整体素质。严格按照部批复计划和路局规定，结合运输产生实际需要，接收558名铁路运输主专业高职毕业生并及时分配充实运输一线急需岗位。

优化人力资源配置。针对路局“蓝剑号”动车组开行、运输站段生产力布局调整、达成运输生产委托管理、春暑运临客人员组织抽调等实际情况，通过跨区域、跨系统、跨工种等创新劳动组织方式，强化劳动组织改革，采用内部挖潜盘活内部存量劳动力资源，在确保运输生产安全的同时节约人工成本。

强化用工基础管理。认真落实铁道部相关规定，进一步规范个人外出劳务管理、清理规范退休返聘人员；颁布实施《成都铁路局工人档案管理办法（试行）》，加强工人档案管理；修订完善《成都铁路局职工内部退养办法》，促进劳动组织整合顺利推进；督促局属单位在确保运输安全生产前提下，积极兑现职工年休假或调休，维护职工合法权益。

【收入分配规范】 规范收入分配管理。根据路局运输经营情况，按照铁道部党组部署和路局、局党委决定，制定公布《关于提高全局职工岗位工资水平的通知》，1月1日起再次大幅提高在岗职工岗位工资水平，月人均增资308元，高低倍差缩小为1.5倍，进一步加大岗位工资比重，促进工资分配向基层一线和低收入职工倾斜。

强化工资预算管理。修订完善《成都铁路局运输企业工资总额与经济效益挂钩实施办法》，加大工资收入与运输安全及工作量指标的挂钩考核力度，促进挖潜提效、增运增收，确保路局清算工资及职工收入逐年提高。严格实施工资总额计划管理和收支预算管理，完善来源与计划“双控”等措施，限高托低，统筹调控，综合平衡，逐步缩小系统和单位间历史形成的工资差距，及时预警并严肃查处违规行为，确保全局工资管理有序可控。

加大激励考核力度。根据运输生产实际需要，研究制定《成都铁路局货车检修车考核办法》、《成都铁路局分界口货车交接辆数考核办法》、《成都铁路局西南区域运量考核办法》、《成都铁路局旅客列车能力利用考核办法（试行）》4个新激励考核措施，重新修订完善货车静载重、货车使用效率、机车运用效率、重点列车正晚点和编区站作业效率5个挖潜提效系列考核办法；制定《成都铁路局干部安全生产责任制考核办法（暂行）》、《成都铁路局运输站段安全质量专项奖励考核办法（暂行）》、《成都铁路局安全奖惩办法（暂行）》等管理办法，强化安全激励约束考核。

抓好工资管理基础工作。在广泛调研、充分论证的基础上，研究提出实行机车乘务员趟工资分配改革方案，深化完善机车乘务员趟工资分配制度改革；根据形势任务需要，制定下发《关于全面加强劳动工资基础管理工作的通知》，增加相关基础管理报表，全面准确掌握分析劳动工资主要指标运行进度情况，提高管理水平，服务领导决策。

【职工队伍建设】 按照《铁路高技能人才工作实施办法》要求，及时下发《成都铁路局运输生产关键岗位人员资格许可和持证上岗管理办法》、《成都铁路局行车主要工种管理办法（试行）》，进一步规范路局行车主要工种管理，提高行车主要工种队伍技能素质；推进高技能人才岗位聘任制改革，构建技能人才管理良性机制；围绕一线需要，组织开展全局2008年度35个工种640名技师、高级技师技能鉴定考评工作，完成全局各系统特殊和通用初、中、高级工6 640人职业技能鉴定工作，全面落实特种作业人员新培、复审培训和持证上岗规定；认真做好第二届全国铁道行业职业技能大赛和举行路局预赛选拔工作，激发职工学技术、比技能积极性，提高职工队伍业务技能水平。

【劳资基础建设】 围绕和服务于路局“建设和谐成铁、实现科学发展”的总体目标，开展深入学习实践科学发展观和安全大反思、大检查活动，进一步优化全局劳资工作思路和落实措施，严格执行路局干部“五条禁令、八项要求”，不断强化干部思想作风建设，积极履行部门信访维稳责任，认真抓好新版劳资信息系统实施推进工作，不断提高劳资卫生工作效率质量，持续强化综合服务保障能力。

（卿少兴）

卫生防疫

【综　述】 2008年，卫生防疫系统围绕路局运输安全生产，以确保卫生安全为目标，强化卫生防疫基础管理，加强铁路公共卫生体系建设，切实搞好食品饮水卫生安全监管和疾病预防控制，重点开展抗击凝冻卫生保障、抗震救灾卫生防疫、地震灾区伤员转运、奥运铁路卫生保障、食品安全整治“回头看”活动、普通旅客列车卫生专项整治等工作，全面完成年度卫生防疫工作，有效杜绝责任食物饮水中毒事故和重大传染病通过管内站车传播事件发生，确保职工、家属及旅客身体健康。

【抗击冰雪凝冻卫生保障】 针对春运贵阳地区遭受冰雪凝冻灾害，迅速启动应急预案，出动应急小分队，开展以“抗凝冻、保春运、保旅客生命安全与健康”为目标的“食品卫生零点检查行动”，采取设卫生救治点、强化站车卫生监督、加强站车环境消毒、开展食品饮水监测、现场送医送药等卫生保障与防病措施，确保滞留旅客卫生安全。

【抗震救灾】 “5·12”汶川特大地震及攀枝花地震发生后，迅速启动卫生应急预案，制定抗震救灾卫生保障“一个目标、四个重点，四大任务、六项工作、六项制度”，组织卫生防疫人员深入灾区紧急救援，重点开展食品饮水卫生监督检测、疫情监测、站区消杀灭、粪便污水垃圾无害化处理、环境卫生治理、卫生防病宣传和送医送药等卫生防病工作。同时，指导开展恢复重建卫生保障，制定设施恢复重建卫生标准，参与卫生设施恢复重建规划，严把项目设计与验收使用卫生审查关。抗震救灾期间，全局共出动防疫人员2 625人次，监督监测食品饮水248个次，完成全部194个职工食堂等食品单位监督覆盖，完成15个重灾车站、31处避震所及安置点“消杀灭”、“三管一灭”等工作，印发卫生宣传资料8 387份，实现灾后无大疫。

【伤员转运卫生保障】 开展伤员转运专列及转运始发站水质采样检测，确保饮水安全，对转运伤员列车作“消杀灭”及终末消毒处理，防止疫病发生与传播，派卫生监督员跟车监控，对餐料作快速检测、确保转运专列食品安全，对担任专运工作的乘务员进行急救、护理、心理疏导等相关卫生知识培训，确保伤员转运卫生安全。

【奥运铁路卫生保障】 制定《2008年暑运及奥运卫生保障工作方案》，强化站段及经营单位负责人卫生管理第一责任人意识，充分履行专业部门和人员监督执法与疾控技术服务职责，以站车食品卫生为重点，严格落实各项防控保障，确保奥运铁路卫生安全。

【食品安全“回头看”活动】 围绕食品安全“八项工作目标”，按部要求完成1 200个餐饮服务、食品生产加工单位和旅客餐车、食品售货亭（车），122个食堂的抽查验收评分工作，进一步巩固食品安全专项整治成果，完善食品安全长效机制。

【普通旅客列车专项治理】 根据部、局总体部署，制订方案、精心安排，落实“鼠蟑危害控制，备品保洁和食品卫生督导”三项卫生整治重点工作，按计划完成652辆普通旅客列车阶段整治任务。

【应急管理】 加强应急管理，有效阻止地方疫情（安顺伤寒、万州李河镇霍乱）向铁路传播，及时处理铁路站区（内昆线盐津、成昆线黄家坝）饮水污染。

【卫生管理基础建设】 投入298.4万元更新卫生防疫设备，完成管内32个客车上水站、483个给水所（点）、27个旅客列车中途餐料补给点卫生状况调查，开展铁路在建工地生活卫生设施、站车急救药箱配置使用等情况调查。全局卫生救护培训、艾滋病防控、爱国卫生、健康疗养等工作稳步推进，卫生服务保障能力不断增强。

（张明瑞）

人事管理

【综　述】 2008年，按照全路组织人事工作会议的有关精神和路局、局党委的总体要求，不断加强和改进领导班子和干部人才队伍建设，为确保安全、维护稳定提供人才保证。坚持以“优化结构、提升素质”为目标，加强对领导班子的动态分析，选好配强各级领导班子尤其是党政正职，不断优化站段长助理培养工作机制，着力提高各级领导班子及成员领导和推进和谐铁路建设的能力；以路局干部“五条禁令”为抓手，强化领导干部履职监督和问责管理，下大力气整肃干部队伍，解决干部作风漂浮、不在状态和工作不适应等突出问题，着力建设一支精干高效、勤政务实的干部队伍；以“盘活资源、提高质量”为导向，加大人才引进和开发力度，狠抓专业骨干队伍建设，强化大学生早期培养工作，不断增强干部培训的针对性和实效性，努力打造与和谐铁路建设要求相适应的高素质人才队伍；以开展定期考核、实施岗位管理为契机，整合既有干部人事制度，健全完善选拔、任用、管理机制，搭建管理、专业技术和技能人才之间的互通平台，初步形成人才分类管理制度体系；以“讲党性、重品行、作表率”活动为载体，切实加强组织人事部门自身建设，不断优化人事管理办公信息系统功能，深入推进干部人事档案达标晋级工作，着力提升组织人事干部的专业素养和工作水平。

局人事处（党委组织部）设领导干部科、机关干部科、技术干部（培训）科、干部监督科、组织科、综合科6个科和人才交流培训站（列附属机构），定编36人，现员32人。

【干部队伍总数】 2008年末，全局在岗管理和专业技术人员总数19 579人，其中妇女干部4 168人，少数民族干部814人。在岗管理和专业技术人员比上年末减少503人。

【十七大精神轮训工作】 根据中央关于学习贯彻党的十七大轮训工作的有关精神，按照铁道部政治部要求，以十七大提出的重大理论观点、重大战略思想和重大工作部署为重点内容，采取专家讲座、录像教学、专题辅导、撰写心得等多种形式，分片区对全局994名中层领导人员集中轮训。

【领导干部调整】 坚持把抗击雨雪冰冻灾害、抗震救灾等关键时期作为考察、识别、检验干部的主战场，加强对领导班子和领导干部的跟踪分析，加大调整力度，不断优化领导班子和领导干部队伍结构。全年共调整领导干部13批次、582人次，其中提职提级240人，平级调整239人，安排退二线73人，其他调整30人。截至年底，全局793名中层管理人员（含辅导员、站段长助理）平均年龄44.29岁，其中35岁以下69人，占总数的8.7%；大学及以上学历679名，占总数的85.62%，全日制本科学历335名，占总数的42.2%。48个运输站段的478名领导班子成员（含辅导员21名、站段长助理51名）平均年龄42.9岁，其中35岁以下的62人，占总数的13.0%；大学及以上学历406名，全日制本科211名，占总数的44.1%。

【领导干部履职监督】 结合运输生产实际和阶段工作重点，采取定时和不定时的方式，通过电话跟踪了解、工作写实等多种形式，加强对重点时期领导干部到岗履职情况的监督检查，共抽查1 880人次。利用组织考察、驻点包保、专项检查等时机，深入了解站段领导干部及关键岗位干部的履职情况，先后对局属运输站段和担当抗震救灾主要工作任务的10个站段开展现场安全生产督查，做好奥运期间103名运输站段党政正职及机关主要业务处室负责人工作写实及添乘检查情况的汇总分析工作，促进干部作风的转变。修订《成都铁路局领导干部问责管理办法》，对领导干部履行岗位职责情况进行动态考核，全年共对13个单位的47名领导干部进行问责记分，其中党政正职19名，一次记分最高为4分。

【局机关干部队伍建设】 结合调度台整合、装卸服务公司移交、达成公司托管、成都铁路办事处撤销、局机关内设机构及定员编制调整工作，妥善安置相关人员302名，确保机关干部队伍的稳定。坚持把关键时期、重点任务作为转变干部作风的重要载体，历练机关干部的作风。春运期间，抽调526名机关干部包保管内重点车站、添乘所有临客；抗震救灾期间，抽调52名机关干部驻站包保成都车站，组织机关干部添乘地震灾区伤员转运专列19列38人次。

【技能人才竞聘专业技术岗位】 在完成局机关限额内行政处室和全局运输站段现有专业技术人员岗位聘任工作的基础上，按照《成都铁路局专业技术岗位聘任管理办法（试行）》要求，从年初开始，指导40个运输站段开展技能人才竞聘专业技术岗位工作，择优选拔技能人才302名。为解决部分艰苦地区人才紧缺问题，先后组织4个偏远地区的工务段面向全局工务系统公开招聘技能人才48名。

【专业职务评审】 在成都、贵阳、重庆3个地区分别召开职改工作片会，按计划全面完成专业职务评聘工作，全年共评审专业职务1 529人，通过1 432人，通过率93.7%。其中评审高级专业职务65人，通过58人，通过率89.2%；评审中级专业职务420人，通过380人，通过率90.5%；评审初级专业职务1 044人，通过994人，通过率95.2%。

【专家队伍建设】 按照《成都铁路局首席工程师选拔管理办法（试行）》和《关于开展新一轮首席工程师推荐选拔工作的通知》的有关要求，开展第二聘期首席工程师推荐选拔工作，在全局46个生产站段和4个建设指挥部组织开展2009年至2010年度首席工程师推荐选拔工作，聘任首席工程师151名。做好专家人选的推荐上报工作，推荐张国力等3人参加詹天佑贡献奖和詹天佑青年奖的评选，推荐王斌、黄为2人参加四川省学术学科技术带头人及后备人选的评选，王斌获得2007年度“铁路专业技术带头人”称号。

【大学生接收分配】 全年接收普通高校毕业生498名，其中研究生27名，大学本科380名，大专91名；站段和多元集团公司为385名，公检法系统113名。在站段和多元集团接收的毕业生中，主专业毕业生296名，占总数的76.9%，达到铁道部规定的主专业毕业生接收比例要求；继续推行“4+1”引进再培养模式，通过公开考试、择优选拔146名相关专业毕业生，在西南交大进行一年的脱产专业改造，其中铁道运输专业66名，铁道工程专业45名，机车专业35名。为吸引和鼓励铁路主专业毕业生到艰苦边远地区和运输生产一线工作，资助169名急需专业普通高等学校毕业生，资助金额54万元。

【大学生早期培养】 按照全路组织人事工作会议精神，坚持从源头抓起，探索大学生早期培养模式。先后深入成都车辆段、重庆电务段进行大学生早期培养工作的专题调研，形成调研材料并报部。9月下发《成都铁路局普通高校毕业生培养平台管理办法（试行）》，对普通高校毕业生的培养目标、培养平台、交流平台、早期培养、组织管理等工作提出明确要求，抓住毕业生入路后的3年至5年时间，突出职业生涯的规划设计和生产岗位的培养锻炼，着力构建人才成长的良性机制。

【干部培训】 按照2008年干部教育培训工作的总体安排，抓住培训质量关键，突出铁路发展所需、生产现场所需，科学制定干部培训计划，着力强化培训过程监控，提高培训工作的针对性和实效性。围绕高速、重载等新技术、新知识，以领导干部、青年干部、关键岗位干部等培训为重点，全面落实干部培训任务，满足各级各类干部的培训需求。全年培训各级各类干部10 110人次，完成全年计划的84%。其中自办培训班125期次，培训8 950人次；送部和路外培训62批，培训485人次；学历教育送培675人，其中研究生学历40人（推荐清华班第6期人选7名）、本科学历351人、大专学历284人。

【路局干部“五条禁令”】 为深化安全大反思、大检查活动，进一步加强干部队伍作风建设，于6月底下发《成都铁路局干部“五条禁令”》并制作便携卡片，要求全局干部写出贯彻落实保证书，设立干部“五条禁令”督查办公室，公布监督举报电话，建立月值班制度和督查工作碰头会制度。为认真抓好“五条禁令”的贯彻落实，按照路局、路局党委要求，先后抽调9人组成3个专项督查组，于7月上旬对成都、重庆、贵阳片区共计30个局属单位进行抽查，查看办公电脑188台，召开干部职工座谈会8次，走访干部职工380余名。全年收到各类举报12件，涉及17个问题，已调查核实并形成结论的有10件13个问题。

【干部人事制度改革】 在充分吸收历年干部人事制度改革成果的基础上，按照民主、公开、竞争、择优的原则，整合既有制度办法，于9月底出台《成都铁路局中层管理人员选拔任用管理暂行办法》和《成都铁路局中层以下管理和专业技术人员实施岗位管理工作的暂行办法》，废止《成都铁路局干部管理暂行办法》等10个文件，进一步畅通管理、专业技术和技能人才之间的互通渠道，初步形成包括中层管理人员、一般管理人员、专业技术人员在内的自上而下的分类管理制度体系。

【管理和专业技术人员公开选拔】 下发《关于进一步明确局机关缺员部门公开招聘干部有关事项的通知》，明确局机关缺员部门补员原则上通过公开招聘，全年公开招聘局机关干部3次，共招聘70人。为拓宽选人用人视野，组织开展公开招聘局中层管理人员工作，在45名报考人员中择优录用15人（正职岗位5人，副职岗位10人），其中跨单位（部门）交流提拔6人，首次面向社会公开招聘建设管理急需人才2名。把岗位管理作为干部选拔任用的主要方式，在局机关限额内处室及附属机构科职干部中开展竞争上岗工作，通过层层竞聘，9月至10月共提任正科职干部20名、副科职干部15名，增强选人用人的公信度和透明度。

【岗位定期考核续聘】 结合全局管理和专业职务人员第四个聘期届满考核及续聘工作，按照“整体谋划、分步实施”的工作思路，根据机构编制到位情况，于11月在局机关限额内机构中层以下管理和专业技术岗位中率先实行全员岗位管理工作，同时按照《关于做好管理和专业技术人员定期考核及续聘工作的通知》要求，抓好其他管理和专业技术人员的定期考核及续聘工作，做到岗位管理工作与定期考核及续聘工作同步进行、共同推进。为做好路局中层管理人员定期考核工作，按照路局党政主要领导要求，从11月中旬起，分4个组对全局48个运输站段领导班子进行考核，通过述职测评、谈话了解、查阅资料等方式，重点掌握领导班子在整体功能发挥、安全管理、生产经营、基础工作和廉洁自律等方面的情况，对领导班子及成员进行定性定量分析。在局机关限额内机构的全员岗位竞聘中，严格按照公布信息、公开报名、资格审查、述职测评等程序，坚持操作阳光、过程透明，确保岗位竞聘公开、公正、公平地进行，调动员工参与竞争的积极性，有355人竞聘到管理和专业技术岗位，其中提拔50人（正科职26人，副科职24人），交流21人，实现人才的有序竞争。

【人事基础管理】 按照部人事司关于做好铁路人力资源信息系统建设工作要求，对人事管理办公信息系统进行更改升级，组织专门力量对管理权限内的干部基本信息进行核对和维护，并加强对局属单位人员信息录入工作的检查指导，按时完成路局人事管理办公信息系统与部人力资源系统数据接口对接工作。按照“路局及各公安处一年达标，其他管档单位两年陆续达标”的总体目标，深入推进人事档案管理达标晋级工作，对22个站段单位干部档案工作检查验收。全局47个运输站段的档案管理工作已基本达到国家二级标准。

【“讲党性、重品行、作表率”活动】 按照部人事司要求，在全局组织人事部门开展“讲党性、重品行、作表率”活动，并以此为契机，不断加强部门自身建设。下发《讲党性、重品行、作表率》学习读本，举办解放思想大讨论征文活动。与西南财大联合开办人力资源管理进修班，组织43名人事干部参加培训学习，选派处内9名处（科）长参加部人事司举办的深入学习科学发展观培训。

【定点扶贫】 根据四川省委办公厅、四川省人民政府办公厅《关于进一步做好定点扶贫工作的通知》，从2008年起，路局对广元市元坝区进行为期4年的定点扶贫。在新一轮定点扶贫工作中，坚持“运输扶贫”与“教育扶贫”相结合，“5·12”特大地震后，全力以赴确保铁路运输畅通，支持贫困地区抗震救灾及灾后重建工作。重点对元坝区大朝乡的3个贫困村和9户贫困户进行扶贫，投入扶贫资金70.26万元，其中乡村基础设施建设费用32万元，学校配套设施建设费用20万元，捐赠、资助费用18.26万元。

（雷英望）

物资管理

【综　述】　以安全为重点、以效益为中心，以“服务运输，服务建设”为宗旨，更新发展理念，推进采购供应体制改革，实现“归口管理，集中采购，统一配送，集中结算”的管理模式，确保抗凝冻灾害和抗震救灾等各种物资的供应。继续坚持物资设备“集采专供”，严格规范招标采购程序和范围，降低采购成本，对大宗报废物资实行公开竞价销售，取得明显经济效益。2008年全局物资采购供应总额39.02亿元，实现采购供应节约、综合效益11 679万元，为全局经营目标的实现和运输生产、铁路建设任务的完成作出贡献。

物资管理处设监察管理科、综合计划科和1个二级机构物资集中采购供应站，定员11人，现员11人。物资集中采购供应站定员14人，现员14人。

【大宗重要物资设备采购供应】　全局物资系统2008年完成物资采购供应39.02亿元，比上年增加10.93亿元，增幅38.9%。实现采购节约、综合效益11 679万元，比上年增加4 816万元。

一、部管物资：全年部管物资采购供应额10.09亿元，占全局年度采购供应总额的25.8%；比上年增加15 340万元，增幅17.9%。其中钢轨4.62万吨，21 128万元；柴油12.61万吨，63 592万元；铁路专用滑油、脂1 993吨，2 843万元；轮对组件及车轮2 412吨，2 923万元；铁路专用轴承1 918万元；机车车辆配件8 531万元。

二、局管物资：全年局管物资设备采购供应额23亿元，占全局年度采购供应总额的58.94%；比上年增加8.47亿元，增幅58.2%，实现采购节约、综合效益11 679万元。局管更改、大修及其他专项项目物资设备集中招标采购供应14.94亿元，比上年增加5.54亿元，增幅58.9%。局管运营维修物资采购供应8.06亿元，比上年增加2.93亿元，增幅57.11%。

三、段管物资：各站段采购供应物资材料总计5.93亿元，占全局年度采购供应总额的15.3%。

【大宗报废物资设备销售】　全年按照《成都铁路局废旧物资销售管理办法》，实现竞价销售废钢轨2 760吨，金额1 330万元；竞价销售废有色金属22吨，金额94万元；竞价销售报废客车37辆，金额285万元；竞价销售报废机车1台，销售金额34万元；竞价销售报废客车轮对307吨，销售金额136万元。

【救灾抢险物资供应】　年初，贵阳地区遭受百年不遇的冰雪灾害，电力供应中断。为保障从全路调集的100余台内燃机车及应急发电机的燃油需求，立即调剂全局范围内的柴油到贵阳机务段。在运输、柴油资源都异常紧张的情况下，新增9 000吨柴油及时供应到位，确保抗凝冻灾害用油。

“5·12”汶川特大地震发生以后，按照路局《关于严肃纪律确保做好抗震救灾工作的通知》等文件要求以及路局的安排部署，细化管理制度，规范管理、严格管理。下发《关于做好抗震抢险救灾物资供应的紧急通知》和《关于做好抗震救灾物资账务管理和物资使用消耗核查的通知》等文件，对抗震救灾物资计划提报、抗震救灾物资采购、抗震救灾物资配送、抗震救灾物资的验收保管及发放、抗震救灾物资的清算等环节做出明确规定。加强救灾物资的登记、接收、保管、发放的监督检查，确保抗震救灾物资的供应和管理工作有力、有序、有效。全局物资部门在路局抗震救灾指挥部的统一领导下，坚持24小时应急值守，克服各种困难，保障抗震抢险救灾所需物资的供应。物资处被路局评为“抗震救灾先进集体”。

【采购管理制度完善】　为加强和规范物资基础管理，明确职责，强化物资集采制度，提高采购质量，保证运输生产和基本建设，物资处相继修订并完善一整套管理制度。10月，按照《铁路局 局党委关于对全局物资采购供应单位实施分离重组的通知》精神，物资采购供应单位分离重组，为适应新体制管理的要求，重新修订《成都铁路局运营物资设备采购管理办法》、《成都铁路局更新改造、大修项目局管物资设备集中招标采购实施细则》、《成都铁路局运营物资集采专供目录》、《成都铁路局局管运营维修物资采购实施细则（试行）》、《成都铁路局集中采购物资配送管理办法（试行）》、《成都铁路局局管运营维修物资清算实施细则（试行）》。形成物资部门负责采购计划审批、厂商资质审核，专业部门（含站段）负责技术质量审定，采购部门负责产品价格、售后服务，纪检监察部门负责监督规范操作，决策、采购、验收、支付、使用“五权分离”的招标采购运行链条。基本形成完善的物资管理制度体系，各部门分工明确、互相配合和制约，采购过程公开透明，纪检监察部门全程监督的有效运作机制。

【供应商管理】 严格资质审查和准入，认真对投标单位的资质进行审查，决不允许资质条件不合格的企业参加路局投标，杜绝不合格产品进入路局市场。按照《成都铁路局重要物资供应商准入管理办法》，加大对入围供应商的资质审核力度，对全局运营维修重要入围供应商的产品质量、供应、价格及售后服务情况全面审核，淘汰26家不合格的供应商，对符合资质条件的近446家入围供应商建立供应商信息数据库。为加强路局特种设备供应商准入管理工作，下发《关于进一步加强成都铁路局特种设备供应商准入管理的通知》，从产品质量、价格、售后服务等方面，对全局特种设备22家准入供应商的资质进行审查公布。在强化供应商准入的同时，逐步建立站段、路局共同考核的供应商诚信体系。

【物资管理信息化系统完善】 为实现新体制的管理要求，优化调整运营物资管理的Wmis软件平台，修改计划管理、仓储管理等模块，开发配送管理模块，全面实现新体制下运营物资管理的要求。基本建设物资采购供应纳入物资处管理，为更好地为基本建设服务，拓展“物资招标采购信息网”，将基本建设建管物资招标采购纳入网络化管理，使基本建设建管物资招标采购高效快捷、公开透明。

【代理制供应推行】 推行局管维修物资的“三定”采购工作，对能形成批量的，严格进行招标“三定”，对不能形成批量的，进行评审“三定”，以全局稳定的需求市场，赢得供应商最低的价格，最优的质量和最好的服务。根据路局生产力布局的情况，在“三定”采购的基础上，加强代理代储管理工作，合理建立适应生产力布局的代理储备点，在保证运输生产的同时减少资金占用，压缩库存储备，规范供货价格，降低储备物资淘汰报废的风险。

【物资采供体制改革】 2008年10月，按照《铁路局 局党委关于对全局物资采购供应单位实施分离重组的通知》要求，提出“归口管理，集中采购，统一配送，集中结算”的管理模式，再造物资采购供应单位实施分离重组后物资采购供应业务流程，建立站段、物资处、业务处、财务处、物流公司各司其职、各负其责，规范有序的物资采购供应运行体系。使物资流、资金流、信息流高效运转，服务运输生产。

【廉洁自律制度】 按照《局党委 铁路局关于2008年全局党风廉政建设和反腐败工作的意见》要求，物资处下发《物资系统党风廉政建设责任制实施办法》和《物资系统主要从业人员轮岗制度》。对本系统的各级领导在党风廉政建设中的责任、职责和落实标准及全体从业人员应遵守的规定和纪律，作了明确的要求。同时对各级物资管理从业人员岗位轮岗时间做了具体详细的规定。为贯彻落实文件规定和党风廉政建设责任制要求，3月，物资处对物资集中采购供应站4个关键岗位的工作人员轮岗调整。10月，物资处对计划科、管理科、集采站3个科长的岗位轮岗调整。11月，两位处长对分管的科室轮换管理。

为贯彻物资系统2008年至2012年“建立健全惩治和预防腐败体系”工作规划，物资处出台《成都铁路局物资设备招投标采购中标推荐公示制实施办法》，对所有路局物资集中采购物资设备评标产生的中标推荐，在局办公网《物资管理》栏公示。

（邓远平）

审　计

【综　述】　围绕路局经营管理中心工作，以维护资金安全和查处经营、建设管理中违纪违规问题为重点，促进企业加强和改善管理，深入推进规范化审计，切实履行审计监督职能，全面完成审计任务。

全局实际完成审计项目112项，完成计划的138%，其中任期经济责任审计38项、财务收支审计48项、护路经费审计2项、专项审计16项、建设资金审计8项。通过审计，发现有问题金额25 706万元，收缴或调账纠正违纪违规金额10 701万元，审计建议规范整改金额15 005万元；移送监察部门3件4人次，移送司法部门1件1人次，提出审计建议223条，均被采纳。

2008年按照路局机构调整的要求，撤销附属机构成都、重庆、贵阳查证部，审计处设基建审计科、运输审计科、综合审计科，定员14人，设附属机构审计室定员18人。

【资金安全专项审计】　按照《关于进一步加强资金管理防范资金风险确保资金安全的若干意见》和《2008年铁路审计工作要点》要求，年初对财务处和资金结算所2007年财务收支情况以及涉及经营业绩考核的相关内容进行资金安全审计，确保路局资金安全。

为确保审计“全覆盖”，不留死角，对成都、重庆、贵阳财务集中核算所和重庆、贵阳办事处等路局独立财务机构的管理部门进行财务收支和资金安全审计。

【战略装车点建设项目资金审计】　对经久、永郎及下藤桥3个战略装车点建设项目的资金管理使用情况进行专项审计。对存在的问题作出处理处罚，并对战略装车点的建设提出“进一步完善建设管理程序，有效控制建设投资”、“项目建设中要抓住控制关键，严把工程造价和质量关”等建议，局领导作出重要批示。

【系统审计】　按照《2008年铁路审计工作要点》中“尤其要做好对机务、车务、工务、电务、车辆等系统的主要站段的审计”要求，组织对下述系统进行财务收支审计，规范经营行为。

一、对全局5个车辆段进行财务收支审计。发现违纪违规金额886万元。向路局领导提交《对成都铁路局车辆系统2007年度财务收支审计的综合审计报告》，提出“加大对站段经营成果的考核力度，防止重大影响损益调整问题发生”等5条建议。

二、对路局成都、重庆、贵阳3个房管所进行财务收支审计。发现3个房管所均存在维修合同中材料支出比例依据不充分、合同中无承修单位、不按合同约定支用材料的违约责任和处罚条款等具有共性问题。审计处以《审计意见书》向局土地房产管理处提出管理建议，要求其协调组织各房管所整改。局领导作出重要批示。

三、开展对工务系统审计。制定工务系统审计指导方案，除部审计中心抽审的工务段外，其余工务段均进行审计。对审计中发现的影响运输业盈亏结果、擅自改变大修工程支出结构，超预算列支工费、向路外单位发包和转包大中修工程等问题督促相关责任部门、单位进行整改。

【参加部审计中心抗震救灾资金物资专项审计】　根据《关于开展铁路抗震救灾资金物资专项审计的通知》及铁道部要求，路局抗震救灾资金物资专项审计组长由铁道部审计中心人员担任，组员由路局审计人员6人组成。按月向部审计中心提报《专项审计情况报告》。通过审计，促进路局抗震救灾资金的募集、接受、使用和管理规范。

【任期经济责任审计】　2008年对38个单位进行任期经济责任审计，发现违纪违规金额10 364万元，审计处理处罚5 822万元。审计中发现的涉嫌违反党纪国法的事项和人员分别移交检察院1件1人次、路局纪委1件2人次、多元集团公司纪委2件2人次，由执法部门继续调查处理。对某段原段长任期经济责任审计中发现该段托管的多经企业存在联合经营洗煤业务造成574万元国有资产流失等重大嫌疑，迅速移交相关部门处理。通过审计，正确评价企业领导人员任职期间的经济责任，促进企业加强和改善经营管理，保障国有资产保值增值，促使各级领导人员依法行政、廉洁从政。

【多元审计】　2008年对路局

资产较多、规模较大的32个多元经营企业进行审计。发现违纪违规资金5 746万元，审计处理处罚2 359万元，增加被审计单位效益1 325万元。

【建设项目资金审计】 按照部审计中心要求，审计处分别派出8个审计组，对重庆铁路集装箱中心站、黔桂铁路扩能改造、达成铁路扩能改造、襄渝铁路安康至重庆段增建第二线、贵阳南编组站扩能改造、黄桶至织金铁路、乐坝至巴中铁路、沾益至六盘水增设二线8个大中型基建项目进行审计。发现指挥部建设资金管理和使用方面有问题的金额2 413万元、建设项目管理核算及抽查施工单位发现问题31项，提出审计建议意见3条。

并对4个建设项目新增财政资金及配套资金进行跟踪审计，确保新增投资安全。

【其他审计工作】 根据中央综治委铁路护路联防工作领导小组及铁道部审计中心文件要求，完成对四川、贵州2个省的铁路护路经费专项审计。

根据《关于抽调审计人员参加部审计组工作的通知》要求，抽调5人参加部审计中心审计组对铁路运输企业2007年度经营业绩的审计。

派出多名审计人员，参加由局纪委执法监察室牵头的抗震救灾款物监督检查、局财务处牵头的产权清查、局建设处的建设执法检查、铁道部纪委牵头的对南昌局的调查等配合工作。

【审计人员继续教育】 随着新《企业会计制度》和《会计准则》的颁布，审计处要求按科、室每月集中组织业务学习不少于4小时，政治学习不少于2小时，并就学习心得展开讨论和交流，每月处务会上汇报学习情况和心得体会。组织审计人员完成继续教育，强化审计人员思想教育，牢固树立廉洁自律意识。颁布《成都铁路局审计人员职业道德规范》，规范和提高审计人员执业水平。

（敬雪梅）

综合管理

- 行政管理
- 路风监察
- 企业管理和法律事务
- 企业管理协会
- 土地房产管理
- 社会保险管理
- 离退休职工管理
- 关心下一代工作

行政管理

【综　述】 2008年局办公室（党委办公室）围绕路局中心、重点工作，着力转变服务观念，增强辅政意识，夯实管理基础，提升队伍素质，充分发挥服务、协调、参谋助手及参与决策指挥的职能，在工作水平、工作效绩、工作作风等方面都有大幅提升。

【机构设置】 2008年办公室内设机构及职能有较大变动，设总值班室、督办调研科、政工科、秘书科、文书科、外事接待办、机关财务科、保密办公室、信访办公室9个科室；机要通信室、档案史志室2个附属机构；路局新设立局机关服务所，包括行管科、小车队及机关食堂，由办公室管理；此外路局驻京办事处划归办公室管理。

【政务值班】 强力提升政务信息工作质量及水平，拟发《关于进一步加强和规范路局总值班室重要信息管理工作的通知》，规范信息报送工作，畅通信息报送渠道，提升信息报送质量，2008年信息刊物容量同比增长150%，报部信息量，同比增长100%以上，信息采用率大幅提高，信息工作排名从全路第12名上升到第3名。强化政务值班工作，取消秘书大轮班制度，改为工作日由值班秘书值守，休息日由分口秘书参与值班的模式，有效减少工作交接环节，降低发生差错的几率。努力提升窗口形象。一、热情接待来人来访，接待领导及上级单位做到方案翔实、细致周到，接待基层及外来办事人员耐心询问、热情引导，接待上访人员做到解释耐心、疏导有序。二、全力搞好日常会务，先后参与筹备全路工作会、全局运输安全工作会、全局领导干部座谈会、党代会、两办主任培训会等全局性会议，同时做好办公室每日交班会、周室务会等办公室日常会议的组织、考核、纪要工作。三、着力提升人员素质，建立《总值班室学习制度》，定期学习应急管理、制度规范、铁路专业知识等，发扬传帮带优良传统，指导培训新进秘书的公文写作能力、文字处理能力。

【应急管理】 积极应对冰雪凝冻灾害，立即成立抗灾指挥部，迅速启动《成都铁路局防洪应急预案（含暴风雪天气）》Ⅲ级响应，《成都铁路局突发大客流及旅客列车大面积晚点应急预案》Ⅲ级响应、《成都铁路局突发公共卫生事件应急预案》Ⅳ级响应，总值班室（应急管理办公室）积极保持与铁道部应急办和贵州省应急办沟通联系，及时发布有关应急通知，协调人员组织，物资供应、后勤保障相关事宜。

积极应对“5·12”大地震灾难，地震发生当日立即起草下发《关于成立抗震救灾指挥部的紧急通知》，设立应急指挥机构及专业工作组，迅速开展工作。总值班室设“抗震救灾总值班室”和“抗震救灾后勤保障综合部”，负责抗震救灾期间的值班、数据统计、上报信息、撰写材料、协调物资供应等工作，共计向铁道部、四川省报送救灾情况汇报材料80余篇，报送信息30余条，编辑《抗震救灾专报》29期，撰写各类汇报材料14篇。

进一步提高应急管理水平。一、认真总结分析，撰写调研文章《从“5·12”特大地震看铁路应急管理机制》，并在国务院主办刊物《中国应急管理》2008年第11期刊载。二、做好应急预案编制修订，进一步梳理和修订《成都铁路局突发公共事件总体应急预案》和12项分类预案，同时认真指导基层单位预案编制工作。三、认真落实公共事件月报制度，切实加强应急演练工作指导。

【督办调研】 强化责任，加大督办工作力度。每季度全面督办一次年度重点工作落实情况，及时督办领导添乘机车时检查发现的问题及周大交班会上提出的要求，专题督办领导在文件及其他材料上的批示落实情况，全年发《督办通知单》57期、《督办通报》45期。把握思路，精心撰写各类文稿。在年初冰雪凝冻灾害和“5·12”汶川大地震抢险救灾期间，跟随领导深入一线，起草大量指导抗震救灾文电，编发大量领导在现场指挥、检查、调研信息；高质量完成职代会行政工作报告，全局工作会、运输安全会、深入学习实践科学发展观活动动员大会暨处级领导干部专题研讨班上专题报告，灾后重建规划报告等200余篇文稿，其中全局性重大文稿100余篇。全年办理和函复人大和政协提案、省政府领导批示、人民意见68件。

【公文管理】 2008年局发文912件、函817件、电报1 046件，处理各类路局收文6 000余件，在确保路局公文处理及时、传递及时、少出差错的前提下，2008年公文工作的重点是夯实基础，规范管理，强化指导。

制定工作标准，完善科室管理。修订完善科室管理制度，制定各项工作的操作流程及工作标准，重点卡控文件传递交接环节；建立完善文书基础台账，规范各类公文、公函交换、登记台账，新增办公系统相关业务申请台账、免查询公文管理台账；变更纸质存档文件保管方式，与档案史志室共同印发《关于更改路局、党委、纪委、工会发文和收文保管方式的通知》，所有文稿的保管方式由原来交主办处室保管，改为由局办（党办）、纪委办、工会办统一管理，按季度移交档案馆。

严格审核，强化指导，规范公文管理。出台系列文件，细化公文规范，2008年6月办公室对机关公文保管情况进行全面检查，印发《关于局机关公文管理检查情况的通报》，再次梳理公文处理各环节，印发《关于严格执行公文管理有关规定的通知》，针对两办主任会及深入学习实践科学发展观活动中基层反映集中的问题，印发《关于进一步明确公文紧急程度、发文范围及行文关系的通知》；采取系列措施，强化公文指导，制定全局公文处理考核办法，与督办调研等共同印发《关于印发办公室工作考核的通知》，严格审核站段报送路局公文，将问题公文制成讲解例文发各单位学习参考，印发《关于进一步规范电子公文格式的通知》解决公文附件格式不规范，页码不连续等问题。

优化办公系统流程，维护办公信息正常运转。强化公文督办功能，设定办理时限，到期发放催办通知单，新增办理情况说明栏目；完善会签流程，新增主办单位按会签意见修改后再次发会签部门确认，形成闭环管理；配合生产力布局调整，及时完成相关站段办公系统调试安装，确保政令畅通、平稳过渡；强化日常维护，坚持每日检查系统备份情况，定期检查机运行状况，随时监控系统运行，发现问题及时应对处理，确保办公系统在高负荷状态下正常运转。

【档案管理】 重新制定、完善档案工作日常管理制度、工作标准及各岗位责任制。制作下发全局档案年报电子版，解决了多年来档案年报效率低、错误数据多的问题。编制《成都铁路局档案工作考核办法》，重新编制《成都铁路局管线线别码》、《铁路局管内各单位取字代码表》，整理修订《成都铁路局竣工文件编制办法》。对全局档案工作现状进行问卷调查，并据此制定下一步档案工作方案。调整部分档案库房，移动清理档案资料近3 000卷，重新制作档案库房示意图。加强档案业务指导培训。全面指导遂渝、渝怀铁路的业主档案管理工作，共形成各类档案2 890卷，以确保遂渝、渝怀铁路正式验收顺利进行；现场培训指导黔桂线、六沾线、襄渝线、黄织铁路竣工文件编制工作；召开2007年文书档案培训会，共40人参加培训。全年接收科技档案1 106卷、蓝图10 943张，整理科技档案2 775卷、蓝图18 410张；接收文书档案721件、会计档案1 356卷、审计档案210卷、实物档案16件，整理2006年机关归档文书档案、二套文3 683件、实物档案16件；借阅、调阅各类档案3 000余卷（件）。

【信访工作】 全年受理群众来信274件，同比下降29%；接待群众来访159件685人次，同比分别下降2%和30%；接待集体访17批390人次，同比分别下降53%和51%；排查梳理6个重信重访问题，已息诉上访12个，信访终结1个，结案率50%。

转变工作思路，主动适应新形势、新要求。变事后补救为事前防范，变被动处置为主动化解，变群众上访为干部下访，把握信访主动权；进一步建立健全科学、民主、依法决策机制和监督机制，从源头上防止信访问题发生；进一步加大矛盾纠纷排查调处力度，及时发现和掌握苗头性、倾向性问题，切实把隐患消灭在萌芽状态，把问题解决在基层。

领导干部亲自上手，集中解决一批重信重访问题。路局领导剖析各类信访问题产生的根源，深入研究解决问题的办法，从根本上解决了一批群体性、政策性诉求问题；路局分管领导包案下访，深入基层了解情况，听取职工诉求，疏导化解矛盾，促进问题解决；机关职能部门针对重点问题牵头开展政策研讨，及时提出切实可行的方案供领导决策；站段领导坚持定时下访、主动约访、重点走访、定期回访，及时发现问题、立即解决问题。

发挥整体优势，确保实现奥运期间维稳目标。突出路局信访领导小组作用，定期开会、排查问题、细化措施、落实责任；突出片区工作督导组、站段维稳工作组作用，拓宽职工诉求渠道，扎实做好老上访户、可能进京上访人员的稳控工作；突出驻京劝返工作组作用，进一步完善应急预案和劝返接回机制，制定《成都铁路局进京上访人员劝返工作实施办法》，强化路局驻京办事处信访工作职能；路局成立路地协调工作组加强与地方政府的协调沟通，与四川省联合印发《关于共同做好川籍进京越级和非正常上访人员劝返稳控工作的通知》，与贵州省、重庆市信访办建立工作协调、信息互通机制，奥运期间协助配合地方劝阻进京上访 38 批 243 人，从北京送返 19 批 152 人。

加强基础工作，促进全局信访工作规范有序运转。制定下发《关于运输站段设置专（兼）职信访工作人员的通知》，明确站段信访工作人员 6 项职责，多形式、多渠道培训指导基层信访干部，提高工作能力；建立健全信访稳定工作“零报告”制度、处理处置非正常上访突发事件工作预案等工作制度；制定下发《成都铁路局信访工作考核办法（试行）》，促进各单位按章行事、按制履责。

【财务管理】 加强预算管理，努力节支降耗。重新分劈并下达2008 年会议经费预算，较原预算压缩 5% 计 17.35 万元；短途运输费在原预算基础上压缩 5% 计 11 万元；制定下发《关于规范文件、资料印刷的通知》，明确各部门需印制纸质文件必须提前申报，经本部门领导审核签字及事先询价环节，有效控制印刷费用；全面清理、分析局机关办公费、差旅费、会议费、短途运输费等支出情况，出台《路局机关节支降耗措施》，确定经费总体控制目标，制定包括会议经费、职工差旅费、办公用品费、接待费、短途运输费等 8 个方面计 30 余条切实可行的节支措施。强化内控制度，严格规范管理。补充修订原内部会计控制和财务管理制度，严格执行大额联签制度，严格库存现金限额管理，制定工资奖金支付明细表审核措施；补充修订固定资产管理、清查制度，进一步完善保管制度；重新修订机关报销制度，进一步明确差旅费、会议费、电话费及固资购建等标准和报销程序。全年完成运输总支出25 209.20万元、更新改造 1 834.83 万元、职教经费3 169.35万元，调整职工基本养老金及补充养老金基数2 756人次，为机关 358 名职工办理住房公积金支取手续，开出银行支票2 046笔，计27 136.24万元。全年共接受 9 次专项审计和检查，包括经济责任审计、离任审计、抗震救灾经费专项审计、税收专项检查、资金安全检查等。

【后勤管理】 按规定办理乘车证及卧签。2008 年全局请领乘车证436 500张，填发250 271 张，回收旧乘车证244 219张，办理出差卧签10 542张。全局共有 91 个单位有开票权限，对所属单位乘车证管理采取宏观控制与具体指导相结合，定期报表与随机检查相结合的方法，发现问题及时解决。规范固定资产管理，及时安排机关设备请修，按规定采买办公用品、劳保用品。全年新增固定资产 685 批次约1 590万元，报废 400 批次约3 000万元，调配4 444批次约14 200万元，对机关及附属机构固定资产进行全面清理、核对，按部颁分类编码修改所有固资卡片，做到账物相符。全年为机关办理办公用品922 402元，为机关及附属单位办理劳保用品 12.4 万元，招标采购各类办公家具 120 万元。接受并安排维修各类办公设备、设施 480 余次约127 200 万元。充分发挥综合协调职能，维护机关良好办公环境。积极参与抗震救灾，协助采买、运送救灾物资227 159.6万元。积极参与机关整顿秩序，对机关 25 个处室 300 余间办公室进行重新调配搬迁，按照新出台的机关管理办法办理各类出入卡3 020张，协调相关单位对四个会议室、多间办公室进行整修维护。配合机关派出所开展机关消防检查活动，更新消防设备，完善机关监控报警装置。承担解决机关调入职工住宿、为职工办理户口、全面清理机关单身宿舍、刻制印章等多项工作。为进一步规范机关管理，提升服务质量，2008 年 7 月起，原由办公室承担的路局机关保洁、绿化工作及相关聘用人员移交多元集团房地产公司下属物业管理公司并支付相应物管费用。

【车队管理】 机关小车队全年未发生任何交通责任立案事故、

火灾火险、人身伤亡事故，顺利实现安全年。截至12月31日，全队累计安全268天，行驶623万公里。机关小车队现有车辆34辆，计划经费128万元，实际总支出1 270 164.3元，其中小车队支出1 112 862.05元，环卫车1月至6月支出57 302.2元，6月以后按《关于划交局机关垃圾清运工作职责的会议纪要》精神将垃圾清运职能划交局多元集团公司成都铁路房地产开发公司。认真执行《机关小汽车使用管理办法》，31个单位全年下达汽车使用经费计划97万元，实际使用373 285.25元，会议等计划外使用经费1 813 856.1元，全年汽车使用经费总计2 187 141.35元；累计出车12 275次784 700公里，圆满完成会议接待188次，外事接待1次，重点接待20次。在年初抗击冰雪凝冻灾害和抗震救灾活动中，全力以赴保证领导用车、抢险用车。完成各类车辆维修保养247台次，完成大修车辆3台，车辆完好率始终保持97%以上。充分发挥管理职能，协助有关部门开展汽车安全和设备检查，协助劳安部门督促站段规范道路交通安全管理。

（孙宇红）

路风监察

【综　述】　2008年，全局各窗口单位认真抓好春、暑运等关键时期的路风控制，扎实开展各类专项检查，严肃查处路风问题，严格责任追究，保持全局路风形势总体平稳。

【路风工作会议】　1月4日，路局召开全局春运暨路风工作会议，局长齐文超、局党委书记姚保国到会并作重要讲话，对春运期间如何加强车票管理和监控、如何预防和治理粗暴待客等热点问题提出明确要求。局党委副书记、纪委书记何元作路风工作报告，主管路风的副局长王明慧对春运组织和路风工作作安排部署。为贯彻落实会议精神，各窗口单位相继召开春运路风工作会或春运动员会，传达贯彻全局春运暨路风工作会议精神，认真查找本单位存在的薄弱环节，分析春运期间可能会面临的一些问题，采取有针对性的措施，切实加强春运期间的路风监控。

【关键时期路风控制】　一、周密部署，要求严格。车票管理是重点，站段长对发售情况心中有数、严格管理，加强内部卡控；坚持以票源调查为主要手段，发现高价票要查出来源明确责任。在暑运、“十一”等关键时期，路局都及时下发电报，对各个重点时期的工作进行安排，细化检查方案，加大对重点站车以及客票发售和代售等关键环节的监控。二、红线控制，措施具体。路局从管理入手，建立团体票集体审批制度，制订计划、售票人员上岗“四不准”纪律要求，明确路风票务检查“六查”内容，从源头上杜绝内外勾结以票谋私路风问题的发生。各窗口单位认真贯彻路局要求，建立春运售票监督检查、包保责任、考核处罚配套制度，严格路风卡控，做到“贯彻有要求、卡控有措施、检查有标准、落实有效果”。三、超前预防，专项治理。对粗暴待客问题保持高压态势，开展专项治理，抓好早教育、早预防。各站段立足超前防范，采取订制度、打“预防针”、设立委屈奖等方式，积极治理粗暴待客问题。重庆车务段用发生在本单位的典型案例开展教育。广大职工在运能紧张、严重冰雪灾害、“5·12”特大地震灾害、旅客情绪激动等情况下，顾全大局，做好服务工作。全年，仅成都站就向43名一线职工发放服务委屈奖4 780元。全局全年没有发生一起粗暴待客路风问题。四、严厉打击，营造和谐。全局各级公安机关始终保持对涉票违法违纪打击的高压态势，集结精干警力，采取公秘结合的方式，坚决打击票贩活动，没有发生因票贩子问题引发的新闻热点，旅客满意率提高，受到社会各界的好评。全年共抓获票贩子4 622人，收缴车票81 944张，面值677万元。

【开展路风专项检查】　一、严肃查处以票谋私问题。春运期间，组成检查组对售票管理和运输收费价格进行检查。对客票管理和发售、站车经营项目、重点物资运输、客车路风等进行检查，未发现一个车站特殊用途票超标。在“倒查”行动中发现的违规售票和票外加价问题，关停14家代售点，对48家代售点进行停机或考核，停止10家协议单位订票权。部春运路风检查组对重庆站票源调查中发现的加价票，无一张出自内部。

二、严肃查处以车谋私问

题。对2007年开展的车皮配置执法监察整改落实情况进行"回头看"，共检查局调度所和25个车站，找货主个别交谈23人。各运输部门建立车皮配置相应的卡控制度、办法，逐步实现车皮配置公开、公正、透明，为加强车皮管理、维护运输秩序、提高运输效率，促进廉政建设提供了制度保证。

三、严肃查处违规经营问题。针对列车售货存在的上私货、"三无产品"、过期食品等路风问题，在全局范围内开展客车售货路风管理专项检查。重庆客运段成立以段长为组长的专项检查领导小组，从经营资质、进货渠道、价码标签、出库把关等环节认真查找问题。成都客运段自查6起售货员上私货问题，价值8 482元。4月至9月，路局先后8次派出检查组，采取自查与检查、明查与暗访的方式，对全局58趟列车进行抽查。

四、严肃查处违规收费问题。加大对重点物资收费的检查。6月，局路风办和多元中心组成联合检查组，对全局多经企业涉及化肥、粮食、农药的7个经营主体并29个经营站点所从事的全部经营业务进行逐项检查，并同步检查对所在车站抗震救灾物资是否违规收费及装卸组织、服务质量情况进行检查，发现个别企业存在违规收费和收费不规范的问题，责成立即整改。开展运输及延伸服务价格收费专项检查。各系统、各单位严格按照专业负责、系统负责的原则，加强对规对标，全面清查，公布货运价格及收费有效文电24件，延伸服务、运输代理价格及收费有效文电34件。在各单位普遍自查的基础上，路局重点抽查18个站段，43个车站，15趟车，发现问题41个，已整改38个，限期整改3个。12月12日，部检查组对路局运输及延伸服务价格收费进行检查，并对路局自查自纠工作给予充分肯定。

【路风长效机制建设】 一、深化客车路风长效机制建设。局路风办在成都、贵阳召开"三乘"协调会，要求"三乘"单位协调管理，共同推进，不断完善管理措施，解决好宿营车等结合部的问题，将宿营车管理作为路风长效机制建设的重点。同时，"三乘"单位互相开展交叉检查，查出问题，责任单位严肃处理，路局比照自查不予考核。二、从源头上堵塞管理漏洞。制定下发《禁止利用旅客列车违规贩运和私带货物的规定》，对违规贩运和私带货物行为作出界定，明确责任。3个客运段和成都车务段针对检查发现的私自上货、提价销售等惯性路风问题，从规范管理入手，积极完善售货相关制度、办法，从管理制度上堵塞漏洞。三、注重新形势下管理机制的创新。针对站段不再主管多经管理体制的改革、战略装车点、路企直通等运输新产品的出现和大客户战略的实施等新情况，从机构设置、人员配备、管理制度等方面及时到位，切实担负起路风管理职责。局路风办主动预想，加强对多经行为的监督检查，严肃查处违规收费问题，规范收费行为，确保改革期间路风形势平稳。

【路风暗访写实制度】 一、建立暗访制度。路局制定下发《路风暗访写实制度》，把路风暗访写实工作纳入党风廉政责任制考核内容，纳入路风评先条件，纳入发生路风问题追责依据，防止假访假写，代访代写，不访编写等问题的发生。二、领导带头倡导。局领导两次暗访广安车站，并将暗访写实情况通报全局，铁道部纪委安立敏书记作出重要批示，对全局领导干部路风暗访写实工作起到很好的推动作用。局路风办两次到安顺车站暗访，发现管理、服务等方面问题，形成暗访写实，在全局通报。三、定期公布分析。路局坚持每季度对站段领导的路风暗访写实情况进行登记、分析，并在局《路风动态》上刊发，对没有完成的单位以及暗访写实存在的问题进行通报。各窗口单位党政领导共撰写暗访写实报告227篇，局《路风动态》刊发36篇。

【阳光政务和行风评议】 局领导两次参加四川省广播电台"阳光政务热线"节目，面对面与旅客交流，广泛宣传路局加强路风管理、提高服务质量的做法，及时化解矛盾，收到良好社会效果。8月27日至10月16日，四川省纠风办对路局2008年度行风情况开展系列评议活动。省纠风办组织在成都、绵阳、遂宁内江、隆昌地区及T8次、K352次、K191次等3趟列车上向465名旅客、132名货主随机发放《成都铁路局行风情况问卷调查表》，并在广安、自贡、眉山地区召开有当地政府机关、新闻机构、旅客货主代表参加的铁路行风评议会。除对列车餐车饭菜质量、站车售货意见相对集中满意度偏低外，其他各项的满意度都在90%以上，对旅客列车服务质量，车站为货主排忧解难、投诉电话公开等项目的满意度较往年有不同程度的提高。

【路风评先表彰】 在全局春运暨路风工作会上对2007年以来涌现出的一批自觉维护路风路誉的路风工作先进集体、先进个人和优秀路风工作者进行表彰。成都北车站等6个单位，重庆车务段赶水车站等16个集体，贵阳铁路公安处卢永忠等35名个人，成都客运段林昂辉等15名工作者获殊荣。

【路风信访和路风事件】 规范投诉受理渠道。全局各货运营业厅、客运候车室、旅客列车统一公布站段、局运输、客运、货运、路风部门投诉电话，安装录音电话，24小时受理旅客货主投诉。路风投诉持续下降。全年全局共受理投诉58件，与上年同期76件相比下降23.7%。其中部转19件，同比下降38.7%；局收投诉39件，同比下降13.3%。直查力度不断加大。自办案件17件，定性严重路风事件1件，一般路风事件2件，路风不良反映6件。如重庆车辆段1062次检车乘务长违规贩运香烟1 378条，价值16万元，路局定重庆车辆段严重路风事件1件。重庆西站茄子溪站以“专用线共管会”的名义收取“专用线劳动竞赛费”141 095元，路局定重庆西站一般路风事件1件。重庆铁路旅行社顺达公司K168次列车“两项”经营人员违规携带香烟，认定贩运价值3 040元，路局定多元集团一般路风事件1件。自查氛围逐步形成。全局共自查严重路风事件1件，一般路风事件3件，路风不良反映18件，其中严重路风不良反映5件，一般路风不良反映13件。其中自查成绩较为突出的有：成都客运段自查严重路风事件1件，一般路风事件1件，路风不良反映12件；绵阳车务段自查一般路风事件1件，路风不良反映1件；西昌公安处自查一般路风事件1件。

全年部、局要求反馈查处结果的58件，已全部按期反馈。全局共发生成都客运段5622次列车以票谋私、重庆车辆段1062次列车违规贩运香烟严重路风事件共2件，成都客运段K586次列车以票谋私、原江油车务段江油站客运计划员违规出票、西昌公安处K117乘警以票谋私、重庆西站茄子溪站乱收费、重庆铁路旅行社顺达公司K168次列车“两项”经营人员违规携带香烟一般路风事件共5件，路风不良反映24件。共有161人因路风问题受到行政处分和经济处罚，其中解除劳动合同1人，撤职、降职10人，记过、警告40人，经济处罚80人，其他处理30人。

（沈跃新）

企业管理和法律事务

【综　述】 2008年，企业管理和法律事务处强化企业经营管理，加强普法教育和法制建设，推进依法治企、依法行政，在促进全局改革发展稳定和经营业绩目标实现中发挥决策参谋、政策支持和法律保障作用。企业管理和法律事务处现设企业改革科、经营管理科、法律事务室，定员11人，现员10人（不含退二线人员）。附属机构：成都铁路局法律服务所，定员11人，现员10人（含成都铁路安全监督管理办公室3人，派驻重庆、贵阳法律顾问各1人，不含退二线人员）。

【制度机制建设】 结合和谐成铁建设以及促进路局科学发展的新情况、新要求，围绕制度机制创新，加强政策研究，做好规章制度的废、改、立工作，逐步建立健全保障和促进路局科学发展的制度体系。抓好学习实践科学发展观活动制度机制建设，协调局机关各部门，从专业管理、系统负责的角度，运用科学发展观的理论、观点和方法，以8个方面85项的制度机制框架为重点，对路局现有规章制度进行全面彻底地清理，废除与路局科学发展不适应、与和谐成铁建设不配套的规章制度，修改、完善、建立一套促进路局科学发展的长效管理机制。截至12月31日，全局完成废、改、立制度机制共计205项。

【企业改革】 社会职能移交收尾工作稳步推进。坚持按政策继续做好社会职能移交后续工作。主动向四川、贵州、重庆两省一市人民政府汇报铁路社会职能单位离退休人员移交工作，坚持按政策依据协议妥善解决前期移交遗留问题。重庆市政府已出台《关于成都铁路局在渝已移交社会职能单位退休及内退人员移交有关问题的通知》。强化稳控措施，掌握工作信息，及时走访、重点下访有关地区（单位）重点人员，妥善处理好来信来访，及时化解矛盾，确保社会稳定特别是奥运期间的稳定。

促进多元经营发展。制定下发《关于全面促进多元经营又好又快发展的决定》，从政策上全面支持多元经营又好又快发展，做大做强多元企业。积极研究、主动协调运输站段托管多经企业脱钩后所涉及规范管理问题，通过签订服务、营销和财产租赁合同进一步规范主辅间经济关系，仅车务站段就代表路局与多元企业签订合同117份。年内先后对路局采石供应单位、物资采购供应单位实施分离重组，将3个采石供应中心、3个材料供应段全部划交多元集团公司管理，进一步精干主业，促进多元健康发展。同时，对局多元集团公司所属生活服务企业进行重组改革，撤销四川、重庆、贵州铁路生活公司，组建成都铁路生活服务有限责任公司。

合资铁路管理加强。制定下发《关于达成铁路有限责任公司运输生产实行委托管理的通知》，自2008年7月11日18时起，将达成铁路有限责任公司运输生产全部委托成都铁路局相应站段管理，并签订《达成铁路有限责任公司运输生产委托管理协议》，标志路局创新合资铁路管理模式迈出新的步伐，为提高铁路运输综合能力和专业管理效能，实现合资铁路公司股东利益最大化打下坚实的基础。

【经营管理创新】 创新经营业绩考核。完成2007年度铁道部对路局经营业绩考核资料申报工作，接受铁道部对路局的经营业绩审计。2007年度铁道部对路局经营业绩综合考核得分92.9分，评定等级为优秀。认真抓好铁道部《铁路局经营业绩考核办法》贯彻落实，把铁道部经营业绩考核指标细化分解，协调主管部门追踪铁道部经营业绩考核指标完成情况，逐级传递压力责任，努力确保铁道部对路局考核目标的兑现。修订完善考核办法，研究制定《成都铁路局经营业绩考核办法》、《成都铁路局经营业绩考核补充规定》等文件，并指导多元集团制定对直属企业的经营业绩考核办法，全面构建对站段、机关部门、公检法单位、建设指挥部及多元系统单位领导班子的经营业绩考核目标责任体系。形成全局各单位、各部门110人的联络员队伍。建立健全工作制度，做好日常管理，抓好过程控制，对异常情况及时预警，形成经营业绩考核预警工作机制，全年对运输站段共发出7份警示通知书，并追踪整改落实。健全完善经营管理问责制度，根据《成都铁路局领导干部问责管理办法》制定实施细则，促进经营管理行为全面规范。

实施“三标”创建工作。按照路局部署，牵头组织全局标准化车间、标准化班组和标准化岗位的创建工作。制定下发《成都铁路局创建标准化车间、标准化班组和标准化岗位实施办法》，选定成都电务段等8个运输站段为试点单位，用3年时间，完成全局所有车间、班组、岗位的标准化创建工作。协调各业务处制定各系统的推进计划和标准化车间创建和考核标准，主持召开成都地区部分站段单位负责人座谈会，广泛征求意见建议，初步形成各系统标准化车间的创建和考核标准。

【依法治企】 开展“五五”普法工作。以贯彻“一法、两条例”（《劳动合同法》、《铁路运输安全保护条例》、《铁路交通事故应急救援和调查处理条例》）为重点内容，结合各单位实际，强化法律知识培训。为站段职工培训班、复退军人培训班、铁路行政执法人员培训班进行铁路相关法律、法规知识培训，共计3 100余人。网上开展《条例》知识问答，对重点案件形成案例分析，上网发布“以案说法”文章10篇。对合资铁路公司、地方铁路、专用铁路和专用线产权单位分管领导进行培训和座谈，推动两个《条例》的贯彻实施。在企管法律处网页上推广交流成都客运段、涪陵车务段、贵阳车务段、重庆车辆段等单位的普法工作经验。

加强法律事务管理，规范工作程序。一、规范全局授权管理和合同管理工作。与西南交大联合开发“法人授权、合同联签管理信息系统”，并在路局局域网上运行。全年共办理授权委托（年度授权和临时授权）360份，审核路局机关合同390份，标的金额11.68亿元。二、加强合同管理的监督检查。2008年3月至4月，对22个局属单位的合同管理、法人授权委托工作进行检查通报。三、建立健全合同管理和法律纠纷案件统计分析报告制度。自2008年四季度起，对局属各单位、合资公司、建设指挥部、多元企业、局机关的合同及诉讼案件进行统计分析，防范法律风险、促进依法管理，为领导经营决策提供参考。四、积极办理行政许可事项。与安全监督管理办公室有关部门协调，积极推进“三超一重”托运人、危险货物托运人和承运人、铁路道口的行政许可办理工作。年内新办危险货物托运人资质38家、危险货物承运人资质1家、道口11处，年检危险货物托运人119家、危险货物承运人资质1家。

提供法律服务，保障企业权益。年内与北京倍增商标代理公司协商签订商标代理协议，完成路局核心商标法律保护的申请工作；就路局为黄织公司借款提供担保的保证合同（标的额3.4亿元）出具法律意见，同对方银行多次沟通、协商修改相关条款；研究路局关停客票代售点的有关工作，出具法律意见书，全程参与与代售点的协商、谈判和纠纷的处理工作。理顺全局诉讼案件管理工作，建立案件报告、代理、奖惩等制度，明确路局和站段单位的职责分工、办案程序。全年共办理案件187件，已办结案件116件，涉及案件标的金额1 874万元，为路局挽回经济损失达1 291万元。

【理论政策研究】 围绕运输安全和生产经营中心工作，重点突出主辅分离和辅业重组、公司制改革、经营管理创新、依法治企保障体系建设等重大课题，加大政策研究、决策参与和服务保障工作的力度，提供政策支持。撰写《全面实施经营业绩考核，构建企业经营班子绩效评价体系》、《完善业绩考核体系，推进铁路企业管理创新》、《推进安全管理制度创新，促进和谐成铁建设》、《路外伤害诉讼案件之我见》等一批较高质量的调研文章，在报纸、杂志公开发表。

【自身建设】 在路局主页上开设“法律法规”专栏，完善企管法律处网页，加大信息流量和知识面的更新，充分利用网络平台，加强路局与站段、站段与站段之间的互动学习和交流。加强业务培训，举办2期共144人的运输站段、非运输站段专兼职合同管理员培训班，举办1期共85人的站段、机关部门、公检法单位、建设指挥部经营业绩考核联络员培训班，加大法律法规和经营管理知识的培训力度，打造学习型、创新型的企业管理和法律事务工作队伍。

（袁可接）

企业管理协会

【综　述】 2008年，在四川省遭受“5·12”特大地震的情况下，局企协坚持面向企业、服务企业的宗旨，围绕路局各个时期的中心工作和全年经营目标，根据企协工作实际，组织开展企协的各项工作，取得较好成绩。

【管理创新成果】 按照铁道企协及四川省企业联合会文件要求，做好“企业管理现代化创新成果”的组织推荐工作，共收到企业管理现代化创新成果6项，向铁道企协推荐申报企业管理现代化创新成果1项，向四川省企业联合会推荐申报企业管理现代化创新成果5项。其中内江车务段《打破工种壁垒提高工作效率，积极稳妥推行劳动组织整合》获部三等奖，并与贵阳供电段《“图示分工法”在现场安全控制方面的实践与应用》同时获四川省企业联合会二等奖，贵阳供电段《以目标导航，从运行入手，构建山区铁路供电设备安全保障体系》、《对直管体制下，加强站段独立作战能力的思考与实践》、《设备“集中修”工作的实践与体会》、《“大跨区供电”在抗冰抢险中的实践与应用》获省级三等奖。

进一步完善、修改“成都铁路局企业管理现代化创新成果奖”评选办法。

【路局保持“中国企业500强”称号】 2008年，局企协根据中国企业联合会、中国企业家协会工作部署，组织路局申报“中国企业500强”工作，结合路局实际，积极组织协调，按程序要求及时申报。经“中国企业500强”评审委员会严格评审，路局再次进入“中国企业500强”名列175位、“中国服务业企业500强”列56位。

【路局保持“四川企业100强”称号】 根据四川省企业联合会、四川省企业家协会“2008四川企业100强”评选工作的部署，组织报送材料，经评委会评审，路局名列“2008四川企业100强”第二位。

【优秀论文获奖】 2008年，结合路局新形势，组织、推荐既有实践又有理论文章参加铁道部和四川省“优秀论文”评比活动。其中3篇获铁道部“优秀论文”奖（二等奖2篇、三等奖1篇），10篇获四川省“优秀论文”（二等奖2篇、三等奖8篇）。获铁道部“优秀论文”二等奖的是成都客运段何桥《强化山区铁路客运能力的看法》、贵阳供电段潘光瑞《顺应改革潮流，提高独立作战能力，推动站段工作向纵深发展》，获三等奖的是广元火车站刘小洪《铁路货场物流信息系统建设探讨》。获四川省“优秀论文”二等奖的是广元火车站刘小洪《铁路货场物流信息系统建设探讨》、广元火车站陈辉《优化运输组织，确保广元分界口畅通》，获三等奖的是局计划统计处余粤东《成都铁路局2008年下半年运输形势分析及对策》、局办公室兰毅《成都铁路局确定合同与法人授权工作“4233”管理模式》、成都客运段何桥《用科学发展观指导铁路客运工作》、内江车务段周勇《推行精细化预算管理，实施全程化成本控制》、涪陵工务段刘军刚《加强绿色防护建设，全面提升遂渝快速铁路品位》、贵阳供电段潘光瑞《以目标导航，从运行入手，构建山区铁路供电设备安全保障体系》、贵阳供电段潘光瑞《顺应改革潮流，提高独立作战能力，推动站段工作向纵深发展》、西昌供电段宋平《论规章制度要合法合理》。

【《成铁企业管理》出版】 2008年，共收到各类稿件140余篇，用稿110篇，收集照片100余幅，采用照片50幅，全年共编辑出版《成铁企业管理》5期。根据路局开展学习实践科学发展观活动的精神要求，在全局范围内开展征集深入学习实践科学发展观活动的优秀调研文章及管理创新论文的活动，共收到调研文章38篇。《成铁企业管理》出版一期关于“学习实践科学发展观活动的优秀管理调研及管理创新论文”的专刊。同时，向部企协组织、推荐20余张路局在“5·12”地震抗震救灾的照片，并在铁道部企协主办的《铁道企业管理》第三期刊物上刊用。

【企业管理培训】 2008年11月17日至20日在成都举办“局企协工作年会暨企业管理培训班”，全局50余名管理干部参加学习，局企协秘书长李先勤总结局企协2008年工作，对2009年工作进行安排部署。结合铁路企业和基层站段实际，局企协组织站段相关人员参加中国企业联合会举办的《“劳动合同法实施条例”解读应用与人力资源管理风险控制研讨班》；局企协相关人员参加四川省企业联合会举办的“全球金融危机对中国影响”研讨班；《汶川地震灾后恢复重建就业和社会保险特殊政策暨“劳动合同法实施条例”》等培训班；参加四川省企业联合会“2008年四川省企业100强发布暨企业发展峰会”；“2008年四川省企业诚信论坛”会议，对推动基层管理人员提高素质，了解和掌握全国及全路改革发展动态，改善工作方法，起到促进作用。

（周成平）

土地房产管理

【综　述】 围绕路局中心工作和重点安排，认真贯彻全局运输安全工作会议精神，结合部门工作实际，深入开展安全大检查、大反思活动，进一步加强房建设备技术管理、土地管理、公寓管理和房改工作，全力以赴做好路外安全综合整治、民心工程建设、铁路小区文明建设、安全标准线建设和职工住房建设，全力以赴投入抗震救灾和灾后复旧，圆满完成全年各项工作任务。

局土地房产管理处限额内设技术科、土地管理科和综合科。根据路局《关于重新公布局行政机关附属机构定员编制的通知》，将附属机构原房产管理所和土地管理办公室合并，分别设成都、重庆、贵阳土地房产管理所，对外名称为成都、重庆、贵阳铁路土地管理分局，撤销原房产管理所财务机构。

年末，全局房建设备总量为44 600栋件，1 996.93万换算平方米。房屋、建筑物一级率分别为35.03%和68.44%；二级率分别为62.22%和30.41%；三级率分别为2.75%和1.15%。

全局行车公寓共有接待床位10 966张，全年接待乘务人员223万人次。

表7－1 成都铁路局铁路用地基础资料

单位：公顷　　　　　　　　　　　　　　　　　　　　　　　　　　（2008年）

地类	总数（不含达成）	成都土房所	重庆土房所	贵阳土房所	多元集团	达成公司
运输生产用地	25552.71	9751.20	6645.19	9112.07	44.25	1970.67
辅助生产用地	607.98	82.99	110.19	379.52	35.28	3.85
生活用地	363.76	134.19	81.73	134.98	12.86	0.05
其他用地	324.12	34.30	15.19	246.73	27.90	0.56
合　计	26848.57	10002.68	6852.30	9873.30	120.29	1975.13
确权面积	25513.27	9462.95	6561.90	9409.36	79.06	1187.77
领证率	95.03	94.60	95.76	95.30	65.73	60.14

【干线路外安全综合整治】 为进一步强化全局路外安全管理，按照铁道部的部署和要求，1月5日至4月15日，路局在宝成、成渝、川黔、成昆、内六、沪昆、遂渝、襄渝、渝怀等9条干线开展路外安全综合整治百日行动。土房处、多元集团积极组织各房建公司克服冰雪凝冻灾害、村民阻工等困难，组织人力12 338人次，施工机械188台，封闭车站112个，修建各类围墙265 588米，钢板网34 339米；修建村民、居民通道37 065米，挡墙13 557立方米，便桥2座；清运生活及建筑垃圾30 031立方米；依法合规拆除违章建筑物77 530平方米（含枢纽），修建围墙封闭整治违章建筑物68 105平方米，完成拆除计划的205%，圆满完成路外安全综合整治任务。

【民心工程】 为进一步改善沿线职工居住环境和条件，按照路局的安排和部署，1月1日至3月26日，路局实施以改善沿线职工居住环境为主要内容的“民心工程”，土房处、多元集团按照“把实事办好，把好事办实”的工作要求，组织各房建公司奋战85天，完成成渝、沪昆沿线79个车站、495幢、12万平方米住宅房屋的整治任务。

【安全生产】 认真吸取“4·28”事故教训，在全局房建系统开展房建设备及违章建筑大检查、大整治，深入开展安全生产百日督察专项行动，对房建设备安全隐患进行全面排查整治，重点排查与运输生产密切相关的站房、风雨棚、地下通道等，排查网架结构、钢结构房屋和逾龄房屋，对存在的安全隐患及时进行整治。根据2008年自然灾害趋势，修订完善土房系统防洪抢险应急预案，实现房建专业防洪工作与全局防洪总体部署的配套。积极组织地质灾害应急排险，组织有关单位及时处置重庆渝铁村55号房屋屋后边坡危岩滑坡险情，及时疏散安置受灾职工90户、约180人。

【铁路小区文明建设】 配合成都市开展创建全国文明城市活动。按照路局和成都市政府关于涉铁区域创建全国文明城市协调会精神，先后对成都地区56个铁路小区（院落）、13 812户开展以整治环境卫生、清理违法建筑为重点的综合整治，铁路小区（院落）环境明显改善，职工家属反映良好。同时，按照路局、局党委进一步改善职工居住环境的要求，在借鉴配合成都市开展创建文明城市经验基础上，开展全局铁路小区（院落）文明建设工作，组织各房管所、房建公司做好全局铁路小区（院落）文明建设摸底调查，确定全局拟整治铁路小区235个，共计1 322栋建筑、涉及38 663户。

【安全标准线建设】 根据路局安全标准线建设工作总体安排，按照“系统规划、全面整治、一次达标”的建线原则，以“内实外美，安全适用，协调一致”为目的，组织各房建公司通过拆除无用的房屋，调剂房屋使用，整治美化站房站舍和站场环境，进一步改善站区环境。11月8日完成成汶线、12月15日完成宝成线安标线建设工作，并通过路局验收。整治后的站场简洁美观，房屋优化使用，站台封闭管理，围墙美观协调，站名牌、接车亭标准统一，沿线工区生产生活房屋实用、舒适美观。同时，按照路局工作部署和整治方案，抓紧实施襄渝线、达成线、黔桂线“建管结合、一次达标”和安标线建设工作。

【铁路用地管理】 为巩固全局路外安全综合整治百日行动成果，进一步加强土地管理制度建设，制定《成都铁路局安保区违章建（构）筑物监察管理办法》、《成都铁路局禁耕禁种管理办法》，建立安保区违章建（构）筑物管理和非法种植物管理的三级网络监察体系，明确路局各业务部门及各站段的管理责任，建立完善土地管理长效机制。认真落实铁道部铁路用地管理考核要求，开展铁路用地管理自查工作，6月22日至24日接受铁道部铁路用地管理综合考核组对路局铁路用地管理工作考核，考核结果优良。

【行车公寓管理】 进一步规范行车公寓管理。认真落实路局、局党委《关于生活企业重组和规范行车公寓管理的通知》精神，加强行车公寓规范管理工作，按照更好地为运输生产服务的要求，结合路局运输组织调整和机车交路变化，进一步优化公寓配置，撤销青白江、都江堰、汉源、泸沽、绵阳、永川、广安、保家楼、施秉、都匀南、大湾公寓和眉山换乘点。圆满完成抗击冰雪凝冻灾害接待任务。年初罕见的冰雪凝冻灾害使管内部分行车公寓设施设备受损严重，各相关公寓在积极开展抢险的同时，努力克服停水停电和物资餐料采购等困难，新增床位320个，接待支援路局抢险的内燃机车乘务人员21 236人次，为夺取抗击冰雪凝冻灾害全面胜利提供有力的生活保障。圆满完成春暑运接待任务。督促生活服务公司制定完善春暑运接待方案和应急预案，组织外租床位2 702个，满足乘务人员住宿、洗浴和就餐需要，确保叫班安全和食品卫生安全。春运期间，完成临时抽调支援春运工作的相关人员接待127 578人次，其中外局支援检车乘务人员9 265人次、本局临客乘务人员39 903人次、驻站售票人员6 584人次、驻站警察71 826人次。积极协调制服生产厂家做好2 170名退伍军人制服生产，满足春运临客值乘需要。圆满完成地震专列乘务人员接待任务。接待外局运送地震灾区伤员专列乘务员9 175人次，运送救灾物资专列机车乘务员7 871人次，军列乘务人员88组18 600人次。

【房改工作】 积极做好职工住房建设前期工作。全面掌握了解国家住房建设相关政策，及时为路局住房建设工作决策提供政策依据和方案建议。加强与政府房改、房管部门沟通联系，积极争取地方政府在经济适用住房建设指标、建筑面积等方面给予政策支持，并取得较大突破。加强局机关经济适用住房建设资金监管。严格执行路局经济适用住房资金使用管理办法，严格审批程序，随时抽查资金使用情况和施工进度及质量，确保建设资金专款专用和使用安全，积极维护职工利益。努力解决房改遗留问题。2008年，全局办理已售住房产权证2 049户，其中成都地区839户，重庆地区41户，贵阳地区1 169户，部分房改遗留问题得到解决，职工群众反映良好。提高住房公积金汇缴比例。根据铁道部财务预算指标规定，下发《关于提高住房公积金汇缴比例和基数调整的通知》和《关于职工个人补缴公积金比例相关事项的通知》，将职工住房公积金汇缴比例从7%提高到8%；协调各地公积金管理中心解决沿线职工多年来未解决的利用公积金贷款购买商品住房问题，提高了职工购买住房和改善居住条件的能力。做好灾后住房重建政策咨询和协调工作。针对职工住宅在“5·12”汶川特大地震中受到不同程度损毁，配合协调相关单位对灾区职工住宅受损情况进行调查，并加强与广元、绵阳、德阳等灾区政府进行政策咨询协调，组织地震灾区铁路职工到地方政府登记，协调灾区地方政府将路局职工灾后安置、灾后救助纳入当地政府统一规划当中，解决受灾职工后顾之忧。

【抗震救灾】 “5·12”汶川特大地震及次生灾害，对管内宝成线和德天、广岳、成汶支线的生产生活房屋造成严重破坏，部分车站房屋全部倒塌，全局除黔桂线外其余各线和枢纽的房建设备均遭到不同程度破坏，给运输生产和职工生活造成极大影响。

全力组织抢险救援和应急除险。地震发生后，土房处迅速启动应急预案，设立24小时专人值班，及时了解掌握地震信息，编发地震简报即时通报信息。立即组织人员添乘机车对成昆线房屋设备进行检查。迅速组织人员和机械，连夜赶赴德天支线汉旺站抢救地震掩埋的职工家属。组织7个专业检查组立即对成都地区、宝成线和成汶、广岳、德天支线的房屋设备进行应急鉴定，联系具有国家鉴定资质的机构来路局开展鉴定工作。对损坏严重的生产房屋设备立即安排应急处置，对主体结构损坏的生活房屋组织人员立即疏散。对全局房建设备进行拉网式普查，掌握房屋震灾受损情况，做好房屋震灾受损情况的调查统计工作。组织房建专业技术人员对宝成线的德阳、绵阳、江油、广元车站站房，谭家坝、老坪坝等13个车站信号楼和竹园坝、马角坝牵引变电所等运输生产房建设备在现场震害查勘基础上，制定应急整治方案，组织房建、工程单位昼夜施工，用最短的时间完成房建设备应急整治，确保宝成线的安全畅通。组织房建、工程单位对震损危及运输生产和人身安全的房屋、构筑物进行紧急除险，及时消除安全隐患，共拆除危房3.2万平方米、受损严重高危水塔25座、烟囱216座，加固补强受损水塔6座，住宅抢险应急处理567栋件、47.5万平方米、8 348户。组织房建、工程单位对德天支线汉旺、绵竹车站和成汶支线都江堰车站站台进行应急抢修，对成都东站房屋进行应急整治，为抗震救灾物资运输和执行专特运输任务提供良好的硬件设施条件。组织西南房建公司赶制完成134个地震伤员专列引导渡台，并在地震伤员专列到达前及时送达绵阳、广元、德阳、贵阳和遵义等车站。全力做好唐家山堰塞湖应急工作，对堰塞湖三分之一、二分之一和全溃堤方案所涉及的铁路房屋设施逐站、逐栋开展调查，制定应急疏散和善后处理方案，组成卫生、房屋鉴定和清淤组，顺利完成唐家山堰塞湖应急疏散任务。

开展房建设备鉴定工作。组织8个鉴定工作组，按划定区段逐站逐件对地震灾区生产生活房建设备进行安全和技术状态鉴定，对现场查勘确定主体结构未受损或损伤不大的房屋当场向使用单位或住户告知房屋鉴定结果，对现场查勘初步认定存在较大安全隐患的房建设备记录病害状况并统一登记造册，为路局委托具有专业资质的鉴定、检测机构进行详细鉴定提供初步资料，对受损房建设备制定加固复旧处理方案，共完成应急鉴定房屋649栋件、132.5337万平方米。

全力做好救灾帐篷、活动房屋的分配和搭建工作。根据路局《抗震救灾后勤保障专题会议纪要》，及时组织地震灾区所需帐篷、活动房屋数量调查统计，与工会、物资部门研究制定分配方案，及时将救灾帐篷、活动房屋配送到灾区各站段。组织西南房建公司对绵阳、江油、广元站区3个救灾帐篷集中搭建点进行选址和搭建，同步建设排水、厕所、垃圾存放点等配套设施，帮助成立救灾帐篷集中搭建点管理组织，做好救灾帐篷的分配和集中搭建工作；搭建生产用板房358间、5 875平方米；在广元、江油、绵阳车站分别搭建临时候车厅共3 400平方米。协调地方政府为路局受灾职工搭建生活用板房678间、13 539平方米，确保灾后运输生产和职工生活需要。

【灾后复旧工作】 "5·12"汶川特大地震具有烈度高、破坏性强、影响范围广、余震频次多等特点，加之"8·30"攀枝花地震，路局房建设备受损严重，随着余震和次生灾害的发生，新的房屋破坏不断发生，受损房屋数量呈阶梯上升趋势。"5·12"、"8·30"地震造成路局200.59万平方米生产房屋受损，其中倒塌及严重损毁需拆除重建的63.4万平方米。造成168.4万平方米、29 271户住宅房屋受损，经地方政府和西南交通大学鉴定，倒塌及严重损毁需拆除重建房屋4.28万平方米、945户（全部在宝成线及成汶、广岳、德天支线）；需加固复旧125.12万平方米、22 024户；需整修39万平方米、6 302户。

路局严格按照铁道部《关于汶川地震灾害复旧项目管理的通知》要求，组织实施生产和住宅房屋灾后复旧工作。对生产房屋和未售住宅房屋复旧工作按照"分清缓急，节约资金"的原则，分批有序进行，全年共组织实施生产和未售住宅房屋灾害复旧224.05万平方米，其中生产房屋184.91万平方米，未售住宅房屋39.14万平方米、9 299户。对已售住宅房屋复旧工作，按照路局、局党委确保职工安全过冬的要求，在国家加固修复补助费用未落实，地方政府未启动住宅加固修复工作的情况下，在铁道部大力支持下，路局首先启动重灾区成都枢纽和宝成线职工住宅的除险加固，全年共完成已售住宅灾害复旧38.08万平方米、6 012户。

（任泽毅）

社会保险管理

【综　述】　2008年，全局各级社保机构以党的十七大关于完善社会保障体系的精神为指引，以“立足长远、突出重点、整体推进”为发展思路，围绕建设“和谐铁路”的目标，按照“完善管理制度，制定技术标准，规范业务流程”的工作要求，注重基础建设，注重长效管理，注重工作质量，注重能力建设，推动局社会保险各项工作稳步发展。

截至2008年末，全局离退休人员63 436人，其中退休62 515人、离休921人。参加基本养老保险的人数为126 339人；补充养老保险人数为121 633人；基本医疗保险职工人数为204 834人；补充医疗保险职工人数为192 869人；家属医疗保险人数为25 555人。

【基本养老保险缴费工资】　按照川渝黔两省一市关于2008年基本养老保险个人缴费的有关政策规定，职工基本养老保险缴费工资，以本人上年月平均工资收入并按上一年所在统筹地区在岗职工月平均工资的60%至300%以内确定。根据川渝黔两省一市公布的2007年统筹地区在岗职工平均工资和有关政策规定，其上限分别为5 328元、5 774元、5 167元，下限分别为1 066元、1 155元、1 033元。

【养老金调整】　根据川渝黔两省一市有关调整企业退休人员基本养老金的文件精神，全局社保经办部门倒排工作时间，严格工作程序，认真核对基础数据，按时保质保量全面完成59 860名退休人员的养老金调整工作（四川28 029人，重庆15 134人，贵州16 697人）。各项调整增发养老金于春节前顺利发放至退休人员。

【离退休人员死亡待遇费用清算】　社保处认真实施“离退休人员死亡待遇统筹基金清算奖惩考核办法”，2008年共向两省一市社保局清算费用3 800万元，为路局减少成本支出。

【信访维护稳定】　在“两会”、奥运等重要时期，高度关注历史遗留问题等来信来访，贯彻铁道部“国家政策、省级统筹、个案处理、各司其职”的精神，对突发事件及时介入、主动引导，积极配合各相关部门做好各项工作，重点关注“98”遗留问题、在黔地区老工伤人员问题以及遵义医专附属医院撤销医疗点事件，维护大局稳定。处理“98”遗留问题工作从8月开始，至12月基本结束。在地方劳动和社会保障厅的指导下，经过严格审核，对符合改办条件并经本人同意改办的人员，已经达到退休年龄的重新办理退休手续，未达到退休年龄的也比照内部退养人员待遇给予办理。

【工伤保险信息管理】　根据工伤保险工作自身发展需求和实现全局社保数据信息管理平台共享的目标，积极探索研发工伤保险信息管理平台，完成对在黔参保单位工伤保险管理系统的研制开发和使用完善，并在此基础上，着手开发在川参保单位工伤保险信息管理平台，12月投入安装试用。为解决站段工伤治疗非统筹费用高居不下难以控制的问题，拓宽工伤保险后付制医疗机构范围，从源头上减少、杜绝非统筹费用的发生。

【失业保险管理】　年内出台在川、在渝参保单位失业保险管理办法，规范保险费的申报征缴、失业申报、待遇领取和关系转移等工作。

【定点医疗机构增加】　2008年，路局继续开放和增加地方定点医疗机构、联网药店及后付制医院，逐步调整布局，切实方便职工。截至2008年底，全局参保职工可以在254家定点医疗机构（在川120家、在渝76家、在黔58家）和97家定点零售药店（在川55家、在渝21家，在黔21家）就医或刷卡购药，享受当地省（市）本级基本医疗保险待遇。

【医疗保障水平提高】　2008年，修订完善路局补充医保政策，制定定点医疗机构和定点零售药店管理办法和门诊特殊疾病管理办法，明确家属医疗保险过渡时期办法和异地居住医保规定，签署信息系统安全三方协议，并为医保IC卡实施加密，为离退休人员设置“医保经办点”。全局职工一个自然年度内医疗保险（含基本医疗保险和补充医疗保险）报销的封顶线统一提高到27.7万元，参保人员的个人自付率由上年的23.3%降低到2008年的 14.23%。同时，通过开放定点医疗机构、新增定点医疗机构和药店、加大后付制医院开通力度、尽力缩短医疗保险报销审核和资金的拨付周期等措施，进一步方便职工就医购药和住院高额垫支的问题。

【企业年金启动准备】 按照铁道部要求，路局社保机构统筹安排，稳妥推进，2008 年完成年金方案和年金理事会章程的制订、职代会联席会审议、上报铁道部审核等工作。积极维护、完善补充养老保险各项数据，做好新旧制度的衔接，实现路局企业补充养老保险到企业年金管理的平稳过渡。同时，路局社保机构收集、整理、逐项分析川渝黔三地各险种数据，制定数据信息的完善、需求方案，为研制开发社会保险信息系统、实现全局社保信息及资源的共享打下基础。

【基金管理】 为促进社保资金的科学管理、足额征缴和安全运行，局社保机构规范、完善社保资金的收缴及支付方式，与财务处明确资金请款与拨付的工作程序，加强资金安全监控，明确多元集团及其所属单位医疗保险待遇支付实行归口集中办理和一个机构多块牌子的指挥部的社保缴费方式，梳理、分析各项债权债务，进行全面清理。2008 年，分别接受部、地方审计事务所等审计部门对各项社会保险资金的审计检查，圆满完成审计任务。

【社保工作业务流程专项检查】 2008 年，全局社保系统开展“大反思、保安全、促稳定”业务流程专项检查活动。路局社保机构组成 6 个检查组对属地参保单位的社会保险业务流程及日常管理工作进行检查，针对部分单位重视程度不够、执行政策不严、待遇拨付不及时、业务不够熟练、宣传力度不够等问题，及时提出整改要求，督促站段强化业务流程有效执行。

【抗震救灾】 “5·12”汶川特大地震期间，向地震期间在川因急病或外伤需住院治疗的参保人员紧急开放有诊治条件的医疗机构，确保参保人员得到迅速有效治疗；组织人员及时赶赴受灾站段调查，慰问医疗机构收治的受伤职工，帮助协调工伤认定和待遇办理工作，对地震造成的因工伤亡 32 名职工，优化经办程序、特事特办相关工伤保险待遇；为 2 名抗震救灾因公殉职的职工办理相关手续，获得中国人寿保险公司保险理赔金。

【宣传培训】 2008 年，对局所属单位经办人员、参保职工、联网医疗机构人员分别采取培训授课、发放宣传资料和《社会保险文件汇编》以及“送政策到基层”等多种方式进行宣传，取得实效。

【社保增收节支】 社保处按照部、局增收节支有关要求，以服务保障、增收节支为核心，在认真执行政策、保障职工切身利益基础上，积极加强与两省一市地方政府部门的沟通协调，最大限度争取地方政府的支持和优惠，为路局节支降耗。

（高　雁）

离退休职工管理

【综　述】 2008 年，面对冰雪凝冻、“5·12”汶川特大地震灾害、奥运会举办，全局离退休工作在路局、局党委的领导下，深入学习实践科学发展观，贯彻党的十七大精神，坚持以人为本，求真务实，强化管理和服务，积极研究解决改革发展中离退休工作面临的新情况、新问题，不断创新离退休工作思路和工作方法，为路局的改革、发展提供良好的环境支持，确保离退休职工队伍的稳定。截至 2008 年底，全局共有退休职工61 976 人，离休干部 911 人。局离退休管理处现有职工 43 人。

【老战士协会】 6 月 4 日，部老战士协会成都局分会召开 2008 年常务理事会议。局老战士协会分会常务副理事长李庆彬传达部老战士协会南方 9 局座谈会精神。局离退处领导通报近期路局主要运输生产情况，介绍“5·12”汶川大地震以来，局离退处围绕抗震救灾开展的工作。12 月 4 日，部老战士协会成都局分会五届七次理事会议在成都召开，局党委副书记张克敬出席会议并讲话。局党委书记姚保国专程到会看望与会的老战士。

【参观考察】 5 月 5 日，组织 20 余名局职老领导到大邑县参观建川博物馆并进行座谈。5 月 8 日，组织离休老战士和局职老领导赴成都铁路局北编组站进行参观考察。10月24日至30日，组织局职老领导11人赴昆明、大理、丽江考察。

【离退休片区工作】 5月下旬至7月下旬，成都、重庆、贵阳、西昌、都匀（凯里）、六盘水等离退休片区，组织“成都铁路局离退休职工迎奥运展风采”文艺演出大型主题活动，各片区共计参演节目85个，参加演出的离退休职工近千名，超过万名观众观看演出。10月，在成都、重庆、贵阳、西昌四地离退休人员比较集中的地区同时组织“成都铁路局离退休职工庆祝改革开放30周年”文艺演出。离退休职工热情歌颂改革开放30周年祖国所取得的巨大成就，共300余名离退休职工参加演出活动，本次演出节目制作成光盘，分发给各站段作为离退休职工观摩、学习的资料。

【抗震救灾】 5月12日，四川汶川特大地震造成路局离退休职工死亡6人，重伤5人；离退休职工亲属死亡10人，重伤7人；房屋垮塌274间，危房443间。路局发放慰问金共计35.06万元。全局离退休职工8 347人为受灾的铁路职工捐款捐物，捐款金额616 709元（不包括在社区捐款和缴纳的特殊党费），其中局机关各离退休小组一次就为灾区捐款53 972元，几位老同志一次性捐款达1 000元。“八一”建军节前夕，局老年诗书画协会组织7名老年书画家到德阳武警部队慰问抗震英雄官兵，现场为抗震英雄官兵写字、作画100余幅，受到武警官兵的热烈欢迎。

【“双先”表彰】 3月18日，路局召开离退休工作暨“双先”表彰电视电话会议，授予成都车务段等15个单位“成都铁路局离退休工作先进单位”称号；授予成都办事处红花退休小组等30个小组“成都铁路局离退休职工先进集体”称号；授予成都东片区等2个离退休工作片区协作组“成都铁路局离退休工作先进片区协作组”称号；授予王洪等80人“成都铁路局离退休工作先进个人”称号；授予段瑞堂等100人“成都铁路局离退休职工先进个人”称号。

【政策待遇】 5月，经铁道部同意，路局在川、在渝参保离休干部自2007年1月1日起执行地方生活补贴。

【业务培训】 10月27日至11月8日，离退处在路局党校举办两期离退休政策业务培训班，来自全局各站段的140余名专兼职离退休管理干部参加培训。

（康　泰）

表7－2　全局离休干部基本情况　（2008年）

	项　　目	年底人数	70至79岁	80岁及以上
1	享受副省（部）级单项待遇	3		3
2	享受正地（厅、司、局）级待遇	1	1	
3	享受副地（厅、司、局）待遇	126	29	97
4	享受正县（处）级待遇	4	4	
5	享受副县（处）级待遇	581	255	326
6	享受其他待遇	196	65	131
7	合　计	911	354	557

表7－3　全局退休干部基本情况　（2008年）

	职务级别						职称级别			
总数	正局级	副局级	正处级	副处级	正副科级	其他	高级	中级	初级	无职称
12962	3	36	188	681	2946	9108	1472	2822	3249	5419

表7-4 全局退休职工基本情况 （2008年）

总数	职名		性别		年龄					
	干部	工人	男	女	5059岁	6069岁	7079岁	8089岁	90岁以上	100岁以上
61976	12962	49014	46175	15801	13565	26516	16850	4736	309	0

表7-5 全局离退休组织情况 （2008年）

党组织情况			支部书记情况			行政小组情况	
党员人数	支部数	小组数	离休干部	退休干部	在职干部	小组数	参加人数
18271	372	1062	27	234	111	1482	57514

表7-6 全局离退休工作情况 （2008年）

信访接待情况				走访慰问情况							
来信		来访		离休干部				退休职工			
来信件数	处理件数	来访人数	处理人数	次数（人次）			发放困难补助金（元）	次数（人次）			发放困难补助金（元）
				家访慰问	外地走访	医院看望		医院看望	外地走访	家访慰问	
7595	7395	32152	32134	1192	102	1104	302512.3	14779	26652	11439	1813479.3

（康　泰）

关心下一代工作

【综　述】 2008年，全局关心下一代工作坚持融入中心、服务大局，围绕安全运输生产中心开展工作，为和谐成铁建设发展作出贡献。

【调研工作】 3月至4月，局关工委分3个组，对重庆、贵阳、成都3个片区站段单位近年来关工委工作情况进行调研，分别到27个主要运输生产站段，组织参加3个关工委片区会，了解46个单位关工委工作情况。在肯定成绩的同时，针对6个方面的不足制定出切实可行的整改措施，形成专题调研报告，推进全局关工委工作整体水平的提高。

【抗震救灾】 “5·12”汶川大地震后，局关工委与局团委密切配合，做好地震中遇难、受伤青工及职工子女的调查统计，联合发出《致地震灾区铁路青少年朋友的慰问信》和《关于对“5·12”特大地震灾害中全局受灾青少年进行慰问的通知》，从团委特殊团费和关工委工作经费中拨出专款52 500元（局关工委出资35 000元）慰问地震中遇难青工2人、职工子女7人；受重伤青工2人、职工子女1人；受轻伤青工32人、职工子女3人。全路关工委6月18日第九期简报通报路局关工委抗震救灾专题信息，中国关工委主任顾秀莲对路局关工委在抗震救灾中所做的工作给予高度评价。

【读书活动】 2008年读书活动的主题是《奥运精神伴我成长》。路局关工委、工会、团委围绕读书主题、结合实际，下发《关于组织开展“发扬奥运精神　展示成铁风采”主题爱国主义读书教育活动的通知》，在全局青年职工中广泛开展主题读书活动。各站段单位举行主题演讲选拔比赛。7月29日，来自全局各单位的

13名选手参加局关工委、局工会、局团委联合举行的“发扬奥运精神，展示成铁风采”演讲比赛决赛。2008年的主题读书活动中，局关工委被全国读书组委会评为特别奖，内江车务段、重庆车务段获优秀组织奖，六盘水工务段、遵义车务段获组织奖，王泉清等8人获优秀指导奖，代亚波等3人获青工优秀奖，张寅等5人获青工纪念奖，陈寿庭等150人获纪念奖。

【青工技术业务教育】 坚持以青工技术练兵、技能大赛为载体，紧扣安全运输生产的重点、难点、薄弱点，出资10余万元，分系统、分专业，与运输站段联合举办主要工种青工技能大赛。从9月4日至11月5日，先后在成都电务段、绵阳车务段、六盘水车务段、六盘水机务段、重庆机务段、重庆车辆段举办6场青工技术技能比武赛，比赛项目达21项。重庆工务段关工委立足当前，着眼未来，为提高青工技术业务素质铺路搭桥。通过调研，根据青工比重逐年递增、业务水平逐年下降、青年职工在一线主要工种比例逐年上升的现状，配合有关部门做到“五个主动上手”即主动上手编教材、主动上手抓培训、主动上手抓演练、主动上手传帮带、主动上手抓达标，为青工不断充电搭建平台，创造条件。全段89%的青工达到高级工水平。近三年来，有63名青工走上工班长岗位，有27名青工通过考试走上管理干部和技术干部岗位。局关工委提高青工技术业务素质的做法在全路关工委召开的关心下一代工作会上做书面交流。重庆铁路公安处昭通车站派出所所长杨后彬、重庆机务段段长助理朱恩康、绵阳工务段团委书记刘敏、成都车辆段技术员陶毅、贵阳南车辆段团委书记杨松被全路关工委评为“刻苦学习岗位成才青年职工”；内江车务段关工委常务副主任陈文质、贵阳供电段关工委常务副主任邬厚诚被全路关工委评为“帮助青年成才的老同志”。

【青工法制宣传教育】 局属各单位关工委针对本单位青工存在的实际问题与法制宣传教育组密切配合，广泛宣传法律常识。11月6日至7日，局关工委在重庆供电段召开青工法制宣传教育座谈会，对如何有针对性地做好青工法制宣传教育工作做交流和探讨。并将座谈会上发言材料编成小册子印发到各单位，在《西南铁道报》开辟“关爱青工，推进和谐成铁建设”系列报道专栏。法制宣教组对各单位青工违法犯罪的类型和某类犯罪的高发单位进行分类、排队，有的放矢地用本单位青工犯罪的事实进行案例报告，以案说法。贵阳南车辆段关工委与团委利用段多媒体阶梯教室开设“青春影院”法制宣传教育阵地。

（于敏萍）

多元经济

- 多元经营
- 工业生产
- 集体经济

多元经营

【综　述】　2008年，多元经营集团公司克服年初冰雪凝冻灾害、“5·12”汶川大地震和国际金融危机给多元经营带来的巨大影响，全面超额完成年度各项经营管理目标，完成经营收入130.24亿元，同比增长43%；实现利润1.22亿元，同比增长14%，实现全局多元经营历史性突破。顺利完成全局采石、物资纳入多元管理体系和全局多元产业结构的深度整合，全年接收主业分流人员1 833人，职工物质文化生活改善，实现安全年和职工队伍的总体稳定。

局多元经营集团公司下设法人企业95家，其中直属企业23家。截至12月31日，多元经营集团公司资产总额65.5亿元，国铁净资产35.6亿元，全局多元经营在册职工15 027人。

局多元经营集团公司现机构定员80人，下设办公室、人事部（干部部）、人力资源部、财务部、党群工作部、企业管理部、企划部、审计部、安监部、房建生活部、质量技术部。

【企业整合重组】　以集约化、专业化、规模化为方向，进一步加大集团公司内部企业结构调整和重组整合工作力度。道砟生产企业和物资采购企业纳入多元经营管理体系后，集团公司对全局物资供应、生活服务、物流、工程、装卸、旅游及站车服务企业、部分工业企业等6大行业共30个企业的业务，按系统分类大规模重组整合。通过专业化重组，优化业务资源，盘活存量资源，消除经营管理夹层，形成扁平化组织结构，实现管理型企业逐步向经营型公司的转变；企业的主营业务突出，目标市场清晰，战略定位准确，为培育主导产业、打造企业品牌创造了条件。以总公司为基本模式，对装卸行业进行管理体制的改革。改革重组后，集团直属企业减少3家，企业法人总数由226家减少为95家，形成由集团公司统一领导下的23个经营专业化、发展规模化、管理集约化的支柱企业，初步构建成主营业务突出，经营结构合理，具有较强竞争力的企业发展体系。通过这次深度重组，物流企业的整体实力显著增强，物资供应资源的整合效应初步显现，生活服务的后勤保障作用更为明显，道砟产量和供应量稳步提升，装卸企业集中指挥能力明显提高，旅游、站车服务资源得到有效利用。

【财务管理】　一、实施全面预算管理，增收节支。对预算编制工作作出部署，根据铁道部有关节能降耗严格控制支出要求及时调整预算。各多元企业采取各种措施努力增收，根据预算严控支出，确保全局多元经营在遭受诸多不利影响下圆满完成任务。按照部压缩间管费的要求，下发《关于努力节能降耗严格控制支出的通知》，制定、落实对印刷、保险、物资采购、接待用酒、设备报废、废旧物资处置等多项管理办法。通过财务综合检查，对所属公司预算执行、增收节支等工作进行指导监督，为所属企业排忧解难，解决问题，基本完成各项间管费用压缩指标。

二、筹措资金，控制风险，提高效益，支持建设促进发展。解决战略装车点建设以及经营规模扩展资金需求，积极采取措施，制定多渠道的资金筹集方案，为所属企业生产经营给予资金支持。全年通过银行借款、资金结算所调剂、委托贷款等多种方式融资，新增融资42 000万元，为2008年企业物流基地建设以及路局多元企业在遭受严重自然灾害和金融危机影响的情况下，生产经营保持稳定发展、收入和利润大幅增长提供资金保障。加强资金监管。采取银行存款旬报及大额资金集团公司联签等制度，掌握企业资金动态，及时发现资金异动。认真执行“三重一大”集体决策原则和大额资金联签制度，通过各级审计检查的监督和路局资金结算所的积极配合，继续坚持在确保资金安全的基础上，充分发挥资金效益，做好资金预算，减少资金成本。严格借款担保管理。进一步完善借款担保票据动态管理体系，对借款担保资金以及票据使用进行跟踪管理，相关企业及时上报资金使用情况。在保证资金安全的前提下，监督指导企业合理使用有限资金，充分发挥资金作用，增加经济效益。严格银行账户管理。2008年通过采取减少法人数量、内部网点整合、与税务部门协调、争取银行支持合作等多种措施，多元企业银行账户从2007年末的732个减至691个，控制在部定目标之内，并根据经济业务对账户性质进行调整，优化账户结构。

三、加强债权债务管理，全力完成债权压缩目标。完善债权债务基础台账，要求多元企业在经营过程中，通过加强资信调查、合同把关等措施，控制经营风险，避免形成新的不良债权，加强对历史债权的清理。按照铁道部2008年债权在上年基础上压缩20%的要求，克服经营业务扩展、大力发展运贸一体化业务引起经营债权增加，确保经营业务的连续性等对债权压缩带来的困难，采取多种措施压缩债权。2008年集团公司对所属企业历史债权借改投10 141万元，协调解决各多元企业间与运输主业的债权债务关系，指导各企业积极清收历史债权，按程序处置资产损失，通过责成支付、签订还款计划、三方抵账等方式解决债权债务问题，完成债权压缩目标。

四、加强国有资产管理，确保重组改革工作顺利完成。定期召开资产联席会议，处理资产管理的有关问题。对资产损失、计提的资产减值准备严格把关，确保企业真实反映资产状况，严格责任追究，以对国有资产高度负责的态度处理历史遗留问题。对资产处置、产权转让、企业改制等工作，严格按照国有资产管理要求，规范履行评估、报批、备案和实施等工作。完成产权清查和产权登记工作。对2008年的产权清查和产权登记工作周密部署，举办产权清查和产权登记培训会，按照推进计划组织实施，圆满完成产权清查和产权登记工作，进一步理顺产权关系，强化产权管理工作。

五、推进信息化建设，为财务集中管理做准备。为实现铁道部、铁路局关于2009年1月1日多经企业将全面推广应用会计核算与管理系统V5.0的工作目标，集团公司与路局财务处、信息所密切配合，共同成立推进小组，倒排时间进度和工作方案，实现在集团公司所属一级企业的应用。

【劳动工资及社保管理】 多元企业在册职工14 968人（在岗职工13 319人、非在岗职工1 340人、个人外出劳务职工190人、扶持集体经济职工119人），较上年增加1 104人，其他从业人员965人，较上年减少11 182人。

一、吸纳安置运输业分流人员。围绕路局体制改革和企业重组整合，充分发挥多元企业“蓄水池”作用，2008年接收安置运输业分流人员1 883人。

二、劳动用工管理。制定《成都铁路局多元集团公司劳动力调剂和富余人员管理办法（试行）》和《成都铁路局多元集团公司工人竞争上岗实施办法（试行）》。转发路局《关于启用新版〈劳动合同书〉及相关管理规定的通知》，站段脱钩多元企业职工按新版《劳动合同书》重新签订或变更劳动合同。9月，多元企业重组后，及时下发关于职工劳动合同的签订及变更的有关规定。截至年底，集团公司临时用工总数7 225人（其中其他从业人员965人、社会劳务工5 550人、铁路集体企业劳务工710人），严格控制在计划内。

三、工资管理。指导相关企业完成《客票代售点工资分配考核办法》、《道砟安全质量生产发运考核办法》。站段关联多元企业脱钩后，为加强和规范工资总额计划和工资分配管理，及时下发《关于加强站段关联多元企业工资总额计划和规范工资分配行为的暂行办法》。认真做好劳动工资计划的预算工作，加强对劳动工资的预算管理。坚持按月对各单位工资支出、人员等情况进行分析，找出存在的问题并采取措施，确保工资计划的预算管理。上报四川省国税局《关于成都铁路局2007年多元企业工效挂钩工资总额结算报告》。2008年1月对14 668名在职职工调增岗位工资，人均调增280元/月。

四、完善机构。重新下达所属23家直属企业的领导职数和管理机构定员定编，公布121家子、分公司的领导职数，公布直属企业生产经营机构。

五、食品卫生。根据部、路局对食品安全工作的总体要求，多元集团对管内涉及的行车公寓、多经站台食品销售等采取多种措施，要求相关企业严格按照国家食品卫生管理标准，切实加强食品安全工作，加强奥运、国庆黄金周食品安全工作的督促和检查。集团公司所属的行车公寓、车站站台和候车厅食品销售、酒店等涉及食品卫生安全的企业，以及各抽水点等，均按照《食品卫生法》和路局有关规定进行经营和管理，2008年未发生食物中毒事故。

六、强化社保基金管理。2008年多元直属企业缴纳社保费2.4亿元，单位缴纳1.78亿，个人缴纳0.62亿元。其中基本养老保险费13 481万元

（单位9 575万元），补充养老保险费3 214万元（单位2 410万元），工伤保险费275万元，失业保险费1 474万元（单位987万元），医疗保险费5 647万元（单位4 596万元）。理顺重组企业社保关系。下发《关于明确多元企业重组整合后劳资和社保有关问题的通知》，明确社保档案资料移交以及各项社会保险业务的办理要求。为确保职工社保关系在重组过程中不受影响，11月，下发《关于在单位内部办理跨统筹地区社会保险关系转移的有关规定》，要求各单位按文件办理。

【行业规范管理】 2008年3月，为合理开发利用广告媒体资源，规范铁路广告设置审批及经营管理行为，起草《成都铁路局广告设置审批及经营管理办法》。4月，按照部多经中心《关于加强铁路多元经营企业商标注册与保护工作的通知》精神，下发《关于开展全局多元经营企业商标注册与保护工作的通知》，安排部署全局多元企业的商标注册与保护工作。向路局及部多经中心上报所属企业拟注册商标21个。为充分发挥联网车站的专业管理优势，强化售票组织的统一指挥，自6月以来，配合路局收回局管内全部地方客票代售点，统一交多元企业经营管理。客票代售点统一收回经营前，路局共有客票代售点286个，其中地方经营的代售点180个，多元企业自营点78个，其他经济组织28个（主要为集经企业经营）。客票代售点收回统一经营管理后，由局多元集团直属企业四川西南铁路国际旅行总社经营，共有经路局批准的火车票代售点278个，其中自营代售点109个、合作经营代售点169个，共358个售票窗口。8月，根据铁道部和路局对战略装车点的总体要求和部颁装卸作业“五统一”的规定，为进一步优化战略装车点装卸作业组织方式，提高战略装车点的装卸车能力和装卸作业效率，集团公司下发《关于将战略装车点装卸业务划交成都铁路局装卸服务总公司统一管理的通知》，明确自9月1日起，将仍由多经企业直接从事的装卸业务，统一划交成都铁路局装卸服务总公司经营和管理。为贯彻落实铁道部“多元经营与运输主业长期共存、相辅相成、互为促进”的战略定位和“规范管理、改善经营、拓展市场、扩大就业”的总体要求，代路局起草《铁路局　局党委关于全面促进多元经营又好又快发展的决定》。

【工商物价及路风管理】 2008年4月，局多元集团国有资产实收资本已达137 198.5万元，向路局报送《关于成都铁路局多元经营集团公司增加注册资金的请示》，并获路局《关于局多元集团增加注册资金的批复》，5月19日办理完成相关工商变更登记手续，局多元集团注册资金由5 100万元增加至137 198.5万元。6月，按照路局《转发〈关于全路多经系统坚决执行化肥价格政策杜绝乱收费的紧急通知〉的通知》精神，由局路风办和局多元集团组成的联合检查组，对全局多经企业化肥等涉农物资运输服务经营主体、经营方式、收费标准和服务内容等方面的情况，采取明察暗访、内查资料票据与随机走访货主的方式，对局实业总公司、重铁投资公司、贵铁集团公司所属9个经营主体并28个经营站点（含7个非化肥等涉农物资经营站点）从事的全部经营业务逐项检查，对检查中发现的问题，要求限期整改。10月，按照路局《转发铁道部关于开展铁路运输及延伸服务等价格和收费专项检查的通知》及《关于进一步做好铁路运输及延伸服务等价格和收费专项检查的通知》精神，局多元集团下发《关于在全局多元经营系统认真组织开展铁路运输及延伸服务等价格和收费专项检查的通知》，并抽调相关人员参加路局组织的联合检查组，于10月26日至11月12日检查18个运输站段、43个车站的运输及延伸服务、货运代理的价格和收费情况，发现问题47个，已整改37个，限期整改10个。12月11日至16日，铁道部路风办多经中心、运输局相关人员组成的铁路运输及延伸服务等价格和收费专项检查组对贵阳南、贵阳东、重庆东、成都东站进行专项检查，给予高度评价。

【合同管理】 2008年12月，按照部多经中心《关于开展以合同管理为重点的多元经营企业法制建设检查调研的通知》，集团公司下发《转发〈关于开展以合同管理为重点的多元经营企业法制建设检查调研的通知〉的通知》，组织专门人员对生活公司、装卸公司、西南房建公司、大西南监理公司等单位的合同管理及法制建设情况专项检查和指导，发现问题，立即纠正。2008年集团公司签订合同17 412份，合同总金额1 148 363.88万元；年底到期合同17 277份，金额1 114 300.73万元，实际履行17 277份，金额1 114 300.73万元，履约率100%。

【法律事务】 为加强集团公司的法制建设工作，提高企业法律顾问及合同管理员的整体素质，2008年，集团公司组织法律事务培训班1期，培训15人次；各直属企业采取以会代培、聘请专业人员授课等方式，开展《合同法》、《破产法》、《公司法》等专项培训36期，培训人员1 013人次。

【计划统计】 2008年2月，为进一步加强成都铁路局各多元企业更新改造计划管理工作，规范建设程序，提高投资效益，下发《关于发布〈成都铁路局多元经营集团公司更新改造计划管理办法〉的通知》，对更新改造计划的范围、资金来源、编制与管理原则、管理及工作程序、加强监督与严肃纪律等方面作出规范要求。6月，按照《成都铁路局汶川地震灾后重建规划工作实施方案》及《成都铁路局灾后重建规划编制工作大纲》的有关要求，为保障局多元集团灾后恢复重建工作，恢复灾区铁路职工群众的正常工作和生活，确保各项生产经营正常有序开展，向路局上报《多元集团公司灾后重建规划》。灾害造成成都铁路多元受灾地区及受灾严重地区总损失1.45亿元，其中间接经济损失1.01亿元。局多元集团重建项目投资估算19 809.85万元；灾后复旧项目投资估算12 857.4万元。

【经营管理】 建立扁平化经营组织结构，将管理型企业转变为经营型公司，精简内部管理机构和人员，加强一线经营队伍，强化经营能力。取消经营管理夹层，提高经营管理效率。坚持以经济效益为中心，加强市场开发，拓宽增效渠道；以技术进步为手段，提高服务水平，理顺经营管理格局。完善业绩考核体系和各项管理制度，全面推进精细化管理。加强合同管理，按照建立以合同管理为重点的法治企业的要求，建立健全依法签约、依法履约的工作制度，严把合同签订关、审查关、履行关，落实企业法律顾问工作制度。加强路企合作、路厂合作、路矿合作，互惠互利，共同发展。坚持高质量，发挥资源优势和运输优势，积极延伸物流服务链，努力扩展"运贸一体化"业务，实现高效便捷的服务目标。

【新产品开发】 2008年多元集团公司各单位共完成39种新产品的开发，完成18项技术进步和技术改造。在房屋建设等方面不断采用新技术新工艺，推进企业产品技术和工艺水平提高，为企业培育新的经济增长点。

【质量管理】 制定多元集团《2008年质量方针、目标和工作要点》，各单位制订质量工作方针、目标和工作重点。集团公司全年未发生产品重大批量报废的质量事故，没有因重大质量问题引起的质量投诉事件，未发生产品质量问题引起的重大行车责任事故、因施工质量问题影响行车的责任重大事故，铁道部抽检产品通过率100%，实现质量目标。

切实加强质量管理工作的领导，抓好落实质量管理职责，制订企业质量管理方针、目标及工作重点，层层分解落实，严格控制，质量管理工作取得实效。组织开展质量宣传月活动。各企业认真组织实施，确保ISO9001质量体系的有效运行。开展企业的内部审核、管理评审和外部监督审核工作，各企业顺利通过质量监督机构的监督审核。西南铁路房屋建筑公司QC小组，获得铁道部优秀QC小组称号。西南房建公司、重庆华建公司、贵州房建公司和成都房地产开发公司等单位的13个QC小组获得成都铁路局优秀QC小组称号。

【设备管理】 强化设备监督检查和指导，根据路局设备大检查要求，下发《关于开展多元集团公司设备大检查的通知》。各单位在设备大检查中，及时成立领导小组，集中检查、重点整治，保证设备完好率。集团公司设备大检查工作小组，对下属有关单位开展大检查工作，对查出的问题各单位及时整改。

【工业管理】 根据多元集团公司的总体部署，继续进行工业企业的重组整合，完成什邡瑞邦机械有限责任公司和原广汉科峰电子有限责任公司的整合，将广汉科峰电子有限责任公司交由瑞邦公司托管。

工业企业开拓铁路市场，扩大产品销售，寻求新的经济增长点，加大售后服务，完成全年工业销售任务，全系统实现产值5.9377亿元，较上年增收3 785万元，在上年亏损1 288万元的情况下，实现利润932万元。

【制度建设】 企业实施重组整合后，公司克服所属企业较多，经营范围广且分散等困难，对缺乏时效性的规章制度及时修订，完成《规章制度汇编》。公司规章管理制度结构框架基本形成，修订完善规章管理制度34个，其中党务、工会类规章管理制度5个，人力资源类规章管理制度8个，经营开发资源类规章管理制度3个，财务管理类规章管理制度2个，技术安全类规章管理制度11个，综合管理类规章管理制度5个。

【安全管理】 2008年，集团公司按照全路运输安全工作会议、部中心安全工作座谈会要求，针对企业重组及站段多经公司、路局装卸服务总公司、道砟公司、物资公司统一纳入多元管理中心管理后的现状，坚持“理顺管理关系，强化基础管理”，围绕安全保障体系完善、全员安全素质提高等工作，加大设备投入，强化关键、重点环节控制，把安全生产专项整治活动、安全生产隐患排查治理活动、安全大反思大检查活动贯穿于日常生产中，加大督查、考核力度，落实安全生产责任制，确保安全管理水平再上新台阶。全年未发生C类及以上铁路交通安全事故，截至年底，取得安全生产7 586天，连续实现第21个安全年。

【抗冰雪凝冻灾害】 为保证铁路运输畅通，恢复职工正常生产生活，集团公司积极组织抗灾救灾工作，实行二十四小时值班。组织救灾突击队，加强对“五所一室”和“行车公寓”巡视工作。突击改造贵阳南单身宿舍公寓，迅速形成接待能力，圆满完成其他路局支援的近300名司乘人员的紧急接待任务。贵铁物流公司组织煤炭专列，抢运电煤3 500余车支援地方电厂。房建企业恢复受灾房屋486栋件，整治屋面33 539平方米，拆换管道12 862米。

【汶川特大地震抢险救灾】 第一时间组织慰问受灾职工，全力做好运输安全为重点的保障服务工作。原四川生活公司干部职工仅用一天时间迅速恢复灾情严重的宝成线德阳、广汉、青白江、江油4个公寓的接待能力。装卸总公司调集装卸劳力804人，在成都东、德阳、广元、绵阳、汉旺、都江堰等站开展突击抢装抢卸救灾物资，平均每天抢卸救灾物资5.7万吨。西南房建、工程总承包公司抢修用于专运任务的站台，对受损的1 159间房屋进行抗震加固，检查受损房屋13.53万间，供应抢险道砟5.162万立方米。文化传媒总公司安装专列卫星地面接收站35列次。志愿者队伍在德阳、广元、绵阳站转运灾区伤员1 605人；多元职工自发组织的装卸突击队在成都东站抢卸救灾物资1 000余吨，抢装运往灾区物资的货车100余辆。集团公司的抗震救灾工作受到部、局抗震救灾指挥部的高度赞扬。

【多元经营实现历史性突破】 严重的自然灾害给多元经营企业造成重大财产损失，冲击正常生产经营。5月底，集团公司完成经营收入39.14亿元，仅为年计划的38.4%；利润亏损4 548万元，原定全年完成经营收入100亿元、实现利润1亿元目标的难度增大。为迅速扭转被动局面，启动“弘扬抗灾精神、攻坚百亿目标”主题活动。贵铁物流公司克服冰雪凝冻灾害的影响，从大局出发，率先自我加压，将年经营收入由原定的20亿元调高至25亿元，利润增加3 600万元。各直属企业，包括一些困难企业主动调增任务，压缩经营成本，生产经营强劲反弹。到6月底，集团公司实现利润1 000万元。10月完成100亿元的全年经营收入目标，实现路局多元经营的历史性突破。但国际金融危机对运输生产和多元经营的影响显现，货源萎缩，运力过剩，运代企业的商贸业务和代理业务几乎停顿，面对冲击，集团公司深挖潜力，拓展经营，年底完成经营收入128亿，综合效益6.05亿元，多元经营实现新跨越。

【客票代售管理】 按照路局部署，做好客票代售点的接收以及新增窗口的开通工作，加强自营后票点的管理力度；培训主业分流人员充实到新增票点，全力保证春运如期开通运营。截至12月31日，自营客票代售点总计94个、售票窗口166个，新增代售点31个、代售预售中心32个、售票窗口88个，合作经营代售点70个。

【经济适用房、限价房建设】 积

极协助办理土地确权和变更土地性质等前期工作。集团主管部门建立与路局住房建设指挥部的沟通机制和工作进度信息周报制度，每周上报开工建设情况。多元各相关企业全力配合，确保年底和2009年初建设的14 500套经济适用房、限价房按期开工。

【道砟生产供应】 采石行业纳入多元管理后，迅速查找道砟生产管理、设备技术、运输供应等方面存在的差距，强化对自有砟场的内部管理。投入2 600万元对白蛟、野马寨采石场进行技术扩能改造，提高道砟产量。加强对地方砟场的考察和资质的验证，确保外采道砟质量，统一协调全局道砟供应运输。至11月，自有砟场道砟日均产量达到5 000立方米，较上年日均产量提高2 900立方米，日均装车达300车以上。3月至12月总计供砟159.2万立方米，保证了路局大维修和铁路建设的需要。

【物资供应、生活服务】 西南物资公司充分发挥物资采购供应新体制优势，利用有效有形资源和物资采购网络资源，探索物流配送的新模式，完成路局委托的物资配送任务，大力拓展路外市场，扩展社会物流服务，扩大经营规模，全年完成经营收入17亿元。生活企业按照“提升服务质量、规范清算关系、促进持续发展”的要求，全年接待223.08万人次，实现全年无事故。延伸服务性领域，分销西藏冰川5100矿泉水94 390件，完成销售收入654万元；铁路专供、特供酒完成销售收入5 320万元，实现利润472万元。

【房建企业任务完成】 在安标线建设、百日整治和民心工程建设等工作中，房建企业抓质量、保工期，圆满完成各项任务。西南房屋建筑公司对22个既有车站33 161平方米/230栋件全面整治，高质量完成安全标准线整治。其中双河口车站职工住宅小区的整治得到铁道部和路局的高度肯定。为配合成都市创建全国文明城市，西南房屋建筑公司在时间紧、任务重、资金不足的情况下，千方百计抽调人员，突击铁路小区环境整治，按期完成任务。贵州房建公司保质保量按时完成31个车站、103栋件、27 000余平方米的整治改造任务，贵昆线“民心工程”受到铁路沿线小站职工家属的好评。

【战略装车点建设】 2008年，多元经营以战略装车点为重点的物流经营基地的规划和开发建设，提高多经战略装车点运行质量和运量比重，加大项目开发力度，整合多元经营资源。按照部局指示精神，依据“运量支撑，兼顾效益，因地制宜，整建结合”的原则，会同路局战略装车点小组各成员部门参与战略装车点前期调研各项工作，确定多元投资建设和整合战略装车点14个（投资建设10个，运营整合4个），即多元投资改造9个战略装车点：普雄、普济、达州、白沙、秀山、岔滩、滥坝、大湾、久长；多元向社会引资改造1个战略装车点：倮果；14个战略装车点规划年货物发运总量为1 240万吨，估算投资5 250万元。

提升战略装车点运营效益。运管部门严格按照路局要求程序办理运输计划的申报，煤炭运输计划先到地方经委办理归口审批后再向路局运输部门申报运输计划，其他货物运输计划直接在车站申报。建立运输管理对接机制，畅通运行信息。与运输处建立“日碰头、月对接、季协调”工作机制，指定专人每天与车务站段进行运输对接，运管办派专人每天与路局调度所、货计科进行协调，提高工作效率，提高战略装车点货运量占全局货运量的比重。2008年全局多元运输代理企业提报货运计划760 283车，组织装车342 526车，装车兑现率45%。其中多元企业参与运营管理的战略装车点运输计划105 634车，组织装车98 428车，装车兑现率93.2%。截至12月31日，多元战略装车点实现运贸一体化经营收入104 554.33万元；运输代理（含仓储）经营收入7 569.27万元。

【项目开发】 根据《成都铁路局多元经营项目投资管理办法》、《成都铁路局多元经营集团公司项目投资管理办法》，认真审核集团公司下属企业提报的投资项目，在现场考察、市场调研、可行性研究的基础上，及时向集团公司提出项目建议意见，保证优良项目的顺利开展，降低投资风险，为领导决策提供依据。2008年对下属企业提出的60个项目开展调研，报集团公司批准立项57个，并及时予以批复。

【土地资源利用】 严格执行

国土资源部、铁道部土地管理部门及路局土房处对铁路用地相关管理规定及实施办法，按新的计算机管理程序，对现有多元铁路用地建立台账，实现铁道部、铁路局对基层铁路用地台账的计算机掌控，便于直接管理。对涉及铁路用地开发利用的项目，企划部按照《铁路用地开发利用管理办法》和《关于规范工程用地管理的通知》精神，向路局土房处提出书面申请，完成西货场土地确权工作。资阳、绵阳、江油、永川铁路用地开发利用工作正在与路局相关处室协调中。

【闲置资产开发利用】 根据部财务司《关于生产力布局调整中加强资产管理有关事项的通知》、路局《关于加强生产力布局调整中资产管理及开展闲置资产清理工作的通知》、《成都铁路局加快多元经营发展的决定》，为盘活主业闲置资产，企划部对路局生产力布局调整后调查清理出的闲置资产进行分类整理，建立《闲置资产统计表》报局土房、货运、收入、工务、机务、车辆、财务处（国资办）。通过与各处的多次沟通与现场调研，2008年有24项资产（土地、设备等）完成划拨或正在完善相关手续。

【审计监督】 规范经营活动，加强企业管理，路局、多元集团推行一系列政策措施为企业提高管理水平及经营效益提供保障，多元系统审计发现违纪违规金额逐年减少。2008年完成25个审计项目，查出问题金额3 464万元，其中违规违纪金额3 129万元，损失金额335万元。审计处理处罚978万元，增加经济效益94万元。

【和谐企业建设】 集团各级党组织围绕班子建设、组织建设、职工队伍稳定工作，坚持"融入中心有思路，服务大局有作为、党建工作有特色"的总体要求，以"保安全、保稳定，促经营、促发展"为主题，加强党建、思想政治工作。组织带领广大共产党员开展抗冰雪灾害和"5·12"汶川特大地震灾害、"攻坚百亿目标"等工作，加强人才队伍建设，有计划地开展经常性干部培训工作。各级工会按照"融入中心、服务大局"的要求，围绕经济工作中心，认真落实"三不让"承诺，开展抗灾救灾和生产经营一线慰问，参与企业民主管理和落实厂务公开制度。

【集经工作】 根据深化全局多元经营管理体制改革的需要，集体经济按照"生活有保障、社保按期交、队伍保稳定"的总体工作思路，从多元集经企业生存、改革、发展的需要出发，克服生产经营任务不足、原材料价格上涨和资金短缺等严重困难，全面完成各项经营管理目标，职工保险水平、生活水平稳步提高，职工队伍保持基本稳定。全年完成销售收入14 005.42万元，为路局集经处下达年计划的155.62%，与上年同期相比上升28.67%；实现利润总额132.31万元，超额完成集经处利润计划，与上年同期相比上升200.05%；在岗职工月均收入2 044.18元；全部职工月均收入1 136.04元；上缴流转税290.76万元；上缴所得税37.79万元；上缴养老保险企业部分约230万元。

【离退休工作】 2008年集团公司离退休职工7 303人，其中离休职工95人、退休职工7 208人，离退休职工所属企业分布在贵州、重庆、四川等地。在日常离退休管理服务中，认真落实各种政策及待遇，严格使用离退休活动经费，坚持节假日走访慰问和生病住院等人员慰问，及时按标准发放慰问金。全年用于离退休人员节日、慰问等福利费617万元；"5·12"抗震救灾下拨慰问金5.2万元。开展多种形式文体活动，如老年骑游、桥牌、柔力球、钓鱼等，参与铁道部、路局、地方有关单位组织的文体竞赛活动。广泛开展主题读书活动，加强关工委建设并做好关心下一代工作。

（黄培书　李敬阳）

工业生产

【综　述】 全局工业生产单位为运输生产服务，面向市场，科学调整产品结构，经济效益持续稳定增长。现有独立核算工业企业12个，主要担负全局机车车辆、工务、电务配件和部分整机制造，钢筋混凝土轨枕、橡胶产品、道砟生产、机械设备修理、票据印刷、长钢轨焊接任务。2008年末，全行业拥有固定资产53 467.7万元，从业人员2 301人，完成工业总产值29 248.9

万元，产品销售收入99 039.1万元，亏损额1 047.8万元；钢筋混凝土轨枕完成54万根、道砟生产84.2万立方米，电子票印刷11.75万卷。

（周龙华）

集体经济

【综　述】　2008年，全局集体经济深入贯彻落实年度工作目标，结合工作实际，按照“生活有保障、社保按期交、队伍保稳定”的总体工作思路，面对市场竞争激烈、“5·12”特大地震灾害、金融危机冲击、企业发展面临严峻考验的异常困难局面，通过艰苦努力，全年全局集体经济完成经营收入17.99亿元，比计划增加11.9%；实现利润1 760万元，比计划增加760万元；职工月平均收入1 532元。

局集经管理处设办公室、经营管理科、劳动和社会保险管理科、计划财务科、综合工作部、重庆工作部、贵阳工作部，定员30人。

局集经管理处的主要工作职责：对全局集体企业实行系统管理，认真履行指导、监督、协调、服务职能，不断增强集体企业“自主经营、自负盈亏、自我改造、自我发展”的能力；指导和监督全局集体企业贯彻执行党和国家有关方针、政策和法律、法规；制定全局集体经济的发展规划和年度方针目标、重点工作。制定措施，狠抓落实，努力完成年度目标，实现发展规划；建立健全全局集体经济各项规章制度（办法），及时制订措施，指导集体企业加强管理，深化改革，开拓市场，提高效益；制定全局集体企业考核办法，下达年度考核指标，实施考核奖惩。组织企业交流，评选和表彰先进集体和个人；协调路局集体企业与地方政府有关部门、局内外有关单位、局机关有关部门的关系，帮助解决存在的问题，维护集体企业权益；掌握全局集经生产经营状况，在安全、路风、改制、合同、设备管理、“双优”申报、装卸作业和运输计划归口管理等方面对有主办单位的集体企业进行宏观管理和指导，对直属企业进行直接管理和监督；负责办理四川省省本级参保企业和职工的基本养老保险具体业务工作；负责成都区域参加路局医疗保险集体职工的日常管理和保险费征缴等具体业务工作；指导和检查全局集体企业的社会保险工作；负责对路局直属集体企业的管理；指导集体企业思想政治工作，促进集体职工队伍稳定。

【送温暖活动】　1月3日，集经处下发《关于“两节”期间在全局集经系统开展“送温暖、献爱心”活动的通知》，对全局集经系统的活动开展作出部署。截至1月30日，全局各级集经管理部门和主办单位共走访147个集体企业；慰问困难职工2 550人；慰问费用299 249元。

【退休人员增加基本养老金】　1月5日至10日，根据四川省劳动和社会保障厅要求，局集经处组织专人对在川省本级退休人员增加基本养老金进行核对，此次调待涉及在川集经退休人员2 126人。面对工作量大，时间要求紧，政策性强，且跨年度连续计算的情况，按规定时限完成上报和发放工作。

【集体职工收入调增】　2月18日，集经处下发《关于2008年我局集体职工调增收入的指导意见》，在全局集体企业中强力推行效益决定工资水平和分配方式的收入调节机制，努力探索企业自主决定分配的新路子。截至10月30日，全局集经系统共有136个企业提高职工收入。

【工商执照年检】　3月24日，局集经处根据成都市工商行政管理局的通知要求，组织路局机关所属集体企业在认真核备各种资料、证件、数据的基础上，接受成都市工商行政管理局的执照年检工作。受检的25个企业一次性通过成都市工商行政管理局2007年度企业年检（法人执照19个，非法人执照6个）。

【集体企业经营管理考核】　4月7日，局集经处下发《成都铁路局集体企业经营管理考核办法（试行）》的通知。考核对象为局属各单位的集体企业；考核采取“综合考核、比例计奖、总额控制、按季兑现”的方式进行；主要考核内容包括经营收入、利润、安全、路风、稳定、职工社会保险等。目的是进一步调动全局集体企业开拓市场、谋求发展的积极性，促使全局集体企业持续发展，确保集体职工队伍稳定。

【安全反思检查】　4月30至

8月30日，按照路局的总体安排部署，局集经处从3个环节入手，认真抓好集经系统的安全生产大反思、大检查工作。一、认真进行学习传达。通过处长办公会、处务会等形式，多次组织学习和传达，深刻领会精神实质。二、立即作出安排部署。按照区域负责的原则，要求各集经工作部认真做好本地区集体企业整体工作的开展。三、落实工作责任，实行逐级负责。明确各自职责，要求各科（部）各司其职，随时发现、协调、解决各种问题，以保证活动的正常有序开展。截至8月30日，局集经处共整理上报“集经安全生产大反思、大检查五日活动简报”24期，月度书面工作小结3期，悬挂标语、横幅47幅，出刊各类板报24期，召开反思会32次，参加反思会人数319人次，干部共写出反思材料69份，派出各类检查组14个，派出各类检查人员77人次，检查发现问题35个，针对存在的问题制订41条整改措施，已经整改31个。针对存在的问题，局集经处和直属集体企业累计投入整改资金6.9万元。其中集经处投入2.8万元，直属集体企业投入4.1万元。待整改的问题4个，已全部采取安全监控措施。

【岗位培训】　5月11日至17日、6月15日至27日，局集经处分别在内江铁龙大厦和贵阳铁路党校举办两期集体企业财会人员继续教育培训班，参培人员395人。11月23日至12月5日，在成都铁路宾馆举办两期集体企业财会人员继续教育培训班，参培人员300人。

【抗震救灾】　“5·12”特大地震发生后，局集经处按照路局的安排部署，结合全局集经受灾企业实际，做好各项抗震救灾工作。下发《关于在集经系统开展“抗灾害、献爱心”慰问工作的紧急通知》，对全局集经开展慰问和抗震救灾工作作出全面安排部署。5月14日至6月30日，由处领导带队，先后深入到德阳、夹江、绵阳、广元、昭化、什邡、汉旺、红白场、都江堰、绵竹、洛水等地的集体企业或经营网点，实地了解企业与职工受灾情况，并现场解决部分受灾严重职工在饮食、起居方面存在的特殊困难，与受灾企业干部职工共商生产自救、逐步恢复企业正常生产经营的对策措施，具体指导协调宝成线集体装卸企业抗震救灾物资的抢装抢卸任务，帮助协调解决装卸机具不足的问题，审定企业临时性过渡方案，使受灾企业生产自救措施有序推进。6月1日起处机关取消双休日，全力参与集体企业抗震救灾。干部职工以各种方式捐款14.7万元，编辑《集经抗震救灾简报》11期，及时反映全局集经系统抗震救灾工作。

【救灾物资运输】　5月12日17时，内江车务段铁萌综合贸易有限公司下属的自贡盛世物流运输公司，接到自贡市政府的紧急请求，要求公司调派6辆大货车装运救灾物资支援汶川、德阳、绵阳地震灾区。公司向内江车务段领导汇报后，从现有的22辆汽车中挑选6辆单车载重20吨、车况新、性能好的大货车于次日凌晨开始抢运物资。5月13日至19日救援期间，公司车辆先后辗转于绵阳、德阳、绵竹、江油、汉旺等地震灾区，圆满完成第一批救灾物资装运任务。自贡盛世物流运输公司6台救援车辆每天的各种开支近万元，全部由公司承担。

为迅速将全国各地支援四川地震灾区的各种急需物资及时运抵灾区，承担宝成线抗震救灾装卸任务的成都铁路东站运输服务公司、江油车务段运输服务公司、广元车站蜀旅服务公司集体装卸企业，调集企业最强力量，24小时不间断作业，全力投入抗震救灾物资抢装、抢卸任务。

成都铁路东站运输服务公司汽车队投入10台车辆，先后为省市和路局运输救灾物资450吨。在公司承担装卸的10线、12线、17线、19线，实行24小时作业，做到救灾物资随到随卸。24日、25日两天，公司共装卸救灾物资18车，并派出6辆货车运送篷布到江油。

广元车站蜀旅服务公司40人参加抗震救灾物资的抢运工作，装卸实行24小时不间断作业。24日共装卸31车货物，每车40吨。

江油车务段德阳运输服务公司下属的都江堰装卸队、汉旺装卸队、绵竹装卸队作业点受灾极为严重，多数职工房屋倒塌或开裂无法入住。在公司生产经营无法正常运转的困难局面下，全体职工坚守工作岗位，积极采取措施生产自救，按照整体安排部署，抽调公司的大型吊车、装卸机具、车辆和人员，由段统一调配，全力投入抗震救灾。段管内各集体装卸作业点装卸抗震救灾物资无积压。

【救灾产品生产】 5月23日9时39分，西昌华夏社会福利总公司下属的夹江福利工厂接到局物资处紧急通知，生产10毫米50轨原普通型枕垫2.7万块发往贵阳。全体职工在确保安全和产品质量的前提下，在规定时间内完成生产任务。

【绵阳车站临时候车室】 5月22日中午，成都铁路兴达建筑公司接到路局命令，要求公司必须在25日18时前紧急搭建完成能供千人同时候车、占地2 150平方米的绵阳车站临时候车室。工程地处重灾区，又是绵阳市抗震救灾的重要枢纽，任务艰巨。临时候车室工程共有上万个焊接点，按平时工程量计算需要15天完成，这是对公司超常规能力施工的一次极大考验。公司从接受任务、赶赴施工现场，到组织技术人员查勘、方案设计、材料进场、方案经部、路局领导审议通过，仅用3个多小时。工程从5月22日18时开工，采用24小时不间断作业，每班作业人员间休时间仅3至4个小时。公司领导及技术总监、项目经理现场指挥，抽调办公室人员现场后勤服务，保证了工程在25日15时提前完工并投入使用。

【职工受损房屋调查】 为准确掌握“5·12”地震灾区集体企业和职工受灾情况，5月23日，局集经处发出通知，对全局集体企业职工受灾情况开展全面调查统计。调查包括集经企业受损情况统计、集经企业职工及家属伤亡情况统计、集经企业职工住房受损情况统计。全局受灾集体企业为15家，受灾集体职工户数为1 081户，复旧加固费用为516万元。

【受损房屋复旧加固】 地震发生后，部分集体企业的生产设施和职工居住房屋损失较大，特别是地处宝成线震中地区的集体企业职工住房受损严重。受损集经企业全力开展生产自救，经属地地方房建资质部门和路局土房处委托西南交大有关部门专业技术人员对受损房屋进行技术鉴定。根据路局《关于做好“5·12”地震住宅房屋复旧工作的通知》精神，11月12日，局集经处在初步拟定“5·12”地震全局集体企业和职工受损房屋的复旧加固方案基础上，向路局正式提出将集经受损房屋一并纳入全局整体复旧加固规划的请示。12月4日，经路局批准，明确将集经企业受损房屋列入全局整体复旧加固规划并正式启动。

【会计基础规范化检查】 6月1日至12月31日，局集经处组织专业人员对全局67家集体企业会计基础工作规范情况进行检查。检查内容包括财务凭证、财务岗位、内控制度、财务报表、电算信息化等方面。检查对照路局有关标准与要求，严格进行考核打分，对规范化检查合格的集体企业颁发了证书。

【企业重组整合】 按照《中华人民共和国城镇集体所有制企业条例》等法律法规规定及有关文件精神，结合路局集体企业实际，6月14日，局集经处下发《关于印发成都铁路局集体企业重组整合规范化指导意见（试行）的通知》，规范全局集体企业的重组整合工作。促进集体企业优化资源配置，提高企业的竞争力，实现经营方式和管理体制创新，达到业务边界清晰，主营业务突出，经营规模适度，确保队伍稳定。

【特种设备管理】 6月24日，局集经处发函对进一步加强全局集体企业特种设备安全管理工作作出安排部署。要求主办单位加强对所属集体企业特种设备安全管理工作的领导。坚持“谁主办，谁负责”的原则，切实把集体企业特种设备安全管理纳入主办单位安全管理工作之中。相关集体企业要按照国家有关特种设备的法律、法规要求，建立健全特种设备安全管理制度和岗位责任制度，完善安全技术档案和设备台账。自觉接受安监部门的监督、指导和检查，主动配合做好特种设备安全评估考核工作，并对提出的问题及时整改，确保集体企业特种设备的完好和管理有效。要求各集经工作部加强对集体企业特种设备管理工作的监管。

【奥运卫生保障】 6月28日，局集经处根据路局的总体安排部署，制定《成都铁路局集经系统2008北京奥运会铁路卫生保障工作方案》，围绕工作方案拟订保障工作推进计划。在组织相关集体企业进行学习的基础上，展开全行业拉网式的调查。全局集经系统从事站车售货点共101处，站台售货车259台（88个站车餐饮按要求停止营业），职工小食堂6个，其他与食品卫生相关的业务20

处（主要以出租铺面为主）。7月底，局集经处指派专人组成检查组，对广元站、江油站、绵阳站的站台供应及站前广场售货情况进行专项检查。被检网点基本符合食品生产经营单位卫生要求。对检查中发现的少部分食品质检问题，责令相关企业限期整改。

【集体企业移交】 根据路局、局党委《关于运输站段生产力布局调整的通知》精神，7月14日，局集经处下发《关于集体企业在路局生产力布局调整中移交的指导性意见》。对在主办单位撤并过程中集体企业人员、资产的移交工作提出指导性意见，保证调整移交工作顺利进行。调整涉及主办站段6个；集体企业直接6个，间接3个；集体企业直接划拨移交的人员共297人（大集体职工229人，小集体职工56人，全民扶持人员12人）。

【主要综合指标排名】 7月21日，铁道部铁道学会集体经济学组公布2008年上半年全路18个铁路局集体经济主要综合指标完成情况。路局集体经济主要指标在全路的排名为：集体职工人数第五，完成经营收入第四，实现利润第三，集体职工月平均收入第三。

【工伤保险市级统筹】 9月25日，局集经处向成都市社保局发出《关于成都市区内铁路局集体企业参加工伤保险市级统筹的函》，按照9月23日四川省社保局工伤处组织协调会上成都市社保局提出的要求，依据四川省劳动和社会保障厅《关于部分行业单位参加省本级工伤保险统筹的实施意见》第一条规定，将成都市区内铁路局集体企业参加工伤保险市级统筹的情况函告成都市社保局。成都市区内铁路局所属的具有独立法人资格的集体企业共计14家，截至2008年3月，市区内铁路局所属集体企业已有10家按照《实施意见》的政策规定，相继在成都市社保局参加工伤保险统筹。4家企业按照既有政策规定正在申报办理参保手续。

【科学发展观学习实践活动】 10月8日至12月31日，按照铁道部总体要求，作为路局第一批深入学习实践科学发展观活动的参加单位，局集经处根据路局的总体安排部署，认真开展学习实践各个阶段的活动。处党总支研究确定《成都铁路局集体经济管理处深入学习实践科学发展观活动的推进方案》下发所属单位和直属集体企业，指导活动开展。截至12月31日，学习实践科学发展观第一、第二阶段活动圆满结束，第三阶段活动有序推进。

【超龄人员参保办理】 10月21日，集经处、社会保险管理处联合发出《关于转发川、渝、筑一省两市未参保超龄人员参加基本养老保险有关问题的通知》，对曾在路局部分站段工作过未参保的城镇超龄人员参加社会基本养老保险办理的原则、政策尺度的把握、证明材料的出具予以明确，并提出具体要求。

【信访突出问题专题分析】 10月21日，根据铁道部信访办的通知要求和路局精神，局集经处完成《成都铁路局集体企业职工信访突出问题分析》专题报告，呈送铁道部信访办。报告分为基本概况，成都铁路局集体企业职工信访反映的突出问题、产生原因、涉及人数，面临工作难点和建议。

【综合业绩考核】 局集经处11月9日下发《关于对全局集体企业主办单位集经综合业绩进行考核的通知》，部署全局集体企业主办单位集经综合业绩考核工作。对照考核内容，对全局集体企业主办单位集经综合业绩进行考核打分。

【补充指导性意见】 11月27日，根据路局生产力布局调整移交过程中集体企业出现的新情况、新问题，集经处经研究提出指导性补充意见：一、按照规范管理的要求，路局生产力布局调整原则上一律不再新增集体企业。二、从有利于稳定职工队伍的大局出发，涉及调整移交的集体企业，按照能并的则并，不能并的则留在原企业的原则，实行跨界管理。三、实行跨界管理的集体企业，原企业经营管理的项目、资产、岗位保持相对固定。涉及的人员可通过签订劳务合同的方式进行管理。四、涉及相互调整的两个主办单位要从大局出发，及时发现、处理和化解各种矛盾与纠纷，保证调整移交工作平稳有序的开展。五、由于集体企业性质特殊，为保证跨界管理集体企业人员、资产、项目的相对稳定，涉及调整移交的两个主办单位要提出细化方案，签订相关协议，明确双方责任。局集经处参与协调，确保集体企业调整移交整体工作顺利进行。

【难点问题及建议解决方案】 12月10日，局集经处在对全局集经存在的难点问题进行全面分析的基础上，向路局呈送《全局集经存在的难点问题及建议解决方案》的专题报告，深入分析全局集体经济生产经营情况。从经济指标来看：完成经营收入11.53亿元，利润总额775万元，经营收入同比完成117.8%，利润总额同比完成82.7%。但有46个集体企业出现亏损。绝大部分集体企业不能摆脱对主业的依赖，小、散、弱现象普遍存在。在国家、铁道部对集体企业没有大的改革政策的情况下，如何确保在较长的时期内亏损企业经营状况逐渐好转，保持集体职工有岗位、收入稳定且适度增长，队伍相对稳定，是全局集体经济面临的首要任务。报告对解决上述问题提出5个方面的具体建议。

【安全基础管理】 12月19日，局集经处下发《关于进一步加强全局集体企业安全管理工作的通知》，明确主办单位是集体企业安全管理工作的领导责任主体，按照“谁主办、谁负责”的原则，把集体企业安全管理工作纳入本单位的管理体系。要求全局集体企业在年底前有针对性地对本企业组织开展一次自查整改。重点检查与运输生产密切相关的装卸、工程建安、为主业提供劳务的集体企业严格执行规章制度、保障人身安全情况；生产型的服装厂、印刷厂、房屋经营、租赁等企业着重以消防安全为重点；特种设备使用企业应结合安全评估抓整改、抓落实。

【社会保险缴费】 企业养老保险和医疗保险的缴纳基本做到按时、足额。截至12月31日，全局集体职工的养老保险缴费总额为6 892万元，参保总人数为13 784人；医疗保险缴费总额为2 084万元，参保总人数为13 539人。

【信访稳定工作】 重点对职工关心的提高收入等行业性热点、难点问题，研究制定细化方案和对策措施，明确包保责任。2008年全局集经系统没有发生大的群访。奥运期间，集经处组成5个稳定调研组，分别深入指定区域逐一排查，保证集体职工队伍的整体稳定。

（高殿胜）

表8-1 集体经济土要指标完成情况 （2008年）

顺号	项目	计量单位	2008年	2007年	增长（%）
1	企业数	个	165	166	-0.6
2	职工人数	人	18926	22061	-14.21
3	经营总收入	万元	179922.31	147236.97	22.20
4	人均经营收入	元	95100	66700	42.58
5	实现利润	万元	1760.36	1716.24	2.57
6	人均创利	元	900	800	12.5
7	工资总额	万元	39167.57	32291.54	21.29
8	人均年工资	元	18384	14820	24
9	固资合计	万元	35213.71	37262.62	-5.5
10	所有者权益	万元	70228.41	70097.59	0.19
11	流动资产	万元	115705.45	101139.92	14.4

（高殿胜）

教育·科技·文化

- 职工教育
- 综合技术管理
- 科研
- 信息技术
- 四川省铁道学会
- 西南铁道报
- 有线电视
- 史志工作

职工教育

【综 述】 2008年，全局职教系统贯彻部、局要求，顺利完成各项培训任务，为路局全面完成各项重点工作提供人力资源保障。围绕新技术、新设备、新规章运用、春暑运、防洪、营业线施工安全、事故救援、军事运输等生产实际，全年共培训15.8万人次。组织举办技能大赛57场，2 300余人次参加；各站段生产车间、班组开展岗位练兵活动1 146场次，10余万人参加。

对全路为“抗击冰雪”和“抗震救灾”支援路局的117名内燃机车司机进行电气化安全培训；为“5·12”地震伤员专列分期分批培训“红十字”救护员（列车员及志愿者）1 141人；为北京奥运安全保卫、反恐应急、疾病防控等专业培训4 651人。

【制度建设】 修订《职工培训保障体系》，制订并实施《职工培训保障体系2008年建设实施方案》。颁发《成都铁路局职教系统安全管理基本制度》，完善局、站段、车间、班组及相关部门职教工作职责、工作制度及标准，明确职工“三级安全教育”、任职资格培训、适应性培训、专项培训、主要行车工种人员定期统考及轮训、高技能人才培训、工班长培训、特种作业人员培训、车间、班组日常学习及班前、岗前抽问、岗位练兵及技术竞赛等10项制度。配合劳资部门，理顺行车主要工种人员的选配、待遇、使用、培训、鉴定等工作。修订《复退军人专业学历教育实施办法》及7个配套文件，进一步加强和改进复退军人专业学历教育管理。颁布新的《运输站段职工教育培训工作考核办法》，提高考核标准，突出制度建设、安全教育、考试及基础管理。规范委外培训工作，颁布《成都铁路局委外培训管理办法（暂行）》，并确定西南交大、成都铁路运输学校等9所院校为路局首批委外培训机构。

【职教工作年度考核】 本着“轻看成绩、重看问题、实事求是、帮助指导、促进工作”的原则，职教处组织对全局49个运输站段职教工作进行考核。考核结果：30个站段为一等，比上年增加18%；13个站段为二等，比上年减少7%；6个单位为三等，比上年减少8%，全局运输站段职教工作整体水平明显提高。职教处将检查中发现的176个问题纳入“问题库”管理，制作成“检查意见反馈表”，要求各站段对号入座，限期整改。

【春、暑运临客人员培训】 全年培训春运人员31 206人，其中临客人员15 044人（含临客列车员9 874人，临时售票员768人，临客机车司机2 436人，临客车辆乘务员374人，临客乘警650人，站务人员942人），图定旅客列车乘务人员16 162人；完成2008年暑运临客人员培训1 224人，满足春暑运工作对人员素质的需求。

【“蓝箭”号动车组人员培训】 全年共完成动车组管理及检修人员110人、动车组司机46名、机械师15名、列车长10名、列车员161名的培训。在“蓝箭”号动车组重联技术改造过程中，组织机务、车辆检修人员跟班学习，开展动车组司机、随车机械师重联专项培训。

【主要行车工种人员全局统考】 全年完成供电系统接触网工等3个工种3 573人，工务系统线路工、桥隧工等5个工种12 130人全局统考，155人不及格。对统考不及格人员组织脱产培训并补考，补考不合格人员调离其主要行车岗位。

【营业线施工人员培训】 全年共举办各类施工人员培训班34期，培训合格5 220人；由各施工单位对临时劳务工进行施工安全培训合格3 559人；组织车务、机务、工务、电务、建设系统相关干部职工进行《施工日计划、运行揭示调度命令、施工调度命令管理办法》及局《实施细则》培训，合格21 102人。

【救援培训】 建立新职救援职工培训准入制度、在职救援职工轮训制度；开发救援主要工种多媒体培训课件，并在全路发行；建成“救援职工考试题库”计3个工种4 457题；配合机务处举办2008年全局救援列车大比武活动，15个救援列车队共计75名选手参加救援理论知识、SS_3型机车吊复及车下组装简易台车等6个项目的技能竞赛；对5个救援列车共136人素质达标考试；对全局各救援车队职工培训情况检查指导。

【“新职、晋升、转岗”培训】 坚持“先培训、后就业”和“先培训、后上岗”制度，强化“新职、晋升、转岗”资格性培训，确保100%经培训考试合格后再上岗，杜绝“先上岗、后补培”现象。全年共完成各类资格性培训11 408人，其中主要行车岗位人员资格性培训95期3 875人，特种作业人员资格培训27期2 313人。

【重点培训项目】 指导成都北车站、电务、东车辆、工务段等单位编制《成都北人员素质“创一流”计划》；协调组织黔桂新线骨干人员培训926人；协同机务处组织司机提职培训及考试1 408人，单司机培训1 374人；指导各机务、工务、车务站段在汛期前完成防洪培训12 000余人，重点抓防洪看守、雨量观测、冒雨巡查等汛期关键岗位人员的集中脱产培训；协同配合工务、电务部门，举办“全国铁路行业职工技能大赛”工务、电务系统选拔赛，工务3个工种123人、电务3个工种45人参加，其中有24名选手代表路局参加全国铁路行业技能大赛，并取得良好成绩。

【《技规》题库建设】 对照新《技规》和新修改的各类规章和新技术，组织职教干部、专业技术人员，修订完善40个工种的“考试题库”计55 036题，覆盖全局行车主要工种。

【安全管理“红线”专项培训】 为确保《成都铁路局安全奖惩办法（暂行）》实施，各级职教部门开展安全“红线”专项培训；同时在今后的职工培训中增加了安全“红线”内容。

【复退军人专业学历教育】 制定复退军人学历教育实施性教学计划，深入重庆、贵阳职培基地和成都市高级技工学校及有复退军人学历教育任务的站段，开展教学督查工作。各教学点以提高复退军人学历教育教学质量为重点，严格执行教学计划、大纲，完成2007级第二、三学期和2008级第一学期教学任务。

认真做好2008年新入路复退军人入学前各项工作：组织开展为期3个月的文化补习，共计1 273人；做好《准考证管理系统》软件开发、考生填报志愿、考务组织等工作；在成都、重庆、贵阳3个考点，组织1 434名复退军人参加全路文化统考；严密组织阅卷、统分，按部定分数线录取1 363人。

对2008年新入路复退军人进行路情、局情、现场教育。各教学点采取多种措施，强化日常管理，保证正常的教学秩序和学员队伍稳定。按部劳卫司要求，重庆、贵阳职培基地和成都市高级技工学校开展以“查思想认识、管理制度落实、工作纪律和作风、教学组织实施、学员组织建设”为主要内容的“五查”活动。组织学员参加工作实践，抽调139名学员参加2008年春运，974名学员担当暑运临客乘务工作；重庆职培基地468名学员担当抗震救灾志愿者，到成都东站装卸救灾物资26天。

【成人中专联合办学】 加强校段联合办学管理，努力提高办学质量。做好成人学历教育招生计划制订、报名、招生、录取、学历认证和付费等工作，2008年新入学大专及以上610人，中专155人。其中组织未达中专学历的91名在职职工参加全路复退军人专业学历教育入学统考。召开成人中专联合办学工作研讨会，查找问题，制订整改措施。对19个成人中专联合办学站段检查考核。

【推荐入伍文化测试】 协同局人武部，首次组织2008年拟推荐入伍职工子女文化测试，931人参加。

【培训教材和多媒体课件开发】 按铁道部劳卫司部署，路局完成货运、机务系统7个行车工种的《职业技能培训规范》和8个工种的《岗位培训教材》的主编工作。编写全路复退军人专业学历教育规划教材6种、全路复退军人文化补习教材《语文》、《数学》各1种。开发“全路复退军人文化考试题库”。各运输站段、职培基地自主开发多媒体教学课件，在征集职工培训多媒体教学优秀课件的活动中，共上报课件65个，评出优秀课件21个、有推广价值课件22个。营业线施工人员培训多媒体课件进入最后审核阶段。

【师资培训】 为切实提升路局职教师资水平，送外培训“高级企业培训师”10人；组织64名职教干部赴上海宝钢集团培训考察；组织26名职教干部参加“全国职业培训高峰论坛”；举办全局职教信息员、网络操作员培训班1期75人、新任客运系统专兼职教师培训班1期26人、职工中等专业学历教育师资培训班1期55人。

【教师节表彰】 教师节前，路局发文表彰职教先进单位6个、职教先进工作者122人及优秀专兼职教师110人。

【职工培训电教化】 路局为44个站段配备便携式多媒体教学设备，为成都、绵阳等6个车务段各安装微机联锁接发列车仿真教学设备1套。各站段充分发挥自身优势，因地制宜改善培训条件。成都北站自主开发CIPS（编组站综合集成自动化系统）仿真演练系统，成都东车辆段建成车辆5T设备仿真教学模具室。2008年11月开通局职工教育网所有功能，实现职教信息、培训资源网上共享。

【安全大反思】 为深刻吸取“4·28”事故教训，全局职教系统从5月5日至8月31日，开展安全大反思、大检查活动。下发《关于在全局职教系统开展安全生产大反思、大检查活动的通知》，确定“职工教育培训内容是否紧贴运输安全生产”、“职工素质是否达标”等9个方面的反思内容及检查重点，确保全局职教系统安全大反思、大检查有的放矢，并查找出考风考纪不严、培训内容针对性不够强等12个具体问题，制订整改措施。两个职培基地共查找出对复退军人学员管理缺乏深入研究思考等10个主要问题。49个运输站段职教部门均召开专题反思会，梳理出问题238个，并制订整改措施。7月先后召开成都、重庆、贵阳片区职教反思会，与各运输站段职教科长、职培基地负责人面对面交流，再查找、再反思、再分析，深挖全局职教工作存在问题的根源，商讨对策措施。共征集意见和建议62条。各运输站段职教部门组织专题反思会，做到职教干部安全再反思一个不漏、一个不少。对查找出的问题及整改措施，职教处实行“问题库”管理，落实责任人，逐一销号。职教处先后抽查运输站段14次，督导整改问题22个。各运输站段累计整改问题207个，占总数的87%。

【职工教育刊物】 《成铁职工教育》全年出刊4期。《成铁职工教育信息》全年出刊6期。

（刘继敏）

综合技术管理

【综　述】 2008年，局总工室坚持“科技领先，强化基础，提高素质，持续发展”的思路，不断完善各项规章制度，规范管理，建立适应路局实际的铁路技术管理体系。充分发挥综合技术管理优势，加强技术基础工作，提高技术协调能力，推动科技进步。

总工室现员22人，设科委办、综合技术科、概预算审查所。

【组织编制列车运行图】 2008年总工室主要组织编制调整列车运行图、局第三阶段施工调整运行图、川黔线大修施工调整运行图、暑期运行图和2009年春运图。为优化运输组织和满足施工需要，根据阶段运输组织特点，向铁道部上报调整黔桂线基本列车运行图和调整路局管内部分列车运行图的请示。牵头对全局列车运行图技术基础资料审核汇总，并以局正式文件公布。

【LKJ线路基础数据管理】 为加强路局LKJ数据管理工作，牵头制定《成都铁路局LKJ数据管理办法（暂行）》。办法对LKJ数据形成的汇集、发布、编制、校核、试验、交接、换装、使用等相关工作必须遵循的基本原则和作业要求进行明确规定。对因线路施工、设备整治等造成LKJ基础数据变化时，总工室及时汇总，提前公布并抄送相关铁路局，全年共公布36次LKJ基础线路数据的变化情况。总工室牵头组织相关部门下发《关于全面开展LKJ基础线路数据复核工作的通知》，对全面复核工作提出总体要求，确保LKJ线路基础数据的准确性。

【铁路建设整治达标】 组织局相关业务处室和建设、设计单位，对路局在建的襄渝线、黔桂线、达成线按照“系统优化、建管合一、全面整治、一次达标”的原则，开展建设整治。在深入调研的基础上，下发具体的工作方案，完成襄渝增建二线、达成线扩能改造工程、黔桂线建管一次达标工作。

【安全标准线建设】 为确保宝成线安全标准线建设的顺利

开展，总工室在逐站平推调研的基础上，下发《关于下发宝成线安全标准线建设标准的通知》和《关于下发宝成线安全标准线建设站容站貌整治工作安排的通知》，对各专业系统安全标准线建设提出具体要求。在建设实施中，适时掌握各系统的建设进度，对出现的问题及时协调处理，确保宝成线安全标准线建设基本完成。为全局开展安全标准线建设活动，2008 年总工室结合路局安全标准线建设思路，广泛征求相关业务处室的意见，制定《全局安全标准线建设标准指南》，提出全局安全标准线建设规划、建设标准、推进计划和管理制度，为全局安全标准线建设明确方向和具体任务要求。

【限界管理】 2008 年与南宁铁路局合作完成“成都铁路局限界综合管理信息系统”软件的升级和修改工作，并组织全局有关单位、部门的限界管理人员，就该限界管理系统软件的应用进行培训。

【5 000吨货物列车牵引试验】 2008 年 12 月 18 日，局总工室牵头，组织局安监室、机务处、车辆处、运输处和有关站段单位，在沪昆线湘黔段牵引最为困难的区段贵阳南—贵定间，采用坡停启动以及人工喷水（模拟雨天环境）等极限考核方式对装有“CHTTCU－1（SS_{3B}）电力机车特性控制及粘着控制系统”的 SS_{3B} 型固定重联机车进行5 000吨牵引试验并取得成功，路局首次跨入重载运输行列。

【动车组实车试验】 2008 年由总工室牵头，有关部门、单位配合，2 月 14 日至 12 月 3 日，在重庆北至遂宁南间，共组织“蓝箭”08－01 号动车组进行 7 次实车试验。通过试验测试检查动车组的技术状态。经实车试验后各专业进行评估，认为试验测试各数据准确、可靠，各项性能技术指标、行车安全设备技术状态符合“蓝箭”号动车组上线运行的基本条件，为路局动车组的开行提供技术保证。

【科技管理办法修订】 为适应新形势下全局科技管理工作，提高管理水平，修订《成都铁路局科学技术工作管理办法》、《成都铁路局科技研究开发计划管理办法》、《成都铁路局科技推广项目管理办法》、《成都铁路局推广使用新技术、新产品、新材料、新工艺管理办法》、《成都铁路局科技成果评定办法》，以局文发布。

【科研开发经费】 2008 年局下发科技经费预算共 800 万元，其中新安排研究开发项目 65 项 613.5 万元，推广项目 3 项 12.5 万元，其他 16 项 174.0 万元。

【科技推广】 2008 年局总工室第一批安排科技推广项目 12 项，计划投资 497.4 万元；第二批安排科技推广项目 10 项，计划投资 668.31 万元。全年路局共下达科技推广项目 22 项，计划投资1 165.71万元。

【科技成果鉴定、评定】 2008 年组织科技成果鉴定 14 项，评定 41 项，计 55 项。见表9－1。

表9－1 科技成果鉴定、评定项目 （2008 年）

序号	成果名称	主要完成单位	证书编号
1	CT269 电源对地漏泄电流测试仪	成都铁路局电务处、成都铁路通信仪器仪表厂	成铁技鉴字〔2008〕第 01 号
2	CT－280 系列智能轨道电路参数测试盘	成都铁路局电务处、成都铁路通信仪器仪表厂	成铁技鉴字〔2008〕第 02 号
3	JYC－1 型便携式电力机车硅机组均压检测装置	成都铁路局科研所	成铁技鉴字〔2008〕第 03 号
4	钢轨熔覆合金技术	成都铁路局电务处、德阳中铁科技有限责任公司	成铁技鉴字〔2008〕第 04 号
5	JYAJS－Ⅰ型机车运行安全警示装置	成都铁路局机务处、六盘水机务段、铁道科学研究院成都电子电器研究所	成铁技鉴字〔2008〕第 05 号
6	JAYJ－Ⅰ列车安全预警防护装置	成都铁路局科学技术研究所、成都铁路局总工室	成铁技鉴字〔2008〕第 06 号

续上表

序号	成果名称	主要完成单位	证书编号
7	SZT-8智能钢轨探伤仪	成都铁路局工务处、西南交通大学、上海申声超声波仪器有限公司、四川格致科技发展有限公司	成铁技鉴字〔2008〕第07号
8	乘务员待班质量监测系统	成都铁路局成都机务段、成都成运科技有限责任公司、成铁江油机务多经公司,	成铁技鉴字〔2008〕第08号
9	机车整备管理系统	成都铁路局六盘水机务段、西南交通大学、成都成运科技有限责任公司	成铁技鉴字〔2008〕第09号
10	SQ2SA2T型轨枕收放起重机	成都工务机械段广汉市金华机械厂、湖南长沙尚锐液压机具有限公司,	成铁技鉴字〔2008〕第10号
11	CP-3Ⅱ型旅客列车尾部安全防护装置	成都铁路局科学技术研究所，成都铁路局运输处	成铁技鉴字〔2008〕第11号
12	便携式牵引试验装置	成都铁路局机务处、西南交通大学电气工程学院、成都爱迪电气有限公司	成铁技鉴字〔2008〕第12号
13	尽头线无线安全防护系统	北京北交信通科技有限公司、成都铁路局运输处	成铁技鉴字〔2008〕第13号
14	QCY-1型轻便型超偏载检测装置	成都铁路局计量所、西南交通大学、成都成运科技有限责任公司	成铁技鉴字〔2008〕第14号
15	成都铁路局水电管理信息系统	成都铁路局机务处、西南交通大学	成铁评定技字〔2008〕第01号
16	成都铁路局挖潜提效方案研究	成都铁路局总工室、西南交通大学运输学院	成铁评定技字〔2008〕第02号
17	既有线桥上护轨改造	成都铁路局焊轨段	成铁评定技字〔2008〕第03号
18	列车管贯通判断控制装置	成都铁路局总工室、成都铁路局机务处、成都铁路局科学技术研究所、成都畅通机车车辆技术开发有限公司、西南交通大学	成铁评定技字〔2008〕第04号
19	车站站细综合处理系统	成都铁路局运输处、成都铁路局科研所	成铁评定技字〔2008〕第05号
20	成都铁路局行车规章管理信息系统	成都铁路局总工室、成都铁路局办公室、西南交通大学	成铁评定技字〔2008〕第06号
21	钢轨复合绝缘接头	成都铁路局焊轨段	成铁评定技字〔2008〕第07号
22	合金钢组合辙叉心轨专用焊条（JD-937）及焊补工艺	成都铁路局焊轨段、西华大学、重庆金石达机电设备有限公司	成铁评定技字〔2008〕第08号
23	检察院监所动态管理系统	贵阳铁路运输检察院、贵州天地科技有限公司	成铁评定技字〔2008〕第09号
24	DKAQ-Ⅰ型铁路道口安全管理系统	成都铁路局道口办、西南交通大学、成都兴软科技有限公司	成铁评定技字〔2008〕第10号
25	CHGC-1焊接钢轨长度测量系统	成都铁路局计量所、成都铁路局焊轨段	成铁评定技字〔2008〕第11号
26	铁路客车轴温分析系统	成都铁路局科研所、成都铁路局车辆处	成铁评定技字〔2008〕第12号
27	全局货物运输客户群动态分析系统	成都铁路局计划统计处、成都铁路局信息技术所	成铁评定技字〔2008〕第13号

续上表

序号	成果名称	主要完成单位	证书编号
28	成都铁路局焊轨段《ERP 生产管理信息系统》	成都铁路局焊轨段、成都金意软件有限责任公司	成铁评定技字〔2008〕第 14 号
29	成都铁路局土地利用管理审批系统	成都铁路局土地房产管理处、西南交通大学信息科学技术学院	成铁评定技字〔2008〕第 15 号
30	成渝城际旅客列车优化开行方案研究	成都铁路局客运处、西南交通大学	成铁评定技字〔2008〕第 16 号
31	车务段生产管理信息系统	成都铁路局计划统计处、西南交通大学	成铁评定技字〔2008〕第 17 号
32	200 台机车中修基地方案研究	成都铁路局机务处、唐山百川智能机器有限公司	成铁评定技字〔2008〕第 18 号
33	运输毒品犯罪案件疑难问题研究	成都铁路运输中级法院	成铁评定技字〔2008〕第 19 号
34	货物无线标识系统应用研究	成都铁路局科研所、西南交通大学、成都成运科技有限责任公司	成铁评定技字〔2008〕第 20 号
35	遂渝线无砟轨道路基工后沉降长期观测及研究	成都铁路局科研所	成铁评定技字〔2008〕第 21 号
36	金卤光源机车前照灯装置	成都机务段株洲时代集团江油开发有限公司、邯郸市大力机车试验设备有限公司	成铁评定技字〔2008〕第 22 号
37	多功能焊缝探伤扫查架	成都铁路局成都工务段、成都达程交通科技有限责任公司、四川省彭山县天源检测有限公司	成铁评定技字〔2008〕第 23 号
38	铁路液压机具综合试验台	成都铁路局科研所、长沙尚锐液压机具有限公司	成铁评定技字〔2008〕第 24 号
39	铁路轨道轨距调整器	成都铁路局科研所、长沙尚锐液压机具有限公司	成铁评定技字〔2008〕第 25 号
40	旅客和社会评价体系测评软件	成都铁路局成都客运段	成铁评定技字〔2008〕第 26 号
41	成都铁路局法人授权、合同联签管理系统	成都铁路局企管法律处、西南交通大学	成铁评定技字〔2008〕第 27 号
42	货物列车装载状态安全监测系统	成都铁路局总工室、西南交通大学、重庆西站、成都成运科技有限责任公司	成铁评定技字〔2008〕第 28 号
43	成都铁路局客货运输统计报表审核上报自动控制系统	成都铁路局客货运输统计所	成铁评定技字〔2008〕第 29 号
44	遂渝线无砟轨道桥涵测试	成都铁路局科研所、西南交通大学	成铁评定技字〔2008〕第 30 号
45	车辆段货车运用综合信息管理系统	成都铁路局成都东车辆段、西南交通大学	成铁评定技字〔2008〕第 31 号
46	运输营销速报信息查询分析系统	成都铁路局计划统计处	成铁评定技字〔2008〕第 32 号
47	接触网软横跨、支撑装置和整体吊弦计算系统	成都铁路局重庆供电段	成铁评定技字〔2008〕第 33 号
48	电力配电室功率因素动态补偿装置	成都铁路局重庆供电段	成铁评定技字〔2008〕第 34 号

续上表

序号	成果名称	主要完成单位	证书编号
49	ZR 磁钢参数检测仪	成都铁路局贵阳南车辆段、成都森川铁路车辆技术开发有限公司	成铁评定技字〔2008〕第35号
50	轨边无源磁钢信号智能变换装置	成都铁路局贵阳南车辆段、成都森川铁路车辆技术开发有限公司	成铁评定技字〔2008〕第36号
51	货车转向架悬挂检修线变速系统	成都铁路局贵阳南车辆段	成铁评定技字〔2008〕第37号
52	红外线轴温探测设备综合防雷装置	成都铁路局贵阳南车辆段、广州市建合益科技开发有限公司	成铁评定技字〔2008〕第38号
53	铁路站区规划管理信息系统	成都铁路局计划统计处、西南交通大学	成铁评定技字〔2008〕第40号
54	成都铁路局物资设备集中招投标采购管理信息系统	成都铁路局物资管理处、西南交通大学	成铁评定技字〔2008〕第41号
55	19K 软卧车 DC110V 电源应急装置	成都铁路局贵阳车辆段	成铁评定技字〔2008〕第42号

【CP－3Ⅱ型旅客列车尾部安全防护装置】 由成都铁路局科研所、运输处联合研制，用于旅客列车在取消运转车长后保证列车运行安全。该装置由安装在机车上的司机操控盒和悬挂在旅客列车尾部钩提杆上并与列车主风管连接的主机两部分组成。主要功能是对旅客列车尾部风压的实时检测和反馈、风压状况不正常时及时监控并报警以及在紧急情况时由司机无线操控尾部排风制动等。经过在旅客列车上进行为期3个月的现场考核，运行状况良好，通过铁道部产品质量监督检验中心的测试。2008年11月铁路局组织鉴定，与会专家认为该装置技术先进、设计合理，能够满足旅客列车运行安全需要，其技术处于国内同行业领先水平，具有良好的推广应用前景。

【SZT－8智能钢轨探伤仪】 由成都局工务处、西南交通大学、上海申声超声波仪器有限公司和四川格致科技有限公司联合研制。随着铁路运输的快速发展，在线钢轨的伤损呈递增趋势，高效、准确的探伤成为一项重要工作。该产品针对上述问题实行准确的智能判断，高效的作业方式和全过程的探伤数据及仪器工作状态信息的存储回放。经鉴定委员会鉴定，该成果达到国内领先水平，可提高探伤工作效率、保证行车安全。

【机车整备管理系统】 由六盘水机务段、西南交通大学、成都成运科技有限责任公司联合开发。系统为机车调度和库内外勤人员与整备作业人员之间联动作业平台，实现机车整备作业的实时信息化管理，缩短机车整备时间，保证整备质量，提高管理效率。经鉴定委员会鉴定认为，该成果有效提升机车整备作业管理水平，具有较强实用性，可推广使用。

【行车规章管理信息系统】 由总工室牵头配合设计部门研发“行车规章管理信息系统”，已在局办公系统中正式使用，基本实现路局、运输站段规章管理的网络化。

【规章制度建设】 根据铁道部要求，2008年总工室对原有的规章、办法进行修订、清理。下发《成都铁路局技术规章制度管理实施细则》和《标准化管理实施细则》，对各业务部门和站段的规章、标准管理职责重新进行明确界定，对技术规章制度和企业标准的编制原则及要求，制定程序，贯彻实施，检查、考核与奖惩等作明确规定。组织相关部门对路局技术规章和企业标准全面清理，对有效技术规章和企业标准目录以局文形式公布。

【《行规》修改】 随着新设备的投入使用和新的运输组织办法变化，2008年共组织对《行规》进行9次修改，涉及分路不良办法、发车办法、汛期行车办法、设备维护划分等方面。

【群众性质量管理活动】 围绕运输生产安全，节能降耗开展质量管理活动，突出小组活动的实用性和实效性。2008年全局注册质量管理小组1 856个，参加活动11 620人，有效成果数1 480个，成果率30.4%。全局评选出局优秀质量管理小组61个，获得铁道部优秀质量管理小组称号7个。

获得铁道部优秀质量管理小组名单：一、贵阳电务段检修车间QC小组；二、贵阳供电段贵西车间变电所设备湿度控制QC小组；三、贵阳机务段检修车间调度室QC小组；四、西南铁路房屋建筑公司QC小组；五、成都客运段拉萨车队QC小组；六、成都焊轨段钢轨焊接QC小组；七、成都卫生监督所站车科QC小组。

【客货运输窗口单位用户评价调查】 根据铁道企协《铁路客货运输窗口单位用户评价调查的通知》要求，评选推荐凯里车站货运车间、永川车站货运室、贵阳车站客运车间、成都客运段K353/K352次列车为全路客货运输窗口用户满意先进单位。

【计量标准考核】 按照部科技司要求，组织局相关业务部门和计量所对全局机务、车辆系统进行二级计量标准监督复查考核，促进基层单位计量管理工作的提高。

【计量人员培训】 2008年组织全局检定员培训班，共有14个专业120余人次参加。经过理论和实作考核，颁发计量检定员合格证书121个。

【《成铁科技》发行】 2008年，共发行《成铁科技》4期、副刊12期，印刷发行约12 000册。

【成都铁路局计量所】 局计量所坚持“抓基础、保安全，做好技术保障”的指导思想，努力完成各项目标任务。一、全年完成检定任务13 000余台/件次，包括各站、段的二级计量标准，铁路专用计量器具和通用计量器具。二、通过四川省质量技术监督局组织的11项（其中5项为新建标准）局级计量标准的考核，以及部科技司组织的3项铁专计量标准的考核。三、组织检测质量大检查，针对各专业的检定原始记录，抽调专业技术人员组成质量抽查小组，对其进行逐项检查，针对问题限期整改。四、新开展电能计量标准、轨道检查仪检定装置、铁路专用装载机装载量检测仪、机车电度表的检定和示波器校准等项目的检测校准工作。五、完成钢轨焊接头平顺尺技术条件的制定及847把钢轨焊接头平顺尺首次检测。六、参加局对机务、车辆系统计量标准的考核检查，共完成4个单位18项标准。七、新增1米精密测长机、热电阻热电偶装置、1级标准轨距尺检定器等3台/套实验设备。八、完成“超长轨测量系统”、“轻便型超偏载检测装置”2项科研项目和“机车电度表振动试验台”的科技项目推广。九、参加部计量检定规程“接触网几何参数检测仪”的规程起草工作。

（徐中建）

科　研

【综　述】 2008年，科研所坚持以科技保安全为工作的重点和出发点，加强规范化管理，围绕路局的安全运输生产开展科研和科技成果的转化工作，取得显著成效。全年共承担路局下达的科研项目12项，参加科研项目3项，科技成果推广项目7项，通过路局评定和鉴定的项目8项。按照路局总工室的安排完成“遂渝无砟轨道路基工后沉降长期观测及研究”和参加“第九届中国西部国际博览会”等重要工作。

【JYC－Ⅰ型便携式电力机车硅机组在线均压检测装置】 为配合机务修制改革，针对机务段现场检修工作的实际需要开发，解决机务段现场检修工作中无技术手段开展电力机车硅机组均压特性在线检测的问题。装置采用直流高压发生技术、直流高压传感技术、微电流传感技术、单片微机技术和电磁兼容技术实现对硅机组各桥臂元件均压特性和反向泄漏电流的在线检测，对被测桥臂各支路的均压特性和各元件的反向泄漏电流是否合格做出判断，测试结果按现场需要进行显示和保存。装置的运用为机务段在机车检修和运用中以量化形式较准确地掌握机车重要部件—硅机组的技术状态提供有效保证。

课题2008年4月通过路局组织的科技成果鉴定，在成都、重庆、贵阳机务段推广应用。

【危险货物无线标识系统】 是为适应大容量货物、大集散运输量设计。使用有源或无源式标签、非接触型读卡器来记录仓库货物出入库时间、状态、位置信息，运用高速无线射频电路、MESH无线网络通信实现对货物的高效管理。项目设备研制完成后，在成都东站进行安装实验，取得较好效果，达到设计要求。

2008年10月通过路局组织的技术评定，现已进入推广应用阶段。

【无砟轨道路基工后沉降长期观测】 遂渝铁路无砟轨道是中国铁路的第一条无砟线路，对其沉降的长期观测将为进一步完善设计和运用维修提供可靠的科学数据。通过对遂渝线无砟轨道路基的性能及几何状态进行长期监测，积累原始资料，利用科学手段进行分析和归纳，寻求其发展规律，为遂渝线的正常运营管理积累技术数据，为今后客运专线无砟轨道结构的养护维修设计提供科学依据。通过观测研究，对路基的沉降及其控制措施进行评估，对工后的长期沉降变形作出评价和检验，为客运专线路基上无砟轨道的养护维修及其标准的制订提供依据。

课题2008年11月通过路局组织的技术评定。

【无砟轨道小型养路系列机具研究】 遂渝线无砟轨道试验段是铁道部的重点工程，已开通投入运营。"用好、管好"试验段，开发出适用于无砟轨道的小型养路维护系列机具，能有效保证路局安全运输生产。课题主要研制无砟轨道液压抬轨器、无砟轨道轨距调整器、无砟轨道液压螺栓扳手、无砟轨道纵联板吊装机。

无砟轨道轨距调整器2008年11月通过路局组织的技术评定。

【铁路液压机具综合试验台】 根据现代铁路液压维护机具的性能和实际情况，采用最先进的液压元件和新颖的模块化设计，构成插接方便的系统组合。满足工务部门对于液压机具的各种液压油泵、液压马达、液压阀、液压油缸的检测及试验。由于采用模块化设计，系统可根据不同组合，对试验台的性能进行大幅延伸。

课题2008年11月通过路局组织的技术评定。

【遂渝线无砟轨道桥涵测试】 对遂渝线无砟轨道试验段桥涵（17个涵洞，纸厂沟桥和张家院子桥2座桥梁）进行测试，能有效检测桥涵的实际状况，保证桥涵等设备运行稳定，及时发现问题，为无砟轨道的养维护提供现场实际数据，保证路局的安全运输生产。

课题2008年12月通过路局组织的技术评定。

【LAYJ－Ⅱ型列车安全预警装置】 列车安全预警防护装置是实现列车车对车、车对地、地对车安全预警及列车二次事故的防护功能，防止列车冲突或追尾事故的防护装置。本课题是对LAYJ－Ⅰ型的改进和完善。研制工作完成，并已安装上车试验。

【铁路道岔电热融雪除冰装置】 根据路局六盘水地区冬季道岔积雪结冰严重，造成道岔运转不灵，直接影响行车的情况立题研制。装置采用先进的传感技术、通讯技术、自动控制技术研制。装置通过安全审查，已在现场安装试验。

【散装及散堆煤防扬尘高效覆盖技术】 针对各种散装及散堆煤在运输和堆贮过程中影响行车安全及环境污染，研制开发新型环保防扬尘覆盖剂和移动喷洒装置。研发的新型环保防扬尘覆盖剂具有无毒、无味、无腐蚀等特点，通过喷洒系统将其喷洒于散装散堆煤表面后，能形成具有一定强度和韧性的固化层，有效防止扬尘。其技术及设备的研制解决了车辆运行过程中扬尘对行车安全和沿线污染及散装煤转运场、贮存场的扬尘对周边生态环境的污染问题，减少散装散堆煤的直接损失。研制出适合路局特点的防扬尘高效覆盖剂。

【电力机车牵引电机电流频率变换装置】 通过电流/频率变换，把牵引电机电流模拟量变换为与柴油机转速相当的数字频率信号，实现运行监控记录装置对电力机车牵引电流及司控器手柄级位数据的实时采集和记录，完善LKJ装置在电力机车上的功能，为电力机车运行事故的分析提供更多的客观依据。已经研制出样机，通过铁道部检测，申请安全审查和上车试验。

【无砟轨道折断螺栓拔出装置】 无砟轨道施工过程中，钢轨紧固螺母预埋在水泥道板内，紧固螺栓时，会出现螺栓断裂的现象。由于压紧螺栓是T形螺纹，断裂位置在水泥道板内部，断裂的螺栓不易取出，给铁路工务部门的维修养护工作带来极大困难。本课题研制开发的无砟轨道折断螺栓拔出装置可以有效解决上述问题。已完成课题的整体方案设计工作，预计2009年2月可出样机。

【铁路中间站防溜监测系统】 针对铁路中间站停放在到发线的列车或车辆，由于站场坡度、风速、振动等原因，常造成自动溜逸导致重大行车事故发生而立题研发。系统通过设在行车室的监控终端自动检测、显示、记录每个电子铁鞋的安放状态和位置，对停放在车站线路上的车列、车辆予以可靠制动，从而达到防止车列、车辆溜逸的目的，彻底杜绝此类事故的发生。已完成项目的研制方案审核，铁鞋的制作和检测，电子部分的制作和检测工作，正在整理技术资料，准备做安全审查。

【《行规》多媒体课件】 为提高铁路职工对于《行规》条例的认识，加强学习者对于铁路运输过程中各项操作要求的了解与掌握立题研发。《行规》条例教学，使用网络多媒体的形式，包括阅读配音、动画、三维演示及在线考试、普通练习自测试。提供学习时，采用边播放边下载的流媒体技术。正在进行后期制作。

【无砟轨道混凝土裂缝测量仪】 仪器利用光学系统将裂缝图像放大50倍并成像到CCD上，通过信号线将图像传输至掌上电脑（PDA），通过PDA对图像进行智能识别处理，将裂缝进行智能判定，自动显示裂缝宽度。通过PDA还可以对所测量的裂缝宽度的图像及数据进行保存。课题正在研制中。

【干部在线学习及考试系统】 局人事处为规模培训干部、大幅度提高干部素质提出研发，科研所为课题参加单位，主要负责软件方案编制、功能规划、软件编程。目前程序已经编制完成，进入调试试用阶段。

【科技成果转化】 一、桩基检测项目方面完成项目。

1. 贵阳南枢纽站前工程桩基检测。

2. 黔桂铁路扩能改造工程桩基检测。

3. 达成铁路扩能改造工程西段3－4标段及成都枢纽引入工程站前检测。

4. 成昆线永郎车站公路桥桩基检测。

5. 内六线水富—小儿坪挡土墙检测。

6. 内六线新寨隧道防洪抢险检测。

7. 内六线岩洞2号隧道防洪抢险检测。

8. 内六线普洱渡—盐津隧道检测。

9. 成都铁路集装箱中心站站前工程试桩检测。

二、ZCFD－Ⅰ型智能充放电装置在成都、重庆、贵阳机务段推广运用。

三、SS_3机车B组平稳操纵装置在成都、重庆、贵阳机务段推广运用。

四、便携式客车蓄电池充电机在成都、贵阳车辆段推广应用。

【日常维护工作】 对全局运用的226台轨道车运监进行日常维护，坚持添乘，了解运监工作状况和服务质量，较好地完成维修、巡检工作，未出现任何责任事故。

继续对全局47个车站的行包软件进行维护和升级，完成系统长期运用维护工作。由科研所进行日常维护和升级的系统还有与运输处联合开发的车站数字化站细系统、与局安监室联合开发的铁路行车事故安全信息管理系统、与装卸总公司联合开发的装卸总公司月装报表系统、与局货运处联合开发的货运在线系统等，运用效果良好。

（孙　朴）

信息技术

【综　述】 2008年，信息技术所按照部、局总体部署，遵循《铁路信息化总体规划》及有关要求，开展安全“大反思、大检查”活动、加快信息系统建设步伐，不断整合、完善既有信息系统，完成信息系统运行、维护、管理和建设等工作。全年，路局下达信息技术所更新改造计划总额为

3 989.1 万元，完成金额为 3 722.8万元。

7 月，撤销财务计划科、成都信息分所，增设网络维护科，重庆、贵阳信息分所更名为重庆、贵阳维修站，全所总定员 110 人。现设重庆、贵阳维修站、综合管理科、网络维护科、应用维护科、信息开发科。

【调度系统】 由于路局运输组织优化调整，为确保路局运输生产和施工作业的顺利进行，完成相应调度台调整及调图工作；完成施工运行揭示命令管理系统；完成黔桂新线驳接调度系统相关调整；完成“成都局机务调度信息及相关接口系统”推广项目，将路局机调信息系统的软件升级为铁道部统一软件；协助完成昆明局实施施工调度系统，配合铁道部审批到重点区域装车，完成路局调度信息平台升级工作；站段调度信息系统开始在成都车务段、绵阳车务段开始试点运行；湖林支线运输组织创新信息系统相关工作进行实施方案准备；配合调度所完成网络、电源切换工作。

【机房建设】 精心组织，制定完整方案，完成路局机房扩容施工建设工作及第二办公区小机、服务器等设备向局所新机房搬迁工作，期间各应用系统没有受到任何影响。

【货票系统】 货票 2.0 的升级及相关维护工作及局大客户清算系统维护、测试、培训、检查工作以及货运调价工作，每月通过局信息办对有关货票信息处理各系统运行情况进行检查，结果向全局各单位进行通报。2008 年在遭受到冰雪凝冻天气、地震等自然灾害情况下，在信息技术部门（局所、维修站）和有关业务处及各车务段、车站技术及货运部门共同努力下，保证安全生产和货票运行维护工作的正常进行。进行 116 份规章文电共计 31 次的制票系统更新、升级、维护。完成铁道部运行维护部下达的多次重要测试工作。根据路局运输生产实际需要和机构整合、线路归属变化、公司管理变化的要求，开展货票运行维护工作。继续利用货票信息为局内各级管理部门提供到达货物信息，为车站提供最新最快收货人信息解决货物集中到达、车站装卸延迟、局保留车数增大等问题。维护人员对货票库字典和后台运行程序以及前台综合利用软件，根据铁道部下载区的发布情况及时更新。按备份策略备份生产数据、定期备份历史数据、清理过期数据。及时检查原始信息的报告质量，及时对异常数据进行处理，保证货票原始信息的报告和入库质量。检查、监督货票及相关信息的生成、报告、交换情况，为收入部门和统计及时提供共享数据。

【其他应用维护工作】 一、协助完成客票系统 5.1 版升级工作及达成公司服务器向局客票所业务迁移工作；参加局客票系统主机安全及交换机安全设置工作。二、完成物资、收入、财务、三级建库、货运大客户的后台小型机更新及安装工作，安排好切换方案做到新旧系统顺利切换，最大化减小切换造成的中断影响。三、完成货运危险货物监控系统服务器安装调试及 147 个站安装实施工作；完成货运保价及事故处理系统服务器安装调试及全局 185 个点安装实施工作；为配合抗震救灾物资合理调配，完成成都铁路局救灾物资调度管理信息系统；安装完成劳资人事管理信息系统实施工作；按照局领导要求制作完成成都铁路局新主页；配合完成财务 5.0 系统实施工作。四、完成局机关办公环境整治（光缆入地）工作以及由于路局机关办公室调整带来大量网络调整工作，制定机关互联网接入方案及实施。五、配合局领导在部、省会议发言及各业务部门工作制作幻灯片（ppt），得到相关部门认可。六、春运期间按照路局相关要求，将成都、重庆、贵阳 3 个车站的视频监控连接到春运办，监控站内外情况；多次帮助客票管理所处理核心交换机、路由器故障及协助客票管理所进行主机、存储升级及故障处理。七、日常维护工作。加强运行管理及机房出入管理，保障机房设备及系统安全，做好每日、每周工作总结，进行重点跟踪，避免故障重复发生和集中力量处理疑难问题；日常小型机、数据库及各应用系统按要求进行升级、维护、监控、故障处理工作。

【工程设计】 2008 年完成轨道衡联网网络建设，西南物资系统联网工程，成都、绵阳车务段调度系统工程，成都供电段供电管理系统建设，网络设备更新及新增联网点，内江车站现车系统更新改造，内六、川黔线雨量监测联网，站段办公信息系统网络工程，贵阳车辆段 KMIS 考勤系统，六盘水车务段现车系统更新，信息所新增五丁办公网络工程，局机关电视网络五丁办公网络工程，局机关电视网络光缆入地改造，局机关铁通电缆入地改造，局机关信息化网络和通信光电缆入地改造，货运大客户管理信息系统。

【网络维护】 7月，局所机构调整，增设网络维护科，主要负责全局信息网络维护管理工作。对各级各类网络故障做到快速反应，及时处理，确保网络畅通。在奥运会和残奥会期间，加强网络监控和值班，做好安保工作。配合做好局调度所搬迁整合的网络调整和宝成线安标线建设工作。完成局所新机房的网络规划、施工协调监督、设备配置与安装调试开通工作。

【新线建设】 完成黔桂线货运、网络、现车系统搬迁工作。为加快铁路建设步伐，按照铁道部统一部署，对铁路新建项目成都至都江堰城际铁路、成都枢纽货车外绕线、成都新客站、成绵乐铁路、兰渝铁路、渝利铁路、南涪铁路、宜万铁路、贵广铁路以及灾后重建等项目开展预可研或初步设计等审查工作。

【获奖情况】 2008年，在铁道部货票系统先进评比中荣获“货票系统运行维护突出贡献奖”、“维护报告完整奖”、“日常维护及时奖”，杨志昆、兰伟生、石尚国、余伟、周生岗分别荣获“货票运行维护先进管理奖”和“货票系统运行维护先进个人奖”，周洪兴获部 TMIS 工程设计一等奖。

成都中铁信计算机工程有限公司获中铁信集团最佳锐意进取奖、增值产品销售杰出表现奖，中铁信成都分公司获中铁信集团“紫罗兰”奖。

（李　玲）

四川省铁道学会

【综　述】 2008年，四川省铁道学会积极开展学术交流活动，推广科普知识，加强组织建设，努力办好《四川铁道》期刊及《川铁信息》，完成各项工作任务。

四川省铁道学会系在川铁路系统的学术团体，学术活动受中国铁道学会和四川省科协的指导和帮助。学会现有成员单位15个，设有学术、编辑、科普、咨询4个工作委员会及13个专业委员会。

【学术交流】 一、2008年四川省博士专家论坛以四川的交通发展为主题，四川省科协、西南交通大学牵头主办，四川省铁道学会等单位参与联合承办。“第四届四川省博士专家论坛”吸引相关专业的博士、专家、教授及科技人员近300人出席。由四川省铁道学会推荐的论文获二等奖1篇，三等奖2篇，11篇铁路交通专题论文录入《第四届四川省博士专家论坛》论文专集。学会荣获“第四届四川省博士专家论坛优秀组织单位”称号。

二、由中铁二局和四川省铁道学会工程委员会共同主办的2008年桥梁施工技术交流会在南宁大桥建设工地召开，采取现场观摩、大会交流的理论与实际相结合的方式进行。会议对南宁大桥、西江特大桥、野山河大桥、西攀金沙江大桥等重大桥梁施工关键技术进行深入研究，对用计算机精密控制施工的各个关键工艺技术流程进行现场演示。大会精选14篇论文收入《2008年桥梁施工技术交流会论文集》，评出优秀论文14篇。

三、“5·12”汶川特大地震对川内铁路造成极大的破坏，在中国铁道学会的指导下，学会组织对地震灾害现场专家考察活动，对宝成线、成汶线、广岳线等铁路受灾较为典型的线路、桥梁、隧道、站房等铁路设施进行现场考察，为灾后复建工作提出抗灾对策建议。在成都召开由中国铁道学会主办，中铁二院承办、成都铁路局、四川省铁道学会协办的地震灾害对铁路的影响及对策学术研讨会。与会专家通过对汶川地震的分析与思考，从防震、抗震和抢修等不同的角度，对铁路应对地震灾害提出意见和建议。

四、根据中国科协和中国铁道学会关于举办《第十届中国科协年会第五（铁道）分会场征文通知》精神和要求，铁道学会组织各成员单位有关人员撰写论文。由学会推荐的《机车传动系统扭转—轮对纵向耦合振动分析》等论文在大会上进行交流。

五、7月3日四川省铁道学会召开2008年度学术工作委员会暨论文评审会。会议评出一等奖6篇，二等奖13篇，三等奖15篇。

【专委会（分会）工作】 中铁二局及四川省铁道学会工程委员会承办的2008年桥梁施工技术交流会，为中国铁道学会本年度重点学术活动之一。

中铁二院承办中国铁道学会、中国铁道学会工程分会在成都举办的地震灾害对铁路的影响及对策学术研讨会。

中铁八局举办盾构施工技术培训，重点对国内盾构最新动态及成都地铁施工技术进行培训。

中铁西南科研院举办客运专线工程技术学术研讨会、隧道施工地质灾害与工程安全控制研究等会议，与中国岩石力学与工程学会北美分会联合举办"地震生命线"学术报告会。

西南交通大学，主办2008年中国物流与运输国际学术会议、中日"四川汶川地震"灾害修复与重建技术交流研讨会等10余项国际、国内大型学术交流会议。

电气化专委会举办国家级博士研究生（电气工程）论坛。

中铁二十三局组织完成铁路客运专线无砟轨道、大断面黄土隧道等多项技术攻关课题。

中国南车成都公司及材料工艺委员会围绕公司产品开发、机客车检修等工作开展科技交流和服务。

中国南车眉山公司及车辆委员会在推进铁道车辆设计制造、参与铁路货车新产品开发上取得进展。

中国南车资阳公司及牵引动力委员会开展科技（管理）论文征集活动，组织2008年学术交流活动。

房建专业委员会结合宣传推广抗震技术，组织"AD消能减震系统"及"工程结构防震成套技术理论与应用研究"讲座。

【科普活动】 四川省铁道学会根据铁道部《关于开展2008年科技周、科普日活动的通知》，采取多种宣传形式，重点宣传铁路系统全面贯彻落实科学发展观，在实现铁路加快发展、创新发展、集约发展、安全发展和全面发展中的科技成就、新技术、新知识。与中铁二局科技部、成都铁路局党委宣传部、局电视台、局报社、局文化宫及成都站、重庆站、绵阳站等沿线各大车站等单位共同开展内容丰富、形式多样的科普宣传活动。

一、制作《大秦铁路创世界重载运输奇迹》、《京津客运专线建成世界一流城际铁路》的科普宣传展板、挂图等共44个版面264幅科普宣传展板，利用铁路站车、文化宫等窗口单位，重点宣传京津城际铁路建设在技术装备、安全服务、节约能源、保护环境等方面采用的新科技、新设备、新材料、新成果。配合科技周活动，以《京津客运专线建成世界一流城际铁路》为主题内容，在《四川铁道》、《川铁信息》刊载和选登有关京津城际客运专线建设的现场施工图片和施工技术交流论文。

二、成都车站等主要客运单位开展科技周活动。

三、通过局电视台宣传"携手建设创新型国家"、"大秦铁路创世界重载运输奇迹"、"京津客运专线建成世界一流城际铁路"等专题，在科技周和科普日期间定时播放有关铁路科普文化节目。

四、积极宣传、普及抗震救灾有关的科学技术知识，编辑出版《抗震救灾》科普特刊2 000册。

五、订阅《铁道知识》杂志1 200册，发放至各成员单位，订阅《铁道学报》10册，发放至学术、科研单位和部门。

【期刊编辑】 2008年共编辑出版《四川铁道》4期，发行11 200册，内容围绕铁路中心工作开展学术研究，经验交流，新技术，新工艺推广应用。根据四川省新闻出版局要求，每年按时做好刊物年检工作。

《川铁信息》继续保持信息广泛、新颖、内容丰富适用的特点，对中国科协、四川省科协、中国铁道学会发布的有关文件进行摘登，对中国铁道学会及省科协的重要活动及时报道。全年共发行4期12 000册。

【组织工作】 11月7日，中国铁道学会第六次会员代表大会暨2008年年会在北京举行，会议选举中国铁道学会第六届理事会。成都铁路局局长、四川省铁道学会理事长安路生，西南交通大学校长陈春阳、沈志云院士、钱清泉院士当选为理事、常务理事；成都铁路局副局长兼总工程师、四川省铁道学会常务副理事长张国力，中铁二局集团有限公司总经理、董事长、四川省铁道学会副理事长唐志成，中铁二院工程集团有限公司董事长漆宝瑞，西南交通大学经福谦院士当选为理事。

1月，学会以通信方式召开四川省铁道学会六届八次常务理事会议。学会秘书处向各常务理事报告学会2007年工作总结及2008年工作安排。

12月12日，学会在成都召开2008年四川省铁道学会工作研讨会。学会秘书长李先勤总结铁道学会一年来的工作，提出2009年的工作安排。

5月18日，茅以升铁道工程师奖颁奖大会在天津大学召开，由四川省铁道学会组织推荐，成都铁路局童安春、周志辉2人获奖。

2008年，四川省铁道学会被四川省科协评为学会工作先进集体。

（任智力）

西南铁道报

【综　述】 2008年西南铁道报社围绕路局、局党委中心工作，把握各个阶段的工作重点，强化舆论导向。全年共计出版《西南铁道报》183期，其中正刊132期、《旅友》46期、《西部铁路》5期。

报社现设新闻部、专刊部、记者部、群工部、广告部、网络部、办公室。现员27人。

【重要新闻报道】 2008年是路局历史上重要新闻多、影响大的一年。报社按照路局领导增强新闻时效性的要求，打破部门界限，通力合作，做到路局当天发生的重大新闻当日排版，次日见报，受到领导和基层一线干部职工的好评。路局党政主要领导深入一线检查指导工作的消息，记者均在第一时间从异地发送稿件回报社，编辑部门连夜编排印刷，次日见报。每周一的全局大交班会，记者中午加班采写稿件，当日交付印刷，路局召开的党代会等重大会议，开会当天采写消息，连夜加班编辑印刷，次日见报，取得新闻时效性的突破。

【重大事件报道】 抗击雪灾报道。年初，贵州铁路地区遭受50年不遇的冰雪灾害袭击，报社用4个连版及大量版面，采用新闻链接、记者手记、新闻图片、评论员文章等多种新闻手段，全方位推出反映路局干部职工抗冰雪保畅通的系列报道。记者先后奔赴贵州、重庆、广元等地，写出一批高质量的稿件，如《一切为了旅客的安全出行》、《压不弯的钢铁脊梁》、《永不消失的电波》、《风笛嘹亮响乌蒙》、《一路真情融冰雪》、《春风化雨平安归》、《且听春潮唱大风》等较具影响力的稿件近20万字。一批稿件被中央、省市及《人民铁道》报等报刊采用。

抗震救灾报道。“5·12”汶川地震后，报社在第一时间派出记者，深入受灾严重的宝成、成汶、德天、广岳等铁路线，相继采写出《生命通道的大后方》、《生死大营救》、《打通生命通道》、《千里大转移》、《24小时生死大突围》、《与死神争夺时间》等特别报道。总结报道《震不垮的钢铁脊梁》、《坚不可摧的战斗堡垒》、《十万火急》、《写在铁道线上的大爱》等长篇通讯先后被新华社、《光明日报》、《人民铁道》报等报刊采用，文字数量超过30万字，影响较大。

【重点工作报道】 春运重点报道。围绕“和谐春运”主题，先后策划“和谐春运2008备战篇”、“和谐春运2008开局篇”、“和谐春运2008攻坚篇”、“和谐春运2008回眸篇”4个重要栏目，记者采写的重点稿件达20万字以上。

安全工作报道。路外安全百日整治行动、安全大反思大检查活动、安全生产700天、奥运会安保等，报社先后策划多个栏目进行重点报道。“路外安全整治”栏目，对全局十大干线分别进行整版篇幅的报道，稿件字数超过10万字。对全局开展的安全大反思大检查活动，报社策划“深入大反思大检查、确保运输安全稳定”栏目，刊发稿件文字数量超过15万字。重点对路局奥运会安保、安全生产700天等重大事件进行重点报道，如长篇通讯稿件《心系奥运送平安》、《喜迎春风柳上归》、《迈步新征程》等。

政治工作报道。报社策划推出贯穿全年的“党旗下的誓言”栏目，刊发文章40余篇。策划“建设和谐成铁、实现科学发展”栏目和“建设和谐成铁、实现科学发展”征文两个栏目，集中推出路局典型单位深入学习实践科学发展观活动的报道，如《准备充分，开局良好》、《科学领跑促发展》等稿件和处室、站段领导的调研文章。为搞好纪念改革开放30

周年的报道，报社分别策划“改革开放30年——老影像新成铁”和“我与改革开放30年”征文栏目，分别刊发近20篇文图。其他反响较好的稿件有反映抗震救灾中党支部和党员事迹的通讯《不倒的旗帜、不塌的基石》，党代会前的长篇通讯《万里铁道党旗红》，反映干部作风转变及“五条禁令”执行情况的通讯《令行禁止气象新》、《清新之风扑面而来》，反映局党委抓绿色通道建设的综述稿件《看绿妆素裹分外妖娆》。

防洪抢险报道策划“2008防洪攻坚——来自十大干线的报道”栏目，《竭尽全力防大洪》、《战天斗地筑屏障》、《群力举之无不胜》、《枕戈待旦筑大堤》、《雨夜抢险》等，还有全局防洪综述报道《未雨绸缪防大洪》、《五大体系防洪水》、《严防死守抗大洪》等长篇整版通讯稿件，稿件文字超过20万字。

重点人物报道。记者深入采访推出反映重庆机务段的全路十佳司机万建勇的长篇人物通讯《大车卅载写春秋》、反映达成公司机车乘务员张庆喜英雄壮举的长篇通讯《生命，在最后一把闸燃烧》，在路内外反响强烈。

铁路建设宣传。指定专门记者负责铁路建设的报道工作，并在《西部铁路》及正报中开设“铁路建设攻坚战”等栏目，加大对铁路建设的报道力度。对兰渝、贵广、成都至都江堰、南涪、黔桂、襄渝二线、达成扩能、成都集装箱中心站等铁路建设情况予以重点策划报道。

【数字报在全路率先开通】 为落实路局和局党委关于加快网络建设与进一步加强西南铁道报发行工作的要求，10月16日，全路第一家网络多媒体数字报纸系统——本报数字报系统试运行。全局职工可以在本报出版当天第一时间通过网站阅读该期数字报纸。数字报的开通，提高了《西南铁道报》的传播速度，扩充报纸的传递途径，扩大报纸的影响力。系统具有网上传稿和在线交流的功能，局内各单位和通讯员在注册审核通过后，通过网站了解最新报道要点，向报社投递稿件，实现编辑与作者的交流互动。

（刁冀申）

有线电视

【综　述】 全年共编播《成铁新闻》148期。分别设立成铁新闻、聚焦一线、抗冰雪保畅通、抗震救灾、记录防洪、暑运在线、建设和谐成铁、曝光台、党建之声、深入开展学习实践科学发展观、安全专项整治、安全榜、专题荟萃、健康之友等10余个电视新闻栏目和电视新闻节目板块。全年共编播电视新闻4 527条，编播电视专题片97部集，其中制作播出抗冰雪凝冻专题新闻126条，抗震救灾专题新闻451条，专题片53部（集）。全年在中央电视台用稿83条，在省市级电视台用稿92条。

局有线电视台定员32名，现员30名，设新闻部、编辑部、专题部、播放部、办公室、重庆记者站、贵阳记者站，主要担负全局电视新闻宣传任务。

【全路联网联播节目报送】 在铁道部全路联网频道中，《中国铁路报道》用稿343条，专题片用稿15部，承办栏目《八面来风》6期。获全路联网频道2008年度新闻、专题采用量排名全路第二名。

【全局电视系统通联工作】 全年局属各单位电视新闻来稿用稿2 991条，电视专题片来稿用稿15部。

【获奖节目】 《成渝两地间开行城际客车》获中国铁路电视好新闻作品消息类二等奖、四川省广播电视省级政府奖电视（新闻类）优秀奖、四川省企业电视节目优秀电视新闻一等奖，《春运第一天成都车站各项工作和谐有序》获中国铁路电视好新闻作品消息类二等奖、四川省企业电视节目优秀电视新闻二等奖，《生命因壮烈而精彩》获中国铁路电视好新闻作品专题类二等奖、四川省企业电视节目优秀电视新闻二等奖，《家有千金》获中国铁路电视好新闻作品专题类三等奖、四川省企业电视节目优秀电视新闻三等奖。

（杨　隽）

史志工作

【综　述】 在《成都铁路局年鉴》2008年卷的组稿、编辑、出版中，按时保质地完成各项工作。及时为铁道部、四川省、贵州省、重庆市主办的大型综合性年鉴组织供稿，圆满完成局办公室布置各项其他任务。

【《成都铁路局年鉴》2008年卷出版】 继续加强与各单位、部门的联系，根据撰稿人员变化情况进行业务指导，严格按照年鉴工作流程，在篇目设计、组稿、编撰、校对中，抢时间、抓质量，完成《成都铁路局年鉴》2008年卷的编排工作，保证年鉴的出版发行。共编审稿件85万字，完成交叉校对300余万字。

【供稿任务】 完成向部、省年鉴供稿任务。按照铁道部、地方政府的要求，及时组织撰稿工作。加强联系，多方收集资料，全面完成为铁道部、四川省、贵州省、重庆市主办的大型综合性年鉴组织供稿等工作。共收集资料50余万字，入选文字10万字，形成年鉴条目近百条，全面展示路局年度内取得的运输、建设、管理等各方面成就。

【资料整理】 组织两次史志办及资料室的搬迁。完成资料整理、打包、搬运10 000余卷，重新整理上架重要资料1 000余卷。

【地方志资料供稿】 为地方志提供资料。2008年史志办继续在自身工作极为繁重的情况下，为成都市、金牛区等政府机关及四川省安全厅等单位提供各种地方志资料，包括《成都铁路局年鉴》、《成都铁路分局年鉴》30余卷、2 000余万字。

【资料查阅服务】 为局内各单位、各部门提供资料查阅服务。为多元中心、集经处、财务处、机务处等单位、部门提供资料数50余卷、1 000万字。

【论文交流】 完成论文《年鉴撰稿队伍建设及组稿存在问题的思考》，在2008年铁道部召开的史志工作研讨会上交流。

【修志计划】 2008年第三次上报第二轮修志计划。向局领导、局办公室汇报第一轮修志工作情况，第二轮修志计划及部分准备工作。

【岗位职责修订】 完成史志办岗位职责及考核办法的修订。

（张晓颖）

政治工作

- 局党委工作
- 党务综合管理
- 党建工作
- 宣　传
- 纪检·监察
- 干部教育培训
- 机关党委工作
- 工　会
- 团　委

局党委工作

【综　述】　2008年，面对百年不遇的冰雪凝冻灾害和“5·12”汶川特大地震的严峻考验，全局各级党组织认真贯彻党的十七大精神，党建和思想政治工作在“融入中心有思路、服务大局有作为、党建工作有特色”中全面加强；第一批深入学习实践科学发展观活动有序开展，以科学发展观指导实践、推动工作的自觉性和主动性明显提高，全局物质文明、精神文明和政治文明建设协调发展，为推进和谐成铁建设，实现科学发展提供了坚强保证。

一、科学发展意识在理论武装、指导实践中显著增强。组织干部职工深入学习邓小平理论、“三个代表”重要思想、党的十七大和十七届三中全会精神，深入开展学习实践科学发展观活动。设立12个辅导点，开展片区联组学习8次，近1 000名党员干部参学。以“八个一”活动为载体，分层分类开展学习培训，分4个专题、组织7 359名党员学习。党员领导干部坚持资料随身带、外出随处学、实践随时想、体会随心记，局党委领导班子结合局情深入开展专题调研，广泛征求职工群众意见，全面查找思想和工作中存在的突出问题，理清发展思路，形成《成都铁路局2008年—2012年发展规划》，在路局十　次党代会上明确提出“建设和谐成铁，实现科学发展”的奋斗目标，为实现路局又好又快发展指明方向。

二、企业凝聚力、战斗力在抵御冰雪、抗震救灾中锤炼升华。面对百年不遇的冰雪灾害和“5·12”汶川特大地震的严峻考验，干部职工迎难而上，奋力拼搏，不怕疲劳，连续作战，为确保大动脉的畅通，实现救灾物资的及时运送，谱写了一部战天斗地的宏伟诗篇。领导干部，普通党员，职工群众，以高度的政治责任感，实践了“万众一心、众志成城、不畏艰险、百折不挠，以人为本、尊重科学”的伟大抗震救灾精神。

三、领导班子和干部队伍建设在提高能力、锤炼作风中改进创新。及时修订“四好”班子创建活动实施意见，全局“四好”班子创建活动进一步深入推进。对全局48个运输站段的领导班子进行考核，对领导班子及成员工作进行定性定量分析。优化运输站段领导班子结构，全局运输站段领导班子成员中大学以上学历占84.94%，平均年龄42.9岁，其中全日制本科学历占44.14%。制定路局《中层管理人员选拔任用管理暂行办法》和《中层以下管理和专业技术人员实施岗位管理的暂行办法》，拟定《关键岗位人员定期交流轮岗的指导意见》，干部管理迈上新台阶。全面实施培训提素工程，全年培训各级各类干部10 110人。颁布实施干部“五条禁令”和局机关干部“八项要求”，在全局持续开展干部“写实”和量化考核，每月在《西南铁道报》公布主管局长、业务处长、站段党政正职量化考核结果。实行机关干部“首问负责制”、“出差报告”制度，两次将路局领导班子成员的“出差报告”以通报形式印发至全局，营造“由我来办、马上就办、办就办好”的良好风尚。

四、基层党组织建设在融入中心、服务大局中全面加强。9月、12月，局党委分别召开党建工作研讨会和思想政治建设研讨会，出台全局党建工作的新思路以及加强和改进思想政治工作的有关决定；在全局非运输站段单位中推行实施党政领导“双向进入、交叉任职”。制定下发党支部“安全屏障”四项配套制度，分4期对395名党支部书记进行培训；抗震救灾期间组建310个党员服务小分队，组织全局党员共计捐献“特殊党费”539万元；深化“建绿色通道，为党旗添彩”活动，开展春、秋两季义务植树活动，共计补植乔灌苗木6万株；侧重在生产一线青年技术骨干中发展党员，扩大党员在安全关键岗位的覆盖面，目前全局已实现每个班组有党员。加强党内安全分析制度的落实，实现党内安全定期分析。大力开展保安全主题实践活动，全年各级党组织共发现和解决问题12 100余个，党员防止事故490余起。

五、思想政治工作在确保安全、促进发展中展示作为。围绕春暑运、防洪、施工等安全重点，抓住抵御冰雪、抗震救灾、北京奥运会等关键时期，依托安全大检查大反思活动，切实发挥报刊、电视、网络、宣传栏等宣传阵地优势，集中力量开展深入持久的安全形势任务教育，筑牢安全生产的思想防线。在生产力布局调整、托管达成公司、修程修制改革、劳动组织整合的敏感时期，通过编发《宣传提纲》、刊发《宣传面对面》等形式，用和谐铁路建设和路局改革发展的美好前景鼓舞士气。做好关键岗位、关键人员的思想政治工作，注重人文关怀，改进工作方式方法，理顺情绪、化解矛盾，营造团结和谐的良好氛围。

六、党风廉政建设在标本兼治、惩防并举中不断深化。根据部党组落实中央惩防体系建设五年工作规划的《实施办法》，制定《具体措施》和推进计划，进一步调整充实内容，明确责任部门。推行“6+6个1”廉政教育模式，领导干部廉洁自律意识不断加强，群众满意度上升2%。设立领导干部“十不准”、“十个明白”的经营管理“红线”，预防和惩治腐败体系进一步健全。加强与审计、财务、物资等业务部门的协调沟通，在全局建立纪检监察组织办案协作区，相继查处白皎采石供应中心“小金库”案等22起大要案件，通过办案挽回经济损失219.29万元。开展清理纠正领导干部利用职务影响为亲属谋利、抗震救灾款物管理、道砟质量、资金安全管理等执法监察和专项检查，全局开展执法（效能）监察69项，挽回和避免经济损失611.3万元。加大路风建设力度，旅客投诉同比下降23.7%。

七、各级组织的优势和作用在维护稳定、构建和谐中充分展现。各级工会组织围绕中心、服务大局，突出维护职能，深化厂务公开，强化民主管理和民主监督，深入开展群众保安全劳动竞赛和技术创新活动。全面落实“三不让”承诺，筹集专项资金7 166.27万元，发放各类困难救助5 773.45万元，对6 703个困难职工家庭、2 494名困难职工子女、6 957名患重病职工进行帮扶和救助。在冰雪和地震灾害面前，各级工会组织全力做好受灾职工家属应急生活保障和救灾慰问工作，对生活困难的职工及时进行救助，消除职工后顾之忧。各级团组织紧扣阶段性重点任务，广泛开展青春立功、青年志愿者、青年文明号创建等活动，发挥生力军突击队作用。认真贯彻落实《信访条例》，成立片区信访维稳督导组，实行挂牌接访和现场督导，重信重访专项治理工作取得阶段性成果，保持队伍的总体稳定。严厉打击危害铁路运输的刑事犯罪活动，全局公安机关组织开展“蓝盾”、“铁鹰”等系列专项行动，狠狠打击违法犯罪的嚣张气焰，净化站、车、线治安环境。加强机要保密工作，圆满完成专特运输、军交运输任务。各办事处、机关党委、局党校、离退处（关工委）和人武部等部门，都围绕中心做了大量卓有成效的工作。

【局党委十届九次全委会】 既2007年2月2日局党委十届八次全委会后，九次全委会于1月16日在成都召开。会议听取并审议姚保国代表局党委常委会所作题为《贯彻党的十七大精神，加强和改进政治工作，为实现路局又好又快发展提供坚强保证》的工作报告，听取齐文超《提高标准，强力攻坚，为深入推进和谐铁路建设而不懈努力》的行政工作报告。会议一致通过两个报告。会议号召，全局各级组织、广大共产党员和干部职工，一定要牢固树立科学发展观，抓住机遇，乘势而上，开拓进取，奋发有为，为深入推进和谐铁路建设、实现路局又好又快发展做出新的更大贡献。

【局第十一次党员代表大会】 10月17日至18日在成都召开。四川省委常委、省委组织部部长柯尊平，四川省副省长、省国资委党委副书记李成云和铁道部政治部副主任、人事司司长（组织部部长）高晓兵到会并讲话。姚保国作《以改革创新精神全面推进党的建设，为建设和谐成铁实现科学发展而奋斗》的党委工作报告，何元作《坚持惩防并举，更加注重预防，为建设和谐成铁实现科学发展提供坚强的纪律保证》的纪委工作报告。大会通过两委工作报告的决议，选举产生中共成都铁路局第十一届委员会委员、中共成都铁路局纪律检查委员会委员。

【局党委十一届一次全委会】 10月18日在成都召开。会议选举姚保国为局党委书记，安路生、何元、张克敬为局党委副书记。

（崔　静）

党务综合管理

【综　述】 2008年，局党委办公室深入学习实践科学发展观，树立科学发展理念，探索创新工作方法，履行新形势下“服务、协调、参谋助手及参与决策指挥”的职能。认真做好信息服务工作，配合领导深入基层检查指导工作和开展调查研究活动，探索加强和改进党建工作、加强全局思想政治建设的新思路、新方法。健全机要保密制度，强化人员教育培训，机要保密工作进一步加强；强化政法综治工作，落实具体职责；加强内部管理，提高工作质量，综合服务水平进一步提高。坚持以办文、办会、办事为载体，系统规范工作制度，强化传递信息、内外交往、事务政务服务等职能，圆满完成各类大型会议的文字材料和会务工作。

【文秘工作】 坚持突出智能服务，按照局党委工作部署和领导要求，强化基础工作和工作规范，提高工作的计划性、预见性、超前性，进一步提高工作质量。完成局领导的文秘服务和事务服务。全年共办理局党委（办）文电124份，起草、修改、整理各类会议材料、情况汇报、经验总结、署名文章等文稿180余篇。

【信息调研工作】 围绕局党委、路局中心工作和重点任务，专人负责、全员参与，传达上情、反映下情，把握局情、了解舆情，交流经验、启发思路，服务决策、指导基层，充分发挥信息调研以文辅政的服务作用，推进全局各项工作的落实。全年局办公室（党委办公室）共编发《成铁信息》473期，其中党群信息796条；编辑《成铁调研》14期，采用文章14篇；《成铁政工》12期，采用文字稿件172篇。被部政治部《铁路政工》、《铁路调研》、《文章发表》和《政工动态》等载体采用文章、信息共46篇（条）。坚持每月开展信息工作评比、通报及好信息评选，有效调动各单位的信息工作积极性。年底，对成都机务段等6个优秀信息工作单位、广元车站等18个先进信息工作单位进行通报表彰。

【保密工作】 2008年，保密工作在路局党委的领导下，强化组织领导，突出重点，落实责任，健全制度，增强意识，杜绝了失泄密事件的发生。一、做好重要时期的保密工作。在北京奥运会、抗震救灾等重要时期，加强对保密要害部门部位的监督管理，落实保密责任，制定重要工作保密方案，确保万无一失。二、强化督促检查。6月，对全局开展“五五”保密普法中期教育工作情况进行督导检查。10月，对局机关30余个部门的计算机网络安全保密工作进行全面自查和抽查。11月，联合公安局、信息所组织开展涉密载体统一清理工作，清查率100%。三、以《保密法》颁布20周年为契机，开展系列宣传活动。9月至10月组织全局干部职工在办公网上收看《全国保密宣传画》，点击人数达5万余人次。

（崔　静）

党建工作

【综　述】 2008年，全局政治工作以党的十七大精神为指导，深入贯彻落实科学发展观，坚持“融入中心有思路、服务大局有作为、党建工作有特色”，围绕推进和谐铁路建设，以加强领导班子思想政治建设为重点，健全党委工作制度，深入开展“四好”领导班子创建活动，抓好民主集中制教育，增强各级党员领导干部的政治意识、大局意识、责任意识和忧患意识；以强化基础、提高能力为目标，加强党组织建设，及时召开党代会，编写党委和党支部工作手册，召开全局党建工作理论研讨会，举办培训班，提升各级党组织负责人抓党建工作的能力；深化创建党支部“安全屏障”工程，建立党内“安全屏障”四项配套制度，形成党内安全分析、党内安全通报、事故党内安全分析报告、党内检查考核的安全闭环管理，提升党内保安全的能力；以学习实践活动为契机，强化理论武装，推动思想解放，解决影响和制约和谐成铁建设的突出问题以及职工群众反映强烈的党员干部党性党风党纪方面的问题，把全局党员干部的思想和行动统一到和谐成铁建设的大局上来。各级党委的政治核心作用、党支部的战斗堡垒作用和党员先锋模范作用在抗击雨雪冰冻灾害、“5·12”汶川特大地震和“8·30”攀枝花强震等自然灾害中得到彰显，为全局各项工作的顺利推进提供组织保证。

【深入学习实践科学发展观活动】 按照铁道部党组的统一部署，全局第一批深入学习实践科学发展观活动从2008年9月正式启动，局机关、各铁路办事处等51个部门和单位，7 359名党员全部参加活动。按照"党员干部受教育，科学发展上水平，人民群众得实惠"的总要求，各单位（部门）充分准备，精心组织，成立学习实践活动领导小组，充实活动的领导机构和工作机构，健全"两手抓、两确保"的工作措施，制定活动推进方案。10月9日，局党委召开全局学习实践科学发展观活动动员大会后，各单位（部门）以"八个一"活动为载体，结合安全生产、运输组织等影响和制约路局科学发展的突出问题开展调研，撰写专题调研论文124篇，形成"五破五立"的思想共识和路局五年发展思路；局领导班子在多次征求各方面意见的基础上，形成高质量的分析检查报告；对查摆出的问题，逐条明确整改项目、具体措施、目标要求和落实责任，向全局进行公布，并废止、修订、新建各类管理制度、技术标准205个。在此基础上，扎实开展"回头看"活动，保证活动质量。第一批学习实践活动开展情况的满意率达98.52%。中央学习实践活动第十八指导组组长梁金泉在路局检查调研时给予"行动迅速，步骤扎实，成效初显，局面可喜"的评价。

【抗灾救灾】 2008年初，贵州地区遭受50年不遇的特大雨雪冰冻灾害，电网垮塌，铁路供电中断，电煤等重点物资运输受到严重影响，局党委立即发出《关于充分发挥党组织和党员作用全力抗御雨雪灾害、确保春运安全畅通的通知》。全局各级党组织和广大党员带领职工群众奋起抗灾救灾，夜以继日，顶风冒雪抢修设备、疏运滞留旅客、抢运电煤和抢险救灾物资、做好抢险救灾干部职工及家属的后勤保障工作，保持沪昆线的运输畅通，受到铁道部部长刘志军和贵州省委书记石宗源等领导的充分肯定。

"5·12"汶川特大地震发生后，局党委火速下达119号调度命令，紧急扣停在途运行列车，连续下发确保安全运输、启动抗震抗灾应急预案等3个紧急电报，对全局抗震救灾工作作出21项部署。广大党员不顾个人生死，全力以赴疏散旅客、排查设备险情和隐患，确保所有旅客生命和国家财产安全；全局紧急成立267个抢险党员突击队，率领职工群众迅速打通抗震抢险生命线。四川省省长、省"5·12"抗震救灾指挥部副指挥长蒋巨峰说，成汶、德天这两条铁路支线的抢通，为拯救灾区人民的生命赢得了宝贵时间；各级党组织和广大党员围绕快速抢运抗震救灾物资、抢险救灾人员和伤病员，带领职工群众赶时间、抢进度，在最短的时间内完成5 015名灾区伤员、12.77万人部队官兵和80.8万辆运输救灾物资的运输任务；全局成立313个党员服务队，协助受灾群众搭建临时帐篷4 419顶、活动板房108套，开展抗震救灾常识宣传和受灾职工心理抚慰，协助绵阳地区职工家属紧急转移到安全地点，帮助抢险救灾和受灾职工家庭解决急难问题，全局抗震救灾有力、有序、有效，多次受到中央和省市领导的高度评价。

【先进典型】 在抗震救灾中，全局各级党组织和广大党员中涌现出一大批先进集体和优秀个人。"创先争优"暨抗震救灾表彰会上，路局对17个先进基层党组织、40个先进党支部、300名优秀共产党员、41名优秀党务工作者、35个抗震救灾先进党组织、126名抗震救灾优秀共产党员进行表彰。同时，向中央、铁道部、四川省委省政府、重庆市委市政府和四川省国资委推荐39个先进集体和75名先进个人并受到表彰。

【"安全屏障"工程】 以山区铁路安全思想保障体系为主线，以党支部"安全屏障"工程为重点，以"创岗建区"为依托，在全局建立起全覆盖、立体化、高可靠的党内安全保障体系。继续深化创建党支部"安全屏障"工程活动，制定实施《党内安全定期分析制度》、《党内安全定期通报制度》、《党内安全检查考核制度》、《安全事故党内分析报告制度》等四个配套制度，明确规定运输生产一线党支部和运输站段党委每月分析党内安全生产、每季度进行党内安全检查考核和通报，局党委每季度对党内安全进行分析，发生责任事故的党组织进行专题党内安全分析并报局党委，形成全局党内安全闭环管理。在全局各级党组织中深入开展"安全大检查、大反思"活动，围绕春运、暑运、防洪和奥运安保等重点工作，广泛开展各类保安全主题实践活动，开展党员"三技"提素活动，组建党员技术攻关小组开展技术攻关，开展将党员培养成技术骨干，将技术骨干培养成党员的“双向培养”活动，通过深化党内“安全屏障”工程，发挥党支部和运输生产一线党员在安全生产中的重要作用。

【深化“建绿色通道，为党旗添彩”活动】 按照铁道部党组提出的“奋战三年，大见成效”的工作目标，继续深化“建绿色通道，为党旗添彩”活动。春季，在全局开展建设党员、共青团和劳动模范责任示范林活动。3月12日，由局党委领导带队，组织成都地区19个单位、480余名党员，分片划点，在成都北编组站三、四场之间废弃荒地上建设全局党员责任示范林。按照“谁种植、谁负责，谁补植、谁管护”的原则，在全局开展秋季绿化补植工作，补植乔灌苗木6万株。

【党支部书记能力建设】 以提高党支部书记党务工作、安全生产管理“两个能力”为重点，在全局生产车间全面实施“双向进入，交叉任职”模式，加大党支部参与车间重大事项议事决策力度。采取送教上门的方式，以辅导讲座、收看录像、经验介绍、分组讨论、学习测试的形式，在重庆地区连续举办4期专（兼）职党支部书记培训班，培训基层党支部书记395名。拟定新任车间党支部书记培训方案，安排教学课程，对59名新任职车间党支部书记进行集中培训。同时，基层党委采取以会代训、举办研讨班、选派优秀年轻干部担当党支部书记、强化对党支部书记的考核等多种手段，提高党支部书记的工作能力和水平。

【帮扶慰问工作】 全年各级党组织帮扶金额306.8万元。年初，局党委下拨94.6万元对全局1 600名困难党员和292名建国前入党的老党员进行慰问。“5·12”汶川特大地震发生后，局党委紧急下拨100万元党费，对因灾死亡和重伤的职工家属及抗震救灾一线的干部职工进行先期慰问，现场慰问全国先进基层党组织绵阳工务段江油线路车间党支部4 000元。“8·30”攀枝花强震发生后，又下拨4.5万元及时进行慰问。同时，在全局党员干部献爱心，已交纳“爱心捐款”的基础上，全局42 096名党员在抗震救灾期间缴纳“特殊党费”5 471 305元，其中1 044人缴纳1 000元以上。

【党员发展】 认真贯彻“坚持标准，保证质量，改善结构，慎重发展”的方针，注重在生产一线、高知识群体、各类人才、优秀青年和女职工中发展党员，不断改善党员队伍结构和分布。全年发展党员908名，其中35岁以下603名，占发展党员总数的66%；大专以上文化程度共603名，占发展党员总数的66%，女职工246名，占发展党员总数的27%。全局累计递交入党申请书人数8 553人，被列为发展对象的1 041人，其中本年递交入党申请书人数756人。在“5·12”抗震救灾特大考验中，全局共有338名群众递交入党申请书，32名积极分子“火线”入党。

（吴应文　刘　江）

宣　传

【综　述】 2008年，全局宣传工作，以党的十七大精神为指导，深入学习实践科学发展观，按照局党委“融入中心有思路，服务大局有作为，党建工作有特色”的总体要求，弘扬抗震救灾精神，把握正确舆论导向，突出人文关怀和心理疏导，对内统一思想、凝聚力量，对外引导舆论、树立形象，为建设和谐成铁，实现科学发展提供强大精神动力、舆论支持和思想保证。全年共编发形势任务教育系列宣传提纲13期；刊发《宣传面对面》9期；撰写评论员文章7篇；形成调研报告8篇；完成职工思想动态分析报告4篇；在各大新闻媒体用稿13 000余篇（条），其中中央级689篇，《人民铁道》报1 305篇。

一、宣传思想工作的工作思路更加清晰。从全局和战略的高度科学谋划和统筹宣传思想工作。以宣传贯彻党的十七大精神为主线，深入学习实践科学发展观，紧跟路局改革发展实践，紧扣安全稳定中心工作，紧贴干部职工思想实际，加强干部思想理论、企业安全文化、职工队伍素质、和谐舆论环境建设和宣传思想工作自身建设，更加注重人文关怀和心理疏导，切实做好有针对性的思想政治工作，充分发挥宣传思想工作对内统一思想凝聚力量，对外引导舆论树立形象的重要作用。

二、宣传思想工作的企业

定位更加明确。适应和谐铁路建设的新形势和新体制新布局下宣传思想工作组织结构变化，按照局党委“融入中心有思路、服务大局有作为、党建工作有特色”的总体要求，从服务保证全局工作的高度谋划，在融入运输安全和生产经营中展开，以推动改革发展、确保队伍稳定为标准，使宣传思想工作保安全、保稳定、促改革、促经营的制度措施和活动载体不断优化。

三、宣传思想工作的资源整合更加有力。宣传思想工作融入全局中心工作、融入企业管理过程，党政工团各级组织和宣传舆论各条战线目标同向、责任共担，管理优势、政治优势、组织优势、宣传优势和骨干优势充分发挥，路内路外、报刊台网各种宣传舆论资源功能互补、效能提升，宣传思想工作的整体合力明显增强，“大宣传”格局基本形成。

四、宣传思想工作的作用发挥更加突出。面对突如其来的冰雪凝冻和特大地震灾害，面对金融危机对铁路运输市场的影响，面对春运客流高峰持续集中、路外安全难度加大等诸多困难，面对确保旅客安全和重点物资运输的繁重任务，全局宣传思想工作始终坚持融入中心，服务大局，充分发挥宣传思想工作的重要作用，筑牢安全生产的思想基础，营造推进改革的良好氛围，凝聚抗灾救灾的强大力量，提升领导发展的能力素质，宣传思想工作在全局中心工作中的作用更加突出。

党委宣传部（局宣传处）设宣传科、新闻科，现员11人。同时承担原统战办、政研会、文明办等职能。

【抗灾救灾宣传】 面对突如其来的冰雪凝冻和特大地震灾害，全局宣传思想工作在局党委、路局领导下，对内紧贴职工思想实际强化引导，上下联动打造宣传强势，凝聚和调动全局干部职工众志成城抗灾救灾的强大力量；对外把握舆论关注热点强化宣传，路地合作营造良好舆论，宣传和展示铁路坚持国家利益至上，人民生命第一的企业形象。特别在抗震救灾中，全局宣传舆论系统深入重灾现场，全面了解掌握干部职工思想，及时撰写并在《西南铁道报》刊发抗震救灾宣传提纲，通过网络、电视、报刊、宣传橱窗、悬挂标语等各种有效载体和形式，向干部职工宣传党中央、国务院和部党组对抗震救灾的指示精神，宣传全局抗震救灾工作的进展情况和取得的胜利，坚定干部职工打赢抗震救灾攻坚战的信心和决心。邀请和组织《人民日报》、《中央电视台》、《中央人民广播电台》等中央新闻媒体和省市主流媒体，突出宣传报道各级领导坐镇指挥行车组织工作，广大干部职工不畏艰险坚守岗位，主要行车工种24小时昼夜值班，全力确保运输安全生产；突出宣传报道干部职工积极向拦停列车旅客做好安抚工作；突出宣传报道全局上下及时抢修受损设备设施，全力恢复运输生产秩序；突出宣传报道对抗震救灾重点物资实行优先装车、优先挂运，全力满足运输需要；突出宣传报道铁路坚持以人为本，全力开行运送地震灾区伤员专列等铁路抗震救灾工作重点，形成强大的对外宣传声势，塑造铁路企业的良好社会形象。强化典型引路，组成5个宣传报道组，深入抗震救灾一线，深入挖掘干部职工在抗震救灾工作中的先进典型事迹，全方位、大规模地集中报道全局各系统、各部门、各单位抗震救灾的感人事迹，凝聚抗震救灾的强大力量。及时总结经验提炼精神，撰写路局抗震救灾的实践与思考，刊发评论员文章，编印宣传画册和文集，各相关单位通过举办报告会、演讲赛、制作专题片、形象片和原创MTV等形式，大力宣传弘扬抗震救灾精神，激励全局干部职工全力抗震救灾和开展灾后恢复重建。

【学习实践科学发展观】 按照部党组着力提升领导干部思想理论素质的总体部署和要求，结合深入学习实践科学发展观活动，突出“三坚持、三着眼、三着力”，促进和加强领导干部思想理论建设。坚持以学习贯彻党的十七大精神和深入学习实践科学发展观为主线，着眼实现路局又好又快发展，着力在解放思想、更新观念上下功夫；坚持以创建学习型领导班子为载体，着眼山区铁路现代化发展实际，着力在改革创新、增强实效上下功夫；坚持以提高领导能力和管理水平为目标，着眼强化领导干部理论思维和战略思维，着力在理论指导实践、破解制约和影响路局科学发展重大突出问题上下功夫，推动和谐成铁建设，实现山区铁路科学发展。全年以中心组学习为主要形式，设立12个辅导点，组织中层领导干部学习贯彻党的十七大精神集中轮训片区联组学习8次，近1 000人参学。召开“全面贯彻落实科学发展观，以确保山区铁路运输安全为核心，推动全局实现又好又快发展，全面深入推进和谐成铁建设”的主题研讨会，推动全局思想的新解放。深化领导干部学习调研，推动学习成果转化，编辑《建设和谐成铁，实现科学发展——成都铁路局深入学习实践科学发展观活动学习调研成果专辑》。路局干部思想理论及领导班子思想政治建设的做法和经验，先后两次在《铁路宣传》刊发交流。

【安全生产宣传】　全局宣传思想工作把加强安全宣传教育，筑牢干部职工“安全第一”思想贯穿全年工作始终。围绕春暑运、防洪、施工等安全重点，抓住抗击冰雪凝冻、抗震救灾、北京奥运会等关键时期，依托安全大检查大反思、路外安全百日整治、三年设备整治等活动，发挥报刊、电视、网络、宣传栏等宣传阵地优势，集中力量开展深入持久的安全形势任务宣传教育和典型事故案例教育，形成强大的安全宣传教育声势和安全生产舆论氛围，增强干部职工保安全的责任感，筑牢安全生产的思想防线。

【改革形势任务宣传】　围绕生产力布局调整、托管达成公司、修程修制改革、劳动组织整合，全局宣传思想工作坚持统一思想、稳定队伍、推动改革为己任，结合改革开放30年宣传和路局第十一次党代会宣传，在《西南铁道报》开辟《宣传面对面》栏目，以全新的视角，围绕国家和铁路改革发展的方针政策，以学习宣传全国“两会”和全路、全局工作会议精神为主线，重点突出党的十六大以来铁路和路局取得的重要成就，强化改革形势任务宣传教育，把干部职工的思想和行动统一到铁路改革发展的大局上来，凝聚推动改革发展的强大精神力量。全年共刊发《宣传面对面》9期。

【思想政治建设】　按照局党委的安排部署，围绕如何有效解决部分单位思想政治建设在整体工作中的“短板”问题，全局站段党委、局机关部门扎实开展思想政治建设专题调研，共征集到调研成果和思想政治工作案例74篇。其中由局党委宣传部牵头组织的3个联合调研组，分赴成都、重庆、贵阳3个片区，通过召开不同层次的座谈会、深入车间班组解剖问题、查看资料、跟班访谈等开展调研，围绕思想政治建设“短板现象”、班组思想政治工作、正面舆论引导等课题，形成专题调研报告3篇。并制订了《关于进一步加强和改进思想政治工作的意见》，制订完善《班组思想政治工作实施办法》、《领导干部形势报告（暂行）》办法、《职工思想动态制度》等制度办法，筹备召开全局思想政治建设研讨会，编发思想政治建设成果专刊，推动全局思想政治建设。

【对外新闻宣传】　全局对外宣传工作抓住中央级和四川、贵州、重庆两省一市主要新闻媒体，掌握对外宣传的主动权，为全局抗灾救灾、运输安全和改革发展稳定营造良好舆论环境，塑造良好的企业形象。全局在各大新闻媒体用稿13 000余篇（条），其中中央级676篇，同比增长2.0%；《人民铁道》报用稿1 298篇，同比增长0.5%；省市新闻单位用稿9 972篇，同比增长0.9%；新华网、人民网等各大网站用稿1 334篇，同比增长1.1%，取得历史最好成绩。同时，发挥网络舆情联合办公的优势，重点时期实行24小时不间断监控，积极与主要网站沟通联系，加强网络正面宣传与引导；组织对有关路局网络舆情总体态势的分析研究，撰写专题性、阶段性舆情报告，新闻舆论调控工作得到加强。全年成功防止50余起可能出现的较大负面报道。

【“扫黄打非”工作】　坚持“全面清理，专项整治，规范秩序，重在繁荣”的指导思想，贯彻落实路局关于站车文化市场管理的工作部署，坚持守土有责，落实源头治理，加强日常管理，制定下发《成都铁路局站车文化（传媒）市场经营管理暂行办法》，组织“扫黄打非”集中行动，加强站车出版物销售的检查监督，严格把住铁路运输承运和提领关口，坚决打击非法和侵权盗版出版物，促进站车文化市场的健康发展。2008年全局各单位召开扫黄打非各类动员宣传会议195次，参加人数12 260人次，印发宣传资料14 510份，组织宣传专栏、简报、黑板报共482期，张贴宣传标语3 310条。

【文明建设和侨务统战】　以山区铁路安全标准线建设为载

体，把创建文明活动融入安全生产、经营管理等中心工作，贯穿于安全生产和运输经营全过程。创建一批中央、省部级文明单位。重庆车站、贵阳车站被中央文明委命名为“全国文明单位”；成都车辆段、广元车站被命名为“全国精神文明建设工作先进单位”；成都车辆段、广元车站、重庆客运段、贵阳机务段被铁道部文明委命名为“全国铁路文明单位”，贵阳供电段被命名为“全国铁路精神文明建设工作先进单位”。2008 年，全局保持和建成国家级文明单位 10 个，省部级文明单位（窗口）36 个，局级最佳文明单位 16 个、局级文明单位 109 个。路局被四川省委统战部命名为“四川省国有企业统战工作先进单位”称号。

（佘克勤）

纪检·监察

【综　述】　2008 年全局各级组织和执纪执法机关深入学习实践科学发展观，以惩防体系建设为主线，围绕和谐铁路建设，积极应对严峻形势考验，着力解决突出问题，切实加强源头治理，大力推进党风廉政建设和反腐败工作，为夺取抗灾救灾的重大胜利，促进全局改革发展稳定提供坚强的纪律保证。

【重点整治】　开展“四项清理”，对照“七项要求”进行自查自纠，清理“小金库”和“公车私开”问题，共查处“小金库”案 9 件 12 人、涉车案 3 件 12 人，对 243 名副科级以上党员干部进行了责任追究，规范从业行为。

【惩防体系建设】　各级组织坚持加强惩防体系建设，以落实责任制为龙头，以推进源头治理为重点，认真贯彻落实部党组《具体意见》和《实施办法》。一、整体谋划。立足路局发展形势，着眼有效预防，深入调研，全面谋划，制定路局惩防体系建设五年规划，做到与路局 2008 年至 2012 年发展规划同步。制定体系建设《推进计划》，逐项分解细化，责任到部门，定期追踪结果，推进体系建设。二、制度创新。把制度建设作为惩防体系的根本，对三年来有关反腐倡廉的制度进行清理，建立业务审批制度动态评估机制，推进反腐倡廉制度创新。完善责任制办法，健全领导小组，组织开展责任制检查考核。全年党风廉政建设任务的 48 项分工，惩防体系建设的 24 项制度，共完成 69 项，兑现率达 95.8%。路局共制定和完善反腐倡廉方面的制度 57 个。

【源头治理】　各级组织围绕管理相对复杂、权力相对集中、职工最为关注、岗位最为敏感的领域进行治理。规范车皮审批和车票管理，车皮自动化审批达 93.8%，网上售票达 92.4%。加强工程管理专项治理，局属指挥部均配备专职纪委书记，推进工程建设领域预防职务犯罪工作，13 个重点建设项目签订《廉政责任书》。规范物资采购管理，全局招标集采 7.2 亿元，实现综合效益 5 620万元，竞价销售报废物资 1 879万元。

【案件查处】　2008 年全局纪检监察组织共立案 62 件 78 人，突破大要案 22 件，其中局纪委自办 16 件，移送司法机关 5 件。严肃查处白皎采石供应中心涉案金额高达 144 万的“小金库”案，局调度所两名调度员受贿案等 6 起在全局具有影响的案件。通过办案挽回直接经济损失 219.4 万元，通过调查核实为 106 名党员干部澄清了问题。

【执法监察、效能监察】　一、加强救灾款物监督检查。先后下发 5 个文电，严明各项纪律，确保政令畅通。切实加强救灾款物的监督检查，对救灾款物接收、发放、回收进行全方位部署、全过程监督、全面性检查。路局在救灾款物上没有违规违纪问题反映，顺利通过铁道部审计。二、开展道砟质量专项检查。从源头质量、供销渠道、上道卡控三个环节入手，对全局 12 个工务单位、局管 3 个采石中心及地方 3 个采石场进行逐一检查、逐一分析，建立健全道砟质量控制体系，完善道砟市场退出机制。三、巩固车皮配置执法监察。对 2007 年车皮配置执法监察整改落实情况进行“回头看”，对全局货位管理组织专项检查，检查重点车站 25 个。共开展执法（效能）监察和专项检查 69 项，其中站段立项 62 项；提出监察建议 122 件，协助有关部门整章建制 87 项；查出违规违纪资金 147.2 万元。

【党风廉政建设责任制落实】 局党委、路局联合下发《关于2008年全局党风廉政建设和反腐败工作的意见》，提出认真贯彻党的十七大和十七届中央纪委二次全会精神，深入贯彻落实科学发展观，把反腐倡廉建设放在更加突出的位置，以推进路局惩防体系建设为主线，着力解决突出问题，继续加大查办案件、源头治理和监督检查的工作力度，为路局改革发展稳定提供坚强的纪律保证的总体要求。按照局党委、铁路局《关于对党风廉政建设责任制落实情况进行全面检查考核的通知》要求，路局先后抽调32人组成6个检查组，分别由3名局领导和局纪委有关负责人带队，对60个局属单位领导班子2007年至2008年度落实党风廉政建设责任制的情况进行全面检查考核。按照全面检查考核和日常检查考核相结合的原则，对局属单位落实党风廉政建设责任制工作进行综合检查和考核评分，检查结果向全局进行通报。

【纪检干部培训】 10月7日至10日，局纪委举办全局纪检监察干部业务培训班。全局近80名站段纪委书记、纪检干部，多元集团部分一、二级公司纪委书记参加培训。结合路局纪检工作和纪检队伍实际，从课程设置、课程讲授，突出针对性、实效性、操作性，结合路局近年来发生的案例，就案件检查的基本程序和方法、案件审理的基本程序和方法、纪检办案查账技巧和方法、站段如何参与物资采购、工程项目监督等内容，进行纪检工作业务培训和业务知识测试，并组织纪委书记开展专题研讨。

【党风廉政建设状况民意调查】 2008年9月局纪委、监察处在全局开展党风廉政建设状况民意调查活动。以“主要了解全局性的问题、不涉及具体单位和个人”的主导思想，调查问卷的内容较上年有所增加；在调查方法上，随同问卷下发专用回收信封，由被调查者单独填写密封后，自主选择交给所在单位或直接车递到局纪委、监察处，打消被调查者的思想顾虑，保证调查结果真实、客观。《党风廉政建设民意调查问卷》发至全局各基层单位，单位覆盖面100%。共发放民意调查问卷2 805份，回收2 744份，回收率97.83%。76.97%的被调查者对党风廉政建设和反腐败工作是重视和比较重视的；67.63%的被调查者对党风廉政建设和反腐败工作取得的成绩感到满意和比较满意。

【局属单位纪委书记述职】 2008年4月，局纪委下发《局属单位纪委书记述职办法（暂行）》。12月局属单位纪委书记按照路局要求，撰写上报述职报告。大多数纪委书记能够根据岗位职责紧扣述职内容七个方面，结合自身工作实际，进行述职。从加强学习提升能力、强化责任认真履职、狠抓重点创新工作、查找不足加强工作等方面，详细记载自己工作的主要痕迹。多数纪委书记对所做的重点工作和取得的成效进行了辨证思考和双向剖析。局纪委通过网页选登10份质量较高的述职报告。

【全局纪委书记会议】 9月18日至19日，全局纪委书记会议在成都召开。会议传达贯彻全路纪委书记座谈会精神，研究部署路局惩防体系建设等工作，动员全局纪检监察组织和纪检监察干部进一步转变思想观念，调整工作思路，改进工作方法，真抓实干、深入扎实地做好纪检监察工作，全面完成反腐倡廉各项任务。局党委书记姚保国、局长安路生到会作讲话，结合路局面临形势，对加强惩防体系建设和纪检监察工作提出明确要求。局党委副书记、纪委书记何元就抓好全局惩防体系建设进行分析，提出要求。局纪委领导，纪委各室负责人，各办事处纪工委书记，局属各单位纪委书记及多元所属公司纪委书记，检察分院、中级法院及各基层公、检、法单位纪委书记（纪检组长）120余人参加会议。

（谢　嘉）

干部教育培训

【综　述】 2008年，成都铁路局党（干）校围绕“服务和谐成铁建设，争创全路一流党（干）校”目标，认真贯彻落实科学发展观，狠抓教学科研工作，提高管理服务水平，发挥党（干）校“阵地”、“熔炉”和“主渠道”作用。全校全年共举办各类班次32期，培训2 309人次。其中主体培训班4期，培训230人，继续教育班24期，培训2 079人次（含短期适应性培训）。

局党（干）校设校机关党

委、办公室、财务部、教学部、科研部、培训部、函授部、电教网络部、图书馆、后勤部等10个部门，现员73人。

【学习实践科学发展观活动】 一、狠抓培训，提高认识。全局第一批深入学习实践科学发展观活动启动后，建立健全组织领导机构、制定学习计划、领导带头宣讲辅导、发挥党员表率作用。二、开展调研，查找问题。学校围绕局党委提出的5个方面的主要问题，确定党校教学科研管理、干部培训质量、队伍素质建设、后勤服务保障4个重点调研课题，对照新颁布的《中国共产党党校工作条例》精神，对照建设和谐成铁对干部培训工作提出的新任务、新要求，深入调研思考，形成《服务和谐成铁建设，争创全路一流党（干）校》的全校学习实践科学发展观调研报告。三、座谈讨论，解放思想。校机关党委组织开展全校性思想解放大讨论活动。围绕“服务和谐成铁建设，争创全路一流党（干）校”这一主题，查问题，找原因，议对策，形成发展共识，理清发展思路，促进思想解放、观念转变，增强推进发展动力。四、统筹结合，推动工作。把深入学习实践科学发展观活动与加强教学科研管理、提高办学质量相结合，学习贯彻《中国共产党党校工作条例》和全国党校工作会议精神，路局第十一次党代会精神，找准服务局党委中心工作的切入点和着力点。构建和谐内部环境，保证学校教学科研、干部培训、队伍建设协调发展。

【教学科研】 在教学方法上总结完善和推广研究式教学方法，运用启发式教学、案例分析、双向交流和专题研讨等方法，提高学员参与程度。在教学手段上继续搞好多媒体教学，不断改进电子课件制作水平。同时注重对教师的培训，开展专兼职教师教学练兵和新课试讲等教研活动，提高教师队伍素质。此外，在联合办学、送教上门方面做尝试。全年对西昌车务段、涪陵车务段、多元中心、成都客运段、局疾病控制中心、广汉科峰公司等多家单位送教上门。在科研方面，按照“三服务、三进入”方针，把科研重点放在综合类、超前性的研究课题上，以为路局中心工作和领导决策服务为核心来选好题目、定准课题。成立两个校级课题组，完成《成都铁路局“零误差、零故障、零缺陷”管理问题研究》和《关于我局自控型班组建设状况的调研报告》两个调研课题。

【干部培训】 全年共计举办各类班次32期，培训2 309人次。其中主体培训班4期（政工干部继续教育培训班、物流专业继续教育培训班、全局青年干部理论培训班、全局专职党支部书记培训班）培训230人，继续教育班24期培训2 079人次（含短期适应性培训）。同时，与四川大学、西南财大和西南交大网络教育学院达成联合办学协议，经四川省教育厅批复，成为四川大学、西南交大网络教育学院的学习中心。招收川大、财大2008年春季网络教育班学员229人，实现由党校函授学历教育向国民教育的转型。

【校风校纪建设】 一、加强学习，提高认识。面对路局快速发展的新形势，加强教职工的学习培训工作，教育引导教职工树立机遇意识、有为才有位的意识、不干则已干就干好的意识、精品意识和发展意识。利用每周二的学习时间，由校机关党委督促各部门针对工作中的薄弱环节，制定有针对性的学习计划安排，经过每周不间断的业务学习，提高职工素质。二、以制度促管理，提高管理水平。在建立健全各项规章制度的基础上，结合实施过程中存在的问题及时进行修改和完善，使制度的内容更加符合党校管理工作的实际需要。把各项制度办法和要求落到实处，使教职工养成遵章守纪的自觉意识和良好习惯。三、狠抓安全工作。把安全作为工作的重点，建立健全安全管理长效机制，对锅炉安全运行保障、供水设备安全运行保障、内部治安保卫、内部消防安全检查等制度和特种设备安全故障应急处理、客房消防安全应急处理等应急预案作进一步完善，使安全工作日常化、规范化、制度化。

（彭　洪）

机关党委工作

【综　述】 2008年，局机关党委按照局党委“融入中心有思路，服务大局有作为，党建工作有特色”的要求，以党的十七大精神为指导，深入学习实践科学发展观，坚持融入中心、服务大局，努力加强和改进机关党的建设和思想政治工作，为建设和谐成铁，促进路局的改革、稳定和科学发展，发挥服务和保证作用。

局机关党委现员 5 人。

【理论学习】 按照局党委的安排和部署，上半年以认真学习贯彻党的“十七大”精神为主线，以机关处级干部为重点，按照《成铁局中层领导人员学习贯彻党的十七大精神轮训中心组学习计划》，4 月、5 月份集中组织机关处级干部学习党的十七大精神，并提出具体的学习要求，同时将此次学习情况纳入机关处级干部理论学习和部门创建“五好”文明处室活动的检查考核内容。下半年，着重抓好深入学习实践科学发展观活动。机关党委作为活动的组织协调组，负责学习实践活动的组织、指导、督促和检查。通过学习实践活动，引导党员干部牢牢把握科学发展观和构建社会主义和谐社会的重大意义、基本观点、科学内涵和精神实质，运用科学发展的先进理论来武装思想指导实践。

【思想建设】 一、围绕雨雪冰冻灾害，确保春运安全畅通。下发《关于充分发挥机关党组织和党员作用，全力抗御雨雪灾害，确保春运安全畅通的通知》，号召机关各级党组织在铁路春运面临的严峻形势面前，充分发挥党组织在关键时刻的战斗堡垒作用和共产党员的先锋模范作用。坚决完成非常困难时期路局交给的光荣任务。二、面对“5·12”汶川特大地震灾害，迅速组织局机关全体干部职工共计2 976人交纳抗震救灾捐款357 061. 10元；组织机关广大党员交纳抗震救灾特殊党费849 760元；与局团委共同组织机关全体干部职工向地震灾区群众捐物，并将收集到的被盖、衣物、干粮、牛奶等急需物品送到灾区群众手中；为宣传抗震减灾知识，订购《抗震减灾急救手册》下发机关每名党员。三、开展“保安全、迎奥运、促和谐”主题实践活动。组织机关广大干部职工观看奥运火炬传递展，激发干部职工民族自豪感。同时，做好思想稳定工作，及时掌握机关广大干部职工普遍关注的热点问题，为全局深化改革和谐发展创造良好环境。

【组织建设】 一、抓好党委和党支部建设。机关党委 4 月 28 日召开局机关第十次党员代表大会，进行换届改选，对 5 个党支部增补了支部委员；对 3 个党总支根据实际进行调整设置。二、加大对支部基础工作的检查和考核。5 月，对支部的“三会一课”基础工作进行检查，利用创建“五好”文明处室活动，把支部的基础工作纳入考评内容，切实加强支部基础工作。三、党员发展。全年共发展新党员 21 名，30 名预备党员转正。四、选树典型。建党 87 周年之际，评选表彰机关先进党支部 11 个，机关“优秀共产党员”80 名，推荐局级先进单位（集体）5 个，“优秀共产党员”30 名。

【作风建设】 制定《成都铁路局机关创建“五好”文明处室活动考核实施办法》。将《成都铁路局干部五条禁令》、《局机关干部八项要求》以及《局机关环境卫生和定置管理办法》等内容纳入“五好”文明处室创建活动考核内容，每月动态检查，每季度集中考核评比，促进机关干部作风的转变。

【党风廉政建设】 针对党员干部廉洁自律方面存在的突出问题，采取日常学习教育、警示教育、集中教育、网上教育与10月集中开展的“党风党纪教育月活动”相结合，提高党员干部拒腐防变意识和能力；对各级党组织贯彻落实上级有关党员干部廉洁自律规定和《成都铁路局领导干部廉洁从业行为规范实施办法（试行）》提出明确要求。“两节”前，提前发文件，打招呼；春运期间，配合局人事处检查机关干部包保工作情况，听取站段对机关干部廉洁自律情况和工作作风表现情况的反映和意见，要求机关包保干部严格遵守廉洁自律规定；要求机关各部门制定并落实本系统党风廉政建设责任制办法，把部门党风廉政建设责任制落实情况纳入每季度的检查考评内容，部门主要负责人要认真履行“一岗双责”，切实负起党风廉政建设“第一责任人”的职责，结合本部门工作特点，突出重点部位和薄弱环节，把经营管理与廉政建设结合起来，同部署同检查，一级抓一级，层层落实。

【机关工会工作】 围绕路局中心工作，充分发挥工会组织重要作用。在年初的抗击低温雨雪冰冻灾害和“5·12”汶川特大地震后的抗震救灾工作中，机关工会共救助地震受灾机关职工家庭15户，发放一次性受灾救助金30 000元。在开展深入学习实践科学发展观活动中，开展机关职工学习实践科学发展观活动的书法摄影展，结合部、局深刻反思“4·28”事故教训，与调度所及机关相关业务部门联合开展提高运输效能、保证安全生产的“安康杯”调度各岗位技术比武竞赛，调度所232名职工、14个岗位工种参加比赛，54名职工分别获得表彰奖励。以落实“三不让”承诺为重点，切实为职工做好事、办实事。全年共计救助重困职工12人次、发放救助金113 000元；救助重大疾病职工17人次、发放救助金107 139元；救助重困职工子女上学2人次、发放助学金1 400元。同时坚持两节送温暖慰问困难职工活动，春运、暑运期间慰问全体职工活动，以及职工生病、住院或家庭突发性困难的日常慰问工作，全年共计在两节期间对困难职工发放慰问金38 200元，日常职工生病住院等临时困难慰问132人次、发放补助金47 100元，慰问全体机关职工3次，发放慰问品585 786万元。首次为全体机关职工2 403人（包括非成都地区及二线职工）进行身体健康状况检查，得到职工普遍赞誉。

（邹午洋）

工会

【综　述】　2008年，全局各级工会组织以科学发展观为指导，融入中心，服务大局，通过强化维护、推动创新、巩固基础，增强工会组织的凝聚力、吸引力和号召力，在“建设和谐成铁、实现科学发展”中发挥重要作用。

工会组织在冰雪凝冻和汶川特大地震重大自然灾害中充分发挥参与、维护、保障、救助职能。抗震救灾期间，全局两级工会组织累计支出抗震救灾资金2 500余万元，其中购买救灾物资659.59万元；针对大量受灾职工家属亟待安置的紧急情况，路局工会与行政多方协调，向铁总、四川省、兄弟局紧急筹集救灾帐篷共计4 781顶，安置受灾职工家属6 422户17 635人；在唐家山堰塞湖紧急避险疏散中，路局工会主要领导率局工会12人和行政部门有关人员奔赴绵阳组成“避险疏散指挥部”，坚守绵阳18个昼夜，组织宝成线10个单位有关人员，深入站区逐户核查转移路线、勘察安置地点、开展紧急撤离演练、制定具体措施和撤离预案，组织撤离职工家属134户、382名，圆满完成“不漏一户，不伤一人”的避险疏散任务。

工会组织在元旦、春节期间，开展以“真情传递、爱心接力”为主题的火车头送温暖活动，全局共筹集资金2 436万元，慰问困难职工、受灾职工、春运当班职工、劳务工、护路民兵、劳模先进、离退休职工、受灾职工等16余万人次。北京奥运会期间，开展“迎奥运、保安全，暑期送凉爽”活动，全局职工人均送凉爽慰问费比往年提高10元，对重庆、攀枝花及周边高温地区职工提高至人均60元。为全局13余万职工定做“迎奥运、保安全”工作包；抗震救灾百日纪念，筹措资金为全局职工发放不锈钢保温杯，以上两项支出经费合计1 579万元。

全年获全国“五一”劳动奖状2个、劳动奖章3人；部省级先进集体30个、先进个人79人；全国“工人先锋号”13个、部省级“工人先锋号”32个；路局抗冰雪灾害及抗震救灾先进集体84个、先进个人286人。

路局工会投资90余万元，在成都北编组站建成“成都铁路局劳模林”，6月份通过验收。

全年局工会投入经费900余万元，为局属1 200余个站区配置和更新生活文化设施，改善现场职工的生活、文体活动条件。

在四川省总工会第十二次代表大会上，路局工会主席夏恩鹏当选四川省总工会第十二届委员会委员。

局工会工作机构现设4个部：综合（财务）部、组织部、保障和女工部、生产和文体部，定员22人。附属机构有：成都铁路局体育馆、成都铁路局文化宫；重庆文化体育俱乐部、贵阳文化体育俱乐部、西昌文化体育俱乐部；铁路职工之家。局文联、体协职能并入局工会。

【工会工作获奖】　局工会荣获四川省总工会2008年度工会工作目标考核一等奖；荣获四川省总工会好班子评比一等奖；荣获“全国抗震救灾先进基层工会”称号；荣获全国总工会“抗震救灾先进集体”称号；路局荣获四川省推动厂务公开民主管理先进单位。

（王丽娜）

【工会信息调研】　2008年，全局各级工会组织以服务中心工作、服务领导决策、服务基层为宗旨，加强信息调研工作。提高《成铁工运》办刊水平，增加插页彩图。全年编辑出版《成铁工运》4期，编发《成铁工会信息》60期，全总《工会信息》采用路局信息3条，《铁总信息》采用12条，《四川省总信息》采用7条，采用各类调研报告、论文25篇；荣获四川省总调研优秀组织奖，6篇参评调研论文中，2篇获一等奖、4篇获二等奖。

【文联工作】　2008年，局文联在没有专门编制、人员紧张的情况下，开展面向基层的群众性文化活动，繁荣文艺创作。编辑出版《通途》文艺刊物，全年出刊4期。举办文学、书法、美术、摄影等培训班、笔会、研讨会3期（次），培训各类文艺骨干300余人。局文联会员获全国、省部级奖项14次，出版书籍9部。

（黄　辉）

【“三不让”专项资金】　认真贯彻落实部党组提出的“三不让”承诺要求，强化“三不让”承诺专项资金管理，提高“三不让”承诺专项资金使用效果，按照“一户不漏，一分不差，覆盖到位，运作规范，救助及时，保障有力”的原则，积极依法筹集专项资金，年度专项资金兑现率达100%。针对专项资金使用中基层提出的一些问题，局“三不让”承诺领导小组适时研究修改实施办法并提交职代会，进一步规范专项资金的运作。

【工会经费拨缴】　2008年度全局工会经费收缴率和资金兑现率继续实现100%。

【工会资产产权登记】　11月，按照铁总《关于做好铁路工会资产产权登记工作的通知》要求，局工会财务部迅速转发文件，在全局工会财务工作会上进行部署，下发《工会资产产权登记证》，为进一步摸清家底，最大限度地发挥工会资产效能打下基础。

【工会财务监督】　全年，局工会经审会会同局工会综合（财务）部对达州车站等34个单位的工会经费和“三不让”承诺专项资金的管理进行检查，无违纪行为。对成都北车站等16个单位工会会计基础工作达标进行检查验收，全部达标。

【财务工作表彰】　局工会综合（财务）部获全国总工会2007年度“省属市级工会财务工作先进单位”。路局机关工会、西昌车务段和重庆车辆段工会获全路工会2008年度财务工作先进集体。

【审计审查】　3月，局工会经审会对局工会本级2007年度预算执行情况和2008年度预算安排进行审查。7月，局工会经审会积极配合国家和部对抗震救灾资金物资的审计，全局工会系统无违纪行为。全年，局工会经审会组成审计组对重庆供电段工会等17个单位的工会主席和企事业负责人任期经济责任和达成公司工会2007年度财务收支进行审计，无违纪行为。6月，按照《成都铁路局工会经费审查工作规范化建设标准考核办法》的规定，局工会经审会对所属经审会2007年度的经审工作进行考核，共有60个单位按规定上报考核材料，局机关工会经审会等9个单位获一等奖，成铁公安局工会经审会等51个单位获二等奖。局工会经审会获2007年度全国工会经审工作先进集体。

（何　畏）

【局工会十届二次全委会】　4月2日，局工会召开第十届二次全委（扩大）会。出席本次会议工会委员50人，第十届经审委员、有关站段工会主席、各文体俱乐部主任、局工会各部门副职等55人列席会议。会议一致同意补选夏恩鹏同志为局工会第十届委员会委员、常委、主席，审议通过出席四川省工会和贵州省工会第十二次代表大会代表。局党委书记姚保国参加会议并作重要讲话。

【工会主席研讨会】　12月8日至10日，局工会召开学习实践科学发展观研讨会。路局党委书记姚保国、局长安路生到会并作重要讲话。局工会主席夏恩鹏作题为《深入学习实践科学发展观，全力推动全局工会工作创新发展》专题发言，对工会组织深入学习实践科学发展观进行安排部署。会议聘请专家作学习实践科学发展观的专题辅导讲座。对《成都铁路局工会综合管理办法》、《成都铁路局集体合同》的起草和修改情况作说明，与会人员进行深入讨论和交流发言。局属各单位和大口单位工会主席，各文体俱乐部主任，局工会机关干部等88人参加会议。

【局职代会及职代会联席会】 1月17日至18日，路局召开九届三次职代会。来自全局各系统的247名职工代表参加会议。大会听取并审议齐文超局长所作的《提高标准，强力攻坚，为深入推进和谐铁路建设而不懈努力》行政工作报告、局工会主席王瑞江所作的《坚持科学发展，深化民主管理，为开创路局和谐企业新局面努力奋斗》职代会工作报告以及《局2007年财务预算执行及福利费、业务招待费使用情况和2008年财务预算及福利费安排的报告》，听取和审查《2007年劳动安全工作情况和2008年劳动安全工作重点的报告》、《局九届二次职代会提案办理情况的报告》。作为厂务公开内容的《局2008年安全生产目标及重点工作》、《局2007年工程建设项目招投标情况报告》、《局2007年大宗物资采购情况报告》、《局“三不让”承诺经费收缴和使用情况报告》提交大会进行审议；大会采取票决制，对涉及职工切身利益的《提高我局职工岗位工资水平方案》、《成都铁路局“三不让”实施办法》（修订稿）等重大事项进行票决，并全票通过。在铁道部人事司领导的直接指导下，与会代表和列席会议的路局机关副处级以上干部听取路局领导干部的口头述职，采取无记名投票方式对路局领导班子和领导干部进行民主评议，局党委书记姚保国在会上作题为《顽强拼搏，苦干实干，为实现路局又好又快发展而努力奋斗》的讲话。

2008年路局先后召开5次职代会联席会，审议路局改革发展、职工切身利益等重大事项。审查并票决通过《成都铁路局安全奖惩办法（暂行）》、《成都铁路局运输站段安全质量专项奖励考核办法（暂行）》、《成都铁路局干部安全生产责任制考核办法（暂行）》、《关于进一步加强“三不让”困难救助工作的意见》、《工人竞争上岗实施办法（试行）》、《劳动力调剂和富余人员管理办法（试行）》、《职工内部退养办法》以及“路局集资修建职工经济适用房方案”、《企业年金方案》、《关于成立成都铁路局企业年金理事会及选举理事会成员的议案》、《关于调整补充医疗保险政策的建议方案》、《关于提高职工岗位工资水平方案》。

【厂务公开工作】 年初，拟定下发2008年全局厂务公开工作要点。下发《关于规范局厂务公开网页有关事项的通知》，对路局机关各处室厂务公开职责、网页添加内容等进行规范。11月，对全局各单位厂务公开工作进行全面检查。共考核60个基层站段单位（含公检法），召开汇报会60次，发放测评表2 540份，个别谈话1 012人，检查公开栏110个，查阅各类资料台账1 100多件。检查结果向全局进行通报。结合全总召开十五大、全国厂务公开推行十周年之际，在全局开展征集工会组织建设、民主管理调研论文征文活动。共收到理论研讨、调查报告等论文43篇。向四川省总、铁总分别推荐11篇质量较高的论文。其中有7篇论文分别荣获一等奖、二等奖和优秀奖。

【集体合同工作】 2006年至2008年集体合同履约到期，11月份，路局职代会劳动法律监督委员会组织职工代表对成都客运段、重庆客运段、贵阳客运段、成都电务段、重庆电务段、贵阳客运段、多元集团等7个单位进行集体合同履行情况抽查和拟定新一轮的集体合同文本。12月23日，召开集体合同协商会议，就合同文本约定的劳动合同、工作时间、休息时间、劳动报酬、劳动安全卫生、职工保险和福利等涉及用人单位和职工双方的权利、义务及其他条款进行充分协商和讨论，形成第五轮集体合同文本草案，提交九届四次职代会审议。

【职工之家建设】 加强基层工会建家工作指导，广泛开展“建家”活动。2008年，路局工会、西昌车务段工会、贵阳供电段工会等3个工会被全总授予全国模范职工之家称号；重庆机务段重庆西检修车间分会、贵阳机务段设备车间分会、公安局贵阳车站派出所分会3个分会荣获全国模范职工小家称号；8个工会荣获省部级模范职工之家称号、14个分会及工会小组荣获省部级模范职工小家称号、8名工会干部荣获省部级优秀工会工作者称号、9名职工荣获省部级优秀工会积极分子称号、3名领导干部荣获省部级优秀职工之友称号。

【工会干部培训】 制定2008年工会干部培训计划，做好自培和送培工作。9月7日至13日，路局工会在局党校举办“十一五”第三期工会主席及工会干部培训班，对近两年来全局46名新任工会主席及专职工会干部进行有关工会法律知识、工会工作实务等内容的培训。4月中旬，结合四川省总举办的《劳动合同法》培训班，选送46名工会干部参加培训。10月底，按照铁总、部人事司举办的工会主席任职培训要求，选派8名工会主席参加培训。12月16日至19日，首次举办生产管理一线职工代表培训班，培训车务、机务、客运、车辆、电务、工务等系统职工代表64名。

（李兴建）

【“三不让”民心工程】　7月初，局工会制定《关于对遭受地震灾害致困职工家庭救助的办法》，对“5·12”汶川特大地震受灾职工组织救助。截至2008年底，全局一次性困难救助受灾职工家庭4 387户，因灾致困增加救助1 739户，医疗救助受灾职工85人，上学资助受灾职工子女250名，共支出地震灾害困难救助金742.9万元。11月，全局组织对1 051户仍然居住安置板房中的受灾职工“让受灾职工温暖过冬”专项慰问活动，为受灾职工赠送棉被、毛毯、电热毯、过冬衣物等共3 200余件，给每户受灾职工家庭送去大米、食油等生活物资。实施《关于进一步加强“三不让”困难救助工作的意见》，开展对特（重）困职工家庭中无固定职业收入的配偶、子女患重大疾病的特殊困难救助工作。截至年底，共对33户困难职工家庭实施专项救助11.75万元，其中6人享受配偶、子女患大病的一次性特殊困难救助金8万元。2008年，共筹集“三不让”专项资金6 017.1万元，对41 164人次困难职工实施困难救助3 603.2万元；对2 494名困难职工子女上学资助508.8万元，对6 913名职工给予医疗救助1 347.96万元，其中大病职工592人；为职工提供扶贫和大病借款资助1 325万元、1.5余万人次。

【火车头送温暖活动】　元旦、春节期间，开展火车头送温暖活动。全局共筹集资金2 436万元，各级党政工团领导1 000余人，慰问走访特困、重困职工1 509户；一般长期困难户4 456户；离退休职工67 600人；劳模先进人物673名；慰问护路民兵等人员2 000余人，慰问铁路外来务工人员16 310名；慰问春运当班职工41 600人次；慰问受灾职工32 000人次。

【农民工运输服务】　2008年春运成立以工会主席为组长的农民工运输服务领导小组，召开由局客运处、调度所、车辆处、公安局、运输处主要部门领导参加的农民工运输协调会议，建立日常工作机构，加强与宜宾、绵阳、江油、广元、攀枝花市等地方工会联系，设立农民工出行网络互通点18个，局工会先后与地方工会联系办理发售农民工团体票467批，合计45 869张。配合地方工会设立农民工维护宣传站，印制发放了6余万张宣传卡片，全方位地保证农民工旅客出行安全。

【温暖真情、诚信春运活动】　春运期间，向全局站段下拨500万元春运专项慰问帮困资金，统一购置100万元的春运慰问物品。局工会组成春运慰问工作组，深入成渝、宝成、成昆、川黔、黔桂、湘黔线等9条主要干线，对一线春运岗位上的职工开展慰问。各春运主要站段工会成立为一线职工排忧解难的“急难办”工作室47个，设立专用求助电话93部，“急难帮扶组（队）”125个，为当班职工解决家属生病住院治疗60余起，解决子女入学困难30余起，帮助办理丧事20余起，以及为在岗“单亲职工”接送子女、看护老人，替出乘“双职工”守护住房、料理家务等具体事宜135件、计208人次。结合达成公司委托经营管理改革、成汶线和内六线抢险整治、宝成线建设安全标准线以及重点施工等进行专项慰问。

【生活线、文化线建设】　结合路局灾后重建，对受灾站区职工文化生活设施设备进行整配，研究下发《全面推进沿线站区生活线、文化线建设的指导意见》，建立“行政主导、工会配合、职工参与”的建线工作新格局，制定符合现场实际和职工需求的建线原则，明确责任分工和管理要求，为两线建设的规范化、制度化奠定基础。结合路局安全标准线建设，大力推进宝成线“两线”建设。

【劳动争议处理】　建立健全生产力布局调整后两级劳动争议调解和劳动法律监督组织机构，设立专兼职劳动争议调解和法律监督员429名。加强对整合后的专兼职“两员”队伍培训，全局63人取得全总颁发的劳动争议调解员、劳动法律监督员证书。2008年全局各级工会受理职工来信来访共240余件，工会组织直接处理约90余件，占路局各类信访的23%左右；处理劳动争议苗头的有20余件，形成争议案件2件，其中集体争议案件1件。

【“送温暖、献爱心”捐赠活动】 路局积极响应党中央向灾区群众献爱心活动号召，迅速发动组织捐赠活动。路局机关举行“送温暖、献爱心”捐赠仪式，路局领导班子成员带头，局机关干部踊跃向灾区群众捐款，局属各单位迅速组织动员，广大职工积极参加捐款捐物，全局49 143名职工共计捐款150余万元，捐助棉被853床，各类防寒物资6 039件。路局通过地方民政部门向地震灾区群众捐赠1 500件军大衣、1 500件军棉被以及500床毛毯。

（段志刚）

【女职工工作“两大”工程】 深化“巾帼创新业立功竞赛”工程。围绕安全大反思、大检查活动，灾后重建等路局安全生产各项中心任务，组织全局女职工开展多种形式的劳动竞赛、技术练兵、比武活动。深化“女职工素质提升工程”。围绕路局职工队伍建设规划目标，组织全局女职工积极通过参加专业学习、岗位培训，使女职工学历层次，文化技能水平逐步提高，女职工队伍整体素质得以提升。

【女职工工作获奖】 局工会女职工委员会荣获四川省总工会2004年至2008年度女职工工作先进集体称号；绵阳车务段绵阳车站客运车间外勤三班荣获四川省“五一劳动奖章”称号；成都工务段女职工蔡霞被评为四川省十佳“巾帼建功立业标兵”。

【“三八”节表彰】 在“三八”节期间，路局表彰22个“三八”红旗集体、132名“三八”红旗手、24户“五好”文明家庭、15户“家庭保安全”先进户、20个“家庭保安全”先进单位。

【帮困助学工作】 8月19日，路局在成都地区召开2008年“金秋助学”座谈会，局党委书记姚保国、局长安路生、局工会主席夏恩鹏、局总经济师黎宏等局领导出席座谈会，来自成都地区站段地震灾区的受助学生代表、家长代表和站段工会主席参加会议。2008年全局共资助困难职工子女2 485人，发放助学金508.83万元，其中对遭受地震灾害的困难职工和因灾致困职工子女助学达241人，增加发放助学金43万元。

【维护女职工特殊权益】 局工会女委会深入调研完成《成都铁路局女职工特殊权益保护专项集体合同》，并作为新一轮路局集体合同的附本，从源头上维护女职工合法权益和特殊利益。8月，局工会筹资30余万元，为全局12个工务系统站段、8个车站系统单位的女职工7 200余人发放女职工劳动保护用品。

【女职工工作调研】 局女职工委员会按照铁总、省总工会的部署要求完成路局五年来工会女职工工作调研报告。在深入基层调研基础上，撰写的《倡导三种理念，落实五抓五真，努力塑造四自女职工队伍》，在2008年全路女职工干部培训会上作交流发言；撰写的《精心组织，用活载体，用真情与爱心筑牢安全生产第二道防线》，在《成铁工运》上刊载。

（琚　玲）

【“十一五”建功立业竞赛活动】 2月，局工会对在“十一五”建功立业竞赛活动中成绩突击的贵阳车站客运车间等34个集体、重庆车站蒲波等135名个人进行表彰奖励，授予局抗灾减灾和电煤运输“十一五”建功立业竞赛活动先进集体和先进个人荣誉称号。

【安全宣教系列活动】 针对“4·28”等典型事故案例，组织全局49个运输站段对车间班组一线职工开展运输安全形势教育，发动职工进行大讨论、大反思活动，在全局5 000余个班组开展“上标准岗、干标准活”安全承诺签名活动。路局工会还向全局职工家属发出了一封公开信，动员职工和家属认清形势、明确任务、从我做起、遵章守纪，确保路局运输安全生产持续稳定。

【群众保安全系列活动】 组织职工代表开展安全生产专项巡查。防洪暑运期间，路局工会抽调13名精通业务的局职工代表和技术骨干，分成3个组，分别对成昆线、宝成线、遂渝线、渝怀线、川黔线、贵昆线的防洪安全、既有线施工安全管理、非正常情况下行车组织、劳动安全等工作进行为期

10天的专项巡查，对查出的78个共性问题进行通报并督促责任单位整改。在全局工会劳动保护监督检查员中开展“三个一”活动，充分利用好“三书一表一卡”，加强对作业现场的安全生产监督检查力度，全局157名工会劳动保护监督检查员参与安全检查，共使用“红色通知书”35份，“黄色通知书”1 154份，“白色报告书”2 903份。开展专题合理化建议征集活动。围绕安全生产的关键环节和查出的问题隐患，全年全局共有4 000余人次提出合理化建议3 500余条，涉及安全生产的合理化建议近3 000条，其中采纳1 100余条，实施400余条。

【“安康杯”竞赛活动】　围绕路局和谐铁路建设思路，以确保运输安全生产、加强职工劳动保护为重点，继续在全局深入开展“安康杯”竞赛活动。5月，路局连续第4年荣获全国“安康杯”竞赛优秀企业称号；局工会生产和文体部获四川省优秀组织奖；重庆车辆段获全国“安康杯”竞赛优胜企业称号；西昌车务段普雄车站、六盘水机务段专修班获全国“安康杯”竞赛优胜班组称号；成都车务段、都匀工务段、贵阳供电段获省“安康杯”竞赛优胜企业称号；凯里车务段凯里车站客运室、贵阳电务段六盘水驼峰到达场信号工区、贵阳车辆段运用车间辅修班获省“安康杯”竞赛优胜班组称号。

（张　璪）

【文体工作】　全年路局共配置全民健身路径40条、篮球架28副、乒乓球台85张，建成片区篮球训练中心1个。3月至10月，路局参加全国铁路第十一届运动会，获得乒乓球比赛男子团体赛冠军、男子单打第一、四、五、六名；网球比赛获男、女团体冠军，女子双打第四名、男子双打第八名；羽毛球比赛获男子团体亚军、男子单打第四名；篮球比赛获女子第五名；桥牌比赛获女子公开赛冠军，男子公开赛第四名，女双第一、四、六名，男双第四、六名；健美操比赛获第四名；象棋比赛获团体第五名；老年气排球比赛获第二名。路局8个体育先进单位和21名体育先进个人受到中华全国铁路总工会、中国火车头体育协会的表彰。9月，路局举办职工羽毛球比赛，多元集团等8个代表队分获女子组前8名，六盘水机务段等8个代表队分获男子组前8名，迟冬玲等获女子单打前8名，陈强等获男子单打前8名，成都车站等3个单位获体育道德风尚奖。10月，路局参加四川省职工台球比赛，获斯诺克团体冠军。

（罗雪兰）

团　委

【综　述】　2008年，各级团组织围绕和谐成铁建设，认真学习实践科学发展观，以提升团员、青年队伍素质为出发点，积极开展团十六大精神、全路八次团代会精神宣讲和“发扬奥运精神，展示成铁风采”等主题活动；以加强团组织自身建设为根本点，积极开展“五四红旗团委”创建、达标创优、年度工作考核、团干部培训等活动，在达成公司深化改革、生产力布局调整过程中，及时指导团组织做好移交工作；以服务企业中心工作为着力点，开展春运“阳光爱心基金”救助困难旅客、抗击冰雪、抗震救灾、团内安全大反思大检查、共青团知路爱路护路示范区段创建、奥运安保活动；以服务青年成长成才需求为落脚点，建立青年人才库网络系统、做好复退军人教育培训、开展基层团组织建设和团员青年思想调研活动，推动全局共青团工作持续稳定健康发展。

局团委现员6人。

【青年思想教育】　广泛开展形势任务、安全意识、文化素质学习教育活动，利用团刊、团内“三会一课”、共青团网站等载体，以举办团干部培训班、开展宣讲调研、召开座谈会等多种形式，组织团员青年深入学习团十六大、全路第八次团代会和局第十一次党代会精神，引导团员青年坚定信心，振奋精神，自觉投身到和谐成铁发展的事业中。开展“迎奥运、讲文明、树新风”活动，联合局工会、关工委组织“发扬奥运精神，展示成铁风采”演讲比赛。深化新世纪读书活动，加大硬件投入，向遂渝线、成昆线等条件艰苦地区的青年职工送去流动书箱20余个，书籍1 500余册。

【基层团组织建设专题调研】　按照共青团中央关于加强基层团组织建设和基层工作的有关要求，路局团委在全局各级团组织中就全局团组织建设、团的工作开展，以及团干部、团员队伍和青年职工思想状况等方面开展专题调研。拟定10个具有针对性的调研课题，制作内容翔实、范围广泛、贴合实际的调查问卷。同时组成2个调研小组，分地区、到支部、进班组，与基层团干部、团员青年以座谈交流、个别访谈等形式进行深入调研。形成对基层团组织建设和基层工作具有指导意义的调研材料。

【团十六大精神宣讲】 团十六大召开后，局团委对全局各级团组织学习贯彻团十六大精神作出安排部署，组织3个宣讲小组分赴管内各片区，结合青工防洪暑运慰问，在全局范围内宣讲团十六大精神，使团十六大精神宣传覆盖到全局每一名团员青年。局属各单位团组织也通过办培训班、上团课、作辅导报告、交流学习体会、开展知识竞赛、举行征文活动等多种形式，开展团十六大精神宣传学习。

【青工安全大反思、大检查活动】 “4·28”事故发生后，按照部、局开展安全大反思大检查活动的统一要求，局团委通过下发文件、分片区召开团内安全反思会、抓好专题宣传工作、技术团课送一线等多种形式，确保安全大反思大检查活动在团内取得实效。局属各单位团组织将安全大反思大检查活动同本单位安全工作实际结合起来，以“青工安全秘笈”、事故案例FIASH作品和本单位、本系统历年典型事故案例为素材，组织开展知识竞赛、演讲比赛、辩论赛、“每个人只错了一点点”大讨论等活动。广泛征集安全团课方案、安全感言、安全漫画、安全FIASH作品，通过技术团课的方式开展导师带徒、技能竞赛、岗位业务知识学习等形式多样的学技练兵、青工技术对抗活动，促进青工技术业务素质提升。

【春运主题活动】 以“阳光爱心基金”救助、青年志愿者驻站服务、岗位保安全立功竞赛、慰问一线青年暖心、青春创业快车助行等五大行动为载体，构筑起2008年“和谐成铁，青春同行”春运主题活动。发动全局团员青年捐款33 222元建立“阳光爱心基金”，在成都、重庆、贵阳等各重点车站、青年文明号列车和共青团员值乘的各次列车上全面铺开“阳光爱心基金”救助困难旅客活动，春运期间全局共启用“阳光爱心基金”35 844.20元，为288名困难旅客提供爱心资助；组织地方院校支援的大中专生青年志愿者400余人利用爱心服务台为旅客提供便民服务，对重点旅客进行全程服务，协助车站做好旅客进站引导，协助铁路民警进行票源调查；开展具有共青团特色的各项立功竞赛活动和路外安全宣传活动，重点突出青工安全责任意识的强化、安全生产制度的落实、包保设备质量的提高和危险品的查堵等工作；走访优秀青年班组，看望特困青年职工，慰问奋战在运输一线的青年职工，开展“送文艺到一线”活动，将春联和节日的祝福送到青年班组，路局团委专门设计制作温馨问候和新年寄语的年历礼品盒2万份，下发到全局团员手中；与共青团四川省委联系，在成都、绵阳、广元等几个民工输出重点地区的团组织设立联络服务站，在进行节后民工流的流向和流量分析基础上，组织开行3列青春创业快车，为四川民工提供出行便利。

【抗击雨雪冰冻灾害】 年初，面对雨雪冰冻灾害和不断上涨客流，全局各级团组织发出“战胜灾害、敢打硬仗、确保畅通、勇当先锋”的号召，4万余名团员青年迅速行动起来，坚守岗位、确保安全、安抚旅客、抢险救灾。局团委及时向受灾严重区域的单位下拨特殊团费15 000余元，基层团干部迅速行动，紧急购置一批手套、围巾、防寒服等用品送到奋战在一线的团员青年手中。成都、重庆、贵阳站团委分别在站前广场、临时候车大棚搭建青年志愿者爱心服务台，组织服务小分队深入旅客中，义务为旅客送开水药品，提供出行咨询和为困难旅客的重点服务。成都、重庆、贵阳客运段团委在出乘车班上成立应急小分队，在遭遇冰雪天气影响列车运行时，全力配合车长处理突发情况。

【抗震救灾】 “5·12”汶川特大地震发生后，各级团组织带领广大团员青年坚守岗位，全力投入抗震救灾第一线，展开线路抢修、志愿服务灾区，以各种形式帮助灾区人民。5月15日，局团委组织人员购矿泉水、牛奶、火腿肠、水果等生活物品，迅速运往地震灾区沿线的20余个青年班组；5月16日，局团委与局机关党委组织筹集干部职工捐助的衣物被盖千余件、牛奶220余件、矿泉水80件、方便面100余箱等灾区所需物资及时送到市政府救助站运往灾区；5月19日至31日，路局开行19趟灾区伤员专列，局团委组织600余名青年志愿者精心做好伤员转运工作，安全抬运伤员5 000余人；5月23日，局团委发出交纳“特殊团费”用于支援抗震救灾工作倡议，广大团员青年捐款共计163 045元；5月24日起一个月时间内，局团委抽调200余名复退军人组建青年突击队参与成都东站抢卸食品、板房等救灾物资的工作。内江车务段彭勇被评为全国抗震救灾优秀志愿者。

【路地共建保安全】　为推动团内“知路、爱路、护路，共铸平安铁路”活动不断深化，深入铁路沿线的中小学校、村寨、社区和重点道口，宣传《铁路运输安全保护条例》，普及铁路安全常识，制定下发《关于在全局团组织中深入开展“共青团知路·爱路·护路示范区段”创建活动的通知》，明确试点区段。全年共印制宣传资料5万余份，通过建点设岗、签订协议、聘请义务安全监督员、捐资助学、扶贫帮困等形式，提高铁路沿线群众安全防范意识和自我保护意识。建设“共青团示范林”，美化铁路沿线环境，开展“迎奥运、讲文明、树新风”活动，促进铁路沿线和谐稳定。

【青工创新创效】　全局各级团组织围绕安全运输、生产经营中的热点、难点问题，广泛开展技术创新活动，组织青年技术骨干进行选题攻关和“五小”攻关。围绕春暑运、十一黄金周开展各类营销宣传活动，吸引客流货源，协助做好增运增收。继续开展团内“好项目”评比活动，全年基层团组织共有28项创新工作受到局团委表彰奖励。

【服务青年】　利用团内“三推”载体，做好优秀青年的举荐工作；配合局劳资、职教等部门做好复退军人教育培训工作，在复退军人学习班中建立和完善团队组织，组织开展团队活动。各级团组织广泛开展“争创青年文明号、争当青年岗位能手”活动，通过学技练兵和技术比武，使一大批优秀青年人才脱颖而出，全年共有11名青年职工被局团委授予“新长征突击手”称号，3名青工在第二届全国铁道行业职业技能大赛中荣获“全路技术能手”，被铁道部团委授予“全路新长征突击手”称号。

【团的自身建设】　按照《局属单位团委年度工作考核办法》要求，局团委对全局61个基层团组织进行年度工作交叉考核，评选出10个局级“五四红旗团委”、54个局级“五四红旗团支部”、20名“全局优秀团干部”和80名“全局优秀共青团员”。在达成公司深化改革、站段合并整合过程中，指导团组织做好移交工作，督促相关单位按期换届改选，全年共有15个站段团委顺利召开了团代会，确保团组织作用的发挥。按照“带好队伍、搞活基层”的要求，举办1期团干部岗位培训班和3期团干部素质拓展培训班，近400名团干部参加相关培训，同时选送9名团干部参加省部级以上的岗位培训，提升团干部队伍整体素质。

【深入学习实践科学发展观】　把深入学习实践科学发展观活动与做好共青团工作相结合、共促进。开展以“深入学习实践科学发展观、以改革创新精神推动全局共青团工作全面发展”为主题的解放思想大讨论，就团干部作风不实、党建带团建工作推进力度不够、共青团队伍培训困难、团组织在抓青工安全生产存在短期行为等问题和下一步加强团建工作的创新力度、切实发挥团组织在安全生产中的作用、促进青年成长成才等方面问题展开认真热烈讨论。分析查找在思想认识、工作作风、创新方式等方面与和谐成铁建设要求不相适应的地方，通过加强基层调研、把工作重心下移至生产一线，提升自身的理论水平和工作的针对性，把深入学习实践科学发展观活动的成效体现到团的工作上来。

【十三届六次全委（扩大）会议】　3月3日至4日，局团委在成都召开十三届六次全委（扩大）会议，局属各单位团委负责人共计67人参加会议，局党委副书记张克敬亲临会议并作重要讲话。局团委书记许刚在会上作题为《融入中心服务大局、把握需求服务青年，在推进路局又好又快发展中开创共青团工作新局面》的工作报告，安排部署下一步团的重点工作任务。同时召开团员代表会议，选举出席共青团全国铁路第八次代表大会代表20名。

【荣誉称号】 成都工务机械段线路工程一队起道二工班被铁道部、团中央命名为“全国青年文明号”，路局团委、成都客运段团委被评为第九批“全国五四红旗团委创建单位”，路局团委被评为全国抗震救灾先进团组织，成都铁路局转运灾区伤员青年志愿者突击队被评为全国抗震救灾优秀志愿服务集体，贵阳车务段湖潮站被评为全国青年安全生产示范岗；全年共选树新长征突击手11名，10个团委被评为全局“五四红旗团委”称号，54个团支部被评为全局“五四红旗团支部”称号，20名团干部被评为全局“优秀共青团干部”称号，80名团员被评为全局“优秀共青团员”。

（史海琳）

政法·人武

- 公　　安
- 检　　察
- 法　　院
- 人武·战备

公　安

【综　述】　2008年，成都铁路公安局围绕构建“平安和谐铁路”工作目标，不断加强公安工作和队伍正规化建设，在队伍建设上做到讲团结、守纪律、树形象，在业务工作上做到保稳定、创特色、争位次，圆满完成各项公安保卫任务。全年公安局共受理治安案件31 918起，查处31 754起，治安处罚25 901人，其中治安拘留3 193人、治安罚款15 426人、治安警告7 239人；共立刑事案件4 703起，破2 571起，摧毁犯罪团伙106个，成员485人，抓获犯罪嫌疑人2 434名。

【机构设置】　成都铁路公安局管辖成都、重庆、贵阳、西昌4个公安处和1所人民警察训练学校。2008年底，全局共有在册民警5 333人，其中公安局机关205人。

公安局机关党群机构：政治部（下设办公室、组织干部处、宣传教育处）、纪委、工会、团委、机关党委。

行政机构：办公室、指挥中心、一处（国内安全保卫处）、二处（法制监管处）、三处（治安处）、四处（警卫处）、五处（刑侦技术处）、七处（消防处）、八处（装备财务处）、九处（警务督察处）、十一处（网络安全监察处）、十二处（经济犯罪侦查处）、行动技术支队、保安公司。

【国内安全保卫】　共搜集情报信息1 475件（乙级239件），排查掌握各种不安定因素和闹事苗头230起，依法妥善处置群体性上访、闹事事件97起；查获各类进京上访人员204批861人；破获“法轮功”案件2起、“全能神”邪教案件1起，抓获“法轮功”人员9名、“全能神”和中功人员各1名，查缴“法轮功”等宣传品1 421份（册、盘）。

【严厉打击恶性、重特大刑事犯罪】　全局刑侦部门依托“破现案挖积案、打货盗抓逃犯”专项行动，严厉打击恶性、重特大刑事犯罪。成都处破获成都东站“1·4”系列货盗案，抓获犯罪嫌疑人14名，查证核实案件线索45条，使成都东站货盗违法犯罪活动得到有效遏制。重庆处成功破获三汇坝系列货盗专案，深挖案件53起，其中重大案件33件，涉案价值10万余元；破获遂渝线荆竹岭隧道特种电缆线系列割盗专案，抓获犯罪嫌疑人13名，破获刑事案件19起；破获“10·8”昭通站镁铜绞线系列被盗案、重庆东站价值12万余元的“10·21”特大诈骗案；破获“11·15”昭通站故意杀人案。西昌处破获密地至倮果区间废旧钢轨被盗案40余起、西昌南站14列货车18辆车厢闸调器控制杠杆、圆销、开口销被盗案件14起；破获“7·4”N756次车特大旅财案、“8·10”乐山桥隧工区故意杀人案。贵阳处破获“3·28”贵阳南破坏铁路设施案、“4·17”玉屏电瓶被盗案；侦破“5·3”特大电解铜被盗案、“5·13”铅锭被盗案，深挖案值总计3万余元的案件14起。

【“春雷行动”】　按照铁道部、路局统一部署，于1月5日至4月15日在管内九大干线组织开展代号为“春雷行动”的路外安全百日整治行动。整治中，先后投入2 416名警力，保安1 700名，线路巡防员1 260名；排查出隐患18 767处，形成视频、图片、文字说明等资料14 000余份，协调督促相关单位整改7 690处；协同路内各单位对112个车站进行封堵，修建防护栅栏56公里、围墙265.6公里、安装钢板网34.3公里，拆除114处非法道口和8 302处私设过道，拆除违章建筑77 530平方米，清理铁路两侧乱耕乱种1 381 620平方米。整治期间，危及行车安全治安案件发生6起，较上年同期45起减少39起，同比下降86.7%；路外伤亡事故发生90起，较上年246起减少156起，同比下降63.4%；发生盗窃铁路器材23起，较上年同期下降31%，其中发生割盗4起，较上年同期下降87%，拆盗12起，较上年同期下降32%。

【抗击冰雪灾害】　年初，成都、重庆部分地区出现持续雨雪天气，贵州省遭遇大面积、长时间凝冻灾害。公安局把“抢险救灾、保安全、保畅通”作为当务之急，全力开展抢险救灾工作。局、处分别成立由局（处）长、政委任总指挥的应急处突指挥部。在成都站组织处突警力210名，在重庆（北）站组织处突警力194名，在达州站组织机动警力68名，在攀枝花站组织处突警力53名；从广汉训练学校、西昌处调集100名警力增援贵阳处；各乘警支、大队抽调62名干部添乘广州、上海等方向重点列车。沿线各派出所休班民警一律在所待命，随时做好处置准备。向各大站增配小喇叭380个；调配基地台16部，对讲机180余部；备好金属、塑料警戒桩92个，警戒带290余盘；备齐12辆警用电瓶车、26辆警车作为应急专用车辆；紧急购买发电机6台，强光电筒1 600支、蜡烛5 000余支。公安局工会先后筹集资金27万余元，为民警购置牛奶、防寒药品和防冻物品。贵阳处为一线民警购买矿泉水和方便食品，并购置防滑草鞋2 500双、棉被300床、棉鞋300双发放沿线所队。重庆处调剂3万元资金，采购蔬菜、粮、油等生活物资，及时通过火车运送到公路封闭的渝怀线秀山、黔江等所，全力解决民警生活保障。1月25日，沪昆线湘黔段铁路电力设备供电不足、客货运输中断，30余趟客车途停于沪昆线湘黔段黄丝至大龙区间和渝怀线武隆、秀山所管内，滞留旅客多达5万余人。公安局集结480名铁警和地方280名警察、122名武警支援贵阳站，并组织沿线机关干部和派出所民警300余人开展宣传安抚、守护巡逻等工作，防止挤死踩伤和旅客被盗案件的发生。

【抗震救灾】　“5·12”汶川特大地震发生后，公安局立即调集局机关、公安学校和成都处1 500余名警力驰援宝成线；组织成都、绵阳、广元、重庆等站600余名警力，在20分钟内，安全疏散5万余名滞留旅客；对滞留客车做好秩序维护工作，对重点货物列车，组织足够力量严加看守，保证滞留区间的20列货车、16列客车及3万余名旅客的安全。先后制定警卫方案40余份，7次调警8 000余人，与13个铁路局的支援警力共同奋战，圆满完成专运警卫任务119次，其中一级警卫任务达65次，确保9位政治局常委和34位国家领导人乘坐火车视察灾区、指导抗震救灾的绝对安全，受到国务委员、公安部部长孟建柱和铁道部部长刘志军的充分肯定。开展“平安”专项行动，采取预警、警戒、监装等安保措施，确保1 200余列抗震救灾物资运输的绝对安全。面对特大地震灾害，公安局工会下拨救灾资金31万余元，为绵阳、江油、广元等所搭建帐篷，送去矿泉水、食品等；全局向灾区人民捐款48万余元，上缴“特殊党费”70万元。德阳车站派出所汉旺站驻站民警在废墟上建立起守护平安的警务室；广汉所女民警设立起大爱无私的“帐篷托儿所”；成都、重庆、达州等大站建立起铁警“帮扶点”，力所能及为灾区人民提供帮助，排忧解难。

【奥运安保】　路局成立由安路生局长、姚保国书记任组长，常务副局长石子明、党委副书记何元、副局长王明慧和公安局长李冬生任副组长的奥运安保领导小组，全面负责全局奥运安保工作的组织指挥。在公安局设立奥运安保办公室，由公安局李冬生局长兼办公室主任。下发《关于加强奥运安保工作的通知》、《关于加强列车查危工作的紧急通知》等一系列文件。路局就奥运反恐防爆工作下达经费1 838万元，新配查危仪36台、安全门17台、防爆毯98条、防爆罐33个、远程炸药探测仪20台、液体查危仪8台、身份证识别仪100台等，保证三等以上客运站均安装查危仪，二等以上车站配备防爆罐、防爆毯等器材，成都、重庆、重庆北、贵阳、攀枝花等大站配备安全门、远程炸药探测仪等设备，所有客车配备手持查危仪，进奥运会城市列车配备防爆毯等器材。公安局投入查危警力1 000余人，强化查危防爆工作。奥运安保期间，共查堵危险品7 782起，其中炸药3千克、爆炸装置7个、油漆244.4千克、爆竹44 037响、刀具13 947把、仿真枪3支、子弹366发、其他危险品892.9千克；处理人员8 589人，其中刑事拘留21人、行政拘留58人、治安罚款及警告处罚2 457人。共搜集和处置各类情报信息495件；发现掌握各类不安定因素和闹事苗头32起（路内19起），妥善处置25起；侦破“全能神”邪教案件1起，查缴宣传资料151份；挡获“法轮功”人员4名；查堵地方进京上访人员118起311人。共检查客车999列、重点防火单位51个、重点防火部位及场所98个，要害512处，填发《责令整改通知书》54份、《复查意见书》5份、检查记录720余份，纠正消防违章109起，督促整改火灾隐患301件。杜绝责任火灾及其他安全事故。共抓获网上在逃人员257名；缴获各类毒品10 690克。全局发生危及行车安全案件4起，较上年同期29起下降86.2%；铁路交通事故73起，较上年同期222起下降67.1%。

【打击毒品犯罪】 牢固树立“站车查控就是防范”理念，建立缉毒、缉逃工作新机制，组织各基层所队大力开展“两缉”工作，取得较好的查缉战果。全年缴获毒品数创1996年以来的新高，共破获毒品案件683起，较上年515起增加32.6%，缴获各类毒品70 289.8克，较上年38 840克增加81%。11月11日，西昌处民警在K118次旅客列车上抓获贩毒嫌疑人2名，缴获海洛因9 067.7克，受到国家禁毒委、铁道部公安局和四川省公安厅禁毒总队的通报表彰。

【打击经济违法犯罪活动】 经侦部门相继破获“1·4”特大假币案、“1·31”特大非法经营同类营业案、“10·23”、“11·10”合同诈骗案和“2·15”制售假票案等多起大案、要案。全年经侦部门共立经济犯罪案件12起（涉案2 080余万元），破8起，抓获犯罪嫌疑人19名，挽回经济损失1 350余万元。

【站车缉逃】 在全力打好抗击冰雪、反恐维稳、抗震救灾和奥运安保四场战役的同时，狠抓站车缉逃措施落实，缉逃工作创网上缉逃以来的新高，共抓获网上逃犯924名，较上年838名增加9%。

【刑事技术】 刑事技术部门积极为案件侦破提供技术支撑，全年共勘查刑事案件现场384个，勘查率100%；提取痕迹物证375案，提取率97.7%，分析率100%；制作案卷率100%；痕迹建档率96.2%；检定案件211卷，检定率54.9%；认定案件156案，认定率40.6%；局五处受理毒品案件检验鉴定168起，均出具鉴定书；全局刑事技术检验鉴定作用率12.6%（不包括委外毒品检验鉴定）。

【治安管理】 全年，受理治安案件31 918起，查处31 754起，查处率为99.49%，查处违反治安管理人员35 940名，治安处罚25 901名。其中治安拘留3 193名，罚款15 426名，警告7 239名。

受理危行案件49起，较2007年148起下降66.9%。参与处理铁路交通事故467起，其中死亡319人，伤154人。铁路交通事故在2007年的基础上下降44.7%。

查获“三品”12 405起，其中火药枪、仿真枪等枪支7支，子弹540发，炸药4.45千克，雷管51枚，自制爆炸装置7个（炸鱼用），烟花爆竹77 214响，管制刀具18 255把，汽油、油漆等化工品445.5千克。

清查客货列车499 916列次，清理扒乘人员476人，治安防范中抓获逃犯249名，挡获各类人员31 265名，其中抢夺4名、抢劫2名、盗扒262名，诈骗30名；协助处理无票乘车人员5 398名。

对沿线社区村镇、中小学校共开展爱路护路宣传12 366场次，发放宣传资料43万余份。

制订《成都铁路公安局治安巡防队伍管理规定（试行）》、《武装巡线“三定”管理指导意见》和《成都铁路公安局危及行车案（事）件责任倒查办法（试行）》等系列管理机制。

【打击票贩子】 全年共抓获票贩子4 405人、叫票人员9 823人；行政拘留3 459人，劳动教养11人，刑事拘留724人；收缴车票82 538张，面值681万余元（其中假票及半成品33 917张，面值57 261元）；打掉团伙302个，打掉制贩假票窝点4个。

【消防监管】 公安局消防部门强化消防安全责任，完善和落实消防安全制度及火灾事故应急预案，积极推进路局消防基础设施建设和维护管理工作。全年共开展消防执法检查2 667次，检查客车2 796列47 322辆、客运车站等公众聚集场所414个、货场、仓库等物资集中场所88个、信号楼、电力变配电所等重点行车场所150个次、机车、车辆停放场所74个次、易燃易爆场所29个次，下达《责令限期改正通知书》24份、《复查意见书》13份、《消防安全检查意见书》18份，填发检查记录2 612份，督促整改火灾隐患778件。举办或协助指导站段单位开展消防培训65期，培训14 060余人；审核消防工程63个，验收40个。杜绝客、货列车责任火灾事故和公众聚集场所恶性火灾，没有发生影响铁路运输安全的责任火灾事故。

【内部保卫】 2008年，全局内部单位共发生刑事案件24件，较上年同期53件下降54.7%，侦破4件；内部单位发生治安案件3件，查处3件。内部职工犯罪25人，已处罚2人；其中有期徒刑2人。内部单位发生影响稳定的不安定因素21件，涉及人员443余人。全局依法列管重点人口54名，确定帮教对象54人，建立帮教小组54个，帮教力量162人；重点人口中无漏管、脱管和重新犯罪。全局确定运输生产要害321处（桥隧103处），现有要害作业人员4 956人（干部431人，工人4 195人，技术人员330人；保卫员268人）。全局内部单位共组建群众性治保组织1 276个（治保会360个，独立小组916个），现有治保人员12 241人。全局已经定编的保卫机构7个，专职保卫干部97人；兼职101人；国（内）保民警102人。11月3日至9日在广汉训练学校举办全局内保民警培训班。成都、重庆、贵阳、西昌督导室分别采取片区集中、以会代训等方式对管内站段领导和保卫干部、内保民警进行培训。

【警卫工作】　全年共执行完成专特运警卫任务358次，其中专运任务154次，现场警卫47次，特运任务204次。执行铁道部调度命令25次，审查特运物资运输计划40次、282辆。保证36位党和国家领导人以及部、省级领导、重要会议代表、委员918人乘坐列车的安全和科学尖端产品、重要保密物资804辆的运输安全。

【法制工作】　大法制工作推进以来，各级法制部门不断完善各类基础工作，制定执法办案的指导意见，出台执法办案工作流程，对刑事、行政、劳动教养、行政复议等案件的办理程序和工作重点进行细化和完善。局法制监管处印发《关于对拆盗、割盗、掀盗案件立案标准的指导意见》等法制指导意见，制作《劳动教养案件办案流程》、《成都铁路公安机关办理行政案件程序规定》等规范性文件7份。2008年，局处两级法制部门共审核刑事案件5 022案，其中刑事拘留1 104案1 322人，提请逮捕446案599人，移送起诉376案542人，取保候审289案324人，监视居住47案50人；审核行政案件7 053起；法制部门办理劳动教养83案88人，行政诉讼案件8案8人，行政复议案件5案5人。

【监所管理】　全局监管场所2007年在押人员余留400名，2008年入所1 541名，出所1 935名，其中死刑4名、涉毒人员171名；行政拘留人员上年余留39名，入所2 529名，出所2 530名。监管部门不断完善狱侦工作机制，开辟深挖犯罪“第二战场”。共深挖犯罪线索375条，据此破获刑事案件112起，抓获违法犯罪嫌疑人39人。

【计算机安全监控】　有效运用现有硬件监控设备，结合人工搜索查阅，有效控制网上舆情，及时分化与疏导煽动性、敏感性的问题，遏止负面舆论蔓延。全年及时发现、搜集和整理互联网舆情信息107余份，删除管内违规言论20余条，编写简报80余期。同时，网监部门采取对互联网上火车票交易全天候监控、指纹比对系统预防二次票贩购票等技术手段，配合打掉倒票窝点44个，缴获火车票2 217张，抓获票贩子82人。

【信息网络建设和管理】　实现局、处、所三级2M信息通道。局、处两级拥有台式电脑972台，笔记本电脑277台，打印机504台，对讲机2 511台、差转台58台、基地台130台、车台140台。

【信访工作】　落实信访工作责任制，采取日常接访和领导包案等措施，加大对信访案件特别是疑难信访案件的办理力度，提高办理信访件和为民服务的质量。共办结中央政法办联席会议交办的唐力久信访案和社会影响较大的凌兴富等遗留重大疑难案件9起。

【基层基础建设】　为基层所队新增汽车12辆、计算机187台、单警装备302万元，灾后重建、改建警务值勤点110余个；完成成都北编组站和5个局交接口的视频监控系统建设及96个基层派出所和部分办公房的改建、维修；局两M通道开通运行，两级指挥中心建设稳步推进，信息化滞后的状况得到改善。

【“三基”工程建设】　初步实现“三基”建设三年的阶段性目标。一、基层基础建设进一步夯实。2006年以来，在基层基础建设中共投入9 000余万元。其中为基层购置汽车900余万元；特警队购置装备1 800万元；全局设备更新5 300万元；单警装备已全部下发到各所队。全局96个基层派出所完成“六室四小”建设和所容所貌的改建，完成率为100%。二、民警政治福利待遇进一步改善。三年来，全局有1 495名民警按非领导职务提高级别，科级民警由2005年的1 603人增加到2 158人，占全局非领导职务民警总数的47%，较2005年提高34.6%。公安局党委着力改善民警生活福利待遇，建立民警奖励基金、特殊津贴、体检休假等专项制度，出台一系列从优待警措施。全局民警2008年年均收入较上年增加4 022元，增长幅度为13.2%。三、刑事打击能力进一步增强。2006年以来全局共立刑事案件14 326起，破获7 490起，查破率为52.3%；摧毁犯罪集团216个（成员828名）；抓获各类犯罪嫌疑人7 489名，劳教和逮捕2 207名；追逃2 141名；缴获各类毒品109 290克。全局建立货盗案件打击机制、研判体系，TMIS系统已接入4个公安处的刑侦支队，依托货盗信息平台深挖180余起货盗案件。四、治安防控能力进一步提高。2006年以来全局受理治安案件84 033起，查处83 361起，查处率为99.2%，查处违反治安管理人员87 673名，治安处罚74 461名。管内货赔总额由2005年的1 450万元，下降到2008年的477万元，下降67%。铁路交通事故较2005年1 784起，死伤1 826人，下降到2008年323起，死伤331人，下降幅度分别为82%和81.8%。五、信息化建设取得长足发展。总投入584万元，改变了派出所拨号上网的状况，实现局、处、所三级2M信息通道。研发出《快速过检指纹比对系统》、《挡获嫌疑人指纹录入系统》和《乘警支队动态信息管理及短信追逃系统》，完成全局“站站预警”机制建设与指挥中心、基层所队调度电话安装与应用，配发成都、重庆、贵阳、西昌电话237台、调度电话90余台，形成以局、处两级指挥中心为枢纽、涵盖各线路派出所的完备预警通报与信息沟通体系。六、警务效能实现最大化。基层警力占全部警力的87%，派出所警力占总警力的57%。七、民警素质得到全面提升。三年来，公安局教育经费投入共计599万元，共组织各类训练班390期，训练民警13 897人次。八、标兵选树、典型引路形成良好氛围。三基建设中，全局共审核、申报集体一等功1个；集体二等功7个；个人三等功426人次、集体三等功67个、个人嘉奖1 561人次、集体嘉奖103个。局、处两级共选树线路民警标兵、乘务民警标兵、值勤民警标兵等各类标兵458名。梅蓉、罗林平、李春康荣获“全国优秀人民警察”称号。九、三基建设宣传再上新台阶。在对内宣传上，局“三基”网页采编局、处、所（队）三基信息1 330篇，部公安局采用282篇，公安部采用2篇，取得全路第四的好成绩。对外宣传上，全局共在各级新闻媒体刊发稿件19 012篇，其中省部级新闻媒体采用3 122篇，中央级新闻媒体刊用8 043篇，在中央电视台及省市电视媒体播发新闻和各类专题3 950条（部），有力的推动局“三基”建设的深入开展。

【派出所等级评定】 2008年，西昌处攀枝花车站派出所被公安部命名为一级派出所。西昌处漫水湾车站派出所、贵阳处贵阳车站派出所、成都处资中车站派出所、重庆处重庆西车站派出所被铁道部公安局命名为二级派出所。成都处成都车站派出所、南充车站派出所被公安局命名为三级派出所。目前，局一级派出所7个，二级派出所17个，三级派出所62个。

【思想政治工作】 全局各单位坚持用党的十七大精神和科学发展观武装民警头脑，致力于提高民警的政治理论素质。局、处（校）两级中心组紧紧围绕公安中心工作，按照年初制定的学习规划认真安排学习内容，确定学习专题，制定学习措施，集中组织学习党的十七大精神，并及时更新充实内容。局、处（校）两级理论学习中心组共计学习75次，参学率达到98%；各级领导干部撰写调研文章32篇。各单位积极运用每周政治学习日、民警岗前学习、上党课等多种形式，综合应用书本、电视、板报等传统载体和局域网新型载体，广泛开展理论宣讲、知识竞赛、主题教育等活动，对民警进行针对性理论教育。各单位紧密结合各项中心工作的开展。局、处广泛开展以《公安局二十五条硬性规定》、“三个珍惜”和从优待警若干措施为主要内容的宣讲活动，在各项工作中弘扬抗震救灾精神和奥运精神，使干部民警牢固树立科学的发展观、为民的执政观和正确的业绩观。

【纪检·监察】 建立和完善领导干部廉政档案以及廉政谈话制度，逐级签订反腐倡廉责任状；出台《二十五条硬性规定》，严把道德、纪律、法律“三道防线”，坚决追究民警涉枪、车、酒、赌等问题。将近年来公安局队伍中发生的违法违纪案例编辑成《2005 年以来全局违法违纪典型案例选编》，印发全局各级组织学习讨论，组织播放《你永不可逾越》警示教育片。全年，公安局、处两级纪检监察机关受理群众来信、来访、电话举报 54 件 49 人，与上年同期相比分别下降了 17% 和 16.9%。来信来访处理率 100%，查结率 92.5%。在查结的 49 件中，调查属实 7 件，部分属实 11 件，不属实 31 件，为 41 名领导干部及民警澄清了问题。全局发生违纪案件 7 件 11 人，与上年同期的 8 件 9 人基本保持一致。按照路局党委要求，在全局 87 名副处级以上领导干部中进行领导干部利用职权和职务影响为亲属经营活动谋取利益的清理纠正工作，未发现有违规情况。在全局组织开展“廉政公仆”、“党风廉政建设先进个人”、“路风先进工作者”的评选工作。共评选出“廉政公仆”3 名，“党风廉政建设先进个人”18 名,“路风先进工作者”5 名。

【警务督察】 全年共出动督察警力 4 352 人次，督察所队 1 255个次、警务区 1 518 个次、警组 1 829 个次，检查枪支 5 184 支次、台账 1 688 本次、案卷 750 卷、警车管理使用情况 1 317次；填写现场督察记录 894 份，填发督察通知书 11 份、建议书 5 份，发现纠正各类问题 1 427个，查清群众检举控告不实 31 件、部分属实 11 件、查实 7 件。

【领导班子建设】 完善《成都铁路公安局干部管理办法》，加大对各级干部的选拔、任用和交流力度，优化班子结构，发挥各级领导班子的整体功能。全年共调整所队领导班子 78 个，平级调整所队以上领导干部 180 名，新提拔干部 118 名，其中提为正处职干部 3 名、副处职干部 2 名、通过竞争上岗走上领导岗位民警 46 名。加强线路治安工作，增设 111 名线路副所长职位，公开竞聘 36 名线路副所长。

【干部人事制度改革】 理顺公安内设机构，规范机关内设机构称谓，撤销达成分处，组建（规范）国保、治安、刑警、经侦支队，将公安段及人员移交成都处管理。调整机关、所队编制，合并机关处（科）室、派出所 52 个，精简机关、训练学校人员 234 名。落实执行重大安全保卫任务机关警力下沉制度，采取岗位置换、新招民警充实基层等办法，下沉警力 10 528 人次，一线警力占总警力的 87%，其中派出所警力占总警力的 57%。

【党组织建设】 全局各级党组织按照“围绕中心、服务大局、强化基础、发挥作用”的新思路，全面加强党的组织建设，充分发挥各级党组织和党员的先进性作用。先后开展“建绿色通道，为党旗添彩”党员主题植树活动、深入学习科学发展观活动、“保春运安全，勇当党员先锋”等主题实践活动。在抗震救灾工作中，全局党员民警自愿缴纳“特殊党费”，并向灾区群众捐款近 70 万元。成都公安处党委被路局授予“抗震救灾先进基层党组织”称号，西昌公安处党委被路局授予“先进基层党组织”称号。全局评选出先进党支部 13 个，优秀党员 26 名。年内，有 103 名预备党员按期转正，96 名青年民警被发展为预备党员，党员队伍不断壮大。

【争先创优】 全局全年有 1 个集体、1 名民警被评为公安部抗击冰雪先进集体和个人，2 名民警荣立一等功，16 名民警荣立二等功，20 个集体、162 名民警分别荣立集体和个人三等功，24 个集体、607 名民警受到局、处嘉奖，82 个集体、437 名民警、21 名好警嫂、11 个好家庭和 50 名保安、巡防队员、义务宣传员被公安局表彰奖励。全局保持全国“青年文明号”2 个，申报全国“青年文明号”1 个。

【宣传报道】 加强舆情调控，正确引导舆论导向，强化公安宣传工作，全年共在各类新闻媒体上稿 5 850 篇（条），其中中央级 509 篇（条）、省部级 3 122 篇（条）、电视新闻 565 篇（条）、专题片 63 部。杜绝重大负面新闻报道。

【民警培训】 局、处两级采用“战训合一”的方法，共举办各类专业训练班 42 期，训练民警 4 127 人次。包括全局基层所队领导暨支部书记训练班；一级警司晋升三级警督训练班；衔级内民警晋升训练班；春运乘务民警训练班，以及刑侦、法制、线路治安民警、警卫基础、基层所队小教员等专业训练班。抓好民警的学历教育，具有大专以上学历民警 4 426 人，占全局总人数的 83%。

【从优待警】 民警年均收入增长幅度为13.2%。坚持逢晋必考的原则，为民警解决非领导干部职务，全局副科级以上非领导干部职务人数占民警总数的47%。落实民警年（调）休、体检、生病住院慰问、大事喜事祝贺及局处领导每逢节日、炎热夏季慰问一线民警制度。特别是汶川大地震发生后，各级组织迅速摸清民警及民警家属的受灾情况，及时帮助解决实际困难，解除民警的后顾之忧。全年共慰问民警997人次，发放慰问金87万余元。为2名因公殉职的人员办理烈士追认手续。民警维权委员会为41名民警维护了合法权益。

（余扬海）

检　察

【综　述】 四川省人民检察院成都铁路运输分院作为国家设置在成都铁路运输系统的专门检察机关，下辖成都、西昌、重庆、贵阳4个基层铁路运输检察院。两级院共有干警251人，其中分院机关74人。

2008年，成铁两级检察机关认真贯彻上级党委和上级检察机关工作部署和总体要求，深入学习实践科学发展观，结合深化社会主义法治理念教育，开展“大学习、大讨论活动”和“素质大培训、技能大练兵、作风大转变”主题活动；全面履行铁路检察机关各项职责，依法惩处严重破坏铁路运输秩序的刑事犯罪，重点查办职务犯罪大要案件，大力加强监所检察、控申检察、民行检察和检察技术等业务工作；深化检务公开，着力提高执法水平和办案质量，推动检察工作迈上新台阶，全年两级院共受理公安机关移送审查批捕和自侦部门移送审查决定逮捕案件498件716人，同比上升6.18%和2.58%；审查后，依法批准和决定逮捕473件666人，同比上升3.7%和下降1.6%。共受理公安机关和自侦部门移送审查起诉案件469件727人，同比下降2.69%和9.69%。审查后，依法起诉442件688人，同比下降5.75%和13.35%。在起诉案件中，法院已作判决437件673人，无一人被判无罪。分院公诉处依法派员出席二审法庭履行职务18件。共立案查办贪污贿赂、渎职侵权案件33件45人。在立案案件中，有贪污案8件18人，受贿案13件14人，行贿案5件6人，挪用公款案4件4人，滥用职权案3件3人，案件起诉后法院已作判决37人，无一人被判无罪。通过办案为国家挽回经济损失1 200余万元。两级院整体工作取得历史性突破，两个单项工作和1名先进个人受到高检院表彰，两个单项工作和12名先进个人受到省院表彰，分院反贪局被评为“全省十佳反贪局”，重庆铁检院被评为全国先进基层检察院。

【打击刑事犯罪】 两级院始终把维护铁路稳定放在首位，与铁路公安、法院密切配合，通过全面履行检察职能，严厉打击危害铁路运输安全和铁路稳定的刑事犯罪。把发生在铁路站车上的危及旅客和货主安全感的暴力性犯罪、盗窃铁路运输物资和旅客财物犯罪，危及行车安全的破坏性犯罪，以及毒品犯罪和倒卖车票犯罪等作为打击重点，做到依法快捕快诉，保持“严打”声威。全年共依法批捕毒品犯罪案件151件164人，同比增长79.76%和57.69%，起诉114件127人，同比增长31.03%和13.39%；批捕倒卖车票、伪造车票、倒卖伪造的车票案件72件96人，同比增长4.34%和10.34%，起诉81件114人，同比增长26.56%和35.71%。两级院认真贯彻执行高检院铁检厅部署，积极有效开展集中打击涉票犯罪专项活动，同时结合专项行动，开展综合治理和预防职务犯罪工作，受到高检院铁检厅充分肯定，多篇经验材料被转发。

【抗震救灾】 “5·12”汶川特大地震发生后，分院党组发挥坚强领导作用，确保队伍稳定和工作稳定。抗震救灾期间，先后从成都、西昌、重庆铁检院和分院机关抽调58名干警，不分昼夜，连续奋战，协助铁路公安机关执行线路警卫任务，加强看守所安全工作。两级院先后组织预防部门人员多次深入车务、货运、供电和铁路生活保障系统，对各种救灾款物管理情况进行抽查，协助铁路有关部门加强救灾款物管理。踊跃向地震重灾区捐款捐物，先后组织3次捐款活动和1次交纳特殊党费活动，240余名干警和离退休干部共向灾区捐款、捐物和交纳特殊党费28.4万元，其中两级院向北川、青川或通过省院向其他重灾区检察院对口捐助12.5万元。

【宽严相济刑事司法政策贯彻】　进一步贯彻落实宽严相济刑事司法政策，两级院建立快速办理轻微刑事案件机制、刑事和解机制、轻缓量刑建议机制、办理未成年人刑事案件机制。在依法履行检察职能中，根据案件的具体情况，实行区别对待，做到该严则严，当宽则宽，保证法律效果和社会效果的有机统一。全年共建议法院适用简易程序审理案件218件，占刑事案件的49%，被告人认罪适用普通程序简化审57件，提出量刑建议117件，促成刑事和解4件5人，对未成年人贯彻落实轻缓刑事政策12件15人。

【公诉工作机制改革】　实行重大、疑难案件集体讨论制度，促进主诉检察官严把案件质量关。实行公诉审查报告综合化，提高审查起诉案件质量。在建议法院适用简易程序审理案件中，积极进行证据展示试点，使控、辩双方对案件事实和证据更加明确，观点更加集中，使被告人的诉讼权利得到有效保护，有效提高诉讼效率。

【贪污贿赂案件查办】　全年共立案查办贪污贿赂案件30件42人，其中要案2件，大案22件，大要案比例为80%。侦查终结29件39人，侦结率为92.85%，起诉率为97%，有罪判决率为100%。分院坚持早谋划、早部署，开展打击贪污贿赂犯罪“冬季行动”。在“冬季行动”的两个多月中，两级院共立案查办贪污贿赂案件6件12人，其中大案9人，要案1人，大要案比例为83%。为确保办案效果，各院根据办案重点和个案进展情况，采取领导带头办案、组织力量集中攻坚、适时开展交叉办案等方法，确保整体工作的有序推进。

【渎职侵权案件查办】　两级院把依法查办滥用职权、玩忽职守、贪赃枉法、徇私舞弊等渎职侵权犯罪案件作为工作重点，在拓展案件线索渠道，重视案件线索初查和集中力量攻坚等关键环节上狠下功夫，全年共受理并初查案件线索22件，其中立案并侦查终结3件3人，案件起诉到法院后均作有罪判决。

【侦查一体化】　在查办职务犯罪案件中，通过整合两级院的人力和物力资源，开展交叉办案，发挥侦查一体化的效能。全年共从两级院反贪、反渎等部门抽调干警44人，对13件大要案件实施攻坚，取得良好办案效果。同时，有20名干警服从上级检察机关命令，被中纪委抽调参与“9·23”案件的查办工作并受到好评。

【预防职务犯罪】　以贵广铁路预防职务犯罪工作为先导，积极创新工作机制，在前期形成的《贵广铁路建设项目预防职务犯罪工作实施意见》基础上，分院组织专门人员，起草《贵广铁路建设项目各环节预防职务犯罪工作细则》，使预防工作措施进一步细化。分院把“贵广模式”推广到管内已开工的11个在建铁路重点工程项目和拟开工的21个铁路重点工程项目，取得良好效果。六沾线、襄渝二线、成昆线战略装车点、达成扩能改造等重大建设项目的预防职务犯罪工作顺利开展，取得初步成效。在四川省检察院确定的50个重大建设项目跟踪服务对象中，路局管内的襄渝增建二线工程、遂渝增建二线工程、成都新客站及配套枢纽工程、成都至甘肃哈达铺铁路工程、兰渝铁路工程、达成铁路扩能改造工程等被列其中。为落实跟踪服务措施，分院牵头组织召开成都铁路局重点工程建设项目预防职务犯罪工作动员会，进行专门部署，省院领导和路局领导到会并作指示。两级院先后与管内13个铁路建设指挥部签订廉政责任书，推进预防工作持续稳定开展，提出开展预防职务犯罪工作的明确要求，为实现“工程优质，干部优秀”的目标提供机制保证。

【侦查监督】　强化案件审查，依法决定不捕25件50人，决定不起诉7件9人。分院共办理批准延长侦查羁押期限33人，其中报请省院批准延羁期限4人。纠正漏起诉9件16人，退回补充侦查88件223人，建议移送单位撤回案件21件37人。在批捕和公诉环节提出纠正违法50件，发出检察建议9件。在开展侦查监督工作中，加强与公安机关的联系和沟通，对报送批捕和起诉案件中存在问题均及时向公安机关反馈，并根据事实结合法律对案件证据状况进行分析，提出补充侦查意见，处理好增强打击合力与确保案件质量的关系。

【提前介入和引导侦查】　在侦查监督和公诉环节积极开展

提前介入侦查和引导侦查工作。对证据不够完善的批捕案件，认真制作《补充侦查提纲》和《提供法庭所需证据材料意见书》，及时向提请审查批捕单位反馈，督促完善证据重新报捕或在批捕后继续补充证据。两级院公诉部门通过加强与公安机关和本院侦查监督部门的联系，及时掌握重大疑难案件线索，通过提前调阅案卷和参加案件讨论等方式，加强引导侦查工作。全年两级院共提前介入和引导侦查案件154件。

【立案监督】 全年两级院共办理立案监督案件36件36人，其中监督纠正不应当立案而立案13件13人。在开展立案监督工作中，两级院坚持办案数量、质量和效果的有机统一，着力纠正有案不立，有罪不究，以罚代刑等问题，取得良好监督效果。

【站车交接案件】 把加大站车交接案件法律监督力度，作为提升两级院法律监督能力和增强法律监督效果的新的增长点，实现由被动监督向主动监督转变，由强调摸清底数向注重处理结果转变，由追求局部效应向发展铁检机关整体协作成果转变。全年，两级院掌握并跟踪监督成铁公安机关办理的站车交接案件131件，受理提请审查批准逮捕61件63人，经审查批准逮捕56件57人，同时对该立案未立案和不该立案而立案的2件2人站车交接案件进行监督，公安机关分别作出立案和撤案处理决定。

【刑事审判监督】 两级院及时、认真审查法院判决、裁定，对确有错误的判决、裁定，依法提出和提起抗诉；对不涉及实体处理的违法问题及时向法院提出纠正意见。全年共办理二审上诉案件18件，依法提起抗诉2件，抗诉成功1件，口头纠正违法1件。

【“四庭”活动】 两级院积极开展示范庭、考核庭、观摩庭、模拟庭“四庭”活动，提高两级院公诉部门干警业务素质。两级院组织检察委员会委员集体参加旁听，逐个考核、打分和评比的方法，同时有重点地邀请人大代表视察出庭工作，自觉接受监督。全年两级院共开展“四庭”活动10次，邀请人大代表视察庭审13次。

【监所检察】 坚持深入监管场所劳动、学习、生活现场开展联合检查和适时抽查，规范看守所分管、分押专项工作，对生效判决的执行情况和留所服刑罪犯刑满释放情况进行重点监督检查，管内没有发生一起违法羁押情况。加强对监外执行罪犯管教活动的检察监督工作，审查批捕监外执行又犯罪案件4件4人，审查起诉2件2人，法院均作有罪判决。继续加强对减刑、假释、保外就医的检察监督工作，提出减刑建议1件，由公安机关提出后被法院采纳。开展规范看守所分管、分押专项行动，向公安机关提出《纠正违法通知书》1件，使一起混关混押问题得到及时纠正。各驻所检察室均与看守所实现信息单机联网和监控联网，推进信息和资源共享，同时全面实行24小时驻所检察。

【超期预警】 充分利用自行开发的《监所管理系统2004》管理软件的超期预警功能，加强与公安看守所和法院的协作配合，及时掌握羁押期限即将届满的案件情况，共催办各诉讼阶段案件279件280人次，杜绝超期羁押。

【刑事申诉检察】 全面推行“首办责任制”，将矛盾化解在基层，将问题解决在首办环节。推行与申诉人“两见面”制度，在办案中认真听取当事人及其亲属对案件处理存在的疑问，耐心做好法律宣传、说服教育、思想疏导工作，提高依法化解矛盾的本领。推行刑事申诉案件公开审查制度，以公开促公正，努力做到让当事人满意，让申诉人息诉罢访。全年两级院共受理刑事申诉案件线索12件，由检察长接待5人次，现场答复5人次，办理刑事申诉案件2件，并做到案结事了。

【群众来信来访处理】 坚持检察长接待日和检察长阅批群众来信制度，全年安排检察长接待日120次，接待57人次，批示处理来信92件，做到件件有结果。两级院控申部门共受理群众来信来访90件，对群众反映的问题尽快查清，及时答复。对长期上访的案件，逐案研究，落实责任单位和责任人，限期解决。同时加强与公安、法院等有关单位配合，共同做好当事人及其亲属的工作，无因工作不力导致管辖内案件出现重大群体性上访和过激上访。开展涉检案件“零上访”活动，分院获四川省检察机关争创涉检案件“零上访”

活动组织奖，重庆铁检院获四川省检察机关争创涉检案件“零上访”活动先进集体称号。

【“文明接待室”创建活动】 建立健全工作机制，规范工作标准，加大硬件投入，不断深化“文明接待室”创建活动。经上级检察机关考核验收，成都、西昌、贵阳铁检院控申举报接待室被评为全省检察机关“文明接待室”，重庆铁检院控申举报接待室再次被评为全国检察机关“文明接待示范窗口”，贵阳铁检院寇丽华被授予全省检察机关“优秀接待员”称号，重庆铁检院曹正伦被授予全国检察机关“优秀接待员”称号。

【举报宣传】 各院深入站车，采取张贴宣传挂图、发放举报宣传提纲、宣讲举报知识、召开座谈会、接受法律咨询等形式，大力开展举报宣传活动，取得良好效果。全年两级院共受理举报案件线索90件，经初查后移送立案18件。两级院重视奖励举报有功人员，全年共奖励举报人26人，奖励金额17 300元。

【民行检察】 全年共受理民事申诉案件4件，发出再审检察建议2件，提起刑事附带民事诉讼5件，启动再审程序2件。督促（支持）起诉工作成效尤为明显，共办理督促（支持）起诉案件34件，涉案标的5 275万元，为企业挽回经济损失3 520万元。

【检察技术】 共办理各类检察技术案件278件，出具有效法医文证审查意见书、文件检验文证审查意见书、司法会计文证审查意见书126份。运用视听技术，发现、记录与案件有关的各种不同形式的证据，为侦查工作提供方向，为揭露、证实犯罪提供有力的科学证据。分院充分运用网络视频会议系统指挥办案，参与基层院检察委员会讨论案件，提高办案效率。

【工作方法创新】 重庆铁检院在推进公诉工作中，通过收集与办案工作有关的法律法规、司法解释、典型案例，以及与公诉业务有关的各种资料建立文档，通过操作系统和相应软件实现快速查询，公诉人员自己建立的资料库作公诉工作“百宝箱”有效提高办案效率。重庆铁检院在分院指导下开发的“移动侦查指挥系统”，通过利用无线路由器和笔记本电脑中的无线网卡搭建网络办案平台，实现场景监控、视频对话、多点连接、信息共享和安全运行，促进指挥人员与办案人员相互间的快捷信息交流，提高了侦查指挥效率。

【检察委员会工作】 各院从议案审查和决策督办等关键环节入手，不断提高检察委员会的议事决策效率和质量。全年两级院共召开检察委员会32次，讨论重大议案29次，组织专题学习4次，分院列席各基层院检察委员会10次。两级院选任9名专职检察委员会委员，增补3名政治业务素质好的年轻业务骨干充实检察委员会，两级院检察委员会成员的年龄知识结构得到改善。

【检察理论调研】 努力构建大调研的工作格局，与高等院校建立学术交流平台，不断提升检察理论调研成果质量。全年两级院共撰写各类调研文章200余篇，其中有65篇被各级理论报刊采用。分院获四川检察论坛组织奖。

【适用法律研究】 紧密联系检察业务工作实际，加强适用法律研究。全年共完成法律请示11件，与铁路公安、法院共同拟制适用法律意见6份，对办案工作起到指导作用。分院与成铁中院共同制定的《关于检察长列席法院审委会的规定》，为两级院检察长列席法院审判委员会提供机制保证。

【“三省市”涉铁案件管辖意见】 分院负责起草的《四川省、重庆市、贵州省人民检察院关于铁路运输检察机关与地方检察机关互涉直接受理侦查案件管辖的意见》，经“三省市”检察机关会签后正式实施。《意见》规定铁路运输检察机关与地方检察机关在处理互涉案件管辖问题上应当遵循的原则，以及具体案件管辖的范围，为解决管辖争议，及时有效查办贪污贿赂、渎职侵权等职务犯罪案件提供机制保证。受到最高人民检察院充分肯定。

【人民监督员】 在办理职务犯罪案件中，对被逮捕的犯罪嫌疑人不服逮捕决定的、拟撤销案件的、拟不起诉的等“三类”案件一律进入人民监督员程序。体现人民监督员制度的庄严性，确保公正执法。全年两级院共有3件“三类案件”进入人民监督员程序接受监督。截至年底，管内有27名人民监督员接受分院人民监督员办公室组织的业务培训。

【司法警察工作】 全年两级院司法警察共出警3 800余人次，协助查办贪污贿赂案件30件，协助查办渎职侵权案件4件，押解犯罪嫌疑人86人次，参与搜查70余人次，看管犯罪嫌疑人447人次，执行拘传76人次，协助其他检察院办案8件，协助追逃2人。

【专项教育活动】 深入开展“大学习、大讨论活动”和“素质大培训、技能大练兵、作风大转变”主题教育活动。两级院把开展两项活动作为推进各项检察工作创新发展的有效载体，列入党组重要议事日程，适时召开党组会专题研究推进计划，确保各项工作目标和主要任务的层层落实。

【干部教育培训】 分院先后举办反贪侦查业务、公诉业务和综合工作技能等培训班7期。两级院公诉、反贪、反渎、侦监等主要业务部门结合实战需要，开展岗位练兵活动，在上级组织的检察业务竞赛活动中取得好成绩。贵阳铁检院潘燕荣获2008年四川省检察机关“十佳公诉人”称号和“优秀论辩奖”。分院积极组织两级院干警参加专门培训，有4人通过国家司法考试。

【“三位一体”机制建设】 各基层院以检察业务、队伍和信息化“三位一体”机制建设为平台，深化办案管理机制改革，解决办案随意性大、管理不规范、监督和控制手段不完备等问题。各基层院主要业务部门实现网上办案，在突出过程控制中，促进公正高效执法。

【纪检·监察工作】 坚持“教育、制度、监督并重”，把日常警示教育与完善制度、强化内部监督结合起来，扎实推进惩治和预防腐败体系建设。认真执行领导干部廉洁自律各项规定，上级检察院负责人与下级检察院负责人谈话制度、上级检察院派员参加下级检察院党组专题民主生活会制度，强化分院对各基层院领导班子和领导干部的监管力度。坚持年度述职述廉和重大事项报告等基本制度，组织两级院中层以上干部与各院党组签订“党风廉政建设责任书”，“各负其责”和“一岗双责”的要求得到落实。

【检务督查】 两级院成立检务督察机构，初步形成内部监督网络。重点加强对自办案件、公诉开庭和车辆管理等方面的检务督察。通过听取发案单位意见、开展专项检查和节假日抽查，促进了业务管理、行政管理和队伍廉洁自律。

（陶应杰）

法　　院

【综　述】 铁路运输法院是国家设置在铁路运输部门的审判机关，依法独立行使审判权。成都铁路局辖区设两级运输法院，路局机关所在地设成都铁路运输中级法院，中院下设成都、重庆、贵阳、西昌4个基层法院。

中院设政治部、办公室、行政装备处、立案庭、刑事审判庭、民事审判庭、审判监督庭、执行局（庭）、研究室、法警支队、纪检组（监察室），共11个部门。基层法院设政治处、办公室（研究室）、行政装备科（西昌除外）、立案庭、刑事审判庭、民事审判庭、审判监督庭、执行局（庭）、法警大队，共9个部门。两级法院有干警251人，其中中院75人。

2008年，成都铁路运输两级法院认真贯彻全国全省法院工作会议精神，坚持“三个至上”的工作指导思想，围绕“公正与效率”主题，坚持以审判工作为中心，充分发挥审判职能作用，为构建和谐成铁和维护铁路安全运输生产提供强有力的司法保障。全年，两级法院受理各类案件2 290件，审结715件，执结1 023件。

【刑事审判】 受理刑事一审案件460件，审结437件，审结率95%；受理刑事二审案件26件，审结21件，审结率81%。其中改判5件。无超期羁押和超审限案件发生。

2008年，两级法院坚持以服务“和谐成铁”为中心，把确保西南铁路的社会治安秩序稳定，严厉打击各类刑事犯罪活动放在首要位置，坚持宽严相济的刑事政策，坚持打击与维护稳定并重，突出打击重点，严厉打击破坏交通工具、设施、铁路运营安全事故、爆炸等严重危害公共安全的犯罪；在站车上抢劫、杀人等暴力犯罪；盗窃铁路运输物资的犯罪；打击利用铁路贩运毒品、走私贩私和倒卖车票的犯罪；贪污贿赂等职务犯罪。全年审结上述五类案件381件，占全部审结案件数的87%。全年，两级法院刑事案件生效判决414件，判处人犯704人，其中判处五年以上有期徒刑、无期徒刑、死刑的137人。通过刑事审判工作为国家集体挽回经济损失280万元。

【民事审判】 受理民事一审案件282件，审结220件，审结率78%，结案标的额2.682亿元；受理民事二审案件36件，审结33件，审结率92%，其中改判2件。

两级法院充分发挥铁路法院职能作用，为铁路运输生产和建设大局服务，重点审理好侵害铁路企业权益的案件。把维护铁路正常的运输生产秩序作为法院审判工作的主战场，加强对侵害铁路企业权益案件的审判力度，做到快立案、快审理，快执行，防止国有资产流失，确保国家经济大动脉畅通。全年审理此类案件86件，为铁路企业挽回经济损失上亿元。加强客货运输合同纠纷案件、人身伤害赔偿类案件，铁路企业内部职工纠纷案件的审理。依法保护公民、法人及其他组织的合法权益，铁路企业的深化改革和科学发展提供有力司法保障。

【立案工作】 结合民诉法修改后的新要求，严格依法立案、规范立案，正确把握立案条件，增强适用法律的能力。做好方便群众诉讼工作，加大司法救助力度。建立诉讼提示制度，将收案范围、诉讼收费标准、诉讼须知公示上墙，向当事人发放诉讼指南、诉讼风险提示。积极适用简易程序审理案件，提高办案效率，减少当事人诉累，全年一审案件适用简易程序审理的265件，占一审案件的41%。建立诉讼绿色通道，对涉及人身损害、民工工资、残疾人、低保户等弱势群体诉讼案件，坚持优先立案，对经济确有困难的当事人进行司法救助，减免诉讼费。全年，两级法院共减免诉讼费38.6万元，做到让经济困难的群众打得起官司。

【执行工作】 受理执行案件1 479件，执结1 032件，执结率70%，执结标的额13.33亿元。

两级法院执行工作坚持以开展集中清理执行积案为重点，认真贯彻全国集中清理执行积案电视电话会议精神，成立组织机构，下发实施方案，抽调精干力量，开展集中行动，第一阶段工作取得圆满成效。93件有财产可供执行案件已执结47件，执结率50%，在全省法院位于前列。同时，两级法院加强执行机制建设，完善执行案件局长负责制，执行案件微机分案制，执行交叉互裁制度、执行案件信息管理系统等工作机制，促进执行工作高效、有序运转。完善执行工作程序，实行执行全过程公开，实行执行异议案件听证制度，增加执行工作透明度，实现“阳光执行”。全年，两级法院执行案件结案标的额比上年增长9%，再创历史最好成绩，没有重大执行冲突事件发生。

【审判监督】 受理再审案件10件，审结5件。

两级法院根据民诉法修改后的新要求，调整工作职能。基层法院审监庭将工作重点转移到审判质量监督管理和案件流程管理。认真贯彻《案件质量评查办法》，深入开展案件质量评查工作，组织对近年来的案件归档和评估拍卖情况开展专项监督评查。解决两级法院在审判工作中存在的薄弱环节和不规范问题。开展案件抽查工作，保证20%的抽查率，对三类案件做到全部评析，对发现问题及时督促整改。

【教育培训】 两级法院现有干警251人，其中研究生学历9人，占总人数3.6%；本科学历172人，占总人数68%；大专学历47人，占总人数18.6%。全年举办培训班8期，培训299人次，完成全年教育培训计划。4人通过国家司法考试。

【审判调研】 两级法院干警围绕铁路审判实践中遇到的热点、难点问题，大力开展调查研究。撰写调研文章295篇，被国家级期刊采用1篇，被省级刊物采用31篇，2篇文章在全国法院系统学术研讨会获奖；完成路局课题1个，完成省高院重点课题2个。

【调解工作】 两级法院按照“当调则调，当判则判，多调少判，案结事了”的要求，多作当事人的调解、和解工作。同时，注重调解方法，积极探索立案调解，做好庭前调解，加强庭中调解，通过电话、传真、电子邮件等方式促成当事人达成调解协议，为当事人节约大量的时间和精力，提高案件调解率，确保案结事了。全年，两级法院调解结案（含撤诉）154件，调解率70%。

【典型案例报告会】 6月1日至12日，两级法院组织典型案例分析报告团，先后在贵阳、重庆、西昌、成都开展典型案例分析巡回报告活动。通过8件典型案例的承办法官以案说法的方式，认真分析正反两方面的经验教训，增强法官队伍的政治观念和大局意识。

【大学习大讨论活动】 两级法院按照四川省高级人民法院的部署积极开展大学习大讨论活动，先后完成出台《中院班子深入学习实践科学发展观分析检查报告》、《充分发挥法院审判职能作用为“和谐成铁建设”提供司法服务保障的若干意见》、《努力强化政治思维，充分发挥法律智慧，不断提高法院一审案件质量》等工作指导性文件报告，进一步理清两级法院发展思路，明确铁路法院发展方向。

【涉诉信访工作】 两级法院坚持以集中处理专项工作为载体，重点解决进京到省非正常访、重信重访的问题，坚持创新工作机制，注重从源头上防止和减少新的涉诉信访。一、健全涉诉信访源头预防机制。把加强诉讼调解作为预防信访案件产生的重点，健全以调解为基础、庭审为中心、大要案件管理为重点的矛盾分流疏导机制。二、健全涉诉信访排查化解机制。按照“定领导、定专人、定方案、定时限”的要求，对案件进行“拉网式”排查摸底，将有可能进京到省非正常访、重信重访的人和案件逐人逐件登记建档制定解决方案。三、健全涉诉信访绩效考核机制。对每个法官承办案件的初信初访、判后释疑、申诉率和进京到省重复访、老户访实行动态管理。两级法院涉诉信访工作取得圆满成效，实现北京奥运会期间零上访，上级法院督办案件全部办结，上访老户问题得到基本解决。

【审判机制建设】 建立完善各项审判制度，抓好制度落实。修订《案件跟踪制度》、《案件管理制度》、《案件质量评查制度》、《一审开庭程序》、《审判流程管理规定》等相关制度，制订《案件讨论制》、《合议庭成员阅卷制度》、《庭长监督办案制度》等，建立统一有序的案件质量管理体制，提高办案质量和效率。

【裁判文书上网】 认真贯彻省高院下发的《关于裁判文书制作的规范意见》，规范裁判文书样式，杜绝差错，提高裁判文书质量。认真执行中院下发的《刑事、民事、审再裁判文书质量评比实施办法》，开展裁判文书评查活动，由中院各业务庭按系统对两级法院的裁判文书每半年进行一次评查，评选出优秀文书在两级法院通报，推荐20%的刑民一审裁判文书在成铁两级法院网站上刊登交流，全年53篇刑民裁判文书上网。

【庭审同步录像】 为实现司法公正和加快法院诉讼档案数字化进程，两级法院对所有刑事案件的审理全过程进行同步录音录像，由办公室网络管理人员实行定人定责管理，并刻录光盘存档。标志着法院审判现代化再上新台阶。

【审务效能督查】 中院下发《审务效能督查办法》，在两级法院开展审务、效能督察工作。重点对两级法院庭审中有损法院和法官形象的违法违纪等问题进行督察。中院成立审务、效能督察组，通过明察暗访和交叉督察、设立审务、效能督察及投诉电话的方式开展督查工作。发现问题，立即发出纠正、整改、问责和催办、督办、督察通知书、内部通报等方式处理。

【法官办案档案建立】 2008年1月，在两级法院审判、执行等业务部门建立和规范《法官办案质量档案》。记载每名审判员、执行员所办的案件，从实体、程序、审限、文书、信访等各个环节，做到一人一档，一案一表。作为法官立功受奖、评先选优、提职晋级、岗位目标奖惩的主要依据。

【荣　誉】 成铁中院审判调研工作被评为全省法院先进单位、司法统计工作荣获二等奖，信息工作被路局评为先进单位，成铁法院被评为全省法院抗震救灾先进集体，涉诉信访工作先进单位。

【胡国荣故意杀人案】 胡国荣，原系成都铁路局内江车务段职工。

2008年5月23日8时30分许，胡国荣到段劳动人事科，找到被害人林树平（劳动人事科科长）询问其申请改职调动的办理情况。当胡国荣没有得到林树平的满意答复后，即产生用汽油烧死林树平的想法。随后胡国荣向钟某借一个白色塑料桶到内江市市中区华光加油站购买9.45升汽油，并借得大饮料瓶和购买打火机各一个，胡国荣回家中用饮料瓶分装汽油后，携带装满汽油的饮料瓶和打火机，返回内江车务段劳动人事科办公室，并将汽油浇倒在林树平身上，随即被该办公室其他工作人员制服，后被赶到的公安人员抓获。

法院认为，胡国荣因工作变动等未获单位满意答复，而对林树平心怀怨恨，产生非法剥夺他人生命权利的故意，并在客观上着手实施犯罪行为，其行为已构成故意杀人罪，胡国荣故意杀人的行为因意志以外的原因未能得逞，系犯罪未遂，且认罪态度较好，可以减轻处罚。依法以故意杀人罪判处胡国荣有期徒刑4年。

【杨永茂贪污巨额公款案】 杨永茂，原系成都铁路局重庆工务段财务和计划统计科会计员。

2003年11月至2007年7月期间，杨永茂利用其在原遵义工务段和重庆工务段从事工资核算工作的职务之便，采用虚开职工工资账户、加大工资总额，并将虚开的工资通过银行汇入其虚开的职工工资账户予以侵吞的手段，多次侵吞原遵义工务段和重庆工务段公款共计3 127 249.8元。2007年8月8日，杨永茂在妻子张丹的陪同下在遵义向重庆铁路运输检察院反贪污贿赂局办案人员投案自首。归案后杨永茂已退缴赃款2 166 462元。

法院以贪污罪判处杨永茂有期徒刑14年，并处没收财产人民币30万元，尚未退缴的赃款960 787元，继续追缴。

【刘明扬特大团伙倒卖车票案】 刘明扬，原系岳池县农村工作领导小组办公室干部。

2008年春节前，朱先明、罗云贵找到刘明扬，三人在岳池县城一家酒店商定利用“春运”做点火车票生意，同时分工刘明扬利用其从事劳务开发暨农民工工作的便利条件，负责开据县政府的介绍信，到成都订购民工团体火车票；朱先明负责协调和打通各种关系；罗云贵负责组织票款及倒卖车票。

同年2月8日，刘明扬持介绍信和本人工作证，到成都订购2月15日成都至上海的各车次民工团体票2 142张，票面金额共282 150元。2月11日，刘明扬将车票取出后交给罗云贵，罗云贵与朱先明将车票加价倒卖给同案被告人陈仕芳950张、赵桂元400张、吴晓蓉241张。陈、赵、吴将所购车票加价倒卖，其中赵三元从吴晓蓉手上购买车车票50张，票面金额6 300元，然后加价倒卖给刘福祥。刘福祥将车票加价后再进行倒卖，有25张车票加价90元后与冯晓春共同倒卖。2月14日，朱先明、罗云贵、刘明扬用同样方法再次在成都订购2月22日成都至上海、成都至太原、成都至北京的民工团体票1 986张，票面金额共263 098元。在倒票时被警方抓获。

法院认为：朱先明、刘明扬、罗云贵等9被告人以非法营利为目的，倒卖车票，情节严重，其行为均构成倒卖车票罪，其中朱先明、刘明扬、罗云贵共同参与倒卖车票4 128张，票面金额545 248元，系共同犯罪；刘福祥倒卖的50张车票中，冯晓春参与倒卖25张，非法获利2 250元，系共同犯罪。依法分别判处朱先明、刘明扬、罗云贵等9名被告人有期徒刑2年至8个月；并处罚金7 000元至60万元不等。

（王　健）

人武·战备

【综　述】 2008年全局武装、战备人防工作，适应形势，调整思路，围绕中心，服务运输。全年以抗击自然灾害，发挥保障作用；强化桥隧守护，保障运输安全；落实重点任务，促进应急保障建设为主线，推动战备基础建设、民兵工作、双拥优抚、入伍推荐、安全建设和管理同步发展。重点桥隧目标守护率达到100%、无责任安全事故发生；战备物资、设施良好率85.5%、民兵武器库安全管理实现第19个安全年。

局人民武装部（人防战备处）定员4人，现员4人。附属机构：成都武器库定员5人，其中主任1人，巡守员4人。

【成都中心战备仓库竣工交验】 3月20日，新建成都西货场成都中心战备仓库通过竣工验收。总建筑面积2 218.9平方米，其中仓库2 156.6平方米、仓库管理房62.3平方米，配套工程货场道路硬化6 500平方米、道路排水沟1 121米、货场围墙695米、污水管道610米、室外给水640米、室外电力电缆640米、室外通信线路500米、消防管道960米，仓库内10吨双梁起重机1台，总投资686万元。已移交成都工务段管理。

【二级目标保障方案通过评审】 牵头组织各参编单位开展铁路二级重点目标保障方案编制工作。经过定稿审查和初步审查，11月4日至5日全部通过成都军区交通战备办公室组织的会审。

【民兵专业应急训练】 4月14日至23日，贵阳地区工务系统民兵专业保障队伍120人开展为期10天的防洪抢险业务知识培训和快速搭建帐篷训练。

【守护部队营房整治】 成昆线金沙江大桥成都端岗楼整治2万元、安宁河5号桥排营房围墙整治15万元、安宁河4号桥中队营房改扩建2 721 973元。

【成都武器库改造】 路局投资成都民兵武器库生活设施改造8万元；贵阳民兵武器库综合改造11万元。

【双拥优抚】 元旦、春节和“八一”期间，分别走访慰问川、贵、渝两省一市的4个驻军领导机关、3个武警铁路守护部队领导机关和5个武警基层守护部队、8个有重点桥隧守护任务的工务段，发送慰问金34.5万元。

【入伍推荐】 全局职工子弟推荐入伍工作，领导重视、工作深入、严格把关，共向两省一市征兵机构推荐适龄青年750人，其中男青年635人、女青年115人。被推荐人员的整体素质较往年有明显提高。

【抗震抢险应急演练】 “5·12”汶川特大地震后，为保障抢险应急需要，根据路局抗震抢险指挥部指示，局武装部、局工务处联合组建抢修器材拼装演练领导小组，组织各有关单位对既有战备储备抢修器材进行清查；5月22日至24日9支工程抢修专业保障队伍开展战备制式抢修器材拼装实战演练，对列入抢险预案的抢修钢梁和桥墩实施预拼装，预备抢险应急使用。共拼组拆装式钢桁梁32米跨度1孔、16米跨度4孔，10米高“八三式军用钢桥墩”1个，万能杆件桥墩2个。

【震后复旧】 有3座战备仓库、9处守护营房纳入铁路局震后复旧建设，投入资金约163万元。其中战备仓库约90万元；成昆线枣子林隧道守护营房（含进、出口）18.6万元、金沙江大桥武警中队营房（含看守房）21.2万元、青衣江大桥民兵会议室5.4万元、关村坝工务民兵营房13.4万元、甘洛工务民兵连部食堂6.1万元、安宁河5号桥昆方岗亭1.5万元、赵坪1号隧道出口民兵营房6.3万元。

（付　英）

人物

- 模范单位、人物
- 新任局职干部简介
- 荣誉记载
- 人物名表

模范单位、人物

全国、省（市）“五一”奖章、奖状

全国“五一”劳动奖状

贵阳客运段 T87/88 次北京车队第二包乘组
成都车辆段成都运用车间拉萨第六包乘组

全国“五一”劳动奖章

李蓬兵 重庆供电段合川供电车间副主任
马 燕 广元车站客运室安全员
魏 平 成都铁路局运输处处长

四川省“五一”劳动奖状

成都车务段

四川省“抗震救灾、重建家园”“五一”劳动奖状

江油车务段汉旺车站
成铁公安局成都公安处
成都工务机械段综合机修四车间桥梁移梁队
成都工务段新都线路车间

四川省“抗震救灾、重建家园”“五一”劳动奖章

张 锐 成都车辆段检修车间装解班技师
石 磊 成都供电段安全科科长
周万华 江油车务段彭县车站站长
姜国亭 成都电务段德阳信号车间主任
何国军 多元集团西南铁路房屋建筑公司总经理
刘新武 江油车务段都江堰车站站长
苏金志 绵阳工务段副段长
景 涛 成都供电段成都北供电车间主任

重庆市“五一”劳动奖章

张曲锋 重庆车站站长
于孝范 重庆机务段机车司机

贵州省“五一”劳动奖状

凯里车务段玉屏站运转班组
六盘水工务段轨道车库
贵阳工务段青岗岭线路工区
六盘水车务段六盘水车站
贵阳车辆段运用车间乘务一队
贵阳供电段凯里供电车间
贵阳南站西站车间运转班组
贵阳机务段检修车间牵电组
贵阳车务段龙里车站
贵阳电务段贵阳信号车间客站信号工区
贵阳客运段广州八组
贵阳车站客运车间

贵州省“五一”劳动奖章

林泉海 凯里工务段技术科副科长
赵金国 六盘水机务段运用车间电力司机
樊荣建 遵义车务段中心站值班员
冉平林 贵阳车务段龙里车站站长
钟学彬 贵阳南车辆段动态检测维修车间红外线维修工
徐春梅 贵阳车站值班站长
魏秀娟 贵阳车站客运车间支部书记
陆 勇 贵阳机务段纪委书记
龙海军 贵阳机务段运用车间指导司机
彭晓红 六盘水工务段凉水井巡养工区工长
袁鸿飞 贵阳车辆段运用车间主任
潘光瑞 贵阳供电段段长
许连庆 贵阳客运段乘务科派班室派班员

全国、省、铁路工人先锋号

全国工人先锋号

自贡工务段俞冲巡养工区
贵阳客运段 T87/88 次北京车队第二包乘组
成都车辆段成都运用车间拉萨第六包乘组

全国“抗震救灾、重建家园”工人先锋号

绵阳工务段竹园坝线路车间
成都车辆段成都运用车间
成都客运段拉萨车队第十包乘组
成都机务段运用科
成都工务段新都线路车间
江油车务段汉旺车站
广元车站货运车间
成都工务机械段综合机修四车间桥梁移梁队
成都车站运转车间
成铁公安局成都公安处

铁路工人先锋号

成都机务段峨眉检修车间电机班
贵阳供电段龙里接触网工区
成都车辆段成都运用车间拉萨第六包乘组

贵阳机务段贵阳运用车间沪昆客车第二指导组
自贡工务段俞冲巡养工区
成都东车辆段成都东检修车间钩缓组
成都工务段顺河场线路巡养工区
重庆西站南运转车间一班一区

四川省工人先锋号

内江车务段大关车站
成都车站售票车间一班
成都客运段宁波二组
广安工务段高兴线路工区
成都工务机械段大机维修二队一工班

四川省“抗震救灾、重建家园”工人先锋号

广元车站
绵阳车务段
成都材料供应段
成都东车辆段广元南列检二班
成都供电段绵阳供电车间
局疾控中心
局调度所

贵州省工人先锋号

贵阳机务段设备车间电力组
贵阳客运段 T87/88 次北京车队第二包乘组
凯里车务段凯里车站客运室
贵阳车站客运车间
凯里车务段玉屏车站运转班组
贵阳供电段凯里供电车间
六盘水车务段六盘水车站
六盘水工务段轨道车库
贵阳南站西站车间运转班组
贵阳车辆段运用车间乘务一队
贵阳工务段青岗岭线路工区
贵阳客运段广州八组

部先进集体、劳动模范

铁道部先进集体

贵阳机务段

铁道部抗震救灾英雄集体

绵阳工务段
成都北车站成都东站

铁道部劳动模范

李黔生　凯里车务段都匀车站站长

铁道部抗震救灾英雄

蒋传训　江油车务段汉旺车站站长
游成强　江油车务段木瓜坪车站站长

火车头奖章、奖杯

火车头奖杯

自贡工务段

抗雪灾火车头奖杯

凯里车务段
贵阳机务段
贵阳供电段
凯里工务段
都匀工务段
贵阳客运段广州车队
贵阳车务段湖潮车站
六盘水机务段调小车间
贵阳电务段凯里信号车间
贵阳南车辆段贵阳运用车间
成都铁路局

火车头奖章

徐茂华　江油车务段德阳车站货运值班员
李国娟　内江车务段隆昌车站客运值班员
刘晓明　涪陵车务段郁山车站值班员
黄成全　成都车务段资阳车站助理值班员
王松善　广元车站运转车间二大班值班站长
陈先玲　贵阳车站运转车间站调
万勇建　重庆机务段机车司机
卿太刚　重庆机务段重庆南运用车间指导司机
刘学龙　六盘水机务段段长
冯　明　贵阳供电段党委书记
王树平　重庆工务段綦江线路车间主任
刘大海　涪陵工务段白沙沱线路工区工长
罗　利　西昌工务段垭口线路工区工长
何　健　重庆电务段宜宾信号车间主任
刘茂洋　成都电务段攀枝花信号工区工长
张海峰　成都客运段北京车队队长
蒋维忠　成都客运段段长
倪红燕　重庆客运段拉萨三组列车长
王家荣　达成公司万州工务段梁平桥路领工区领工员
罗林平　重庆铁路公安处巡警支队侦察员
王贵娟　贵州铁路实业集团有限责任公司总经理
赵　山　局财务处处长
章宗瑞　局工会保障和女工部部长
贺积勇　局劳卫处处长
潘光瑞　贵阳供电段段长

抗雪灾火车头奖章

张亚新　凯里车务段副段长
王亚东　贵阳车务段段长
刘　卫　凯里车务段贵定站站长
周　毅　贵阳车站副站长
管育家　六盘水车务段技术科科长
李庆平　贵阳客运段段长

杨再金　成都机务段调小车间机车司机
刘蓉生　贵阳机务段党委书记
黄宜建　贵阳机务段机车司机
李正全　贵阳供电段都匀电力工区工长
于孝范　重庆机务段南运用车间调小线机车司机
高歌今　贵阳工务段副段长
代启江　凯里工务段福泉桥路车间主任
寿永祥　凯里工务段玉屏站场工区工长
武洪斌　六盘水工务段安调科科长
李书杰　都匀工务段工会主席
崔小平　都匀工务段大坪养路工区工长
赖华明　贵阳电务段施秉工区工长
李卫国　贵阳电务段都匀信号车间支部书记
周铁牛　贵阳车辆段段长
赵　明　贵阳公安处处长
吴　忠　局机务处处长
谭宝成　贵阳特派办特派员助理
邹　涛　贵阳铁路金虹生活服务公司经理
魏　平　局运输处处长
石子明　路局副局长
姚保国　局党委书记
王瑞江　路局工会主席

（局工会）

新任局职干部简介

安路生　男，汉族，1965年11月生，江西安义人。1985年10月加入中国共产党。1986年7月上海铁道学院铁道运输专业毕业，大学本科学历。专业技术职务高级工程师。

1982年9月至1986年7月在上海铁道学院运输系铁道运输专业学习。1986年7月至1996年11月任上海铁路局南昌分局向塘车站见习生、技术室助理工程师、运输车间副主任、主任、副站长。1996年11月至1998年9月任南昌铁路局鹰潭车站站长。1998年9月至1999年11月任南昌铁路局总调度长。1999年11月至2004年5月任南昌铁路局副局长、党委常委（1999年8月至2001年12月在华中科技大学计算机技术专业函授学习，获工程硕士学位）。2004年5月至2004年11月任北京铁路局石家庄分局分局长、党委副书记。2004年11月至2005年3月任郑州铁路局武汉分局分局长、党委副书记。2005年3月至2006年12月任武汉铁路局局长、党委副书记（2005年7月至2006年12月兼任武合铁路湖北有限责任公司董事长）。2006年12月至2007年2月在铁道部总调度长岗位负责工作。2007年2月至2008年5月任铁道部总调度长。2008年5月任成都铁路局局长、党委副书记（2008年5月起兼任贵广铁路公司筹备组组长；2008年7月起兼成绵峨城际铁路公司、达成铁路公司、渝利铁路公司、南涪铁路公司董事长；2008年8月起兼任成都市域铁路公司董事长）

邓幼平　男，汉族，1963年7月生，湖北武汉人。1987年3月加入中国共产党。2000年12月中央党校函授学院经济管理专业毕业，大学本科学历。专业技术职务工程师。

1980年9月至1982年8月在郑州铁路技术学校机车专业学习。1982年8月至1993年4月在郑州铁路局襄樊分局六里坪机务段任运转车间见习生、技术员、电力副司机、副主任、主任。1993年4月至1998年5月任郑州铁路局襄樊分局六里坪机务段副段长、段长（1995年8月至1998年6月在中央党校函授学院经济管理专业函授学习，取得中央党校大专学历）。1998年5月至2002年5月任郑州铁路局襄樊分局襄北机务段段长（1998年8月至2000年12月在中央党校函授学院经济管理专业函授学习，取得中央党校大学学历；2001年9月至2002年1月在铁道部党校第15期中青年干部培训班学习）。2002年5月至2005年3月任郑州铁路局襄樊分局车辆分处、机务分处分处长（1999年9月至2000年12月在西南交通大学电气工程专业函授学习并结业）。2005年3月至2008年1月任武汉铁路局机务处处长。2008年1月至6月任铁道部武汉机车车辆验收办事处主任。2008年6月任成都铁路局副局长。

周东伟　男，汉族，1968年11月生，湖北孝感人。1994年12月加入中国共产党。1990年7月长沙铁道学院铁道工程专业毕业，大学本科学历。专业技术职务高级工程师。

1986年9月至1990年7月在长沙铁道学院土木工程系铁道工程专业学习。1990年7月至1999年3月在郑州铁路局武汉分局广水工务段任见习生、线路室助理工程师、工程师、副主任、主任。1999年3月至

2001年8月任郑州铁路局武汉分局广水工务段副段长。2001年8月至2005年2月任郑州铁路局武汉分局工务分处副分处长。2005年2月至2005年3月任郑州铁路局武汉分局武昌工务段段长。2005年3月至2006年3月任武汉铁路局武昌工务段段长。2006年3月至2006年12月任武汉铁路局武汉桥工段段长。2006年12月至2008年6月任武汉铁路局工务处处长。2008年6月任成都铁路局副局长。

（人事处）

荣誉记载

中央表彰

绵阳车务段荣获中共中央、国务院、中央军委“抗震救灾英雄集体”称号

绵阳工务段党委荣获中组部“抗震救灾先进基层党组织”称号

铁道部政治部表彰

抗击雨雪冰冻灾害先进基层党组织

成都铁路局党委

贵阳客运段党委

贵阳站党委

贵阳机务段贵阳检修车间党总支

凯里车务段独山协管区党支部

凯里工务段福泉桥隧车间党支部

贵阳供电段贵阳供电车间党支部

贵阳客运段宁波车队第二包乘组党支部

贵阳电务段贵阳信号车间党支部

成都供电段昭通供电车间党支部

贵阳车务段龙里线路党支部

抗击雨雪冰冻灾害优秀共产党员

李黔生　凯里车务段都匀站站长

陈桂芝（女）　贵阳站客运车间主任

刘　宏　贵阳机务段副段长

梅　灿（女）　凯里车务段麻江站货运值班员

王洪延　贵阳电务段段长

高　明　贵阳机务段贵阳运用车间第二党支部书记

陈振贵　贵阳机务段都匀运用车间内燃机车司机

王　琪　贵阳客运段上海车队第二包乘组列车长

饶　毅　贵阳供电段段长助理

陈文峰　贵阳供电段镇远供电车间副主任

林优芹　凯里工务段党委书记

谢　旭　都匀工务段段长

宋慧廉（女）　贵阳电务段凯里信号车间党支部书记

徐和平　贵阳工务段贵阳西线路车间党支部书记

赵海宁　贵阳南站副站长

李兴华　贵阳铁路公安处贵阳站派出所所长

段　伟　贵阳铁路公安处都匀站派出所所长

李　刚　遵义车务段段长

田银太　都匀工务段麻尾线路车间线路工

孙贵勇　贵阳车务段谷立站站长

陈无冉　多元集团公司贵州金虹生活服务公司总经理

乔万贵　六盘水机务段调小车间主任

马新建　成都铁路公安局局长、党委书记

齐文超　成都铁路局局长

抗震救灾先进基层党组织

绵阳工务段党委

绵阳车务段绵竹站党支部

广元站客运车间党支部

成都北站货运车间党总支

成都机务段调小车间广汉折返所党支部

成都车辆段成都运用车间党总支

成都铁路公安处绵阳站派出所党支部

成都供电段绵阳供电车间党总支

抗震救灾优秀共产党员

游成强　绵阳车务段木瓜坪站站长

蒋传训　绵阳车务段汉旺站站长

叶明华　绵阳车务段汉旺站值班员

肖雅心（女）　绵阳车务段绵阳站副站长、客运主任

周万华　绵阳车务段彭县站站长

田茂杭　绵阳工务段线路

科科长

伍　俊　　绵阳工务段江油线路车间党支部书记

焦祖康　　成都工务段新都线路车间都江堰工区班长

李祥明　　成都车辆段成都运用车间木油组工长

邱长君　　成都公安处德阳站派出所汉旺警务区警长

陈小霞(女)　成都客运段广州车队第三包乘组列车长

李　元　　广元站客运车间副主任

古宝成　　多元集团公司成都实业公司德阳公司穿心店经营部经理

卓　黎　　多元集团公司成都装卸服务总公司成都东装卸公司值班员

周海蓉(女)　成都铁路疾病预防控制所医师

苏金志　　绵阳工务段副段长

练发胜　　成都工务段段长

徐小斌　　达成铁路有限责任公司南充机辆段副段长

王荣华　　达成扩能改造、遂渝和成都北编组站建设指挥部指挥长、党委书记

宋庆国　　成都铁路局运输处副处长

陈　凌　　成都铁路局副局长

王明慧　　成都铁路局副局长

王　斌　　成都铁路局副局长

省（市）表彰

四川省委“抗震救灾先进基层党组织”

绵阳车务段彭县车站党支部

四川省委、省政府“抗震救灾模范个人”

游成强　　成都铁路局绵阳车务段木瓜坪车站站长

重庆市委、市政府“抗震救灾先进集体”

重庆车站

重庆市委、市政府“抗震救灾先进个人”

张雪梅(女)　重庆客运段上海乘务车间城际列车列车长

重庆市委“抗震救灾优秀党员”

郭　平　　成都铁路局重庆工务段综合队工长

四川省委、省政府“抗震救灾模范集体”

成都工务段

成都车辆段

省（市）部门表彰

四川省委组织部“抗震救灾先进个人”

石祥书　　成都铁路局人事处（党委组织部）协理

四川省国资委党委“抗震救灾先进基层党组织”

成都铁路局党委

绵阳车务段彭县车站党支部

绵阳工务段党委

四川省国资委党委“抗震救灾优秀共产党员”

石子明　　成都铁路局常务副局长

许　刚　　成都铁路局团委书记

魏　楠　　绵阳车务段段长助理

贵州省人事厅、国资委“抗凝冻、保民生先进集体”

成都铁路局贵阳电务段

贵州省人事厅、国资委“抗凝冻、保民生先进个人”

邹　群　　成都铁路局贵铁房建工程公司领工员

贵州省经贸委“抗灾救灾恢复重建先进单位”

成都铁路局贵阳客运段

成都铁路局贵阳机务段

成都铁路局贵州铁路金虹生活服务公司

成都铁路局贵阳供电段都匀供电车间

成都铁路局六盘水机务段

成都铁路局六盘水车务段

成都铁路局贵阳车务段

成都铁路局贵阳工务段

成都铁路局贵阳车辆段

成都铁路局贵阳电务段安顺信号车间

贵州省经贸委“抗灾救灾恢复重建先进个人”

满希民　　成都铁路局贵阳

办事处党工委书记

毛以能　成都铁路局贵阳车站党委书记

王晓灵（女）　成都铁路局贵阳车站工会主席

宫利民　成都铁路局贵阳南站党委书记

王志立　成都铁路局贵阳客运段党委书记

袁应奎　成都铁路局贵州铁路房建工程公司总经理

唐政礼　成都铁路局贵阳供电段副段长

余　维　成都铁路局贵阳工务段段长

李　浩　成都铁路局凯里工务段段长

李　冰　贵阳铁路公安处副处长

王　雄　成都铁路局贵阳车务段长冲车站值班员

陈　涛　成都铁路局遵义车务段扎佐车站值班员

蔡志军　成都铁路局凯里车务段凯里车站事务员

洪　胜　成都铁路局六盘水机务段设备车间钳工

冯盛岗　成都铁路局都匀工务段贵定桥隧车间工长

梁显德　成都铁路局贵阳南车辆段检车工长

杨　平　成都铁路局六盘水工务段综合机修车间电工

（吴应文）

人物名表

2008年评审通过的高级专业职务人员名单

序号	工作单位	姓名	性别	出生年月	毕业院校	申报技术职务
1	局办公室	王明慧	男	19641001	西南交通大学	提高待遇 高级工程师
2	成都东车辆段	尤　佳	男	19661105	长沙铁道学院	高级工程师
3	成都东车辆段	田贞全	男	19730623	兰州铁道学院	高级工程师
4	成都东车辆段	王传勇	男	19640912	上海铁道学院	高级工程师
5	成都北车站	陶　兴	男	19701012	西南交通大学	高级工程师
6	成都供电段	梁　萍	女	19700807	西南交通大学	高级工程师
7	成都机务段	范　敏	男	19581029	西南交通大学	高级工程师
8	成都车辆段	刘　军	男	19731109	西南交通大学	高级工程师
9	贵阳电务段	何向东	男	19700522	上海铁道学院	高级工程师
10	成都电务段	何世炳	男	19591221	四川大学	高级工程师
11	重庆供电段	李　建	男	19700312	北方交通大学	高级工程师
12	内江车务段	罗昌伟	男	19740626	西南交通大学	高级工程师

序号	工作单位	姓名	性别	出生年月	毕业院校	申报技术职务
13	达成铁路有限责任公司	张海涛	男	19680801	兰州铁道学院	高级工程师
14	成都车务段	华　正	男	19700321	西南交通大学	高级工程师
15	渝利、南涪铁路公司	王　嵩	男	19700404	西南交通大学	高级工程师
16	成都车务段	罗　俊	男	19730721	西南交通大学	高级工程师
17	遂宁车务段	徐安雄	男	19710303	北方交通大学	高级工程师
18	成都工务机械段	黄　华	男	19720814	西南交通大学	高级工程师
19	成都枢纽成昆铁路货车外绕线建设指挥部	杨建农	男	19690219	四川大学	高级工程师
20	局机务处	黄洪兰	男	19750919	西南交通大学	高级工程师
21	局机务处	黄　浩	男	19730228	上海铁道大学	高级工程师
22	局机务处	王　波	男	19730224	北方交通大学	高级工程师
23	局电务处	贺昌寿	男	19740828	北方交通大学	高级工程师
24	局安全监察室	刘　勇	男	19711105	西南交通大学	高级工程师
25	局安全监察室	宁　勇	男	19730304	西南交通大学	高级工程师
26	成都铁路局住房建设指挥部	戴志鹏	男	19680106	西南交通大学	高级工程师
27	局土地房产管理处	谢　曦	女	19700101	西南交通大学	高级工程师
28	局运输处	陈　勇	男	19710304	北方交通大学	高级工程师
29	局调度所	任国庆	男	19671001	西南交通大学	高级工程师
30	重庆车辆段	雷仲平	男	19711115	大连铁道学院	高级工程师
31	局计划统计处	徐　威	男	19700922	兰州铁道学院	高级工程师
32	局机务检测所	黄仁智	男	19521005	西南交通大学	高级工程师
33	成都铁路工程总承包有限责任公司	杨　惠	男	19710403	西南交通大学	高级工程师
34	成都铁路工程总承包有限责任公司	曹仲云	男	19580518	重庆大学	高级工程师
35	成都铁路工程总承包有限责任公司	王明洁	女	19671102	西南交通大学	高级工程师
36	成都大西南铁路监理有限公司	袁兴明	男	19670106	华东交通大学	高级工程师
37	什邡瑞邦机械有限责任公司	罗培荣	男	19730111	兰州铁道学院	高级工程师
38	达成铁路有限责任公司	雷盛明	男	19690701	重庆建工学院	高级会计师
39	成都中铁西南国际物流有限公司	王红宇	女	19640118	西南交大	高级会计师

序号	工作单位	姓名	性别	出生年月	毕业院校	申报技术职务
40	重庆客运段	余　波	男	19710107	西南财经大学	高级会计师 高级经济师
41	局客运处	周康辉	男	19721201	北方交通大学	高级经济师
42	成都中铁西南国际物流有限公司	高　山	男	19640122	四川大学	高级经济师
43	局法律服务所	王满奎	女	19601127	南充师范学院	高级经济师
44	重庆疾控所	梁红星	女	19690503	四川农业大学	副主任技师
45	重庆疾控所	段　雪	女	19720121	重庆医科大学	副主任医师
46	重庆疾控所	刘　林	男	19700421	华西医科大学	副主任医师
47	重庆卫生监督所	王厚勇	男	19700320	重庆医学院	副主任医师
48	局社会保险管理处	苗开齐	男	19701015	泸州医学院	副主任医师
49	局社会保险管理处	何冀蓉	女	19630816	重庆医科大学	副主任医师
50	局离退休管理处	胡纯贤	男	19530929	云南师范大学	高级政工师
51	重庆机务段	毛　寅	男	19620901	上海铁道学院	高级政工师
52	局纪委	张　川	男	19550201	四川省委党校	高级政工师
53	局党办	何　元	男	19630101	西南交通大学	高级政工师
54	重庆供电段	黄　展	男	19681001	中央党校	高级政工师
55	四川省人民检察院成都铁路运输分院	刘　刚	男	19550520	四川省委党校	高级政工师
56	西昌供电段	罗洪流	男	19621001	西南交通大学	高级政工师
57	西昌供电段	宋　平	男	19590301	四川省委党校	高级政工师
58	贵阳南车辆段	郭玉平	男	19580308	四川省委党校	高级政工师
59	贵州铁路房建工程公司	袁伊里	女	19610101	四川省委党校	高级政工师
60	局多元管理中心	孙伟尧	男	19570313	西南交通大学	高级政工师
61	局党委宣传部（宣传处）	范晓峰	男	19710210	西南交通大学	高级政工师
62	襄渝铁路二线、重庆集装箱中心站建设指挥部	刘　伟	男	19560801	四川省委党校	高级政工师
63	局离退休管理处	金幼源	男	19550827	四川省委党校	高级政工师
64	成都客运段	冯中宝	男	19600817	四川省委党校	高级政工师

（人事处）

铁路办事处

- 重庆铁路办事处
- 贵阳铁路办事处

重庆铁路办事处

【综　述】　2008年，重庆办事处认真履行工作职责，确保区域内运输安全生产的有序可控，圆满完成路局交办的各项任务。

重庆铁路办事处定员52人，现员41人，设安全监察室、综合室、离退休工作室和财务室。

【安全生产基本情况】　行车安全方面：2008年收到行车事故概况（信息）184件，构成行车事故185件，定责行车较大事故1件（5月12日宜宾南列车脱轨较大事故），一般事故86件（内定一般事故22件）。其中列车脱轨1件，调车脱轨9件，调车冲突6件，行车设备故障耽误本列客运列车1小时以上19件，行车设备故障耽误本列货运列车2小时以上7件，固定设备故障延时影响正常行车2小时以上22件，施工耽误列车12件，挤道岔3件，接触网接触线断线、倒杆2件，滥用紧急制动阀耽误列车、列车运行中碰撞坍体、作业人员违反“两纪”耽误列车、货运列车分离各1件。劳动安全方面：2008年辖区发生职工责任伤亡事故9件9人，其中因工死亡1件1人，重伤2件2人，轻伤6件6人。路外安全方面：2008年发生路外伤亡事故205件，其中死亡132人，伤72人，撞大牲畜2件。

【日常安全监督检查】　形成“制定计划—实施检查—填写《安全监察安全检查表》—汇总上报信息—建立安全问题库—《月度工作报告》—《季度系统评估报告》”的日常监督检查程序。路局下发“三个办法一个制度”后，对各专业监察的量化标准进行修改完善，并严格实施。对日常检查发现的问题，做到及时向站段提出整改建议、落实整改情况，用安全检查促进问题整改。

【安全生产专项检查】　开展春运安全专项检查，成立4个检查组，出动专业监察18名，采取分线包片的检查方式，分赴成渝与内六、襄渝与川黔、渝怀与遂渝、新老枢纽与重庆北站等，共计检查运输站段67个次，车间122个次，重点客运车站67个次，客车99列，添乘机车76趟。发现问题498件，其中客运系统141件，车务系统69件，机务系统6件，工务系统32件，电务系统3件，车辆系统36件，供电系统11件，其他200件。填发《安全监察通知书》32份，上报信息398条。

开展路外安全百日整治专项检查，从1月5日至4月15日，对各单位开展路外安全百日整治活动的情况，以及整治中存在的问题进行专项检查。开展安全大反思大检查活动。针对“4·28”事故，各专业监察认真开展反思，书写书面反思材料，制定整改措施。

开展“五一”安全检查，重点检查施工、防洪、行车设备、综合整治等情况，共计派出专业监察22人，发现安全问题85件。

深入一线开展大检查，由安监室负责人带队，严格实施分线包片检查，发现各类安全问题3 611件，对突出的问题填发《安全监察通知书》71份。

开展防洪安全专项检查，从4月15日至10月30日，安监室各专业监察对辖区内的124个防洪看守点实施包保检查，将每个防洪点的检查责任落实到每个专业监察。

开展暑运、奥运安全专项检查，成立车务、机辆、工电、劳安和路外5个专业检查组，各检查组共计检查运输站段57个次，车间52个次，客运重点中间站190个次，添乘列车78列，检查接发客车作业35列，接发货车作业23列，检查现场作业“两纪”65次，施工点17个次，线路16公里，道岔47组，防洪看守点70个次，夜间电话抽查防洪看守点750个次。发现各类安全问题321件，对突出的安全问题填发《安全监察通知书》10份。

开展施工安全专项检查，4月10日至4月20日，集中10天时间对辖区内营业线施工安全进行全面检查，检查施工点12个，发现问题25件，填发《安全监察通知书》1份。从11月20日开始，安监室成立6个施工安全专项检查组，派出专业监察15名，分赴成渝、内六与宜珙、川黔与三万、襄渝与达万、渝怀、新老枢纽的各施工点开展全面检查。共计检查施工点35个次，发现问题和隐患87件。

开展“十一”黄金周安全专项检查，成立3个检查组和1个信息组，采取分线包片的检查方式，严格实施监督检查，共计检查运输站段37个次，中间站24个次，车间（班组）33个次，现场作业21次，施工点10个次，防洪点10个次，添乘机车17列，检查客车19列，货车6列，徒步检查线路56.5公里，共计发现各类安全问题88件。

开展轨道车和防溜安全专项检查，按专业成立供电、工务、电务3个专业检查组，检查轨道车114台，发现各类安全问题70余件。在防溜安全专项检查中，安监室成立检查组6个，检查三等站37个，发现各类问题38件。

开展专用铁路及铁路专用线安全专项检查，检查地方铁路3条（金筠线、隆泸线、万南线），铁路专用线76条，发现各类安全问题229件，对特别突出的安全问题填发《安全监察通知书》7份。

【事故调查处理】 2008年，重庆办事处安监室规范事故信息处理、严格事故调查分析、完善事故台账。在事故调查分析中，做到信息传递准确及时，调查组成立与出动及时。做到专业监察以事故调查为优先，汽车安排以事故调查为优先。做到调查取证客观公正，原因分析客观公正。做到事故定性准确，事故定责准确。全年调查处理行车事故185件，定责87件，无任何不良反应。

【综合工作】 一、办好文电、会议工作。加强对内部文件传阅、办理的跟踪督办，规范公文收发程序，提高办文效率。全年处理收文2008件，发文17件，均无差错。二、搞好接待工作。按照全程负责、确保安全、单一指挥、灵活处置的原则，明确范围分工，细化接待方案，灵活处理细节，顺利完成中央、铁道部和路局领导来渝的重要接待任务。三、加强办公用品管理。办事处各部门购买办公用品，必须由本部门向综合室提报计划，经办事处领导审批后归口综合室统一购买，统一发放。四、规范劳资管理。按照文件规定调整年度各项社会保险和住房公积金标准，完成社会职能移交的基础数据统计工作，及时准确报送各类劳资及保险报表，劳动工资清决算收支实现量入为出。五、强化信访工作。全年处理信访来信20封，政协提案17件，人民建议6件，市长信箱59件，接待来访人员38人，能够配合路局做好有针对性的宣传、解释工作，化解矛盾。六、加强铁路票证管理，严格按照相关规定加强规范管理，制发铁路免票3055张，无差错。

【党群工作】 组织工作方面，2008年办理4名预备党员按期转正手续，组织1个党总支、7个党支部按期换届选举工作，3个党支部增补支部委员，慰问困难党员和老党员33人次，协助局组织部办理党组织关系转移手续362人，“5·12”大地震组织党员抗震救灾捐款29333元，组织457名党员干部开展第一批学习实践科学发展观活动。人事工作方面，协助局人事处完成干部考核、提职提级工作。建立办事处企业军转干部信息系统，核实39名军转干部的数据。工会工作方面，组织春运、防洪暑运及特困职工慰问。两次组织职工为抗震救灾、献爱心捐款10余万元。综合治理工作方面，召开4次综治工作专题会议，开展综治和平安建设相关知识培训4次，制定完善处置突发性和群体性事件的工作预案，开展矛盾纠纷排查4次，定期对消防要害部位及电器设备、消防设施等进行检查，及时消除各种火灾隐患5件。

【财务工作】 严格财经制度，加强预算管理，严控成本支出。一、严控水电费用成本。明确收费责任主体，能单独装表计量的分开计量收费，确实不能单独计量的年底统一向相关单位收取。二、加强汽车费用控制。年初将汽车费用支出作为重点控制项目，根据各部门用车派车单进行核算管理。三、严格控制接待费支出。按照《重庆铁路办事处接待工作制度》规定，要求接待部门对口接待，简洁周到，在搞好接待的同时控制接待费用。

【离退休工作】 一、注重离退休职工思想政治建设，组织学习十七大报告和科学发展观。二、落实老干部的各项待遇。根据重庆市和路局的各项政策规定，为路局在渝参保离休干部和建国前参加革命工作的退休老工人及两航起义人员调整基本养老金。为非因工死亡离退休职工遗属调整生活补助费。为长期生病在床，生活不能自理的老干部办理病瘫护理。三、坚持探访慰问制度，全年探望走访老干部老领导35人次；看望生病离退休职工143人次，处理离退休职工去世善后事宜12次，补助因病及其他原因的离退休职工145人次，全年共慰问1 496人次。

【人武工作】 协助路局和重庆市交战办建立和完善国防重点目标的基础资料，督促相关站段和部门做好铁路枢纽、桥梁、长大隧道等重点目标、设备的看护和守护工作，在"八一"建军节等重要节日走访慰问重庆警备区、武警总队和各工务段重点目标守护人员，督促相关站段做好地专人员、预备役人员和民兵组织共计1 760余人档案的登记、更新、统计工作，组建一支380人的基干民兵营，严格把好报名登记、资格审核、公示等程序关口，做好246名职工子女的入伍推荐工作，配合路局完成重庆片区复退转军人审核和考核工作。

（程 锋）

贵阳铁路办事处

【综 述】 2008年，贵阳办事处以抓好安全监督检查、协调落实部、局以及贵州省委、省政府布置的各项任务为主要工作，进一步理顺关系，完善机制，细化工作职责，对内从严管理，对外强化协调，同时妥善处理各类来信来访，确保辖区内运输生产有序可控，圆满完成各项任务。

贵阳铁路办事处设在贵州省贵阳市枣山路31号，邮编：550003。年末职工人数123人。

【安全监察基础建设】 按照路局安全管理体系要求，办事处继续开展安全监察标准化建设工作，从抓制度建设入手，落实决策、执行、保障、监督等《工作细则》体系。为确保各项制度有效落实，严格实施办事处安监室工作质量、信息评比、安全逐级负责制考核激励机制，对安全监察人员，履行工作职责内容提出定性定量要求，专业监察用三分之二时间到现场开展安全监督监察，每周反馈不少于2个安全问题，每月查夜不少于3次，对发现严重安全问题及时填发《安全监察通知书》，并采用"月评、季考核"的方式进行考评。办事处安全检查监督工作进入更加规范有序的管理状态。

【安全大检查】 有序推进各阶段各项安全大检查和安全反思活动。办事处成立以主任、党工委书记为组长，副主任为副组长的安全大检查工作领导机构，组成各片区检查小组，结合辖区安全工作实际，开展安全检查监督。全年完成春运、暑运、奥运以及黄金周等安全监督检查任务。统筹安排各项安全生产大检查、大整治和隐患排查活动，开展路外安全"百日"整治行动，全面开展安全生产大反思大检查活动，加大防洪危岩处所的安全监督检查力度，紧盯辖区施工安全，加强现场全过程监控，确保辖区安全稳定。全年共发现各类问题3 660件。共填发《安全监察通知书》129张；《安全检查通知书》11份；《安全监察指令书》7份。全年办事处添乘检查客车352列次，检查查危仪101台次，检查和添乘机车1 211台次；添乘检查线路5万余公里，其中徒步检查322公里，检查救援列车4列，救援点7个；检查桥梁隧道119座次，道岔1 312组，有人道口127次、无人道口85次；累计检查重点防洪地段1 157公里、防洪看守点355处；检查施工点212次，检查施工作业处所331处次。

【劳动安全工作】 坚持把劳动安全考核评价以及对站段"季度考核"作为劳安工作的重点，加大对站段逐级负责，分工负责，岗位负责的考核力度，配合路局对辖区18个主要运输生产站段进行季度劳安考核。加强地区单位间协作，对辖区内6个地区、协作区的成立及工作进行帮助指导，协调解决成员单位生产结合部的劳动安全问题，并以自控、互控、他控为手段，建立劳动安全管理网络。强化危险源管理。加强重控工种人员的督促检查。特别是年初贵州遭受50多年未遇的罕见雪凝低温天气，运输安全、运输组织和现场作业劳动安全以及路外安全整治行动都受到极大干扰和困难。办事处全体监察人员加强关键环节和重点位置的劳动安全卡控，紧急制定各个系统共6项计32条凝冻天气非正常情况下的运输、劳动安全卡控重点，安全监察人员分成6个组每天添乘机车检查线路质量、车站保留车防溜工作以及站车作业等情况，保证恶劣天气下的行车安全。下半年将施工现场监控和劳动安全检查作为重点，对黔桂线新线拨接、站改等Ⅱ级及以上施工，实行全程全过程安全检查监控。对Ⅲ级施工及时督促有关单位抓好组织和安全协议的签订，特别是对影响既有线设备安全的爆破施工和川黔线大修施工加强监控。对贵阳辖区14个单位施工管理培训考试、实施、准备情况，集中力量进行突击检查。督促各单位组织职工考试率达到97.7%。

【党群工作】 一、积极协调。按照局党委的要求，积极加强与贵州省委有关部门的联络，做到重大事情立即上传下达，及时完成贵州省委、局党委交办的各项任务。二、组织建设。整合综合、党群办，财务、武装为1个党支部，改选3个党支部的支委。三、开展“抗震救灾”捐款活动。党员缴纳特殊党费3.2万元；工会组织职工捐款7.1万元。开展学习实践科学发展观活动。489名党员全程参加3个阶段学习活动。四、2008年春运工作中，按照路局安排，精心组织，周密安排，抽调办事处和局驻黔附属机构人员担当春运临客包保任务，18名干部参加贵阳站春运值勤，针对维稳工作要求高，重点做好社会职能移交遗留问题，移交教师上访时有发生的实际，开展思想工作。

（综合办）

基层单位简介

- 主要车站
- 车务段
- 客运段
- 机务段
- 供电段
- 车辆段
- 电务段
- 工务段
- 疾病预防控制所

主要车站

【成都车站】 全国重要的客运特等站之一，承担宝成、成渝、成昆、达成、西环5条铁路的旅客列车始发、终到、解体、编组和车体取送作业任务，货运仅办理专用线整车到发业务，占地26万平方米，车站固定资产净值7 671万元。段设置6个职能部门，管辖客运、售票、运转、设备4个车间和1个集经公司。党群系统为1个党群工作部。职工现员809人。

2008年，车站干部职工见证北京奥运的光辉庆典，经历百年不遇的冰雪凝冻灾害和汶川特大地震的考验，夺取抗震救灾的全面胜利，运输安全持续稳定，圆满完成全年各项生产任务。

在"5·12"汶川特大地震发生后，全站干部职工在灾害发生的第一时间紧急疏散站内旅客，确保近万名旅客的安全。以最严密的组织、最严明的纪律落实专运任务要求，完成了建站以来最为密集、最高等级的专运任务。以最快的速度疏散受阻旅客、输送救援队伍、抢运救灾物资、转运地震伤员，对宝成铁路中断所造成的大量旅客列车迂回、晚点等情况，加强候车厅内及广场滞留旅客的候车组织和进站引导，确保运输工作的顺利开展。整个抗震救灾期间车站没有发生任何人员伤亡事故和现金、票据丢失事故。

车站以市场为导向，对吸引区范围内的单位进行多次大型市场调查，对公路、民航的运营区段、进出港航班、客货运量进行大量统计分析，掌握第一手市场客流资料；更新列车上座率、剩余票、票额共用、席位复用等数据，定期进行对比分析，注意客流变化情况，向路局提报加开临客和加挂车辆的建议。抓住清明、五一、端午、中秋小长假增收有利时机，积极进行市场拓展。2008年车站共完成运输收入19.3亿元，较上年增加5 183万元，同比增长2.8%；共发送旅客1 971万人，较上年增加76万人，同比增长4.0%。旅客列车始发正点率达到96.5%。

坚持规范管理、强化基础、盯住关键的安全工作基本思路。严格执行安全红线"50条规定"，明确界定各级管理职责和工作标准，强化奥运、"两会"等重要时期的安全防范工作，加强非正常情况下的应急处理演练，运输组织正常有序。截至12月31日，车站实现无一般D类及以上事故6 431天，无责任轻伤及以上事故1 797天，无火灾爆炸事故10 496天，无责任旅客伤亡事故10 057天，连续实现第17个安全年。

单位地址：成都市二环路北二段

邮政编码：610081

（刘　影）

【成都北车站】 主要担负宝成、成渝、成昆、达成4个方向货物列车（集装箱班列除外）以及成都枢纽小运转列车的到达、解体、编组、出发作业，办理成渝、成昆、达成3个方向旅客列车接发作业。2008年6月26日搬迁至成都市新都区泰兴镇成都北编组站。管辖范围包括成都北编组站、成都东车站及成都枢纽内的10个中间站和1个线路所。现有职工2 158人。

2008年，车站经受冰雪凝冻灾害和"5·12"汶川特大地震的考验，全面完成救灾物资运输和奥运安保、专特运等任务。抢运救灾物资14 279车，其中帐篷22万顶，药品12万件，食品41万箱，矿泉水234万箱，活动板房3 489车。5月16日成都东货场卸车达到960车，超平常卸车数1倍，创历史最高。5月21日、26日、6月3日车站分别接受中共中央政治局常委、国务院副总理、国务院抗震救灾总指挥部副总指挥李克强，中共中央政治局常委、全国人大常委会委员长吴邦国和中共中央政治局委员、国务院副总理张德江等多位中央首长的视察和慰问。在抗震救灾期间，铁道部部长刘志军、副部长王志军等领导多次赶赴成都东站指导抗震救灾工作并慰问干部职工。国家人力资源社会保障部和铁道部联合授予车站"铁路系统抗震救灾英雄集体"荣誉称号。

为提高运输生产效率，车站于2008年10月20日较路局要求提前10天完成车站调度整合，10月16日顺利实施北编驼峰"4、6、8"推峰，10月28日提前3天关闭成都东站驼峰。全年车站日均装车完成421.5辆，日均卸车1 128.2辆，货车停时完成18.9小时。中时完成7.9小时。成都北编组站办理辆数日均10 762辆，其中11月、12月份连续刷新纪录，11月23日2班办理6 663辆，创单班办理辆数历史最高记录，12月13日4班和3班共同实现日均办理13 058辆最高纪录。实际完成运输收入124 012.11万元。通过安全大反思、大检查活动，增强干部职工安全意识，职工“两违”数量大幅度下降，安全生产形势稳定，截至12月31日18点，实现安全生产624天。

单位地址：成都市新都区泰兴镇成都北编组站

邮政编码：610512

（贺　玺）

【广元车站】　是成都铁路局与西安铁路局分界口，管辖13个车站，其中两个一等站，现有职工1 063人。承担着西南地区人员、物资经宝成铁路进入中原和西北的交接任务。

“5·12”汶川特大地震发生后，车站紧急疏散候车厅及站内N757次旅客1 700余人，为滞留列车K291次购送矿泉水、餐料。争取地方政府支持，组织26辆客车转运受阻旅客896人。在交通、水电、通讯中断的恶劣条件下，为干部职工购送矿泉水7 010件、方便面6 841箱、饼干1 397盒、药品4 892箱，发放救济金18 600元，搭建临时帐篷336顶。组织转运伤员3批次580人，抢卸救灾物资2 425车10.02万吨、活动板房1 513车4.54万吨，装运抢险部队机械967辆。对全站1 544户职工住房受损情况进行逐一查看，争取上级和地方政府修建职工板房179套，维修加固职工受损住房45栋11.46万平方米。广元车站和货运车间被四川省总工会、中华全国总工会分别授予“抗震救灾、重建家园‘工人先锋号’”荣誉，客运党支部、昭化站、元坝站分别被铁道部、铁路局评为“抗震救灾先进基层党组织”、“全局抗震救灾先进集体”，6名员工受到铁道部、铁路局表彰，收到部队和援建单位锦旗5幅。

2008年，广元车站弘扬抗震救灾精神，确保运输安全持续稳定。截至12月31日，车站实现无责任行车一般及以上事故4 988天，连续实现13个安全年；无责任职工重伤4 814天。车站办理货物列车58 885列2 480 107辆，日均办理160.9列7 335辆，分界口日均接入货车33.6列、交出货车33.4列。发送旅客185万人，发送货物376万吨，日均装车168辆，日均卸车66辆，吨收入完成59.36元/吨，货车静载重61.3吨，全站实现客货收入3.86亿元。

单位地址：四川省广元市中区小西乡

邮政编码：628001

（岳　俊）

【重庆车站】　是成都铁路局客运一等站，西南地区重要的铁路客运枢纽，管辖重庆站（一等站）、重庆北站（一等站）、沙坪坝站（三等站）、黄沙溪站（四等站）。车站担负成渝、川黔、襄渝、渝怀、遂渝等铁路干线旅客列车、市郊列车的始发、终到和中转作业，全年日均接发列车47对，日均发送旅客3.8万人。车站下设6个车间、8个科室，现有职工807人，固定资产7 218万元。

2008年，面对南方部分地区冰雪凝冻灾害造成的旅客列车大面积晚点，车站坚持以人为本，加强晚点列车组织，及时引导和疏散旅客，强化晚点信息沟通，维护列车运行秩序，全力做好旅客安抚和后勤保障工作。面对四川汶川特大地震灾害，全站职工服从大局，坚守生产岗位，紧急输送救援部队，抢运救灾物资，开辟绿色通道转运地震伤员，确保抗震救灾运输任务的全面完成。面对奥运安保的巨大压力，车站强化站区封闭式管理，狠抓各项措施的落实，加强安全卡控，完善应急预案，落实干部包保，顺利实现“平安奥运”的目标。

车站以“规范安全管理，强化服务质量，加强路风建设，努力增收创效”为目标，提高工作标准和服务质量。以局“三个办法、一个制度”为立足点，夯实安全基础管理，以本职岗位为立足点，围绕“三大”运输、提速调图等重点工作，大力开展客运营销。以强化职工培训，提高整体素质，严格奖惩制度为抓手，全面提升服务质量。以大力推进精细化管理，建设和谐社会、和谐铁路为目标，进一步落实“三级管理”科学决策，全面实施劳动力组织整合。围绕年度经营任务目标，坚持开源节流并重，增收节支并举的方针，确保全年经营目标任务完成。以推进企业文化建设，健全完善帮扶救助体系为目标，认真落实带薪年休假制度，坚持推行站务公开，职工生活得到不断改善。在全站干部职工的共同努力下，车站优质、圆满地完成各项运输任务，实现了运输生产基本平稳，安全路风基本可控，职工队伍力聚心齐，经营指标再创新高，服务质量有所提升，各项工作和谐推进。

截至12月31日，重庆车站实现运输收入132 732万元，比上年增长14.3%，发送旅客1 431万人，比上年增长14.2%。实现无责任行车一般B类及以上铁路交通事故12 523天，无一般C类铁路交通事故7 742天，无一般D类铁路交通事故2 004天，无责任职工轻伤事故1 264天，无责任职工因工重伤事故12 437天，无责任职工死亡事故2 944天，圆满完成各项运输任务。

2008年，重庆车站继续保持全国精神文明建设先进单位称号，荣获全国文明单位、铁道部文明车站称号和重庆市抗震救灾先进单位，重庆市文明单位称号。

单位地址：重庆市渝中区菜园坝

邮政编码：400014

（蒋 琳）

【重庆西车站】 位于重庆市九龙坡区华岩镇，襄渝线终点K837公里+556米处，是襄渝、成渝、川黔、渝怀、遂渝5条干线的连接点和重庆枢纽中心点，按业务性质为客货运站，查定等级为一等站。主要担负成渝、川黔、襄渝、渝怀、遂渝线的货物、旅客列车的到发、通过及重庆铁路枢纽小运转货物列车的到发、解体、编组、货车洗刷和段管线、专用线取送车作业以及货运整车业务办理。车站管辖重庆西、重庆南、重庆东、梨树湾、大渡口等26站2所，管辖里程218.3公里，管内有一等站2个，三等站6个，四等站11个，五等站7个，线路所2个。车站设职能机构6科2室，现有职工2 077人。

2008年，重庆西车站全体干部职工围绕安全生产、运输经营、改革发展等中心工作，团结一心，积极推进管理规范化建设，狠抓逐级负责制的落实，提高运输生产组织水平，努力克服生产力布局调整后管理不适应、施工任务繁重、运输任务加重等工作困难，枢纽内的安全生产稳定。

车站不断拓宽工作思路，切实提高重庆枢纽的运输生产效率。以提高枢纽内装卸车组织，提高货装组织效率为着力点，通过加强枢纽内的生产组织统一协调，提高调度指挥水平，运用新技术手段，枢纽整合后的运输生产效率得以提高。全年各项生产指标完成较好，全年完成日均办理车5 761辆，日均装车296辆，日均卸车1 012辆，货物发送541万吨，运输收入7.85亿元。

单位地址：重庆市九龙坡区中梁山西铁二村8号

邮政编码：400052

（李 翔）

【达州车站】 位于达州市通川区，襄渝线587公里345米处，地处襄渝线、达万线、达成线的交汇处，为成都局、西安局分界口。按查定等级为一等站，按技术性质为区段站，按业务性质为客货运站。主要担负襄渝线、达万线、达成线客货列车到发，货物列车的解体、编组作业，襄渝线直通货物列车的补、减轴作业；客货列车的换挂头作业；货场、专用线、段管线的取送和装卸作业，检修车的取送作业；旅客乘降、行包装卸、客车上水等业务。车站下设8个职能科室、26个车站、3个生产车间、3个集经公司。管辖里程318.8公里，其中襄渝线庆华站至达州站161.809公里，达万线达州站至万州站156.099公里。现有固定资产5 712.74万元，现有职工1 526人。

2008年，全站干部职工紧扣和谐铁路建设主题，解放思想，转变观念，创新方法。坚持“抓基础、抓规范、抓管理”的工作思路，夯实安全基础，健全管理机制，提高经营绩效，不断增强独立作战能力和自我管理水平。车站不断深化和规范新体制下的安全管理工作，始终坚持“安全第一”的指导方针，紧紧围绕“规范管理、强基达标”的总体要求，坚持以落实“四责”、强化“三基”为重点的安全管理思路，建立健全以“一个制度三个办法”为核心的安全管理制度体系，加强“倾向性、关键性”问题的查找、分析和超前防范。截至12月31日，车站实现无行车一般D类事故133天、无行车一般C类事故10 291天、无行车一般B类及以上事故10 178天和连续13个安全年，安全生产再创历史新高。

面对复杂多变和竞争激烈的客货运输市场，车站充分发挥川、渝、鄂、陕四省市重要的交通枢纽和物资集散中心优势，以“打破常规，形成大运量、大货位、大货主的‘三大’格局，实现高效率、高效益‘两高’目标”的工作思路整合资源，大力组织战略装车，不断优化营销手段和运输组织，大力挖潜提效，实现客货收入的持续增长，多项运输生产指标创历史最好水平。

2008年，完成运输收入110 788万元，同比增长11%。其中客运收入完成53 432万元，同比增长11%；货运收入完成57 356万元，同比增长11.1%。发送旅客995.5万人，同比增长7.5%；发送货物986.4万吨，同比减少1.8%。办理车1 734 231辆，同比增加9%；停时完成14.6小时，中时完成8.5小时，装车完成156 282辆，卸车完成151 890辆，夜卸车比率达到45.5%。

单位地址：达州市通川区朝阳西路94号

邮政编码：635002

（杜小山）

【贵阳车站】 是贵州省境内最大的客车枢纽站，是川黔、沪昆2条铁路干线的交汇点，主要担负旅客列车的编组、解体、改编、甩挂、到发，办理客运售票、旅客乘降、换乘等工作，管辖1个中间站——关田站，负责川黔货物列车的接发和会让。车站设有7个职能科室，1个党群工作部和客运、售票、运转、设备4个车间，1个集经公司，现有职工547人。固定资产净值2 986万元。日均办理列车162列，关田站日均办理货物列车47列；日均发送旅客2.7万人；日均完成运输收入221万元。

2008年，是贵阳车站建站50周年。面对年初百年不遇的雨雪凝冻灾害及汶川“5·12”特大地震灾害，全站职工全力以赴，迎难而上，圆满完成全年运输收入81 050.4万元，同比增收4 676万元，增长6.1%。安全发送旅客989.5万人，同比多运72.3万人，增长7.9%，再创历史新高。车站获得全国铁路抗击低温雨雪冰冻灾害先进基层党组织、车站团委获贵州省抗灾救灾工作先进集体、客运车间荣获2008年全路客货运输窗口用户满意单位。

车站“以贯彻党的十七大精神为主线，围绕铁路又快又好发展的战略目标，以确保安全和队伍稳定为重点，全面夯实管理基础，全面推行预算管理，进一步开拓创新，规范运作，下力增运增收，不断提升服务和管理水平，紧紧依靠职工群众确保目标任务全面实现”的总体工作思路，坚持“预防为主、安全第一、综合治理”方针，以安全大反思、大检查为主线，结合安全隐患排查、百日督查、安全专项整治等专项活动的开展，以行车安全、客车安全、防洪安全、旅客乘降、车辆防溜、劳动安全、消防安全等为重点，认真开展季节性安全大检查，严格作业标准，强化现场作业控制，落实各项安全措施，实现车站运输安全持续稳定，截至12月31日，全年消灭一般以上路风事件，实现无责任一般B类及以上事故11 717天，无责任一般C类事故10 372天，无责任一般D类事故8 113天，消灭责任旅客伤亡事故、责任路外伤亡事故、责任汽车交通事故，消灭现金、票据丢失事故。实现第22个劳动安全年。

单位地址：贵州省贵阳市南明区四通街1号

邮政编码：550002

（许　瑾）

【贵阳南站】 位于贵阳市南郊，沪昆线1 992公里+415米处。车站按技术性质为区域性编组站，按业务性质为客货运站，等级为一等站。所辖贵阳南编组站、贵阳东站、贵阳西站和改貌站，是西南路网较大的编组站，担负着川黔、沪昆（昆明、怀化方向）、黔桂等干线客货列车到发，货物列车编组、解体以及办理客、货运业务、货车洗刷等业务，设计能力为8 000辆。贵阳东站是贵阳枢纽内的主要货场，是贵州省境内铁路最大的物资集散地，年吞吐量为480万吨。贵阳西站为三等站，贵阳西货场是枢纽内主要货场之一，年设计能力120万吨。贵阳南站现设机关科室8个，管辖车间7个，集经公司1个；现有职工1 247人。

2008年，贵阳南站以安全畅通为中心，克服设备老化、运能不足、一线人员紧缺等困难，战胜凝冻灾害天气，完成“5·12”抢险物资运输，实现枢纽畅通、安全路风平稳、站改稳步推进、队伍和谐稳定，较好完成经营管理目标。截至12月31日，实现无一般B类及以上事故10 875天、无一般C类事故1 617天、无一般D类事故931天、无责任职工死亡事故3 447天、无责任职工重伤事故3 905天。在运输组织工作中，推进调度合署办公，强化结合部管理，突出运输组织写实分析，精心组织、挖潜提效，努力消除站改施工影响，枢纽畅通得以保障。全年日均办理10 335辆、日均解编7 904辆，停时完成15.1小时、中时完成5.6小时。车站对外立足市场，强化营销，大力吸引新增货源，对内充分发挥战略装车点的品牌优势，建立路企联动机制，提供优质服务，努力实现增运增收。全年完成货物发送433.9万吨，运输收入

4.8亿元，日均装车205车，日均卸车349车。集经公司完成经营收入2 073.6万元。在经营管理中，坚持超前预算，刚性约束，成本得以合理控制。坚持向脏累苦险工种倾斜，激励机制作用得以充分发挥。坚持健全制度，加强培训，职工队伍素质得以整体提高。坚持服务现场，改善条件，站容站貌焕然一新。坚持以人为本，心系一线，和谐南站建设稳步推进。

单位地址：贵阳市二戈寨南站路29号

邮政编码：550005

（叶　琳）

车务段

【成都车务段】 地跨成都、内江、资阳、眉山、乐山、雅安、凉山等六市一州，管辖成昆线双流至甘洛段36站5个线路所（301公里）、成渝线石板滩至史家乡段23站1个线路所（203公里）及资威支线1站（23.5公里），共计60个站6个线路所，总运营里程527.5公里。段管内二等站1个，三等站12个，四等站43个，五等站4个。客运办理站12个，货运办理站31个，专用线68条（其中危货专用线33条，军专线7条，专用铁路13条）。设成都、峨眉2个乘务车间，担当成昆、成渝、宝成、成遂渝4线运转车长值乘工作。代管双流、夹江2个退休基地和燕岗电大。原成都、峨眉客车队于2008年12月划交成都客运段管辖。全段现有职工2 234人。固定资产7 462万元。

2008年，经历年初冰雪凝冻灾害和“5·12”汶川特大地震的严峻考验，又有北京奥运盛典对安全稳定工作的高标准考验；既有受金融危机冲击货源不足、装车下滑的增运补欠考验，还有攻坚克难强力推进劳动组织整合、生产调度室整合建设等改革的考验。作为全局第一批学习实践科学发展观活动的站段试点单位之一，全段干部职工以深入学习实践科学发展观为强大动力，切实转变观念和作风，主动适应新的形势要求，坚持把安全运输生产摆在第一位，认真落实完善“三个办法、一个制度”和“月考核、季检查、半年评估、年度评比”的安全管理机制，全面规范管理、强化基础、盯牢关键，确保运输安全的持续基本稳定；以开展生产调度室整合为突破口，全面优化运输组织，提高运输生产效率，推动经营管理工作从粗放管理逐步向精细化管理转变，积极稳妥推进劳动组织整合试点工作，企业改革取得重大突破，精干职工队伍，激发队伍活力。夺取抗震救灾的全面胜利，确保全年及奥运期间的安全稳定，较好地完成运输经营等重点工作。2008年全年完成货物发送907.5万吨，旅客发送完成468.6万人次，运输收入完成133 951.5万元。全年完成卸车342 676车，日均卸车939车。截至12月31日，实现连续安全运输生产420天。

单位地址：成都市火车北站荷花池路2号

邮政编码：610081

（杨英杰）

【绵阳车务段】 管辖宝成干线沙溪坝至广汉站、广木支线广汉至木瓜坪站、德天支线德阳至汉旺站、成汶支线清流场至都江堰站。全段共35个车站（其中一等站1个，二等站2个，三等站7个，四等站22个，五等站3个）及1个乘务室（担负宝成线部分旅客列车值乘工作）。营业里程407.9公里。全段现有职工2 271人，机关设9个职能部门，拥有固定资产5 732.6万元。2008年6月1日，江油车务段段机关从江油搬迁至绵阳并更名为绵阳车务段。9月30日，路局生产资源和劳动力资源优化配置，将原绵阳车务段乘务车间列车队移交成都客运段管理。7月28日至10月27日，路局先后对上寺、东坝、罗妙真、老坪坝、彰明、龙凤场、谭家坝、新兴场、蒙阳镇9站进行关闭。

2008年，绵阳车务段以贯彻落实科学发展观、构建和谐铁路为指导，认真贯彻落实路局《加强安全生产的决定》和“用心做事、勤奋工作、规范管理、强化基础”的工作要求，深入推进“规范管理、强基达标”，围绕运输安全生产中心，适时调整工作思路，坚持把客车、施工、防洪、路外、劳动安全等作为安全关键，进一步强化安全管理，夯实安全基础，全面推行“三个办法一个制度”。“5·12”汶川大地震，造成段14名人员死亡，2名重伤。段机关大楼损毁严重，管内车站站房不同程度受损，绵阳站、江油站候车大厅、售票房受损停止使用。全段办公用房受损共计68 684平方米，其中生活用房18 834平方米，生产其他类用房

19 715平方米，倒塌2 920平方米。在特大灾难面前，全段干部职工，发扬连续作战、不怕疲劳的工作作风，以运输安全生产工作为中心统筹推进，圆满完成专运任务58次，开行伤病员专列12列、学生专列3列。震后，及时抓好货运工作的恢复，对货物线因灾脱线的车辆及时修复，损坏站台进行修复，及时配置受损货运设备，恢复装卸车功能。从重庆、贵阳、成都市及周边地区调集装卸劳力27批次1 300余人、装卸机械叉车10余台、托盘5 000余支，对到达的货物和集装箱快速转场，确保货场持续卸车能力，共抢运救灾物资31 218辆，保障大量救灾物资运输正常开展。完成抗震救灾部队的回撤装车任务4批次，开行98列计2 580辆。期间，铁道部部长刘志军，副部长彭开宙、胡亚东、王志国等上级领导多次到段管内现场指挥抗震救灾工作。同时，圆满完成奥运会期间的安全保卫、信访稳定工作。承办全局车务系统站容站貌及行车场所整治现场会、车务系统运输安全工作会，接受铁道部对全段安全大反思大检查活动的检查验收，安全完成宝成正线9站关闭工作。完成劳动力整合、生产调度室建设、宝成安全标准线建设等试点工作。

全年完成运输收入11亿元。其中旅客发送534万人，客运收入3.8亿元；货物发送519万吨，货运收入7.2亿元。截至12月31日18点，全段实现无一般B类以上事故11 988天，无一般C类事故7 386天，无一般D类事故2 749天。劳动人身安全实现无责任因工死亡事故499天，无职工因工重伤事故8 403天。货运无一般事故6 064天，客运18 764天，连续实现第7个安全年。绵阳车务段荣获中共中央、国务院、中央军委授予的“全国抗震救灾英雄集体”及四川省总工会授予的“抗震救灾、重建家园四川省工人先锋号”称号；绵阳车务段党委荣获“全局抗震救灾先进基层党组织”称号。

单位地址：四川省绵阳市涪城区一环路西段45号

邮政编码：621700

（冯朝春）

【西昌车务段】　地处凉山彝族自治州西昌市，位于成昆线中南段，毗邻昆明铁路局。管辖北起南尔岗，南至攀枝花（局间交界口），西到格里坪共57个车站，其中一等站1个，二等站3个，三等站10个，四等站14个，五等站29个，已建成战略装车点10个。运营里程467.735公里，其中成昆正线425.806公里，渡口支线41.929公里。承担成昆线中南段凉山州境内5县1市及攀枝花市境内2县1市80%至90%的旅客、货物运输工作及大量的军、专、特运任务。全段设9个职能科室、15个车间，增设段调度室。固定资产总值11 267.66万元。现有职工2 349人。

2008年，西昌车务段克服冰雪凝冻、地震灾害、金融风暴等不利因素的影响，坚持以“和谐、健康、科学、持续”发展为方向，确立“创建全局优质车务段”的阶段目标，积极推行“科学化、规范化、人性化”的管理思路，逐步推进管理水平和工作质量的提升。以推进安全科学管理、持续改进安全能力实现安全可靠性的提升、延长安全周期，圆满完成奥运会、残奥会的安保任务，实现春运、暑运、防洪等关键时段的安全目标。截至12月31日，全段实现安全生产354天。以优化整合运输效益、推进运输精细管理实现运输效益的增长，促进运输资源的优化配置，深入推进“两整合一建设”，战略装车点发送量占全段的44%。加强路企直通运输组织，全年共组织直通运输整列1 986列。整合、调整部分车站的客、货运业务，停开渡口支线7419/7420次慢车，推动客货资源的合理分布和效益最大化。全年完成运输收入28.1亿元，同比增加4.65%。旅客发送完成588.3万人，货物发送完成2 713.0万吨，装车完成436 045车，卸车完成263 335车。以推行现代企业管理的科学化来实现管理绩效提升，进一步优化人力资源配置，积极推进劳动组织整合，撤销效率低下的岗位31个，并重新核定岗位定员。经营管理不断规范，做到严格预算管理，严控成本支出。全面加强主业运营管理与辅业良好发展，集经完成补主收入374万元，多元完成补主收入4 730万元。

进一步深化以“责任重于才能、认真重于聪明”为核心的企业文化建设，以构建“家和万事兴”的管理环境为目标，努力创造良好的生产环境与和谐的管理环境，引入企业形象识别系统，设计西昌车务段的识别标志，企业文化不断深入，队伍和谐稳定。

2008年，西昌车务段获得

局文明单位、四川省模范小康之家、铁道部“五四”红旗团委等荣誉称号。

单位地址：四川省西昌市袁家山

邮政编码：615042

（郑双莉）

【重庆车务段】 管辖成渝线黄磏—永川、川黔线小南垭—石门坎，渝怀线唐家沱—秀山，三万支线三江—万盛，共67个车站，1个乘务车间，其中二等站1个，三等站13个，四等站13个，五等站40个；管辖里程为654.768公里，其中成渝线110.589公里，川黔线115.225公里，渝怀线395.856公里，三万支线33.098公里。设8个职能部门，现有职工2 273人，拥有固定资产8 259.4万元。

2008年，重庆车务段全面贯彻落实科学发展观，围绕安全、发展、稳定、党建等重点工作，打好六场硬仗：一、战胜百年不遇的冰雪凝冻灾害。二、全面完成春运工作任务。三、取得抗震救灾的全面胜利。四、确保奥运期间安全畅通。五、顺利完成新重庆车务段组建任务。7月11日，路局生产力布局调整，原涪陵车务段和重庆车务段合并，组建新的重庆车务段，原段管辖的遂渝线及枢纽各站分别移交给遂宁车务段及重庆西站，接收渝怀线唐家沱至秀山共36个车站。在较短时间内，加强渝怀线管理力量的配置及安全生产、经营管理、技术管理、财务管理等方面规章制度的对接，保证平稳过渡。六、稳妥实施劳动力组织整合。

全年运输收入完成94 573.10万元，欠任务计划1 726.9万元，同比增长12.4%；其中旅客发送761万人，客运收入29 402.1万元，同比增长44.9%，货物发送1 199.5万吨，货运收入65 171.0万元，同比增长2.0%。

截至12月31日，全段实现无责任特别重大、重大、较大、一般A类、B类铁路交通事故10 363天，无责任一般C类铁路交通事故7 508天，无责任一般D类铁路交通事故29天，无责任职工死亡事故1 126天，无责任职工重伤事故2 748天，无责任职工轻伤事故461天。

单位地址：重庆市沙坪坝区小铁村17号

邮政编码：400030

（冯　萍）

【遂宁车务段】 2008年7月11日正式组建，地跨四川省和重庆市，管辖达成线金堂至土溪段、遂渝线遂宁至石子山段共27个车站和2个线路所，总运营里程423.3公里，其中二等站2个，三等站7个，四等站18个。办理货运业务的车站13个，办理客运业务的车站16个。全段现有职工680人。段机关设置7个职能科室，拥有固定资产2 400万元。

2008年，遂宁车务段从基础建设入手，全面推进整章建制、规范管理，强化安全基础管理，完善安全管理体系。建立完善《遂宁车务段干部下现场检查量化制度》、《遂宁车务段客运工作质量考核办法》、《全面财务预算管理办法》、《遂宁车务段“五好”党支部创建及“安全屏障”工程建设实施意见》、《站长岗位职责及岗位内容》和《生产调度室岗位职能》等62个管理和考核办法。同时，坚持“安全第一、预防为主”的指导思想，明确安全工作重点，积极组织和配合施工作业，强化路外安全宣传等系列有效的安全生产措施，在达成扩能改造既有线施工全面铺开安全的巨大压力下，实现达成公司托管职工稳定和奥运期间的维稳工作。截至12月31日，全段实现无责任特别重大、重大、较大铁路交通事故，无责任一般A类、B类、C类、D类铁路交通事故，无责任职工死亡事故，无责任职工重伤事故，无责任职工轻伤事故。

遂宁车务段以客货营销为龙头，树立全员、全过程、全方位营销意识和大局意识。对外由段领导带队不定期走访或邀请大型企业共商营销工作，对内通过进一步完善客货运管理制度、规定，明确、细化工作环节，提升客货服务质量。努力压缩货车停时，提高货车周转率，全年完成停时17.5小时。以控制成本支出为基点，深化物资采购方式改革，加强资金安全管理，全面落实预算管理，节约运输支出0.6万元。截至12月31日，共发送货物83万吨，发送旅客335.6万人，实现运输收入31 822万元，其中货运完成18 313万元，客运完成13 509万元。

单位地址：遂宁市船山区明月路860号

邮政编码：629000

（王洪培）

【内江车务段】 管辖成渝线内江—双石桥119.5公里，内六线内江—昭通369.3公里，宜珙支线宜宾—珙县65.6公里，共计554.4公里线路，61个车站以及1个乘务车间和内江—昭通的5635/5636次普通旅客列车、宜宾—巡场的5625/5626/5627/5628次普通旅客列车，其中一等站1个、二等站2个、三等站13个、四等站19个、五等站26个（内江、宜宾南为区段站）。分布于四川、云南省、重庆市的5个市区内（内江、自贡、宜宾市、昭通市、永川区）。固定资产3 760万元。现有职工2 460人。

2008年，内江车务段克服年初的低温雨雪冰冻灾害、“5·12”汶川特大地震以及全球金融危机的影响，加强春运、暑运及小长假、黄金周的旅客运输组织工作，加大网络异地客票销售力度，采取优化运输方案，降低运输成本，优先受理配送高运价远距离货物等措施，全力抓好运输组织和客货营销工作及增运增收措施的落实，最大限度地挖潜提效，最大限度地节支降耗，努力弥补灾害造成的损失，确保全年经营目标实现。截至12月31日，旅客发送656万人次，货物发送1 422万吨，日均装车630辆、日均卸车389辆，运输收入14.8338亿元。

内江车务段认真贯彻落实局长一号令及部、局文件精神，重点细化“三个办法一项制度”，抓好劳动组织整合，深入学习实践科学发展观，牢固树立以人为本、安全发展理念，突出抓好“客车、施工、防洪、劳动安全、路外安全、奥运安保、信访稳定”等重点工作，确保运输安全持续稳定。截至12月31日，实现无一般B类以上事故8 579天，无责任一般C类事故7 043天，无责任一般D类事故269天，无责任重伤及以上事故1 299天。

2008年，内江车务段荣获全路模范职工之家，四川省厂务公开、民主管理先进单位等称号。

单位地址：四川省内江市中区铁站街40号

邮政编码：641001

（杨　玲）

【遵义车务段】　管辖川黔铁路贵州段318公里线路，行政管理机构8个、车间10个、45个站所。其中，二等站1个、三等站8个（含区编站1个）、四等站12个、五等站23个、1个线路所，1个劳动服务公司。段乘务车间担当的遵义至重庆7429/7430次旅客列车于2008年11月6日移交贵阳客运段。固定资产原值3 828万元，现有职工1 299人。

2008年，遵义车务段经受前所未有自然灾害考验和安全生产压力，在冰雪凝冻灾害、“5·12”汶川特大地震、北京奥运会、劳动组织整合等关键时期，全段干部职工以高度的政治责任感、使命感，牢固树立“安全第一”思想，坚持以“客车、施工、防洪、治安、劳动”安全为重点，狠抓营业线施工管理、非正常情况下行车组织、调车作业、机车车辆防溜、货物装载加固及危险品运输、军事运输、专特运、防火防爆、交通安全、路外安全、劳动安全、危及行车安全的治安案件等关键和重点，建立完善并认真落实安全管理各项机制，运输安全持续稳定。截至12月31日，实现无责任铁路交通一般C类及以上事故4 261天；无责任铁路交通一般D类事故603天，实现安全年。

年初，黔北地区遭受几十年不遇的冰雪凝冻灾害，遵义车务段投入26万余元，购买防寒防滑防冻备品、小站职工生活物资和柴油发电机等应急设备，迅速投入到抗击雪凝灾害工作中，众志成城保安全、保畅通，没有发生一起旅客伤亡责任事故，没有发生一起行车责任事故。在抗震救灾工作中，全面完成抗震救灾重点物资运输、伤病员接运任务。全段共计装运发往灾区电煤200车、6 490吨，化肥8车、480吨；接运到遵义治疗的灾区伤病员100人。

遵义车务段紧紧抓住“内部挖潜提效，外部拓展市场”发展思路，大力加强和改进运输组织，优化资源配置，实现增收节支目标。2008年，全段货物发送1 063万吨；旅客发送313.9万人；运输收入完成11.9亿元，同比增加3 966万元，增长3.4%。货车停时14.1小时；中时5.1小时。多经、装卸共计规范补主2 400余万元。

2008年，遵义车务段被成都铁路局评为“安全优质站段”；被贵州铁路军事交通运输工作联合领导小组评为“军事运输先进单位”。

单位地址：贵州省遵义市火车站

邮政编码：563003

（蒋寿珍）

【贵阳车务段】　管辖沪昆线高坪铺站至滥坝站（不含改貌站、贵阳南站、贵阳站、贵阳西站）、大南联络线谷立站、贵阳南环线花溪站、湖林支线，单线53.4公里，复线

257.7 公里。承担黔南、黔西南自治州，贵阳市、六盘水市、安顺市、清镇市管辖县市的客货运输任务。下设33个车站，1个乘务室，其中二等站1个，三等站6个，四等站20个，五等站6个。段机关设5科3室，现有职工1 084人。

2008年，贵阳车务段始终坚持规范管理、强化基础、盯住关键的安全工作思路，全面实行“月考核、季检查、半年评估、年度评比”的定期考评机制，量化责任、强化“两纪”、落实标准。认真开展“安全大反思、大检查”活动，加强职工安全意识教育。积极组织和配合施工作业，顺利关闭七眼桥和花坡车站。强化路外安全宣传等系列有效的安全生产措施，夯实安全管理基础，运输安全形势稳定。

运输经营取得新成效。为最大限度减小凝冻灾害以及金融风暴对段运输生产造成的损失，对外通过由段领导带队不定期地走访或邀请大型企业共商营销工作；对内优化运输组织、整合运输资源、创新支线模式、组建段调度室，提高运输效率、效益。同时，完善客货运管理制度、规定，明确、细化工作环节，加大职工“两违”现象的检查、惩罚力度等措施进一步规范客货运基础管理，提升客货服务质量。压缩货车停时，提高货车周转率，全年完成停时14.1小时。

全年运输收入完成9.65亿元，同比增长0.15%；货物发送1 102.4万吨，同比下降8%；旅客发送207.7万人次，同比增长8%。劳动服务公司完成经营总收入903.2万元，完成预算的120%。

以控制成本支出为基点，深化物资采购方式改革，加强资金安全管理，全面落实预算管理，收支做到平衡有序。

加强源头治理，强化对干部选拔任用、物资设备采购、工程建设项目的监督检查。强化路风监控，开展路风自查和专项整顿活动，党风廉政建设和路风工作平稳有序。

2008年，贵阳车务段被贵州省评为贵州省工交系统先进单位，被贵州省军事运输联合领导小组评为军事运输先进单位，龙里党支部被铁道部授予“抗凝冻、保畅通”先进党组织，龙里车间被贵州省授予“五一”劳动奖状，湖潮车间被铁道部授予火车头奖杯，湖潮车站被贵州省团委授予青年文明号。

单位地址：贵阳市遵义路113号

邮政编码：550002

（谢　敏）

【凯里车务段】 管辖39个车站（沪昆线大龙站至贵定站20个车站，黔桂新线麻尾站至小西堡站19个车站），其中二等站2个，三等站9个，四等站6个。固定资产3 033万元。客货运输业务在辖区内辐射27个县市，大宗货物发送主要有磷矿、原煤、化肥、水泥、钢铁、金属矿、非金属矿以及化工原料等。设8个职能科室，2个乘务车间、1个集经公司。现有职工1 850人。

2008年凯里车务段推行干部问责、绩效和安全过失计分和“五定三率”等考核，严格进行失职责任追究。加强领导，精心组织，做好黔桂新线各站接收、开通相关工作、接收工作，确保平稳过渡、安全有序。继续坚持预算管理、量入为出、以收定支，严格控制工资总额，奖金分配向脏、累、苦、险工种倾斜，实行工效挂钩考核。健全财务管理制度，严格控制成本支出，建立货币资金管理制度和大额资金使用集体决策制度，制定成本控制相关考核办法。职工收入稳步增长，工作、生活环境进一步改善，队伍稳定。截至12月31日，共发送货物679.1万吨，发送旅客527.1万人，运输收入92 186万元，较好地完成年度计划。

凯里车务段坚持以客车安全、施工安全、防洪安全和人身安全为重点，进一步卡控调车作业、非正常情况下接发列车、车辆防溜、货物装载加固、危险品运输和路外安全等关键环节，制定并落实“三个办法，一个制度”，强化安委会职能，建立健全安全管理制度，开展春运业务、新《行规》、《技规》、《站细》知识、技能鉴定及工班长等培训和学历教育，组织开展非正常情况下接发列车、调车、客货技能比赛。截至12月31日，实现行车无定责一般D类及以上事故664天，无定责作业人员伤害事故192天。

单位地址：贵州省凯里市凯里火车站

邮政编码：556001

（庞孝义）

【六盘水车务段】 管辖沪昆线双水至徐屯、内昆线凉水井至昭通南、水大支线裕民至大湾等36个车站，1个乘务车间。其中一等站1个，二等站1个，三等站5个，四、五等站29个，全段管辖里程354.5公里。段机关设8个科室，现有职工人1 320人。

2008年全年运输收入完成115 176.2万元，完成年计划的97%；全年发送货物1 262.7万吨，完成年计划的96%；全年发送旅客450.3万人次，完成年计划的107.2%。全年装车203 696车，卸车108 783车。

六盘水车务段针对六个重点（客车、施工、防洪、货装、路外、劳动）和十个关键（调车作业、营业线施工、非正常行车、防溜、列车分离、轨道分路不良作业、装载加固超限运输、危险品查堵、劳动安全、路外安全），加大对“两违”的查处力度，加强现场检查和督促，强化现场安全卡控措施的落实。截至12月31日，实现无责任行车较大及以上事故11 189天，无责任职工因工死亡事故650天，无责任职工因工重伤事故2 491天，无责任职工轻伤事故289天。

六盘水车务段重新编制生产人员定员，制定《工人竞争上岗实施办法》、《工人竞争上岗测评办法》，组织991名职工参加考试，对1 018名职工认真进行民主测评。对职工以实施“一体化”综合考核为主要载体，重点对班组长、关键岗位人员进行集中轮训，共办班组长培训班4期，培训186人次，共办关键岗位和业务补强培训班五期，培训273人次。全年共办各类培训班43期，完成职工培训3 235人次。严格执行《成都铁路局干部“五条禁令”》、《车务段机关干部作风考核办法》、《车务段干部问责管理办法》等要求和制度，加强干部管理和考核。采取公开、公平、公正的原则，对全段干部进行严格选拔和使用。对干部和四五等站站长进行考核排序，对能力差、不作为，排序靠后的实行低聘、解聘，全年共调整干部84人次。

单位地址：贵州省六盘水市东风路

邮政编码：553000

（席　玲）

客 运 段

【成都客运段】 担当成都、攀枝花和南充至北京、上海、广州、拉萨等方向43.5对图定旅客列车的乘务工作任务，乘务里程81 952公里，辐射17个省、市、自治区。全段现有职工8 932人，其中全民所有制职工3 879人，劳务派遣制职工3 653人，托管达成公司职工1 400人。设机关科室9个，乘务车间9个（其中异地车间2个），后勤车间4个（其中异地车间2个），公司2个（其中异地公司1个）；乘务班组161个。固定资产总值3 820万元。

2008年，全段运输安全平稳有序，抗震救灾成绩显著，服务质量全面提高，职工队伍持续稳定，较好地完成运输经营和内部改革等重点工作。开展安全警示教育和安全“红线”教育，深刻吸取“4·28”旅客列车事故教训，分三个阶段扎实开展了为期4个月的安全大反思、大检查活动，在铁道部检查验收中获得好评；强化基础管理，狠抓制度落实，安全工作取得明显成效，获得“成都铁路局2008年度安全优质站段”荣誉称号。在年初抗击冰雪凝冻灾害中，全力以赴，精心组织，圆满完成运输生产任务。“5·12”汶川特大地震发生后，担当一级、二级警卫专列12次，军运24列，运送异地复学学生20趟、10 711人，担当转运伤员3列、配合外局担当16列、安全转运伤员5 015人。稳步推进内部改革，6月29日，成都地区所有车队搬迁至库内客技站；7月11日，对达成公司南充客运段实行托管；10月13日，进行车队生产力布局调整和资源整合工作，将13个车队整合为9个乘务车间；11月，积极推行“2车3人”乘务体制改革和劳动力优化工作。巩固“树标塑形”活动成果，强化基础服务，开展重点服务和特色服务。2008年，T 7/8、K191/192、K291/292、K351/352次获得部“红旗列车”称号。全年，各次列车累计获得旅客来信表扬意见52.6万余条，对外宣传报道500余篇次。坚持“标本兼治、纠建并举”的路风工作方针，推进路风长效机制建设，保持路风工作平稳有序。强化职工教育培训工作，全面完成春运、暑运、抗震救灾等各个重点时期的教育培训任务。

全年安全输送旅客4 203万人次，同比增长13.6%。完成堵漏保收任务20 192万元。开行临客826趟，旅游专列16趟，军列41趟，专运18趟，加挂车4 992辆。截至12月31日，实现运输安全生产1 949天。

单位地址：成都市火车北站站西路2号附1号

邮政编码：610081

（冉能文）

【**重庆客运段**】　担当重庆（重庆北）到北京西、上海南、广州、杭州、拉萨、南通、成都、达州、昭通、秀山、怀化等共23.5对旅客列车的运输服务工作。段拥有固定资产3 069万元，设有9个科室、7个乘务车间、2个后勤车间。现有职工4 456人，列车乘务班组89个。

2008年，重庆客运段以科学发展观和构建和谐客运为统领，求真务实，扎实工作。春运期间，居高不下的客流和一场突如其来、百年不遇的特大冰雪灾害，全段72趟列车不同程度受阻，19列旅客列车绕道运行，列车最长晚点时间达104小时，全段紧急动员，快速反应，全力解决困难，确保旅客和运输安全。“5·12”汶川特大地震发生后，及时采取措施，保持与路局、成都市相关单位和各趟列车信息畅通。当得知成都受灾单位缺水缺物资的情况，派出专人专车，及时运达。组织100余名机关干部和青年志愿者，完成接送灾区伤员780人。同时，完善组织措施，完成进藏列车添乘、奥运安保、专运、暑运、军运等重点运输任务。

全年，重庆客运段安全运送旅客2 111万人次，完成堵保收入9 329.5万元，餐营、售货完成7 628万元，全年开行旅游专列5趟、棉农专列17趟，获旅客表扬信21万件，锦旗51面，实现连续安全生产1 949天。

单位地址：重庆市渝中区菜园坝渝铁大酒店

邮政编码：400014

（席　波）

【**贵阳客运段**】　担当图定旅客列车对数达到22.5对，其中贵阳开往北京西、上海南、广州、郑州、杭州、宁波、湛江、昆明、成都、隆昌、麻尾、玉屏、六盘水、遵义等地的旅客列车19对，遵义开往北京西、上海南、广州、重庆等地的旅客列车3.5对。旅客列车乘务区段总里程48 942公里，乘务工作范围辐射17个省、市、自治区。固定资产原值2 156万元，净值1 051万元。现有职工4 635人，段设9个科室、2个后勤车间、8个乘务车队、93个乘务班组，托管1个集经公司。1月1日贵阳铁路兴华贸易公司移交四川西南铁路国际旅行总社；11月6日，段新接收3.5对局管内客车。

2008年，贵阳客运段围绕“强化基础、强化管理、以人为本、构建和谐”的总体思路，紧紧抓住客运中心工作，保安全稳定，提升服务质量，规范经营管理，各项工作取得显著成效。安全生产持续稳定。以深入开展“安全大检查、大反思”活动为契机，实施安全质量量化考核，“安全是又好又快发展生命线”的安全责任观不断深入人心，职工“爱岗敬业、遵章守纪、标准作业”的自觉性进一步提高，安全管理“三基”得到进一步加强。截至12月31日，实现无重大（特别）、较大及一般A类、B类、C类事故1 949天，无一般D类事故1 828天。全年运送旅客247.34万人次，同比增加22%；增开临客216趟次，同比增长11%；担当加挂乘务任务1 492辆次。全段完成2.97亿车辆公里，同比增加0.36亿车辆公里，增长14%，人均完成123.55千车辆公里，实现生产经营目标。

春运期间，遭遇严重的大面积冰雪凝冻灾害，京广、沪昆等铁路线接触网断电。自1月25日至2月8日，段担当旅客列车共有135趟次晚点运行，累计晚点2 408小时。其中，贵阳—广州K66/65次列车晚点106小时，共计运行126小时。客运段干部职工克服重重困难和各方面压力，全力确保旅客运输安全。奥运期间成立奥运安保领导小组、进京列车安保工作检查组，结合“回头看、查盲区、找漏洞”活动，开展专项教育培训，管理干部24小时值班，包保干部添乘奥运主办、协办城市开行方向旅客列车，加强工作重要场所、重点部位“四防”，筑牢列车第五道防线。排查内部不稳定因素，制定完善劝返处置预案，预防控制突发事件，圆满实现奥运安保与信访稳定工作目标。

单位地址：贵阳市南明区遵义路74号

邮政编码：550002

（韦　杏）

机　务　段

【**成都机务段**】　地处成都市东北郊，全段现有职工6 044人，设机关科室13个、生产车间9个（其中异地车间2个）、集经公司1个。9个生产车间分别为：成都运用车间、成都北运用车间、西昌运用车间、成都检修车间、峨眉检修车间、成都整备车间、成都北整备车间、设备车间、救援车间。全段主要担当宝成线广元至成都间、成昆线成都至攀枝花间客货列车以及成渝线成都至重庆客运列车、成都至内江货物列车等3条干线的牵引任务和广普、德天、广木、成汶、资威及渡口6条支线小运转列车的牵引任务，营运里程2 052.1公里，以及成都枢纽地区及宝成、成渝（成都—资中）、成昆线沿途站场列车编解调车任务。自2008年7月10日起，达成公司实行委托管理，成都机务段承担达成公司达成线、达万线556.7公里的客、货列车牵引任务及沿途站场列车编解调车任务。担负电力、内燃机车的大、中、小、辅修和主变压器、轮对、增压器以及柴油机等部件的大修工作，是全局主要电力机车中修基地和唯一的内燃机车中修基地。固定资产原值20.11亿元。配属机车409台，其中电力机车269台；内燃机车140台。

2008年，全段坚持“安全第一，基础取胜”的指导思想，致力于“全覆盖、高可靠、立体化”安全保障体系的建立和巩固，全力以赴，攻坚克难，经受住凝冻灾害和“5·12”汶川特大地震的严峻考验，创新发展思路，夯实安全基础，优化资源整合，规范经营管理，构建和谐成机，实现安全运输生产有序可控和职工队伍稳定。

全年运输任务完成情况：机车总重吨公里完成8 866 398万吨公里，为计划的96.5%，同比增加0.1%；机车总走行69 335 958公里，为计划的100.1%，同比增加3.6%；货运机车日产量完成85万吨公里/台日，为计划的89.9%；机车日车公里完成448公里/台日，为计划的98.7%；货运机车平均牵引总重2 734吨/列，为计划的97.4%。完成电力机车大修3台、中修88台、小修244台、辅修4 474台，检修率4.6%，临修率1.1%；内燃机车大修2台、中修58台、小修219台、辅修220台，检修率5.1%，临修率0.6%。

截至12月31日，实现无责任特别重大事故9 493天，无责任重大事故9 493天，无责任较大事故9 493天，无责任一般A类事故9 493天，无责任一般B类事故9 493天，无责任一般C类事故290天，无责任一般D类事故7天。

单位地址：成都市成华区海滨湾支路1号

邮政编码：610081

（万巧巧）

【重庆机务段】　现设12个职能部门，8个生产车间，1个劳动服务公司，现有职工3 720人，固定资产13.95亿元。全段配属机车257台，其中电力193台，内燃64台，担当川黔、襄渝、成渝、内六、成遂渝、渝怀6条干线及三万、宜珙2条支线的牵引任务。机车担当总沿线里程6 194公里，人员担当交路里程4 353公里，主要承担电力机车中修、小修、辅修，内燃机车小修、辅修及牵引电机大修任务。全年累计完成机车牵引总重442.2亿吨公里，机车牵引总走行4 058.7万公里，完成电力机车中修76台，牵引电机大修116台，电枢大修195台。

2008年，全段用科学发展观统领全段各项工作，坚持“安全第一、预防为主”的方针，制订《安全管理制度汇编》。在雪灾、地震、施工调图、动车开行、货运直通、LKJ监控数据换装等“急、难、险、重”任务面前，全段干部职工全力以赴，积极组织配合，确保运输安全持续稳定。机车质量方面，牢固树立检修为运用服务的思想和“三零”维修保养理念，强化机车质量的检查追踪，扎实抓好机破、临修、超修、碎修总结、分析，强化机车质量问题的收集、反馈和处理；积极开展机车动态故障、惯性故障的跟踪处理和技术攻关，大力开展阶段性、季节性、突发性、惯性质量问题整治，及时消除运用机车的质量隐患。继续深化劳动组织整合，先后撤销调小车间、内江整备车间。大力开展“节支降耗”活动，结合实际制定13条节支降耗措施。职工业务技能明显提升，在2008年路局救援列车大比武活动中，取得综合比赛第一名。通过翻修职工食堂，修建塑胶篮球场，添置健身器材，合理规划绿化带，为职工提供舒适的工作、生活环境，构建“安全可控、管理规范、节支降耗、环境优美、稳定有序、协调发展”的和谐重机。

坚持以“规范管理，强基达标”为主线，认真落实“三个办法、一项制度”，以“春运、防洪、暑运、雾季”安全卡控为重点，狠抓“客车安全、路外安全、调车作业、劳动安全、救援管理”等关键环节，深刻吸取“4·28”旅客列车重大事故教训，扎实开展安全大反思、大检查活动，截至2008年12月31日，段实现无责任特别重大、重大、较大事故9 718天，无一般B类及以上事故9 718天、无一般C类事故7 639天、无责任一般D类事故4天。

单位地址：重庆市九龙坡区中梁山西铁一村22号

邮政编码：400052

（曹　玲）

【贵阳机务段】　地处沪昆（湘黔段、贵昆段）、黔桂、川黔铁路枢纽地区，占地面积约17万平方米。主要担当沪昆线贵阳南至怀化南货车及部分管内客车，沪昆线贵阳至宣威客车，黔桂线贵定至麻尾客货列车，川黔线贵阳南至赶水货车及部分管内客车，以及贵阳南等15个车站的专用调车作业和贵阳南枢纽、湖林支线、开阳支线等小运转牵引任务。牵引正线里程2 189公里，支线里程76公里。是路局电力机车检修基地之一，承担配属的电力SS_1型、SS_3型、SS_{3B}型机车中修、Ⅰ、Ⅱ级修及内燃DF_5型、DF_{4B}型、DF_{7C}型、DF_{7D}型、DF_{7G}型机车小、辅修和部分局属电力SS_1型、SS_3型机车大部件换件修任务。固定资产价值约22.17亿元。配属机车476台，其中电力机车360台，内燃机车116台。段设8个生产车间和13个职能科室，现有职工4 189人。

2008年运输生产任务完成情况：机车总走行48 548.173千机公里，同比减少2.4%；总重65 218.888百万吨公里，同比减少3.0%；电力机车日车439公里，同比增长0.9%，内燃机车日车367公里，同比增长6.7%；电力机车日产量113.3万吨公里/台日，同比增长1.8%；内燃机车日产量完成28.6万吨公里/台日，同比增长21.2%。完成电力机车大修8台、中修88台、Ⅱ级修366台、辅修769台；内燃机车大修14台、中修22台、小修214台、辅修373台。

贵阳机务段弘扬抗灾救灾精神，以科学发展观统领各项工作，强化安全基础，规范安全管理，转变干部作风，建立完善山区铁路安全保障体系。围绕经营管理目标，以经济效益为中心，以质量保安全，以安全促效益，以稳定促发展，真抓实干，夺取抗灾救灾的全面胜利。完成监控车间的划交及职能转换、乘务员转型增驾培训，优化班组设置，稳步推进劳动组织整合，消除管理夹层，实现整备资源集中，加强成本控制，确保安全、质量、效益稳步提高以及队伍稳定，营造安定团结的和谐局面。

截至2008年12月31日，行车安全实现无一般责任B类及以上事故7 139天，无一般责任C类事故6 928天，无一般责任D类事故9天；无火灾事故11 413天。劳动安全实现无责任职工死亡事故8 859天、无责任职工重工伤事故1 034天、无责任职工轻工伤事故6天。无职业病及中毒事故发生。连续实现第18个安全年。2008年被国家人事部、铁道部授予“全国铁路先进集体”、“火车头奖杯”和贵州省公交战线抗雪凝灾害恢复重建“先进单位”荣誉称号。

单位地址：贵阳市富源南路23号

邮政编码：550005

（张维娜）

【六盘水机务段】　主要担负内六线六盘水至宜宾南，沪昆线贵阳南至宣威货物列车，水大支线客、货列车牵引，以及六盘水南、六盘水、水城、滥坝、大湾、昭通、六枝等站调车作业任务。承担段配属的171台机车的小辅修任务，是全局SS_4型电力机车的培训教育基地。

机关设10个职能科室，党委设1党群工作室，全段有运用、检修、设备、救援列车4个车间和1个劳动服务公司。年末职工人数1 828人。

2008年全段运输任务完成：机车总重3 704 027.4万吨公里，为年计划的99.9%，较上年增长3.5%。完成内燃机车辅修35台，小修35台，检修率12.0%。完成电力机车小修125台，辅修1 460台，检修率7.7%。能耗指标：电力月平均单耗125.7千瓦时/万吨公里，为年计划的101.0%；内燃月平均单耗131.7千克/万吨公里，为年计划的101.6%。

在安全基础工作中全面规范管理，平、稳推进不同时期安全重点工作，强化检修制度、标准建设，两次修订工艺范围，制订作业指导书、机车记名式检修活票等，修订完善40项管理制度，新增12项机车质量管理制度。全年共投资1 000余万元用于机车专项整治，全力开展“四防”整治，发现走行部重大质量隐患9起，完成40台机车176对带箍轮落轮除漆探伤工作，完成9台机车14个DJ91轮对换轮工作，完成43台机车292对马钢生产的整体不动轮探伤任务，对SS_3、SS_4型共计43台机车轴温报警装置全面整修。实现机破率较上年下降50%的目标。

截至12月31日，实现无重大、大事故4 130天、无险性事故7 725天，无职工责任重工伤事故

1 076天的良好安全成绩。

单位地址：贵州省六盘水市神山区石龙村

邮政编码：553000

（孙体民）

供　电　段

【成都供电段】　担负宝成线广元至成都正线上行301.07公里、下行269.36公里，成昆线成都至双流正线30.043公里，成渝线成都至李市镇正线262.47公里，内六线内江至仙水正线392.512公里，成都至遂宁正线146.1公里（水电线路包括遂宁至三汇镇），成都枢纽正线145.545公里，共计正线里程1 544.055公里的牵引供电和水电供应任务。拥有接触网设备2 733.999条公里，高低压电力线路3 699.968公里，给水管道650.203公里。共有牵引变电所29座、分区亭9座、开闭所2座，配电室251座，给水所62座。现有职工2 971人。设9个机关科室，14个车间级单位，84个班组。固定资产原值260 725.29万元。

2008年，成都供电段经受了前所未有的自然灾害的严峻考验，全段上下以大局为重，迎难而上，拼搏攻坚，各项工作取得显著成绩。截至12月31日，段实现了无一般C类及以上铁路道路交通事故16 070天，无一般D类铁路道路交通事故588天，无责任人身重伤事故4 656天，无责任人身死亡事故2 823天。全年完成牵引供电量70 914万千瓦时、电力供电量18 720万千瓦时、供水量15 058万吨。荣获局安全优质站段称号。

面对突如其来的重大自然灾害，段领导统筹指挥，广大干部职工密切配合，按照救灾应急的总体要求，完成7个车站临时生产场所、4个站区生活安置点的水电搭接工作；参与绵阳唐家山堰塞湖应急处置，完成支线13个小站信号电源的临时恢复，保证救灾物资运输畅通；缩短水质检测周期，防止大灾后饮用水中毒事件的发生。合理调配人员、统筹布置安全措施，高标准、严要求、圆满地完成“5·12”地震以来各次专特运任务。坚持质量、进度并举的方针，精心组织，合理安排，全年完成大修及复旧工程83项，完成更新改造53项。举全段之力，抽调700余名干部职工深入现场，高标准、高效率完成宝成线安全标准线建设。以人为本，文明建设协调发展，以“每周一题”、“每月一考”、“每季一练”活动为依托，充分发挥段、车间、班组三级教育网的作用，抓好全员培训和岗位练兵。先后举办大修施工培训、“四新”技术培训等共58期，培训2 873人次，选拔技术能手22人。广泛开展“一句话励志”和安全警句征集活动，从段部到一线，从车间到班组，建立“安全文化廊”，形成具有浓厚供电特色的安全文化氛围。

单位地址：成都市金牛区荷花池路4号

邮政编码：610081

（蔡寿华）

【西昌供电段】　主要担负成昆线北起双流南至攀枝花正线公里828.827公里，与成都供电段分界点为成都南至双流91#柱成方电连接线夹下行200毫米处（DK30+443），与昆明供电段分界为攀枝花至迤资间05#支柱昆方侧电连接线夹下行200毫米处（DK751+270）的牵引供电任务，以及双流车站成方22#杆到攀枝花车站及渡口支线10千伏电力贯通线昆方28#杆731.035公里10千伏电力贯通线和263.812公里35千伏电源线路的维护运营，91个车站的牵引供电、电力、给水综合管理职能。2008年，西昌供电段固定资产净值70 727万元，配属各类机械动力设备151台，管辖牵引供电接触网1 169.15条公里、电力线路1 217.95公里、给水管路167.87公里，有牵引变电所19个、电力变（配）电所19个、4个站区给水。年度牵引供电量：5.8亿千瓦时，电力供电量：0.5亿千瓦时，供水量：550万吨。段设置8个职能部门，9个车间级单位，下设73个生产班组。现有职工1 481人。

2008年，“5·12”汶川特大地震后，震后8小时恢复铁路运输，根据路局安全管理新思路、新要求，以科学发展观和构建社会主义和谐社会战略思想为指导，优化结构，深化管理，狠抓落实，加强经营管理，完成各项生产任务，确保各项安全目标实现。截至12月31日，实现无一般B类及以上事故13 576天；无一般C类事故10 702天；无一般D类事故19天。实现电化转产以来连续9个安全年。

单位地址：四川省西昌市马道镇东路37号

邮政编码615031

（韩定跃）

【重庆供电段】 担负成渝线重庆—李市镇站、川黔线小南海—石门坎站、襄渝线重庆—梁家坝站、重庆枢纽，渝怀线团结村—秀山站、遂渝线东阳—遂宁站牵引供电及沿线生产职工生活供水供电运营维修任务。管内牵引供电接触网正线1 374.069公里，2 091.569条公里，变电所 25 个，开闭所 4 个，年牵引供电量 5.34 亿千瓦时；管内电力 35 千伏 25.273 公里，10 千伏1 954.107公里，配电所 36 个，年供电量12 269.7万千瓦时；管内给水管网 689.96 公里，年供水量871.7394 万立方米。段设 8 个业务科室，14 个车间，1 个接触网动态检测所，78 个生产班组。现有职工1 908人。固定资产 23.33 亿，净值 14.4 亿。

2008 年，在冰雪凝冻灾害、地震灾害、大修和整治施工全面展开、襄渝二线施工配合等多重严峻考验下，坚持“安全第一”、“责任制、抓重点”管理思路，完善直管新体制新格局下基本规章和安全管理制度体系建设，强化领导、分工、岗位、专业负责，安全生产责任体系得到加强。开展春运前设备及安全大反思大检查，开展安全专项、接触网防“三断”检查及防洪专项整治、施工安全控制管理活动，解决安全隐患，提高设备运行可靠性，保证春运、两会、黄金周、奥运、专特运安全。全段消灭责任行车事故和责任弓网事故，在全局安全评估供电系统专业评估中名列第一。

推行全面预算管理，强化成本刚性约束，压缩非生产性支出，增收节支，加强水电收支差考核，严格逐级科目负责，完善经营业绩考核，健全激励约束机制，完成路局下达的经营目标。对生产资源实施整合，撤销大修车间、合川供电车间和 3 个弓检组，成立抢修（调度）车间和接触网动态检测所，接管达万线水电运行管理工作，对江北、沙坪坝、荣昌等热门地点班组实行公招竞聘上岗，整合给水班组，稳步推进接触网、电力工区合并及运检分开的改革步伐。

健全教育管理制度，完成三级教育网络建设。分专业开展工班长、轨道车司机、施工及“四新”技术培训，开展“施工日计划、运行揭示调度命令、施工调度命令管理办法”和“营业线施工安全管理实施细则”新规章新政策培训，抓班组日常技术业务学习和技术练兵，开展比武活动和退伍军人“三项教育”。全年举办培训班 36 期1 127 人次，全段性考试 5 次5 475人次。

2008 年职工平均收入同比增长 12.78%。改善沿线职工生活设施，投入 97.5 万元为班组购置桌椅、卧具、床、空调、衣柜、健身器材等设备。落实“三不让”承诺，开展帮贫济困送温暖活动，支付各种困难救助金和扶贫贷款 196.49 万元。冰雪凝冻灾害慰问和防暑慰问职工 9 万元。

单位地址：重庆市九龙坡区黄桷坪新市场铁路新村 40 号

邮政编码：400053

（郑　静）

【贵阳供电段】 管辖范围以贵阳市为中心，东至沪昆线大龙 K1649 + 500，东南至黔桂线麻尾站 K306 + 400，西至沪昆线凤凰山 K2370 + 000，西北至内昆线花土坡 DK392 + 512，北至川黔线石门坎 DK131 + 025。担负着贵州境内贵阳、六盘水两大铁路枢纽和沪昆、内昆、川黔、黔桂 4 条铁路干线的牵引供电和水电供应任务。营业正线里程1 667.309公里。其中拥有接触网设备3 056.79换算公里，电力线路5 753.918换算公里，给水管道2 649.920换算公里。段设行政科室 9 个，党群工作室 1 个，辖 16 个生产车间，104 个生产班组。固定资产 24.9678 亿元。现有职工2 887人。

2008 年段按照“规范管理、强化基础、盯住关键”的安全工作思路，开展设备的逐杆登杆检查，累计处理各类危及设备运行安全的缺陷11 618件。全力攻防“三断”事故，强力推进设备的车梯巡检查，累计完成车梯巡检查2 116条公里，防范 136 件隐性设备事故的发生。深入开展“安全大反思、大检查”和典型事故案例教育活动，深化百日整治行动，集中对锥套式线夹、调整螺栓等设备隐患进行专项攻坚整治。盯住安全关键，成立站改施工配合组，实行全方位、全天候的动态监控配合，确保既有线设备的绝对安全。截至 12 月 31 日，全段实现无责任一般 B 类以上事故8 436天。

全年累计完成牵引供电量 11.69 亿千瓦时，电力供电量 1.36 亿千瓦时，供水量1 050万吨。优质高效完成接触网设备整治 140 条公里；建成标准化接触网设备 95 条公里；建成标准化变配电所 10 所；建成标准化给水设备 132.5 换算公里，同步完成内六线、川黔线的电力远动监控系统建设。

年初，在遭遇历史罕见低温冰雪凝冻灾害面前，累计出动抢修人员25 916人次、车辆2 000余台班次，实施50次"超常规、大跨度"的越区供电，单臂最大供电长度达89公里。组织320名干部职工和112台发电设备分赴86个关键车站发电保信号，分秒不差地保障专列运行，受到中央、贵州省、铁道部领导的高度赞扬。组建17支抢险突击队，处理各类设备故障219件，在春节前全面打通大龙至贵阳全部36个站和黔桂线29站的信号电源，确保关键时期的旅客运输。"5·12"汶川特大地震后，为灾区运送发电机、移动高压室等救灾物资3批次，累计向灾区捐款捐物20余万元，有力支援抗震救灾工作。进入防洪主汛期后，成功处置内六线隧道塌方等多起较为严重的地质灾害事故，夺取抗灾救灾的全面胜利。

2008年，荣获"中华铁路总工会抗击雨雪冰冻灾害火车头奖杯"、"贵州省军交运输保障先进单位"、"铁道部全国精神文明建设工作先进单位"、获铁道部优秀QC成果奖一项。

单位地址：贵阳市二戈寨富源南路69号

邮政编码：550011

（张羽腾）

车 辆 段

【成都车辆段】 下设4个生产车间47个生产班组，现有职工1 948人。2008年7月托管达成公司原南充机辆段车辆部分，成立南充运用车间。现有职工291人，设班组6个。段配属客车1 560辆，其中代管行李、邮政车94辆，空调客车1 117辆，占配属比例71.6%；绿皮车客车443辆，占配属比例28.4%；托管南充运用车间客车316辆。全段固定资产原值27亿。担当43.5对82列图定列车和各种军、专、特、临客的开行任务，其中南充运用车间12.5对15组，以及27对外属车的入库和站折技检任务。段本部现有客车整备线18条，存车线12条，临修线2条。段修台位12个，外皮油漆、烘干台位4个，预检作业台位6个，交车台位7个，检修工艺线8条。各类机械动力设备661台，具备25T型青藏客车A2、A3修，25K型快速客车A2、A3修及22（23）、25B、25G型客车段修及发电车中修检修资质。

2008年，共完成段修886辆（其中贵阳段74辆），完成率100%；完成空调中修351辆，其中单辆空调26辆，集中式空调325辆；完成客车辅修1 870辆，A1修196辆；春整完成1 284辆，秋整完成1 183辆；完成客车走行公里471 064.62千辆/公里。

2008年，成都车辆段坚持深入学习实践科学发展观，面对年初冰雪凝冻灾害，通过靠前指挥、强化信息管理、完善应急组织，确保春运非正常情况下旅客列车运行绝对安全。"3·14"拉萨暴乱发生后，领导分批驻点西宁，干部逐趟添乘青藏客车，实现青藏客车安全运行。"5·12"汶川特大地震后，全段干部职工坚守岗位，高质量完成25次一级专运、22列伤员和学生专运，以及4批次170列部队回撤专列开行任务。荣获省"抗震救灾模范集体"、局"抗震救灾先进党组织"光荣称号，成都运用车间荣获中华全国总工会"抗震救灾重建家园工人先锋号"称号。奥运会、残奥会期间，选派干部在沿途6个站设点驻站加强卡控，确保特殊时段安全稳定。截至12月31日，实现无一般C类及以上事故1 948天。

围绕安全大检查、客车质量攻坚、队伍素质建设、"禁令、红线"规定开展工作，取得部"三进"客车秋季质量最好成绩，T8次列全路25K型车第二名，K118次列全路25G第四名，总体质量排全局车辆系统第一名。在路局2008年下半年段修质量对规中获第一名；在局"2008年主要工种技能竞赛"客车部分的7个单项中，夺得6个第一，3个第二和2个第三名。完成177辆绿皮车专项整治。

单位地址：四川省成都市金牛区洞子口五福桥侧

邮政编码：610081

（余力子）

【成都东车辆段】 西南地区重要的货车车辆段，管辖成昆、宝成、成渝、川黔、内昆、襄渝、渝怀、遂渝、达成9条干线和成汶、德天、广木、资威、广旺、渡口、三万、宜珙、达万9条支线，正线管辖里程3 861.3公里，安全保证区段里程5 947公里。承担着铁路货车的入段厂修、段修、辅修、临修、客货车轮对新组装、检修任务以及客货列车运用维修工作。全段设有12个科室、12个车间和1个段直管作业场，现有职工4 708人，152个班组。货车段修台位33个，厂修台位6个，站修台位113个，固定资产原值5.23亿元。

全年完成路用车入段厂修85辆，段修16 584辆，辅修5 627辆，临修27 904辆，P_{65}行包整备38 530辆。K2提速改造完成路用车814辆。外委厂修232辆，段修1 263辆，辅修855辆。货车通过修7 592 707辆，客车通过修378 044辆。轮对检修10 784对，轴承检修9 441套。

2008年，在"5·12"特大地震灾害面前，全段干部职工同心同德，团结一心，一手抓抗震救灾，一手抓生产组织，确保安全生产。组织救援人员快速疏通清理广岳支线穿心店车站受地震影响脱轨颠覆、达成线"6·8"事故脱轨颠覆的车辆，及时打通抗震救灾"生命线"，保障抗震救灾专列和部队回撤军列的安全畅通。

进一步规范局直管站段新体制下的安全管理，夯实安全基础，扎实开展安全生产系列活动，实现安全年。积极实施生产资源整合，理顺管理职能，为运输生产力的释放提供支持。撤销西昌检修车间，由段直接管理密地作业场。完成托管达成公司相关工作，将站修调整给运用车间管理，合理划分"5T"管理职能，理顺管理关系。同时，加快管内的"5T"建设进度，成都北运用车间创一流工作取得成效，在全路率先实行人机分工作业，安全防范能力显著增强，推进列检作业方式变化。实施管理创新，自主研发"车辆段货车运用综合信息管理系统"，通过路局科技成果评定，为货车运用生产提供科学、快速、准确的信息化管理平台。

2008年，成都东车辆段荣获路局"2008年度安全优质（站）段"；被成都军区驻成都铁路局军事代表处授予"抗震救灾铁路军事运输先进集体"；成都北运用车间上到列检作业场荣获2008年度全路"十强"货车列检作业场荣誉称号，成都北运用车间上发、下到、下发3个列检作业场荣获2008年度全路"部优"货车列检作业场。

单位地址：成都市成华区驷马桥路2号

邮政编码：610051

（冯利华）

【重庆车辆段】 是专业客车检修段，主要担负着本段和贵阳车辆段普通客车段修及空调车、发电车中修任务，重庆、重庆北站始发、中转、到达旅客列车的运用检修任务，以及渝京、渝沪、渝穗、渝昆、渝成和动车组等46列旅客列车的运用值乘工作。

2008年，重庆车辆段坚持走质量、安全、效益可持续发展的科学发展道路，不断加快工艺工装、基础设施建设，完成重庆北客整所K3－K6线"蓝箭"号动车组DC600V地面电源，购置不落轮车床、轴箱清洗机等检修专用设备，确保客车检修质量。在段修生产中，一次通过路局DC600V 25G型客车检修资质，全面实施DC600V客车段修；开展25T型青藏客车A1修，积极探索段修增量增产检修模式，在完成日常检修生产的同时，实施A2修增量计划，扩大段修能力，实现段修任务新突破，检修质量新提升。截至12月31日，全年完成段修936辆，在全局车辆系统段修质量对规中，两次取得第一名。在运用生产中，以确保旅客列车的绝对安全为宗旨，全面完成图定客车运输任务。在铁道部"三进"列车质量鉴定中，担当的16组车体全部达到A级标准，实现历史性的突破。高质量完成"蓝箭"号动车组的整备、调试、人员培训和技术标准制定等工作，于2月18日成功在成渝线上开行"蓝箭"号动车组。按照"决心大、动作大、速度快"的总体要求，全力推进绿皮车专项整治，2009年春运前共完成整治验收218辆，完成改造项目更换配件9 875件，消除故障8 343件，实现绿皮车专项整治目标，为2009年春运提供安全优质的车辆。同时，按照检电合一、地乘分离原则，全面开展劳动资源优化整合。通过优化整合，共设置生产岗位123个，主要生产人员设置在原有基础上减少158人，减幅11.1%；生产班组由53个减为43个，减幅19%。在安全管理上，认真贯彻路局"三个办法、一个制度"，制定下发《干部安全生产责任制考核办法》、《安全质量专项奖励考核办法》、《安全奖惩办法》和《干部下现场检查量化指标》，夯实安全基础。截至12月31日，实现行车无一般D类及以上事故1 949天，无责任职工重伤及以上事故7 209天，无责任职工轻伤事故1 170天，实现安全年。

单位地址：重庆市九龙坡区黄桷坪铁路二村226号

邮政编码：400053

（白　颖）

【贵阳车辆段】 主要担负本属客车乘务、日常检修、春秋两季整修、辅修、空调中修及25K型客车A1、A2修等生产任务。现有职工1 048人，下设11个科室、2个车间。配属客车1 071辆，运用客车28对50组811辆，在贵阳、六盘水站各设1个客列检。固定资产原值13.63亿元。

全年完成厂修33辆、段修471辆、空调中修182辆、辅修1 089辆、入库修169 566辆、通过修369 144辆，走行公里累计完成299 245千辆公里。

2008年凝冻灾害发生后，贵阳车辆段立即启动应急预案，调度采取双岗作业；安排2辆加油车24小时在贵阳站待命，共为57列客车加油98 510升；成立应急小组共计抢修31列551辆站折客车；将25辆单元发电车和50名职工在路局规定时间内送到14个指定站点，担负行车设备的供电工作，运输正常秩序得以迅速恢复。

"5·12"汶川特大地震发生后，加强客车检修和途中巡视，抢修4列站折车；整修6列87辆客车；派出14辆客车及2名乘务员到成都参加救灾工作。同时完成德阳开行的"救7次"专列在遵义、贵阳的车窗玻璃拆装工作。暑运和奥运会期间，加强干部值班，落实添乘制度。段班子成员每天轮流值班，成立安保组和督查组，共计发现问题41件，并按规定进行处理。同时加强客车出库质量和停留客车的安全检查，确保安全生产平稳有序。

根据铁道部"4·29"电视电话会议精神，按照"自上而下、上下结合、翻箱倒柜、务求实效"的要求，全段开展安全反思会，所有干部写出书面反思材料。在活动中，修订规章制度11项、清理文件170份、新下发文件30份，并加强设备整治，共计检查处理定位导柱43个、弹性定位套448个，处理闸瓦托磨耗等较大故障1 212件。

开展绿皮车整治，拟定30条项目对需整治的客车逐辆逐条摸底调查，制定42个整治项点，在每辆车上建立动态跟踪板，对出现的问题进行协调处理。

自2003年9月建段以来，消灭责任行车一般C类及以上事故和责任重伤事故，"三进车"连续六年被部评为A级列车。截至12月31日，实现安全生产1 949天。

单位地址：贵阳市南明区新寨路3号

邮政编码：550007

（田晓刚）

【贵阳南车辆段】 地处贵阳枢纽，担负着局管内沪昆、黔桂、川黔、内昆及贵阳南和六盘水两枢纽的货车车辆定期检修、运用维修以及安全保证任务。现有职工1 821人，全段管辖里程2 157.5公里，安全保证里程4 060公里。现有厂段修基地1个，辅临修基地2个，THDS（红外线轴温探测系统）探测站110个、TFDS（货车运行故障动态检测系统）探测站4个、AEI（车号自动识别系统）探测站32个。列检作业场9个、装卸检修所3个、技术交接所6个、行包整备作业点2个，段设11个职能科室、5个生产车间、62个生产班组。

2008年，贵阳南车辆段全体干部职工克服生产任务繁重、生产布局调整带来的职工异地安置、新线建设和枢纽改造对生产的干扰等困难，较好地完成各项生产任务和经济技术指标，全年完成厂段修6 897辆（较上年6 483辆增长6.4%）、提速改造及完善改造597辆、辅修3 614辆、临修7 717辆、通过修547万辆；完成车门破损车整治7 376辆、提速车整治393辆、非提速车整治1 045辆、车轮故障车整治1 825辆；完成报废车处置661辆。截至12月31日，实现安全生产469天。

在年初雪凝冰冻天气的考验面前，迅速反应，重点卡控，共出动设备维修人员560余人次，抢修"5T"设备凝冻故障70余台次、抢修设备故障75余台次，更换各种阀类45个，更换冻裂水管道120米，安全检查、交接电煤车118列4 018辆，抢运电煤25余万吨，确保凝冻天气下的安全运输生产。全段4个先进集体、32名先进个人立功受奖。

2008年，在生产力布局调整和资源优化整合过程中，贵阳南车辆段注重解决好异地安置职工两地分居、通勤、子女入学等实际问题，确保"运输安全、生产组织、职工队伍"三个稳定，顺利完成都匀、麻尾、改貌列检的撤销和生产资源优化整合工作。

单位地址：贵阳市南明区富源路柳井巷22号

邮政编码：550005

（苟登刚）

电务段

【成都电务段】 担负4条铁路干线（宝成线：广元—成都，成渝线：成都—史家乡，成昆线：成都—攀枝花，达成线：成都—三汇镇），6条支线铁路（成汶线、资威线、广本线、德天线、广旺线、渡口支线）共计219个车站，6个驼峰场，全长2 030.893公里的信号设备养护维修。管内配属机械动力设备23台，设备工作量33 651.928换算道岔组，电气集中车站147个，非电气集中车站27个。计算机联锁车站45个，道口设备25处，闭塞设备222.5个区间，2000型LKJ列车监控装置425套。固定资产14.36亿元。现有职工1 677人、托管人员187人，下设机关9个职能部门，现场19个车间、104个班组。

2008年，全段干部职工紧紧围绕安全生产中心，强化安全管理，严格关键卡控，狠抓设备整治，提高设备质量，关心职工生活，构建内部和谐，全面完成各项生产任务。完成分解检查轨道绝缘16 959组；道岔安装装置绝缘分解3 666组；轨距杆绝缘分解检查15 879根；机车信号、LKJ入库检测64 607台，出库检测65 642台；检修继电器11 169台，转辙设备轮换514台，轮修750台；查找电源接地26站；处理电缆绝缘不良19站等重点维修任务。完成密地、攀枝花、彭山、双流、汉源、普雄、西昌、西昌南等21站防混线整治的中修任务，完成投资143.25万元。完成达成扩能工程东段配合施工；提速道岔外锁闭装置大修78台；配合工务宝成线线路大修89公里；完成达成线遂宁—积金区间通话柱大修、宝成线微机监测通道改造以及宝成线彰明、龙凤场等9站和成汶支线蒙阳站的关闭工作，进行LKJ基础线路数据的采集、复核工作；针对“5·12”汶川特大地震灾害，完成电缆复旧105.14公里，计轴设备复旧、成汶支线信号设备复旧等项目，完成投资1 183.3万元；完成宝成线道旁设备复旧投资760余万元。完成北编标准化检修基地建设及搬迁，TDCS分中心服务器更新、增设防火墙，新建燕岗站无线调机机车信号监控系统、西昌南驼峰微机监测设备、成都南计算机联锁设备软件升级及机车信号一体化改造等更新改造项目，完成投资4 639.4万元。组织完成广普支线广元东、旺苍，成昆线弯丘站电气集中改造、成渝线改国产计轴以及普雄、巴关河等站战略装车点改造施工等路局重点工程任务。

专项整治任务。共签订安全协议214份，组织天窗修7 736次，组织各类施工776次，未发生任何险情。投入资金230万元，整治电缆埋设深度不够、电缆外露等共计80公里。整治机车信号感应器线圈146台，主机、接线盒加硅胶进行防水整治各235台，机车信号机整治470台，改造库内环线7条，解决内燃机车整备库无机车测试环线以及一体化机车信号设备的热机测试试验等问题。完成红牌楼、成都南站3V化及高压脉冲整治10个区段，成都、德阳、江油、绵阳、绵阳北等5站进行3V化或熔覆整治48个区段；整治轨道电路分路不良区段472个，销号342个。在成都枢纽、成渝线、宝成线等易发生被盗的车站、区间电缆盒、XB箱、扼流变压器箱加装防盗装置6 020套；组织实施机械室防盗整治，完成41站机械室加装防盗门、防盗栏任务，完成投资37.3万元。强化18信息专项整治。针对管内宝成复线当第二离去区段出清时，第一离去区段偶尔闪红光带情况，更换改进型缓放盒416个区段。加强防雷设备整治，完成90余个车站综合防雷施工。

截至12月31日，取得安全生产无责任重大事故10 907天，无一般C类责任事故8 447天，无一般D类责任事故67天，无责任因工死亡事故3 581天，无责任重大火灾爆炸事故18 718天。

单位地址：成都市火车北站西一巷2号

邮政编码：610081

（吴　梅）

【重庆电务段】 拥有固定资产11.05亿元。段设9个职能部门和12个现场信号车间（含托管的达万线2个车间），4个基地车间（其中电务动态检测室列为辅助性生产机构），89个生产班组，现有职工1 274人。担负着襄渝线重庆至达州、川黔线重庆至石门坎、成渝线重庆至内江、内昆线内江至昭通、渝怀线重庆至秀山、遂渝线重庆至遂宁、达万线7条干线区段，三万、宜珙2条支线，重庆枢纽，共计

2 039.83公里正线，196 个车站，5 个驼峰，4 个车场，29 917.97组换算道岔的信号养护维修任务和达万线7个车站，152.86公里正线的通信设备、无线列调设备的养护维修任务，281台机车、9组动车组的LKJ系统和机车信号等车载设备的检测维修工作。

2008年，重庆西机务段监控车间并入重庆电务段，与原出入库工区进行整合后更名为车载设备车间，承担着281台机车、9组动车组的LKJ系统和机车信号等车载设备的检测维修工作；达成公司2个车间托管，担负着达万线信号设备、通信设备、无线列调设备的养护维修任务。同年6月段部从重庆沙坪坝搬至重庆江北龙头寺火车站。

在冰雪凝冻灾害袭击，“5·12”汶川特大地震的自然灾害面前，重庆电务段广大干部职工，经受考验，展现作为，段安全生产、经营管理和重点工程建设等取得优异成绩。截至12月31日，实现无责任较大以上事故3 351天；无责任一般C类事故9 445天，无责任一般D类事故5天；无责任职工因工死亡事故513天；无责任职工因工重伤事故719天。

全年生产任务全面完成：全段天窗修计划6 223次，兑现5 500次；完成转辙设备轮修479台，驼峰器件轮修570台，继电器轮修5 200台，电源屏整治70站，其他器材轮修7 428台；完成机械室空调购置，渝怀、遂渝等线设备购置等更新项目21项；完成电缆线路大修、电空转辙机大修等大修项目20项；完成电液转辙机油管整治和防雷专项整治等15项。

单位地址：重庆江北龙头寺火车站

邮政编码：401121

（彭远娱）

【贵阳电务段】 承担以贵阳枢纽为中心，南至黔桂线麻尾站，北至川黔线木竹河站，西至沪昆线徐屯站、内昆线昭通南站，东至沪昆线大龙站以及水大、开阳、湖林等支线共173个车站（场）的信号设备维护工作。线路全长1 627.697公里。固定资产12.32亿元。信号设备换算道岔26 761.688组。段设置9个科室、17个生产车间、82个生产班组。现有职工1 298人。

2008年，在全体干部职工的共同努力下，贵阳电务段经受年初的冰雪凝冻天气的考验；全力抗击“5·12”汶川特大地震和贵州部分地区的洪涝灾害，全力确保黔桂新线贵州段的顺利开通。在全面完成年度检修、轮修任务基础上，完成大龙至黄丝共19个站信号中修工作、电空转辙机等14项大修项目、贵阳南、六盘水南驼峰缓行器等28项更改项目、沪昆线信号电源设备等11项地震及凝冻复旧任务，和黔桂新线20个车站的信号倒替开通，对列车监控数据进行换装。全年各项工作指标均达到《维规》规定的标准要求。

贵阳电务段以科学发展观统领各项工作，把安全摆在首要位置，以建立健全山区铁路维修保障体系和落实提高标准、设备达标年为抓手，突出“职工两违、施工安全、劳动安全、分路不良、信号防雷、自闭闪红、驼峰调速、电缆防护”八项关键和重点，积极开展安全专项整治工作。深入开展安全大反思、大检查活动。开展减故障压延时、提高设备质量攻坚战活动。清理、修订、补充、完善贵阳电务段基本安全管理制度。推进机构优化整合工作。完成站段多经和电视网络部的移交和对LKJ的接收和调整工作。推进标准调度室建设和值检分开试点。成立3个现场信号车间，对基地车间进行优化管理。

截至12月31日，实现连续无责任一般B类及以上铁路交通事故9 805天，无责任一般C类铁路交通事故8 137天，无责任职工死亡事故12 089天，无责任职工重伤事故1 113天，无责任火灾爆炸事故15 803天，无责任路外伤亡事故15 889天。

单位地址：贵州省贵阳市双峰北巷16号

邮政编码：550003

（王 军）

工 务 段

【成都工务段】 承担着成渝、成昆、宝成、达成4条铁路干线部分线路，资威、成汶2条支线，以及成昆引入、成都北环和西环、宝成西环联络、成昆西环联络、成渝引入、成昆成都北联络、成渝成都北联络、成昆达成联络、北编疏解的线桥路设备养护维修任务。管辖正线682.425公里，站线591.446公里，道岔1 879组，桥梁418座32 339延米，隧道28座4 941延米，涵渠1 948座41 742延米，路基本体总长

1 223.862 公里，最大坡度22‰，最小曲线半径200米。管内共有道口63处，其中有人看守道口24处，无人看守道口19处，地方监护道口20处。下设8个职能部门，1个线路重点维修车间、1个桥路重点维修车间、6个线桥车间、1个检控车间、1个综合机修车间，共有生产班组90个，集经实体2个，现有职工2 554人，固定资产净值37.95亿元。

2008年完成正线维修191.275公里，正、到发线道岔维修229组。线上焊修钢轨14根，长轨复焊412头，焊补锰钢辙叉124个，更换再用钢轨725根，更换新尖轨22根，更换新辙叉134个，更换新木枕18 344根，新岔枕445.3562立方米，成段更换再用砼枕14 000根，维修补充道砟29 422立方米，道床病害整治（清挖翻浆）9公里。补充曲线地段缺损绝缘轨距拉杆4 860根。完成干线起道修30公里，站支线中修3公里，灾害复旧工程成渝小半径曲线无缝化改造成段更换250米长轨89.05公里、宝成线短轨焊接8.465公里、道岔无缝化178组、道岔扣改弹35组、道岔冻结124组、更换合金钢辙叉215个，完成道床清筛65公里、成组更换再用P60道岔8组，处理更换失效胶接绝缘接头115处。

综合维修桥梁160座/15 748米、隧道9座/2 013米、涵渠759座/14 487米、灰坑4座/131米、天桥1座/107.8米。清理、整修及完善排水设备251 617米，防护及加固设备277处/31 188米，翻修路肩29处/939米，路肩勾缝50处/4 585米，路基保养320.5公里。补充被盗人行道栏杆2 375米、步行板528块、鱼尾板135套。抽换失效桥枕18根，整修支座257个，修补圬工梁22孔，整治河调建筑物3处。限界架被撞修复31次。护网破损修复1 985米。处理边坡溜坍33处/611米、路基外挤16处/325米，排水不良36处/1 958米等。配合大机捣固桥梁拆安护轨105座/11 330米。完成桥路大修8件/425万元，防洪预抢3件/174.4711万元，水害复旧7件/335万元，震后复旧75件/8 303万元。支援绵阳工务段震后复旧建设9件/1 115万元。

管内设备在“5·12”汶川特大地震中不同程度受损。立即启动应急预案，于13日18时57分限速5公里抢通线路、恢复运输，在最短时间内提高到45公里/小时。在灾害复旧中，完成换轨58.695公里、换岔19组、换枕75 693根、线路清筛59.513公里、道口大修30处、补砟60 000立方米的任务，使成汶线运行时速从45公里/小时迅速提升至100公里/小时。

截至12月31日，实现无行车一般A类及以上事故11 781天，无行车一般B类事故413天，无行车一般C类事故7 530天，无行车一般D类事故392天；无职工责任因工轻伤事故51天，无职工责任因工重伤事故1 990天，无职工责任因工死亡事故1 138天。

2008年，是成都工务段“创建一流工务段”的开局之年。制定《成都铁路局成都工务段创建一流工务段发展纲要》，为创建稳定可靠的安全保障能力、先进科学的管理水平、精干高效的专业人才队伍而努力。2008年成都工务段被评为四川省抗震救灾模范集体；在抗震救灾和灾后复旧重建中的突出表现受到路局专电通报嘉奖；新都线路车间获得中华全国总工会颁发的全国抗震救灾重建家园工人先锋号；四川省“五一”劳动奖状殊荣；四川省工会基层女职工工作2004年—2008年度先进集体；顺河场线路工区获得中华全国铁路总工会铁路工人先锋号荣誉。

单位地址：成都市荷花池路3号

邮政编码：610081

（何艳宁）

【成都工务机械段】 承担着路局管内线路大修、大机综合修和重点桥隧病害整治、防洪工程等施工任务，是路局唯一的机械化专业施工队伍。拥有线路清筛、捣固、配砟整形、钢轨打磨等配套大型养路机械72台，大中型运输轨道车47辆，线、桥路专用机械设备200余台。现有职工1 955人。设9个科室、18个生产车间、104个班组，固定资产8.74亿元。2008年实现产值12.01亿元。

2008年，“5·12”汶川特大地震灾害发生后，工务机械段及时组织10余个施工点的精兵强将1万余人次，大型捣固机、道床整形车等100余台大型机械投入抗震抢险。经过连续57个昼夜奋战，全力打通和维护通往都江堰、汉旺、红白镇等重灾区的运输生命线，完成2座涪江铁路桥的泄洪保卫任务，为夺取抗震救灾作出突出贡献。段维修二队被授予

“四川省工人先锋号”，综合四车间移梁队被授予“四川省‘五一’劳动奖章”和“全国工人先锋号”。

为提高线路设备质量，成都工务机械段从转变干部作风、优化施工组织、规范管理机制等方面入手，推进线路大修从人工作业向机械化作业转型，摸索出适合山区铁路实际的工务设备“集中修”模式。创造日清筛进度3.5公里、单日铺设无缝钢轨4.2公里、在一个天窗内同时铺换2组重型道岔的单工点施工最好成绩。全年完成线路大修清筛427.6公里，更换钢轨692.2公里，铺换道岔412组，创造路局线路大修历史新记录。同时，通过推行大机作业节点卡控、设备现场巡检保养以及采用大型挖掘机破底换砟后铺换新岔等新工艺、新技术，使大型机械化施工能力大幅度提高，全年共完成大机清筛线路178.5公里，大机维修线路3 597.3公里，维修道岔375组，打磨钢轨691.4公里。

桥隧工程建设承担地震应急抢险、桥隧大修、防洪工程等部、局重点桥隧施工任务55件，为历年桥隧任务之最。段采取项目成本经营管理办法，实行主管工程师件名负责制，坚持专业技术管理与日常安全生产管理结合，将施工安全、进度、质量、成本、效益紧密挂钩考核，确保施工进度、质量、安全目标实现。截至12月31日，完成地震应急复旧工程29件，更改工程2件，防洪抢险及冰冻雪灾害抢险工程6件，桥隧大修工程10件，水害复旧工程2件，委外工程1件，灾后重建工程4件，工程验收合格率100%。

截至12月31日实现无一般安全事故1 003天，连续实现第2个安全年。职工人均收入比上年增长12.93%，实现安全、任务、质量、效益同步提高的经营管理目标。

单位地址：成都市金牛区小沙河东路38号

邮政编码：610081

（杨绍军）

【绵阳工务段】 地处宝成铁路南端，承担正线767.858公里，其中广普线82.058公里、德天线41.952公里、广岳线64.912公里，站线及到发线271.135公里的线路养护维修任务，看守道口12处，地方监护道口9处，道岔1 080组，桥梁35 312米/661座，隧道47 934米/120座，涵洞30 260米/1 710座。拥有固定资产总值69.84亿元，配属养路机械设备1 046台（套）。设有8个科室，管辖9个车间，100个班组，现有职工2 383人。

2008年，绵阳工务段克服冰冻雨雪灾害、“5·12”汶川特大地震灾害等困难，顺利完成“百日整治”、“绿色通道建设”、抗震救灾、宝成线安全标准线建设及机构整合工作等重点任务。宝成线新兴场、谭家坝、龙凤场、老坪坝、彰明、罗妙真、东坝、上寺、白田坝等9个车站关闭。

主要工作：完成正线综合维修284.804公里，正线重点综合保养180公里，站线综合维修91.976公里，道岔综合维修510组，无缝线路应力放散28.246公里，钢轨打磨120公里，大机捣固239公里。钢轨探伤23 451公里，焊缝探伤18 620头，辙叉焊补124组，钢轨焊补1 465处，线路大、中修1.65公里，广旺线线路中修7.35公里。完成桥梁维修123座/8 965延米，隧道维修22座/6 449延米，涵渠维修76座/1 281延米，排水设备清理623千米、修补65千米。完成桥路设备病害整治：整修桥面人行道托架、栏杆大拆大卸15座/2 203延米，隧道侧沟清淤3座/4 732延米，刷新桥隧涵标志4 126处，整治路基排水35处/2 300延米，整治路肩外挤12处/150延米，增设盖板沟9处/1 200延米，浆砌支护危岩121处/650立方米，路基大修工程17件，基床病害整治8公里，桥梁大修工程1件。

地震灾害复旧：路基边坡整治36处，排水设备整治15处，路基路肩整治13处，路基滑坡整治4处，桥梁整治51座，隧道整治6座，涵渠整治30座，灾后复旧工程共完成149件。对因“5·12”地震导致受损较严重的生产、生活房屋进行紧急抢修，完成受损房屋抢修任务32 000平方米，完成因震灾而中断生活、生产用水的车间、工区复旧项目共21处，解决职工生产、生活用水。填报更新改造建设计划68项，纳入全局三年重建规划。

截至12月31日18时，段实现连续无责任一般A类及以上事故10 859天，无责任一般B类事故30天，无责任一般C类事故447天，无责任一般D类事故78天。

绵阳工务段党委被中组部、四川省国资委分别授予“先进基层党组织”荣誉称号。绵阳工务段被人力资源部、铁道部授予“铁路系统抗震救灾英雄集体”，竹园坝线路车间被中华全国总工会授予“工人先锋号”荣誉称号。

单位地址：四川省绵阳市一环路西段41号

邮政编码：621000

（杨　玲）

【西昌工务段】　管辖成昆正线K158公里+200米至K750公里+897米、攀枝花至格里坪（渡口支线）、联络线及站、段、岔、特线，共计996.974公里线路（其中成昆正线593.009公里，渡口支线36.959公里，联络线3.97公里，站线、段管线、特别用途线363.036公里），道岔1 213组，桥梁612座/31.978公里，隧道296座/243.83公里，涵渠1 307座/31.978公里。拥有固定资产总值65.2亿元。设8个职能科室、下属12个车间（3个线桥车间，3个线路车间，2个桥路车间、2个重点维修车间，1个综合机修车间，1个线路检控车间），下设178个生产班组，现有职工2 863人。

2008年，西昌工务段牢固树立科学发展观理念，围绕“安全、稳定、经营”三大任务，坚持“以安全促稳定，以稳定保安全，以质量求效益”的工作思路。以高标准、严要求、快节奏的工作效率，提高设备质量；以攻坚克难、顽强拼搏、不屈不挠的精神战胜“5·12”、“8·30”地震灾害；以立足本职、无私奉献的满腔热情完成奥运会、残奥会的安保任务。一年来，西昌工务段坚持走“规范化、精细化管理”的道路，积极推行“养、修”分开的工务维修新体制，坚决做到“作业讲标准，管理讲规范”圆满完成各项生产任务和安全指标。全年完成正线维修492.7公里、道岔综合维修112组、站支线综合维修82.335公里，维修优良率达100%，线上焊补钢轨2 445根、更换再用钢轨1 525根、再用轨枕13 488根，完成起道修45.5公里，更换250米长轨48.024公里，再用轨大修17.824公里，站、支线中修13.709公里，完成道床病害整治26公里，成组更换再用道岔5组，全年轨检车消灭失格公里，合格率达100%，平均每公里扣分45分。更换桥枕338根、护木230米，完成支座整修21个，清理路基排水101.2公里，改造路肩308公里，砟脚安设挡砟条100公里，补充桥梁挡砟块11.47万块，路基排水设备整修340处/1 128立方米，压浆处理病害隧道16座/3.1公里，整修桥梁梁体11座61孔、维修涵渠871座/7.43公里，补充步行板13 201块，完成管内所有线路基础部分的绿化工作，种植灌木16.4万棵，乔木11.2万棵；投资14 604万元完成大修更改防洪工程101件，投资75万元完成房屋新建和改建工程8件。防洪期间，共投资30万元补充沿线8个防洪库房的设备、设施，2008年累计发生水害22次/39处，中断行车17小时3分钟，累计出巡2 876人次，封锁区间92次/173个，累计封锁时间53小时42分，实现连续第24个防洪安全年。

截至12月31日18时，实现无责任一般B类及以上事故12 161天，无责任一般C类事故1 739天，无责任一般D类事故148天；无责任职工因工死亡事故2 568天，无责任职工因工重伤事故515天，无责任职工因工轻伤事故182天；无责任路外伤亡事故13 879天。

2008年，西昌工务段继续保持部“模范职工之家”、铁道部“火车头奖杯”、四川省“安康杯”竞赛优胜企业称号。

单位地址：西昌市马道镇坡坎路1号

邮政编码：615031

（王　刚）

【重庆工务段】　承担川黔、成渝、襄渝3条干线部分线路以及三万支线、重庆枢纽共计正线606.355公里，站、段、岔、特线446.414公里，道岔1 522组、桥梁261座/16 891米、隧道109座/42 866米、涵渠2 134座/51 944米、路基总长1 003.063公里的线、桥、路养护维修工作。设置8个职能部门，12个车间，137个生产班组，现有职工2 296人，拥有固定资产原值31亿元。

2008年，重庆工务段规范经营管理，以健全各项机制为基础，狠抓安全质量，坚持以“零误差，预防为主、治本除根，轨端精细化，绝对无缝化，精确定位”五个维修理念及以设备、作业、人员、施工、安全重点“五大卡控”贯穿全年安全生产工作，实现安全年。截至12月31日，实现无一般B类及以上事故11 052天，无一般C类事故1 328天，无一般D类事故537天。

全年完成正线大机维修199公里，优良率95.8%；站线维修220公里，优良率97.3%；道岔维修完成576组，正线保养修334公里，站线保养258公里，道岔保养615组，验收优良率分别为93.8%、93.5%、96.6%。正线道岔无缝化改造178组，到发线木枕道岔弹条化改造119组。整治翻浆冒泥67.7公里，成段清筛线路105公里，线路大修54.75公里，更换伤损轨1 307根、伤损岔心389个、伤损尖轨111根、伤损夹板688块。提前3个月完成路局要求年底消灭失格公里及Ⅲ级分目标。桥梁维修143.7座/14 330.54米，隧道维修70座/31 267.95米，涵渠维修812座/20 982.3米，集中清理排水设施891.216公里，处理危岩落石2 043处。完成线、桥路设备大修项目41件3 667.7万元，更新改造项目31件2 434.2万元，地震灾害复旧工程72件18 419.4万元。多经公司完成产值3 550万元，实现利润21万元；集经公司完成产值8 440万元，实现利润20万元。

单位地址：重庆市九龙坡区黄桷坪铁路三村161号

邮政编码：400053

（胡绍琴）

【自贡工务段】 管辖内六线K0+000至K368+000、成渝线K216+500至K284+000、宜珙支线K0+000至K60+737。线路总延长742.457公里，其中正线496.237公里，站线246.22公里，专用线37.505公里，道岔821组，桥梁293座/40.9997公里，隧道144座/134.758公里，涵渠1 105座/26.137公里。固定资产总值87.28亿元。设8个职能部门，管辖线桥车间5个，线路重点维修车间1个、桥路重点维修车间1个、综合车间1个、检控车间1个，下设生产班组69个，集经公司2个。现有职工1 521人。

2008年，自贡工务段经历冰雪凝冻灾害和“5·12”汶川特大地震的严峻考验。全段干部职工围绕和谐铁路建设，坚持“设备稳定、安全可靠、管理科学、内部和谐”的总体工作思路，规范安全和经营管理，强化设备和管理基础，提高队伍素质，弘扬抗灾救灾精神，团结奋斗，顽强拼搏，确保运输安全基本稳定，全面完成各项生产经营目标。重新修定、完善段安全管理基本制度及相关管理办法，实施《安全质量专项奖励考核和安全奖惩办法》、《业务干部工作量化标准（试行）》和《其他干部工作量化标准（试行）》、《干部安全包保责任管理办法》、《干部下现场安全检查量化标准》等制度及办法，使段、车间、工区安全管理工作逐步得到规范。实行“检修分离、动静结合”的作业方式，对段生产力布局进行整合，全段车间从13个减少为9个；工区从原来的100个减少为69个（其中撤销18个线路工区），重新任命133名工班长，减少工班长93人。

线桥路维修工作坚持“预防为主，防治结合，修养并重”的原则，坚持“零误差”养护理念，以提高设备质量为目的。各项生产任务全面完成。全年完成正线大机维修164公里，中修10公里，综合维修108.75公里，正线、站特线、到发线道岔维修95组，起道修36公里，道床病害整治10公里，补充石砟15 120立方米，对宜珙线K0—47线路设备进行全面整治。桥梁完成保养75.45座/15 298.4米，隧道保养36.22座/41 205米，涵渠保养369座/8 237.94延米，共清理危岩孤石233处/611立方米、危石支撑107处/1 491立方米。1月~4月，开展百日专项整治活动，整治拆除干线非法私设人行过道1 686处，非法道口拆除15处，设置警示标志298处，安设人行过道梯步及盖板2 759米。完成弃砟清理68.7万立方米，在成渝线、内六线内昭段种植灌木168 048株、乔木93 918株。汛期中，管内先后遭受多次较大范围区域暴雨和数十次局部强暴雨袭击，累计发生45次119处水害事故，累计中断行车29小时29分，冒雨出巡1 640人次，出巡区间489个次，累计封锁53小时40分，再次实现防洪工作安全年。

截至12月31日，实现无责任特别重大事故、重大事故7 505天，无责任较大事故233天，无责任一般A类事故7 505天，无责任一般B类及以上事故7 505天，无责任一般C类事故6 432天，无责任一般D类事故311天。

单位地址：四川省自贡市火车站路二号

邮政编码：643000

（王 炼）

【遂宁工务段】 2008年7月11日正式组建。主要管辖遂渝线（部分）、达成线（部分）、达万线（全线）、襄渝线（部分）以及襄达疏解线、襄达联络线、襄遂联络线的线路、桥路设施设备，正线全长共680.75公里，站线全长216.238公里，是典型的山区铁路，现有职工2 331人。设职能科室 8 个：办公室、线路技术科、桥隧技术科（含达成扩能施工改造协调工作）、安全调度科、材料科、劳动人事和职工教育科、财务和计划统计科、党群工作室。线路车间 7 个（合川线路车间、梁平线路车间、达州线路车间、营山线路车间、南充东线路车间、遂宁线路车间、淮口线路车间），108 个班组。拥有固定资产 51 亿元。

遂宁工务段成立以来，全面推进整章建制、规范管理，强化安全基础工作，完善安全管理体系。建立完善《遂宁工务段干部下现场检查量化制度》、《遂宁工务段安全质量专项考核办法》、《遂宁工务段安全奖惩办法》、《遂宁工务段安全生产责任考核办法》等 104 个管理和考核办法，使安全生产“有法可依、有章可循”。积极开展设备维护，确保管内设备均衡稳定。2008 年完成正线综合维修 276.757 公里，正线中修 22.68 公里，桥梁综合维修 46 座/6 413延米，隧道综合维修 13 座/4 880延米，涵渠综合维修 203 座/4 550 延米，排水设备整修 72.46 公里，清除危岩孤石 374 处/724.3 立方米。完成桥梁保养 205 座/26 326.24延米，隧道保养 86 座/58 022延米，涵渠保养1 005 座/24 268.29延米，路基清理排水设备 781 公里，边坡溜坍 312 处/2 441立方米。梓潼站道岔基床封闭 2 组。开展病害、灾害复旧工作，提高设备状态。完成年计划工程件名共计 101 件/5 363.4 万元，其中达成、达万线托管部分工程件名 45 件/1 987.7万元，遂渝、襄渝线国铁部分工程件名 56 件/3 375.7万元。

遂宁工务段坚持“安全第一、预防为主”的指导思想，加强职工安全意识教育，明确安全工作重点，修订落实各项制度，狠抓生产过程控制，加强对两违的惩处力度，严防安全事故的发生，确保安全目标实现。截至 12 月 31 日全段实现防洪安全年，实现无铁路交通一般 A 类及以上事故 173 天，全段未发生责任路外伤亡及责任特种设备安全事故。

单位地址：遂宁市火车站

邮政编码：629000

（*杨万勇*）

【**涪陵工务段**】 承担襄渝线三汇镇—团结村、渝怀线团结村—秀山段的养护工作。管辖正线 609.44 公里，站线 243.611 公里，道岔 725 组，桥梁 361 座/68 750 米，隧道 129 座/206 999 米，涵洞 1 431 座/37 051 米；路基本体 558.152 公里。内设职能部门 8 个；管辖车间 10 个，其中线桥车间 6 个，线路重点维修车间 1 个，桥路重点维修车间 1 个，线路检查监控车间 1 个，综合机修车间 1 个，集经公司 1 个，班组 97 个，现有职工1 375人，完成原广安工务段并入涪陵工务段的整合工作，襄渝线 K631 +800—K812 +800 移交涪陵工务段管辖，固定资产净值 128.54 亿元。

2008 年，涪陵工务段坚持以安全生产为中心，更新养修观念，完善“检养修分开”制度，提高养修标准，狠抓设备整治。经受住冰雪凝冻灾害和“5·12”汶川特大地震的考验，确保奥运期间的安全生产。深刻吸取“4·28”事故教训，扎实开展安全“大反思、大检查”活动，认真落实防洪措施，扎实开展搜山扫石工作。截至 12 月 31 日，实现无一般 C 类及以上事故1 135天。

坚持“零误差”理念，加强线路动态整治，线路质量明显提高，实现轨检车动态检查无三级及以上超限。完成渝怀线无缝化改造和襄渝线大修配合工作，道岔无缝化改造 26 组，站线中修 8.7 公里，站线成段更换砼枕22 110根，成段更换钢轨 7.875 公里。完成更改工程项目 23 项1 866.9万元，震后复旧工程 63 件10 892.8万元。完成桥梁维修 122 座/26 451 米，隧道维修 53 座/61 078米，涵渠维修保养 511 座/16 285米，护轨整治69 915米，支座整修5 102个，支撑危岩 35 处/356 立方米，整治边坡溜坍 16 处/408 米。整治桥梁人行道1 841米，钢梁油漆 9 孔/2 486吨。完成渝怀线钢板网封闭工作。扎实开展路外安全环境百日整治行动，完成安设护桩4 202米，安设防抛网 1 828平方米，清理弃砟371 400立方米。植灌木85 554株，乔木74 204株，拆除私设人行过道累计完成1 524处。

集经完成产值1 573.24万元，实现利润 40.99 万元。

单位地址：重庆市涪陵区沙溪沟火车站

邮政编码：408000

（*尹宏彬*）

【**贵阳工务段**】 承担贵阳枢纽、沪昆线、川黔线和黔桂线的线路设备养护维修任务，管辖正线 909.068 公里，站线 458.838 公里，道岔 1 645 组，专用线 108.723 公里，专用线道岔 173 组；桥梁 334 座/41 670 延米，隧道 201 座/101 661 延米，涵洞 1 965 座/48 183 延米，路基换算 1 508.888公里，有人看守道口 10 个。段设 6 科 2 室，管辖线桥车间 6 个，综合机修车间 1 个，检控车间 1 个，线、桥路重点维修车间 2 个，137 个班组。现有职工2 676人。固定资产 41.12 亿元。多经完成产值 4 467.44万元；集经完成产值 1 340.3万元。

2008 年，贵阳工务段坚持“安全第一”的思想，认真落实铁道部、路局运输安全工作会议精神，深刻吸取胶济线“4·28”事故教训，全面完成机构整合、防洪、路外安全综合整治百日行动，抗击冰雪凝冻、地震灾害等重点工作，安全生产有序可控。

全年完成正线维修 250.462 公里，其中机械维修线路 265.263 公里；道岔综合维修 578 组、站特线道岔 174 组，专用线代维修道岔 126 组；成段更换 P60 曲磨轨 6.82 公里，更换再用轨2 213根、重伤轨1 662根、尖轨 68 根、新辙叉 276 个、夹板 756 块；焊修钢轨 796 根、辙叉岔心 237 个，补充石砟16 850立方米；配合线路大修和新线建设更换无缝线路 97.5 公里，处理表面翻浆 460.166 公里，清理排水设备 1 657公里，完成干线起道修 48 公里，接黔桂新线 219 公里，按周期用 RGL 干膜剂对全线曲线钢轨涂油18 913千米。全年轨检车共检查线路8 592公里，优良5 710千米。完成桥梁整修 138 座/18 325延米，隧道维修 97 座/24 032 延米，涵渠维修 187 座/4 819 延米，桥梁保养 216 座/24 832 延米，隧道保养 161 座/84 386延米，涵渠保养 1 948座/48 193延米。全年完成各类设备大修、更新改造、专项整治和基本建设 1.088 亿元。完成各类灾害复旧5 868万元，其中凝冻灾害复旧 18 件/886 万元，震后灾害复旧 33 件/4 982万元。

防洪期间全段发生水害 19 处，中断行车 43 小时 34 分，站线部分断道 2 小时，有效拦（扣）停列车 2 列。全年累计出巡3 655人次；暴雨封锁区间 76 次/108 个，累计封锁 38 小时 35 分。

截至 12 月 31 日 18 时，实现无重大（特别）较大、一般 A 类事故12 931天，无一般 B 类、D 类事故 366 天，一般 C 类事故 681 天。

单位地址：贵阳市南明区二戈寨富源南路 76 号

邮政编码：550011

（徐小燕）

【凯里工务段】 管辖沪昆线上下行线 522.19 公里正线，118.792 公里站线、496 组道岔、608 个曲线，曲线最小半径为 450 米，最大坡度为 12‰。管内起止里程为：上行线 K1649 +495 米至 K1917 +00 米，下行线 K1649 +495 米至 K1903 +00 米。段设 8 个职能科室，下设 4 个线桥车间、1 个线路重点维修车间、1 个桥路重点维修车间、1 个检控车间、1 个综合车间、1 个大集体黔鑫公司。固定资产 72.7 亿元。现有职工1 177人。

2008 年生产任务完成情况。一、线路部分完成：正线综合维修 241.4 公里，大机捣固维修431.25 公里，正线、到发线道岔综合维修完成 170 组，站、特线维修 23.84 公里，站、特线道岔维修 54 组，补充石砟 1.92 万立方米，清理排水设备 310.50 公里。二、桥路部分完成：桥梁综合维修 14 座/2 490 延米，钢梁综合保养 17 孔，更换桥枕 158 根，其他桥梁保养 55 座，隧道保养 36 座/16.28 公里，清理隧道侧沟7 532米，涵渠保养 96 座/3 286延米，天吊沟等排水设备清理 766.53 公里。三、设备更换：更换再用钢轨1 902根、辙叉心 167 个、夹板1 072块、尖轨 15 匹、再用Ⅱ型砼枕 2.6 万根/14.13 公里、新岔枕 220.15 立方米、新木枕2 489根。四、安全专项整治：挖除线路翻浆 150.65 公里，清筛道床 172.84 公里，焊修钢轨1 506根，焊补道岔辙叉心 24 个，焊缝全断面探伤 1 484个头，车轴探伤 58 个，无缝线路应力放散及调整 19 条/18.29 公里，站线中修 3.151 公里，整治道床病害 104 公里，干线起道修 42 公里，道岔升级改造 4 组，拆除大石板、普舍寨车站道岔 31 组和股道线路 4.763 公里，线路无缝化改造 32.15 公里，铝热焊接及胶结接头 973 个，安设小半径曲线轨距拉杆 1 万根，接头及轨面修理、打磨 872 处，采取钻减压孔方式整治隧道漏水 26 座，安装桥涵限高防撞架 17 处。五、大修及更改工程完成：凝冻灾害整治工程 4 件/280 万元，大修整治工程 9 件/522 万元，“5·12”地震复旧工程 22 件/2 590万元，更改工程 10 件/1 047.2万元。全年共计完成整治工程 45 件，完成工程投资4 439.2万元。

年初，贵州遭遇严重雪凝

冰灾，全段干部职工开展应急救灾，用轨道车为沿线工区职工运送发电机、饮用水、药品和大米、猪肉、食油、蔬菜等，解决职工吃饭、喝水、取暖、照明等实际困难。冒雪踏冰检修设备，消除设备故障隐患，整个凝冻期间未发生线路中断和行车安全事故，段党委被铁道部授予“抗击冰灾先进党组织”称号。“5·12”汶川特大地震发生后，全段干部职工迅速行动，立即组织对管内所有线桥路设备进行震后状态检查。

在开展路外安全综合整治百日行动中，全段共计拆除和整治私设人行过道618处、封堵非法道口7处、安设安全禁行标志120块、清理弃土弃砟27.8万立方米、绿化栽种灌木18.9万株、绿化栽种乔木14.2万株、安设公铁护栏3000米、安设防撞架17处。为确保奥运会期间的安全稳定，段从加强领导、完善应急预案、设备整修、添乘检查、防断、防洪、防胀、施工安全、路材路料、路外安全、反恐防爆、信访稳定等12个方面制定落实有力措施，全面实现平安奥运。

截至12月31日，全段实现无一般B类及以上行车事故3155天，无一般C类行车事故104天，无一般D类事故行车197天。

单位地址：贵州省凯里市清江路197号

邮政编码：556001

（肖　星）

【六盘水工务段】　担负沪昆线、内六线、六盘水南环线、水大线、曹六联络线、六南联络线、水柏引入线、水柏客联线的线、桥路设备维修保养工作，共管辖正线577.784公里，站线241.767公里，道岔862组，桥梁284座/37690米，隧道182座/85862米，涵渠791座/20645米，最大坡度为13‰，最小曲线半径300米，拥有固定资产总值85.95亿元。全段共设8个职能科室，5个线桥车间，1个线路重点维修车间，1个桥路重点维修车间，1个综合机修车间，1个线路设备检控车间，93个班组，现有职工1511人。

2008年，六盘水工务段认真贯彻党的十七大精神，紧扣“提高工作标准、强化设备质量、增强队伍素质”三大主题，克服冰雪凝冻灾害和“5·12”汶川特大地震带来的影响，确保安全工作基本稳定。截至12月31日实现无责任行车重大（特别）事故13257天，无责任行车较大事故13257天，无责任行车一般A类事故13257天，无责任行车一般B类事故13257天，无责任行车一般C类事故129天，无责任行车一般D类事故721天，无责任职工重伤事故524天，无责任职工轻伤事故833天，道口、路外、特种设备等均未发生任何责任事故。

全年完成正线维修153.5公里，站特线维修29.9公里，道岔维修150组；完成站线中修12公里，正线起道修50公里。配合大机正线捣固323.911公里，焊修打磨钢轨240根，焊补锰钢辙叉心37组，更换重伤钢轨843根，更换新尖轨23根，更换新辙叉70组；完成道床清筛134.25公里；道床病害整治16公里，对全线补充道砟38808立方米，保证道床饱满、均匀；完成水大支线达速改造工程。桥路工作完成51座/7872米桥梁维修保养，24座/13295米隧道维修保养，11座/356米涵渠维修保养任务，线路绿化植树355054株。全段累计冒雨出巡2229人次，巡检560个区间，处理危岩危石655处/265.45立方米，处理危树782株，汛期清理土石方8306立方米，汛期清理排水设备925100米，设立98处高度危险看守点，安装布鲁克主动网65413平方米，被动网14255平方米。防洪期间历经内六线阿子沟隧道边墙垮塌、水大线K21路堤坍滑等11次抢险考验，全段干部职工通力协作，安全高效完成抢险任务。8月20日，及时发现内六线它西嘎2#桥因坡体滑坡造成桥墩位移，线路几何尺寸变化的险情，避免一起严重事故的发生。圆满完成各项防洪任务。

单位地址：贵州省六盘水市钟山区转运二巷20号

邮政编码：553000

（叶　青）

【成都焊轨段】　主要从事长钢轨焊接（新、旧）、道岔设备、旧轨整修以及其他工务线路配件等生产。共有生产、检验设备225台，固资1.79亿元，其中包括九米龙门铣、九米龙门刨、3000吨油压机、旧轨整形机、钢轨淬火生产线以及装备有K1000钢轨焊机、K900钢轨焊机、精调机、精磨机等进口大型专业设备的焊轨生产线4条。是路局工务产品专业生产企业，也是西南地区规模最大的铁路工务产品生产厂家。产品供应局管内大、维修，新线工程建设项目，地方铁路，地方专用线等。现有职工309人，设生产调度科、生产技术科、供销科、质量管理科、劳动人事教育科、财务计划统计科、办公室（党办）7个科室；焊轨车间、道岔车间、旧轨车间、设备综合车间4个车间和14个生产、后勤班组。

2008年，在实施以工务为重点的线路及道岔无缝化改造三年专项整治规划中，要求三年时间将全局2 593公里短轨线路和3 522组有缝道岔全部进行无缝化改造。在三年整治中，承担钢轨焊接、道岔和无缝化改造等大量重要工作。全年完成焊轨1 054公里、道岔468组、实现收入3.1亿元。新产品开发方面：先后研制完成P60－12#“92”加强Ⅲ改型7.5米间距、10米间距特殊交渡道岔、青白江站P60－12#5米间距一渡一交道岔组合的设计和试制；完成P60千克/米、P50千克/米钢轨既有“92”型道岔弹条化改造的设计；完成湘渝复线无砟轨道防脱护轮轨装置的设计、试验和试制；完成带翼轨踏面心轨的P60－12#Ⅱ型合金钢组合辙叉的设计、试制。

“5·12”汶川特大地震发生后，焊轨段积极组织救灾物资生产，截至5月22日，共向受灾线路发运绝缘拉杆3 922套、防爬器2 200套、道钉24万颗，以及再用轨、鱼尾板、异型轨等15个种类的线路器材、配件。5月29日18：00，组织100余人抢险队伍、抢险器材，赶赴绵阳紧急加固宝成铁路涪江大桥。经过2个昼夜的紧张作业，圆满完成抢险加固任务。

单位地址：成都市八里庄路55号

邮政编码：610051

（刘　欣）

疾病预防控制所

【成都铁路局疾病预防控制所】　现有职工85人，设综合办公室（党办）、劳动人事教育科、业务科、财务科4个管理科室，疾病预防控制科、卫生监测科、消毒监测科、职业病防治科、门诊科、检验科、环境监测科7个业务科室。主要负责成都铁路局成渝线成都至资中、宝成线成都至广元、达成公司、管辖范围内，局多元公司及局附属单位等铁路地区公共场所、职业卫生、食品卫生、饮水卫生、消毒灭菌检测、职业性健康体检和从业人员健康检查、环境监测等任务。承担着成都铁路局1 200余公里铁路站区的传染病预警预报、卫生监测检验、职业病诊断、预防性健康体检、健康教育和宣传、突发公共卫生事件的处理等卫生防疫工作和环境监测、环保监察工作。

2008年疾控所以疾病预防控制、保障铁路公共卫生安全为宗旨，在全体职工的共同努力下，完成各项任务指标。在“5·12”汶川特大地震后，对辖区受灾严重的宝成线、成汶线、德天线、广岳线的广元、绵阳、都江堰、汉旺、什邡至木瓜坪站采取驻点覆盖周围受灾站区的方式开展饮用水卫生监测、环境消杀灭、灾后卫生防病宣传、疾病监测等工作，并向受灾站区职工家属提供医疗卫生服务。在灾区伤员转运过程中，承担青年志愿者搬运伤员相关知识的现场培训、运送伤员旅客列车三乘人员进行灾后心理重建和心理辅导等有关知识的培训，同时还承担运送伤员列车、车站的消毒、列车供水水质监测、指导客运段对伤员用卧具的消毒清洗和医用垃圾处理等工作。被四川省总工会授予“抗震救灾、重建家园‘工人先锋号’”荣誉称号；所党委获“全局抗震救灾先进基层党委”荣誉称号、消毒科、卫监科、检验科、环监科联合党支部获“全局抗震救灾先进基层党支部”荣誉称号；1人被铁道部政治部授予“全路抗震救灾优秀共产党员”光荣称号；3人获“全局抗震救灾优秀共产党员”光荣称号。

成都疾控所突出应急管理，以应急管理为重点，加强疾病预防控制体系建设，进行应急物资储备、应急人员培训，增强处理突发事件能力。针对辖区公共卫生安全工作特点和实际情况，修改和完善6个应急预案，针对地震灾害卫生防疫工作新制定《地震灾后主要传染病防治技术》、《成都铁路局抗震救灾卫生防疫工作方案》和《成都铁路局地震灾区堰塞湖泄洪区域卫生防疫应急预案》，加强和完善突发应急管理体系。进行应急演练，一、进行鼠疫演练。二、进行突发事件应急队伍的反应能力训练。三、进行突发事件现场处置模拟演练。

保障春运、暑运卫生安全。牢固树立春运和暑运期间卫生安全责任意识，对重点车站实行卫生安全责任包保，力保铁路公共卫生安全。成立春运、暑运应急小分队，重点监护进京、进泸、进穗、进藏列车和临客的饮食、饮水卫生安全。根据季节的变换，采取灵活的方式对站车进行预防性消毒和病媒生物杀灭以及对食品、水源的卫生监测，加强疾病监控，大力宣传卫生防病知识，杜绝食物中毒事件，确保旅客卫生安全。

艾滋病防治和健康促进。按照部、局对艾滋病防治工作行动计划的要求，抓好铁路流动人口艾滋病的预防宣传工作。以国家卫生宣传日为契机，以铁路旅客人群为重点，在公共场所以设展台、宣传展板、印发宣传资料、专家咨询、放映录象、发放安全套等形式宣传疾病预防知识全年共6次。对铁路车站、旅客列车、职工公寓、公共场所等加大疾病监测频次和力度，对铁路客运人员、红十字卫生员、公安干警等进行艾滋病、流行病等预防知识培训3 000余人次。从2006年启动的联合国人口基金会/铁道部中英艾滋病策略支持项目2008年进行评估和项目考评验收，局的防艾工作荣获第一名。

环境监测和监察。按照环境保护法规定，加强对铁路单位的工业废水、废气、二氧化硫、烟尘排放以及工业噪声、室内空气等进行监察和监测，全年完成工业废水监测采样384件，实验分析废水1 937项次；完成24个单位216个点位的噪声监测，获得监测数据236个；完成4个单位锅炉烟气监测工作，获得烟尘、烟色、烟气 SO_2 监测数据18个；完成室内空气质量甲醛监测，获得监测数据20个；完成铁路局成都片区28个单位环境保护监督管理与环保统计工作。

冰冻、地震灾害卫生保障。春节期间发生冰雪凝冻灾害时，为滞留旅客众多的成都、绵阳、广元车站设置医疗卫生服务点，对易发传染病加强监测和控制，加强对列车、候车室等公共场所病媒生物防治和环境的预防性消毒，共消杀灭车辆4 626列次，消杀灭车站12个。增加对餐具、食品和饮水卫生的检测频次。送医送药，加强疾病控制，开展巡学巡视近20万人次，为旅客、职工诊疗达3 000余人次，预防传染病的发生。“5·12”汶川特大地震，疾控所启动应急预案，组织精兵强将昼夜坚守在成汶线、德天线、广岳线重灾区，对都江堰、汉旺、绵竹、什邡、红白场、穿心店、雪门寺、绵阳、德阳、广元等重灾车站进行环境消毒、疾病监测、送医送药，水质监测和卫生防病知识宣传；对灾区的19个集中式给水所和其他16个集中式供水单位的水源水、出厂水、末梢水进行重点监测，确保生活饮用水的安全。对伤员转运列车的卫生保障，组织卫生防疫人员33人350人次对专运列车进行预防性消毒和杀虫共23列次。对运送伤员的车站站台、股道和车底进行预防性消毒及终末消毒共约12万平方米。派出卫生防疫人员在宝成线3个主要车站驻站开展卫生防疫工作，对专运列车的生活饮用水进行现场取样快速检测余氯、二氧化氯及部分理化指标，确保专运列车生活饮用水的安全。对转运伤员自愿服务的红十字青年志愿者进行急救常识、消毒知识、伤员搬运要领等相关知识进行现场培训。对担当专运伤员的客运列车员、三乘人员进行灾后心理重建、心理辅导等相关知识的培训840人次。

站车卫生工作。列车消杀灭：完成列车消、杀、灭工作共计874列次（15 732辆次），面积约157万平方米，其中进京、进泸、进穗、进藏重点列车共269列次（4 842辆次），普通旅客列车513列次（9 234辆次），临客60列次（1 080辆次），转运伤员专列32列次（576辆次），列车鼠蟑监测636列次，均达部标准。食品、饮用水卫生监测：完成辖区食品卫生监测126件，合格率88.88%；餐饮具卫生监测915件，合格率94.53%；空气细菌监测159件，合格率97.48%；大肠菌群监测230件，合格率96.95%。室内空气质量监测542项，合格率100%；洁、卧具细菌监测60件，合格率98.33%。对生活饮用水的微生物监测304件，合格率76.64%；理化监测234件，合格率为84.19%。完成站车卫生监测579件，1 659项次，其中站车食品卫生监测192件，合格率96.35%；列车餐饮具卫生监测173件，合格率100%。车站公共场所卫生监测515项次，合格率98.64%、列车公共场所卫生监测1 144项次，合格率99.30%、列车生活饮用水卫生监测68件，合格率64.70%。

职业病防护。完成辖区10个站段29个有毒有害作业点的职业危害因素监测，其中采集粉尘 26 个点，合格率 61.54%；毒物 19 个点，合格率 94.74%；物理因素 47 个点，合格率 19.14%；放射性监测 3 个点，合格率 100%。完成16个单位建设项目工作场所职业病危害因素的调查及评价项目的检测方案；完成13个单位建设项目工作场所职业病危害因素的检测工作。受理职业病诊断23例，确诊2例，维持原诊断11例，晋期1例，诊断为观察对象5例。完成食品、公共场所、饮用水从业人员健康体检14 708人次，完成职业性健康体检2 529人，其中高原值乘人员 760 人，预防性健康体检 619 人次。

单位地址：成都市火车北站西一巷4号

邮政编码：610081

（杨明全）

【西昌疾病预防控制分所】 管辖范围：自格里坪至双流区间762公里铁路辖区，其中车站91个（凉山州境内44个，攀枝花支线6个，正线其他车站41个）。负责辖区内的疾病预防与控制、传染病防治、职业病防治、环境保护、站车双灭、站车食品卫生、公共卫生、劳动卫生、学校卫生监测，铁路职工家属健康保健、健康教育、铁路职工职业健康监护、从业人员健康体检、科研培训和卫生技术指导等工作。设综合办公室（含财务、劳资等）、职业病防治（疾控）科、环境监测（环境监测站）科、消毒监测科、检验科 5 个主要科室。固定资产设备 105 台（件），总价值 319.04 万元。其中 2008 年度新购 6 台（件、套）。现有职工 40 人。

2008 年卫生防疫主要任务完成情况：

一、传染病预防与控制。针对凉山地区发生手足口病疫情，参与凉山州卫生局组织的流行病学调查。对感染该病的铁路职工子女，及时派专业人员赶到现场作流行病学调查和消毒等处理，流行期间共处理病例10例，调查处理、上报率100%。全年管区内未发生甲类传染病疫情。无重大食物中毒、职业中毒事件发生。二、卫生监测。列车空气质量、微小气候监测 16 车底次2 100项次，合格2 040项次，合格率97.1%；车站空气质量、微小气候监测 11 站次共 29 点次 1 015项次，合格1 000项次，合格率98.5%；其他公共场所 17 点次 595 项次，合格率 100%；生活饮用水监测 219 件，合格 208 件，合格率4.9%；列车自备水监测 30 件，合格率 100%；食品卫生监测采样 183 件，合格 180 件，合格率 98.4%；餐茶具监测 648 件，合格 615 件，合格率 94.9%；快餐盒 96 件，合格率 100%；空气微生物 103 件，合格 3 件，合格率97%；物表监测 72 件，合格 66 件，合格率 91.7%；车间生产废水监测92件388项次，合格率100%；烟尘监测4点次，合格率 100%；烟色监测 4 点 20 项次，合格率 100%；从业人员健康体检2 758人，卫生知识培训2 733人，办理健康证2 477人份，其中食品从业人员 523 人，公共场所从业人员1 516人，卫生知识培训1 513人，办理健康证1 513份；饮用水从业人员 128 人，卫生知识培训 125 人，办理健康证 125 份；临客人员体检 591 人，卫生知识培训 572 人，办证 572 人。三、站车双灭。旅客列车灭鼠5 082辆，灭蟑5 082辆；车站双灭 16 站次；行车公寓双灭 11 次；攀枝花客技站灭鼠灭蟑各 2 次；鼠蟑密度调查：旅客列车 10 列，车站、公寓 10 点次。四、职业健康监护工作。完成职业健康监护检查1 161人，其中上岗前职工健康检查 212 人，在岗职工 949 人。职业危害因素监测 16 点次 54 件；受理职业病诊断 25 人；职业病危害作业点接触人数年度底数调查 67 点1 582人；职业病人年度底数调查 14 单位 83 人；疑似生物性职业有害因素引起群体性职业病调查处理 1 起。

抗灾救灾卫生防病工作。在“5·12”汶川特大地震灾害中，西昌疾控所坚持24小时值班制度，坚持日报告制度；救灾期间派出 2 人加中心站现场救灾消毒工作；由于地震影响，宝成线中断行车，117 次列车经常晚点及运送伤员出川列车车底更换频繁等原因，特派6人到攀枝花驻站，对不能使用热烟雾机灭蟑的列车，采用人工施药的方法进行灭蟑工作，确保进京列车双灭质量。在“8·30”攀枝花地区遭遇地震灾害时，在第一时间派出由卫生监测和消杀专业人员 8 人组成的抗灾救灾小分队赶赴现场，开展卫生防病工作。对地震区管内各主要供水点进行生活饮用水卫生监测采样 26 件，列车自备水采样 6 件，高危食品采样 10 件，餐茶具采样 60 件；对攀枝花车站旅客临时候车场所预防性消毒、杀虫约8 000平方米，对攀枝花地区防震帐篷及周围环境预防性消毒、杀虫约8 000平方米，攀枝花行车公寓消毒、杀虫约2 000平方米，灭鼠约2 500平方米，卫生巡视17次；此次抗灾救灾工作中，分所共出动28人次；地震辖区内未发生呼吸道、肠道传染病和饮用水、食物中毒事件及其他与卫生相关的次生灾害。

单位地址：四川省西昌市火车站

邮政编码：615042

（陈雅丽）

【重庆疾病预防控制所】 管辖成渝（重庆—内江段）、川黔（重庆—石门坎段）、襄渝（重庆—达州段）、内昆（内江—昭通段）、渝怀（重庆—秀山段）、遂渝（重庆—合川段）、达万7条干线和宜珙、三万2条支线。担负辖区疾病预防控制、职业病防治、卫生监测、环境监测、健康教育、科研培训等工作任务。全所设综合办公室、劳动人事教育科、财务计划科、业务科4个职能管理部门，下设业务科室7个（疾病预防控制科、职业病防治科、消毒科、卫生监测科、检验科、内江防疫综合科、环境监测站）。年内新增固定资产约77.19万元，报废固定资产原值39.7万元，年底实有固定资产原值约764.98万元。现有职工总数66人。

全年生产任务完成情况：一、采用多种形式定期开展鼠疫、高原病、艾滋病、霍乱等传染病防治知识宣传，加强对鼠疫、霍乱疫情的监测，举行1次食物中毒处理的应急演练。开展脊髓灰质炎“强化”免疫活动2次，服脊灰糖丸272粒。从业人员健康体检8 228人（含春运、暑运、临客等体检），办理健康证8 406个；体检率为98.6%，卫生知识培训率98.6%。二、完成列车，车站候车厅、广场、售票厅及公寓等公共场所的消毒。图定列车的病媒生物监测和防治工作，完成春运、暑运、节假日及春秋两季整修旅客列车等专项消杀灭工作，均达部标。全年共开展消杀灭工作1 064列17 979辆；其中鼠监测144列2 280辆，鼠防制252列4 105辆，蟑螂监测192列3 468辆，蟑螂防制372列6 351辆，消毒378列5 770辆。对20个单位开展消杀灭工作，对45个车站进行消杀灭活动，面积达791 787平方米。积极搞好军用代客列车的消毒工作。对军用代客列车进行消毒处理3次17辆。完成旅客列车餐具及餐馆等食品卫生监测。完成高危食品卫生监测197件，餐茶具消毒效果监测1 050件，重点、新线及生活饮用水卫生监测，完成重点饮用水监测48个点次。对管辖内19个给水所及5个二次供水点进行水质监测，监测样品33件。对12个车体列车水箱进行水质卫生监测，监测样品24件。对重庆站、重庆北站、达州站等10个重点车站的列车上水点饮用水监测，共61个点次。对重庆、重庆北、达州等15个重点车站候车室完成空气质量监测255个点次，1 626个监测数据。对进京、进穗、进沪等14趟列车车厢进行公共场所空气质量监测232个点次，1 424个数据。对有毒有害作业点进行职业病危害监测45点次，完成职业健康体检（含高原职业健康体检、机车乘务员职业健康检查、尘肺病人以及接尘工人复查照片）1 444人次。全年共监测废水540个、大气锅炉150个及临时性计划外监测54个。结合自身特点在“4·22”地球日，“6·5”环境日开展环保宣传活动，并指导辖区各站段开展形式多样的环保宣传活动。三、开展突发公共卫生事件的应急处理工作。在冰雪凝冻灾害天气期间，成立应急分队冒着严寒深入车站为一线职工、包保干部、旅客等送医送药，同时对铁路受灾地区站场环境开展消毒工作，发放卫生防病宣传资料。“5·12”汶川特大地震期间，先后派出6人支援四川抗震救灾一线，做好抗震救灾卫生防病工作。

疾控所和环境监测站双双通过重庆市计量认证。在全路质控考核中荣获第一名。环境监测站通过重庆市建委首批室内空气质量监测资质认证。通过《中华人民共和国医疗机构执业许可证》的年度校验。取得《事业单位法人证书》。

单位地址：重庆市渝中区菜袁路40号

邮政编码：400014

（刘　林）

【贵阳疾病预防控制所】 设业务、财务、综合、人劳、疾控监测、职防、环保、检验、消杀科9个科室。现有职工56人，固资213件602.92万元。

2008年贵阳疾控所管内无甲类传染病发生，无乙类传染病爆发流行。霍乱监测采样41件，均为阴性。按贵州省全球基金艾滋病项目要求开展艾滋病防治宣传活动，培训公安干警150人，完成30趟列车

16 200余名旅客防艾宣传。健康体检完成餐饮等从业人员体检11 906人。卫生知识培训并办理健康证11 813人。矽肺病人复查照片30人。有毒有害作业人员健康体检303人，不合格13人。完成机车乘务员体检619人。卫生监测完成餐饮具监测1 546件，77.4%合格；公共场所监测6 458次，79.3%合格；站车及生活饮用水监测182件，74.7%合格；食品监测302件，92.1%合格。有毒有害作业点监测162个，60.5%达标；列车高温环境监测20个点。环境监测完成9个污水处理场工业废水监测196份样，排放口达标率76.5%。13台次烟尘黑度监测、5台次烟尘浓度监测和SO_2浓度监测，合格率分别为100%、80%、80%。消杀灭。消杀灭列车16 670辆次、站区141.19万平方米；鼠蟑密度监测列车192列次、站区4个，2列次鼠密度不达标。

突发事件应急处理。年初贵州境内遭遇凝冻天气，贵阳疾控所迅速启动突发公共卫生事件应急预案，开展救护工作，出动防疫人员226人次，救治生病旅客235人，巡视10余万名旅客，发放3.7万元预防用药，列车消杀灭1 357辆次，贵阳站消毒18万平方米。5月12日汶川发生大地震，贵阳疾控所先后派出6人携检验、消毒等物资赶赴一线救灾。贵阳救灾军列及救护列车消毒3列55辆次。8月1日内六线阿子沟发生列车颠覆，迅速开展消杀灭、水质监测等疾控工作，确保抢险现场卫生安全。8月安顺发生伤寒疫情，疾控所积极开展疾控工作，保证铁路职工无一例伤寒发生。完成水城装卸工职业中毒、凯里工务段“红眼病流行”的调查处理。

制定奥运卫生保障工作方案，加强站车卫生监测等疾控工作。站车空气质量监测181件，93.4%合格；站区消毒100余万平方米；列车消杀灭5 968辆次；食品监测131件，合格率98.5%；餐饮具监测300件，合格率82.7%；站车末梢水监测52件，合格率53.8%。

通过贵州省临床检验中心微生物、免疫室间质量控制。通过全路实验室质控考核。发表国家级论文3篇。培训62人次。开展科研课题1个。

单位地址：贵阳市解放路88号

邮政编码：550002

（罗永莉）

表14－1　局属运输站段党政正职名单　（2008年）

序号	单　位	行政正职	党委正职	备　注
1	成都车站	马昌华	柳树国（至9月） 刘存明（9月任）	
2	成都北车站	张伟民（至9月） 荆世明（9月聘任）	马　伟（至9月） 丁传芳（9月任）	
3	广元车站	朱　强（1至9月任副站长主持工作，9月任站长）	罗冠军	
4	重庆车站	张曲铧	唐　践	
5	重庆西车站	荆世明（至9月） 赵海宁（9月聘任）	童勤华（至4月） 邓　平（4月任）	
6	达州车站	周　斌	邬家稚（7月免，聘任调研员） 肖读刚（7月任）	
7	贵阳车站	周　毅（1至4月任副站长主持工作，4月任站长）	毛以能	
8	贵阳南车站	赵海宁（副站长主持工作至9月） 彭强（9月聘任）	宫利民	

续上表

序号	单　　位	行政正职	党委正职	备　　注
9	成都车务段	林　华	袁习金	
10	江油（绵阳）车务段	向全德	刘存明（至9月） 马　伟（9月任）	6月更名为绵阳车务段
11	西昌车务段	袁仲权（至7月） 周俊波（7月聘任）	周俊波（至9月） 余成新（9月任）	
12	重庆车务段	明　军	邓　平（至4月） 童勤华（4月至7月，7月聘任调研员） 杨　卫（7月任）	
13	涪陵车务段	杨　卫（至7月）	肖读刚（至7月）	7月单位撤销
14	内江车务段	周　勇	龚文正（9月免，聘任调研员） 陈　敏（9月任）	
15	遂宁车务段	陈光影（7月聘任）	仲子文（7月任）	7月由达成公司委托管理后组建
16	贵阳车务段	王亚东（至9月） 向劲松（9月聘任）	刘国宣	
17	遵义车务段	李　刚	石广明（9月免，聘任调研员） 王亚东（9月至12月） 彭盛世（12月任）	
18	凯里车务段	张亚新（1月至9月任副段长主持工作，9月任段长）	彭盛世（至12月） 卫　咏（12月任党委副书记主持工作）	
19	六盘水车务段	陈伯昌（至9月） 何庆平（9月聘任）	徐勇智（1至4月任党委副书记主持工作，4至12月党委书记） 彭　智（12月任）	
20	成都客运段	蒋维忠	冯中宝	
21	重庆客运段	江　波（至9月） 陈伯昌（9月聘任）	文　健（至5月，因病去世） 肖　杨（9月任）	
22	贵阳客运段	李庆平（至12月） 王亚东（12月聘任）	王志立（12月免，聘任调研员） 徐勇智（12月任）	
23	成都机务段	郭新友（至7月） 江海涛（7月聘任）	仲子文（至7月） 郭新友（7月至12月） 刘学龙（12月任）	
24	重庆机务段	黄达明	毛　寅	
25	贵阳机务段	蒋发平	刘蓉生	
26	六盘水机务段	刘学龙（至12月） 刘　宏（12月聘任）	言桂林	
27	成都供电段	曾东海	张勤红	
28	西昌供电段	程　林（至12月） 冯　明（12月聘任）	罗洪流	

续上表

序号	单　　位	行政正职	党委正职	备　　注
29	重庆供电段	陈　南	杨宗清	
30	贵阳供电段	潘光瑞（至12月） 程　林（12月聘任）	冯　明（至12月） 潘光瑞（12月任）	
31	成都工务段	练发胜	李文华	
32	绵阳工务段	刘广汉（9月解聘，聘任调研员） 许兴伍（9月聘任）	洪骏声（9月免，聘任调研员） 蔡家彬（9月任）	
33	西昌工务段	刘云开（至6月） 杨奎山（6月至12月） 古钟亮（12月聘任）	刘远明（6月免，聘任调研员） 古钟亮（6月至12月） 赖德桂（12月任）	
34	重庆工务段	翁力俊	赖先银	
35	自贡工务段	何　川（至7月，其间：5月至7月任副段长主持工作） 李鼎波（7月聘任）	曾健康（其间：5月至7月任党委副书记主持工作）	
36	遂宁工务段	于　良（7月至12月） 罗云峰（12月聘任）	李志东（7月任）	7月由达成公司委托管理后组建
37	广安工务段	李志东（至7月）	堵明正（至7月）	7月单位撤销
38	涪陵工务段	兰先锋	谷爱民（至7月） 堵明正（7月任）	
39	贵阳工务段	余　维（至12月） 杨奎山（12月聘任）	吴胜光	
40	凯里工务段	李　浩	林优芹	
41	都匀工务段	谢　旭（至6月） 许兴伍（6月至9月）	滕立勤（9月免，聘任调研员）	9月单位撤销
42	六盘水工务段	鲁　勇	王立超（9月免，聘任调研员） 唐经明（9月任）	
43	成都工务机械段	胡孝宣（至7月） 何　川（7月聘任）	龙恩彬	
44	成都电务段	吴志成	谭　勇	
45	重庆电务段	孙长云	吴宗德	
46	贵阳电务段	王洪延	何　宁	
47	成都车辆段	罗　李	邓从亿	
48	成都东车辆段	冯德祥	王有成	
49	重庆车辆段	李先进	李少文	
50	贵阳车辆段	周铁牛	沈正华	
51	贵阳南车辆段	曾令杰	郭玉平	

（人事处）

统计资料

● 统计资料

表 15－1 全局运输营销预算计划完成情况 （2008 年）

指标	单位	计划	完成
运输收入	万元	2262700	2159726
其中：客运收入	万元	825500	816413
货运收入	万元	1437200	1343313
换算周转量	亿吨公里	1819	1723.4
其中：旅客周转量	亿人公里	459	432.8
货物周转量	亿吨公里	1360	1290.6
旅客发送量	万人	11210	10954
货物发送量	万吨	15570	14099
其中：煤炭发送量	万吨	5680	5178
日均装车数	车	7210	6527
货车静载重	吨/车	59.0	59.0
货车周转时间	天	2.55	2.26
货机日产量	万吨公里	88.5	85.8
货物列车平均总重	吨	2850	2812
货机日车公里	公里	421	425

（计统处）

表 15－2 全局机车综合运用主要指标 （2008 年）

项目		单位	全年	其中			
				一季度	二季度	三季度	四季度
平均一日支配机车		台	1168.9	1173.5	1157.0	1167.9	1177.3
其中：运用机车		台	778.5	761.4	793.9	802.6	756.3
机车运用率		%	66.6	64.9	68.6	68.7	64.2
支配机车日车公里		公里	425	422	431	430	415
客运机车	日车公里	公里	722	727	707	709	744
	技术速度	公里/小时	63.6	63.6	63.3	63.4	64.0
	旅行速度	公里/小时	52.0	51.6	52.0	52.0	52.5
货运机车（包小）	日车公里	公里	425	436	424	417	423
	技术速度	公里/小时	47.9	47.7	47.9	47.9	48.2
	平均牵引总重	吨	2812	2761	2833	2840	2812
	日产量	万吨公里	85.8	84.6	86.1	85.6	86.9
全周转时间		小时	27.9	27.4	27.6	27.9	28.8
周转距离		公里	562	567	549	552	584

（计统处）

表 15－3　工业计划完成情况　（2008 年）

项　目	单　位	完　成
工业总产值	万　元	29248.92
道　砟	万立方米	84.2
轨　枕	万　根	54

（查　焱）

表 15－4　投资计划完成情况　（2008 年）

项　目	单　位	计　划	完　成	%
全局合计	万　元	1573562	1384594	88.0
基本建设	万　元	1447300	1259106	87.0
更新改造	万　元	126262	125488	99.4

（陈尚文）

表 15－5　铁路桥梁　（2008 年）

项　目	桥梁总计	
	座　数	延长米
总　计	3805	422325
一、正、站线	3789	421949
襄渝线	189	23692
宝成线	559	27235
沪昆线	692	84816
黔桂线	91	18539
成渝线	196	9968
内六线	288	50267
川黔线	173	12542
成昆线	695	54350
遂渝线	96	29611
渝怀线	236	52875
二、段岔特线	16	376

（查　焱）

表 15－6　铁路隧道及明洞　（2008 年）

项　目	隧道及明洞		其中：隧道
	座　数	延长米	座　数
总　计	1714	1138716	1574
一、正、站线	1706	1136990	1568
襄渝线	46	27036	45
宝成线	66	36805	59
沪昆线	579	281577	532
黔桂线	81	67012	78
成渝线	44	8565	43
内六线	141	147429	135
川黔线	121	35574	75
成昆线	280	232357	259
遂渝线	48	32880	48
渝怀线	111	198920	110
二、段岔特线	8	1726	6

（查　焱）

表 15－7　配属机车台数　（2008 年）

机车类型	总计（台）
总　计	1184
一、电力机车	855
韶山$_1$	163
韶山$_3$	549
韶山$_{3B}$重组	83
韶山$_4$	10
韶山$_{7C}$	50
二、内燃机车	329
东风$_{4B}$	66
东风$_5$	91
东风$_{7C}$	70
东风$_{7D}$	78
东风$_{7G}$	24

（查　焱）

表 15－8　配属客车辆数　（2008 年）

车辆类型	总计（辆）
总　计	3330
软座车	23
硬座车	1586
软卧车	204
硬卧车	1227
餐　车	184
公务车	1
试验车	6
维修车	3
空调发电车	96

（查　焱）

表 15－9　全局机械动力设备　(2008 年)

设备分类 \ 项目		保有总台数	固资原值（万元）	主要设备台数	技术状态 一级	二级	三级	四级	完好率 %	利用率 %
机械动力设备		14862	90853.61	8649	4623	3553	280	113	94.53	18.00
0	金属切削机床	923	8145.00	589	240	305	26	7	92.53	21.37
	其中：大型精密	14	495.92	14	6	6	2		85.71	20.83
一	锻压、剪冲设备	400	3054.19	303	107	170	8	2	91.42	13.10
	其中：大型精密	1	1.38	1		1			100	
二	动力设备	1068	7031.43	641	339	261	18	15	93.6	25.08
	其中：锅炉	207	2170.39	117	52	51	2	10	88.03	12.66
三	电气设备	2648	17078.72	1782	881	837	42	18	96.41	
四	工作炉、金属处理设备	172	1620.14	84	35	46			96.43	
五	木工、铸工设备	85	762.92	26	4	21			96.15	
六	试验设备	1511	13796.61	938	420	476	9	1	95.52	
七	工程机械	6861	28141.9	3782	2349	1202	162	68	93.89	
八	杂项设备	1194	11222.7	504	248	235	14	2	95.83	
运输设备		4200	80081.62	3331	1453	1748	100	14	96.1	51.74
其中	载货汽车	577	8628.95	548	257	265	25	1	95.26	83.04
	载客汽车	873	19875.52	837	312	499	23	3	96.89	45.29
	起重机（各型）	930	22284.14	799	352	430	6	2	97.87	22.74
传导设备										
合　计		19062	170935.23	11980	6076	5301	380	127	94.97	34.43

(刘克群)

附录

附　录

2008 年局发文目录

序号	文件编号	文件标题
1	成铁办〔2008〕1 号	铁路局 局党委 局工会 局团委关于发布《成都铁路局 2008 年加强安全生产的决定》的通知
2	成铁工〔2008〕2 号	关于上报中铁八局集团桥梁工程有限责任公司南充梁枕场生产的Ⅲ型预应力混凝土有挡肩枕、有砟桥面Ⅲ型预应力混凝土枕上道技术审查意见的报告
3	成铁运〔2008〕3 号	关于上报成都局编组站管理信息系统升级方案的报告
4	成铁社保〔2008〕4 号	关于加强社保资金征缴工作的通知
5	成铁财〔2008〕5 号	关于遂渝铁路建设项目银行贷款金额调整有关问题的请示
6	成铁计统〔2008〕6 号	关于呈送新建成都集装箱中心站可行性研究报告的请示
7	成铁运〔2008〕7 号	关于我局救援所需路用车辆的请示
8	成铁社保〔2008〕8 号	关于进一步加强在黔参保单位职工退休审批工作的通知
9	成铁运〔2008〕9 号	关于修订成都铁路局《行车组织规则》第 141 条的通知
10	成铁货〔2008〕10 号	关于铁路危险货物承运人资质颁发有关情况的请示
11	成铁计统〔2008〕11 号	关于新建成都全路列车运行图编制研发培训中心申请投资补助的请示
12	成铁总工〔2008〕12 号	关于呈送《新建石板滩焊轨基地工程初步设计》及初审意见的报告
13	成铁教〔2008〕13 号	关于印发《成都铁路局职教系统安全管理基本制度（试行)》的通知
14	成铁计统〔2008〕14 号	关于全局公安基层派出所信息网络通道建设工程施工图设计的批复
15	成铁建设〔2008〕15 号	关于报送 2007 年下半年度铁路施工企业质量信誉评价结果的报告
16	成铁办〔2008〕16 号	铁路局 局党委关于《成都铁路局主要干线路外安全综合整治百日行动实施方案》的请示
17	成铁计统〔2008〕17 号	关于明确六沾增建二线工程（成都局管内）云南省境内段征地拆迁问题的请示
18	成铁计统〔2008〕18 号	关于印发《成都铁路局统计质量综合考评办法》的通知

序号	文件编号	文 件 标 题
19	成铁货〔2008〕19 号	关于印发《成都铁路局集装箱运输管理实施细则（试行）》的通知
20	成铁总工〔2008〕20 号	关于呈送《改建铁路达州至成都线扩能改造工程再用轨（岔）改新轨（岔）变更设计说明》及补充说明的请示
21	成铁办〔2008〕21 号	铁路局　局党委关于印发《成都铁路局主要干线路外安全综合整治百日行动实施方案》的通知
22	成铁建设〔2008〕22 号	关于襄渝线安康至重庆段增建二线工程（成都局管段）部管物资招标计划的请示
23	成铁建设〔2008〕23 号	关于承诺新建成都新客站项目占用耕地补充措施的报告
24	成铁货〔2008〕24 号	关于新增集装箱运输业务的请示
25	成铁财〔2008〕25 号	转发铁道部关于铁路车站空调候车室特许经营权期满后有关问题的通知
26	成铁计统〔2008〕26 号	关于客运机车一体化机车信号改造工程（重庆电务段）设计的批复
27	成铁计统〔2008〕27 号	关于客运机车一体化机车信号改造工程（成都电务段）设计的批复
28	成铁计统〔2008〕28 号	关于客运机车一体化机车信号改造工程（贵阳电务段）设计的批复
29	成铁总工〔2008〕29 号	关于黔桂铁路扩能改造工程麻尾—龙里段信号机定测设置有关问题的批复
30	成铁客〔2008〕30 号	关于印发《成都铁路局 2008 年春运客运售票组织办法》的通知
31	成铁客〔2008〕31 号	关于印发《成都铁路局旅客列车宿营车管理制度》的通知
32	成铁办〔2008〕32 号	关于《成都铁路局主要干线路外安全综合整治百日行动实施方案》的报告
33	成铁办〔2008〕33 号	关于《成都铁路局主要干线路外安全综合整治百日行动实施方案》的报告
34	成铁办〔2008〕34 号	关于《成都铁路局主要干线路外安全综合整治百日行动实施方案》的报告
35	成铁客〔2008〕35 号	关于印发《成都铁路局 2008 年春节旅客运输组织办法》的通知
36	成铁客〔2008〕36 号	关于印发《成都铁路局 2008 年春运临时旅客列车客运组织管理办法》的通知
37	成铁教〔2008〕37 号	关于印发《成都铁路局委外培训管理办法（暂行）》的通知
38	成铁计统〔2008〕38 号	关于重庆车站客运中央空调改造工程施工图设计的批复
39	成铁总工〔2008〕39 号	关于遂渝铁路增建二线新桥站及相关工程先期实施的报告
40	成铁建设〔2008〕40 号	关于下发成都铁路局 2007 年下半年建设工程项目执法监察工作情况的通知

序号	文件编号	文件标题
41	成铁安〔2008〕41号	关于重新印发《成都铁路局安全协作区管理办法》的通知
42	成铁安〔2008〕42号	关于重新公布《成都铁路局路外安全管理办法》的通知
43	成铁安〔2008〕43号	关于重新公布《成都铁路局运输安全信息管理制度》的通知
44	成铁货〔2008〕44号	关于成立贵州地区铁路战略装车点工作协调领导小组的报告
45	成铁建设〔2008〕45号	关于新建铁路黄织线工程部管物资招标结果的报告
46	成铁计统〔2008〕46号	关于调整达成线扩能改造工程征地拆迁概算的请示
47	成铁计统〔2008〕47号	关于审批襄渝二线工程征地拆迁补助费用的请示
48	成铁路风〔2008〕48号	关于印发《2008年全局路风监察工作要点》的通知
49	成铁电〔2008〕49号	关于印发《信号设备维修实施办法》的通知
50	成铁电〔2008〕50号	关于重新公布成都铁路局《信号设备维修工作内容点内外划分及周期表》和《信号器材入所修、更换周期及检修工时定额表》的通知
51	成铁劳卫〔2008〕51号	关于我局职工信访反映工资收入问题的报告
52	成铁财〔2008〕52号	关于请求解决成都铁路局轨道结构专项整治费用的请示
53	成铁劳卫〔2008〕53号	关于提高职工岗位工资水平的请示
54	成铁劳卫〔2008〕54号	关于重新公布《成都铁路局安全管理考核办法》的通知
55	成铁社保〔2008〕55号	关于公布《成都铁路局职工补充医疗保险管理办法》的通知
56	成铁劳卫〔2008〕56号	关于提高我局职工岗位工资水平的通知
57	成铁劳卫〔2008〕57号	关于调整各类新进人员临时工资标准的通知
58	成铁劳卫〔2008〕58号	关于给内部退养和离岗休息职工发放补贴的通知
59	成铁劳卫〔2008〕59号	关于重新公布一次性奖励标准的通知
60	成铁安〔2008〕60号	关于印发《2007年劳动安全工作总结暨2008年劳动安全工作重点》的通知
61	成铁总工〔2008〕61号	转发铁道部《关于监督抽查铁路用工业产品质量情况通报（2007年第4号）》的通知
62	成铁计统〔2008〕62号	关于达州火车站增建售票厅工程施工图设计的批复

序号	文件编号	文件标题
63	成铁货〔2008〕63 号	关于提高成都局货运站货物暂存费率的请示
64	成铁总工〔2008〕64 号	成都局 北京通号院 中铁二院关于成都北编组站综合集成自动化系统（CIPS）扩大试验的请示
65	成铁人〔2008〕65 号	铁路局 局党委关于印发《成都铁路局干部教育培训工作管理办法》的通知
66	成铁工〔2008〕66 号	关于水富县高滩新区建设影响内六铁路安全的报告
67	成铁工〔2008〕67 号	关于盐水公路挡墙开裂影响铁路旅客安全的紧急报告
68	成铁劳卫〔2008〕68 号	关于做好职工带薪年休假工作的通知
69	成铁建设〔2008〕69 号	关于改建铁路遂宁至重庆线增建第二线建设用地预审的请示
70	成铁社保〔2008〕70 号	转发贵州省关于 2008 年企业退休人员基本养老金调整的通知
71	成铁财〔2008〕71 号	关于进一步加强现金管理的通知
72	成铁安〔2008〕72 号	关于在全局运输站段全面推行安全基本管理制度的通知
73	成铁计统〔2008〕73 号	关于主要干线重点车站封闭工作有关要求的通知
74	成铁建设〔2008〕74 号	关于请求加快贵州省境内在建铁路大中型建设项目征地拆迁工作的紧急报告
75	成铁办〔2008〕75 号	关于确保电气化铁路正常供电的请示
76	成铁办〔2008〕76 号	关于确保电气化铁路正常供电的请示
77	成铁办〔2008〕77 号	关于确保电气化铁路正常供电的请示
78	成铁办〔2008〕78 号	关于确保电气化铁路正常供电的请示
79	成铁办〔2008〕79 号	关于加快我局绿色通道建设的通知
80	成铁安〔2008〕80 号	转发铁道部《关于成都铁路局路外安全工作专题会议纪要》的通知
81	成铁建设〔2008〕81 号	关于成都铁路局在建项目工程质量安全监督费使用降造费的请示
82	成铁建设〔2008〕82 号	关于报送 2007 年下半年建设项目勘察设计施工图考核结果的报告
83	成铁工〔2008〕83 号	转发铁道部关于铁路桥梁铺设护轨暂行规定的通知
84	成铁建设〔2008〕84 号	关于开展铁路建设工程监理信用评价的通知

序号	文件编号	文件标题
85	成铁离退〔2008〕85号	关于调整我局在川参保单位去世离休干部无工作配偶定期生活困难补助的通知
86	成铁安〔2008〕86号	2007年四季度安全协作区工作考核情况通报
87	成铁运〔2008〕87号	关于公布2008年2月份全局运输生产经营计划的通知
88	成铁运〔2008〕88号	关于下发成都铁路局2008年2月份施工计划的通知
89	成铁办〔2008〕89号	铁路局 局工会关于对2007年下半年全局合理化建议和技术改进评审项目进行表彰的决定
90	成铁审计〔2008〕90号	关于下达二〇〇八年审计工作计划的通知
91	成铁总工〔2008〕91号	关于达成铁路扩能改造工程遂宁至石板滩新建双线段矮柱信号机设置的批复
92	成铁办〔2008〕92号	关于迅速贯彻落实胡锦涛总书记重要指示精神，抓好突击抢运电煤和抗灾保春运工作的通知
93	成铁社保〔2008〕93号	转发重庆市关于2008年企业退休人员基本养老金调整的通知
94	成铁财〔2008〕94号	关于印发《成都铁路局财务会计管理信息系统运行维护管理办法》的通知
95	成铁办〔2008〕95号	关于投资格里坪等六个战略装车点建设项目立项的请示
96	成铁计统〔2008〕96号	关于报送2008年运输设备更新改造核准项目计划建议（第一批）的请示
97	成铁财〔2008〕97号	关于明确路外安全综合整治百日行动费用预算的通知
98	成铁财〔2008〕98号	关于撤销绵阳、攀枝花、遵义资金结算室的请示
99	成铁监〔2008〕99号	关于对规范多集经企业经营行为深入开展自查整改的通知
100	成铁运〔2008〕100号	关于印发《"蓝箭"号动车组行车组织办法（试行）》的通知
101	成铁运〔2008〕101号	关于公布2008年度全局路用货车使用计划的通知
102	成铁计统〔2008〕102号	关于下达2007年基本建设（小型项目）调整计划的通知
103	成铁安〔2008〕103号	关于印发《成都铁路局2007年特种设备安全工作总结及2008年工作要点》的通知
104	成铁办〔2008〕104号	关于雪灾造成沪昆线旅客列车晚点情况报告
105	成铁计统〔2008〕105号	关于加快对重庆江北铁路98亩用地控规变更工作进程的请示
106	成铁总工〔2008〕106号	关于呈送《改建铁路襄渝线安康至重庆段增建第二线（成都局范围）绿色通道防护补充方案设计》的报告

序号	文件编号	文件标题
107	成铁总工〔2008〕107 号	关于呈送《新建铁路黄桶至织金线织金站战略装车点设计方案说明》及其初审意见的报告
108	成铁总工〔2008〕108 号	关于呈送《襄渝线安康至重庆段增建第二线工程达州（含）至重庆枢纽（江北、重庆东）信号专业变更设计方案（Ⅰ类）——计算机联锁系统》及其初审意见的报告
109	成铁计统〔2008〕109 号	关于全局机车信号地面发码设备改造工程施工设计文件的批复
110	成铁计统〔2008〕110 号	关于下达成都铁路局 2008 年铁路运输设备更新改造计划（第一批临时）的通知
111	成铁客〔2008〕111 号	关于重新印发《成都铁路局动车组旅客列车客运组织实施办法（暂行）》的通知
112	成铁运〔2008〕112 号	关于印发《2008 年全局车务系统安全工作重点与运输处工作推进计划》的通知
113	成铁财〔2008〕113 号	关于执行审计署重庆特派办《关于重庆至怀化铁路建设项目审计决定》中需铁道部帮助协调问题的请示
114	成铁离退〔2008〕114 号	关于我局在川、在渝参保离休干部执行地方生活补助的请示
115	成铁办〔2008〕115 号	关于做好《成都铁路局年鉴》2008 年卷编撰工作的通知
116	成铁办〔2008〕116 号	关于做好 2008 年防洪工作的通知
117	成铁辆〔2008〕117 号	关于印发《成都铁路局“蓝箭”号动车组运用管理补充规定》的通知
118	成铁安〔2008〕118 号	关于转发《四川省非机动车管理规定》的通知
119	成铁建设〔2008〕119 号	关于新建铁路黄织线工程部管物资招标结果的报告
120	成铁建设〔2008〕120 号	关于新建铁路黄织线工程甲供物资（桥梁）招标计划的请示
121	成铁建设〔2008〕121 号	关于贵阳枢纽贵阳南编组站扩建及客车外绕线工程甲供物资（桥梁）招标计划的请示
122	成铁总工〔2008〕122 号	关于呈送成都集装箱物流中心初步设计初审意见的报告
123	成铁路风〔2008〕123 号	铁路局 局党委关于印发《成都铁路局贯彻〈铁路路风管理办法〉实施意见》的通知
124	成铁企管〔2008〕124 号	关于印发《2008 年全局企业管理和法律事务工作要点》的通知
125	成铁货〔2008〕125 号	转发铁道部关于 2008 年专业运输安全生产专项整治实施方案的通知
126	成铁运〔2008〕126 号	关于公布 2008 年 3 月份全局运输生产经营计划的通知
127	成铁运〔2008〕127 号	关于下发成都铁路局 2008 年 3 月份施工计划的通知
128	成铁运〔2008〕128 号	关于下发成都铁路局 2008 年 4 月份施工计划的通知

序号	文件编号	文件标题
129	成铁监〔2008〕129号	关于对道砟质量专项检查进行整改的通知
130	成铁安〔2008〕130号	关于实行工伤申报签认的通知
131	成铁总工〔2008〕131号	关于呈送《襄渝线安康至重庆段增建第二线工程达州（含）至重庆枢纽（江北、重庆东）信号专业变更设计方案（Ⅰ类）——车站信号系统综合防雷》及其初审意见的报告
132	成铁财〔2008〕132号	转发铁道部《关于2007年支出预算管理检查核实情况的通报》的通知
133	成铁办〔2008〕133号	关于印发《开展第二次设备质量攻坚战的设备工作标准及考核办法（试行）》的通知
134	成铁财〔2008〕134号	关于达成线东段改造后废弃线路资产处置的批复
135	成铁劳卫〔2008〕135号	关于呈报成都铁路局职工年休假方案的报告
136	成铁总工〔2008〕136号	关于呈送《改建铁路达州至成都线扩能改造工程执行新规范（标准）路基、桥涵、隧道设计说明》的报告
137	成铁计统〔2008〕137号	关于对广元南—普济10kV电力贯通线改造工程设计概算的批复
138	成铁计统〔2008〕138号	转发铁道部《关于限制生产销售使用塑料购物袋的通知》的通知
139	成铁建设〔2008〕139号	关于达成铁路扩能改造三汇镇（不含）至石板滩（不含）及达成引入成都枢纽站后工程部分甲供物资招标计划的请示
140	成铁建设〔2008〕140号	关于上报2007年度建设项目综合考核情况的报告
141	成铁建设〔2008〕141号	关于公布成都铁路局基建大中型项目管理机构2007年度及四季度综合考核结果的通知
142	成铁财〔2008〕142号	关于同意对局多元经营集团公司增加投资的批复
143	成铁电〔2008〕143号	关于加快规范电务调度建设的通知
144	成铁建设〔2008〕144号	关于新建成都铁路集装箱中心站工程总承包及监理招标计划的请示
145	成铁劳卫〔2008〕145号	关于公布《成都铁路局货车检修车考核办法（试行）》的通知
146	成铁劳卫〔2008〕146号	关于公布《成都铁路局分界口货车交接辆数考核办法（试行）》的通知
147	成铁劳卫〔2008〕147号	关于公布《成都铁路局西南区域运量考核办法（试行）》的通知
148	成铁劳卫〔2008〕148号	关于公布《成都铁路局旅客列车能力利用考核办法（试行）》的通知
149	成铁劳卫〔2008〕149号	关于重新公布《成都铁路局货车静载重考核办法（试行）》的通知
150	成铁劳卫〔2008〕150号	关于重新公布《成都铁路局货车使用效率考核办法（试行）》的通知

序号	文件编号	文 件 标 题
151	成铁劳卫〔2008〕151 号	关于重新公布《成都铁路局机车运用效率考核办法（试行）》的通知
152	成铁劳卫〔2008〕152 号	关于重新公布《成都铁路局跨局重点列车正晚点考核办法（试行）》的通知
153	成铁劳卫〔2008〕153 号	关于重新公布《成都铁路局编区站作业效率考核办法（试行）》的通知
154	成铁教〔2008〕154 号	关于呈送《成都铁路局 2008 年复员退伍军人专业学历教育工作方案》的请示
155	成铁运〔2008〕155 号	关于执行 2008 年第一阶段施工调整图的通知
156	成铁电〔2008〕156 号	关于印发《电务系统设备故障管理办法》和《电务系统铁路交通事故管理办法》的通知
157	成铁总工〔2008〕157 号	关于呈送《改建铁路达州至成都线扩能改造工程执行新规范（标准）线路安全设施设计说明》和《改建铁路成都枢纽达成线扩能改造引入工程执行新规范（标准）线路防护栅栏设计说明》的报告
158	成铁社保〔2008〕158 号	转发贵州省关于申报缴纳二〇〇八年企业养老、失业保险费有关问题的通知
159	成铁总工〔2008〕159 号	关于呈送《襄渝线安康至重庆段增建第二线工程达州（含）至重庆枢纽（江北、重庆东）信号专业变更设计方案（Ⅰ类）——微机监测系统、ZPW－2000A 监测子系统》及其初审意见的报告
160	成铁建设〔2008〕160 号	关于贵阳枢纽贵阳南编组站扩建及客车外绕线工程站后工程施工和监理招标计划的请示
161	成铁劳卫〔2008〕161 号	成都铁路局关于 2007 年运输企业动用历年工资结余的请示
162	成铁离退〔2008〕162 号	铁路局 局党委关于表彰成都铁路局离退休工作先进集体、先进个人和离退休职工先进集体、先进个人的决定
163	成铁电〔2008〕163 号	关于公布《成都铁路局电务系统开展“减故障、压延时”活动考核办法》的通知
164	成铁工〔2008〕164 号	关于公布《成都铁路局采石管理实施细则》的通知
165	成铁劳卫〔2008〕165 号	转发铁道部关于进一步加强铁路产品质量和食品安全工作的通知
166	成铁审计〔2008〕166 号	关于转发铁道部审计中心《2008 年铁路审计工作要点》的通知
167	成铁财〔2008〕167 号	关于对多元集团申请将洋浦元本建设开发公司等多元企业借款转为投资的批复
168	成铁安〔2008〕168 号	关于开展 2008 年安全专项整治工作的通知
169	成铁建设〔2008〕169 号	关于渝怀线、遂渝线迎接国家验收准备工作进展情况的报告
170	成铁辆〔2008〕170 号	关于下发《成都铁路局“蓝箭”号动车组检修管理的有关规定（暂行）》的通知
171	成铁工〔2008〕171 号	关于公布《工务系统行车设备故障调查处理管理办法》的通知
172	成铁辆〔2008〕172 号	关于明确原广深股份公司使用的“蓝箭”号动车组移交我局使用后其资产关系的报告

序号	文件编号	文 件 标 题
173	成铁计统〔2008〕173 号	关于报送成都铁路局 2008 年保价运输设备投资项目的报告
174	成铁计统〔2008〕174 号	关于下达 2008 年基本建设计划和前期工作计划的通知
175	成铁建设〔2008〕175 号	关于调整成都铁路局建设工程项目执法监察机构组成人员的通知
176	成铁社保〔2008〕176 号	关于调整在黔参保单位工伤保险相关费率的通知
177	成铁劳卫〔2008〕177 号	关于公布《成都铁路局运输生产关键岗位人员资格许可和持证上岗管理办法》的通知
178	成铁建设〔2008〕178 号	关于达成铁路扩能改造工程遂宁至成都新建双线段铺架施工急需供应 100m 长钢轨的报告
179	成铁计统〔2008〕179 号	关于报送 2008 年成都铁路局机车车辆、大型养路机械高价互换配件计划建议（第一批）的请示
180	成铁安〔2008〕180 号	关于进一步加强全局多元企业特种设备安全管理工作的通知
181	成铁辆〔2008〕181 号	关于贵州宏福实业开发有限公司反映槽车使用有关问题的报告
182	成铁物〔2008〕182 号	2007 年度物资管理工作检查情况通报
183	成铁客〔2008〕183 号	关于印发《成都铁路局客运系统 2008 年劳动安全专题安全生产专项整治推进计划》的通知

序号	文件编号	文 件 标 题
184	成铁计统〔2008〕184 号	关于印发《成都铁路局 2007 年铁路运输业投入产出调查方案》的通知
185	成铁房〔2008〕185 号	关于调整生产房屋使用单位的通知
186	成铁房〔2008〕186 号	关于调整生产房屋使用单位的通知
187	成铁货〔2008〕187 号	关于印发《成都铁路局 2008 年车站及专用线货运业务整合实施方案》的通知
188	成铁劳卫〔2008〕188 号	关于公布《成都铁路局劳卫部门运输安全服务保障制度》的通知
189	成铁货〔2008〕189 号	关于第三次修改《成都铁路局“阔大货物、钢材、木材、料石、笨重货物、废钢铁”发运车站（站内）分布表和专用线名称表》的通知
190	成铁货〔2008〕190 号	关于下达 2008 年军运备品特备封存及日常运用保有量的通知
191	成铁总工〔2008〕191 号	关于呈送《改建铁路贵阳枢纽贵阳南编组站扩建及枢纽客车外绕线工程土石方调配方案设计说明》的报告
192	成铁总工〔2008〕192 号	关于呈送《改建铁路贵阳枢纽贵阳南编组站扩建及枢纽客车外绕线工程再用轨改新轨变更设计》的报告
193	成铁财〔2008〕193 号	关于执行 2008 年财务预算的报告
194	成铁财〔2008〕194 号	关于将成都机务段闲置储油设施资产划转多元经营集团公司的批复

序号	文件编号	文 件 标 题
195	成铁总工〔2008〕195号	关于报送《襄渝线安康至重庆段增建第二线工程达州派驻机车折返段补充初步设计》的报告
196	成铁建设〔2008〕196号	关于新建铁路黄织线工程部管物资招标结果的报告
197	成铁建设〔2008〕197号	关于新建重庆铁路集装箱中心站中铁快运工程施工、监理招标计划的请示
198	成铁企管〔2008〕198号	关于印发《成都铁路局广告设置审批及经营管理办法》的通知
199	成铁运〔2008〕199号	关于印发《成都铁路局2008年防止车务作业人员车辆伤害专题安全生产专项整治推进计划》的通知
200	成铁运〔2008〕200号	关于公布2008年4月份全局运输生产经营计划的通知
201	成铁运〔2008〕201号	关于下发成都铁路局2008年4月份施工计划的通知
202	成铁建设〔2008〕202号	关于渝怀、遂渝铁路建设项目审计问题整改情况的报告
203	成铁客〔2008〕203号	转发铁道部旅游列车开行管理办法的通知
204	成铁建设〔2008〕204号	关于印发《成都铁路局基本建设大中型项目管理机构考核办法》的通知
205	成铁劳卫〔2008〕205号	关于调整列车运行监控记录装置（LKJ）管理职能及相关机构人员的通知
206	成铁货〔2008〕206号	关于修改我局部分车站货运营业办理限制的请示
207	成铁计统〔2008〕207号	关于对川黔线电力远动监控系统工程设计概算的批复
208	成铁总工〔2008〕208号	关于内六线昭通北车站段管线改造有关问题的批复
209	成铁财〔2008〕209号	关于进一步加强闲置报废设备处置管理的通知
210	成铁计统〔2008〕210号	关于重庆集装箱中心站工程申请开工的请示
211	成铁工〔2008〕211号	关于做好2008年防洪工作的补充通知
212	成铁运〔2008〕212号	关于印发《成都铁路局2008年加强编组站工作实施方案及推进计划》的通知
213	成铁总工〔2008〕213号	关于呈送改建铁路遂宁至重庆线增建第二线初步设计及初审意见的报告
214	成铁计统〔2008〕214号	关于对内昆线新建电力远动监控系统工程初步设计的批复
215	成铁教〔2008〕215号	关于《成都铁路局2008年复员退伍军人专业学历教育工作方案》的请示
216	成铁计统〔2008〕216号	关于报送2008年运输设备更新改造核准项目计划建议（第二批）的请示

序号	文件编号	文件标题
217	成铁计统〔2008〕217号	关于成都铁路局沪昆线配备发电机组的报告
218	成铁路风〔2008〕218号	关于5622/5621次列车以票谋私严重路风事件的调查报告
219	成铁劳卫〔2008〕219号	关于2008年复退军人接收安置计划的请示
220	成铁货〔2008〕220号	关于下发《2008年成都铁路局货运系统劳动安全生产专项整治推进计划》的通知
221	成铁工〔2008〕221号	关于印发《成都铁路局工务系统安全专项整治推进计划》的通知
222	成铁工〔2008〕222号	关于颁布《成都铁路局汛期铁路干线暴雨预报、警报制管理办法》的通知
223	成铁房〔2008〕223号	关于开发利用成渝线资阳市区11处铁路用地的请示
224	成铁机〔2008〕224号	关于发布《牵引变电所安全工作规程和牵引变电所运行检修规程实施细则》（试行）的通知
225	成铁机〔2008〕225号	关于下发《接触网安全工作规程实施细则》和《接触网运行检修规程实施细则》（试行）的通知
226	成铁运〔2008〕226号	关于印发《成都铁路局车务系统行车设备故障管理办法》的通知
227	成铁建设〔2008〕227号	关于报送基建大中型项目监理信用评价结果的报告
228	成铁运〔2008〕228号	关于2008年一季度我局运输工作的简要报告
229	成铁总工〔2008〕229号	关于成渝线石板滩车站1线下行出发信号机临时改移右侧的批复
230	成铁房〔2008〕230号	关于社会职能移交涉及重庆市境内土地房产情况的请示
231	成铁建设〔2008〕231号	关于襄渝二线中铁十三局施工的DIK718段部分桥涵存在工程质量问题的调查报告
232	成铁房〔2008〕232号	关于襄渝铁路增建二线建设拆迁安置房用地的批复
233	成铁劳卫〔2008〕233号	关于成立成都新客站建设指挥部和成都铁路集装箱中心站建设指挥部的通知
234	成铁建设〔2008〕234号	关于上报成都局建设工作标准化管理推进计划的报告
235	成铁建设〔2008〕235号	关于贵阳枢纽贵阳南编组站扩建及枢纽客车外绕线站后工程施工和监理招标资格预审结果的报告
236	成铁办〔2008〕236号	关于下发成都铁路局路外安全管理相关办法的通知
237	成铁机〔2008〕237号	关于发布《成都铁路局铁路交通事故应急救援管理细则》的通知
238	成铁计统〔2008〕238号	关于下达2008年铁路运输营销预算计划的通知

序号	文件编号	文 件 标 题
239	成铁企管〔2008〕239号	关于贵州省政府就我局在黔社会职能移交遗留问题复函的情况报告
240	成铁财〔2008〕240号	关于下达2007年铁路运输设备大修支出调整预算的通知
241	成铁计统〔2008〕241号	关于公布《成都铁路局计统部门运输安全服务保障制度》的通知
242	成铁财〔2008〕242号	关于调整2007年运输总支出预算的通知
243	成铁财〔2008〕243号	关于下达2008年财务预算的通知
244	成铁运〔2008〕244号	关于我局运输生产暨车种使用有关工作的请示
245	成铁运〔2008〕245号	关于减免2008年1月2月份挖潜提效考核有关指标扣款的请示
246	成铁客〔2008〕246号	关于参加2007年度全路客运站车评比排序的报告
247	成铁财〔2008〕247号	关于2008年财务结算有关问题的通知
248	成铁教〔2008〕248号	关于2007年度站段职工教育培训工作检查考核情况的通报
249	成铁财〔2008〕249号	关于多元经营集团公司申请内部调剂资金和银行借款的批复

序号	文件编号	文 件 标 题
250	成铁财〔2008〕250号	关于明确会计工作规范化目标深入推进会计工作规范化的通知
251	成铁财〔2008〕251号	关于加强全局财会队伍建设的实施意见
252	成铁计统〔2008〕252号	关于调整成都铁路局2008年部分基建大中型项目计划的请示
253	成铁总工〔2008〕253号	关于进一步完善公铁立交桥（涵）及公铁并行地段铁路安全防护设施的通知
254	成铁电〔2008〕254号	关于印发《成都铁路局轨道电路分路不良及电务从业人员劳动安全专项整治推进计划》的通知
255	成铁电〔2008〕255号	关于重新印发《成都铁路局营业线电务施工及安全管理补充规定》的通知
256	成铁电〔2008〕256号	关于重新修订《成都铁路局电务系统非正常情况下行车办法及应急措施》的通知
257	成铁计统〔2008〕257号	关于重庆客运段后勤生产基地用地平基土石方工程施工图设计文件的批复
258	成铁运〔2008〕258号	关于执行2008年第二阶段施工调整图的通知
259	成铁计统〔2008〕259号	关于发布《成都铁路局机车车辆、大型养路机械高价互换配件投资计划管理实施细则》的通知
260	成铁建设〔2008〕260号	关于报送成都铁路局临时用地复垦情况的报告

序号	文件编号	文件标题
261	成铁工〔2008〕261号	关于报送录入《铁路用道砟合格生产单位目录》的请示
262	成铁建设〔2008〕262号	关于开展建设系统安全隐患排查治理活动的通知
263	成铁建设〔2008〕263号	关于请求调整重庆集装箱中心站项目月度完成投资考核指标的请示
264	成铁财〔2008〕264号	关于《审计署成都特派办关于遂宁至重庆铁路工程建设项目的审计决定》执行情况的报告
265	成铁财〔2008〕265号	关于《审计署重庆特派办关于重庆至怀化铁路建设项目的审计决定》执行情况的报告
266	成铁计统〔2008〕266号	关于下达2008年环境保护指标计划的通知
267	成铁财〔2008〕267号	转发铁道部关于加强铁路局及其所属单位银行账户监管和进行成都铁路局资金归集试点的通知
268	成铁计统〔2008〕268号	关于下达成都铁路局2008年铁路运输设备更新改造计划（第二批临时）的通知
269	成铁教〔2008〕269号	关于公布首批成都铁路局委外培训机构的通知
270	成铁运〔2008〕270号	关于印发《2008年成都铁路局营业线施工安全专项整治推进计划》的通知
271	成铁运〔2008〕271号	关于下发成都铁路局2008年5月份施工计划的通知

序号	文件编号	文件标题
272	成铁运〔2008〕272号	关于公布2008年5月份全局运输生产经营计划的通知
273	成铁安〔2008〕273号	关于立即开展安全生产百日督查专项行动的紧急通知
274	成铁安〔2008〕274号	关于成昆线“3·31”铁路交通事故的批复
275	成铁监〔2008〕275号	关于给予刘远明行政记过处分的决定
276	成铁监〔2008〕276号	关于给予刘云开行政记过处分的决定
277	成铁监〔2008〕277号	关于给予蒋世辉行政记大过处分的决定
278	成铁公安〔2008〕278号	关于印发《成都铁路局加强反恐和安全防范工作方案》的通知
279	成铁计统〔2008〕279号	关于报送成都铁路局2008年保价运输设备投资补充项目的报告
280	成铁总工〔2008〕280号	关于黔桂线扩能改造工程（贵州段）半坡隧道申报Ⅰ类变更设计的报告
281	成铁总工〔2008〕281号	关于黔桂线扩能改造工程（贵州段）定水坝隧道审报Ⅰ类变更设计的报告
282	成铁总工〔2008〕282号	关于黔桂线扩能改造工程（贵州段）银洞坡隧道申报Ⅰ类变更设计的报告

序号	文件编号	文件标题
283	成铁财〔2008〕283号	关于加强2008年线路大修用砟管理的通知
284	成铁总工〔2008〕284号	转发铁道部《关于印发〈铁路局标准化管理暂行办法〉》的通知
285	成铁教〔2008〕285号	关于印发2008级复退军人中专专业学历教育实施性教学计划、大纲的通知
286	成铁教〔2008〕286号	关于下达《成都铁路局2008年职工学历教育招生（送培）计划》的通知
287	成铁建设〔2008〕287号	关于襄渝线安康至重庆段增建二线工程（成都局管段）部管物资招标结果的报告
288	成铁货〔2008〕288号	关于修订我局部分车站货运营业办理限制及起重能力的请示
289	成铁货〔2008〕289号	关于加快推进成都枢纽货运组织优化创新工作的意见
290	成铁建设〔2008〕290号	关于印发《成都铁路局推进铁路建设标准化管理工作实施纲要（试行）》的通知
291	成铁企管〔2008〕291号	转发《重庆西站、站党委关于加强对多经、装卸公司协调管理的有关规定》的通知
292	成铁总工〔2008〕292号	关于呈送《黄织线织金站房方案调整设计》的报告
293	成铁总工〔2008〕293号	关于呈送《改建铁路襄渝线安康至重庆段增建第二线工程执行新规范（标准）路基、桥涵、隧道设计说明》的报告
294	成铁财〔2008〕294号	关于局多元经营集团公司增加注册资金的批复
295	成铁办〔2008〕295号	关于重新颁布《成都铁路局汛期行车安全雨量警戒办法》的通知
296	成铁建设〔2008〕296号	关于转发《铁路有形建设市场交易规则》的通知
297	成铁计统〔2008〕297号	关于呈送成都铁路局成昆线牵引供电扩能改造项目建议书的报告
298	成铁计统〔2008〕298号	关于呈送成都铁路局沪昆线牵引供电扩能改造项目建议书的报告
299	成铁建设〔2008〕299号	关于开展2008年铁路建设工程项目执法监察工作的通知
300	成铁运〔2008〕300号	关于调整部分车流径路的请示
301	成铁财〔2008〕301号	关于请求解决全路列车运行图编制研发培训中心相关费用的请示
302	成铁财〔2008〕302号	关于开展铁路企业国有产权清查工作的通知
303	成铁安〔2008〕303号	转发铁道部关于开展安全大反思、大检查活动的通知
304	成铁企管〔2008〕304号	关于2007年度合同管理、法人授权、普法工作检查情况的通报

序号	文件编号	文 件 标 题
305	成铁建设〔2008〕305 号	关于公布成都铁路局基建大中型项目管理机构二〇〇八年一季度综合考核结果的通知
306	成铁建设〔2008〕306 号	关于上报 2008 年下半年铁路建设用钢轨需求计划的报告
307	成铁计统〔2008〕307 号	关于呈送《改建铁路襄渝增建二线工程施工图投资梳理情况》的报告
308	成铁客〔2008〕308 号	关于重新印发《成都铁路局客票发售和预订系统应急预案》的通知
309	成铁企管〔2008〕309 号	关于转发《四川省组织机构代码证管理办法》的通知
310	成铁运〔2008〕310 号	关于印发《“蓝箭”号动车组调车作业补充规定（试行）》的通知
311	成铁办〔2008〕311 号	关于印发《2008 年成都铁路局各干线防洪及地质灾害应急预案》的通知
312	成铁建设〔2008〕312 号	关于报送贵阳枢纽贵阳南编组站扩建及枢纽客车外绕线站后工程施工总承包和施工监理招标中标结果的报告
313	成铁财〔2008〕313 号	转发铁道部关于规范铁路运输企业资产出租管理的通知
314	成铁总工〔2008〕314 号	转发铁道部《关于监督抽查铁路用工业产品质量情况通报（2008 年第 1 号）》的通知
315	成铁总工〔2008〕315 号	转发铁道部《关于发布〈电气化铁路接触网预应力混凝土支柱 第 1 部分 横腹杆式支柱〉等 9 项铁道行业标准》的通知

序号	文件编号	文 件 标 题
316	成铁安〔2008〕316 号	转发四川省关于加强抗震救灾期间安全生产工作的通知
317	成铁运〔2008〕317 号	关于公布 2008 年 6 月份全局运输生产经营计划的通知
318	成铁计统〔2008〕318 号	关于永郎车站扩能改造工程施工图设计的批复
319	成铁计统〔2008〕319 号	关于自贡南车站货场扩能改造工程施工图设计的批复
320	成铁安〔2008〕320 号	转发国务院安委会办公室关于一季度安全生产隐患排查治理情况的通报
321	成铁运〔2008〕321 号	关于下发成都铁路局 2008 年 6 月份施工计划的通知
322	成铁运〔2008〕322 号	关于重新下发《成都铁路局车站行车工作细则编制规范》的通知
323	成铁财〔2008〕323 号	关于转发四川省关于加强抗震救灾资金物资监督管理的通知
324	成铁劳卫〔2008〕324 号	转发四川省“5·12”抗震救灾指挥部关于印发《强化地震灾区传染病防控重点工作方案》的通知
325	成铁货〔2008〕325 号	关于召开活动房屋接卸工作协调会议的请示
326	成铁办〔2008〕326 号	关于唐家山堰塞湖溃坝影响宝成铁路涪江大桥安全的情况报告

序号	文件编号	文件标题
327	成铁安〔2008〕327号	关于开展2008年"安全生产月"活动的通知
328	成铁劳卫〔2008〕328号	关于成都铁路局江油车务段段机关搬迁及更名的请示
329	成铁计统〔2008〕329号	关于请求部对路局收购工程单位焊轨设备进行投资的报告
330	成铁建设〔2008〕330号	关于报送对监理项目信用评价结果为丙级的监理单位处理情况的报告
331	成铁运〔2008〕331号	关于印发《成都铁路局车务站段专业管理细则》的通知
332	成铁教〔2008〕332号	关于公布《成都铁路局站段职工教育培训工作考核办法（修订稿）》的通知
333	成铁办〔2008〕333号	成都铁路局关于请求解决受灾职工家属过渡安置问题的请示
334	成铁房〔2008〕334号	成都铁路局关于请求解决受灾职工家属过渡安置问题的请示
335	成铁监〔2008〕335号	关于给予古钟亮行政记过处分的决定
336	成铁监〔2008〕336号	关于给予高峰行政记大过处分的决定
337	成铁监〔2008〕337号	关于给予何川行政记大过处分的决定
338	成铁监〔2008〕338号	关于给予曾健康行政记大过处分的决定
339	成铁监〔2008〕339号	关于给予冯杰行政记大过处分的决定
340	成铁监〔2008〕340号	关于给予蔡川行政记过处分的决定
341	成铁建设〔2008〕341号	关于新建重庆铁路集装箱中心站中铁快运和普通货物运输设施工程总承包及监理招标计划的请示
342	成铁建设〔2008〕342号	关于贵阳枢纽贵阳南编组站扩建及枢纽客车外绕线工程甲供物资招标计划的请示
343	成铁财〔2008〕343号	关于加强抗震救灾资金和物资管理的通知
344	成铁货〔2008〕344号	转发铁道部关于做好货车提速篷布管理工作的通知
345	成铁企管〔2008〕345号	转发铁道部关于公布规章及规范性文件清理结果的通知
346	成铁工〔2008〕346号	关于调整汛期行车安全警戒雨量值表的通知
347	成铁房〔2008〕347号	关于进一步做好全局铁路线路安全保护区违章建（构）筑物监察工作的通知
348	成铁办〔2008〕348号	关于请示部队运用冲锋舟协助拔出涪江漂浮物确保宝成铁路溢满大桥安全的紧急请示

序号	文件编号	文 件 标 题
349	成铁财〔2008〕349 号	关于进一步加强资金支付管理的通知
350	成铁计统〔2008〕350 号	关于印发《成都铁路局“5・12”汶川地震灾害评估和编制灾后重建规划工作大纲》的通知
351	成铁总工〔2008〕351 号	关于调整成都北编组站站场内通站公路管理单位的通知
352	成铁房〔2008〕352 号	关于转发《汶川地震受灾职工重建家园提取公积金》的通知
353	成铁计统〔2008〕353 号	关于贵阳枢纽（株六线增设第二线引入）公安综合楼、乘务员公寓及室外附属工程施工图设计批复
354	成铁工〔2008〕354 号	关于 5 月 12 日内六线 49082 次货物列车脱轨较大事故的调查处理报告
355	成铁武〔2008〕355 号	关于新建渝利铁路守护目标和守护方式的请示
356	成铁劳卫〔2008〕356 号	铁路局 局党委关于江油车务段段机关搬迁并更名的通知
357	成铁劳卫〔2008〕357 号	关于表彰 2007 年度十佳机车司机的决定
358	成铁运〔2008〕358 号	关于印发《成都铁路局施工日计划运行揭示调度命令施工调度命令管理实施细则》的通知
359	成铁财〔2008〕359 号	关于自然灾害对成都铁路局 2008 年生产经营影响情况的报告
360	成铁计统〔2008〕360 号	关于报送都江堰车站灾后重建工程项目建议书的报告
361	成铁货〔2008〕361 号	转发铁道部关于罐车重车重心限制高度及运行条件的通知
362	成铁货〔2008〕362 号	铁路局 驻局军代处关于开展成都铁路局军事运输安全生产专项整治工作的通知
363	成铁财〔2008〕363 号	转发铁道部关于下达国铁控股公司 2008 年利润预算的通知
364	成铁货〔2008〕364 号	关于加快我局成都东站救灾物资搬出的请示
365	成铁建设〔2008〕365 号	关于报送成都铁路集装箱中心站工程总承包和施工监理招标中标结果的报告
366	成铁建设〔2008〕366 号	关于加强基建大中型项目营业线施工计划安全管理的通知
367	成铁安〔2008〕367 号	关于成昆线“3・31”铁路交通事故的调查处理报告
368	成铁计统〔2008〕368 号	关于开展 2008 年全局统计执法情况大检查的通知
369	成铁离退〔2008〕369 号	关于调整我局在渝参保单位去世离休干部无工作配偶生活困难定期补助的通知
370	成铁总工〔2008〕370 号	关于印发《2008 年成都局信息工程建设项目验收工作推进计划》的通知

序号	文件编号	文 件 标 题
371	成铁建设〔2008〕371 号	转发铁道部重新修订后《铁路建设工程质量安全监督管理办法》的通知
372	成铁客〔2008〕372 号	关于做好 2008 年暑期旅客运输工作的通知
373	成铁办〔2008〕373 号	铁路局 局党委关于路局领导班子成员工作分工的通知
374	成铁人〔2008〕374 号	铁路局 局党委关于印发《成都铁路局干部五条禁令》的通知
375	成铁劳卫〔2008〕375 号	铁路局 局党委关于调整局机关部分处室定员编制及工作职能的通知
376	成铁运〔2008〕376 号	关于印发《成都铁路局车务系统行车规章管理办法》的通知
377	成铁房〔2008〕377 号	关于提高住房公积金汇缴比例和调整基数的通知
378	成铁计统〔2008〕378 号	关于切实抓好四川省铁路建设项目前期工作的通知
379	成铁总工〔2008〕379 号	关于在建铁路工程建设项目信号生产房屋设计核查清理情况的报告
380	成铁计统〔2008〕380 号	关于呈送改建铁路重庆至怀化线重庆北至涪陵段增建二线项目建议书的请示
381	成铁总工〔2008〕381 号	关于呈送贵阳枢纽贵阳南编组站扩建及枢纽客车外绕线工程贵阳南编组站综合视频监控系统及货检安全集中监控系统Ⅰ类变更设计及初审意见的报告

序号	文件编号	文 件 标 题
382	成铁总工〔2008〕382 号	转发铁道部关于印发《铁路技术规章制度管理办法》的通知
383	成铁建设〔2008〕383 号	关于明确襄渝二线替代道岔型号的请示
384	成铁物〔2008〕384 号	关于印发《成都铁路局物资设备采购招投标文件费管理办法》的通知
385	成铁劳卫〔2008〕385 号	关于成立成都市域铁路公司筹备组的通知
386	成铁劳卫〔2008〕386 号	关于成立成都货车外绕线建设指挥部的通知
387	成铁计统〔2008〕387 号	关于呈送新建成都至都江堰铁路项目建议书的请示
388	成铁房〔2008〕388 号	成都铁路局关于请求解决受灾职工家属住宅灾后重建问题的请示
389	成铁货〔2008〕389 号	转发铁道部关于公布翻卸车维检费机车出租费货场场地出租费三项货运杂费的通知
390	成铁总工〔2008〕390 号	关于黔桂线扩能改造工程牵引变压器概算按中标价进行Ⅰ类变更的请示
391	成铁财〔2008〕391 号	关于请求增加离休干部医疗费用预算的请示
392	成铁工〔2008〕392 号	关于呈送录入《铁路用道砟合格生产单位目录》及采石场更名的请示

序号	文件编号	文 件 标 题
393	成铁安〔2008〕393 号	关于加强防洪安全监督检查的通知
394	成铁电〔2008〕394 号	关于重新印发《成都铁路局信号微机监测系统标准及预报警逻辑实施细则》的通知
395	成铁财〔2008〕395 号	关于下达 2008 年货车修理支出预算的通知
396	成铁工〔2008〕396 号	关于重新公布 2008 年汛期防洪危险处所的通知
397	成铁工〔2008〕397 号	关于贯彻落实 6 月 20 日防洪专题会议精神的通知
398	成铁运〔2008〕398 号	关于公布 2008 年 7 月份全局运输生产经营计划的通知
399	成铁电〔2008〕399 号	关于规范 LKJ 设备维护及运用管理工作的通知
400	成铁劳卫〔2008〕400 号	关于印发《成都铁路局 2008 年北京奥运会铁路卫生保障工作方案》的通知
401	成铁武〔2008〕401 号	关于做好 2008 年度职工子女应征入伍推荐工作的通知
402	成铁企管〔2008〕402 号	关于原运输站段托管多元经营企业脱钩重组后及时办理工商变更登记的通知
403	成铁运〔2008〕403 号	关于下发成都铁路局 2008 年 7 月份施工计划的通知
404	成铁计统〔2008〕404 号	关于新建成都铁路集装箱中心站工程申请开工的请示
405	成铁安〔2008〕405 号	转发铁道部关于印发《新建铁路项目安全评估暂行办法》的通知
406	成铁客〔2008〕406 号	关于印发《成都铁路局客票安全系统使用管理办法（试行）》的通知
407	成铁办〔2008〕407 号	关于紧急协调解决都江堰火车站改扩建工程用地的请示
408	成铁总工〔2008〕408 号	关于印发《成都铁路局技术规章制度管理实施细则》的通知
409	成铁社保〔2008〕409 号	关于成都铁路局妥善处理 1998 年提前退休遗留问题的请示
410	成铁财〔2008〕410 号	关于印发《成都铁路局大中型建设项目建设资金管理实施办法》的通知
411	成铁财〔2008〕411 号	关于印发《成都铁路局大中型建设项目建设资金实时监控实施办法》的通知
412	成铁财〔2008〕412 号	关于印发《成都铁路局大中型建设项目工程价款结算实施办法》的通知
413	成铁财〔2008〕413 号	关于印发《成都铁路局大中型建设项目成本管理核算实施办法》的通知
414	成铁财〔2008〕414 号	关于印发《成都铁路局大中型建设项目竣工资产交付实施办法》的通知

序号	文件编号	文件标题
415	成铁财〔2008〕415号	转发财政部 国家安全监管总局关于印发《高危行业企业安全生产费用财务管理暂行办法》的通知
416	成铁计统〔2008〕416号	关于对西环线K6+350道口平改立工程设计的批复
417	成铁总工〔2008〕417号	关于请求审批六盘水车站改扩建工程可行性研究的请示
418	成铁总工〔2008〕418号	转发铁道部关于做好2008年暑期运输工作的通知
419	成铁建设〔2008〕419号	关于改建铁路贵昆线六盘水至沾益（成局管段）增建第二线站后工程施工和施工监理招标计划的请示
420	成铁建设〔2008〕420号	关于对在汶川“5·12”抗震救灾中做出突出贡献的施工企业质量信誉评价加分奖励的报告
421	成铁建设〔2008〕421号	关于新建铁路遂宁至重庆线申请工程竣工水土保持设施验收的请示
422	成铁电〔2008〕422号	关于开展铁通公司运输通信业务清理调查工作的通知
423	成铁房〔2008〕423号	关于加强地震灾后房屋建筑物加固设计和加固施工规范管理的通知
424	成铁计统〔2008〕424号	关于改建铁路六盘水至沾益段增建第二线工程（成都局管内）申请开工的请示
425	成铁总工〔2008〕425号	关于发布《列车运行图技术资料》的通知
426	成铁总工〔2008〕426号	关于呈送黔桂线扩能改造工程麻尾至龙里段无线列调系统Ⅰ类变更设计及其初审意见的报告
427	成铁总工〔2008〕427号	关于呈送达成线扩能改造工程信号微机监测Ⅰ类变更设计及其初审意见的报告
428	成铁计统〔2008〕428号	关于呈报成都铁路局《“5·12”汶川特大地震灾后铁路重建规划》的报告
429	成铁办〔2008〕429号	关于成都铁路局在渝修建经济适用房的请示
430	成铁计统〔2008〕430号	关于报送成都铁路局抗震灾后重建项目计划建议（第一批）的请示
431	成铁计统〔2008〕431号	关于报送广汉至岳家山线汶川地震灾后复建预可行性研究的请示
432	成铁总工〔2008〕432号	关于株六增建第二线台账管理项目有关问题的报告
433	成铁计统〔2008〕433号	关于成都铁路局黔桂铁路扩能改造项目今年不销号的请示
434	成铁建设〔2008〕434号	关于报送2008年上半年度铁路施工企业质量信誉评价结果的报告
435	成铁监〔2008〕435号	关于给予王亚东行政记过处分的决定
436	成铁监〔2008〕436号	关于给予刘国宣行政记过处分的决定

序号	文件编号	文件标题
437	成铁监〔2008〕437 号	关于给予王宏宇行政记过处分的决定
438	成铁监〔2008〕438 号	关于给予卫咏行政记大过处分的决定
439	成铁监〔2008〕439 号	关于给予李庆平行政警告处分的决定
440	成铁监〔2008〕440 号	关于给予王志立行政警告处分的决定
441	成铁监〔2008〕441 号	关于给予李跃成行政记过处分的决定
442	成铁监〔2008〕442 号	关于给予慕泽君行政警告处分的决定
443	成铁劳卫〔2008〕443 号	铁路局 局党委关于运输站段生产力布局调整的通知
444	成铁企管〔2008〕444 号	关于达成铁路有限责任公司运输生产实行委托管理的通知
445	成铁财〔2008〕445 号	关于达成铁路扩能改造工程达成公司段申请使用建设银行固定资产贷款的请示
446	成铁财〔2008〕446 号	关于加强生产力布局调整过程中财务管理的通知
447	成铁建设〔2008〕447 号	关于报送 2008 年上半年建设项目勘察设计施工图考核结果的报告

序号	文件编号	文件标题
448	成铁建设〔2008〕448 号	关于重新上报对在汶川“5・12”特大地震抗震救灾中做出突出贡献的施工企业质量信誉评价加分奖励的报告
449	成铁计统〔2008〕449 号	关于利用渝怀铁路建设项目剩余资金解决危及行车安全相关项目的报告
450	成铁计统〔2008〕450 号	关于利用遂渝铁路建设项目剩余资金解决危及遂渝线行车安全相关项目的报告
451	成铁劳卫〔2008〕451 号	关于达成铁路有限责任公司运输生产委托管理后劳动人事管理有关规定（试行）的通知
452	成铁财〔2008〕452 号	关于达成铁路有限责任公司运输生产委托管理后财务管理有关规定（试行）的通知
453	成铁收入〔2008〕453 号	关于达成铁路有限责任公司运输生产委托管理后运输收入管理有关规定的通知
454	成铁社保〔2008〕454 号	关于达成铁路有限责任公司运输生产委托管理后社会保险管理相关规定的通知
455	成铁辆〔2008〕455 号	转发铁道部运输局关于印发《动车组无动力回送作业办法》的通知
456	成铁计统〔2008〕456 号	关于对内昆线新建电力远动监控系统工程施工设计概算的批复
457	成铁监〔2008〕457 号	关于抗震救灾资金物资管理使用监督检查情况的报告
458	成铁房〔2008〕458 号	关于成都铁路局在蓉修建经济适用住房的请示

序号	文件编号	文件标题
459	成铁办〔2008〕459号	关于印发《成都铁路局跨线工程管理办法》的通知
460	成铁财〔2008〕460号	关于多元经营集团公司申请融资及担保事项的批复
461	成铁劳卫〔2008〕461号	关于下达2008年职工工资总额计划的通知
462	成铁财〔2008〕462号	关于结合地震复旧调整运输设备大修支出预算的通知
463	成铁计统〔2008〕463号	关于达成铁路有限责任公司运输生产委托管理后计划统计管理有关规定（试行）的通知
464	成铁建设〔2008〕464号	关于转发《招标投标违法行为记录公告暂行办法》的通知
465	成铁机〔2008〕465号	关于公布《成都铁路局机车部件无损探伤管理细则（试行）》的通知
466	成铁总工〔2008〕466号	关于呈送新建黄桶至织金线织金车站战略装车点Ⅰ类变更设计及其初审意见的报告
467	成铁计统〔2008〕467号	关于转发《四川省人民政府批转省发展改革委等部门关于节能减排统计监测及考核办法的通知》的通知
468	成铁计统〔2008〕468号	关于对《达州车站关于急需解决襄渝二线建设配套设施设备的请示》的批复
469	成铁运〔2008〕469号	铁路局 驻局军代处关于做好部队回撤铁路运输工作的通知
470	成铁财〔2008〕470号	关于下达“5·12”地震紧急复旧专项预算的通知
471	成铁计统〔2008〕471号	关于四川省铁路集团有限责任公司拟用达成铁路有限责任公司股权作质押贷款的请示
472	成铁企管〔2008〕472号	铁路局 局党委关于撤销成都铁路道砟有限责任公司的通知
473	成铁公安〔2008〕473号	关于认真贯彻落实铁道部“7·16”和路局“7·18”电视电话会议精神全面加强奥运反恐工作的紧急通知
474	成铁财〔2008〕474号	关于调整工电中修及间管费预算的通知
475	成铁总工〔2008〕475号	关于利用遂渝铁路建设项目剩余资金解决危及遂渝线行车安全相关项目的报告
476	成铁总工〔2008〕476号	关于利用渝怀铁路建设项目剩余资金解决危及渝怀线行车安全相关项目的报告
477	成铁劳卫〔2008〕477号	关于调整局信息技术所机构定员编制的通知
478	成铁武〔2008〕478号	关于襄渝指挥部建议取消渝怀铁路杨家湾和张家湾特大桥守护点报告的批复
479	成铁总工〔2008〕479号	关于发布《成都铁路局LKJ数据管理办法（暂行）》的通知
480	成铁工〔2008〕480号	关于生产力布局微调后防洪工作补充通知

序号	文件编号	文件标题
481	成铁财〔2008〕481号	关于成都西南酒店管理公司整体转让重庆海螺宾馆有限公司股权的请示
482	成铁电〔2008〕482号	关于计轴设备安装音频隔离变压器进行上道试验的通知
483	成铁电〔2008〕483号	关于发布《单线计轴自动闭塞区段越站调车中途折返后计轴复零办法》的通知
484	成铁劳卫〔2008〕484号	关于公布达成铁路公司车站等级的通知
485	成铁劳卫〔2008〕485号	关于调整局行政机关限额内、附属机构定员编制及工作职能的通知
486	成铁劳卫〔2008〕486号	关于设立局机关服务所的通知
487	成铁安〔2008〕487号	关于公布《成都铁路局干部下现场检查量化制度（暂行）》的通知
488	成铁劳卫〔2008〕488号	关于公布《成都铁路局干部安全生产责任制考核办法（暂行）》的通知
489	成铁计统〔2008〕489号	关于呈送四川省“5·12”汶川地震灾后铁路恢复重建规划的报告
490	成铁计统〔2008〕490号	关于发布《成都铁路局更新改造工程设计概（预）算编制办法实施细则》的通知
491	成铁劳卫〔2008〕491号	关于公布《成都铁路局运输站段安全质量专项奖励考核办法（暂行）》的通知
492	成铁人〔2008〕492号	铁路局 局党委关于公开招聘路局中层管理人员的通知
493	成铁劳卫〔2008〕493号	关于公布《成都铁路局安全奖惩办法（暂行）》的通知
494	成铁办〔2008〕494号	关于印发安路生局长在全局经营工作会议上讲话的通知
495	成铁工〔2008〕495号	关于6月8日达成线40074次货物列车脱轨较大事故的调查处理报告
496	成铁企管〔2008〕496号	关于进一步加强全局道砟质量管理和供应的通知
497	成铁电〔2008〕497号	关于转发铁道部关于铁路信号设备雷电及电磁兼容综合防护相关规定的通知
498	成铁安〔2008〕498号	关于公布《成都铁路局行车设备动态综合检查管理办法》的通知
499	成铁工〔2008〕499号	关于发布《成都铁路局大型养路机械使用管理补充规则》的通知
500	成铁教〔2008〕500号	关于评选推荐职工教育先进单位、先进个人和优秀专（兼）职教师的通知
501	成铁机〔2008〕501号	关于重新印发《成都铁路局登乘动车组司机室管理办法》的通知
502	成铁计统〔2008〕502号	关于进一步挖潜提效确保全局增运补欠目标实现的通知

序号	文件编号	文件标题
503	成铁财〔2008〕503号	关于进一步强化管理 努力节支降耗 全面完成年度预算目标的通知
504	成铁工〔2008〕504号	关于申请地震灾害复旧及维修用新钢轨的请示
505	成铁总工〔2008〕505号	关于加强铁路专用线建设的车站到发线等行车设备管理的通知
506	成铁总工〔2008〕506号	关于修改《行规》部分条文的通知
507	成铁总工〔2008〕507号	转发铁道部《关于公布〈机车用闸瓦制造特许证实施细则〉等五项产品特许证实施细则》的通知
508	成铁运〔2008〕508号	关于下发成都铁路局2008年8月份施工计划的通知
509	成铁运〔2008〕509号	关于公布2008年8月份全局运输生产经营计划的通知
510	成铁劳卫〔2008〕510号	关于公布《成都铁路局先进会计工作者评选表彰办法》的通知
511	成铁建设〔2008〕511号	关于承诺缴纳遂渝铁路二线耕地开垦费的报告
512	成铁总工〔2008〕512号	关于宝成、沪昆线关闭车站施工安排和相关要求的通知
513	成铁货〔2008〕513号	关于印发《提高成都枢纽及成昆线（成燕段）卸车效率并为全局提供可复制“点、线无缝卸车”模式的工作实施方案和推进计划》的通知

序号	文件编号	文件标题
514	成铁客〔2008〕514号	转发铁道部关于发布动车组列车旅客运输管理暂行办法的通知
515	成铁计统〔2008〕515号	关于呈送都江堰车站灾后重建工程可行性研究的报告
516	成铁货〔2008〕516号	转发铁道部关于发布铁路集装箱运输管理暂行规定的通知
517	成铁货〔2008〕517号	转发铁道部关于公布集装箱运输文电清理结果的通知
518	成铁货〔2008〕518号	转发铁道部关于公布铁路鲜活货物运输有效规章文电的通知
519	成铁总工〔2008〕519号	关于成都东至成都南间停用站间数传设备的批复
520	成铁辆〔2008〕520号	转发铁道部运输局关于印发《旅客列车高站台技检作业规定》的通知
521	成铁劳卫〔2008〕521号	关于调整部分运输站段管理人员定员的通知
522	成铁劳卫〔2008〕522号	关于下达部分运输站段受托管理行政管理人员定员的通知
523	成铁辆〔2008〕523号	转发铁道部运输局关于明确铁道车辆电力干线绝缘电阻值标准的通知
524	成铁货〔2008〕524号	关于明确线路大修施工固定机车使用的通知

序号	文件编号	文件标题
525	成铁货〔2008〕525 号	关于印发《成都铁路局集装箱运输管理实施细则（试行）》的通知
526	成铁计统〔2008〕526 号	关于印发《成都铁路局战略装车点建设规划管理办法（试行）》的通知
527	成铁计统〔2008〕527 号	关于开展第二次全局经济普查工作的通知
528	成铁总工〔2008〕528 号	转发铁道部《关于监督抽查铁路用工业产品质量情况通报（2008 年第 2 号）》的通知
529	成铁总工〔2008〕529 号	关于呈送《新建铁路重庆至利川线初步设计文件》有关意见的报告
530	成铁计统〔2008〕530 号	关于呈送新建成都枢纽成昆铁路货车外绕线工程 可行性研究报告的请示
531	成铁劳卫〔2008〕531 号	关于公布《成都铁路局运输企业工资总额与经济效益挂钩实施办法》的通知
532	成铁劳卫〔2008〕532 号	关于组织参加第二届全国铁道行业职业技能大赛和举行路局预赛的通知
533	成铁运〔2008〕533 号	关于调整成都局管内部分列车运行图的请示
534	成铁建设〔2008〕534 号	关于发布《成都铁路局基本建设大中型项目既有线施工收费的若干规定（试行）》的通知
535	成铁计统〔2008〕535 号	关于下达 2008 年铁路运输设备更新改造临时计划（第三批）的通知
536	成铁计统〔2008〕536 号	关于报送宝成线德阳车站灾后重建工程项目建议书的报告
537	成铁计统〔2008〕537 号	关于报送宝成线绵阳车站灾后重建工程项目建议书的报告
538	成铁计统〔2008〕538 号	关于报送宝成线江油车站灾后重建工程项目建议书的报告
539	成铁计统〔2008〕539 号	关于报送宝成线广元车站灾后重建工程项目建议书的报告
540	成铁总工〔2008〕540 号	关于公布《成都铁路局汛期安全行车办法》的通知
541	成铁计统〔2008〕541 号	关于呈送成都车站站台和雨棚改造项目建议书的报告
542	成铁财〔2008〕542 号	转发铁道部财务司《关于太中银铁路公司借用银行账户问题的通报》及布置账户清理工作的通知
543	成铁机〔2008〕543 号	关于撤销南充救援列车的通知
544	成铁安〔2008〕544 号	关于公布《成都铁路局运输站段标准化安全科建设实施办法》的通知
545	成铁社保〔2008〕545 号	关于公布《成都铁路局在渝参保单位失业保险管理办法》的通知
546	成铁机〔2008〕546 号	关于发布《成都铁路局机车探伤作业范围》的通知

序号	文件编号	文件标题
547	成铁计统〔2008〕547 号	关于申请下达成都铁路局 2008 年铁路运输设备更新改造部管项目投资计划的请示
548	成铁总工〔2008〕548 号	关于呈送贵阳枢纽龙里铺架基地Ⅰ类变更设计及其初审意见的报告
549	成铁货〔2008〕549 号	转发铁道部关于修订《铁路货物装载加固规则》条款和废止有关敞车装载木材的补充规定等文电的通知
550	成铁公安〔2008〕550 号	关于印发《成都铁路局查危职工管理考核办法（试行）》的通知
551	成铁计统〔2008〕551 号	关于下达 2008 年重庆九龙坡铁路经济适用住房计划的通知
552	成铁货〔2008〕552 号	关于印发《成都铁路局电气化区段绝缘软盖板使用管理办法（暂行）》的通知
553	成铁社保〔2008〕553 号	关于公布《成都铁路局在川参保单位失业保险管理办法》的通知
554	成铁货〔2008〕554 号	关于减免部分到达广元南站活动板房集装箱暂存费和集装箱延期使用费的请示
555	成铁计统〔2008〕555 号	关于下达 2008 年机车车辆高价互换配件购置计划（第一批）的通知
556	成铁货〔2008〕556 号	转发铁道部关于调整集装箱使用费和货车篷布使用费的通知
557	成铁房〔2008〕557 号	关于成都铁路西货场土地确权工作有关事项的批复

序号	文件编号	文件标题
558	成铁辆〔2008〕558 号	关于“蓝箭”号动车组进行重联改造的请示
559	成铁财〔2008〕559 号	关于黔桂线扩能改造拆除报废资产的请示
560	成铁运〔2008〕560 号	关于印发《成都铁路局战略装车点运用管理办法（试行）》的通知
561	成铁辆〔2008〕561 号	关于实施客车检修和运用质量加强措施的通知
562	成铁劳卫〔2008〕562 号	关于理顺路局驻京办事处机构的通知
563	成铁辆〔2008〕563 号	关于增加空调客车的请示
564	成铁劳卫〔2008〕564 号	关于成立成都铁路局住房建设指挥部的通知
565	成铁企管〔2008〕565 号	关于公布 2007 年度局属单位综合业绩考核结果的通知
566	成铁客〔2008〕566 号	关于重庆—遵义 7429/7430 次列车取消赶水北站办理客运业务的通知
567	成铁建设〔2008〕567 号	关于新建成都枢纽成昆铁路货车外绕线建设项目用地预审的请示
568	成铁建设〔2008〕568 号	关于承诺新建成都枢纽成昆铁路货车外绕线项目占用耕地补充措施的报告

序号	文件编号	文件标题
569	成铁计统〔2008〕569 号	关于印发《成都铁路局汽车定编管理实施细则（暂行）》的通知
570	成铁安〔2008〕570 号	关于公布《成都铁路局安全监察管理办法》的通知
571	成铁机〔2008〕571 号	关于发布《韶山$_{3B}$型固定重联电力机车中修范围》和《韶山$_{7C}$型电力机车中修范围》的通知
572	成铁财〔2008〕572 号	关于开展债权债务清理工作的通知
573	成铁财〔2008〕573 号	关于对肖三巷等三项资产权属界定的批复
574	成铁机〔2008〕574 号	关于黔桂新线增配机车的请示
575	成铁工〔2008〕575 号	关于公布《成都铁路局斜坡柔性安全防护系统管理办法（暂行）》的通知
576	成铁工〔2008〕576 号	关于公布《成都铁路局现场钢轨气压焊、铝热焊接及焊缝超声波探伤作业标准（试行）》的通知
577	成铁总工〔2008〕577 号	关于呈送六沾增建二线工程（成都局管内）计算机联锁Ⅰ类变更设计及其意见的报告
578	成铁总工〔2008〕578 号	关于呈送六沾增建二线工程（成都局管内）信号微机监测Ⅰ类变更设计及其意见的报告
579	成铁计统〔2008〕579 号	关于都江堰全路列车运行图编制研发培训中心震灾情况及恢复重建工作的请示
580	成铁收入〔2008〕580 号	关于印发《成都铁路局旅客列车现金票据交接管理办法》的通知
581	成铁计统〔2008〕581 号	转发铁道部《关于开工建设改建铁路六盘水至沾益段增建二线控制工程的批复》的通知
582	成铁劳卫〔2008〕582 号	关于重新公布局行政机关附属机构定员编制的通知
583	成铁财〔2008〕583 号	关于开展以“十不准”、“十个明白”为主要内容的经营管理知识学习培训活动的通知
584	成铁武〔2008〕584 号	关于铁路战备储备物资核查情况的报告
585	成铁社保〔2008〕585 号	关于开放全局定点医疗机构的通知
586	成铁电〔2008〕586 号	关于公布《成都铁路局信号工程专业技术管理办法》的通知
587	成铁建设〔2008〕587 号	关于报送改建铁路贵昆线六盘水至沾益（成都局管段）增建第二线工程站后工程施工和施工监理招标资格预审评审结果的报告
588	成铁建设〔2008〕588 号	关于报送新建重庆铁路集装箱中心站中铁快运和普通货物运输设施工程总承包及施工监理招标中标结果的报告
589	成铁辆〔2008〕589 号	转发铁道部关于重新印发《动车组专业管理规定》的通知
590	成铁总工〔2008〕590 号	关于公布《花坡站关闭后的行车组织办法》的通知

序号	文件编号	文件标题
591	成铁运〔2008〕591 号	关于公布 2008 年 9 月份全局运输生产经营计划的通知
592	成铁运〔2008〕592 号	关于下发成都铁路局 2008 年 9 月份施工计划的通知
593	成铁财〔2008〕593 号	关于编制 2009 年经营预算建议的通知
594	成铁机〔2008〕594 号	关于印发《成都铁路局机车热力技术管理实施细则（暂行）》的通知
595	成铁财〔2008〕595 号	关于转发铁道部《铁路工程项目利用铁路既有线拆除资产管理暂行办法》的通知
596	成铁财〔2008〕596 号	关于转发铁道部《合资铁路项目资本金管理暂行办法》的通知
597	成铁路风〔2008〕597 号	关于印发《成都铁路局禁止利用旅客列车违规贩运和私带货物的规定》的通知
598	成铁安〔2008〕598 号	关于呈报《成都局安全大反思大检查活动总结》的报告
599	成铁企管〔2008〕599 号	关于明确达成铁路有限责任公司多元经营有关问题的通知
600	成铁机〔2008〕600 号	关于发布《接触网检修工艺》的通知
601	成铁机〔2008〕601 号	关于印发《接触网安全工作规程实施细则》和《接触网运行检修规程实施细则》的通知
602	成铁总工〔2008〕602 号	关于公布《成都铁路局第三阶段施工调整运行图》的通知
603	成铁机〔2008〕603 号	关于印发《成都铁路局机务燃整和化验管理办法（暂行）》的通知
604	成铁教〔2008〕604 号	关于印发《成都铁路局新接收复员退伍军人专业学历教育实施办法》的通知
605	成铁计统〔2008〕605 号	关于下达成都铁路局 2008 年铁路运输设备更新改造调整计划的通知
606	成铁企管〔2008〕606 号	关于再次请求接收成都铁路局在黔社会职能单位离退休人员的报告
607	成铁运〔2008〕607 号	关于加强运输组织工作的指导意见
608	成铁工〔2008〕608 号	关于借用长钢轨运输列车的请示
609	成铁总工〔2008〕609 号	关于贵阳枢纽改造工程谷立站下行进站信号机临时改移的批复
610	成铁运〔2008〕610 号	关于列尾点移交后水红线旅客列车作业有关事项的通知
611	成铁计统〔2008〕611 号	关于报送 2008 年成都铁路局客车、大型养路机械高价互换配件计划建议（第二批）的请示
612	成铁计统〔2008〕612 号	关于成都铁路局都江堰车站灾后重建工程加速实施的请示

序号	文件编号	文件标题
613	成铁教〔2008〕613号	关于命名和表彰职工教育先进单位、先进个人及优秀专（兼）职教师的决定
614	成铁计统〔2008〕614号	关于第一次调整2008年基本建设计划的通知
615	成铁计统〔2008〕615号	关于印发《成都铁路局客票发展金更新改造计划管理办法（试行）》的通知
616	成铁建设〔2008〕616号	关于对龙里站站改临时停用龙里军专线方案的批复
617	成铁办〔2008〕617号	铁路局　驻局军代处关于表彰抗震救灾铁路军事运输先进集体和先进个人的通报
618	成铁机〔2008〕618号	关于印发《牵引变电所安全工作规程和牵引变电所运行检修规程实施细则》的通知
619	成铁工〔2008〕619号	转发国土资源部铁道部关于加强铁路沿线地质灾害防范工作的通知
620	成铁计统〔2008〕620号	转发铁道部《关于贵阳枢纽征地拆迁补助费用的批复》的通知
621	成铁监〔2008〕621号	关于给予鲁勇行政记过处分的决定
622	成铁监〔2008〕622号	关于给予王立超行政记过处分的决定
623	成铁监〔2008〕623号	关于给予游若晖行政记过处分的决定

序号	文件编号	文件标题
624	成铁监〔2008〕624号	关于给予张扬行政记大过处分的决定
625	成铁监〔2008〕625号	关于给予黄代勇行政警告处分的决定
626	成铁物〔2008〕626号	关于印发《成都铁路局物资设备招投标采购中标推荐公示制实施办法》的通知
627	成铁计统〔2008〕627号	关于印发《成都铁路局保价运输设备更新改造计划管理办法（试行）》的通知
628	成铁劳卫〔2008〕628号	关于电务段成立车载设备车间的通知
629	成铁货〔2008〕629号	转发铁道部运输局保价及货运事故处理系统运用维护办法的通知
630	成铁劳卫〔2008〕630号	关于优化调整机务系统站段机构设置的通知
631	成铁计统〔2008〕631号	关于2008年全局统计执法大检查情况通报
632	成铁计统〔2008〕632号	关于报送成都铁路局“5·12”地震灾后重建应急项目计划建议的请示
633	成铁货〔2008〕633号	关于上调我局货物装卸作业费率标准的请示
634	成铁总工〔2008〕634号	关于发布《标准化管理实施细则》企业标准的通知

序号	文件编号	文件标题
635	成铁计统〔2008〕635号	关于下达2008年成都铁路局郫县安靖经济适用住房计划的通知
636	成铁电〔2008〕636号	关于重新公布成都铁路局《信号联锁管理办法》的通知
637	成铁财〔2008〕637号	关于请求安排水害复旧资金的请示
638	成铁劳卫〔2008〕638号	关于公布《成都铁路局行车主要工种管理办法（试行）》的通知
639	成铁公安〔2008〕639号	转发铁道部铁路旅客运输安全检查管理办法的通知
640	成铁劳卫〔2008〕640号	铁路局　局党委　局工会　局团委关于评选全局抗震救灾先进集体和先进个人的通知
641	成铁计统〔2008〕641号	关于印发贵阳枢纽扩能改造工程路内生产和生产性生活房屋拆迁有关问题会议纪要的通知
642	成铁计统〔2008〕642号	转发铁道部《关于严格执行建设项目环境保护三同时制度的通知》的通知
643	成铁房〔2008〕643号	关于成都铁路局在贵阳修建职工经济适用房的请示
644	成铁辆〔2008〕644号	转发铁道部运输局关于重新印发《动车组有动力回送办法》的通知
645	成铁企管〔2008〕645号	铁路局 局党委关于对全局物资采购供应单位实施分离重组的通知
646	成铁企管〔2008〕646号	铁路局 局党委关于生活企业重组和规范行车公寓管理的通知
647	成铁辆〔2008〕647号	关于公布《成都铁路局铁路货车TPDS集中监控管理办法（暂行）》的通知
648	成铁劳卫〔2008〕648号	铁路局 局党委关于撤销都匀工务段并调整工务生产力布局的通知
649	成铁劳卫〔2008〕649号	关于设立成都铁路局企业年金理事会办公室的通知
650	成铁计统〔2008〕650号	关于下达2008年路局基本建设项目勘测设计工作调整计划的通知
651	成铁收入〔2008〕651号	关于调整2008年站段运输收入预算的通知
652	成铁劳卫〔2008〕652号	转发国务院、中央军委关于2006年度及以后计划分配军队转业干部工资待遇确定办法的通知
653	成铁计统〔2008〕653号	关于贵阳铁路枢纽建设相关问题的请示
654	成铁计统〔2008〕654号	关于成都枢纽配套设施建设相关问题的请示
655	成铁运〔2008〕655号	关于公布2008年10月份全局运输生产经营计划的通知
656	成铁企管〔2008〕656号	铁路局 局党委关于全面促进多元经营又好又快发展的决定

序号	文件编号	文件标题
657	成铁运〔2008〕657 号	关于下发成都铁路局 2008 年 10 月份施工计划的通知
658	成铁房〔2008〕658 号	关于撤销青白江等十二个局管行车公寓的通知
659	成铁计统〔2008〕659 号	关于呈送宝成线江油车站站房灾后重建工程可行性研究的请示
660	成铁计统〔2008〕660 号	关于呈送宝成线德阳车站站房灾后重建工程可行性研究的请示
661	成铁计统〔2008〕661 号	关于呈送宝成线绵阳车站站房灾后重建工程可行性研究的请示
662	成铁计统〔2008〕662 号	关于呈送宝成线广元车站站房灾后重建工程可行性研究的请示
663	成铁人〔2008〕663 号	关于印发《成都铁路局普通高校毕业生培养平台管理办法（试行）》的通知
664	成铁运〔2008〕664 号	关于对四川省宜宾华能燃建有限责任公司铁路专用线封锁有关事宜的批复
665	成铁人〔2008〕665 号	铁路局 局党委关于印发《成都铁路局中层以下管理和专业技术人员实施岗位管理的暂行办法》的通知
666	成铁劳卫〔2008〕666 号	铁路局 局党委关于撤销成都铁路办事处和调整重庆、贵阳铁路办事处机构编制的通知
667	成铁货〔2008〕667 号	转发铁道部关于调整货物暂存费的通知
668	成铁客〔2008〕668 号	转发铁道部关于印发全路异地票管理办法的通知
669	成铁物〔2008〕669 号	关于印发《成都铁路局运营物资设备采购管理办法》的通知
670	成铁辆〔2008〕670 号	转发铁道部关于印发《铁路客车故障调查处理实施办法》的通知
671	成铁劳卫〔2008〕671 号	关于公布《成都铁路局安全优质站（段）评比办法》的通知
672	成铁监〔2008〕672 号	关于给予冯杰行政记大过处分的决定
673	成铁监〔2008〕673 号	关于给予黎建洲行政记过处分的决定
674	成铁监〔2008〕674 号	关于给予李浩行政记过处分的决定
675	成铁监〔2008〕675 号	关于给予林优芹行政记过处分的决定
676	成铁监〔2008〕676 号	关于给予游智行政记过处分的决定
677	成铁监〔2008〕677 号	关于给予谢旭行政警告处分的决定
678	成铁建设〔2008〕678 号	关于印发《铁道工程成都交易中心市场交易规则》的通知

序号	文件编号	文件标题
679	成铁物〔2008〕679 号	关于印发《成都铁路局更新改造、大修项目局管物资设备集中招标采购实施细则》的通知
680	成铁财〔2008〕680 号	关于成都铁路局 2009 年预算建议的报告
681	成铁物〔2008〕681 号	关于印发《成都铁路局运营物资集采专供目录》的通知
682	成铁总工〔2008〕682 号	关于下达成汶支线车站“建管结合、一次达标”整治实施方案的通知
683	成铁办〔2008〕683 号	关于印发《成都铁路局信访工作考核办法（试行）》的通知
684	成铁辆〔2008〕684 号	转发铁道部运输局关于印发《206G 和 209T 转向架运行品质研讨会议纪要》的通知
685	成铁计统〔2008〕685 号	关于申请 SS_3 型机车固定重联改造的请示
686	成铁社保〔2008〕686 号	关于明确达成公司职工参加路局医疗保险的通知
687	成铁总工〔2008〕687 号	关于修改《行规》第 11 条部分内容的通知
688	成铁劳卫〔2008〕688 号	铁路局　局党委关于调整我局各铁路公安处机构编制的通知
689	成铁企管〔2008〕689 号	关于达成铁路有限责任公司运输生产委托管理后法律事务管理的通知

序号	文件编号	文件标题
690	成铁企管〔2008〕690 号	关于公布《成都铁路局经营业绩考核办法》的通知
691	成铁计统〔2008〕691 号	关于全路编图研发中心震灾情况及恢复重建工作的请示
692	成铁总工〔2008〕692 号	关于渝怀线增设缓开站工程官庄站施工设计的批复
693	成铁电〔2008〕693 号	关于公布《电务系统技术规章制度管理细则》的通知
694	成铁计统〔2008〕694 号	关于下达 2008 年成都铁路局都江堰车站灾后重建职工住宅自筹资金计划的通知
695	成铁总工〔2008〕695 号	关于麻尾（老）—朱石寨（新）拨接后调整黔桂线等列车运行时刻的通知
696	成铁劳卫〔2008〕696 号	关于成兰铁路公司筹备组主要领导配备的请示
697	成铁货〔2008〕697 号	关于推荐铁道部认定的铁路货物装载加固技术检测机构的请示
698	成铁物〔2008〕698 号	关于印发《成都铁路局局管运营维修物资采购实施细则（试行）》的通知
699	成铁物〔2008〕699 号	关于印发《成都铁路局集中采购物资配送管理办法（试行）》的通知
700	成铁物〔2008〕700 号	关于印发《成都铁路局局管运营维修物资清算实施细则（试行）》的通知

序号	文件编号	文件标题
701	成铁办〔2008〕701 号	铁路局 驻局军代处关于对车站军运条件进行战备勘察调研的通知
702	成铁机〔2008〕702 号	关于成都铁路局 2009 年增配机车的请示
703	成铁劳卫〔2008〕703 号	关于撤销我局成都铁路办事处的报告
704	成铁办〔2008〕704 号	关于做好铁路军运设施战备专项建设的通知
705	成铁财〔2008〕705 号	关于下达“5·12”地震紧急复旧第二批专项预算的通知
706	成铁劳卫〔2008〕706 号	关于下达 2008 年各单位人数控制计划的通知
707	成铁总工〔2008〕707 号	关于修改《行规》第 102 条部分内容的通知
708	成铁劳卫〔2008〕708 号	铁路局 局党委 局工会 局团委关于表彰全局抗震救灾先进集体和先进个人的决定
709	成铁运〔2008〕709 号	关于成都局近期货源情况的报告
710	成铁财〔2008〕710 号	关于下达“5·12”地震第一批住宅复旧预算的通知
711	成铁总工〔2008〕711 号	关于下发宝成线安全标准线建设站容站貌整治工作安排的通知
712	成铁房〔2008〕712 号	关于做好“5·12”地震住宅房屋复旧工作的通知
713	成铁办〔2008〕713 号	关于调整成都铁路局军交运输工作管理委员会组成人员的通知
714	成铁总工〔2008〕714 号	转发铁道部《关于监督抽查铁路用工业产品质量情况的通报（2008 年第 3 号）》的通知
715	成铁总工〔2008〕715 号	关于下发宝成线安全标准线建设标准的通知
716	成铁劳卫〔2008〕716 号	关于推进运输站段劳动组织整合的指导意见
717	成铁客〔2008〕717 号	关于 2009 年春运直通临客开行方案的请示
718	成铁计统〔2008〕718 号	关于下达成都铁路局 2008 年铁路运输设备更新改造计划（第五批）的通知
719	成铁总工〔2008〕719 号	转发铁道部《关于发布〈铁路液压捣固机和液压道岔捣固机通用技术条件〉等 21 项铁道行业标准和计量检定规程》的通知
720	成铁货〔2008〕720 号	关于明确我局电气化区段绝缘软盖板使用管理有关事项的通知
721	成铁运〔2008〕721 号	关于下发成都铁路局 2008 年 11 月份施工计划的通知
722	成铁货〔2008〕722 号	关于整零运输有关工作的请示

序号	文件编号	文件标题
723	成铁货〔2008〕723号	关于印发《挖掘机敞车卸车作业操作规程（暂行）》的通知
724	成铁建设〔2008〕724号	关于补充报送新建成都枢纽成昆铁路货车外绕线项目占用耕地补充措施的报告
725	成铁总工〔2008〕725号	关于转发《铁道部科技研究开发计划管理办法》和《铁道部科技研究开发课题招标投标管理办法》的通知
726	成铁运〔2008〕726号	关于公布2008年11月份全局运输生产经营计划的通知
727	成铁建设〔2008〕727号	关于印发《成都铁路局标准化建设指挥部指导书》的通知
728	成铁劳卫〔2008〕728号	关于公布《成都铁路局内部退养办法》的通知
729	成铁办〔2008〕729号	关于成都铁路局今年以来重点工作情况的报告
730	成铁劳卫〔2008〕730号	关于公布《成都铁路局劳动力调剂和富余职工管理办法（试行）》的通知
731	成铁劳卫〔2008〕731号	关于公布《成都铁路局工人竞争上岗实施办法（试行）》的通知
732	成铁货〔2008〕732号	关于增加我局保价成本预算的请示
733	成铁企管〔2008〕733号	关于请求四川省人民政府督促有关地区（单位）尽快接收我局在川社会职能单位离退休人员的请示

序号	文件编号	文件标题
734	成铁监〔2008〕734号	关于给予李少文行政记过处分的决定
735	成铁监〔2008〕735号	关于给予李先进行政记过处分的决定
736	成铁监〔2008〕736号	关于给予田洁行政记过处分的决定
737	成铁监〔2008〕737号	关于给予周伟行政记大过处分的决定
738	成铁劳卫〔2008〕738号	关于局电务处设立车载控制技术科的通知
739	成铁企管〔2008〕739号	关于印发《成都铁路局创建标准化车间、标准化班组和标准化岗位实施办法》的通知
740	成铁工〔2008〕740号	关于呈送2008年成都局防洪工作总结的报告
741	成铁审计〔2008〕741号	关于印发《成都铁路局经营业绩审计实施暂行办法》的通知
742	成铁财〔2008〕742号	关于努力增运补欠严格控制运输支出 确保规范实现年度经营目标的通知
743	成铁财〔2008〕743号	关于明确路局集采物资集中结算有关问题（暂行）的通知
744	成铁财〔2008〕744号	关于印发《成都铁路局修旧利废及段制品管理办法》的通知

序号	文件编号	文 件 标 题
745	成铁客〔2008〕745 号	铁路局 驻局军代处关于做好 2008 年新老兵运输工作的通知
746	成铁货〔2008〕746 号	关于进一步加强装卸安全及专业化管理工作的通知
747	成铁总工〔2008〕747 号	关于修改《行规》第 18 条部分内容的通知
748	成铁办〔2008〕748 号	关于贯彻执行铁办〔2008〕171 号文件的通知
749	成铁监〔2008〕749 号	关于对野马寨车站私设“小金库”问题的情况通报
750	成铁计统〔2008〕750 号	关于下达 2008 年达成公司委托路局管理更新改造计划（新增项目）的通知
751	成铁货〔2008〕751 号	关于呈送《成都铁路局军事运输安全生产专项整治工作总结》的报告
752	成铁机〔2008〕752 号	关于发布《成都铁路局机车大修综合评价实施细则》的通知
753	成铁财〔2008〕753 号	关于转发铁道部《进一步加强机车能耗管理工作的指导意见》的通知
754	成铁总工〔2008〕754 号	关于公布局企业标准清理结果及提报 2009 年度局企业标准制定和修订计划的通知
755	成铁建设〔2008〕755 号	关于印发《成都铁路局标准化项目部指导书》的通知
756	成铁劳卫〔2008〕756 号	关于加强全局多元经营企业劳动工资管理的指导意见（试行）
757	成铁建设〔2008〕757 号	关于印发《成都铁路局标准化工地指导书》的通知
758	成铁房〔2008〕758 号	关于社会职能移交涉及重庆市境内土地房产问题的请示
759	成铁货〔2008〕759 号	关于印发《成都铁路局装卸安全监督管理办法（暂行）》的通知
760	成铁电〔2008〕760 号	关于转发铁道部 LKJ 规章的通知
761	成铁计统〔2008〕761 号	关于报送成都局 2009 年运输主要指标计划建议的报告
762	成铁总工〔2008〕762 号	关于加快推进黔桂线“一次达标”工作的通知
763	成铁劳卫〔2008〕763 号	关于成立成兰铁路公司筹备组的请示
764	成铁计统〔2008〕764 号	关于急需将成都铁路局调度所建设纳入成绵乐客专工程的请示
765	成铁货〔2008〕765 号	关于协调解决宝成线部分车站灾后重建物资到达积压问题的请示
766	成铁劳卫〔2008〕766 号	关于调整部分铁路建设指挥部机构编制的通知

序号	文件编号	文件标题
767	成铁路风〔2008〕767号	关于印发《成都铁路局路风暗访写实制度》的通知
768	成铁货〔2008〕768号	关于公布《装卸业务承包单位资质审查办法（暂行）》的通知
769	成铁劳卫〔2008〕769号	关于调整局电务处、机务处行管定员的通知
770	成铁客〔2008〕770号	关于开展以普通旅客列车为重点的专项整治活动的通知
771	成铁财〔2008〕771号	关于推广应用会计核算系统V5.0的通知
772	成铁办〔2008〕772号	铁路局 驻局军代处关于印发《兼职领导军车号牌使用管理办法》的通知
773	成铁计统〔2008〕773号	关于发布《成都铁路局节约能源管理办法》的通知
774	成铁计统〔2008〕774号	关于下达成都铁路局2008年汶川地震灾后重建项目计划的通知
775	成铁企管〔2008〕775号	关于印发《成都铁路局经营业绩考核补充规定》的通知
776	成铁劳卫〔2008〕776号	关于沙坪坝车站划交重庆车站管辖的通知
777	成铁工〔2008〕777号	关于成都局石板滩焊轨基地设计变更的请示
778	成铁办〔2008〕778号	成都铁路局　成都铁路局党委关于劳动组织优化整合工作的情况报告
779	成铁劳卫〔2008〕779号	关于下达各工务段劳动组织整合生产定员的通知
780	成铁运〔2008〕780号	关于重新印发《成都铁路局营业线施工安全管理实施细则》的通知
781	成铁总工〔2008〕781号	关于调整黔桂线基本列车运行图的请示
782	成铁办〔2008〕782号	关于成都铁路局今年以来重点工作情况的报告
783	成铁建设〔2008〕783号	关于成都枢纽成昆铁路货车外绕线站前工程招标采用综合评估法一评标的请示
784	成铁总工〔2008〕784号	转发铁道部关于印发《铁道部技术规章目录》的通知
785	成铁总工〔2008〕785号	关于执行2008年调整列车运行图的通知
786	成铁总工〔2008〕786号	关于修改《行规》部分内容的通知
787	成铁总工〔2008〕787号	关于修改《行规》部分内容的通知
788	成铁总工〔2008〕788号	转发铁道部关于铁路技术管理规程第358条修改内容的通知

序号	文件编号	文件标题
789	成铁安〔2008〕789号	关于公布《成都铁路局结合部设备故障调查处理办法》（暂行）的通知
790	成铁机〔2008〕790号	关于调整救援列车布局的请示
791	成铁计统〔2008〕791号	关于建立灾后恢复重建项目进展情况报告制度的通知
792	成铁劳卫〔2008〕792号	成都铁路局关于2008年工效挂钩基数调整及动用历年工资结余有关情况的报告
793	成铁客〔2008〕793号	关于印发2008年新兵运输计划的通知
794	成铁办〔2008〕794号	铁路局　驻局军代处关于印发《成都铁路局军事交通运输工作规定》的通知
795	成铁收入〔2008〕795号	关于印发《成都铁路局运输收入管理细则》和《成都铁路局运输收入内部控制制度》的通知
796	成铁运〔2008〕796号	关于下发成都铁路局2008年12月份施工计划的通知
797	成铁运〔2008〕797号	关于公布2008年12月份全局运输生产经营计划的通知
798	成铁货〔2008〕798号	关于重新公布《成都铁路局危险货物运输管理细则》的通知
799	成铁劳卫〔2008〕799号	关于重庆西站优化车间机构设置的批复
800	成铁劳卫〔2008〕800号	关于重新公布《成都铁路局节能降耗考核办法》的通知
801	成铁财〔2008〕801号	关于调整2008年运输支出预算的通知
802	成铁财〔2008〕802号	关于转发铁道部《铁路科研经费管理暂行办法》的通知
803	成铁财〔2008〕803号	关于达成铁路改造工程废弃资产处置的批复
804	成铁计统〔2008〕804号	关于请求审批《新建铁路成都至兰州线环境影响报告书》的请示
805	成铁计统〔2008〕805号	关于下发《成都铁路局基本建设项目投资控制管理暂行办法》的通知
806	成铁计统〔2008〕806号	关于下达成都铁路局2008年铁路运输设备更新改造（第六批）计划的通知
807	成铁总工〔2008〕807号	关于对襄渝增建二线（成都局管内）部分进站信号机及通过信号机设置的批复
808	成铁劳卫〔2008〕808号	关于下达机务系统各单位劳动组织整合生产定员的通知
809	成铁劳卫〔2008〕809号	关于成立遂渝二线建设指挥部的通知
810	成铁劳卫〔2008〕810号	关于成都新客站建设指挥部更名的通知

序号	文件编号	文件标题
811	成铁总工〔2008〕811号	关于转发铁道部机车车辆用车钩、钩尾框等27项铁道行业标准和计量检定规程的通知
812	成铁劳卫〔2008〕812号	关于公布《成都铁路局工人档案管理办法（试行）》的通知
813	成铁劳卫〔2008〕813号	关于下达各车辆段劳动组织整合生产定员的通知
814	成铁财〔2008〕814号	关于遂渝铁路建设项目通信工程竣工资产移交中国铁通集团有限公司的请示
815	成铁物〔2008〕815号	关于印发《成都铁路局基本建设物资设备采购供应管理办法》的通知
816	成铁房〔2008〕816号	成都铁路局关于住房建设和涉铁区域旧城改造涉及土地问题的请示
817	成铁财〔2008〕817号	关于铁路国有资产无偿移交路外单位的请示
818	成铁建设〔2008〕818号	关于对渝利铁路建设湖北省境内征地拆迁补偿单价有关问题的请示
819	成铁计统〔2008〕819号	关于下达2008年成都铁路局西昌经济适用房自筹资金计划的通知
820	成铁物〔2008〕820号	关于修改《成都铁路局更新改造、大修项目局管物资设备集中招标采购实施细则》部分条款的通知
821	成铁劳卫〔2008〕821号	转发铁道部关于铁路企业实施带薪年休假有关问题的通知
822	成铁财〔2008〕822号	关于做好年度财产清查和计提资产减值准备的通知
823	成铁客〔2008〕823号	关于转发铁道部《关于北京铁路局北京联合站售票系统设备故障事故的通报》的通知
824	成铁财〔2008〕824号	关于进一步明确外购劳务、外包业务和临时用工管理和会计核算问题的通知
825	成铁客〔2008〕825号	关于调整部分列车票价的通知
826	成铁运〔2008〕826号	关于实施新颁《铁路货车统计规则》十八点统计有关工作的通知
827	成铁运〔2008〕827号	关于换装列车运行图LKJ基础数据的通知
828	成铁计统〔2008〕828号	关于第二次调整2008年基本建设计划的通知
829	成铁运〔2008〕829号	关于开通普济站战略装车点的通知
830	成铁财〔2008〕830号	转发铁道部关于加强新增中央投资铁路项目资金使用管理的通知
831	成铁辆〔2008〕831号	转发铁道部运输局关于印发客车DC600V电源装置和真空集便装置检修办法的通知
832	成铁企管〔2008〕832号	关于加强路局合同管理和法律纠纷案件统计分析报告制度的通知

序号	文件编号	文件标题
833	成铁机〔2008〕833号	关于发布《成都铁路局冰雪凝冻等自然灾害机务应急抢险预案》的通知
834	成铁客〔2008〕834号	关于印发《成都铁路局客运系统冰雪凝冻灾害应急处置工作流程》的通知
835	成铁总工〔2008〕835号	关于印发《成都铁路局分散自律调度集中（CTC）系统有关管理办法（暂行）》的通知
836	成铁总工〔2008〕836号	转发铁道部关于铁路200～250公里/小时既有线技术管理办法的通知
837	成铁总工〔2008〕837号	关于公布2008年度获铁道部、铁路局优秀QC小组名单的通知
838	成铁财〔2008〕838号	关于公布《成都铁路局内部保证金资金调剂实施细则》的通知
839	成铁教〔2008〕839号	铁路局 局党委关于印发《成都铁路局新接收复员退伍军人专业学历教育实施办法（第二次修订）》的通知
840	成铁企管〔2008〕840号	关于转发铁道部《关于新建合资铁路委托运输管理的指导意见》的通知
841	成铁客〔2008〕841号	关于印发《成都铁路局客运系统以普通旅客列车为重点的专项整治活动推进计划》的通知
842	成铁电〔2008〕842号	关于水大支线野马寨站信号机迁移的批复
843	成铁总工〔2008〕843号	关于转发铁道部《关于发布〈铁路碎石道砟〉等22项铁路行业标准》的通知
844	成铁总工〔2008〕844号	关于明确达成线“建管结合，一次达标”实施方案的通知
845	成铁机〔2008〕845号	关于印发《成都铁路局应急（储备）发电机组管理办法（试行）》的通知
846	成铁房〔2008〕846号	关于协调解决我局职工住房公积金贷款有关问题的请示
847	成铁总工〔2008〕847号	关于成都站11道出站复示信号机设置的批复
848	成铁计统〔2008〕848号	成都铁路局 重庆发展和改革委员会关于呈送改建铁路重庆至怀化线重庆北至涪陵段增建第二线可行性研究的报告
849	成铁总工〔2008〕849号	关于黔桂新线开通调整基本列车运行图的通知
850	成铁总工〔2008〕850号	关于公布《成都铁路局有效技术规章制度目录》的通知
851	成铁财〔2008〕851号	关于成都铁路局汶川地震灾后住房恢复重建资金的请示
852	成铁房〔2008〕852号	成都铁路局关于解决房改遗留问题办理房屋产权证的请示
853	成铁计统〔2008〕853号	关于印发《成都铁路局更新改造零小项目计划管理办法》的通知
854	成铁客〔2008〕854号	转发国家发展改革委关于认真做好2009年春运工作的通知

序号	文件编号	文件标题
855	成铁安〔2008〕855 号	关于重新公布《成都铁路局干部下现场检查量化制度》的通知
856	成铁办〔2008〕856 号	关于印发《成都铁路局 2008 年至 2012 年发展规划》的通知
857	成铁财〔2008〕857 号	关于广元四联酒店大楼资产处置的批复
858	成铁劳卫〔2008〕858 号	关于下达车务站段劳动组织整合生产定员的通知
859	成铁运〔2008〕859 号	关于印发《成都铁路局冰雪凝冻自然灾害车务应急处置预案》的通知
860	成铁劳卫〔2008〕860 号	关于评选 2008 年度防洪先进集体（小组）、先进个人的通知
861	成铁财〔2008〕861 号	关于进一步加强达成公司托管资产管理的通知
862	成铁路风〔2008〕862 号	关于多元集团一般路风事件的通报
863	成铁社保〔2008〕863 号	关于成都铁路局企业年金方案审核的请示
864	成铁路风〔2008〕864 号	铁路局 局党委关于表彰路风工作先进集体和先进个人的决定
865	成铁总工〔2008〕865 号	关于沪昆线关田车站有关信号机设置的批复
866	成铁办〔2008〕866 号	铁路局 局工会关于全面推进沿线站区生活线、文化线建设的指导意见
867	成铁计统〔2008〕867 号	关于下达成都铁路局 2008 年铁路运输设备更新改造计划（汇总）的通知
868	成铁客〔2008〕868 号	关于印发《成都铁路局 2009 年春运客运售票组织办法》的通知
869	成铁监〔2008〕869 号	关于给予邓平同志行政警告处分的决定
870	成铁监〔2008〕870 号	关于给予付晓同志行政记过处分的决定
871	成铁监〔2008〕871 号	关于给予荆世明同志行政警告处分的决定
872	成铁监〔2008〕872 号	关于给予王卫平同志行政警告处分的决定
873	成铁客〔2008〕873 号	关于 2009 年成都局客运营销任务计划建议的请示
874	成铁运〔2008〕874 号	关于渝怀线团结村—秀山段开办军事运输的请示
875	成铁运〔2008〕875 号	关于内六线开办军事运输的请示
876	成铁运〔2008〕876 号	关于遂渝线开办军事运输的请示

序号	文件编号	文件标题
877	成铁运〔2008〕877号	关于渝怀线团结村—秀山段开办军事运输的请示
878	成铁运〔2008〕878号	关于内六线开办军事运输的请示
879	成铁运〔2008〕879号	关于遂渝线开办军事运输的请示
880	成铁总工〔2008〕880号	关于凯里车站机务整备场入库调车信号机（DJ）拆除的批复
881	成铁电〔2008〕881号	关于拆除成都东站峰前场驼峰辅助复示信号机的批复
882	成铁办〔2008〕882号	关于协调解决贵阳市境内铁路建设、铁路职工住房建设有关问题的请示（纸质暂不处理）
883	成铁计统〔2008〕883号	关于请求调整成都局2008年部分运输指标计划的请示
884	成铁财〔2008〕884号	关于申请与中国银行合作开展部分建设项目融资业务的请示
885	成铁建设〔2008〕885号	关于对贵昆铁路六盘水至沾益段增建二线（成都局管段）外资土建施工标段验工计价有关问题的请示
886	成铁总工〔2008〕886号	关于黔桂新线全线电气化开通施工组织方案及运输组织方案的请示
887	成铁运〔2008〕887号	关于下发成都铁路局2009年1月份施工计划的通知
888	成铁总工〔2008〕888号	关于认真做好2009年春节旅客运输工作的通知
889	成铁办〔2008〕889号	成都铁路局关于今年以来重点工作情况的报告
890	成铁劳卫〔2008〕890号	关于提高职工岗位工资水平方案的请示
891	成铁财〔2008〕891号	关于调整2008年地震紧急复旧专项预算的通知
892	成铁电〔2008〕892号	关于印发《成都铁路局电务系统雪凝等恶劣天气应急预案》的通知
893	成铁劳卫〔2008〕893号	关于下达2008年各单位人数调整计划的通知
894	成铁财〔2008〕894号	关于下达2008年铁路运输设备大修支出调整预算的通知
895	成铁房〔2008〕895号	关于印发成都铁路局行车公寓接待人次计算统计办法（试行）的通知
896	成铁运〔2008〕896号	关于转发铁道部《铁路运输调度规则》公布《成都铁路局运输调度命令补充规定》《成都铁路局站段调度工作实施细则》的通知
897	成铁运〔2008〕897号	关于公布2009年1月份全局运输生产经营计划的通知
898	成铁计统〔2008〕898号	关于认真做好2008年统计年报和2009年定期报表的通知

序号	文件编号	文件标题
899	成铁运〔2008〕899号	关于印发《2009年成都铁路局运输工作要点》的通知
900	成铁监〔2008〕900号	关于车皮配置执法监察回头看检查情况的通报
901	成铁总工〔2008〕901号	关于转发铁道部《铁路给水排水设计规范》的通知
902	成铁总工〔2008〕902号	转发铁道部《关于印发铁路机务设备设计规范的通知》的通知
903	成铁货〔2008〕903号	转发重庆市财政局物价局关于收取铁路护路联防费的通知
904	成铁计统〔2008〕904号	关于报送成都铁路局2009年保价运输设备投资项目的报告
905	成铁路风〔2008〕905号	关于对重庆西站茄子溪站专用线乱收费一般路风事件的通报
906	成铁计统〔2008〕906号	关于协调解决四川省铁路集团有限责任公司涉及的四川铁路建设项目有关问题的请示
907	成铁路风〔2008〕907号	关于印发《2008年全局路风监察工作总结》的通知
908	成铁辆〔2008〕908号	关于转发铁道部《动车组故障应急处置预案（暂行）》的通知
909	成铁工〔2008〕909号	关于报送录入《铁路用道砟合格生产单位目录》的请示
910	成铁计统〔2008〕910号	关于下达2008年机车车辆高价互换配件购置计划（第二批）的通知
911	成铁财〔2008〕911号	关于下达“5·12”地震住宅复旧调整预算的通知
912	成铁财〔2008〕912号	关于部分调整2008年铁路运输设备大修及地震灾害复旧预算的通知

（局办公室）

2008 年局党委发文目录

序号	文件编号	文件标题
1	成铁委〔2008〕1 号	关于印发《成都铁路局复退军人学历教育培训班辅导员管理暂行办法》的通知
2	成铁委〔2008〕2 号	请示
3	成铁委〔2008〕3 号	关于成立乐巴铁路建设指挥部党总支部的通知
4	成铁委〔2008〕4 号	关于下拨党费慰问困难党员和老党员的通知
5	成铁委〔2008〕5 号	关于在构建和谐春运中充分发挥基层党组织和共产党员作用的通知
6	成铁委〔2008〕6 号	关于召开中国共产党成都铁路局第十一次代表大会的请示
7	成铁委〔2008〕7 号	关于做好全局中层领导人员学习贯彻党的十七大精神集中轮训工作的通知
8	成铁委〔2008〕8 号	关于印发《2008 年政治工作要点》的通知
9	成铁委〔2008〕9 号	局党委 铁路局 关于 2008 年全局党风廉政建设和反腐败工作的意见
10	成铁委〔2008〕10 号	转发铁道部党组《关于认真学习贯彻党中央、国务院领导同志重要指示，夺取抗灾救灾斗争全面胜利的决定》的通知
11	成铁委〔2008〕11 号	局党委 铁路局 关于深化“四好”领导班子创建活动的实施意见（修订）
12	成铁委〔2008〕12 号	局党委 铁路局 关于印发《成都铁路局领导干部问责管理办法》的通知
13	成铁委〔2008〕13 号	关于认真学习贯彻胡锦涛总书记重要讲话和十七届中央纪委二次全会精神的通知
14	成铁委〔2008〕14 号	关于中共成都铁路局成都机务段第十六次党员代表大会和第十六届委员会、纪律检查委员会第一次全体会议选举结果的批复
15	成铁委〔2008〕15 号	请示
16	成铁委〔2008〕16 号	关于中共成都铁路局成都北车站第一次党员代表大会和第一届委员会、纪律检查委员会第一次全体会议选举结果的批复
17	成铁委〔2008〕17 号	关于筹备召开中国共产党成都铁路局第十一次代表大会的通知
18	成铁委〔2008〕18 号	请示
19	成铁委〔2008〕19 号	局党委 铁路局 关于在非运输生产单位实行党政领导“双向进入、交叉任职”的通知
20	成铁委〔2008〕20 号	关于在全局党组织和党员中开展“保安全，迎奥运，促和谐”主题实践活动的通知

序号	文件编号	文件标题
21	成铁委〔2008〕21号	成都铁路局关于2007年度党员领导干部报告个人有关事项工作情况的报告
22	成铁委〔2008〕22号	请示
23	成铁委〔2008〕23号	局党委　铁路局　关于做好“廉政公仆”评选工作的通知
24	成铁委〔2008〕24号	关于调整成都铁路两级检察院、法院机构定员的通知
25	成铁委〔2008〕25号	关于推荐先进基层党组织、先进党支部、优秀党务工作者和评选优秀共产党员的通知
26	成铁委〔2008〕26号	关于充分发挥党组织和党员作用　全力做好抗震救灾工作的通知
27	成铁委〔2008〕27号	关于对“5·12”特大地震灾害抗震救灾工作先期进行慰问的通知
28	成铁委〔2008〕28号	请示
29	成铁委〔2008〕29号	关于中共成都铁路局机关第十次党员代表大会和第十届委员会、纪律检查委员会第一次全体会议选举结果的批复
30	成铁委〔2008〕30号	关于中共成都铁路局自贡工务段第十六次党员代表大会和第十六届委员会、纪律检查委员会第一次全体会议选举结果的批复
31	成铁委〔2008〕31号	关于做好抗震救灾斗争先进党组织和优秀共产党员评选表彰活动的通知
32	成铁委〔2008〕32号	请示
33	成铁委〔2008〕33号	请示
34	成铁委〔2008〕34号	关于表彰“创先争优”活动暨抗震救灾工作全局先进党组织、优秀共产党员和优秀党务工作者的决定
35	成铁委〔2008〕35号	局党委　铁路局　关于清理纠正领导干部利用职权和职务影响为亲属经营活动谋取利益的通知
36	成铁委〔2008〕36号	关于召开运输站段领导班子安全生产反思会的通知
37	成铁委〔2008〕37号	请示
38	成铁委〔2008〕38号	请示
39	成铁委〔2008〕39号	请示
40	成铁委〔2008〕40号	请示
41	成铁委〔2008〕41号	请示
42	成铁委〔2008〕42号	请示
43	成铁委〔2008〕43号	关于中共成都铁路局内江车务段第十四次党员代表大会和第十四届委员会、纪律检查委员会第一次全体会议选举结果的批复
44	成铁委〔2008〕44号	关于进一步做好《西南铁道报》发行工作的通知

序号	文件编号	文件标题
45	成铁委〔2008〕45号	关于补选中国共产党成都铁路局第十一次代表大会代表的通知
46	成铁委〔2008〕46号	关于印发《局党委 铁路局落实〈建立健全惩治和预防腐败体系2008年—2012年工作规划〉及部党组〈实施办法〉的具体措施》的通知
47	成铁委〔2008〕47号	局党委 铁路局 关于对党风廉政建设责任制落实情况进行全面检查考核的通知
48	成铁委〔2008〕48号	关于深化“建绿色通道，为党旗添彩”活动，巩固植树造林成果的通知
49	成铁委〔2008〕49号	请示
50	成铁委〔2008〕50号	请示
51	成铁委〔2008〕51号	请示
52	成铁委〔2008〕52号	请示
53	成铁委〔2008〕53号	局党委 铁路局关于印发《成都铁路局中层管理人员选拔任用管理暂行办法》的通知
54	成铁委〔2008〕54号	请示
55	成铁委〔2008〕55号	请示
56	成铁委〔2008〕56号	关于印发《成都铁路局开展深入学习实践科学发展观活动的推进方案》的通知
57	成铁委〔2008〕57号	报告
58	成铁委〔2008〕58号	报告
59	成铁委〔2008〕59号	局党委 铁路局关于深入推进党风廉政建设责任制工作的通知
60	成铁委〔2008〕60号	关于成立成都市域铁路有限责任公司及成都枢纽成昆铁路货车外绕线建设指挥部党总支的通知
61	成铁委〔2008〕61号	关于关于给予尹子贵同志党内撤职处分的批复
62	成铁委〔2008〕62号	局党委 铁路局关于印发《成都铁路局领导干部廉洁谈话办法》的通知
63	成铁委〔2008〕63号	关于局领导班子2007年度民主生活会和2008年安全反思会整改措施落实情况的通报
64	成铁委〔2008〕64号	请示
65	成铁委〔2008〕65号	请示
66	成铁委〔2008〕66号	关于进行绿色通道检查验收的通知
67	成铁委〔2008〕67号	关于2008年成都铁路局领导班子专题民主生活会情况的报告
68	成铁委〔2008〕68号	关于公布《成都铁路局领导班子分析检查报告》及评议结果的通知

序号	文件编号	文件标题
69	成铁委〔2008〕69号	请示
70	成铁委〔2008〕70号	局党委　铁路局　关于印发《成都铁路局站车文化（传媒）市场经营管理暂行办法》的通知
71	成铁委〔2008〕71号	关于2008年党风廉政建设责任制落实情况的报告
72	成铁委〔2008〕72号	秘密

（局党办）

索　　引

说　明

一、本索引采用综合性复式主题索引方法，按汉语拼音字母音序排列。

二、特载专文、大事记、概况、附录、统计资料只作栏目索引。

三、索引名称后的数字表示页码。

A

阿子沟隧道抢险　120
安靖花园　129
“安康杯”竞赛活动　222
安路生　245
安路生检查贵阳枢纽　119
安全标准示范线建设　77
安全标准线建设　131　168
安全大反思　192
安全大反思大检查　68
安全大检查　254
安全反思检查　184
安全防范系统建设　85
安全管理　181
安全管理培训　191
安全基础管理　68　187
安全监察　92
安全监察基础建设　254
安全可靠性评估　76
安全评估考核　94
“安全屏障”工程　210
安全生产1 000天　122
安全生产　52　84　168
安全生产会　124
安全生产基本情况　252
安全生产宣传　213
安全生产隐患排查治理　94
安全生产月活动　95
安全生产专项检查　252
安全生产专项整治　94
安全宣教系列活动　222
安全质量　117　118
安全质量大检查　109
安全质量管理　119
安全质量可控　119
安全重点卡控　69
案件查处　214
奥运安全保障　67
奥运卫生保障　150　186

B

帮扶慰问工作　211
帮困助学工作　222
保价运输　70
保密工作　209
标准化管理　115　121
部省会谈　119
部省会谈精神落实　119
部省纪要签订配合工作　134
部先进集体、劳动模范　244
部运输局调研　119

C

财会队伍建设　143
财会学会　144
财务工作　253

财务工作表彰　219
财务管理　140　177
财务集中核算　143
财务信息化建设　143
裁判文书上网　239
采购管理制度完善　154
厂务公开工作　220
超龄人员参保办理　187
超期预警　235
车队管理　161
车　辆　84
车辆段　272
车辆移动和卸车　65
车流调整　55
车务段　261
车站军运条件勘察　104
成都北车站　257
成都车辆段　272
成都车务段　261
成都车站　257
成都电务段　274
成都东车辆段　272
成都东客站工程　113
成都工务段　276
成都工务机械段　277
成都供电段　270
成都焊轨段　283
成都机务段　267
成都集装箱中心站建设　112
成都客运段　266
成都市域铁路建设　126
成都市域公司组建　105
成都枢纽建设　128
成都铁路局计量所　197
《成都铁路局年鉴》出版　204
成都武器库改造　240
成都至都江堰铁路开工　109
成都中心战备仓库　240
成绵乐客运专线开工　109
成绵乐客运专线建设　126
成人中专联合办学　191
《成铁科技》发行　197
《成铁企业管理》出版　167
成汶铁路规范管理　105
惩防体系建设　214
“春雷行动”　227
春、暑运临客人员培训　190
春　运　62　66
春运主题活动　224
重庆车辆段　273
重庆车务段　263
重庆车站　258
重庆电务段　275
重庆工务段　279
重庆供电段　270
重庆机务段　268
重庆疾病预防控制所　286
重庆集装箱中心站建设　116
重庆客运段　266
重庆铁路办事处　252
重庆西车站　259

D

达标与职工培训　88
达成公司　106
达成公司托管　78　105　146
达成铁路扩能改造　111
达州车站　259
打击毒品犯罪　229
打击经济违法犯罪活动　229
打击票贩子　229
打击刑事犯罪　233
大学生接收分配　152
大学生早期培养　152
大中型基建项目　131　134
大宗报废物资设备　154
大宗设备采购　154
代理制供应　155
贷　款　123
党风廉政建设　217
党风廉政建设责任制落实　214
党风廉政建设调查　215
党建工作　209
党群工作　253　255
党务综合管理　208
党员发展　211
党支部书记　211
党组织建设　232
档案管理　160
道口与封闭　88
道砟生产供应　181
邓幼平　245
地方铁路协调管理　106
地方志资料供稿　204
地震复旧项目　57
典型案例报告会　238
电力机车牵引电机　198
电　务　88
电务段　274
调度日（班）计划编制　64
调度系统　199
调度整合　62
调研工作　174
定测及初步设计　121
定点扶贫　153
定点医疗机构增加　171
动车组实车试验　193
都江堰灾后重建　129
督办调研　159
读书活动　174
渎职侵权案件查办　234
堵漏保收　146
对外新闻宣传　213
多元发展　107
多元经营　177
多元经营实现突破　181
多元审计　156

E

二级目标保障方案　240

F

发展规划编制 135
法官办案档案建立 239
法律事务 180
法 院 237
法制工作 230
防洪工作 87
防雷专项整治 90
房改工作 169
房建企业任务完成 182
涪江大桥防护排险 104
涪陵工务段 281
复退军人学历教育 191

G

改革形势宣传 213
概 况 119 120
概 述 34
干部队伍总数 151
干部教育培训 215 236
干部人事制度改革 152 232
干部在线学习 199
干线路外安全整治 168
岗位定期考核续聘 153
岗位练兵一体化 105
岗位培训 185
岗位职责修订 205
更新改造 90
更新改造投资计划 134
工程进度 118 120
工程开工 113 114
工程设计 200
工程投资进度 119
工程招标 113 114
工程质量 128 129
工程质量监督 110
工 会 218
工会财务监督 219
工会干部培训 220
工会工作获奖 218
工会经费拨缴 219
工会信息调研 218
工会主席研讨会 219
工会资产产权登记 219
工伤保险市级统筹 187
工伤保险信息管理 171
工商物价 179
工商执照年检 184
工 务 85
工务段 276
工业管理 180
工业计划 140
工业生产 183
公 安 227
公诉工作机制改革 234
公文管理 160
供电段 269
供电水电管理 75
供应商管理 154
固定资产 141
固资移交 118
关心下一代工作 174
管理创新成果 166
管内慢车移交 67
广元车站 258
轨道车管理 75
贵广铁路建设 120
贵阳车辆段 273
贵阳车务段 264
贵阳车站 260
贵阳电务段 276
贵阳工务段 281
贵阳供电段 271
贵阳机务段 269
贵阳疾病预防控制所 287
贵阳客运段 267
贵阳南车辆段 274
贵阳南站 260
贵阳枢纽扩建工程 119
贵阳枢纽站后受标 119
贵阳枢纽征地拆迁 119
贵阳铁路办事处 254
贵州省工人先锋号 244
国内安全保卫 227
国有产权管理 142
国有资产管理 142

H

合同管理 179
合资与地方铁路 105
后勤管理 161
胡国荣故意杀人案 239
环保指标考核 139
环境监测 140
黄织铁路建设 122
火车南站一号地块 129
火车头奖杯 244
火车头奖章 244
火车头送温暖活动 221
货场规范化建设 69
货场及消防管理 70
货票系统 200
货物运输 68
货运安全保障体系 68
货运安全监控网络建设 68
货运处内部建设 71
货运服务质量 70
货运基础管理 69
货运发展规划 69
货运信息化建设 69
获奖节目 204

J

机车检修 73
机车交路优化 73

机车验收 74
机车运用质量指标 73
机车整备管理系统 196
机车质量专项整治 74
机车中修基地建设 78
机房建设 200
机构编制管理 147
机构变化 36
机构设置 36
机关党委 216
机关工会 217
机　务 73
机务段 267
基本建设计划管理 135
基本建设计划完成 109
基本建设投资资金 143
基本养老保险 171
基层团组织建设 223
基金管理 172
稽核队整合 146
疾病预防控制所 284
集经工作 183
集经职工收入调增 184
集体合同工作 220
集体经济 183
集体企业经营管理考核 184
集体企业移交 186
集装箱运输 70
计划财务管理 115
计划统计 134
计量标准考核 197
计量人员培训 197
计算机安全监控 230
纪检干部培训 215
纪检·监察 214 237
《技规》题库建设 191
技术管理 84 118
技术协调及变更设计 131
技术型人才队伍 122
假日旅客运输 66
监督检测 111
监理信用评价 125
监所管理 230
监所检察 235
检测工作 88
检　察 233
检察技术 236
检察理论调研 236
检察委员会 236
检务督查 237
检修分开 87
减故障压延时活动 90
建设工作会 120
建设管理 109 125
建设管理人员培训 110
建设项目资金审计 156
建设指挥部成立 113
缴纳特殊党费 103
较大事故 95
教师节表彰 191
教学科研 216
教育培训 238
接发列车仿真系统 57
节能投资 139
结余资金清理 114
进款资金和票据安全 146
经济普查 140
经济适用房建设 181
经营管理 85 180
经营管理创新 165
经营目标完成情况 34
经营情况 106
经营业绩考核 141
警卫工作 230
警务督察 232
救援列车管理强化 73
救援培训 190
救灾产品生产 185
救灾抢险物资供应 154
救灾物资运输 185
局党委工作 207
举报宣传 235
军事交通运输 102
军事专用线 104
军专线管理 105

K

凯里车务段 265
凯里工务段 282
抗冰雪凝冻 77
抗冰雪凝冻灾害运输 63
抗击冰雪凝冻卫生保障 150
抗雪救灾铁路军事运输 103
抗雪救灾先进 103
抗雪灾火车头奖杯 244
抗雪灾火车头奖章 244
抗震救灾大事记 30
抗震救灾 145 224
抗震救灾善后工作 131
抗震救灾军事运输 104
抗震救灾卫生防疫 150
抗震救灾物资运输 69
抗震救灾先进 103
抗震救灾先进基层党组织 246
抗震救灾应急军交保障 104
抗震救灾优秀共产党员 246
抗震抢险应急演练 241
科技成果鉴定 193
科技成果转化 199
科技管理办法修订 193
科技推广 193
科普活动 202
科　研 197
科研开发经费 193
客货车验收 85
客货车质量水平 84
客货运输窗口单位 197
客货运输营销管理 136
客票代售点规范 67
客票代售管理 181
客票系统升级 68
客运段 266
客运文件汇编 68

客运站车旅客引导　68
会计工作规范化　143

L

“蓝箭”号动车培训　190
劳动安全工作　254
劳动安全管理　98
劳动安全情况　98
劳动工资　147
劳动用工管理　148
劳动争议处理　221
劳动组织改革　148
劳资基础建设　149
老战士协会　172
乐巴铁路建设　125
离退休工作　183　253
离退休职工管理　172
李春城视察　126
理论学习　216
理论政策研究　166
立案工作　238
立案监督　234
廉洁自律制度　155
廉政建设　121
列车运行图编制　58
列尾装置　57
领导班子建设　232
领导干部调整　151
领导干部履职监督　151
领导人员名录　44
刘明扬倒卖车票案　240
六盘水车务段　265
六盘水凤凰小区　129
六盘水工务段　283
六盘水机务段　269
六沾复线建设　119
六沾复线审计　120
龙里至都匀段开通　119
卢春房视察　126
路地共建　224
路风暗访　163
路风长效机制　163
路风工作会议　162
路风监察　162
路风评先表彰　164
路风信访　164
路企直通运输　57
路外安全综合整治　93
路外伤亡事故　93
旅客列车正晚点预确报　65
旅客运输　66
论文交流　205

M

绵阳车务段　261
绵阳车站临时候车室　185
绵阳工务段　278
民兵专业应急训练　240
民警培训　232
民事审判　237
民心工程　168
民行检察　236
模范单位　243
磨雄隧道止水方案　124

N

南充前线指挥组　111
南涪铁路建设　117
内部保卫　229
内江车务段　263
能耗指标完成情况　75
能源消耗　138
农民工运输服务　221
女职工工作　222

P

派出所等级评定　231
票价调整　68
票据审核　146
铺架工程进度　114
普通旅客列车专项治理　150

Q

期刊编辑　202
企业改革　164
企业管理和法律事务　164
企业管理培训　167
企业管理协会　166
企业年金　171
企业整合重组　177
牵引动力更新　73
牵引供电水电指标　75
牵引供电验收　74
黔桂铁路扩能改造　118
黔桂新线投入运营　58
青工创新创效　224
青工法制宣传教育　175
青工技术业务教育　174
青年思想教育　223
全国工人先锋号　243
全国“五一”劳动奖章　243
全国“五一”劳动奖状　243
群众保安全系列活动　222
群众来信来访处理　235
群众性质量管理　196

R

燃料和热力　75
人民监督员　236

人事管理 150
人武工作 253
人武·战备 240
人物名表 248
任期经济责任审计 156
日常安全监督检查 252
荣 誉 239
荣誉称号 225
荣誉记载 246

S

“三八”节表彰 222
“三不让”民心工程 220
“三不让”专项资金 218
“三基”工程建设 230
“扫黄打非”工作 213
伤员转运卫生保障 150
设备管理 134 180
设备修理 86
设备重点整治 86
设计鉴定 129
设计文件审查鉴定 130
社保工作业务流程 172
社保增收节支 172
社会保险管理 170
社会保险缴费 188
涉诉信访工作 238
审 计 155
审计监督 183
审计检查协调 143
审计审查 219
审判调研 238
审判机制建设 239
审判监督 238
审务效能督查 239
生产力布局调整 54 85
生产任务 84 90
生产资源整合 76 147
生活线、文化线建设 221
失业保险管理 171
师资培训 191
施 工 63
施工安全 115 128
施工管理 58
施工、监理合同签订 128
十七大精神轮训工作 151
食品安全 150
史志工作 204
事故调查处理 253
收入分配规范 149
收入基础管理 146
收入稽查 144
收入预算管理 146
守护部队营房整治 240
受损房屋复旧加固 186
暑 运 62 66
数字报开通 204
双拥优抚 240
司法警察工作 236
思想政治工作 231
四川省工人先锋号 244
四川省铁道学会 201
送温暖活动 184
遂宁车务段 263
遂宁工务段 280
遂渝铁路二线建设 116
遂渝铁路水土保持 114
遂渝线无砟轨道桥涵测试 198

T

贪污贿赂案件查办 234
特种设备安全管理 100
特种设备安全奖惩 100
特种设备管理 186
特种设备检验 100
铁道部抗震救灾英雄 244
铁道部抗震救灾英雄集体 244
铁道部劳动模范 244
铁道部先进集体 244
铁道部政治部表彰 246
铁路办事处领导人 44
铁路道岔融雪除冰装置 198
铁路工人先锋号 243
铁路建设整治达标 192
铁路小区文明建设 168
铁路液压机具综合试验台 198
铁路用地管理 168
铁路运输安全行政执法 94
铁路中间站防溜监测系统 198
庭审同步录像 239
停车器大修 57
统计分析 140
统计执法检查 140
投资及工程进度 122
投资控制 116
投资完成 114
土地办证 118
土地房产管理 167
土地资源利用 182
团 委 223
退休人员增加养老金 184
调解工作 238

W

挖潜提效 54
外资审计 120
网络维护 200
危险货物无线标识系统 197
维护女职工特殊权益 222
卫生防疫 150
卫生基础建设 150
委托管理 106
文联工作 218
文秘工作 209
“文明接待室”创建 235
文体工作 222
文艺作品获奖 103

汶川特大地震　169　181
污染源治理　140
无砟轨道　199
五定班列　55
物资采供体制　155
物资供应　182
物资管理　153
物资管理信息化系统　155
物资招标　125

X

西昌车务段　262
西昌工务段　278
西昌供电段　270
西昌疾病预防控制分所　286
《西南铁道报》　202
系统审计　156
先进典型　210
先进集体　59
闲置资产开发利用　183
限界管理　192
襄渝铁路二线建设　114
项目概况　116
项目开发　182
项目可行性研究　120
消防监管　229
销号项目　114
小汽车定编管理　134
校风校纪建设　216
卸车组织加强　69
新产品开发　180
新老兵运输　104
新任局职干部简介　245
新线建设　200
信访工作　160　230
信访突出问题专题分析　187
信访稳定工作　188
信息调研工作　209
信息化建设管理　121
信息技术　199
信息网络建设　230
刑事技术　229
刑事申诉检察　235
刑事审判　237
刑事审判监督　235
行车安全成绩　95
行车百日安全活动　95
行车公寓管理　169
行车规章管理系统　196
行车设备故障　93
行车事故　92
行车事故损失　93
《行规》多媒体课件　199
《行规》修改　196
行业规范管理　179
行政管理　159
修志计划　205
宣　传　211
宣传报道　232
宣传培训　172
学习实践活动　187
学习实践科学发展观　215
汛期行车安全　62

Y

严厉打击刑事犯罪　227
严重凝冻灾害　123
沿线频发阻工事件　111
阳光政务　163
杨永茂贪污巨额公款案　239
养老金调整　171
养路机械　86
一般 A 类事故　96
一般 B 类事故　96
一般 C 类事故　97
医疗保障　171
依法治企　165
应急管理　150　159
营销任务完成　66
营业线施工培训　190
优化运输组织　132
优秀论文获奖　166
有线电视　204
渝怀铁路建设　117
渝利铁路建设　116
渝利铁路开工　109
渝铁家苑　129
渝铁·九龙苑　129
预防职务犯罪　118　234
预算管理　142
云顶隧道贯通　112
运价基础管理　70
运输生产　106
运输收入完成情况　144
运输收入专项检查　147
运输营业收入　141
运输主要计划指标　135
运输总支出　141
运输组织　52　65

Z

灾后复旧　77　170
灾后重建　123
增运增收　69
战略装车点　57　182
站车缉逃　229
站车交接案件　235
站段视频会议系统　91
站后工程形象进度　115
站前工程全面开工　121
站前工程形象进度　114
招投标工作　110
侦查监督　234
侦查一体化　234
征地拆迁　115　128
政务值班　159
织金站扩大站房规模　124

执法监察工作　110　214
直达列车　55
职工队伍建设　85　149
职工培训　59　78
职工培训电教化　191
职工受损房屋调查　186
职工之家建设　220
职教工作年度考核　190
制度建设　181　190
质量安全举报处理　111
质量管理　180
质量信誉评价　109
治安管理　229
中央表彰　246
重大事故　95
重大事件报道　203
重点培训项目　191
重点项目建成投产　109
重点运输　64
重点整治　214
重要新闻报道　203
周东伟　245
株六复线剩余工程　120
主要车站　257
主要技术标准　116
主要行车工种统考　190
主要运输指标完成情况　55
主要综合指标排名　186
住房建设　129
专家队伍建设　152
专委会工作　201
专项教育活动　236
专业管理　90
专业职务评审　152
专用通信管理　90
专用线管理　70
专用线工程审批　131
专　运　55　67
装卸管理　70
装卸体制改革　70
资产移交　114
资金安全专项审计　155
资金管理　123　142
资金监管　127
资料查阅服务　205
资料整理　204
自备车　55
自贡工务段　280
综合工作　253
综合技术管理　192
综合业绩考核　187
组织编制列车运行图　192
组织工作　202
组织机构　126　128
组织建设　217
遵义车务段　264
作风建设　217

（史志办）